제2판

미시경제론

Microeconomic Theory

최정표

MICRO
ECONOMIC
THEORY

도서출판 청람

머리말

경제학은 미시경제이론과 거시경제이론으로 구성된다. 미시경제이론과 거시경제이론을 공부하지 않고는 결코 경제학을 공부했다고 할 수 없다. 따라서 대학의 모든 경제학과에서는 미시경제이론과 거시경제이론을 필수과목으로 개설해 놓고 모든 학생들로 하여금 수강하도록 요구하고 있다. 이 책은 미시경제이론을 초보 수준에서 쉽게 정리한 대학 교재용 저서이다. 말하자면 경제학원론을 이수한 학생들을 대상으로 미시경제이론을 쉽게 공부할 수 있도록 집필한 대학의 교과서이다.

미시경제학은 소비자나 생산자의 개별적 경제행위가 갖는 제반 특성을 주요 분석 대상으로 한다. 인간은 상품을 끊임 없이 소비하면서 살아가는데 이러한 소비활동은 생산활동이 계속 뒷받침해 주어야 가능해진다. 그래야 경제활동이 성립하는 것이다. 말하자면 생산과 소비가 계속 되풀이해서 이루어지는 현상이 바로 경제현상이고, 이 과정을 통해 인간은 의 · 식 · 주 문제를 해결하면서 살아가는 것이다. 이처럼 소비와 생산은 인간의 원초적 행위이다. 미시경제학은 바로 이러한 인간의 원초적 행위에 대한 제반 원리를 분석하는 학문이다.

이 책에서는 이러한 경제활동이 궁극적으로 어떻게 조화를 이루면서 인간 개개인의 후생을 최대화시켜 줄 수 있는지에 대해 분석하고 공부한다. 적어도 경제 또는 경제학에 관심이 있다고 하는 대학생은 한 번쯤 이런 문제에 의문을 품어 보았을 것이다. 이 의문에 대해 조금이나마 답을 찾아보고 싶다면 적어도 미시경제학은 공부해 보아야 한다. 여기서 제공하는 답에 만족하지 못한다면 그 다음에는 철학 등과 같은 인문학으로 넘어갈 수밖에 없다.

미시경제학은 수학과 같은 명쾌한 논리와 이론으로 구성되어 있다. 따라서 이 책을 처음부터 차근차근 공부해 가면 색다른 흥미를 느낄 수 있다. 인간의 경제행위에 대한 원리를 체계적으로 찾아나갈 수 있기 때문이다.

이 책은 전형적인 교과서 구성으로 만들어져 있다. 총 16개의 장을 5개의 편으로 나누어 엮었다. 그리고 각 장은 본문 이전에 그 장에서 무엇을 논하고 있는지 간단히 소개했다. 각 장의 본문 끝에서는 먼저 그 장의 내용을 간단히 요약해서 복습해 볼 수 있도록 했을 뿐만 아니라 연습문제를 실어 스스로 이해 정도를 확인해 볼 수 있도록 했다.

이 책을 만들기 위해 저자는 나름대로 최대의 노력과 정성을 쏟았다. 그러나 아직 미비한 점이 많다. 앞으로 독자들의 지적과 질책으로 수정해나갈 것을 약속하는 것으로 양해를 구하는 수밖에 없을 것 같다.

이 책을 만드는 데는 수많은 사람의 도움이 있었다. 그 중에서도 전수민 조교의 수고는 꼭 언급하지 않을 수 없다. 원고 단계에서부터 수차례의 교정과정에 걸쳐서까지 전 페이지를 한자 한자 빠지지 않고 읽어 주었다. 물론 많은 오류를 발견하여 고쳐 주었다. 심심한 감사를 표한다. 그리고 이 책의 출판을 위해 최대의 정성을 쏟아준 도서출판 청람의 이수영 사장님께도 감사를 드린다.

화양동 1번지 연구실에서
저자

차 례

Part 1 | 소비자이론

Chapter 1 효용극대화와 소비자의 최적선택

Chapter 2 소비점의 이동과 수요함수

Chapter 3 소비자이론의 확장과 응용

Part 2 | 생산자이론

Chapter 4 생산함수와 생산이론

Chapter 5 비용함수와 비용이론

Chapter 6 생산자이론의 확장과 응용

Part 3 | 생산물시장이론

Chapter 7 완전경쟁시장

Chapter 8 독점시장

Chapter 10 과점시장

Part 4 | 생산요소시장이론

Chapter 11 완전경쟁하의 요소시장

Chapter 13 자본시장

Part 5 | 일반균형과 후생경제학

Chapter 14 일반균형분석

Chapter 15 후생경제학

Chapter 16 시장실패와 정부의 역할

PART 01

소비자이론

Chapter 1 효용극대화와 소비자의 최적선택
Chapter 2 소비점의 이동과 수요함수
Chapter 3 소비자이론의 확장과 응용

MICROECONOMIC THEORY

CHAPTER 1

효용극대화와 소비자의 최적선택

1. 경제학과 미시경제학
2. 선호체계와 효용
3. 무차별곡선
4. 예산제약과 소비가능범위
5. 소비자의 최적선택

학습목표

사람들은 자기가 원하는 상품을 원하는 만큼 가지고 싶어한다. 그러나 상품은 가격을 지불해야 하기 때문에 무작정으로 많이 가질 수는 없다. 사람들은 자기의 예산범위 내에서만 자기가 원하는 상품을 구매할 수 있다. 그러므로 소비자의 소비활동은 자기의 예산범위 내에서 자기의 만족도를 최대화시킬 수 있는 방향으로 이루어진다. 제1장에서는 소비자가 어떻게 소비했을 때 자기의 예산범위 내에서 자기의 만족도를 최대화시킬 수 있는 소비가 달성되는지에 대해 공부한다. 소비자는 자기의 소득으로 구매할 수 있는 수많은 상품묶음 중에서 어느 한 가지를 선택할 때 왜 그런 선택을 하는지가 제1장에서 분석된다.

제1장을 공부한 후에는 다음 물음에 답할 수 있어야 한다.

1. 소비자는 왜 재화(goods)와 용역(services)을 소비하는가?
2. 소비자는 어느 한 상품 대신 다른 상품을 가져도 하등의 불만이 없을 수 있을까?
3. 소비자가 자기가 원하는 만큼 많은 물건을 소비하지 못하는 이유는 무엇일까?
4. 똑같은 소득을 가진 사람도 구매하는 상품묶음은 각기 달라질 수 있는데 그 이유는 무엇일까?

1. 경제학과 미시경제학

미시경제학과 거시경제학

경제학(economics)은 그 분야가 크게 미시경제학(microeconomics)과 거시경제학(macroeconomics)으로 구분되는데 이는 1930년대의 대공황(Great Depression) 이후의 일이다. 그 이전에도 두 분야가 각기 경제학의 한 영역으로 존재해 왔으나 미시경제학과 거시경제학이라는 용어로 분명하게 구분된 것은 대공황 극복을 위한 거시경제정책이 활발히 추진되었던 1930년대 이후의 일이다.

미시경제학은 영어로 작다(micro)라는 의미를 가진 데서 나타나는 것처럼 경제현상을 작은 부문에서 분석하는 경제학이고, 거시경제학은 영어로 크다(macro)라는 의미를 가진 데서 나타나는 것처럼 경제현상을 큰 부문에서 분석하는 경제학이다. 경제학은 경제(economy)를 분석하는 학문인데 하나의 국가경제는 수많은 경제주체들의 경제행위에 의해 구성된다. 즉, 국가경제에는 경제활동을 영위하는 수많은 경제주체들이 존재한다.

미시경제학은 개별 경제주체들의 경제활동을 분석하는 경제학이다. 개별 소비자는 어떤 원리에 따라 소비활동을 하고, 개별 생산자는 어떤 원리에 따라 생산활동을 하는지 등을 분석하는 것은 미시경제학이다. 반면에 수많은 경제주체들로 구성된 국가경제 전체를 하나의 단위로 보고 그 전체의 총괄적인 경제현상을 분석하는 것이 거시경제학이다.

따라서 개별 소비자가 어떤 상품을 얼마만큼 소비하고, 개별 생산자가 어떤 상품을 어떤 방법으로 얼마만큼 생산하는가 등을 분석하는 것은 미시경제학이다. 반면에 국가경제 전체를 하나의 단위로 해서 국가의 총생산과 총소비 등이 어떻게 결정되는지를 분석하는 것은 거시경제학이다.

개별 상품들의 상대가격(relative price)은 미시경제 변수인 반면, 국가 전체의 물가지수는 거시경제 변수이다. 개별 시장의 수요, 공급 등은 미시경제학의 분석 대상인 반면, 국가의 실업률, 인플레이션율, 경제성장률 등은 거시경제학의 분석 대상이다.

미시경제학은 개별 경제주체들의 경제행위를 분석하는데, 개별 경제주체들의 중요한 경제행위는 선택행위(choice)이다. 소비자는 수많은 상품들 중 어느 상품을 얼마만큼 구매할 것인지를 선택해야 한다. 생산자는 수많은 상품 중 어느 상품을, 어떤 방법으로, 얼마만큼 생산해야 하는지를 선택해야 한다. 그런데 경제주체들은 자기가 원하는 대로 어떤 선택이든 할 수 있는 것은 아니다. 경제적 자원이 제한되어 있기 때문에 **이런 선택행위는 항상 어떤 제약범위 내에서만 이루어질 수 있다.** 주어진 제약 내에서 각 경제주체는 자기가 원하는 최적선택을 추구하는 것이다.

경제주체들의 선택행위에 제약이 주어지는 이유는 **자원의 희소성(scarcity of resources)** 때문이다. 인간의 욕망은 무한하지만(unlimited desire), 이 욕망을 충족시켜 줄 수 있는 자원은 제한되어 있기 때문에(limited resources), 인간은 희소한 자원을 가장 효율적으로 배분하고 사용해야 한다. **미시경제학은 희소한 자원을 어떻게 각 용도에 최적으로 배분하고 효율적으로 사용할 수 있는지를 분석하는 경제학이다.**

미시경제학의 영역

경제활동은 생산(production)과 소비(consumption)가 되풀이되는 현상이다. 인간이 생존하기 위해서는 재화(goods)와 용역(services)을 계속 소비해야 하는데 이를 뒷받침하기 위해서는 생산이 계속해서 이루어져야 한다. 그러므로 생산과 소비는 끊임없이 되풀이 될 수밖에 없는데, 이 활동이 바로 경제현상이다. 그리고 생산과 소비의 규모가 커지는 현상이 경제성장(economic growth)이다.

생산활동을 담당하는 경제주체는 기업(firms)이다. 기업은 경제활동에서 재화와 용역을 생산하는 역할을 담당하고 있다. **소비활동을 수행하는 경제주체는 가계(households)이다.** 가계는 재화와 용역을 소비하는 독립된 가구를 지칭한다. 따라서 한 개인이 회사에 출근해서 생산활동을 수행할 때는 기업에 포함되고, 가정에 돌아와서 소비활동을 수행할 때는 가계에 포함된다. 기업과 가계는 사람을 기준으로 구분한 것이 아니라 경제적인 역할을 기준으로 구분한 것이다.

[그림 1-1]은 경제 내에서 생산과 소비가 되풀이되는 순환과정을 하나의

그림 1-1

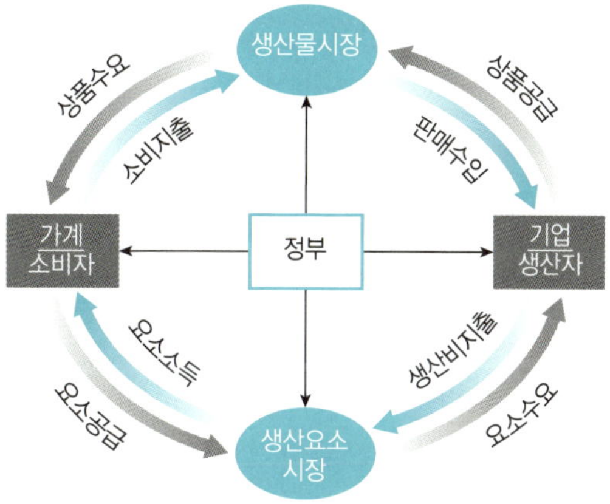

생산과 소비의 순환과정

기업은 생산자로서 상품을 공급하고 가계는 소비자로서 상품을 수요한다.

모형으로 그려놓은 것이다. 기업이 상품을 생산하여 시장에 내놓으면 가계는 시장에서 이 물건을 사다가 소비한다. 이 과정에서 기업은 판매수입(revenue)을 얻고 가계는 소비지출(expenditure)을 한다.

기업은 생산에 필요한 노동과 자본 등의 생산요소를 요소시장에서 구매하고 가계는 자기가 가진 노동과 자본 등의 생산요소를 생산요소시장에 내놓는다. 이 과정에서 기업은 생산요소 구입비라는 생산비(cost)를 지출하고 가계는 생산요소 제공의 대가인 소득(income)을 벌어들인다. 가계는 요소소득으로 소비지출을 하고, 기업은 판매수입으로 생산비를 지출한다.

[그림 1-1]에서 바깥 부분의 화살표는 실물의 흐름을 나타내고, 안쪽의 화살표는 화폐의 흐름을 나타낸다. **경제활동의 순환과정에서는 실물의 흐름과 반대방향으로 가는 화폐의 흐름이 동시에 나타난다. 즉, 실물이 이동하면 그 반대방향으로 화폐가 이동한다.** 물건을 사면 물건을 받으면서 돈을 지불한다. 이것이 경제활동이다.

[그림 1-1]의 중앙에 위치한 **정부는 민간부문의 경제활동을 조정, 보완하는 경제주체이다.** 민간부문에서의 경제순환에 아무런 문제가 없으면 정부의 경제적 역할은 필요하지 않다. 정부는 국방과 치안만 담당하면 된다. 그러나 민간부문의 경제활동이 불완전할 때는 정부가 민간부문에 개입하여 이를 조정, 보완할 필요가 있다. 이를 위해 정부는 기업의 생산활동, 가계의 소

비활동, 생산물시장, 생산요소시장 등에 적절한 정책 수단을 동원하여 개입하기도 한다.

미시경제학의 분석영역은 [그림 1-1]의 개별부문과 이들을 모두 합한 전체 부문이다. 말하자면 [그림 1-1]에서 가계, 기업, 정부의 개별적 행동원리 및 생산물시장과 생산요소시장의 개별적 작동원리를 분석할(부분균형분석, partial equilibrium analysis) 뿐만 아니라 이들이 모두 합쳐진 전체 부문이 동시에 작동하는 원리를 분석하는 것이(일반균형분석, general equilibrium analysis) 미시경제학이다. 그런 후에 [그림 1-1]의 전체부문이 균형에 도달하면서 사회후생(social welfare)이 어떻게 극대화되는가를 분석하는 것이 미시경제학이다.

미시경제학의 소비자이론

미시경제학은 [그림 1-1]의 순환모형에서 소비자인 가계는 어떤 원리하에서 경제활동을 수행하는지 분석한다. **소비자는 효용극대화를 추구한다.** 그러므로 소비자가 어떻게 소비할 때 효용극대화가 달성되는지를 분석하는 것이 미시경제학의 한 영역이다. 본서의 제1편에서는 소비자행동에 대해 분석하고 있다.

소비자는 자본과 노동 등 자기가 가진 생산요소를 생산활동에 제공한 대가로 소득을 벌고 이 소득으로 소비활동을 수행한다. 즉, 소득의 범위 내에서 소비를 할 수 있다. 이때 어떤 상품을 얼마만큼 소비할 때 이 소비자는 효용을 극대화시킬 수 있는지가 소비자이론의 핵심주제이다. 이 분석으로부터 각 상품의 수요함수가 도출된다.

미시경제학의 생산자이론

미시경제학은 [그림 1-1]의 순환모형에서 생산자인 기업이 어떤 원리하에서 경제활동을 수행하는지 분석한다. **생산자는 이윤극대화를 추구한다.** 그러므로 생산자가 생산활동을 할 때 어떤 상품을 어떤 방법으로 얼마만큼 생산하는 것이 이윤극대화를 달성할 수 있는지를 분석하는 것도 미시경제학의 한 영역이다. 본서의 제2편에서 생산자의 행동에 대해 분석한다.

생산자는 자본과 노동 등의 생산요소를 구입하여 상품을 생산하는데 이 과정에서 생산비가 지출된다. 또 생산된 상품은 시장에 내다 파는데 여기서는 판매수입이 생긴다. 판매수입과 생산비의 차이가 이윤인데, 생산자는 이윤을 극대화시키는 방향으로 생산활동을 수행한다. 이때 원하는 상품을 얼마만큼 생산하고 어떤 방법으로 생산하느냐가 생산자이론의 핵심주제이다. 이 분석으로부터 각 상품의 공급함수와 기업의 이윤함수가 도출된다.

미시경제학의 생산물시장이론

미시경제학은 [그림 1-1]의 순환모형에서 생산자와 소비자가 서로 만나 생산된 상품을 거래하는 상품시장의 제반 특성에 대해 분석한다. 시장에서는 상품의 가격이 정해지는데, 소비자는 가격을 낮추려고 하는 반면 생산자는 가격을 높이려고 한다. 이와 같이 상반된 이해관계가 시장에서 어떻게 조정되어 실제로 거래가 이루어지는지를 분석하는 것도 미시경제학의 한 영역이다.

시장에는 판매자가 하나일 수도 있고 소수일 수도 있고 아주 많을 수도 있다. 판매자 수가 어떠하냐에 따라 그 시장의 경쟁 정도가 달라지고 균형가격도 달라진다. 판매자 수가 적으면 경쟁이 낮아 가격이 높아질 가능성이 높고, 판매자 수가 많으면 경쟁이 높아 가격이 낮아질 가능성이 높다. 미시경제학은 이러한 시장원리에 대해 분석한다. 본서의 제3편에서는 시장이론을 다루고 있다.

미시경제학의 생산요소시장이론

미시경제학은 자본과 노동 등 생산요소의 수요와 공급에 대해서도 분석한다. [그림 1-1]의 순환모형에서 생산요소시장은 생산요소를 거래하기 위해 기업과 가계가 서로 만나는 곳이다. 생산요소시장에서는 생산물시장과 달리 생산요소시장에서는 기업이 수요자가 되고 가계가 공급자가 된다. 생산요소시장에서 각 생산요소의 가격이 어떻게 정해지느냐에 따라 가계의 소득과 기업의 생산비가 달라질 뿐만 아니라 소득의 분배도 달라진다.

노동가격인 임금이 높게 정해지면 근로자의 소득은 높아지는 반면 자본가의 소득은 상대적으로 낮아진다. 또 기업의 생산비 부담이 높아지고 기업이윤이 줄어든다. 이렇게 되면 기업은 노동을 기계 등과 같은 자본으로 대체하려고 하기 때문에 노동에 대한 수요는 줄어든다. 이처럼 노동과 자본 등 생산요소의 수요 및 공급에 대해 분석하는 것도 미시경제학의 한 영역이다. 본서의 제4편에서는 노동과 자본 등의 생산요소시장을 다루고 있다.

미시경제학의 일반균형분석과 후생경제론

개별 소비자가 효용을 극대화시킬 수 있는 선택을 어떻게 하느냐, 또는 개별 생산자가 이윤을 극대화시킬 수 있는 생산방법을 어떻게 정하느냐 하는 것 등은 모두 **부분균형분석**(partial equilibrium analysis)이다. 이것은 경제활동의 각 부문에서 각 경제주체가 개별적으로 어떻게 균형에 도달하는지를 분석하는 것이기 때문이다.

그런데 경제 내에서는 수많은 소비자와 생산자가 동시에 경제활동을 영위하고 있다. 그리고 이들은 톱니바퀴처럼 서로 맞물려서 경제활동을 영위하고 있다. 소비자끼리 또는 생산자끼리 뿐만 아니라 소비자와 생산자 사이도 서로 연결되어 있다. 그러므로 각자 독립적으로 자기의 목적을 추구하는 모든 경제주체들이 한꺼번에 균형에 도달하는 경제 전체의 균형도 존재할 수 있다. 이러한 균형은 무엇이며 어떻게 도달되는지 등에 대해 분석하는 것이 **일반균형분석**(general equilibrium analysis)이다.

미시경제학은 개별 경제주체들의 균형을 분석할 뿐만 아니라 이들로 구성된 경제 전체의 균형도 분석한다. [그림 1-1]에서 개별 소비자의 균형, 개별 생산자의 균형, 개별 시장의 균형 등을 분석하는 것은 부분균형분석인 반면, 순환과정 전체의 균형을 한꺼번에 분석하는 것은 일반균형분석이다. 미시경제학은 개별 경제주체가 모두 균형에 도달하면서 경제 전체가 어떻게 균형에 도달하는지도 분석한다.

그런데 일반균형이 미시경제학의 궁극적 목표는 아니다. 미시경제학은 경제 전체가 균형에 도달해 있으면서 경제주체 모두가 골고루 높은 후생수준에 도달하는 것을 목표로 하고 있다. 일반균형이 여러 개 있으면 그 중 어떤 균형이 사회후생을 극대화시키는 균형인지를 찾아야 한다. 미시경제학의 이런 분석을 후생경제학이라고 한다.

미시경제학은 경제 전체가 일반균형에 도달해 있으면서 사회후생이 극대화되는 상황은 어떤 것인지를 찾는다. 그리고 이를 위한 정부의 역할은 무엇인지를 찾는다. 본서의 제5편에서는 일반균형과 후생경제론을 다룬다.

2. 선호체계와 효용

선호체계

모든 재화(goods)와 용역(services)은 낱개로서도 소비자(consumers)에게 일정수준의 만족을 제공하고, 여러 가지 종류의 재화나 용역들로 구성된 하나의 상품묶음으로서도 소비자에게 일정수준의 만족을 제공한다. 스낵 한 봉지는 그 자체로서도 소비자에게 일정수준의 만족을 제공하고, 스낵 한 봉지와 과일 하나를 합친 하나의 상품묶음으로서도 소비자에게 일정수준의 만족을 제공한다. 개별 상품이든 상품묶음이든 **이들의 소비로부터 소비자가 얻는 만족도의 크기를 효용**(utility)이라고 한다.

주부가 시장바구니를 들고 장보러 가는 것은 소비행동을 하는 것이며 이 때 주부는 시장바구니를 채우는 데 있어서 선택의 문제에 봉착하게 된다. 주부는 여러 가지 선택 가능한 상품묶음 중에서 어떤 것을 선택하느냐를 정해야 한다. 주부가 쌀과 라면을 사러 갔다면 이 주부는 쌀과 라면으로 구성된 여러 상품묶음들에 대해 나름대로 좋아하는 정도를 가진다.

쌀과 라면으로 구성된 상품묶음이 [표 1-1]의 *A*에서 *F*까지 6개가 주어져 있다면, 이 주부는 이 상품묶음에 대해 나름대로 어떤 것이 더 좋은지 순서를 정할 수 있다. [표 1-1]에서 상품묶음 *A*는 쌀 20kg과 라면 30개로 구성된 상품묶음이고, *F*는 쌀 10kg과 라면 40개로 구성된 상품묶음이다.

이 주부는 *A*에서 *F*까지의 상품묶음을 서로 비교해 보고 자기가 좋아하는 대로 순서를 정할 수 있다. 예컨대 상품묶음 *D*가 6개 중 가장 좋고, *A*, *B*, *C*는 모두 똑같고, 그 다음은 *F*가 좋고, 마지막으로 *E*가 좋다는 등으로 이 상품묶음을 좋아하는 정도에 따라 순서를 정할 수 있다. 이러한 순서를 소비자의 **선호체계**(consumer preference) 또는 **선호함수**(preference function)라고 한다.

소비자이론에서는 소비자의 선호체계에 대해 다음 3가지 조건이 충족되는 것으로 가정하고 있다.

첫째, 선호체계는 완벽하다(preference are complete). 이것은 어떤 상품

표 1-1 쌀과 라면으로 구성된 상품묶음

상품묶음	상품묶음의 내용물		선호순서
	쌀(kg))	라면(개)	
A	20	30	2위
B	10	50	2위
C	40	20	2위
D	30	40	1위
E	10	20	6위
F	10	40	5위

묶음들도 서로 비교되어 선호순위가 정해질 수 있다는 것을 의미한다. [표 1-1]에서 A와 B의 선호순위를 정한다고 하면 소비자는 A를 B보다 더 좋아하거나($A \succ B$), B를 A보다 더 좋아하거나($B \succ A$), A와 B를 똑같이 좋아하거나($A \sim B$) 중의 하나로 그 선호순위를 정할 수 있다. 이 세 가지 이외의 가능성은 없다[※($A \succ B$)에서 $\succ$는 부등호(>)가 아니라 A를 B보다 선호한다는 것을 나타내는 기호이고, ~는 선호정도가 똑같다는 것을 나타내는 기호이다].

둘째, 선호체계는 이행적이다(preference are transitive). 이것은 소비자의 선호행위에 일관성이 있다는 것을 말한다. [표 1-1]에서 E보다 A를 더 선호하고($E \prec A$), A보다 D를 더 선호한다면($A \prec D$), E보다 D를 당연히 더 선호하게 된다($E \prec D$).

셋째, 효용이 있는 재화에 대해서는 양(量)이 많은 쪽이 적은 쪽보다 항상 선호된다(more is better). [표 1-1]에서 상품묶음 A는 항상 E보다 선호된다. 상품묶음 A는 E보다 두 재화가 모두 더 많기 때문이다.

위의 3가지 조건은 증명이 필요없이 당연히 충족되는 것으로 받아들여지는 전제조건이다. 이 3가지 조건 중 어느 하나라도 충족되지 않으면 앞으로 논의할 소비자이론은 성립되지 못한다.

효용의 측정과 효용함수

소비자는 어떤 상품묶음들에 대해서든 나름대로의 선호체계를 가지기 때문에 그 상품묶음들을 좋아하는 정도에 따라 순서를 정할 수 있다. [표 1-1]

에서 쌀과 라면을 구매하려는 주부는 상품묶음 D를 가장 선호하고, 그 다음에는 A, B, C를 똑같은 정도로 좋아한다. 즉, A, B, C는 모두 똑같은 선호도를 가지고 있다. 그리고 이 A, B, C는 F보다 선호되고, F는 E보다 선호된다. 따라서 A, … , F는 좋아하는 정도에 따라 선호순서가 매겨진다.

그런데 A에서 F까지의 상품묶음은 선호되는 순서는 정해져도 상품묶음 하나하나가 구체적으로 얼마만큼의 만족도를 제공하는지는 알 수 없다. 즉, 각 상품묶음이 제공하는 효용의 절대적 크기는 알 수 없다. 효용은 구체적인 숫자로써 측정될 수 없기 때문이다. 효용은 그램(g)과 같은 무게단위로도 측정할 수 없고, 미터(m)와 같은 길이단위로도 측정할 수 없다. 그렇다고 효용을 측정하는 별도의 단위가 존재하는 것도 아니다. 이와 같이 **효용은 그 양을 기수적으로 측정할 수는 없다(not cardinally measurable).**

소비자가 여러 상품묶음들에 대해 나름대로의 선호체계를 가지고, 이 상품묶음들에 대해 선호순서를 정할 수 있다는 것은 **효용이 서수적으로만 측정될 수 있다는 것을 말한다(ordinally measurable).** [표 1-1]에서 A, B … 등의 상품묶음에 대해 선호순서가 정해지는 것은 이 상품묶음들의 효용이 서수적으로만 측정될 수 있다는 것을 나타낸다.

초창기의 효용이론은 효용이 기수적으로 측정된다는 것을 전제로 하였다. 그러다가 1900년대부터 효용이론은 파레토(Vilfredo Pareto)에 의해 현실성이 없는 기수적 효용이론에서 서수적 효용이론으로 발전해 나갔다.

효용이 기수적으로 측정된다면 서수적으로는 당연히 측정될 수 있다. 효용의 크기가 기수적인 양으로 측정되면 그 크기에 서수적인 순서를 정하는 것은 얼마든지 가능한 일이기 때문이다. 그리고 효용이 기수적으로 측정될 수 있다면 수학적인 효용함수식이 존재할 수 있다. 예컨대 x재를 X만큼 소비하고, y재를 Y만큼 소비할 때 소비자가 $X \cdot Y$만큼의 효용을 얻는다면 $U = XY$라는 구체적인 효용함수식이 만들어질 수 있다. 이 소비자가 x재 2개($X = 2$)와 y재 3개($Y = 3$)를 소비하면 그는 $U = (2 \times 3) = 6$만큼의 효용을 얻는다.

실제로는 효용이 기수적으로 측정될 수 없기 때문에 이러한 효용함수식은 존재할 수 없다. 그러나 각 상품묶음에 대해 선호순서를 정해주는 효용

표 1-2 단조변환함수로 나타낸 동일한 선호체계

상품묶음	소비량		효용의 크기			선호순위
	x재	y재	$U = XY$	$V = 10 + (XY)^2$	$W = XY + (XY)^2$	
A	1	2	2	14	6	5위
B	3	1	3	19	12	4위
C	2	3	6	46	42	3위
D	4	2	8	74	72	2위
E	3	3	9	91	90	1위

함수는 존재할 수 있다. 선호순서를 똑같게 유지시켜주는 함수식들은 모두 동일한 서수적 효용함수가 되기 때문에 효용함수식을 이용하여 소비자행동을 분석할 수 있다. 예컨대 [표 1-2]에서는 $U = XY$라는 효용함수에 의해 정해진 상품묶음들의 선호순서와 $V = 10 + X^2Y^2$이라는 효용함수, 또는 $W = XY + (XY)^2$이라는 효용함수에 의해 정해진 선호순서는 모두 동일하기 때문에 이들은 모두 동일한 효용함수이며, 이들 중 어느 것을 이용해도 소비자행동은 똑같다.

한 효용함수의 단조변환함수(monotonic transformation)는 모두 동일한 선호체계를 갖는다. 예컨대 $U = XY$일 때 $V = f(U)$이고, $dV/dU \geq 0$이면, V는 U의 단조변환함수인데, 이때 U라는 함수식에 의해 정해진 상품묶음의 선호순서와 V라는 함수식에 의해 정해진 선호순서는 동일하다.

[표 1-2]에서 소비자가 얻을 수 있는 효용의 크기는 U, V, W 중 어떤 함수식을 사용하든 상품묶음 E가 가장 크고, 그 다음에 D, C, B, A 순이다. 즉, 5개 상품묶음의 선호순위는 $E \succ D \succ C \succ B \succ A$이다. 그런데 이러한 선호체계는 효용함수식 U, V, W 중 어느 것으로 정해도 마찬가지이다. 그 이유는 V도 U의 단조변환함수($V = 10 + U^2$, $dV/dU = 2U > 0$)이고, W도 U의 단조변환함수($W = U + U^2$, $dW/dU = 1 + 2U > 0$)이기 때문이다. 그러므로 U, V, W는 동일한 선호체계를 나타내는 함수식이고, 이 함수들은 소비자이론에서 동일한 효용함수로 취급된다. **이것은 서수적으로 동일한 선호체계를 나타내는 효용함수식이 모두 동일한 효용함수라는 것을 의미한다.**

한계효용

소비자는 자기가 원하는 모든 상품으로부터 효용(utility)을 얻는다. 그런데 소비하는 상품의 양이 변하면 소비자가 얻는 효용의 크기도 변한다. 아이스크림을 한 개 먹을 때와 두 개 먹을 때는 효용의 크기가 다르다. 소비자가 어떤 상품을 소비할 때 **그 소비로부터 얻는 효용의 총량을 총효용(total utility : *TU*)이라고 한다.**

사탕을 좋아하는 사람이 사탕을 소비할 때의 효용이 [표 1-3]에 정리되어 있다. 소비량이 0일 때는 이 소비자가 얻는 총효용(*TU*)은 0이다. 소비량이 1개일 때는 총효용이 10이고, 2개일 때는 총효용이 16이다. 이와 같이 총효용은 소비하는 상품의 양에 따라 그 크기가 달라지는데 소비하는 상품의 양을 *X*라 하고 이 소비로부터 얻는 총효용을 *TU*라고 하면 *TU*는 *X*의 함수가 된다. 즉, $TU = f(X)$이다. 이를 효용함수라고 한다.

[표 1-3]에서 총효용 *TU*는 소비량의 증가와 함께 점점 증가하다가 5개를 소비한 이후부터는 그 크기가 점점 감소한다. 그뿐만 아니라 소비량을 하나씩 증가시킬 때 총효용이 증가하는 정도는 점점 감소한다. 처음 한 단위를 소비할 때는 그 한 단위가 가져다주는 효용의 크기가 10이었다. 그러나 한 단위 더 추가소비했을 때 추가단위가 보태준 효용의 크기는 6이다. 그리고 세 번째 추가단위가 보태준 효용증가분은 4다.

상품을 한 단위씩 추가로 더 소비할 때 증가하는 총효용의 크기를 한계효용(marginal utility : *MU*)이라고 한다. 즉,

표 1-3 사탕의 총효용과 한계효용

소비하는 사탕의 양(*Q*)	소비량의 증가분	총효용(*TU*)	한계효용(*MU*)
0		0	
	1		10
1		10	
	1		6
2		16	
	1		4
3		20	
	1		2
4		22	
	1		0
5		22	
	1		−2
6		20	

그림 1-2

총효용곡선과 한계효용곡선

위 그래프에서 총효용곡선(TU)은 증가하다가 감소한다. 아래 그래프에서 한계효용곡선(MU)은 계속 하락한다. 이를 한계효용체감의 법칙이라고 한다.

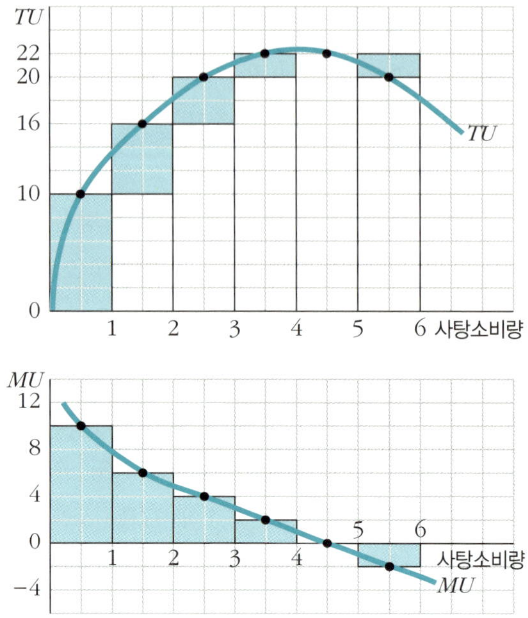

$$\text{한계효용}(MU) = \frac{\text{총효용의 증가분}}{\text{소비량의 증가분}} = \frac{\Delta TU}{\Delta X}$$

이다.

[표 1-3]에서는 소비량의 증가분이 1이기 때문에 총효용의 증가분이 바로 한계효용이다.

효용함수를 $TU = f(X)$로 두면 한계효용은 $MU = \Delta TU/\Delta X$로 정의된다. 여기서 Δ는 변화분이라는 의미이다. 이를 미분식으로 표시하면 $MU = dTU/dX = f'(X)$가 된다.

[표 1-3]에 나타난 총효용과 한계효용을 그래프로 그리면 [그림 1-2]와 같다. x축에 사탕의 소비량을 나타내고, y축에는 총효용(윗그림)과 한계효용(아래 그림)을 나타내면서 총효용곡선과 한계효용곡선을 그린 것이다.

[표 1-3]과 [그림 1-2]에는 한계효용의 가장 중요한 성질이 분명하게

표현되어 있다. 소비량이 증가함에 따라 한계효용은 점점 감소한다. 첫 사탕 하나가 주는 한계효용은 10인 반면, 두 번째 사탕 하나가 주는 한계효용은 6이다. 그 다음 추가되는 사탕의 한계효용도 4, 2, 0 등으로 점점 감소하고 있다. 한계효용의 이러한 성질을 **한계효용체감의 법칙**(law of diminishing marginal utilities)이라고 한다.

[그림 1-2]에서 컬러색으로 표시된 네모의 크기가 한계효용이다. 윗그림에서는 사탕의 소비량이 증가함에 따라 컬러색으로 표시된 네모의 크기가 점점 작아지고 있다. 아래 그림에는 이 네모의 크기만으로 한계효용곡선이 그려져 있다. 소비량이 증가함에 따라 이 네모의 크기는 점점 작아지기 때문에 한계효용곡선은 계속 하락하는 곡선으로 그려진다. 이와 같이 한계효용곡선은 우하향하는데 이런 성질을 한계효용체감의 법칙이라고 한다.

[표 1-3]에서 사탕의 소비량이 4개를 넘어서면 총효용은 더 이상 증가하지 않고, 5개 이상 소비하면 총효용이 오히려 감소한다. 이러한 현상은 [그림 1-2]에 잘 나타나 있다. 총효용이 더 이상 증가하지 않는 상황은 총효용이 극대화된 상황이고, 이때는 소비량을 증가시켜도 총효용이 변하지 않기 때문에 한계효용이 0이다. 소비량이 4개에서 5개로 증가할 때 이런 현상이 나타나는데, 소비량을 6개로 더 증가시키면 이때부터는 한계효용이 음(−)의 값이 되고, 따라서 총효용은 오히려 감소하기 시작한다.

사례검토 1.1

돈의 한계효용은 체감하는가?

돈을 싫어하는 사람은 없다. 모든 사람이 돈은 많을수록 좋아한다. 그렇다면 돈은 한계효용이 체감하지 않는 것일까? 돈도 한계효용이 체감한다. 돈이 다다익선(多多益善)인 것은 한계효용이 결코 음(−)이 되지 않는다는 의미이지, 한계효용이 체감하지 않는다는 의미는 아니다. 돈도 한계효용은 체감하지만 결코 음(−)이 되지 않기 때문에 돈이 많아지면 총효용은 계속 증가한다. 돈을 1만원 가졌을 때 1,000원을 추가하는 것과 100만원 가졌을 때 1,000원을 추가하는 것을 비교해 보자. 같은 1,000원이 어느 경우에 더 큰 효용을 제공할까? 1만원일 때 1,000원을 보태주는 효용이 100만원일 때 1,000원을 보태주는 효용보다는 분명히 클 것이다. 그러므로 1,000원의 한계효용은 감소한 것이 분명하다. 더 나아가 1억원에 1,000원을 보태주면 그 효용은 매우 미미할 것이다. 즉, 돈의 소유량이 많아질수록 한계효용은 감소하고 있다. 그런데 1억원에 추가되는 1,000원이라도, 아니 1,000억원에 보태지는 1,000원이라도 그 효용은 결코 음(−)이 되지는 않을 것이다. 즉, 돈의 한계효용은 음(−)이 되지는 않는다. 그렇기 때문에 돈도 한계효용은 체감하지만 돈이 많아지면 총효용은 계속 증가한다.

이런 상황에서 소비자는 사탕을 5개 이상 소비하려고 하지 않을 것이다. 즉, 5개는 사탕을 물릴 정도로 많이 소비한 양인데, 이러한 소비량을 **소비의 포만점(satiation point)**이라고 한다. 효용을 극대화시키려는 소비자는 포만점인 5개 이내에서 소비량을 정할 것이고, 이러한 소비행위를 **소비의 합리성(rationality)**이라고 한다. 예컨대 1시간에 사탕을 6개 이상 먹는 것은 매우 어리석은 짓이다. 이렇게 하면 만족도는 오히려 줄어들기 때문이다.

3. 무차별곡선

무차별곡선의 도출

앞에서 논의한 선호체계의 3가지 조건에 따르면 소비자에게 선택하도록 주어진 상품묶음들은 어떤 것이든 그 선호순위를 정할 수 있다. **무차별곡선(indifference curves)은 수많은 상품묶음들 중 동일한 효용수준을 제공하는 상품묶음들만을 연결하여 도출한 곡선이다.** [표 1-1]에 6개의 상품묶음이 있는데, 이 중 A, B, C 세 개의 상품묶음은 모두 똑같은 효용수준을 제공하고 있다. 그러므로 쌀과 라면으로 구성된 상품평면에서 상품묶음 A, B, C를 연결한 곡선은 하나의 무차별곡선이 된다.

[표 1-1]의 상품묶음 A, B, C, D, E, F를 쌀과 라면의 상품평면에 표시한 것이 [그림 1-3]이다. x축은 쌀의 양을 나타내고, y축은 라면의 양을 나타낸다. A점은 쌀 20kg과 라면 30개로 구성된 상품묶음을 나타내는 점인데, B점은 라면이 A점보다 많지만 쌀은 A점보다 적으면서 A점과 동일한 효용을 제공하고 있다. 그리고 C점은 쌀이 A점보다 많지만 라면은 A점보다 적으면서 A점과 동일한 효용을 제공하고 있다. 따라서 A, B, C점은 모두 똑같은 효용을 제공하는 상품묶음들이고, 이 점들을 연결한 곡선 U_1은 하나의 무차별곡선이 된다.

[그림 1-3]에서 무차별곡선 U_1은 점 A, B, C 이외에도 이들과 똑같은 효용수준을 제공하는 모든 상품묶음들을 연결한 곡선이다. A와 B 사이 및 A

그림 1-3

무차별곡선의 도출

A점, B점, C점의 상품묶음은 모두 동일한 효용을 제공하는 상품묶음이고 이 점들을 연결한 곡선이 무차별곡선이다.

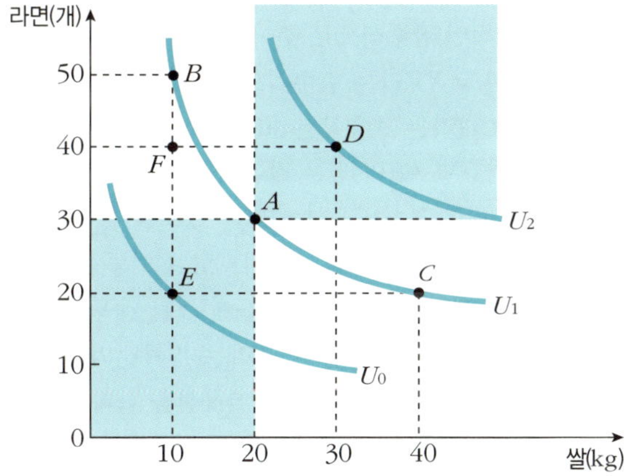

와 C 사이에도 A, B, C와 똑같은 효용을 제공하는 점들이 많이 존재하며, 이 점들을 모두 연결한 곡선이 U_1이다. 그런데 U_1곡선상에 있지 않은 상품묶음들은 A, B, C와는 다른 효용수준이기 때문에 U_1곡선과는 다른 무차별곡선상에 존재하는 상품묶음이다. 예컨대 D점은 D점을 통과하는 별개의 무차별곡선인 U_2상의 한 점이고, E점은 또 다른 별개의 무차별곡선인 U_0상에 있는 한 점이다.

그러므로 **한 상품공간에는 여러 개의 무차별곡선이 그려지고 이러한 무차별곡선들을 모두 합해 이를 무차별지도(indifference map)라고 한다.** 예컨대 [그림 1-3]에서 무차별곡선 U_0, U_1, U_2를 모두 합하면 하나의 무차별지도가 된다.

[그림 1-3]의 무차별지도에서 U_0, U_1, U_2는 각각 얼마의 효용수준을 나타내는지는 알 수도 없고 알 필요도 없다. 효용의 크기는 기수적으로 측정될 수 없기 때문이다. 우리가 필요로 하는 정보는 어떤 곡선이 더 높은 효용수준을 나타내느냐는 선호의 순서이다. 효용은 서수적으로만 측정 가능하기 때문이다. 소비자의 선택행위를 분석하는 데 있어서 **우리에게 필요한 정보는 U_0, U_1, U_2 중 어느 무차별곡선이 더 높은 효용수준을 나타내느냐 하는 것이다.**

효용함수, 효용곡면, 무차별곡선 — 추가학습 1.1

만약 효용함수가 수학적인 함수식으로 주어지면 무차별곡선은 수학적인 함수식으로부터 도출될 수 있다. 예컨대, 효용함수가 $U=XY$라는 함수식으로 주어지면, 이 함수식은 [그림 1-4]의 왼쪽 그림에서처럼 $X-Y-U$공간에 $EFOG$라는 효용곡면(utility surface)으로 그려진다. 이 곡면을 $U=12$가 되는 높이에서 평면과 수평되게 자르면 AB와 같은 잘라지는 자국이 생기는데, 이 자국을 $X-Y$ 평면에 수직으로 투영하면 $U=12$를 나타내는 무차별곡선 $A'B'$가 그려진다. $A'B'$ 곡선상의 X, Y 조합을 $U=XY$라는 효용함수식에 대입하면 그 값은 12가 된다. 그러므로 $A'B'$ 곡선은 $12=XY$ 식을 $X-Y$평면에 그린 곡선이다. 즉, 이 곡선은 $Y=\frac{12}{X}$라는 함수식을 그래프에 그린 쌍곡선 중의 하나이다. [그림 1-4]의 오른쪽 그림에서 $U=12$로 표시된 무차별곡선은 $Y=\frac{12}{X}$라는 쌍곡선의 제1상한부분곡선이다. 그러므로 이 곡선은 $U=XY$라는 함수식에서 $U=12$가 되는 무차별곡선을 나타낸다. $U=10$에 대해서도 똑같은 원리로 또 하나의 무차별곡선이 도출될 수 있다.

그림 1-4 효용곡면과 무차별곡선

$U=XY$라는 효용함수식을 $X-Y-U$ 공간에 그리면 왼쪽 그래프에서와 같은 효용곡면이 도출되고 U를 12 또는 10으로 두면 오른쪽 그림에서와 같은 무차별곡선이 도출된다.

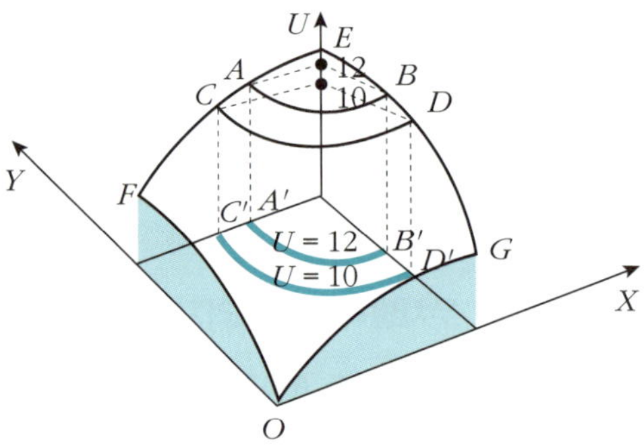

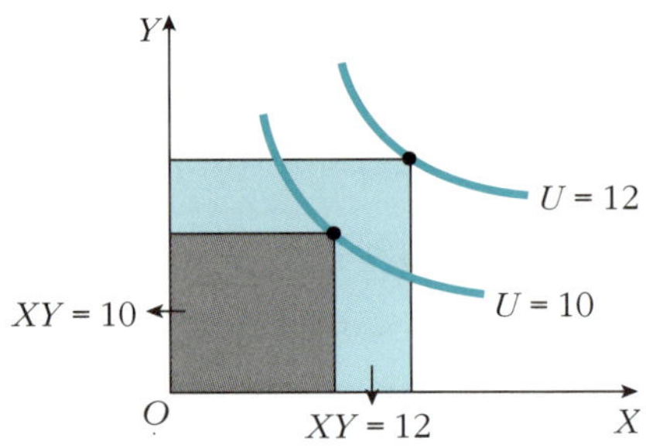

한계대체율

상품 사이에는 서로 대체가 이루어질 수 있다. 무차별곡선이 존재하는 이유는 두 상품 사이에 서로 대체가 이루어지면서 소비자의 효용수준을 똑같게 유지해 줄 수 있기 때문이다. **효용수준을 똑같게 유지하면서 두 상품 사이에 대체가 이루어지는 비율을 한계대체율(marginal rate of substitution : *MRS*)이라고 한다.**

x재와 y재 사이의 한계대체율은 다음과 같이 정의될 수 있다.

그림 1-5

한계대체율 체감의 법칙

소비점이 $A \to B \to C \to D$점으로 이동함에 따라 한계대체율은 점점 감소한다.

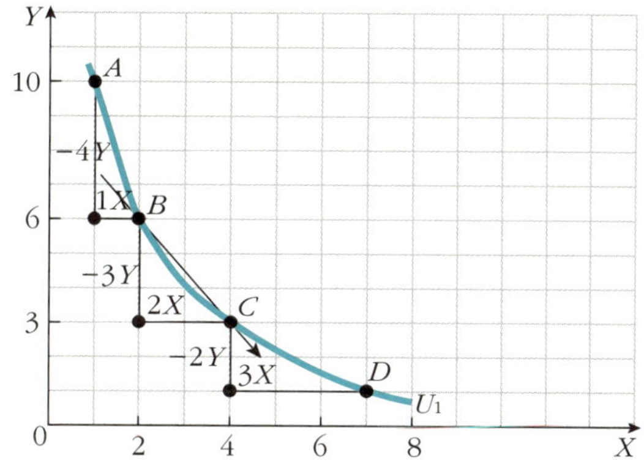

$$\text{한계대체율}(MRS) = \left| \frac{y\text{재 소비의 변화량}}{x\text{재 소비의 변화량}} \right|_{\text{효용수준 불변}}$$

[그림 1-5]에서 소비점이 동일한 무차별곡선상의 B점으로부터 C점으로 이동하면 효용수준에는 변화가 없으면서 y재 3단위를 x재 2단위로 대체해서 소비했기 때문에 한계대체율은

$$MRS = \left| \frac{-3}{+2} \right| = \frac{3}{2}$$

이다.

x재를 2단위 더 소비하면서 y재를 3단위 줄여도 소비자의 효용수준에는 하등의 변화가 없다. 한 상품은 사용량이 증가할 때 다른 상품의 사용량은 감소하기 때문에 한계대체율은 수학적으로는 음(−)의 값을 갖는다. 그러나 경제학적으로는 절대값을 취한 양(+)의 값으로 그 의미를 해석한다.

[그림 1-5]에서 보는 것처럼 x재의 사용량을 점점 증가시키면서 y재를 x재로 대체해 나가면 한계대체율은 점점 감소한다. A점에서 B점으로 소비점을 이동시킬 때는 한계대체율값이 $|-4/1| = 4$이고, B점에서 C점으로 갈 때는 $|-3/2| = \frac{3}{2}$이고, C점에서 D점으로 갈 때는 $|-2/3| = \frac{2}{3}$이다. 이와 같

효용함수, 한계대체율, 한계효용

추가학습 1.2

x, y재에 대한 효용함수를 $U=f(X,Y)$로 표시하면 수학적 개념으로 한계대체율을 설명할 수 있다. $U=f(X,Y)$의 양변을 미분하면

$$dU=\frac{\partial U}{\partial X}dX+\frac{\partial U}{\partial Y}dY \tag{1.1}$$

식 (1.1)에서 총효용의 변화량(dU)은 x재 변화에 기인한 효용의 변화분$\left(\frac{\partial U}{\partial X}\cdot dX\right)$과 y재 변화에 기인한 효용의 변화분$\left(\frac{\partial U}{\partial Y}\cdot dY\right)$을 합한 값이다. 그런데 동일한 무차별곡선상에서 x, y재의 소비량이 변한다면 $dU=0$이다(총효용에는 변화가 없다). 따라서 식 (1.1)을 정리하면

$$\frac{dY}{dX}=-\frac{\partial U/\partial X}{\partial U/\partial Y} \tag{1.2}$$

식 (1.2)에서 $\partial U/\partial X$는 y재 소비가 변하지 않은 채 x재 소비량만 1단위 증가할 때 총효용이 얼마나 변하는지를 나타내는 x재의 한계효용이다. 즉, $\partial U/\partial X=MU_x$이다. 마찬가지로 $\partial U/\partial Y$는 y재의 한계효용이다. 즉, $\partial U/\partial Y=MU_y$이다. 그리고 dY/dX는 총효용수준이 변하지 않으면서 x재 사용량이 증가할 때(dX) y재 사용량이 얼마나 감소했는지(dY)를 나타내는 한계대체율이다. 즉, $\left|\frac{dY}{dX}\right|=MRS$이다. 그러므로 식 (1.2)는 다음과 같이 쓸 수 있다.

$$\left|\frac{dY}{dX}\right|=MRS=\frac{MU_x}{MU_y} \tag{1.3}$$

즉, 한계대체율은 한계효용의 비율과 일치한다.

그런데 [그림 1-6]에 표시되어 있는 것처럼 B점을 기준으로 했을 때 dY/dX는 무차별곡선에서의 접선의 기울기이다. 이 기울기의 절대값이 바로 한계대체율이기 때문에 한계대체율체감의 원리는 소비점이 $A\rightarrow B\rightarrow C\rightarrow D$로 이동함에 따라 이 무차별곡선에 대한 접선의 기울기가 점점 감소한다는 것으로도 설명될 수 있다. 따라서 한계대체율이 체감한다는 것은 무차별곡선이 원점을 향해 볼록하다는 것과 동일한 의미가 된다.

그림 1-6

무차별곡선의 기울기와 한계대체율

무차별곡선에 대한 접선의 기울기는 한계대체율이다.

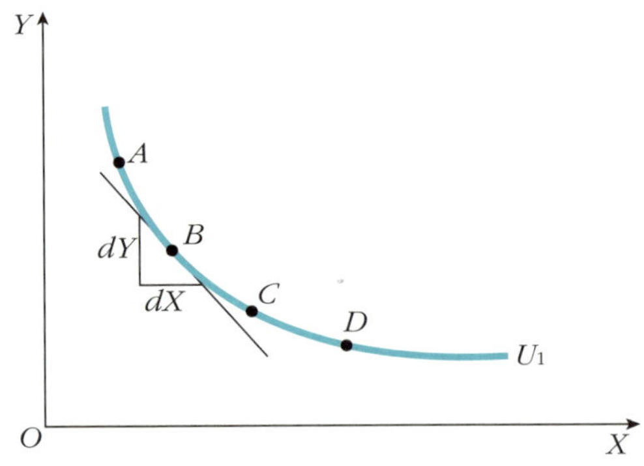

이 한계대체율은 $A \to B \to C \to D$점으로 이동함에 따라 그 값이 점점 감소하는데 이러한 성질을 **한계대체율체감의 원리**(principle of diminishing marginal rate of substitution)라고 한다.

무차별곡선의 성질

첫째, 무차별곡선은 우하향하는 기울기를 갖는다. [그림 1-7]에서 A점을 통과하는 무차별곡선은 색칠된 영역을 지날 수 없다. A점으로부터 우상방의 색칠된 영역은 쌀과 라면 모두 A점보다 더 많은 상품영역이기 때문에 이 영역의 상품묶음은 모두 A점보다 더 높은 효용을 제공하는 영역이다. 반면에 A점으로부터 좌하방의 색칠된 영역은 쌀과 라면 모두 A점보다 적은 상품영역이기 때문에 이 영역의 상품묶음은 모두 A점보다 낮은 효용을 제공하는 영역이다. 그러므로 A점과 동일한 수준의 효용을 나타내는 무차별곡선의 색칠된 영역을 지날 수 없다. 따라서 A점을 통과하는 무차별곡선은 우하향하는 기울기를 가질 수밖에 없다.

둘째, 무차별곡선은 원점을 향해 볼록한 곡선이 된다. [그림 1-7]에서 A점을 통과하는 무차별곡선이 우하향하는 기울기를 가져도 S_1이나 W_1과 같은 모양은 될 수 없고, U_1과 같이 원점을 향해 볼록한 모양만 될 수 있다. 그 이유는 동일한 효용수준을 유지하면서 한 상품을 다른 상품으로 대체해 나갈 때 두 상품 사이의 대체비율인 한계대체율(MRS)이 점점 체감하기 때문이다.

그림 1-7

무차별곡선의 여러 가지 성질

무차별곡선은 원점을 향해 볼록하면서 우하향하는 기울기를 가진다.

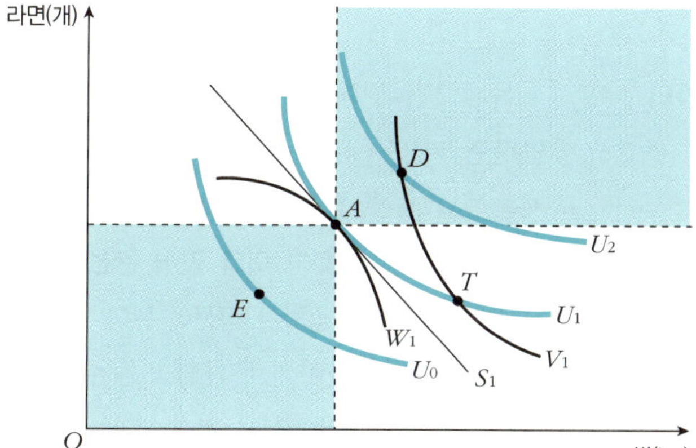

셋째, 무차별곡선은 서로 교차할 수 없다. 만약 한 소비자의 무차별곡선이 [그림 1-7]의 V_1과 U_1처럼 서로 교차하게 된다면 이것은 논리적으로 모순이 된다. A점과 T점은 U_1이라는 동일한 무차별곡선상에 위치하기 때문에 동일한 효용수준을 제공하는 상품묶음이다. D점과 T점도 V_1이라는 동일한 무차별곡선상의 점이기 때문에 동일한 효용수준을 제공한다. 그런데 A점과 D점을 비교하면 선호체계의 세 번째 조건(more is better)에 의해 D점이 A점보다 분명히 더 높은 효용수준을 제공한다. $A \sim T$이고 $T \sim D$인데 $A \prec D$라면 이것은 선호체계의 두 번째 조건에 위배되는 모순이 발생한다. 그러므로 동일한 소비자의 무차별곡선은 서로 교차해서는 안 된다.

넷째, 무차별곡선은 상품공간의 어떤 상품묶음에 대해서도 그려질 수 있다. 즉, 상품공간의 어떤 점에 대해서도 그 점을 통과하는 무차별곡선이 존재한다. 그러므로 상품공간에는 무수히 많은 무차별곡선이 그려질 수 있다. 이것은 1.1과 1.2 사이에 1.1112, 1.1113 등과 같은 수가 존재할 수 있듯이 한 무차별곡선과 다른 무차별곡선 사이에도 또 다른 무차별곡선이 무수히 많이 존재할 수 있다는 것을 의미한다.

다섯째, 원점으로부터 멀리 떨어져 있는 무차별곡선일수록 더 높은 효용수준을 나타낸다. [그림 1-7]에서는 U_2가 U_1보다, U_1이 U_0보다 더 높은 효용수준을 나타낸다. 이것은 상품의 양이 더 많은 상품묶음이 항상 더 높은 효용을 제공하기 때문이다(선호체계의 3번째 조건 참조). 여기서 U_2, U_1, U_0는 효용수준의 순서만 표시할 뿐이지 효용의 양을 나타내지는 않는다.

특수한 모양의 무차별곡선

볼펜 2자루 대신 연필 3자루를 가져도 소비자의 효용에 하등의 변화가 없다면, 이 두 재화는 완전대체관계에 있다고 본다. 이것은 볼펜 2자루가 제공하는 효용이 연필 3자루가 제공하는 효용과 항상 똑같다는 것을 의미한다. 만약 **두 재화가 이와 같이 완전한 대체관계에 있다면 이 두 재화에 대한 무차별곡선은 우하향하는 직선이 된다.**

볼펜과 연필 사이의 무차별곡선은 [그림 1-8]에서와 같은 직선으로 그려진다. 어떤 소비점에서나 볼펜을 두 자루 줄이면서 연필을 세 자루 더 가지면 이 소비자의 효용에는 하등의 변화가 없다. 따라서 A점으로부터 B점으

그림 1-8

완전대체재의 무차별곡선

볼펜과 연필이 항상 2:3의 비율로 완벽하게 대체될 때의 무차별곡선

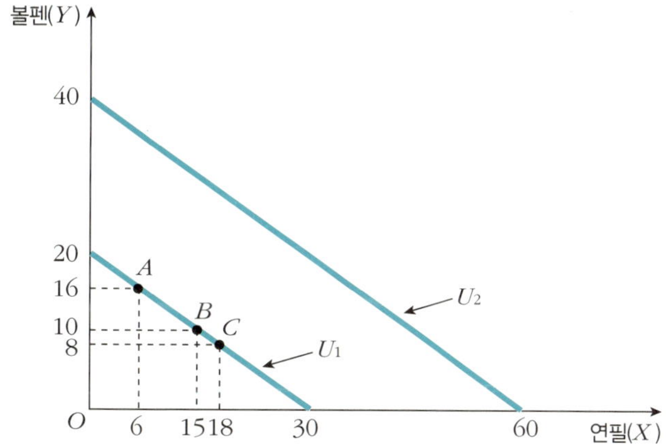

로 이동할 때는 볼펜 6자루를 줄이면서 연필을 9자루 더 가진 것이고, B점으로부터 C점으로 이동할 때는 볼펜을 2자루 줄이면서 연필을 3자루 더 가진 것이다. 소비점이 이렇게 이동해도 소비자의 효용에는 하등의 변화가 없다. 이런 특성을 갖는 x, y재를 우리는 **완전대체재(perfect substitutes)**라고 한다.

완전대체재의 무차별곡선에서는 한계대체율이 항상 일정하다. x, y재 사이에 이런 관계가 존재한다면 **효용함수는 $U = aX + bY$**와 같은 형태가 된다. 이 효용함수에서 식(1.3)과 같은 방법으로 한계대체율을 구하면 $MRS = \frac{a}{b}\left(MU_x = \partial U/\partial X = a,\ MU_y = \partial U/\partial Y = b,\ MRS = MU_x/MU_y = \frac{a}{b}\right)$가 되고 이 값은 항상 일정하다.

[그림 1-8]의 무차별곡선은 $U = 2X + 3Y$라는 효용함수에서 도출된 것이다. U_1은 $60(=U_1) = 2X + 3Y$라는 효용함수를 무차별곡선으로 그린 것이다. U_2는 $120(=U_2) = 2X + 3Y$라는 효용함수를 무차별곡선으로 그린 것이다. U_2는 U_1보다 더 높은 효용수준을 나타내는 무차별곡선이다. 어느 무차별곡선에서나 어느 소비점에서나 $MRS = \frac{2}{3}$로 항상 일정하다. 즉, 무차별곡선의 기울기는 그 절대값이 $\frac{2}{3}$이다.

완전대체재와는 반대로 두 재화 사이에 대체가 전혀 이루어지지 않는 상품도 있다. 두 재화는 항상 일정한 비율로만 함께 사용되는 재화가 여기에

그림 1-9

완전보완재의 무차별곡선

왼쪽 구두와 오른쪽 구두가 항상 1:1의 비율은 완벽한 보완관계에 있을 때의 무차별곡선

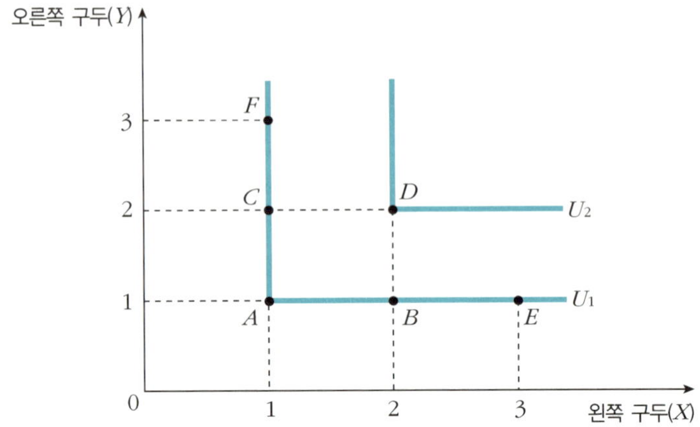

해당한다. 이런 재화를 **완전보완재(perfect complements)**라고 하며, **두 재화가 완전보완관계에 있으면 이 두 재화에 대한 무차별곡선은 [그림 1-9]에서와 같은 *L*자 모양이 된다.** 예컨대 *x*재를 왼쪽 구두, *y*재를 오른쪽 구두라고 두면 [그림 1-9]의 *A*점은 왼쪽 구두 하나와 오른쪽 구두 하나가 합해져서 한 켤레의 구두를 만드는 점이다. 그러므로 *A*점은 한 켤레의 구두가 제공하는 효용을 나타내고 그 효용수준은 U_1이다.

그런데 소비점이 *A*점으로부터 *B*점으로 이동하면 오른쪽 구두 하나와 왼쪽 구두 두 개로 이루어지는 구두조합이지만 이 구두조합으로는 한 켤레의 구두밖에 만들 수 없다. 즉, *B*점도 *A*점과 똑같이 한 켤레의 구두가 제공하는 효용만 제공할 뿐이고 그 효용수준은 U_1이다. *A*점에서 *B*점으로 이동할 때 추가된 왼쪽 구두 한 짝의 한계효용은 0이다. 즉, $A \rightarrow B \rightarrow E$로 갈 때는 $MU_x = 0$이다.

*A*점에서 *C*점으로 이동되어 왼쪽 구두 하나와 오른쪽 구두 두 개가 합쳐져도 결국은 한 켤레의 구두밖에 되지 못하기 때문에 이 점의 효용도 *A*점과 똑같고 그 크기는 U_1이다. *A*점에서 *C*점으로 이동할 때 추가된 오른쪽 구두 한 짝의 한계효용도 0이다. 즉, $A \rightarrow C \rightarrow F$로 갈 때는 $MU_y = 0$이다.

이와 같이 *A*, *B*, *E*, *F*점은 모두 같은 수준의 효용을 나타내는 점이다. 두

재화 사이에는 대체가 전혀 일어나지 않고 항상 일정한 비율로만 함께 사용될 수밖에 없다. 그러므로 A점을 통과하는 무차별곡선은 B, E점과 C, F점을 통과하는 L자 모양이 될 수밖에 없다. 이런 특성을 갖는 x, y재는 전혀 대체가 이루어지지 않는데 우리는 이런 재화를 **완전보완재(perfect complements)**라고 한다.

완전보완재의 무차별곡선에서는 한계대체율 개념이 정의될 수 없다. 두 재화 사이에는 대체가 전혀 이루어지지 않기 때문이다. x, y재 사이에 완전보완관계가 존재하면 **효용함수는 $U = \min\left(\frac{X}{\alpha}, \frac{Y}{\beta}\right)$**라는 함수형태로 표시된다. 이 함수는 $\frac{X}{\alpha}$와 $\frac{Y}{\beta}$ 중 작은 값이 U값이 된다는 것을 나타내고, x재 α개와 y재 β개가 한 쌍의 보완재가 되면서 1단위의 효용을 제공한다는 것을 나타낸다. [그림 1-9]에서 U_1은 $1 = \min\left(\frac{X}{1}, \frac{Y}{1}\right)$, 즉 $1 = \min(X, Y)$라는 함수를 그래프로 그린 것이다. x재 하나와 y재 하나가 한 쌍의 보완재이며 각각 1단위씩을 소비하면 1단위의 효용을 제공받을 수 있다는 의미이다. 이 함수식에서 X 또는 Y 중 하나의 값이 1인한 다른 변수의 값이 아무리 커져도 효용의 크기는 항상 1이다. U_2는 $2 = \min\left(\frac{X}{1}, \frac{Y}{1}\right)$라는 함수를 그래프로 그린 것이다. 이 함수식에서 X 또는 Y 중 하나의 값이 2인한 다른 변수의 값이 2를 넘어 아무리 커져도 효용의 크기는 항상 2이다. U_1은 구두 한 켤레의 효용을 나타내는 무차별곡선이고, U_2는 구두 두 켤레의 효용을 나타내는 무차별곡선이기 때문에 U_2는 U_1보다 더 크다.

4. 예산제약과 소비가능범위

예산선

소비자는 자기가 원하는 재화를 무한정으로 소비할 수는 없다. 왜냐하면 각 재화는 무료가 아니고 정당한 가격을 지불해야 하는데 이를 위한 소득수준이 제한되어 있기 때문이다. **소비자는 자기의 소득범위 이내에서만 자기의 소비량을 정할 수 있다.** 소비행위를 할 때 소비자가 봉착하게 되는 이러한 행

그림 1-10

예산선

100,000원을 가진 소비자는 직선 *ABCFG* 이내의 상품묶음만 구매할 수 있고 그밖의 상품묶음들은 구매할 수 없다. 소비자가 구매할 수 있는 영역과 구매할 수 없는 영역을 구분해 주는 직선 *ABCFG*를 예산선 또는 가격선이라고 한다.

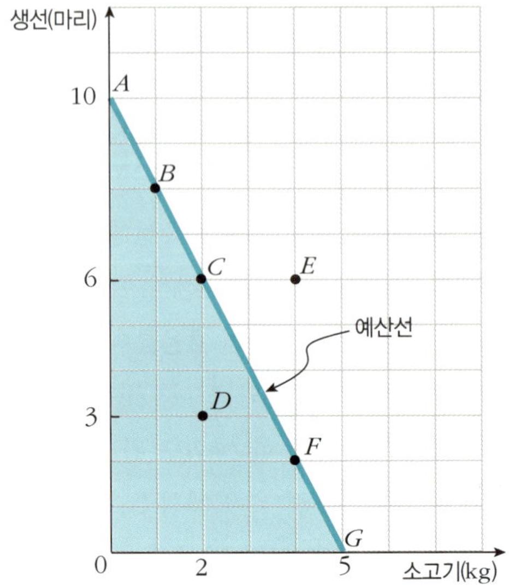

위를 **소득제약**(income constraints) 또는 **예산제약**(budget constraints)이라고 한다.

주부가 현금 100,000원을 가지고 시장에 나가서 소고기와 생선을 사려 한다고 가정해 보자. 소고기는 1kg에 20,000원이고, 생선은 한 마리에 10,000원이다. [그림 1-10]의 *A*점에서 보는 것처럼 생선을 10마리 사면 소고기는 하나도 살 수 없다. 그리고 *G*점에서처럼 소고기를 5kg 사면 생선을 하나도 살 수 없다. *C* 점에서처럼 소고기를 2kg 산다면 생선은 6마리만 살 수 있다.

소고기 구매량을 *X*, 생선구매량을 *Y*라고 두면 소고기 구매에 지출된 금액은 $20{,}000 \cdot X$원이고, 생선 구매에 지출된 금액은 $10{,}000 \cdot Y$원이다. 이 두 금액을 합한 값은 현재 가진 돈 100,000원을 초과할 수 없다. 즉, $100{,}000 \geq 20{,}000X + 10{,}000Y$이다. 이 식을 **예산제약식**이라고 한다.

예산제약식을 그래프로 표시하면 [그림 1-10]과 같다. *A*점은 100,000원을 모두 지출하면서 생선만 10마리 구매하는 점이고, *G*점은 100,000원 모두 지출하면서 소고기만 5kg 구매하는 점이다. *C*점은 100,000원을 모두 지출하면서 소고기 2kg과 생선 6마리를 구매하는 점이다. 그런데 *D*점은 소고

그림 1-11

함수식으로부터 도출된 예산선

예산선 AG의 기울기는 두 상품의 가격비율인 P_x/P_y이고, x축의 절편과 y축의 절편은 각각 M/P_x, M/P_y이다.

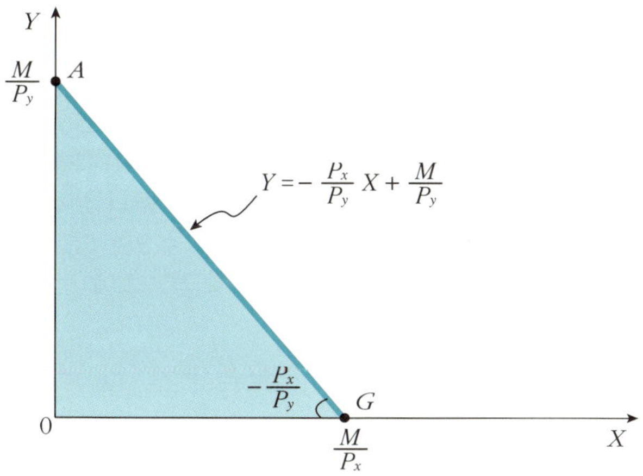

기 2kg(40,000원 지출)과 생선 3마리(30,000원 지출)를 구매하면서 70,000원만 지출하고 30,000원을 남기는 점이다. 반대로 E점은 소고기 4kg(80,000원 지출)과 생선 6마리(60,000원 지출)를 구매하는 점인데 이를 위해서는 140,000원이 소요되기 때문에 주부는 이 상품묶음을 구매할 수 없다.

[그림 1-10]에서 **100,000원의 예산을 모두 지출하면서 구매하는 상품묶음들을 연결한 직선 *A*, *B*, *C*, *F*, *G*를 예산선(budget line) 또는 가격선(price line)**이라고 한다. D점처럼 예산선 이내의 점들은 100,000원으로 충분히 구매하고도 돈을 남길 수 있는 구매가능 상품묶음이고, E점처럼 예산선 밖의 점들은 100,000원으로는 구매할 수 없는 구매불가능 상품묶음이다.

소고기를 x재, 생선을 y재라 두고, 이들의 가격을 각각 P_x, P_y, 이들의 구매량을 각각 X, Y, 그리고 주부의 예산액을 M이라고 두면 이 주부의 예산제약식은 다음과 같이 표시될 수 있다.

$$M \geqq P_x \cdot X + P_y \cdot Y \tag{1.4}$$

식 (1.4)에서 주어진 예산을 모두 소비한다면 이 예산제약식은 $M=P_x \cdot X+P_y \cdot Y$이고, 이 식을 약간 조정하면 $Y=-\frac{P_x}{P_y}X+\frac{M}{P_y}$이라는 식이

사례검토 1.2

배급제도와 소비가능범위

소득의 크기 이외에도 소비자의 선택범위를 제약할 수 있는 요인은 여러 가지 있을 수 있다. 대표적인 것으로 배급제도(rationing)를 들 수 있다. 예컨대 석유파동이 일어나서 석유에 대한 배급제도가 실시되고 한 사람이 구매할 수 있는 석유의 양이 제한된다면 소비자는 돈이 있다고 석유를 원하는 대로 구매할 수는 없다. 소비자가 구매할 수 있는 상품범위는 [그림 1-12]에서처럼 *abc* 범위 안으로 줄어든다. 배급제도가 실시되어 1인당 구매할 수 있는 석유의 양이 $\overline{X}$로 제한되면 소비자는 예산사정으로는 석유를 *d*까지 구매할 수 있으나 실제로 구매할 수 있는 양은 *abc* 범위 이내로 줄어든다. 1973년의 석유파동 때는 실제로 이런 현상이 일어났다. 배급제도하에서는 소비가능영역이 색칠된 부분으로 줄어든다.

그림 1-12

배급제도에 의한 소비제약

석유의 배급량이 $O\overline{X}$로 제한되기 때문에 소비자가 구매할 수 있는 상품묶음의 범위는 *abc* 이내로 제한된다.

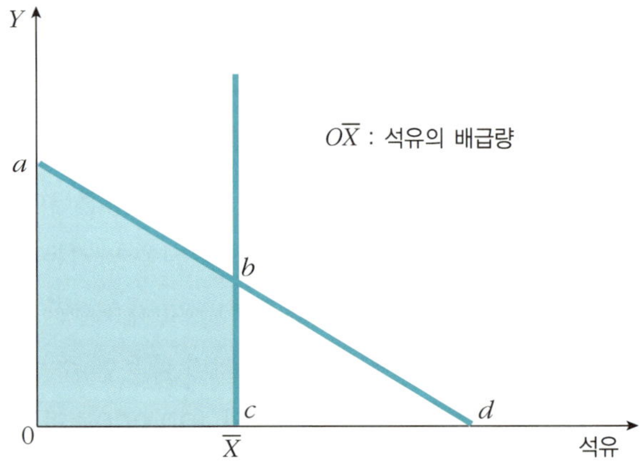

도출된다. 이 식은 기울기가 $-\frac{P_x}{P_y}$이고 Y축의 절편이 $\frac{M}{P_y}$인 직선으로서 [그림 1-11]의 AG와 같은 직선이 된다. 예산선 AG 내부의 점은 예산 M으로 구매할 수 있는 상품묶음이고, 예산선 AG 밖의 점은 예산 M으로 구매할 수 없는 상품묶음이다. [그림 1-10]의 예산선은 $P_x = 20,000$원, $P_y = 10,000$원, $M = 100,000$원일 때 도출된 것이기 때문에 $100,000 = 20,000X + 10,000Y$, 즉 $Y = -2X + 10$이라는 수식을 그래프로 그린 선이다.

예산선의 기울기는 그 절대값이 두 상품가격의 비율(P_x/P_y)과 일치한다. 그러므로 한 상품의 가격이 변하면 예산선의 기울기가 변한다. 그리고 예산선이 X, Y축과 만나는 점은 소득(M)을 각 가격으로 나눈 값이다. 그러므로

그림 1-13

예산선의 이동

예산선 *CB*에서 *x*재 가격(*Px*)이 하락하면 예산선은 *CD*가 되고, *y*재가격(*Py*)이 상승하면 예산선은 *AB*가 된다. *AB*에서 소득이 증가하면 예산선은 *CD*로 이동한다.

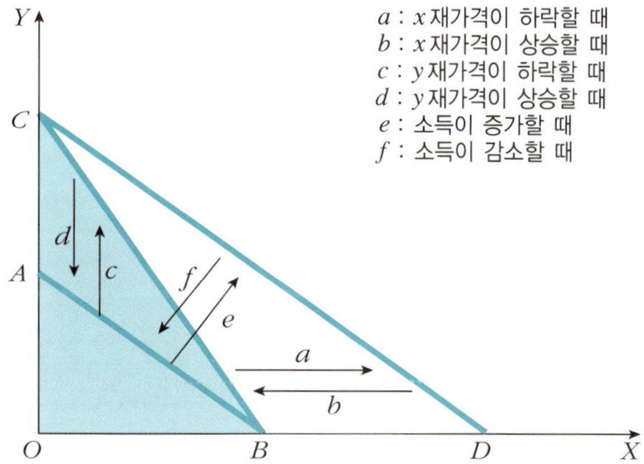

가격이 변하지 않은채 소득이 변하면 예산선의 위치는 평행하게 이동한다.

예산선의 이동

가격이나 소득이 변하면 예산선이 이동한다. [그림 1-13]은 가격이나 소득이 변할 때 예산선이 어떻게 이동할 것인지가 요약정리되어 있다. **가격만 변할 때는 기울기가 변화하면서 예산선이 이동하고, 소득(예산)만 변할 때는 예산선이 평행하게 이동한다.** [그림 1-13]에서 *x*재가격(*Px*)이 하락하면 *a*, 상승하면 *b*, *y*재가격(*Py*)이 하락하면 *c*, 상승하면 *d*처럼 예산선이 이동한다. 반면에 소득이 증가하면 *e*처럼, 감소하면 *f*처럼 예산선이 이동한다.

5. 소비자의 최적선택

균형소비점

소비자의 목적은 주어진 예산제약하에서 자기의 효용이 극대화되도록 소비행위를 하는 것이다. 효용을 극대화시키기 위해서는 가능한 한 높은 수준의 무차별곡선에 도달해야 하는데 소득(예산)이 일정하게 주어져 있기 때

그림 1-14

소비자균형

예산선 AB와 무차별곡선 U_2가 서로 접하는 E점에서 소비자효용이 극대화되는 소비자균형이 달성된다.

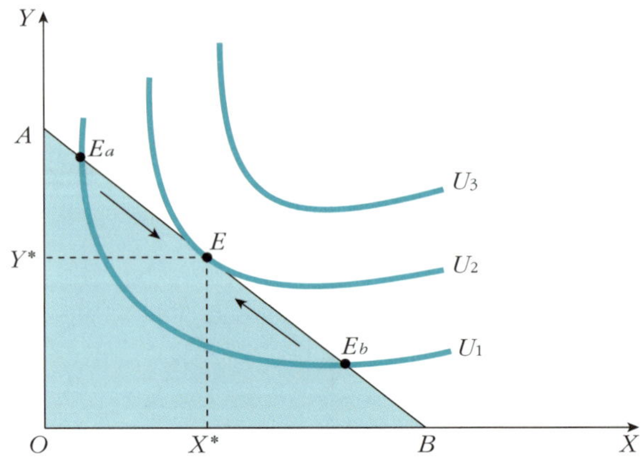

문에 무턱대고 높은 수준의 무차별곡선으로 갈 수는 없다. 소비자는 소비가능범위 이내에서 도달 가능한 최고 수준의 무차별곡선에 도달하는 것이 목적을 달성시키는 방법이다.

[그림 1-14]에는 예산선이 AB로 주어져 있다. 그러므로 소비자는 OAB라는 색칠된 삼각형의 범위 이내에서만 자기가 원하는 상품묶음을 구매할 수 있다. 그런데 이 범위 내에서 소비하는 한 U_3 수준의 무차별곡선에는 도달할 수 없다. 예산범위 내에서 소비하면서 도달가능한 최고 수준의 무차별곡선은 U_2이다.

U_2선상의 E점에서 소비할 때 이 소비자는 가장 높은 효용수준에 도달하게 된다. 즉, **이 소비자는 x재를 OX^*만큼 소비하고, y재를 OY^*만큼 소비할 때 최고 효용을 얻을 수 있다.** 이때 **E점을 소비자균형(consumer equilibrium)이라고 한다.**

E점은 예산선이 무차별곡선 U_2와 접하는 점인데, 이 점에서는 무차별곡선의 기울기와 예산선의 기울기가 일치한다. 그런데 무차별곡선의 기울기에 절대값을 취한 것이 한계대체율(MRS)이고 예산선의 기울기에 절대값을 취한 것이 두 상품의 가격비율(P_x/P_y)이기 때문에 이 점에서는 다음 조건이 충족된다.

$$|\text{예산선의 기울기}| = \frac{P_x}{P_y} = MRS = |\text{무차별곡선의 기울기}| \quad (1.5)$$

소비자균형에 도달하기 위해서는 식 (1.5)가 충족되어야 하기에 식 (1.5)를 소비자균형의 조건이라고 한다.

$MRS = MU_x / MU_y$ 이기 때문에(식 (1.3) 참조)) 식 (1.5)의 균형조건은

사례검토 1.3

소주와 오징어의 소비

지철만이라는 학생의 소주(X)와 오징어(Y)에 대한 효용함수는 $U = XY$이다. 그런데 이 학생은 현금 12,000원으로 소주와 오징어를 사려고 한다. 소주가격은 1병에 2,000원이고, 오징어 가격은 한 마리에 3,000이다. 지철만은 소주와 오징어를 어떻게 사는 것이 효용을 극대화시키는 방법일까? 지철만은 예산범위 내에서 소비해야 하기 때문에 일단 다음 조건을 충족시켜야 한다.

$$12{,}000 = 2{,}000 \cdot X + 3{,}000 \cdot Y \quad (1.6)$$

그리고 효용을 극대화시키기 위해서는 식 (1.5)의 균형조건을 충족시켜야 한다. 효용함수가 $U = XY$이기 때문에 $MU_x = \partial U / \partial X = Y$이고 $MU_y = \partial U / \partial Y = X$이다. 그러므로 $MRS = \frac{MU_x}{MU_y} = Y/X$이다. 그런데 $P_x = 2{,}000$이고, $P_y = 3{,}000$이기 때문에 균형에서는 다음 조건도 충족되어야 한다.

$$\frac{Y}{X} = \frac{2{,}000}{3{,}000} \quad (1.7)$$

식 (1.6)과 식 (1.7)을 연립방정식으로 놓고 풀면 $X = 3$, $Y = 2$가 된다. 지철만은 소주 3병과 오징어 2마리를 사야 효용을 극대화시킬 수 있다. 이 균형점은 [그림 1-15]의 E점이다. 이때의 효용수준은 $U = 2 \times 3 = 6$이다.

그림 1-15

소주와 오징어의 균형소비

소비자는 효용을 극대화시키기 위해 소주 3병과 오징어 2마리를 소비한다.

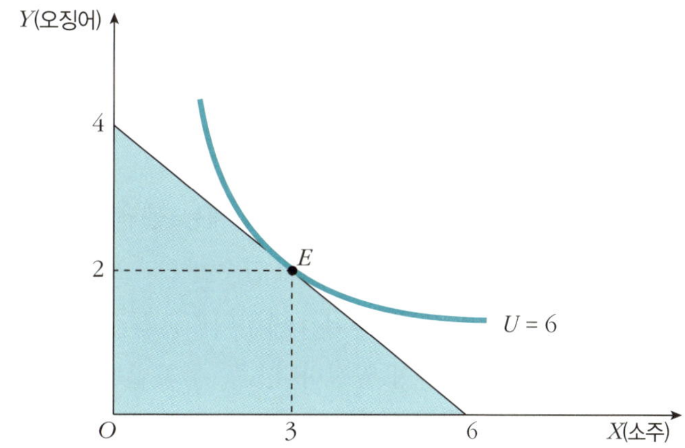

$MU_x/P_x = MU_y/P_y$로도 쓰여질 수 있다. 이 식은 1원이 x재 구매에 지출되었을 때 가져오는 1원의 한계효용(MU_x/P_x)과 y재 구매에 지출되었을 때 가져오는 1원의 한계효용(MU_y/P_y)이 일치한다는 **한계효용균등의 법칙**을 나타낸다. 효용이 극대화되는 소비자균형에 도달했을 때는 이 법칙이 충족된다.

한계효용균등의 법칙이 충족되지 않으면 소비자는 소비량을 조정하여 효용을 더 증대시킬 수 있다. [그림 1-14]의 E_a점에서는 무차별곡선의 기울기가 예산선의 기울기보다 더 크고 $MRS > P_x/P_y$이기 때문에 $MU_x/P_x > MU_y/P_y$이다. 즉 1원이 x재 소비에 지출되었을 때 나타나는 효용이 y재 소비에 지출되었을 때 나타나는 효용보다 더 크다. 그러므로 소비자는 y재 구매를 줄이고 대신 x재 구매를 늘림으로써 더 큰 효용을 얻을 수 있다. 즉, [그림 1-14]의 E_a점으로부터는 화살표 방향으로 소비점을 E점까지 이동시킴으로써 소비자는 동일한 소득을 지출하고도(동일한 예산선상에 있음) 더 큰 효용을 얻을 수 있다. 그러므로 $MRS > P_x/P_y$인 E_a점은 균형점이 될 수 없고, $MRS = P_x/P_y$인 E점만 균형점이 될 수 있다.

E_b점에서는 그 반대의 조정이 필요하다. 이 점에서는 $MRS < P_x/P_y$이기 때문에 $MU_x/P_x < MU_y/P_y$이다. 즉, 1원이 y재 소비에 지출되었을 때 나타나는 효용이 x재 소비에 지출되었을 때 나타나는 효용보다 더 크다. 그러므로 소득지출을 x재 구매는 줄이고 y재 구매는 늘리는 방향으로 재조정함으로써 소비자는 더 큰 효용을 얻을 수 있다. 즉, [그림 1-14]의 E_b점으로부터는 화살표 방향으로 소비점을 E점까지 이동시킴으로써 동일한 소득을 지출하고도 소비자는 더 큰 효용을 얻을 수 있다. 그러므로 $MRS < P_x/P_y$인 E_b점은 균형점이 될 수 없고 $MRS = P_x/P_y$인 E점만 균형점이 될 수 있다.

완전대체재일 때의 소비자균형

x재는 연필이고 y재는 볼펜인데 연필 3자루와 볼펜 2자루가 완전대체관계에 있으면 효용함수는 $U = 2X + 3Y$가 된다. 이 효용함수하에서는 무차별곡선이 [그림 1-16]의 U_1, U_2처럼 그려진다. 이때 한계대체율 MRS는 2/3로 항상 일정하다. 즉, 무차별곡선 U_1, U_2의 기울기는 그 절대값이 2/3이다.

이러한 효용함수를 갖는 어떤 학생이 6,000원으로 연필과 볼펜을 사려고 하는데 연필가격은 200원($P_x = 200$)이고 볼펜가격은 350원($P_y = 350$)이라면 예

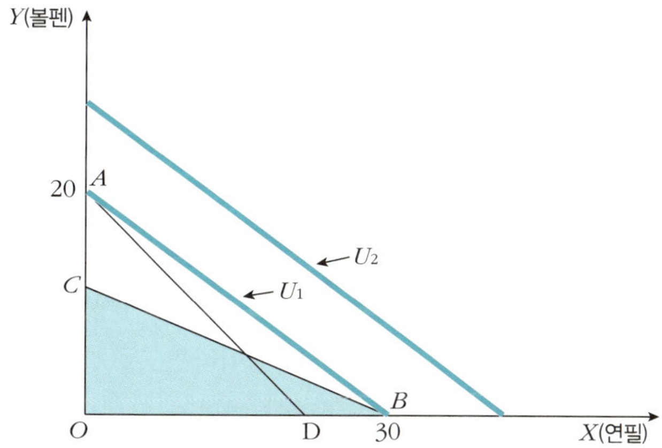

그림 1-16

완전대체재일 때의 소비자균형

예산선이 CB이면 B점이 균형점이고 예산선이 AD이면 A점이 균형점이고 예산선이 AB이면 AB선상의 모든 점이 균형점이다.

산제약식은 $6,000 = 200X + 350Y$가 되고 예산선은 [그림 1-16]의 CB와 같이 된다. 색칠된 부분이 소비가능한 상품묶음이며 이 범위 내에서 도달 가능한 가장 높은 효용수준은 B점에서 소비할 때의 U_1이다. 즉, 균형소비점은 연필만 구매하는 B점이다. 이러한 **균형점은 한쪽 꼭지에 있는 균형점이라고 해서 꼭지해(corner solution)라고 한다. 꼭지해는 한 가지 상품만 구매하는 균형이다. 이것은 C점과 B점 사이의 내부에 균형이 존재할 때 부르는 내부해(interior solution)와 대조적으로 지칭되는 개념이다. 내부해는 두 상품을 동시에 구매하는 균형이다.**

만약 연필가격이 250원($P_x = 250$)이고 볼펜가격이 300원($P_y = 300$)이라고 하면 예산선은 AD와 같이 되고 균형소비점은 볼펜만 구매하는 A점이 된다. 또 연필가격이 200원($P_x = 200$)이고, 볼펜가격이 300원($P_y = 300$)이면, 이 때의 예산선은 무차별곡선 U_1과 완전히 일치하게 되고 AB선상의 어느 점도 균형소비점이 될 수 있다. 즉, 무수히 많은 균형점이 존재한다.

이러한 균형원리를 종합하면 두 재화가 완전대체재일 때는 균형점이 아래와 같은 3가지 중 하나가 된다.

a. **$MRS(2/3) > P_x/P_y(200/350)$이면 x재만 구매하는 균형**

b. **$MRS(2/3) < P_x/P_y(250/300)$이면 y재만 구매하는 균형**

c. **$MRS(2/3) = P_x/P_y(200/300)$이면 수많은 균형이 존재**

완전보완재일 때의 소비자균형

구두의 왼짝과 오른짝처럼 두 재화가 완전보완관계에 있으면 무차별곡선은 [그림 1-17]의 U_1, U_2처럼 L자 모양이 된다. 이때 예산선이 AB이면 소비가능영역은 삼각형 OAB 내의 영역이고, 이 범위 내에서 소비하면서 도달할 수 있는 가장 높은 효용수준은 E점에서 소비할 때의 U_1이다. 즉 E점이 균형소비점이 된다.

그런데 이 경우에는 예산선의 기울기에 관계없이 균형점은 E점으로 고정되어 있다. 예산선이 CD로 변해도 균형소비점은 E점이다. E점이 구두 두 켤레를 나타내는 점이라면, 두 켤레를 구매할 수 있는 예산밖에 없는 한 구두 한 짝의 가격이 어떻게 되든 상관없이 균형소비점은 항상 E점이다. 두 재화는 대체가 전혀 이루어질 수 없는 완전보완재이기 때문이다.

그림 1-17

완전보완재일 때의 소비자균형

예산선이 AB이든 CD이든 균형소비점은 E점이다.

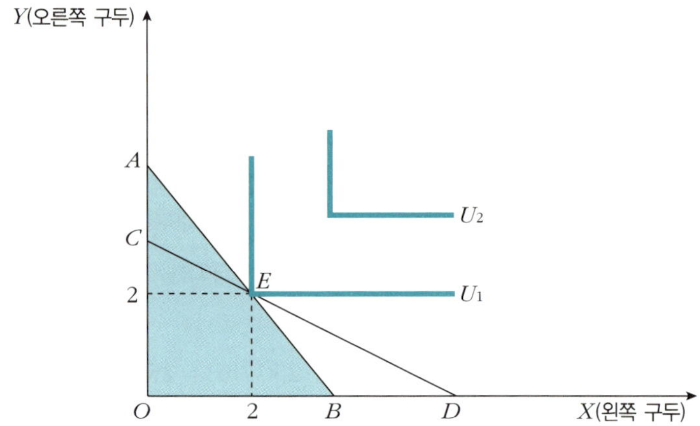

비효용이 있을 때의 소비자균형

좋아하는 상품(goods)과 싫어하는 상품(bads)을 동시에 소비하는 경우에도 무차별곡선을 이용해 소비자균형을 찾을 수 있다. 가을에 밤 줍는 농장에 가서 밤은 무료로 주워갈 수 있는 대신 알밤 1kg당 밤송이껍질 2kg을 반드시 가져가야 한다고 가정해 보자. 이때 알밤은 소비자가 좋아하는 상품으로 효용(utility)을 가진 상품이고, 밤송이껍질은 소비자가 싫어하는 상품으로 비효용(disutility)을 가진 상품이다.

그림 1-18

싫어하는 상품과 좋아하는 상품을 동시에 소비할 때의 균형

x재(밤송이)는 싫어하는 재화이고 y재(알밤)는 좋아하는 재화이다. 균형 소비점은 E점이다.

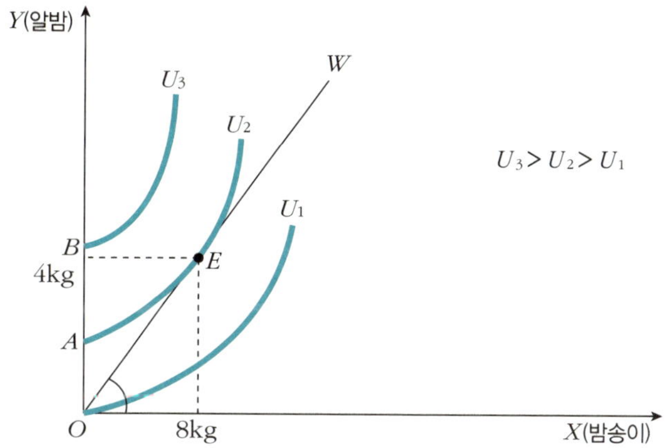

밤송이껍질을 x재, 알밤을 y재라고 두면 이 두 재화 사이의 무차별곡선은 [그림 1-18]의 U_1, U_2, U_3와 같이 된다. U_1을 기준으로 볼 때 원점에서는 효용이 0인데 싫어하는 x재를 더 가지게 하면서 효용수준이 그대로 유지되도록 하려면 좋아하는 알밤도 더 가지도록 해야 한다. 그러므로 무차별곡선은 우상향하는 기울기를 갖는다. 그런데 밤송이를 점점 더 많이 갖게 하면 밤송이의 한계효용은 체증하는 대신 알밤을 점점 더 많이 갖게 할 때는 알밤의 한계효용이 체감하기 때문에 밤송이가 증가할 때 알밤은 더 빠른 속도로 증가시켜야 효용이 일정하게 유지된다. 따라서 무차별곡선은 아래를 향해 볼록하게 그려진다.

U_2는 이보다 알밤이 많은 A점에서 출발하기 때문에 U_1보다는 높은 효용을 나타내고 U_3는 A점보다 알밤이 더 많은 B점에서 출발하기 때문에 U_2보다 더 높은 효용을 나타낸다. 그런데 알밤(y재) 1kg을 가져갈 때는 밤송이(x재) 2kg을 가져가야 하기 때문에 두 재화 사이의 소비비율은 항상 1:2로 유지되어야 한다. 즉, 소비는 기울기가 1/2인 OW선상에서만 이루어진다. OW는 예산선이나 마찬가지이다.

OW선상에서 소비하면서 가장 높은 효용수준에 도달할 수 있는 점은 E점이고 이때의 효용수준은 U_2이다. 즉, 소비자는 알밤을 4kg 가지면서 밤

그림 1-19

포만소비점과 소비자

커피는 5잔, 사탕은 10개가 포만소비점이다. 더 이상 소비하면 효용이 오히려 줄어든다.

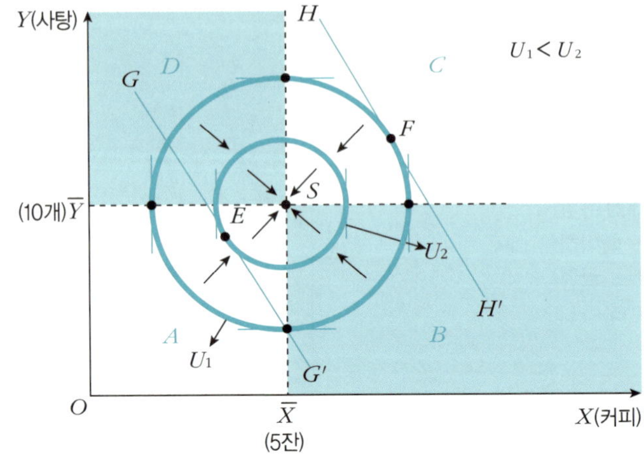

송이를 8kg 가져가야 한다.

많은 상품은 일정기간에 너무 많이 사용하면 물리게 되는 점이 있다. 이 점을 우리는 포만소비점(satiation point)이라고 부른다. 예컨대 어떤 여학생은 하루에 커피를 5잔 이상 마시면 오히려 총효용이 감소하고 사탕은 10개 이상 먹으면 총효용이 감소한다. 즉, 커피는 5잔이 포만소비점이고 사탕은 10개가 포만소비점이다. 이때 커피를 x재라 하고, 사탕을 y재라 하여 무차별곡선을 그리면 [그림 1-19]와 같다. $O\overline{X}$는 커피 5잔을 나타내고 $O\overline{Y}$는 사탕 10개를 나타낸다.

[그림 1-19]에서 두 재화의 소비량이 $O\overline{X}$와 $O\overline{Y}$의 이내에 있을 때는 둘 모두 포만소비점 이내에 있기 때문에 둘 모두 좋아하는 재화이고 두 재화 사이에는 정상적인 무차별곡선이 그려진다. 즉, A구간에서는 두 재화 사이에 정상적인 형태의 무차별곡선이 그려진다. 그리고 화살표 방향을 이동할수록 효용수준이 높아진다. 그런데 B구간에 들어서면 y재는 여전히 좋아하는 재화이지만 x재는 포만소비량을 넘어서서 이제 싫어하는 재화가 되어버렸다. 그러므로 무차별곡선은 위로 꺾여 올라가는 모양이 된다. 반대로 D구간에서의 x재는 좋아하는 재화이지만 y재는 포만소비점을 넘어서서 싫어하는 재화가 되어버렸다. 그러므로 이 구간에서는 무차별곡선이 오른쪽

으로 꺾이는 모양이 된다. C 구간에서는 두 재화 모두 포만소비점을 넘어서서 싫어하는 재화가 되었기 때문에 무차별곡선이 원점을 향해 오목한 모양이 되었다. 그리고 무차별곡선은 화살표 방향을 따라 S점을 향해 이동할수록 효용수준이 더 높아진다. 이때는 커피를 하루 7, 8잔 마시는 것보다 5잔으로 줄이는 것이 더 좋고, 사탕을 하루 20, 30개 먹는 것보다 10개로 줄이는 것이 더 좋다는 것을 의미한다.

이러한 무차별곡선하에서는 예산선이 GG'처럼 S점 이내에 있을 때는 무

효용도 비효용도 없는 상품은?

추가학습 1.3

어떤 재화가 좋아하는 재화도 아니고 싫어하는 재화도 아닐 때는 [그림 1-20]과 같은 무차별곡선이 그려진다. 이런 재화를 무효용재화 또는 중립적 재화(neutral goods)라고 하는데 [그림 1-20]에서는 x재가 중립재이고 y재가 좋아하는 재화(goods)이다. x재는 효용도 비효용도 없기 때문에 그 양의 다과가 소비자의 만족도에 아무런 영향을 미치지 못한다. 무차별곡선 U_1을 기준으로 볼 때, 좋아하는 재화인 y재의 양이 Y_1에 고정되어 있는 한 x재의 양이 아무리 많아져도 총효용은 불변이고 무차별곡선은 U_1처럼 수평선이 된다. 즉, x재의 한계효용(MU_x)은 항상 0이다. y재의 양이 Y_2로 많아지면 소비자의 효용수준은 증가하고 이때의 무차별곡선은 U_2와 같은 수평선이 된다.

이런 재화들로 구성된 상품공간에 AB와 같은 예산선이 주어진다면 이 소비자는 A점에서 소비할 때 가장 높은 효용에 도달할 수 있고, 무차별곡선 U_2에 도달할 수 있다. 균형소비점 A는 좋아하는 재화인 y재만 소비하는 꼭지해(corner solution)가 된다. 무효용재화인 x재는 돈을 내고 소비할 이유가 없기 때문이다.

그림 1-20

무효용재화와 소비자균형

x재는 효용도 비효용도 없는 재화이기 때문에 있어도 무방, 없어도 무방하다. x재는 소비자의 효용수준에 아무런 영향을 주지 않는다.

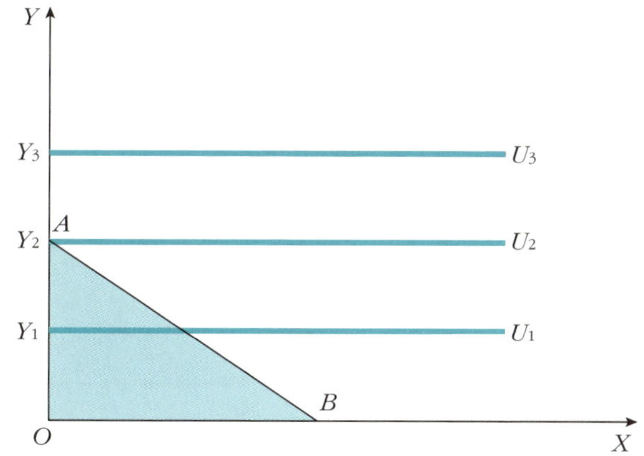

차별곡선과 예산선이 접하는 E점이 균형소비점이다. 그러나 예산선이 HH'처럼 S점 밖에 있을 때는 F점이 균형이 되는 것이 아니고 S점이 균형이 된다. S점은 두 재화 모두를 원하는 만큼 소비하는 점으로 가장 높은 효용을 제공하는 점이고 이보다 더 높은 효용수준을 제공하는 점은 없기 때문이다.

무차별곡선이 오목하게 되면 (추가학습 1.4)

x, y재 모두 소비자가 좋아하는 재화이면서 무차별곡선이 [그림 1-21]에서처럼 원점을 향해 오목한 형태가 된다면 이때의 소비자균형은 항상 꼭지해(corner solution)가 된다.

[그림 1-19]의 C구간은 x, y 두 재화 모두 싫어하는 재화이기 때문에 무차별곡선이 원점을 향해 오목한 모양이 되고, 이때는 두 재화 모두 덜 소비하는 방향인 안쪽으로 이동할수록 효용수준이 점점 증가하였다. 그러나 [그림 1-21]은 두 재화 모두 좋아하는 재화이기 때문에 두 재화 모두 많이 사용하는 방향인 바깥방향으로 이동할수록 효용수준이 더 높아진다. 그러므로 예산선이 AB이면 균형소비점은 S점이 아니라 A점이 된다. U_1보다 U_2가 더 높은 효용수준을 나타내기 때문이다.

A점은 꼭지해로서 y재만을 소비한다는 것을 의미한다. 만약 예산선이 AC와 같이 되면 균형점은 A점과 C점 중 어느 하나가 된다. 이것은 균형에서는 x재만 사용하든지, 아니면 y재만 사용한다는 것을 나타낸다. 이와 같이 오목한 무차별곡선의 균형에서는 한 재화만 사용하는 것이 균형인데, 이런 무차별곡선은 아이스크림과 김치와 같은 상품조합에서처럼 두 재화를 동시에 사용하는 것은 오히려 효용을 떨어뜨리는 결과가 될 때 나타난다. 이런 상품공간에서 소비자는 아이스크림만 먹든지 김치만 먹지 아이스크림과 김치를 섞어서 먹지는 않는다.

그림 1-21

오목한 무차별곡선과 꼭지해(corner solution)

두 재화 모두 소비자가 좋아하는 재화이지만 둘을 함께 소비하지는 않는다.

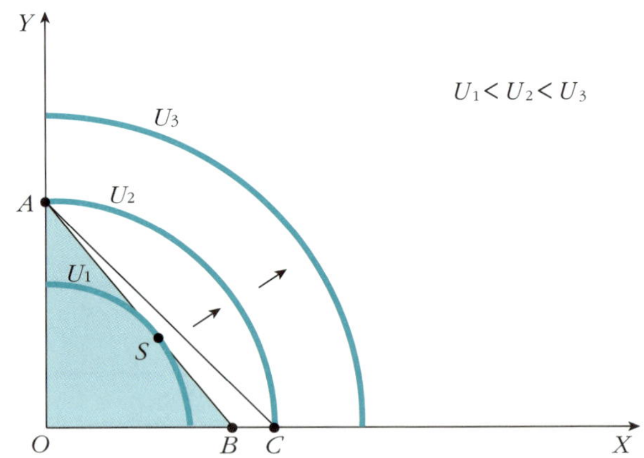

중요내용요약

1.01 **경제현상** : 생산과 소비가 되풀이 되는 현상

1.02 **미시경제학** : 개별 경제주체의 경제행위를 분석

1.03 **거시경제학** : 개별 경제주체가 모두 모여서 만들어진 국가 경제의 경제현상을 분석

1.04 **미시경제학의 영역** : 소비자이론, 생산자이론, 생산물시장이론, 생산요소시장이론, 일반균형이론, 후생이론

1.05 **총효용**(total utility : TU) : 소비자가 어떤 상품묶음으로부터 얻게 되는 총만족도

1.06 **효용함수**(utility function) : 소비하는 상품묶음의 양과 이로부터 소비자가 얻게 되는 효용수준을 함수관계로 나타낸 식. 예컨대 $U = XY$

1.07 **한계효용**(marginal utility : MU) : 특정 재화의 한 단위 소비량 변화가 가져오는 총효용의 변화분
$MU_x = \dfrac{\Delta TU}{\Delta X}$, $MU_y = \dfrac{\Delta TU}{\Delta Y}$; MU_x는 x재의 한계효용, MU_y는 y재의 한계효용, ΔTU는 총효용의 변화분, ΔX는 x재 소비량의 변화분, ΔY는 y재 소비량의 변화분

1.08 **기수적 효용측정**(cardinally measurable utility) : 어떤 상품묶음의 소비로부터 얻는 효용의 크기가 구체적인 양으로 측정되는 것.

1.09 **서수적 효용측정**(ordinally measurable utility) : 여러 개의 상품묶음 중 각 상품묶음으로부터 얻는 효용의 크기를 서로 비교하여 그 순위를 정하는 것(각 상품묶음이 제공하는 효용의 절대적 크기는 알 수 없음).

1.10 **효용함수**(utility function)**와 선호함수**(preference function) : $TU = f(X, Y)$에서 상품묶음의 내용에 따라 TU의 크기가 구체적인 양으로 측정될 때 TU는 효용함수가 되고, 상품묶음의 내용에 따라 여러 개의 TU가 서로 비교되어 그 크기의 순위만 정해질 때 TU는 선호함수가 된다.

1.11 **무차별곡선**(indifference curve) : 어떤 상품공간에서 같은 효용수준을 제공하는 상품묶음들의 궤적을 연결한 곡선

1.12 **한계대체율**(marginal rate of substitution : MRS) : 동일한 무차별곡선상에서 x재의 소비량과 y재의 소비량이 서로 대체되는 비율.
$MRS = \dfrac{\Delta Y}{\Delta X}$ (U는 고정)$= \dfrac{MU_x}{MU_y} = \dfrac{dY}{dX}$ (U는 고정) = 무차별곡선의 기울기

1.13 **무차별곡선의 일반적 성질**

a. 우하향하는 기울기를 가진다.
b. 원점을 향해 볼록하다.
c. 무차별곡선끼리 서로 교차할 수 없다.
d. 무수히 많은 무차별곡선으로 구성된 무차별지도가 그려질 수 있다.
e. 우상방에 존재하는 무차별곡선일수록 더 높은 효용수준을 나타낸다.

1.14 **완전대체재**(perfect substitutes) : 소비자의 효용수준을 일정하게 유지시키면서 일정한 비율로 그 양을 서로 대체시킬 수 있는 두 재화. 두 재화 사이의 무차별곡선이 우하향하는 직선으로 그려진다.

1.15 **완전보완재**(perfect complements) : 두 재화는 서로 대체가 이루어지지 않고 항상 정해진 비율로 결합해서만 사용된다. 두 재화 사이의

무차별곡선은 L자 모양이 된다.

1.16 **예산선 또는 가격선**(budget line or price line) : 주어진 소득과 상품들의 가격하에서 소비자가 구매할 수 있는 상품묶음의 범위를 정해주는 선으로 예산선의 기울기=상품가격의 비율(P_x / P_y)

1.17 **소비자균형**(consumer equilibrium) : 주어진 소득과 상품가격하에서 소비자가 극대효용을 얻을 수 있는 상품묶음. 다음 조건이 충족될 때 소비자균형이 달성된다. 예산선의 기울기= $P_x / P_y = MRS = MU_x / MU_y$ = 무차별곡선의 기울기

1.18 **꼭지해**(corner solution)와 내부해(interior solution) : 두 재화 중 한쪽 재화만 사용하는 것이 소비자균형이 될 때 이는 꼭지해이고, 두 재화를 동시에 사용하는 것이 소비자균형이 될 때 이는 내부해가 된다. 전자는 예산선의 한쪽 꼭지에서 균형점이 나타나고, 후자는 예산선의 중간 어느 점에서 균형점이 나타난다.

연/습/문/제

1.01 김희정은 자기소득으로 x재 4개와 y재 2개를 소비했다. 이때 x재의 가격은 y재 가격의 두 배였다. 그런데 x재의 가격은 그대로인 반면, y재의 가격만 2배로 상승하고, 김희정의 소득도 2배로 늘었다. 이때 김희정이 y재를 2개 샀다면 x재는 최대 몇 개를 살 수 있을까?

1.02 오만수는 전소득으로 x재 20개와 y재 16개를 구매할 수도 있고, x재 14개와 y재 19개를 구매할 수도 있다. x재 가격은 14원이다. y재 가격은 얼마일까?

1.03 백봉수의 효용함수는 $U = \min(4X + Y,\ X + 4Y)$

a. $U = 100$일 때의 무차별곡선을 그리시오.

b. x, y재의 가격이 모두 1이고 소득이 50이면 x, y재의 균형소비량은 얼마일까? 이때의 효용수준은 얼마일까?

1.04 주설만의 효용함수는 $U = 6X + 2Y$인데 x, y재를 각각 19개와 7개 소비하고 있다. 만약 x재 소비를 12개로 낮추어야 한다면 y재를 몇 개 소비해야 아무런 불만이 없을까?

1.05 설진수의 효용함수는 $U = X + 54Y - 2Y^2$이고 소득은 179이다. x재 가격이 1, y재 가격이 18이면 설진수는 x재를 몇 개 소비할까?

1.06 명만수의 효용함수는 $U = \min(X + 2Y,\ Y + 2X)$인데 x재는 10개, y재는 20개 소비하고 있다. x재의 가격이 1이라면 명만수의 소득은 얼마일까?

1.07 김상수의 효용함수는 $U = (X + 2)(Y + 1)$이고, $MRS = -3$이다. 이때 김상수가 x재를 10개 소비하고 있다면 y재는 몇 개 소비할까?

1.08 김민영은 x, y재에 대해 $U = XY$라는 효용함수를 갖고, 지순달은 $V = XY + (XY)^2$이라는 효용함수를 갖는다.

a. 두 사람의 x, y재 사이의 한계대체율을 구하여 그 크기를 서로 비교해 보시오.

b. 두 사람의 소득은 각각 100이고, $P_x = 5$, $P_y = 10$일 때 두 사람의 균형소비량을 구하시오.

c. 두 사람의 소득이 똑같은 한, 두 사람은 항상 똑같은 상품묶음을 소비한다. 그 이유는 무엇일까?

1.09 김길만은 항상 세 컵의 커피에 2숟갈의 설탕을 타서 마신다. 설탕 한 숟갈의 가격은

P_x^0원이고, 커피 한 컵의 가격은 P_y^0원이다. 그는 1주일에 설탕과 커피에 1,000원을 지출한다. 설탕을 x재, 커피를 y재로 했을 때

a. 김길만의 효용함수와 무차별곡선을 구하시오.

b. 김길만의 예산선을 구하고 x, y재의 균형소비량을 구하시오.

1.10 x재는 만원권 지폐이고, y재는 10만원권 수표이다. 배수돌은 200만원에 해당하는 달러를 만원권 지폐와 10만원권 수표로 바꾸려고 한다. 돈의 액수가 일정한 한 그 돈을 가진 배수돌의 효용에는 하등의 변화가 없다.

a. 만원권 지폐를 x재, 10만원권 수표를 y재로 하여 효용함수, 무차별곡선, 한계대체율을 구하시오.

b. 배수돌은 만원권 지폐와 10만원권 수표를 각각 몇 장씩 가지려고 할까?

c. 수표 한 장당 100원씩의 수수료가 붙는다면 배수돌은 만원권 지폐와 10만원권 수표를 각각 몇 장씩 가지는지 무차별곡선과 예산선을 이용하여 답하시오.

d. 수표에는 수수료가 붙지 않는 대신 만원권 1장에 10원씩 수수료가 붙는다면 배수돌은 만원권 지폐와 10만원권 수표를 몇 장씩 가지는지 무차별곡선과 예산선을 이용하여 답하시오.

1.11 설동경의 효용함수는 $U = \min(3X, Y)$이다. 그리고 x재와 y재의 가격은 각각 10원과 5원이다. 이때 x, y재의 상품묶음 (25, 12)가 제공하는 효용수준과 똑같은 효용수준을 얻기 위해 설동경은 최소한 얼마만큼의 예산이 필요한가?

1.12 박영선의 효용함수는 $U = X^{1.5}Y$이다. x재 가격은 3, y재 가격은 4, 소득은 100이다.

a. 박영선의 예산선과 무차별곡선을 그려보시오.

b. x, y재의 균형소비량을 구하시오.

CHAPTER 2

소비점의 이동과 수요함수

1. 소득변화와 소비점의 이동
2. 가격변화와 소비점의 이동
3. 대체효과와 소득효과
4. 상응변량과 보상변량

학습목표

소비자들은 다른 조건이 불변이라도 소득이 변하면 상품의 소비량을 변화시킨다. 마찬가지로 가격이 변해도 상품의 소비량을 변화시킨다. 소비자들의 소비활동에 영향을 미치는 요소는 무수히 많은데 제2장에서는 가격이 변할 때 소비자들은 어떻게 반응하고, 그리고 소득이 변할 때 어떻게 반응하는지에 대해 공부한다. 소비자들의 반응형태에 따라 상품의 여러 가지 특성이 구분되기도 한다. 제2장에서는 소득이나 가격 등이 변할 때 소비량이 변하는데 그 원인은 무엇인지에 대해서도 공부한다.

제2장을 공부한 후에는 다음 물음에 답할 수 있어야 한다.

1. 소득이 증가하면 소비자는 상품의 구매량을 어떻게 조절할까?
2. 가격이 하락하면 소비자는 상품의 구매량을 어떻게 조절할까?
3. 가격이 하락하면 그 상품을 더 구매하게 되는데 그 이유는 무엇인가?
4. 수요곡선은 어떻게 도출될까?
5. 소비자는 상품을 구매하면서 왜 많은 돈을 지불할까?

1. 소득변화와 소비점의 이동

소득소비곡선과 엥겔곡선

소비자의 소득이 변하면 균형소비점도 이동한다. 재화의 가격은 변하지 않는데 소비자의 소득이 증가하면 [그림 2-1]에서처럼 예산선이 a_1b_1에서 a_2b_2로 평행하게 이동한다. 소득이 M_1이고 예산선이 a_1b_1일 때는 E_1이 균형소비점이었는데 소득이 M_2로 증가하여 예산선이 a_2b_2로 이동하면 이 소비자는 E_2점에서 소비하면서 더 높은 무차별곡선에 도달할 수 있다. 즉, E_2가 새로운 균형소비점이 된다. 만약 소득이 M_3로 더 증가하여 예산선이 a_3b_3로 이동하면 새로운 균형점은 E_3가 된다.

소득증가와 함께 균형점은 $E_1 \rightarrow E_2 \rightarrow E_3$로 이동하는데, 이 균형점들을 연결한 곡선을 소득소비곡선(income consumption curve : *ICC*)이라고 부른다. 소득이 변할 때의 소비점을 나타내는 곡선이라는 의미이다. [그림 2-1]의 *ICC*곡선이 바로 소득소비곡선이다.

소득이 변하면 소득소비곡선을 따라 x재의 구매량도 변하고 y재의 구매량도 변한다. 그러므로 소득의 크기를 x축에 나타내고 구매하는 재화의 양을 y축에 나타내면 **소득이 변할 때 각 재화의 구매량이 어떻게 변하는가를 보여**

그림 2-1

소득변화와 소득소비곡선

소득이 증가하면 균형소비점이 $E_1 \rightarrow E_2 \rightarrow E_3$로 이동하는데 이 점들을 연결하면 소득소비곡선(*ICC*)이 도출된다.

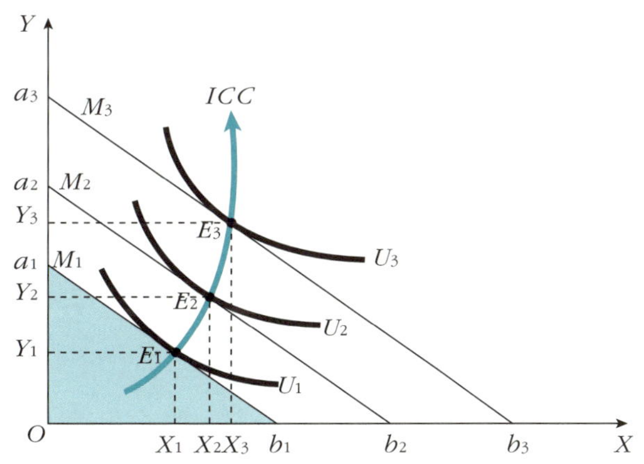

그림 2-2 **엥겔곡선**

소득변화와 소비량변화 사이의 관계를 나타낸 곡선이 엥겔곡선이다.

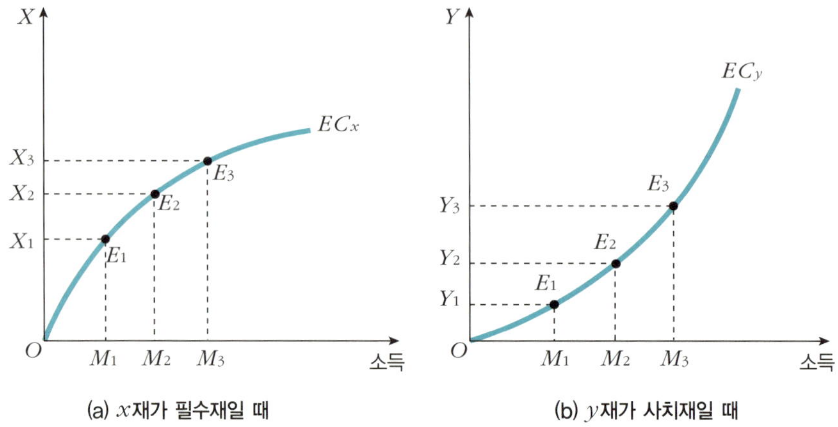

그림 2-3 **열등재와 소득소비곡선**

소득이 Z재처럼 증가할 때 소비량이 Z_1, Z_2, Z_3 등으로 감소하는 재화를 열등재라고 한다.

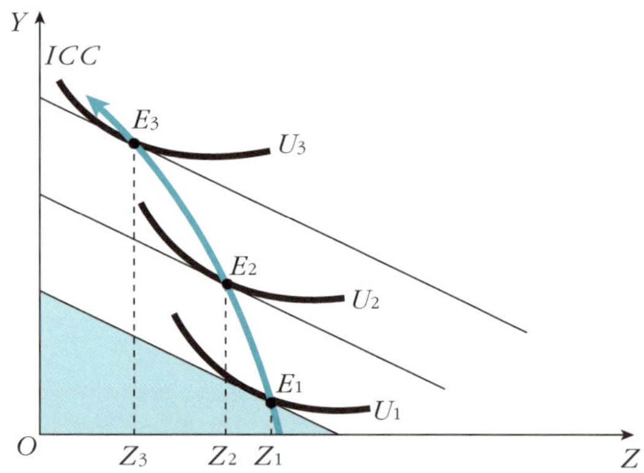

주는 곡선이 도출된다. 이 곡선을 엥겔곡선(Engel curve)이라고 부른다.

[그림 2-2]의 왼쪽그림은 [그림 2-1]로부터 도출한 x재의 엥겔곡선이고, 오른쪽 그림은 [그림 2-1]로부터 도출한 y재의 엥겔곡선이다. 소득이 $M_1 \rightarrow M_2 \rightarrow M_3$로 증가할 때 x재 구매량은 $X_1 \rightarrow X_2 \rightarrow X_3$로 증가하였고, y재 구매량은 $Y_1 \rightarrow Y_2 \rightarrow Y_3$로 증가하였다.

x, y재 모두 소득의 증가와 더불어 소비량이 증가하는데 x재는 소비량 변화가 소득증가에 별로 민감하지 않은 재화로서 엥겔곡선이 아래로 오목하게 그려졌다. 이런 재화는 주로 **필수재(necessities)**이다. 반면에 y재는 소비량증가가 소득증가에 매우 민감한 재화로서 엥겔곡선이 위로 오목하게 그려졌다. 이런 재화는 주로 **사치재(luxuries)**이다.

그런데 소득이 증가할 때 소비량이 감소하는 재화도 있다. [그림 2-3]에서 z재는 소득이 증가할 때 그 소비량이 $Z_1 \rightarrow Z_2 \rightarrow Z_3$로 점점 감소하고 있다. 이러한 재화를 **열등재(inferior goods)**라고 한다. 예를 들어 [그림 2-3]에서 z재는 돼지고기이고, y재는 쇠고기라고 하면 소득증가와 더불어 소비자는 돼지고기 소비를 줄이고 대신 쇠고기 소비를 더 많이 증가시킨다. 이때 돼지고기는 열등재가 된다.

완전대체재일 때의 소득변화와 소비점 이동

x, y재가 완전대체재일 때는 무차별곡선이 [그림 2-4]의 U_1, U_2, U_3처럼 우하향하는 직선이 된다. 예산선이 M_1이면 색칠된 삼각형이 소비가능영역이고 균형소비점은 E_1이다. x재는 전혀 소비하지 않고 y재만 OY_1만큼 소비

그림 2-4 완전대체재의 소득소비곡선과 엥겔곡선

예산선의 기울기(P_x/P_y)가 무차별곡선의 기울기(MRS)보다 클 경우 소득소비곡선은 y축과 일치하고, 엥겔곡선은 원점으로부터의 직선으로 그려진다.

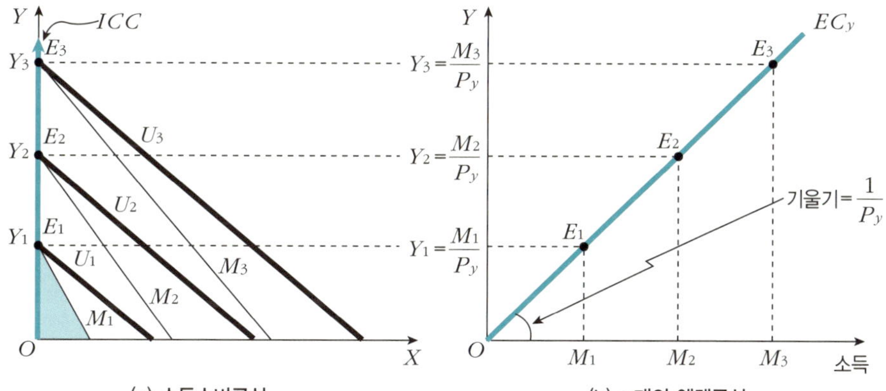

(a) 소득소비곡선　　(b) y재의 엥겔곡선

한다. 소득이 증가하여 예산선이 M_2로 평행하게 이동하면 새로운 균형점은 E_2가 되고, 소득이 더 증가하여 예산선이 M_3가 되면 새로운 균형점은 E_3가 된다. 즉 소득이 $M_1 \rightarrow M_2 \rightarrow M_3$로 증가하면 균형점은 y축을 따라 $E_1 \rightarrow E_2 \rightarrow E_3$로 이동하고, 이 점들을 연결한 ICC가 이때의 소득소비곡선이다. 예산선의 기울기(P_x/P_y)가 무차별곡선의 기울기(MRS)보다 클 때는 y재만 소비하는 꼭지해(corner solution)가 되기 때문에 소득소비곡선은 y축과 일치하는 직선이다.

이때 y재의 엥겔곡선은 [그림 2-4]의 오른쪽 그림에서와 같이 도출된다. 모든 소득을 y재 구매에만 지출하기 때문에 소득이 M_1일 때는 y재의 소비량이 $OY_1 = M_1/P_y$이고, 소득이 M_2일 때는 y재의 소비량이 $OY_2 = M_2/P_y$이고, 소득이 M_3일 때는 y재의 소비량이 $OY_3 = M_3/P_y$이다. 즉, y재의 엥겔곡

무효용재의 소득소비곡선과 엥겔곡선 **추가학습 2.1**

x재가 **무효용재화(neutral goods)**이고 y재가 **효용재화(goods)**일 때의 무차별곡선은 [그림 2-5]의 U_1, U_2, U_3와 같은 수평선이다. 소득의 증가와 함께 예산선은 M_1, M_2, M_3로 이동한다. 이때 균형소비점은 $E_1 \rightarrow E_2 \rightarrow E_3$로 이동한다. 그러므로 소득소비곡선과 엥겔곡선은 [그림 2-5]에 그려진 것처럼 완전대체재를 분석한 [그림 2-4]의 경우와 완전히 일치한다.

그림 2-5 무효용재화의 소득소비곡선과 엥겔곡선

소득소비곡선은 y축과 일치하고, 엥겔곡선은 원점으로부터의 직선으로 그려진다.

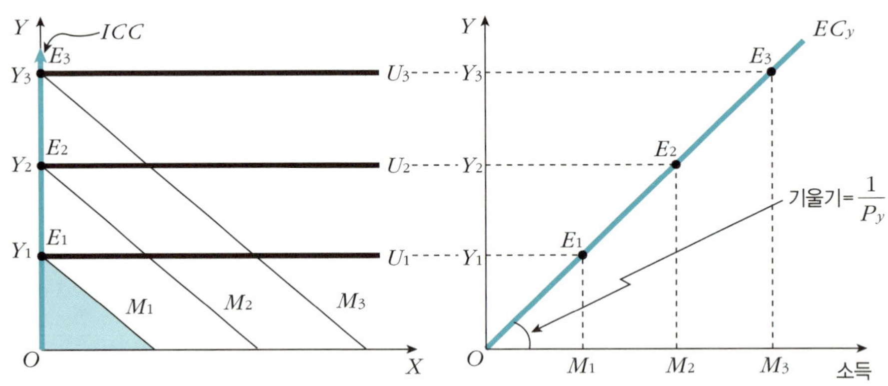

(a) 소득소비곡선 (b) y재의 엥겔곡선

선은 기울기가 $1/P_y$인 직선으로 [그림 2-4]의 EC_y이다. 이때 엥겔곡선을 수식으로 표시하면 $Y = M/P_y$가 된다. x재의 구매량은 소득수준에 관계없이 항상 0이기 때문에 x재의 엥겔곡선은 M축과 일치하게 그려진다.

완전보완재일 때의 소득변화와 소비점 이동

x, y재가 완전보완재일 때는 무차별곡선이 [그림 2-6]의 U_1, U_2, U_3처럼 L자 모양이다. 예산선이 M_1일 때는 E_1이 균형점이고, 소득이 증가하여 예산선이 M_2, M_3로 이동하면 균형점은 E_2, E_3로 이동한다. 따라서 **무차별곡선의 꼭지점 E_1, E_2, E_3를 연결한 ICC가 소득소비곡선이다.** 효용함수가 $U = \min\left(\frac{X}{\alpha}, \frac{Y}{\beta}\right)$이면 균형점에서는 항상 $Y/X = \beta/\alpha$이기 때문에 ICC는 기울기가 β/α인 직선이다.

이때 y재의 엥겔곡선은 [그림 2-6]의 오른쪽 그림과 같다. 기울기가 **$\beta/(\alpha P_x + \beta P_y)$인 직선 EC_y가 y재의 엥겔곡선이다.** 균형에서는 $Y/X = \beta/\alpha$이고, 예산제약식이 $M = P_x X + P_y Y$이기 때문에 이 두 식을 동시에 충족시키는 x재의 양은 $X = \alpha M/(\alpha P_x + \beta P_y)$이고, y재의 양은 $Y = \beta M/(\alpha P_x + \beta P_y)$이다. 그러므로 [그림 2-6]의 오른쪽 그림에 있는 y재의 엥겔곡선인 EC_y는

그림 2-6 완전보완재의 소득소비곡선과 엥겔곡선

소득소비곡선은 무차별곡선의 꼭지점들을 연결한 직선이고, 엥겔곡선은 기울기가 $\beta/(\alpha P_x + \beta P_y)$인 직선이다.

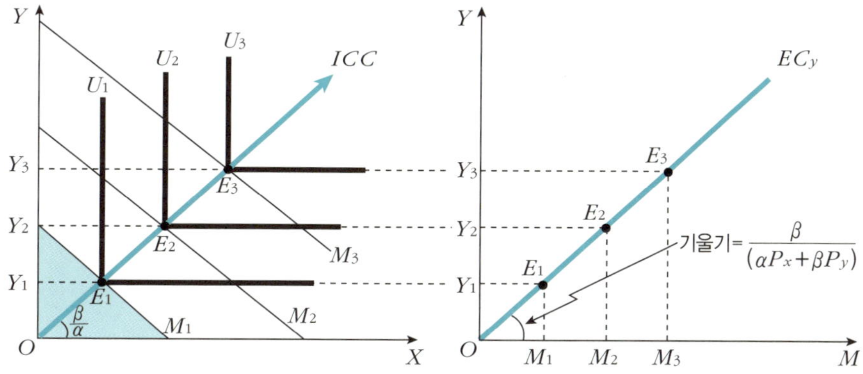

(a) 소득소비곡선 (b) y재의 엥겔곡선

$Y=\frac{\beta}{(\alpha P_x+\beta P_y)}M$을 그림으로 그린 직선이다. 또한 x재의 엥겔곡선인 EC_x는 $X=\frac{\alpha}{(\alpha P_x+\beta P_y)}M$을 그래프로 그리면 된다.

준선형 효용함수의 소득소비곡선과 엥겔곡선 — 추가학습 2.2

무차별곡선 사이의 수직거리가 항상 일정하게 유지되는 효용함수가 존재하는데 이런 효용함수를 **준선형 효용함수(quasi-linear utility function)**라고 한다.

[그림 2-7]에서 U_1과 U_2 사이의 수직거리는 항상 일정하고, U_2와 U_3 사이의 수직거리도 항상 일정하다. 그러므로 [그림 2-7]의 U_1, U_2, U_3는 준선형 효용함수로부터 도출된 무차별곡선이다. 준선형 효용함수하에서는 소득증가와 함께 예산선이 $M_1\to M_2\to M_3$로 평행하게 이동할 때 균형점이 $E_1\to E_2\to E_3$처럼 수직으로 이동한다. 즉, 소득증가 시 x재 구매량은 $\overline{X}$에 고정되어 있고 y재 구매량만 증가한다. 그러므로 **소득소비곡선은 [그림 2-7]의 왼쪽 그림처럼 $\overline{X}$에서의 수직선으로 그려진다. 이때 y재의 엥겔곡선은 [그림 2-7]의 가운데 그림처럼 우상향하는 직선이 되고, x재의 엥겔곡선은 [그림 2-7]의 오른쪽 그림처럼 $\overline{X}$에서의 수평선이 된다.**

예컨대 $U=lnX+Y$와 같은 효용함수는 Y에 대해서는 선형이고 X에 대해서는 비선형이기 때문에 준선형효용함수가 된다. 이런 함수로부터 도출된 소득소비곡선과 엥겔곡선은 위의 성질들을 모두 충족시킨다.

그림 2-7 준선형 효용함수의 소득소비곡선과 엥겔곡선

소득소비곡선은 수직선으로 그려지고, y재의 엥겔곡선(EC_y)은 원점으로부터의 직선이고, x재의 엥겔곡선(EC_x)은 수평선이다.

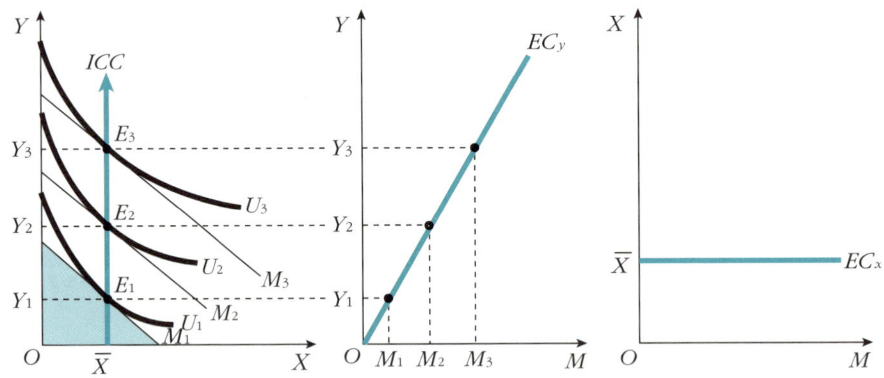

(a) 소득소비곡선 (b) y재의 엥겔곡선 (c) x재의 엥겔곡선

동조적 효용함수의 소득소비곡선과 엥겔곡선

추가학습 2.3

원점을 향해 볼록하다는 성질을 비롯한 무차별곡선의 일반적 성질을 모두 충족시켜주는 무차별곡선을 갖는 효용함수 중에는 소득소비곡선이 항상 원점으로부터 직선으로 그려지는 효용함수가 존재한다. 이러한 효용함수를 **동조적 효용함수(homothetic utility function)**라고 한다.

동조적 효용함수로부터 도출된 무차별곡선에서는 소득소비곡선이 [그림 2-8]의 왼쪽그림에서처럼 원점으로부터의 직선이 되기 때문에 소득증가 시 x재와 y재 모두 일정한 비율로 증가한다. 따라서 x재의 엥겔곡선과 y재의 엥겔곡선은 원점으로부터 우상향하는 직선으로 그려진다. [그림 2-8]의 오른쪽 그림은 y재의 엥겔곡선을 그린 것이다. $U = XY$라는 효용함수는 동조적 효용함수인데 이 효용함수로부터 도출된 소득소비곡선과 엥겔곡선들은 모두 위의 성질들을 충족시킨다.

그림 2-8 동조적 효용함수의 소득소비곡선과 엥겔곡선

소득소비곡선이 원점으로부터의 직선으로 그려지고, x, y재의 엥겔곡선도 원점으로부터 직선으로 그려진다.

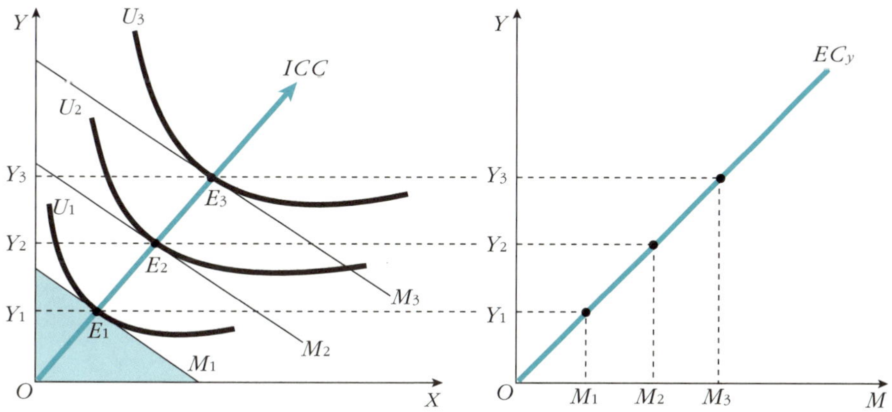

(a) 소득소비곡선 (b) 엥겔곡선

2. 가격변화와 소비점의 이동

가격소비곡선과 수요곡선

가격이 변해도 균형소비점이 이동한다. [그림 2-9]에서 x재 가격이 하락하면 예산선이 AB_1에서 AB_2로 이동하고, 균형소비점이 E_1에서 E_2로 이동한다. x재 가격이 더 하락하여 예산선이 AB_3로 이동하면 균형소비점은 E_3로 이동한다. **이때 E_1, E_2, E_3를 연결한 곡선 PCC는 가격이 변할 때 균형소비점이 어떻게 이동했는가를 나타내는 곡선이라고 하여 이를 가격소비곡선(price consumption curve : PCC)**이라고 한다.

균형소비점이 $E_1 \rightarrow E_2 \rightarrow E_3$로 이동한 것은 x재의 가격이 $P_x^1 > P_x^2 > P_x^3$로

그림 2-9

가격소비곡선과 수요곡선

윗그림에서 x재 가격이 하락하면 소비자균형점이 $E_1 \rightarrow E_2 \rightarrow E_3$로 이동하는데 이 점들을 연결한 PCC는 가격소비곡선이다. 아래 그림에는 x재 가격이 변할 때 x재 수요량이 어떻게 변하는지를 나타내는 x재의 수요곡선 D_x가 도출되어 있다.

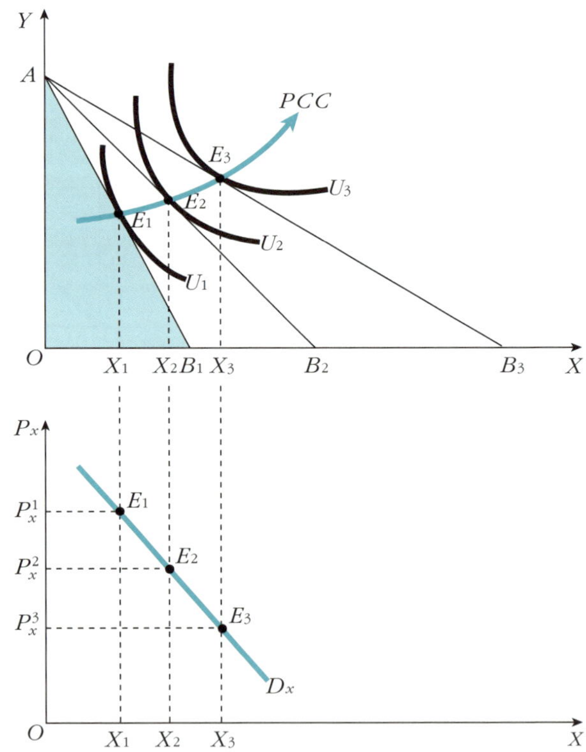

하락했을 때 x재의 소비량이 $OX_1 < OX_2 < OX_3$로 증가하였다는 것을 나타낸다. 가격변화와 수요량변화 사이의 이러한 관계가 [그림 2-9]의 아래 그림에 D_x로 도출되어 있다. 이 곡선은 가격과 수요량 사이의 관계를 나타내는 곡선이기 때문에 **수요곡선(demand curve)**이 된다. 즉, 가격과 수요량은 반대방향으로 변화한다는 우하향하는 수요곡선이 도출되었다.

완전대체재일 때의 가격변화와 소비점 이동

x, y재가 완전대체재일 때는 무차별곡선이 [그림 2-10]의 U_1, U_2, U_3처럼 우하향하는 직선이다. x재 가격이 P_x^0이고 예산선이 AB이면 E_0점이 균형소비점이고 y재만 OA만큼 구매한다. x재의 수요량은 0이다. 가격이 점점 하락하여 P_x^1이 되면 예산선이 E_0E_1이 되어 무차별곡선 U_1과 일치한다. 이때는 E_0E_1선상의 어느 점도 균형이 될 수 있다. x재 가격이 더 하락하여

그림 2-10

완전대체재일 때의 가격소비곡선과 수요곡선

위 그림에서는 $E_0 \rightarrow E_1 \rightarrow E_2 \rightarrow E_3$ 점을 연결한 PCC가 가격소비곡선이고, 아래 그림에는 $E_0 \rightarrow E_1 \rightarrow E_2 \rightarrow E_3$를 연결한 D_x가 x재에 대한 수요곡선이다.

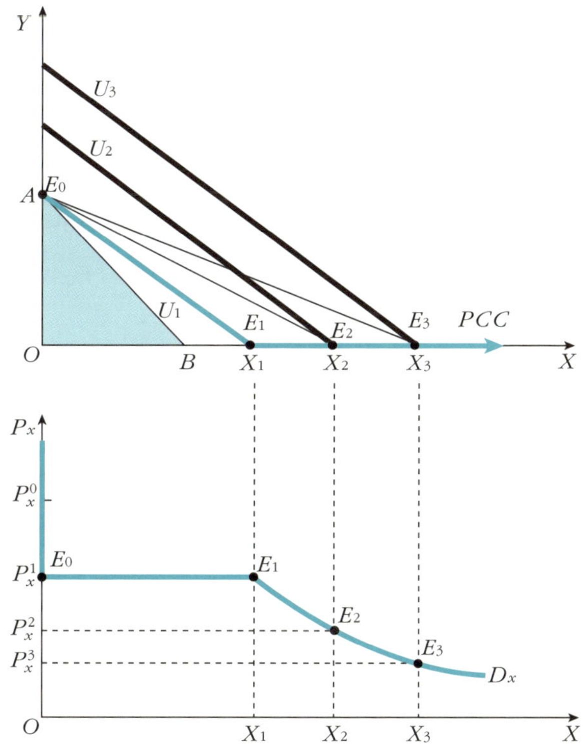

P_x^2가 되면 예산선은 E_0E_2가 되고 균형소비점은 E_2점이다. y재는 전혀 수요하지 않고 x재만 OX_2만큼 구매한다. x재 가격이 P_x^3로 하락하면 균형소비점은 E_3이다. 그러므로 x재 가격의 하락과 더불어 균형소비점은 $E_0 \rightarrow E_1 \rightarrow E_2 \rightarrow E_3$로 이동하고 이 점들을 연결한 곡선인 PCC가 가격소비곡선이다.

[그림 2-10]의 아래 그림에는 x재에 대한 수요곡선이 도출되어 있다. x재의 가격이 P_x^1보다 클 때는($P_x > P_x^1$) y재만 소비하고 x재 수요량은 0이다. 그러므로 수요점은 E_0점 윗부분의 y축상에 있다. x재 가격이 P_x^1일 때는($P_x = P_x^1$) x재 수요량이 E_0와 E_1 사이의 어느 양도 될수 있다($0 < X < X_1$). 가격이 P_x^2, P_x^3로 점점 하락하면 수요점은 E_2, E_3로 이동한다. 그러므로 x재에 대한 수요곡선은 [그림 2-10]의 아래 그림에서 E_0의 윗부분과 $E_0 \rightarrow E_1 \rightarrow E_2 \rightarrow E_3$로 연결되는 D_x곡선이다. E_1의 오른쪽 구간에서만 수요곡선이 우하향하는 성질을 갖는다.

완전보완재일 때의 가격변화와 소비점 이동

x, y재가 완전보완재일 때는 무차별곡선이 [그림 2-11]의 U_1, U_2, U_3처럼 L자 모양이 된다. x재 가격이 P_x^1일 때는 예산선이 AB_1이고 균형소비점은 E_1이다. x재 가격이 P_x^2로 하락하여 예산선이 AB_2로 이동하면 E_2가 균형소비점이고, x재 가격이 더 하락하여 예산선이 AB_3로 되면 E_3가 균형소비점이다. 그러므로 이때는 $E_1 \rightarrow E_2 \rightarrow E_3$를 연결한 곡선 PCC가 가격소비곡선이 된다.

수요곡선은 [그림 2-11]의 아래 그림에 도출되어 있다. x재 가격이 P_x^1일 때는 x재 수요량이 X_1이고, P_x^2일 때는 X_2, P_x^3일 때는 X_3이다. 그러므로 [그림 2-11]의 아래 그림에서는 $E_1 \rightarrow E_2 \rightarrow E_3$를 연결한 D_x가 x재에 대한 수요곡선이 된다.

그림 2-11

완전보완재일 때의 가격소비곡선과 수요곡선

위 그림에서는 $E_1 \rightarrow E_2 \rightarrow E_3$점을 연결한 PCC가 가격소비곡선이고, 아래 그림에는 $E_1 \rightarrow E_2 \rightarrow E_3$를 연결한 D_x가 x재에 대한 수요곡선이다.

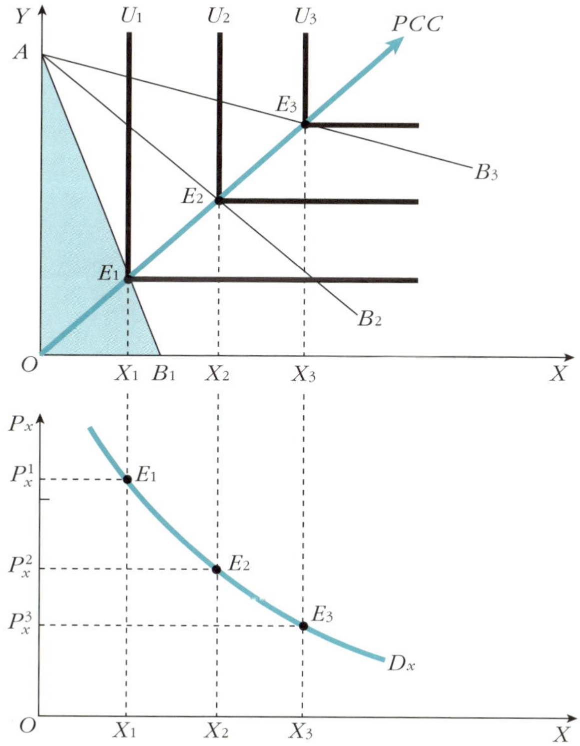

3. 대체효과와 소득효과

힉스방식에 의한 대체효과와 소득효과의 구분

가격이 하락하면 소비량이 증가한다. [그림 2-12]에서 x재 가격이 하락하면 예산선이 AB_1에서 AB_2로 이동하고 균형점은 E_1에서 E_2로 이동한다. 가격이 하락하기 전의 x재 소비량은 OX_1이었는데 가격이 하락한 후의 x재 소비량은 OX_2로 증가하였다. 즉, x재 가격의 하락으로 x재의 소비량이 X_1X_2만큼 증가하였다.

x재 가격의 하락이 x재 소비량에 미친 이러한 효과는 두 가지로 나누어

그림 2-12

힉스접근법에 의한 소득효과와 대체효과의 구분

X_1X_1'는 대체효과에 의한 수요증가분이고, $X_1'X_2$는 소득효과에 의한 수요증가분이다.

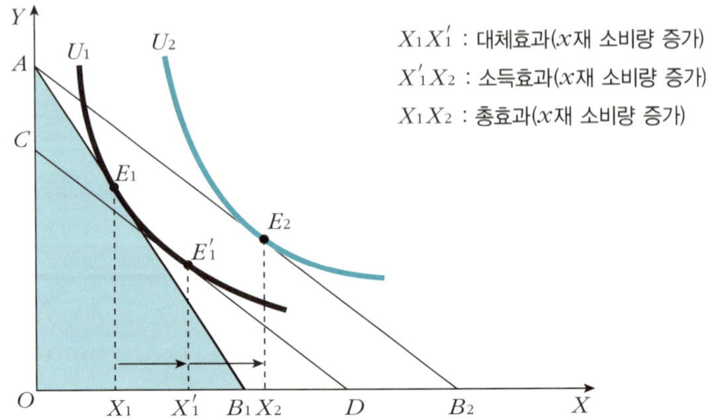

질 수 있다. **하나는 y재 가격에 비해 상대적으로 더 싸진 x재로 y재를 대체하려는 효과이고, 다른 하나는 x재 가격하락과 더불어 소비자의 실질소득이 상승하였기 때문에 x재를 더 구매하려고 하는 효과이다.** 전자를 가격변화의 대체효과(substitution effect)라고 하고, 후자를 가격변화의 소득효과(income effect)라고 한다.

[그림 2-12]에 새로운 예산선 CD를 그려 대체효과와 소득효과를 구체적으로 구분해 볼 수 있다. 새 예산선은 기울기가 AB_2와 일치하면서 무차별곡선 U_1에 접하는 예산선이다. 즉, 예산선 CD는 x재 가격이 하락한 것을 반영한 예산선이면서 효용수준은 여전히 x재 가격이 하락하기 이전 수준에 머물러 있게 하는 예산선이다. 그러므로 CD 예산선하에서 소비하면 소비자는 x재 가격이 하락했음에도 불구하고 아무런 효용증대를 가져올 수 없다. 이것은 x재 가격이 하락했음에도 불구하고 소비자의 실질소득에는 하등의 변화가 없다는 것을 의미한다.

x재 가격의 하락으로 예산선이 AB_1에서 AB_2로 이동하고 소비점이 E_1에서 E_2로 이동하였는데, 이 소비자로부터 가격하락으로 인한 실질소득의 증가효과를 제거하기 위하여 일정액의 소득을 이 소비자로부터 빼어와 버리면 예산선 AB_2는 평행하게 CD로 이동할 것이다. 이렇게 하면 소비자의 균

형은 E_1' 점이 될 것이고 소비자는 가격하락 이전과 똑같은 효용수준으로 되돌아오게 된다. 말하자면 소비점 E_1'는 x재 가격의 하락에서 오는 실질소득 상승효과를 완전히 배제시켰을 경우의 소비자균형을 나타낸다. 그러므로 소비자균형이 E_1으로부터 E_1'로 이동했다는 것은 실질소득의 상승효과 없이 x재 가격이 y재 가격보다 상대적으로 더 싸지게 됨으로써 y재 대신에 x재를 더 소비하게 되었다는 것만을 나타낸다. **x재가 y재에 비해 상대적으로 더 싸졌기 때문에 y재를 x재로 대체하면서 x재 소비가 X_1X_1'만큼 증가하였는데 이것을 대체효과(substitution effect)라고 한다.**

민약 이 소비자에세 빼앗았던 소늑을 되돌려 주면 예산선은 CD로부터 다시 AB_2로 되돌아갈 것이고 실제 소비점은 E_2가 될 것이다. 즉, 실질소득의 증가효과에 의해서는 소비점이 E_1'에서 E_2로 이동하였다. 이때 순수하게 실질소득의 증가로 인해 나타난 x재 소비의 증가분은 $X_1'X_2$이다. 이 부분은 **순수하게 실질소득의 증가로 인해 나타난 x재 증가분이기 때문에 이것을 소득효과(income effect)라고 한다.**

대체효과 X_1X_1'와 소득효과 $X_1'X_2$를 합한 X_1X_2를 x재 가격의 하락으로 인한 총효과(total effect)라고 한다.

> 대체효과 : X_1X_1'(x재 소비량 증가)
> 소득효과 : $X_1'X_2$(x재 소비량 증가)
> 총 효 과 : X_1X_2(x재 소비량 증가)

이 분석에서는 예산선을 AB_2에서 CD로 이동시킬 만큼의 소득변화분을 x재 가격의 하락이 야기시킨 실질소득의 증가분으로 보았다. 이러한 견해는 가격하락 이전의 효용수준을 기준으로 실질소득 변화분을 계산한 것으로서 영국의 경제학자 힉스(Hicks)가 고안한 접근법이다. 그러므로 이렇게 구분된 대체효과와 소득효과를 힉스의 대체효과와 소득효과라고 한다.

열등재와 기펜재

재화의 성질에 따라서는 소득효과가 [그림 2-12]의 분석과는 반대방향으로 나타날 수 있다. [그림 2-13]의 분석에서도 x재 가격의 하락에 의해

그림 2-13

열등재의 대체효과와 소득효과

실질소득이 증가하는데도 x재 수요량은 E_1'에서 E_2로 감소하여 소득효과가 대체효과의 일부를 상쇄시키고 있다.

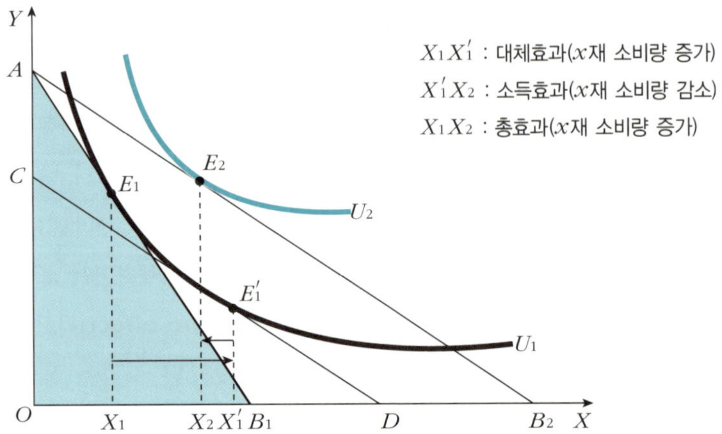

소비점이 E_1에서 E_2로 이동하였다. 그리고 E_1에서 E_1'로의 이동은 대체효과에 의한 이동이고, E_1'에서 E_2로의 이동은 소득효과에 의한 이동이다. 그런데 소득효과 $X_1'X_2$의 방향이 [그림 2-12]와는 정반대이다. [그림 2-12]에서는 소득효과에 의해 x재 소비량이 $X_1'X_2$만큼 증가하였는데, [그림 2-13]에서는 소득효과에 의해 x재 소비량이 $X_1'X_2$만큼 감소하였다.

가격하락이 야기시킨 실질소득의 증가가 오히려 그 재화의 소비량을 감소시키고 있을 때 이러한 재화를 열등재(inferior goods)라고 한다. 열등재에 대한 대체효과와 소득효과를 요약하면 아래와 같다.

가격하락 시 열등재
- 대체효과 : X_1X_1'(x재 소비량 증가)
- 소득효과 : $X_1'X_2$(x재 소비량 감소)
- 총 효 과 : X_1X_2(x재 소비량 증가)

그런데 [그림 2-14]에서와 같이 반대방향으로의 소득효과가 아주 크면 x재 가격이 하락하는데 x재 소비량은 오히려 감소할 수 있다. 예컨대 가격하락으로 인해 소비점이 E_1에서 E_2로 이동한 것이 아니라 E_3로 이동하였다면 총수요는 X_1에서 X_3로 오히려 감소하게 된다. 이러한 재화를 **기펜재(Giffen**

그림 2-14

기펜재의 대체효과와 소득효과

실질소득이 증가하는데도 x재 수요량은 E_1'에서 E_3로 감소하여 소득효과가 대체효과 모두를 상쇄시키고도 남는다.

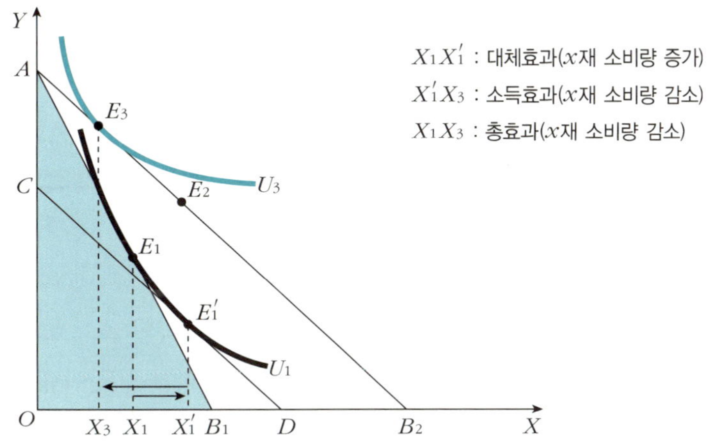

goods)라고 한다. **기펜재는 열등재인데 그 열등성이 너무 크기 때문에 소득효과에 의해 x재 소비가 감소되는 부분이 대체효과에 의해 x재 소비가 증가되는 부분보다 더 크고, 따라서 총효과는 x재의 총수요가 오히려 감소되는 방향으로 나타나고 있다.**

가격하락 시 기펜재
- 대체효과 : X_1X_1'(x재 소비량 증가)
- 소득효과 : $X_1'X_3$(x재 소비량 감소)
- 총 효 과 : X_1X_3(x재 소비량 감소)

기펜재는 가격하락 시 수요량이 감소하기 때문에 수요곡선이 수요의 법칙에 어긋나고 우상향하는 기울기를 갖는다. 그러나 기펜재라고 해서 그 재화는 언제 어디서나 기펜재가 되는 것은 아니고, 특정 소비자에게 특정 가격범위 내에서만 기펜재가 된다. 수요량 증가를 +로 표시하고 수요량 감소를 −로 표시하면서 가격하락 시의 대체효과, 소득효과, 총효과를 재화의 종류에 따라 표시하면 [표 2-1]과 같이 정리할 수 있다.

표 2-1 가격하락 시의 소득효과에 의한 재화의 구분

	대체효과	소득효과	총효과
정상재	+	+	+
열등재	+	−	+
기펜재	+	−	−

슬루츠키방식에 의한 대체효과와 소득효과의 구분

가격변화의 총효과를 대체효과와 소득효과로 구분하기 위해서는 가격변화가 가져오는 실질소득의 변화분을 찾아내야 한다. 힉스의 접근법은 가격변화로 인해 야기된 효용수준의 변화분을 실질소득의 변화량으로 보았다. 즉, [그림 2-15]에서 x재 가격의 하락으로 소비자의 효용수준은 U_1으로부터 U_2에 도달했는데, 이 소비자로부터 일정소득을 뺏어내어 다시 x재 가격하락 전의 효용수준인 U_1으로 돌아갈 수밖에 없게 한다면, 이때 뺏아낸 소득의 양이 바로 힉스접근법으로 본 실질소득 변화분이다. [그림 2-15]에서 그 양은 예산선 AB_2를 CD로 이동시키게 하는 소득감소분이다.

그러나 슬루츠키(Slutsky)는 다른 견해를 취하고 있다. 그는 가격변화 전의 효용수준이 아니라 가격변화 전의 소비묶음을 기준으로 가격변화로 인

그림 2-15

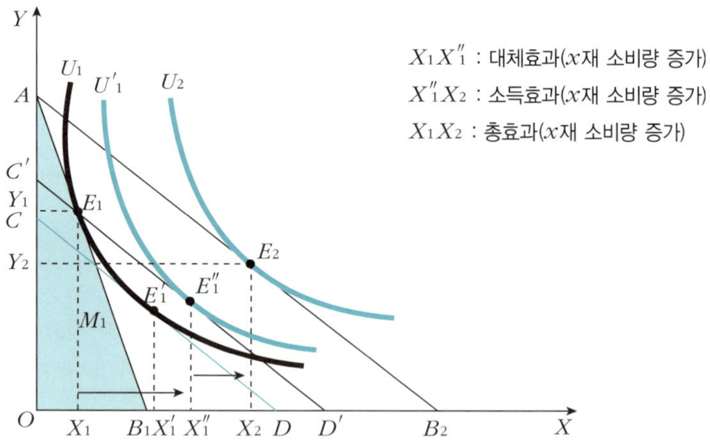

슬루츠키의 대체효과와 소득효과

가격하락으로 인한 실질소득의 증가분을 제거한 후의 새 예산선이 힉스접근법에서는 CD였으나 슬루츠키접근법에서는 $C'D'$이다.

한 실질소득 변화분을 계산하고 있다. [그림 2-15]에서 x재 가격의 하락으로 소비점은 E_1에서 E_2로 이동하였는데, 이 소비자로부터 일정량의 소득을 빼어내면 가격변화 후에도 그 소비자는 가격변화 전의 소비점인 E_1으로 되돌아갈 수 있다. 슬루츠키는 이 소득이 바로 가격하락으로 인한 실질소득 변화분이라고 보았다. [그림 2-15]에서 예산선 AB_2를 본래 소비점인 E_1을 통과하도록 $C'D'$로 이동시키게 한 소득변화분이 바로 슬루츠키접근법으로 본 실질소득의 변화분이다.

슬루츠키의 견해를 따르면 x재 가격의 하락으로 인한 실질소득의 증가분을 제거하면 소비점은 E_1에서 E_1''로 이동할 것이다. 그러므로 **슬루츠키접근하에서는 대체효과가 X_1X_1''이고 소득효과가 $X_1''X_2$이다.**

소비자의 효용함수가 구체적으로 주어지지 않는 한 E_1'점은 찾아질 수 없다. 그러므로 **힉스접근법하에서는 x재 가격하락으로 인한 실질소득 증가분을 계산해 낼 수가 없다.** 즉, 예산선 CD를 알 수 없기 때문에 CD와 AB_2의 차이를 계산해 낼 수가 없다. 그러나 **슬루츠키접근법하에서는 E_1을 이미 알고 있기 때문에 x재 가격의 하락으로 인한 실질소득의 증가분을 계산해 낼 수 있다.** 즉, 예산선 $C'D'$를 알기 때문에 $C'D'$와 AB_2의 차이를 쉽게 계산해 낼 수 있다.

소비자는 소득 M_1과 가격 P_x^1, P_y^1하에서 E_1의 소비묶음을 선택했는데, x재 가격만이 P_x^2로 하락하면 소비자는 E_2의 소비묶음을 선택한다. 소비점 E_2에서의 소비지출액은 $P_x^2 \cdot X_2 + P_y^1 \cdot Y_2$이다. 그런데 x재 가격이 P_x^2로 하락한 후에도 E_1의 소비묶음을 선택한다면 이때의 소비지출액은 $P_x^2 \cdot X_1 + P_y^1 \cdot Y_1$이 된다. 이 두 소비지출액의 차이인 $(P_x^2 \cdot X_2 + P_y^1 \cdot Y_2) - (P_x^2 \cdot X_1 + P_y^1 \cdot Y_1)$이 바로 예산선 AB_2와 $C'D'$의 차이가 된다. 만약 이 소비자의 소득을 M_1으로부터 이 차이만큼 빼아버리면 이 소비자는 E_2가 아닌 E_1''에서 소비할 것이다. 그러므로 이러한 소비점 E_1, E_1'', E_2로부터 슬루츠키의 소득효과와 대체효과는 실제로 계산되어질 수 있다.

특수한 무차별곡선 하에서의 대체효과와 소득효과

x, y재가 완전대체재이면 무차별곡선은 [그림 2-16]의 U_1, U_2처럼 우하향하는 직선이 된다. 예산선이 M_1이라면 소비점은 E_1이며, x재의 수요량은 0이다. 그런데 이때 x재 가격만이 하락한다면 예산선은 M_1에서 M_2로 이동

그림 2-16

완전대체재의 경우 대체효과와 소득효과

힉스접근법에 의하면 OX_1이 대체효과이고 X_1X_2가 소득효과인데, 슬루츠키접근법에 의하면 OX_2 모두가 대체효과이다.

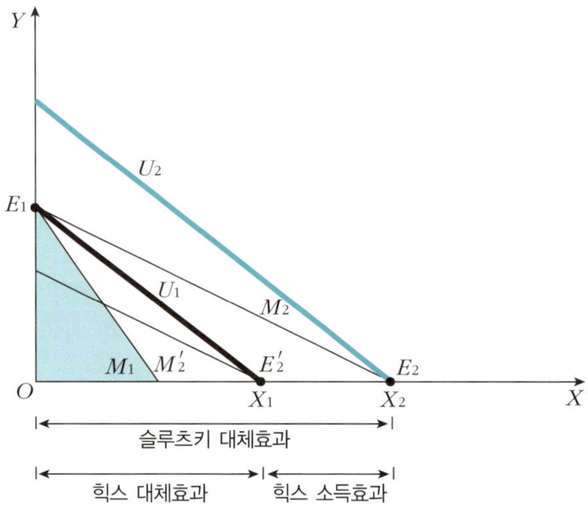

하고 소비점은 E_1에서 E_2로 이동한다. 그리고 x재의 수요량은 0에서 X_2로 증가한다. 즉, 가격변화의 총효과는 OX_2이다.

힉스방식으로 실질소득의 증가분을 이 소비자로부터 빼어오면 예산선 M_2는 M_2'로 이동하게 된다. 예산선 M_2'는 새로운 가격하에서 가격변화 전의 효용수준 U_1에 도달할 수 있도록 해 주기 때문이다. 그리고 예산선 M_2' 하에서의 소비점은 E_2'가 된다. 따라서 **OX_1만큼은 대체효과에 의한 x재 수요량 증가량이고 X_1X_2는 소득효과에 의한 x재 수요의 증가량이 된다.** 빼어왔던 소득을 되돌려 주면 소비점은 E_2'에서 E_2로 되돌아가면서 x재의 소비량이 X_1X_2만큼 증가하기 때문이다.

x재 가격의 하락으로 소비자의 실질소득은 증가하였는데도 새 예산선 M_2는 여전히 옛날의 소비점 E_1을 지나고 있기 때문에 슬루츠키방식으로 실질소득의 증가분을 이 소비자로부터 빼어온다는 것은 아무런 소득을 빼어오지 않아야 한다는 것을 나타낸다. 그러므로 슬루츠키방식으로 소득효과와 대체효과를 분리하면 x재 수요의 증가량 OX_2가 모두 대체효과에 의한 것이 된다. 즉, **슬루츠키방식에 의하면 소비자는 대체효과에 의해 y재 소비량을 모두 OX_2만큼의 x재 소비로 대체시켰다.**

그림 2-17

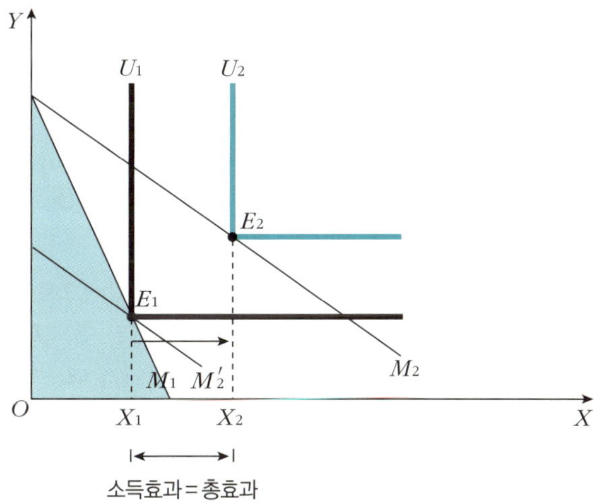

완전보완재의 경우 대체효과와 소득효과

힉스방법에 의하든 슬루츠키방법에 의하든 X_1X_2가 소득효과이고 대체효과는 0이다.

x, y재가 완전보완재이면 무차별곡선은 [그림 2-17]의 U_1, U_2처럼 L자형이 된다. 예산선이 M_1이라면 소비점은 E_1이며, x재는 OX_1만큼 소비된다. 그런데 이때 x재 가격만이 하락한다면 예산선은 M_1에서 M_2로 이동하고 소비점은 E_1에서 E_2로 이동한다. 그리고 x재의 소비량은 OX_1에서 OX_2로 증가한다. 즉, 가격변화의 총효과는 X_1X_2이다.

그런데 이 소비자로부터 x재 가격의 하락으로 인한 실질소득의 증가분을 빼어와 버리면 예산선은 M_2로부터 M_2'로 이동한다. 이것은 **힉스(Hicks)접근법을 사용하든 슬루츠키(Slutsky)접근법을 사용하든 마찬가지이다.** 그리고 소비점은 E_1으로 환원하게 된다. 그러므로 x재 가격의 하락으로 인한 x재 수요량의 증가분 **X_1X_2는 모두 소득효과에 의한 증가분이 된다.** x재 가격의 하락으로 인해 예산선이 M_1으로부터 M_2'로 변화하였을 때는 x재의 수요량에 하등의 변화가 없다. 즉, **대체효과는 0이다.** 빼어왔던 실질소득의 증가분을 되돌려주면 예산선은 M_2'로부터 M_2로 이동하고 소비점은 E_1으로부터 E_2로 이동한다. 그리고 x재의 소비량은 X_1X_2만큼 증가한다. 따라서 이러한 x재 소비의 증가분은 모두 소득효과에 의한 증가분이다.

준선형 효용함수하의 대체효과와 소득효과 추가학습 2.4

무차별곡선이 [그림 2-18]과 같은 준선형 효용함수(quasi-linear utility function)를 나타내면 x재 가격이 하락할 때 x재의 수요량은 X_1X_2만큼 증가하고 이것은 모두 대체효과에 의한 증가분이 된다. 즉, **가격하락의 총효과는 X_1X_2이고 이것은 모두 대체효과이다.**

예산선이 M_1일 때의 소비점은 E_1이고 x재의 수요량은 OX_1이다. 만약 x재 가격이 하락하면 예산선은 M_1으로부터 M_2로 이동하고 소비점은 E_1으로부터 E_2로 이동한다. x재 가격의 하락으로 인한 총효과는 X_1X_2이다.

총효과를 대체효과와 소득효과로 분리하기 위해 힉스방식으로 실질소득의 증가분을 이 소비자로부터 뺏어오면 예산선은 M_2로부터 M_2'로 이동하고 소비점은 E_2에서 E_2'로 이동한다. 준선형 효용함수의 무차별곡선 U_1과 U_2는 일정한 거리로 서로 수직이동한 것이기 때문에 M_2가 평행하게 M_2'로 수직이동하면, 소비점 E_2도 E_2'로 수직이동한다.

소비점이 E_1에서 E_2'로 이동한 것은 순수하게 대체효과에 의한 것이고, 다시 E_2'에서 E_2로 이동한 것은 순수하게 소득효과에 의한 것이다. 따라서 대체효과는 X_1X_2이고 소득효과는 0이다. 즉, 준선형 효용함수하에서는 소득이 증가하면 x재의 수요량은 전혀 증가하지 않는다. **슬루츠키방식으로 도출해도 총효과는 대체효과와 일치하고 소득효과는 0이다.**

그림 2-18

준선형 효용함수의 경우 대체효과와 소득효과

대체효과는 X_1X_2이고 소득효과는 0이다.

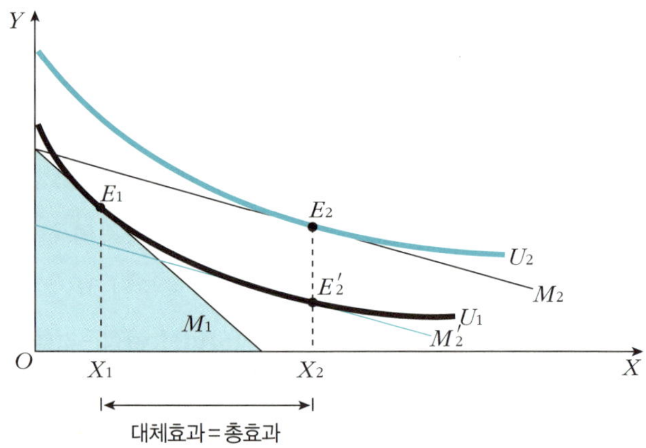

일반수요곡선과 보상수요곡선

가격과 수요량 사이의 관계를 그린 것이 수요곡선이다. 즉, 가격이 변하면 수요량이 변한다. 그런데 가격이 변하면 상대가격 변화효과에 의해서 뿐만 아니라 실질소득 변화효과에 의해서도 수요량이 변한다. 이때 가격변화와 수요량변화의 관계인 수요곡선은 가격변화의 모든 효과를 고려해서 도

그림 2-19

일반수요곡선과 보상수요속선

아래 그림에서 D_m은 일반수요곡선(마샬수요곡선)이고, D_s는 슬루츠키 보상수요곡선, D_h는 힉스보상수요곡선이다.

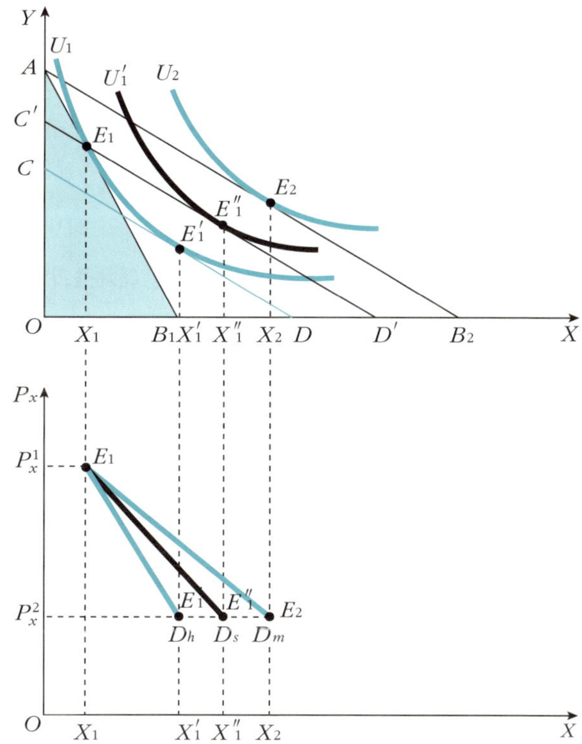

출될 수도 있고, 실질소득 변화효과를 제외하고 순수하게 상대가격 변화효과만을 고려해서 도출될 수도 있다.

전자의 방법으로 도출된 수요곡선을 일반수요곡선(ordinary demand curve)이라고 한다. 일반수요곡선은 마샬의 수요원리에 의해 도출되었다고 해서 마샬수요곡선(Marshallian demand curve)이라고 한다. 반면에 후자의 방법으로 도출된 수요곡선은 실질소득 변화효과를 보상한 후 도출된 수요곡선이라고 해서 보상수요곡선(compensated demand curve)이라고 한다. 보상수요곡선은 실질소득 변화효과를 어떻게 보상했느냐에 따라 힉스보상수요곡선(Hicksian compensated demand curve)과 슬루츠키보상수요곡선(Slutsky compensated demand curve)으로 구분된다.

[그림 2-19]의 위 그림에서 x재 가격이 P_x^1으로부터 P_x^2로 하락하면 x재

의 수요량이 X_1에서 X_2로 증가한다. x재 수요량의 이러한 변화는 상대가격 변화에 의한 대체효과와 실질소득 변화에 의한 소득효과를 포함한 것이다. 그러므로 x재 가격이 P_x^1에서 P_x^2로 변할 때 수요량이 X_1에서 X_2로 증가하는 것으로부터는 [그림 2-19]의 아래 그림에서 D_m과 같은 수요곡선을 도출할 수 있다. 가격이 P_x^1일 때의 수요량은 X_1이고 가격이 P_x^2일 때의 수요량은 X_2이기 때문에 [그림 2-19]의 하단에서 **E_1과 E_2를 연결한 D_m이 바로 수요곡선이 되고, 이 수요곡선은 대체효과와 소득효과가 모두 포함되어 있는 수요곡선이기 때문에 일반수요곡선, 즉 마샬수요곡선이 된다.**

만약 x재 가격의 하락으로 인한 실질소득 증가를 힉스방법으로 보상하면서 소득효과를 제거하면, x재 가격이 P_x^1에서 P_x^2로 하락할 때 수요량은 X_1에서 X_1'로 증가할 것이다. 가격과 수요량 사이의 이러한 관계는 [그림 2-19]의 하단에서 **E_1과 E_1'를 연결한 곡선 D_h로 도출된다. 이 곡선은 힉스방식으로 소득효과를 보상한 후 도출된 수요곡선이라고 해서 힉스보상수요곡선이라고 한다.** 힉스보상수요곡선은 힉스 대체효과만을 고려한 수요곡선이다.

만약 x재 가격의 하락으로 인한 실질소득 증가를 슬루츠키방법으로 보상하면서 소득효과를 제거하면, x재 가격이 P_x^1에서 P_x^2로 하락할 때 수요량은 X_1에서 X_1''로 증가할 것이다. 가격과 수요량 사이의 이러한 관계는 [그림 2-19]의 하단에서 **E_1과 E_1''를 연결한 곡선 D_s로 도출된다. 이 곡선은 슬루츠키방식으로 소득효과를 보상한 후 도출된 수요곡선이라고 해서 슬루츠키보상수요곡선이라고 한다.** 슬루츠키보상수요곡선은 슬루츠키 대체효과만을 고려한 수요곡선이다.

보상수요곡선은 소득효과를 배제한 것이기 때문에 정상재에 대해서는 일반수요곡선보다 그 기울기가 더 가파른 모양이 될 것이다. 즉, 보상수요곡선보다는 일반수요곡선이 더 탄력적인 수요곡선이 된다. 그러나 열등재에 대해서는 그 반대로 보상수요곡선이 일반수요곡선보다 더 탄력적인 수요곡선이 된다. 그리고 비록 기펜재라고 할지라도 보상수요곡선들은 절대로 우상향하는 기울기를 가질 수가 없다.

사례검토 2.1

수요곡선은 항상 우하향하는가?

수요곡선을 맨 처음 그림으로 그린 사람은 Antoine Augustine Cournot다. 그는 1838년 발간한 그의 저서에서 소득과 기호는 일정하다고 가정한 후 우하향하는 수요곡선을 그렸는데, 오늘날과는 달리 y축에는 수요량을 나타내고 x축에는 가격을 나타냈다. 수학적으로는 이 방식이 옳다. 그러나 오늘날에 와서는 y축에 가격을 나타내고 x축에 수요량을 나타내면서 수요곡선을 그리는데 이런 방식으로 수요곡선을 그리기 시작한 사람은 Alfred Marshall이다. 그는 1890년에 발간한 그의 명저 「Principles of Economics」에서 수요의 변화와 수요량의 변화라는 개념을 분명히 구분하면서 수요곡선을 그렸다. Marshall은 또 Robert Giffen경의 논리에 기초를 두고 수요곡선이 우상향할 수도 있다는 점을 언급하였다. 그러나 실제로는 어느 누구도 아직까지 우상향하는 수요곡선을 발견하지 못했다. 수요의 법칙(수요곡선은 우하향한다)이야말로 모든 경제학자가 동의하는 드문 진리 중의 하나이다.

4. 상응변량과 보상변량

상응변량과 보상변량

상품에 세금이 부과되면 그 상품의 가격은 상승하고 소비는 줄어든다. 그리고 소비자의 효용수준도 감소한다. 여기서는 이러한 세금부과가 소비자의 효용에 얼마만한 영향을 미치는지에 대해 분석해 본다.

[그림 2-21]은 x재에 세금이 부과되었을 때 소비자의 효용수준이 얼마나 변하는지를 화폐액으로 분석하고 있다. 세금부과 전의 예산선은 AB이다. 그러므로 세금 전의 균형소비점은 E_1이고 효용수준은 U_1이다. 즉, 세금 전에 소비자는 x재를 X_1만큼 소비하면서 U_1만큼의 효용수준을 누리고 있다.

그런데 x재 소비에 세금이 부과되면 x재 가격이 상승하여 예산선은 AC로 이동할 것이다. 그리고 세금 후의 소비점은 E_0점이 되고 효용수준은 U_0가 된다. 즉, 세금 후에 소비자는 x재를 X_0만큼 소비하면서 U_0만큼의 효용수준을 누린다.

세금이 소비자의 후생에 미친 영향은 두 가지 방법으로 측정될 수 있다. 하나는 상응변량(equivalent variation)이고, 다른 하나는 보상변량(compensating variation)이다. 먼저 [그림 2-21(a)]를 이용하여 상응변량

그림 2-21

상응변량과 보상변량

AF의 크기는 상응변량이고 HA의 크기는 보상변량이다.

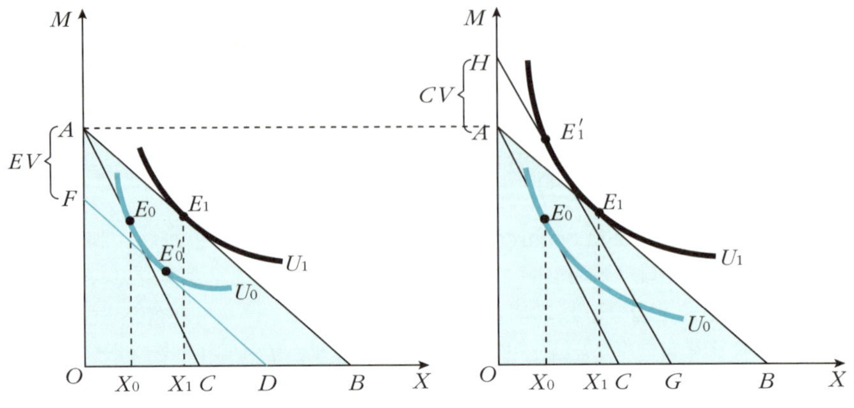

(a) 상응변량 (b) 보상변량

의 크기를 살펴보고 그 다음 [그림 2-21(b)]를 이용하여 보상변량의 크기를 살펴보기로 한다. 여기서 y축은 소득을 나타내고 x재의 가격은 세금 전에는 P_x이고 세금 후에는 P_x'이다($P_x < P_x'$).

만약 이 소비자가 세금부과를 피하기 위하여 뇌물을 바친다면 최대한 얼마만큼의 뇌물을 바칠 용의가 있을까? 이 값의 크기가 바로 상응변량이 된다. 소비자는 세금을 피하기 위하여 일정액을 뇌물로 바치고 세금 전 가격 P_x를 그대로 유지하려고도 할 것이다. 즉, 이 소비자는 뇌물을 바치고 세금이 면제되었을 때의 가격인 P_x하에서 소비하는 것과, 뇌물을 바치지 않고 세금으로 인해 인상된 가격인 P_x'하에서 소비하는 것을 비교할 것이다. 세금으로 인해 인상된 가격 P_x'하에서의 소비점은 E_0이고 이때의 효용수준은 U_0이다. 그런데 세금 전 가격 P_x하에서는 뇌물을 바친 만큼 소비지출액을 감소시키고서도 똑같은 효용수준 U_0을 얻을 수 있다. 이때의 소비점은 E_0'점이 된다. 즉, E_0점은 세금을 내고 소비하는 점이고 E_0'점은 뇌물을 바치고 소비하는 점인데 두 점에서의 효용수준은 동일하다.

여기서 예산선 AB는 세금부과 전의 예산선이고, 예산선 FD는 세금을 피하기 위해 뇌물을 냈을 때의 예산선이다. 예산선 AB와 예산선 FD의 차이는 소비지출액의 감소분이 되며 소비자는 세금을 내지 않기 위해 이 차이만큼을 뇌물로 바칠 용의가 있을 것이다. **이 차이를 화폐액으로 표시하면 바로 AF와 일치하고 이 크기를 상응변량(equivalent variation)이라고 한다. 즉, 소비자는 세금을 면제받기 위하여 AF에 상응하는 만큼은 뇌물로 바칠 용의가 있는 것이다.**

상응변량은 소비자가 세금을 피하기 위해 얼마만큼 지불할 용의가 있는지를 기준으로 세금이 이 소비자의 후생에 얼마만큼 영향을 주고 있는지를 화폐액으로 측정한 것이라고 볼 수 있다. 그러나 이것은 세금이 소비자의 후생에 영향을 미치는 정도를 측정하는 유일한 방법은 아니다. 정부는 세금을 부과하면서 동시에 이 세금으로 인해 소비자 후생이 감소한 부분만큼 추가소득으로 보상해 줄 수도 있다. 이때 얼마만큼 영향을 미치는지를 측정해 주는 한 방법이 된다. 이렇게 측정된 보상액의 크기를 보상변량(compensating variation)이라고 한다.

[그림 2-21(b)]에서 세금부과 전의 소비점은 E_1이고 이때의 효용수준은 U_1이다. 세금부과 후에는 x재 가격이 P_x'로 증가하였기 때문에 예산선이 AC로 이동하면서 소비점도 E_0로 이동하였다. 그리고 효용수준도 U_1에서 U_0로 감소하였다. 이때 이 소비자에게 세금 전의 효용수준인 U_1을 회복하도록 추가소득으로 보상해 주면 예산선은 HG로 이동할 것이다. 예산선 HG에서의 가상적 소비점은 E_1'점이고 이 점은 E_1점과 똑같은 효용수준인 U_1을 보장해 준다. 세금 후에도 똑같은 효용수준 U_1이 유지되도록 하기 위해 보상해 준 소득은 예산선 AC와 HG의 차이이다. **이 차이는 HA와 일치하는데 이 크기를 보상변량(compensating variation)이라고 한다. 즉, 정부는 세금으로 인한 소비자의 불만을 해소해 주기 위해 HA만큼의 소득을 보상해주어야 한다.**

가격이 변할 때는 1단위 화폐의 실질가치가 달라지기 때문에 상응변량과 보상변량은 일치하지 않을 것이다. 두 방법 모두 세금으로 인한 후생변화분을 측정하는 유효한 방법이다. 그리고 그래프상에서는 두 측정치 모두 무차별곡선 U_1과 U_0 사이의 거리를 나타내는 것인데, 단지 어느 접선을 기준으로 그 거리를 측정하느냐에 차이가 있을 뿐이다.

사례검토 2.2

현금, 상품권, 현물 중 어느 것을 선물로 받고 싶을까?

생일 선물이나 크리스마스 선물로 사람들은 현금, 상품권, 현물 중 어느 것을 가장 원할까?

같은 가치라고 하면 대부분의 사람들이 내심으로는 현금으로 받는 것을 가장 좋아할 것이다. 현금으로 받으면 거기에 상응하는 상품권이나 현물을 얼마든지 살 수 있기 때문이다.

선물을 하는 사람 입장에서도 현금으로 선물하는 것이 가장 편하다. 상품권이나 현물로 선물하기 위해서는 시간과 노력을 더 쏟아야 하기 때문이다. 그런데도 불과하고 생일 선물이나 크리스마스 선물은 대부분의 경우 현물로 이루어진다.

선물을 받는 사람이나 하는 사람 모두에게 현금으로 선물하는 것이 더 높은 효용을 가져다 주는 데도 대부분의 사람들이 현물로 선물하는데, 이것은 사람들이 합리적이지 못해서일까?

사람들의 소비행위는 물질 그 자체에서 나오는 효용만으로 정해질 수 없는 요인이 있다. 사회적 관습이나 문화도 효용에 영향을 미친다. 현금으로 선물하는 것은 우리 통념상 천박하다고 생각하기 때문에 현금 그 자체는 가장 높은 효용을 제공할지라도 현금으로 선물하는 그 행위가 선물을 하는 그 사람이나 받는 사람의 체면을 깎아 효용을 감소시킬 수 있다. 이때는 사회적 관습이나 문화가 효용에 영향을 미치기 때문에 사람들은 현물로 선물하는 것을 선호할 수 있다.

선물이 아닌 상황에서 똑같은 가치의 현금, 상품권, 현물 중 선택하라고 하면 대부분의 사람들은 현금을 가장 선호할 것이고, 그 다음에는 상품권이, 제일 마지막으로 현물을 선택할 것이다. 그래서인지 세뱃돈은 현금으로 주는 것이 풍습으로 되어 있다. 우리 조상들도 이런 지혜는 다 가지고 있었던 모양이다. 설에 만큼은 현금으로 선물을 받아도 흉이 되지 않는 우리 풍습을 만들어 놓았으니 말이다.

소비자잉여

소비자가 상품을 구매할 때는 그 상품으로부터 얻을 수 있는 혜택만큼 가격을 지불할 것이다. 다시 말하자면 가격이 얻는 혜택보다 낮으면 소비자는 그 상품을 기꺼이 구매할 것이다. [그림 2-22(a)]에서 이 상품을 가장 절실히 원하는 소비자는 가격을 100원까지 지불할 의향을 가진다. 이것은 이 소비자가 이 상품에 100원 만큼의 가치를 부여하고 있다는 의미이다. 이 소비자는 이 상품의 가격이 100원을 넘지 않는 한 이 상품을 기꺼이 구매하려 할 것이다. 이때 100원을 이 소비자의 유보가격(reservation price) 이라고 한다. 100원 만큼의 가치를 유보 해놓고 있다는 의미이다.

두 번째로 이 상품을 절실히 원하는 소비자는 90원의 유보가격을 가진다. 이 소비자는 가격이 90원 이내인 한 이 상품을 기꺼이 구매하려고 할 것이다. 세 번째 소비자는 80원, 네 번째 소비자는 70원, 다섯 번째 소비자는 60원의 혜택을 누리기 때문에 각기 그 만큼의 유보가격을 가진다. 따라서 다섯 명의 소비자가 누리는 총혜택은 400원(= 100 + 90 + 80 + 70 + 60)

그림 2-22

소비자잉여

지불한 가격 이상으로 누리고 있는 혜택도 있다.

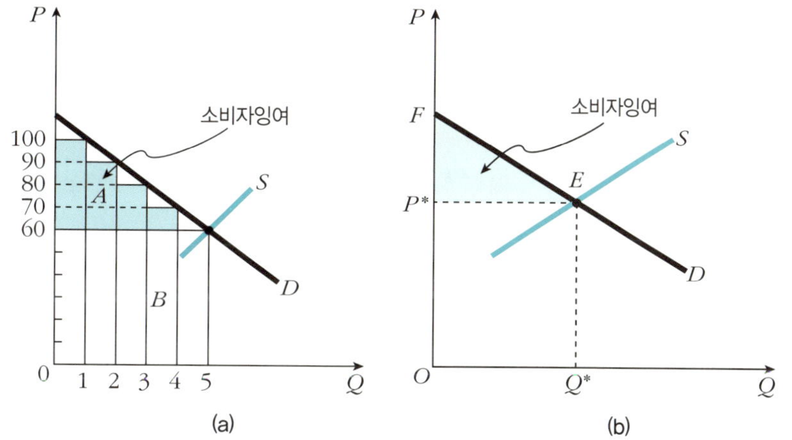

이 된다.

만약 이 시장에서 시장가격이 60원으로 정해지면 다섯 번째 소비자까지는 기꺼이 이 상품을 구매할 것이다.

첫 번째 소비자는 100원까지 지불할 용의가 있었지만 실제로는 60원만 지불하고 이 상품을 구매할 수 있다. 따라서 이 소비자는 40원 만큼의 잉여가치를 누리게 되었다. 100원까지도 지불할 의사가 있었는데 실제로는 60원만 지불하고 이 상품을 구매할 수 있었기 때문에 40원 만큼은 지불하지 않고 덤으로 혜택을 누린 셈이다.

두 번째 소비자는 30원, 세 번째 소비자는 20원, 네 번째 소비자는 10원, 다섯 번째 소비자는 0원 만큼의 순혜택을 누린 셈이다. 따라서 소비자 모두는 100원$(= 40 + 30 + 20 + 10 + 0)$ 만큼의 순혜택을 누린 셈이다. 이 값을 **소비자잉여(consumer's surplus)**라고 한다. 실제로 지불하지 않고 덤으로 누린 혜택이라는 의미이다.

[그림 2-22(a)]에서 $(A+B)$는 소비자 모두 실제로 누린 혜택이고, $B(= 5 \times 60 = 300$원$)$는 그 대가로 실제로 지불한 금액의 크기이다. 따라서 A는 지불하지 않고 누린 혜택의 크기이다. A를 소비자잉여라고 한다. [그림 2-22(b)]에서 소비자잉여는 $400(A+B) - 300(B) = 100(A)$이다.

수많은 소비자로 구성된 시장에서의 소비자잉여는 [그림 2-22(b)]와 같다. 시장균형이 E에서 달성되면 가격과 거래량은 각각 P^*와 Q^*이다. 이 소비로부터 소비자들은 $OFEQ^*$의 면적만큼 큰 혜택을 누린다. 그런데 그 대가로 실제로 지불한 금액은 $\square OP^*EQ^*(=OP^*\times OQ^*)$의 면적이다. 따라서 그 차이인 ΔP^*FE의 면적이 소비자잉여가 된다.

중요내용요약

2.01 **소득소비곡선**(income consumption curve) : 소득이 변할 때의 소비자균형들을 연결한 곡선

2.02 **엥겔곡선**(Engel curve) : 소득변화와 수요량변화 사이의 관계를 나타낸 곡선. 소득소비곡선으로부터 도출될 수 있음.

2.03 **가격소비곡선**(price consumption curve) : 가격이 변할 때의 소비자균형들을 연결한 곡선

2.04 **수요곡선**(demand curve) : 가격변화와 수요량변화 사이의 관계를 나타낸 곡선. 가격소비곡선으로부터 도출될 수 있음.

2.05 **대체효과와 소득효과**(substitution effects and income effects) : 한 상품의 가격이 변화하면 이로 인해 상품들 사이의 상대가격이 변화하고, 동시에 소비자의 실질소득이 변화하는데, 상품들 사이의 상대가격 변화로 인해 이 상품의 수요량이 변하는 것을 대체효과라고 하고 소비자의 실질소득 변화로 인해 이 상품의 수요량이 변하는 것을 소득효과라고 한다.

2.06 **힉스**(Hicks)**의 대체효과와 소득효과** : 힉스는 가격변화 이전에 소비자가 누리고 있던 효용수준을 기준으로 가격변화로 인한 실질소득의 변화분을 측정하면서 대체효과와 소득효과를 구분하고 있다.

2.07 **슬루츠키**(Slutsky)**의 대체효과와 소득효과** : 슬루츠키는 가격변화 이전에 소비자가 실제로 구매했던 상품묶음을 기준으로 가격변화로 인한 실질소득의 변화분을 측정하면서 대체효과와 소득효과를 분리하고 있다.

2.08 **열등재와 기펜재**(inferior goods and giffen goods) : 가격하락 시 대체효과에 의해서는 수요량이 증가하나 소득효과에 의해서는 오히려 수요량이 감소하는 재화를 열등재라고 한다. 열등재 중에서도 열등성이 너무 강해 소득효과에 의해 감소하는 수요량이 대체효과에 의해 증가하는 수요량보다 더 커 가격하락 시 총수요량이 오히려 감소하게 되는 재화를 기펜재라고 한다. 가격상승 시에는 그 반대로 생각해 볼 수 있다.

2.09 **일반수요곡선**(ordinary demand curve)**과 보상수요곡선**(compensated demand curve) : 가격과 수요량 사이의 관계를 나타내는 곡선이 수요곡선인데, 가격이 변할 때 대체효과와 소득효과 모두에 의해 수요량이 변하는 것을 곡선으로 나타낸 것이 일반수요곡선이고, 소득효과에 의한 수요량의 변화분이 보상된 후 순수하게 상대가격 변화에 의한 대체효과에 의해서만 수요량이 변하게 되는 것을 곡선으로 나타낸 것이 보상수요곡선이다. 일반수요곡선은 마샬수요곡선(Marshallian demand curve)이라고도 하고, 보상수요곡선은 힉스방법으로 소득효과를 보상하였느냐, 슬루츠키방법으로 소득효과를 보상하였느냐에 따라 힉스보상수요곡선(Hicksian compensated demand curve)과 슬루츠키보상수요곡선(Slutsky compensated demand curve)으로 구분한다.

2.10 **상응변량**(equivalent variation) : 어떤 물품세로 인해 소비자의 효용수준이 감소하는데 이 물품세를 면제받기 위해 소비자가 기꺼이 지불할 의사를 가지고 있는 뇌물의 크기로 계산

한 효용감소분을 상응변량이라고 한다.

2.11 **보상변량**(compensating variation) : 어떤 물품세로 인해 소비자의 효용수준이 감소하는데 이 감소분을 보상해 주기 위해 정부가 지급하고자 하는 보조금의 크기로 계산한 효용감소분을 보상변량이라고 한다.

2.12 **소비자잉여**(consumer's surplus) : 소비하는 상품에 대해 소비자가 기꺼이 지불할 의사를 가지고 있는 총화폐액을 총소비자잉여(total consumer's surplus)라고 한다. 단순히 소비자잉여라고 할 때는 순소비자잉여를 의미한다.

연/습/문/제

2.01 이형덕 군의 x, y재에 대한 효용함수는 $U = XY$이다. 그리고 x, y재에 대한 가격은 각각 10과 2이고, 이형덕 군의 소득은 100이다.

a. 이형덕 군의 균형소비점을 구하시오.
b. 가격은 그대로 있는데 소득이 200으로 증가할 때의 소득소비곡선을 도출하시오.
c. b의 답을 이용하여 이형덕 군의 효용함수가 동조적 효용함수가 된다는 것을 설명하시오.
d. b의 답을 이용하여 x재에 대한 엥겔곡선을 도출하시오.
e. 이형덕 군의 소득은 100으로 불변이면서 x재 가격이 5로 하락할 때의 가격소비곡선을 도출하시오.
f. e의 답을 이용하여 x재의 수요곡선을 도출하시오.
g. e에서 힉스식의 대체효과와 소득효과를 구하시오.
h. e에서 슬루츠키식의 대체효과와 소득효과를 구하시오.

2.02 정대만 군에게는 x, y재가 서로 완전보완재인데 그의 효용함수는 $U = \min\left(\frac{X}{2}, \frac{Y}{4}\right)$이다. x, y재의 가격은 각각 4, 8이고, 그의 소득은 200이다.

a. 정대만 군의 균형소비점을 구하시오.
b. 가격은 그대로 있는데 소득이 400으로 증가할 때의 소득소비곡선을 도출하시오.
c. b의 답을 이용하여 x재에 대한 엥겔곡선을 도출하시오.
d. 정대만 군의 소득은 200으로 불변이면서 x재 가격이 2로 하락할 때의 가격소비곡선을 도출하시오.
e. d의 답을 이용하여 x재의 수요곡선을 도출하시오.
f. d에서 힉스식의 대체효과와 소득효과를 구하시오.
g. d에서 슬루츠키식의 대체효과와 소득효과를 구하시오.

2.03 김수미 양에게는 x, y재가 서로 완전대체재인데 그녀의 효용함수는 $U = 2X + 3Y$이다. x, y재의 가격은 5와 4이고, 그녀의 소득은 100이다.

a. 김수미 양의 균형소비점을 도출하시오.
b. 가격은 그대로 있는데 소득이 200으로 증가할 때의 소득소비곡선을 도출하시오.
c. b의 답을 이용하여 x재에 대한 엥겔곡선을 도출하시오.
d. 김수미 양의 소득은 100으로 불변이면서 x재 가격이 2로 하락할 때의 가격소비곡선을 도출하시오.
e. d의 답을 이용하여 x재의 수요곡선을 도출하시오.

f. d에서 힉스식의 대체효과와 소득효과를 구하시오.
g. d에서 슬루츠키식의 대체효과와 소득효과를 구하시오.

2.04 열등재의 경우 보상수요곡선과 일반수요곡선중 어느 곡선이 더 탄력적인 수요곡선인가? 정상재의 경우는 어떠한가?

2.05 기펜재의 경우 보상수요곡선과 일반수요곡선의 기울기에 어떤 차이가 있는가?

2.06 수요함수가 $Q = 10 - P$이고 소비자가 가격이 4일 때 이 상품을 6개 소비한다면 이 소비자가 얻는 소비자잉여는 얼마인가? 만약 가격이 4에서 6으로 인상되면 소비자잉여의 변화분은 얼마인가?

2.07 김시은 양의 효용함수는 $U = XY$이다. 소득이 1,000원일 때 김시은 양은 x재 40개와 y재 60개를 소비했다. 가격은 변하지 않았는데 소득만 1,500원으로 증가한다면 김시은 양은 x, y재를 각각 몇 개씩 구매할까?

2.08 이진선 양에게 x, y재는 완전대체재이고, x, y재 가격은 각각 10과 9이다. 이진선 양의 소득은 720이다. 이때는 x재 가격이 너무 비싸서 x재를 하나도 소비하지 않았는데 가격이 8로 하락하면 x재만 소비한다. 가격하락으로 인한 대체효과는 얼마일까?

2.09 길순만 군의 효용함수는 $U = \min(2X + Y,\ X + 2Y)$이다. x, y재의 가격은 각각 4원과 3원이고 소득은 70원이다.
a. 무차별곡선을 그려서 균형소비점을 찾아보시오.
b. 균형소비점에서 효용의 크기는 얼마일까?
c. y재 가격과 소득은 그대로인데 x재 가격이 1원으로 내려가면 새 균형소비점은 어디일까?
d. c에서 힉스방식의 소득효과와 대체효과는 얼마일까?
e. d를 기준으로 일반수요곡선과 보상수요곡선을 그려보시오.
f. c에서 슬루츠키방식의 소득효과와 대체효과를 구하시오.
g. f를 기준으로 일반수요곡선과 보상수요곡선을 그려보시오.

CHAPTER 3

소비자이론의 확장과 응용

1. 두 개 이상의 소비제약과 소비자균형
2. 현시선호이론
3. 지수와 후생
4. 불확실성하의 선택

학습목표

소득이 높아도 시간이 없으면 소비활동을 하기 어렵다. 말하자면 소득 이외에도 소비를 제약하는 요인이 여러 가지 있을 수 있다. 소비자의 실제 소비 형태를 관찰함으로서도 소비의 원리를 파악할 수 있다. 상품의 가격이 변하면 소비자의 후생도 변한다. 그리고 많은 소비활동은 불확실한 상황하에서 이루어지기도 한다. 이와 같이 소비자들의 소비활동과 관련해서 여러 가지 논의점이 존재한다. 제3장에서는 소비활동과 관련된 추가적인 주제들에 대해 공부한다.

제3장을 공부한 후에는 다음 물음에 답할 수 있어야 한다.

1. 영화 볼 돈은 있지만 일주일에 여러 편의 영화를 보지 않는 이유는 무엇일까?
2. 무차별곡선 없이도 수요의 원리를 설명할 수 있을까?
3. 상품들의 가격이 변하면 소비자의 후생은 어떻게 변할까?
4. 사람들이 도박에 참여하는 이유는 무엇일까?

1. 두 개 이상의 소비제약과 소비자균형

소득이 제한되어 있기 때문에 소비자들은 재화나 용역을 자기가 원하는 양만큼 소비하지 못한다. 그런데 소비를 제약하는 요인으로는 소득 이외에 다른 것들도 있을 수 있다.

상품에 따라서는 소비하는 데 시간이 걸리기도 한다. 소득은 충분해도 시간이 부족해서 원하는 양만큼 소비하지 못하는 경우도 있다. 이때는 소득뿐만 아니라 시간이 소비를 제약하는 요인이 된다.

예를 들어 어떤 학생이 일주일 동안에 오락비용으로 20,000원을 사용할 수 있는데 이 돈으로 기원에 가서 바둑을 둘 수도 있고 비디오를 빌려 볼 수 있다. 그리고 바둑 두고 비디오 보는데 할애할 수 있는 시간은 14시간이다. 즉, 이 학생은 1주일 동안에 14시간과 20,000원으로 바둑을 두거나 비디오를 볼 수 있다.

그런데 바둑은 한 판 두는데 1시간이 걸리고 5,000원의 비용이 든다. 반면에 비디오는 한 개 보는데 2시간이 걸리고 1,000원의 비용이 소요된다. 이러한 조건하에서 이 학생이 선택할 수 있는 소비범위는 [그림 3-1]과 같

그림 3-1

두 가지 제약하의 소비자균형

소득만 제약이 될 때의 소비점은 H이고, 시간만 제약이 될 때의 소비점은 G이고, 소득과 시간 모두가 제약일 때의 소비점은 F이다.

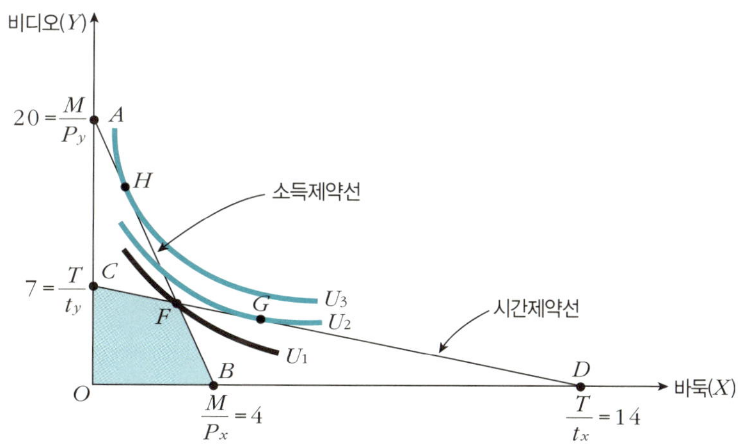

이 주어진다. x축은 바둑소비량을 나타내고 y축은 비디오소비량을 나타낸다. 예산 사정으로 볼 때 바둑은 4판까지 둘 수 있고(20,000÷5,000=4), 비디오는 20개까지 볼 수 있다(20,000÷1,000=20). 이는 예산선 AB 범위 내에서 소비할 수 있다는 것을 나타낸다. 시간 사정으로는 바둑은 14판까지 둘 수 있고(14÷1=14), 비디오는 7개까지 볼 수 있다(14÷2=7). 이는 예산선 CD 내에서 소비할 수 있다는 것을 나타낸다. 그러므로 이 학생이 실제로 소비할 수 있는 범위는 두 제약선 이내의 범위인 [그림 3-1]의 색칠한 부분이다.

오락활동에 쓸 수 있는 예산을 M, 오락 활동에 사용할 수 있는 시간을 T, 바둑 한 판의 가격을 P_x, 비디오 하나 보는 가격을 P_y, 바둑 한 판에 걸리는 시간을 T_x, 비디오 하나를 보는 데 걸리는 시간을 T_y, 바둑 두는 횟수를 X, 비디오 보는 횟수를 Y라고 하면 이 소비자는 아래 두 식이 동시에 충족되는 범위 내에서 소비할 수 있다.

$$P_x \cdot X + P_y \cdot Y \leq M \tag{3.1a}$$

$$T_x \cdot X + T_y \cdot Y \leq T \tag{3.1b}$$

식 (3.1a)의 제약식은 [그림 3-1]의 AB선 이내를 나타내고 식 (3.1b)의 제약식은 [그림 3-1]의 CD선 이내를 나타낸다. 그러므로 $X \geq 0$, $Y \geq 0$이면서 두 제약식을 동시에 만족시키는 영역은 색칠한 부분인 $OCFB$이다.

이 학생의 효용함수가 [그림 3-1]의 무차별 곡선으로 나타난다면 이 소비자의 균형선택점은 F점이 될 것이다. 소비 가능한 색칠한 영역 내에서 소비하면서 가장 높은 효용수준에 도달할 수 있는 점은 F점이기 때문이다.

만약 이 학생이 오락활동에 할애할 수 있는 시간이 충분히 많아 시간제약이 없어진다면, 그는 소득에 의해서만 소비에 제약을 받고, 균형선택점은 H점이 될 것이다. 이때 이 학생이 얻을 수 있는 효용수준은 U_3이다. 반대로 이 학생이 오락활동에 사용할 수 있는 예산을 충분히 가지고 있어서 소득 제약이 없어진다면, 그는 시간에 의해서만 소비에 제약을 받고 균형선택점은 G점이 될 것이다. 이때 이 학생이 얻을 수 있는 효용수준은 U_2이다.

어떤 경우에서든 제약이 줄어들수록 이 학생은 F점보다 더 높은 효용수준에 도달할 수 있다. 즉, 2가지의 제약하에서 소비할 때는 1가지 제약하에서 소비할 때의 효용보다 더 높을 수 없다. **이것은 제약조건이 많을수록 소비자가 도달할 수 있는 효용수준은 낮아진다는 것을 의미한다.**

사례검토 3.1

배급하의 소비자균형

특정 상품에 대해 배급제도(rationing)가 시행되면 소비자의 선택범위는 좁아진다. 예컨대 석유파동이 일어나 석유가 배급에 의해 공급되고, [그림 3-2]에서처럼 1인당 $O\overline{X}$범위 이내에서만 구매가 가능하다면 소비자의 소비가능영역은 색칠된 부분이 된다. 소득으로는 석유를 B점까지 구매할 수 있으나 1인당 구매할 수 있는 최대량이 $O\overline{X}$로 제한되어 있기 때문에 소비자가 실제로 구매할 수 있는 상품묶음은 색칠된 부분 내에 존재하고, 이 범위 내에서 도달할 수 있는 최대효용수준도 U_1이다. 배급제도가 없을 때의 균형소비점은 E_2이고 U_2의 효용수준에 도달할 수 있었으나 배급제도 때문에 E_1에서 소비하면서 U_1 만큼의 효용만 누리고 있다.

그림 3-2

배급제하에서의 소비자균형

x재에 $O\overline{X}$ 만큼의 배급제가 실시되면 소비자균형은 E_2가 아니고 E_1이 된다.

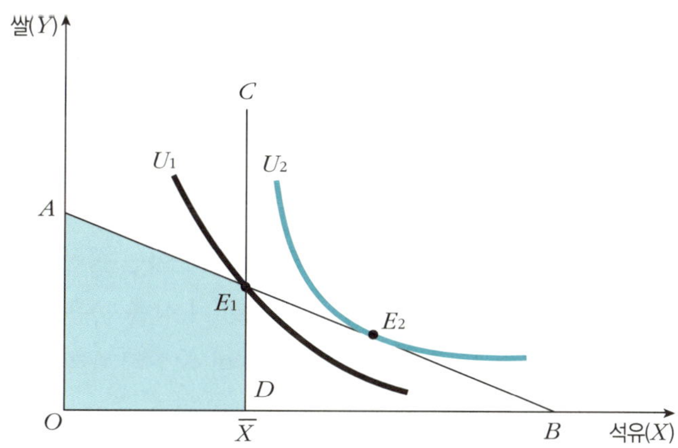

2. 현시선호이론

현시선호이론의 의미

현시선호이론(revealed preference theory)은 실제로 나타난 소비행위의 결과를 토대로 수요의 원리를 규명하는 이론이다. 지금까지는 소비자의 선호함수(preference)가 주어진 상황하에서 이를 바탕으로 소비자의 최적선택점을 찾아 나갔다. 그러나 현시선호이론에서는 그 반대로 소비자의 실제 선택점을 관찰한 후 이를 바탕으로 소비자의 선호함수를 찾아나가고 있다.

그러므로 이 이론에서는 효용함수나 무차별곡선이 사전에 알려져 있지 않다. 실제로 행해지는 소비 유형을 관찰한 후 이를 바탕으로 그 소비자의 수요원리를 설명하고 있다.

현시선호이론에서도 소비자는 합리적으로 행동한다고 가정한다. 즉, 소비자는 반드시 양이 많은 상품묶음을 양이 적은 상품묶음보다 선호한다. 이것은 재화의 각 단위가 양(+)의 효용을 가진다는 것을 전제로 한다. 그리고 소비자가 어떤 상품묶음을 실제로 선택했다면 이 상품묶음은 선택가능했던 다른 상품묶음보다 선호된다는 것이 실현된 상품묶음이고 이를 이 소비자의 현시된 선호(revealed preference)라고 한다. 즉, 이 상품묶음은 자기의 예산제약 내에 있는 다른 어떤 상품묶음보다 큰 효용을 제공하는 상품묶음이고 소비자는 실제로 이 상품 묶음을 선택한 것이다.

[그림 3-3]에서 소비자가 실제로 E_1점을 선택했다면 이 소비자에게는 이 점이 예산선 내의 어떤 점보다 선호되는 점이다. x재와 y재의 가격이 각각 P_x, P_y이면 선택된 E_1점과 선택되지 않은 E_2점 사이에는 $P_xX_1+P_yY_1 \geq P_xX_2+P_yY_2$라는 부등식이 성립하고 E_1은 E_2에 비해 직접적으로 선호가 현시되었다(E_1 is directly revealed prefered to E_2)라고 말한다. 현시선호이론이란 E_2도 선택 가능한 상황하에서 E_1이 실제로 선택되었다면 이 소비자에게는 E_1이 E_2보다 반드시 선호되어야만 한다는 이론이다.

[그림 3-4]는 예산조건이 AB로부터 $A'B'$로 변했을 때의 현시선호이론을 보여주고 있다. 예산선 AB하에서는 실제로 E_1점이 선택되었기 때문에 E_1은

그림 3-3

직접적 현시선호

E_1점을 직접적인 비교를 통해 E_2보다 선호되는 것으로 현시되었다.

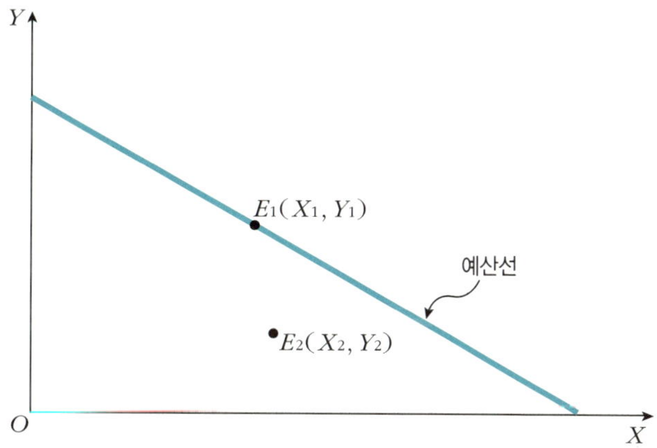

그림 3-4

간접적 현시선호

E_1은 간접적 비교를 통해 E_3보다 선호되는 것으로 현시되었다.

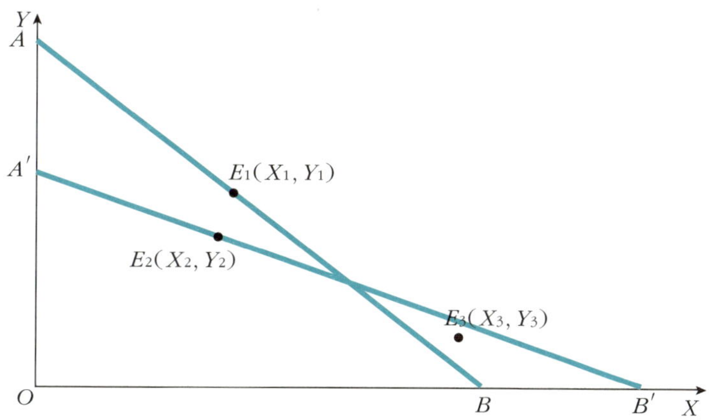

ΔOAB 내의 어떤 점보다 선호되는 점이다. 예산선이 $A'B'$로 변했을 때의 실제소비점이 E_2였다면 E_2점은 $\Delta OA'B'$ 내의 어떤 점보다 선호된다. 따라서 E_2와 E_3 사이에서는 E_2가 반드시 선호된다. 이처럼 $E_1 \succ E_2$이고 $E_2 \succ E_3$가 성립되면 $E_1 \succ E_3$도 성립된다. 이때 E_1이 E_3보다 선호되었다는 것은 E_2를 거쳐 간접적으로 입증되었기 때문에 E_1은 E_3보다 선호된다는 것이 간접적

으로 현시되었다(E_1 is indirectly revealed prefered to E_3)라고 말한다.

현시선호이론은 소비자가 철저하게 다음과 같은 약공리(weak axiom)와 강공리(strong axiom)에 의거해서 소비행동을 한다고 가정하고 있다.

- **약공리** : 소비자는 항상 일관성 있는 소비행동을 한다. 소비자가 선택 가능한 상품묶음 A와 B 중 A를 선택했다면 이 소비자는 A와 B가 동시에 선택 가능할 때는 결코 A 대신 B를 선택하지 않는다. 즉, $A \succ B$이면 $B \nsucc A$이다.
- **강공리** : 소비자의 선호순위는 일관성 있게 유지된다. 상품묶음 A, B, C 중에서 A가 B보다 선호되고 B가 C보다 선호되면 A는 C보다 반드시 선호된다. 즉, $A \succ B$이고 $B \succ C$이면 반드시 $A \succ C$이다.

약공리는 [그림 3-5]에서 분명하게 설명될 수 있다. [그림 3-5(a)]에서 예산선이 AB일 때는 소비자가 E점을 선택했는데 예산선이 $A'B'$일 때는 소비자가 E'점을 선택했다면 이것은 약공리의 위반이다. 현시선호이론에서는

그림 3-5 현시선호이론의 약공리 설명

(a)에서 소비점이 E에서 E'로 이동한 것은 약공리 위배이지만, (b)에서 소비점이 E로부터 E'로 이동한 것은 약공리 위배가 아니다.

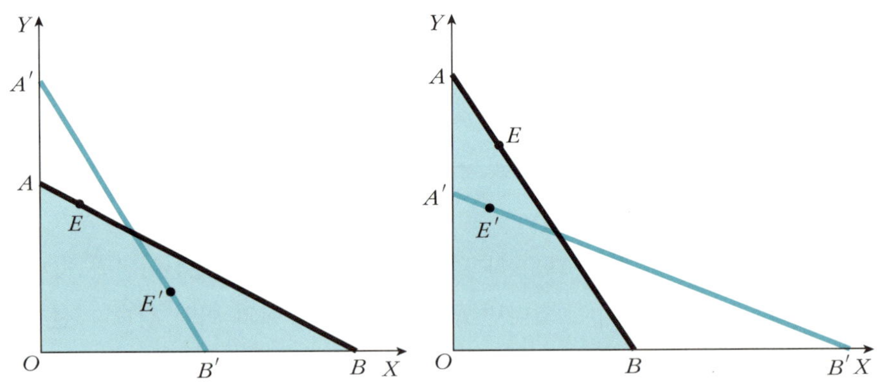

(a) 약공리 위배　　(b) 약공리 충족

이러한 소비 유형이 인정되지 않는다. 상품묶음 E와 E'는 예산선 AB하에서 모두 선택 가능한데도 소비자가 E점을 실제로 선택했다는 것은 E가 E'보다 선호된다는 것이 이미 현시되었다는 것을 의미한다. 그런데 E점과 E'점이 모두 선택 가능한 또 다른 예산선 $A'B'$하에서 소비자가 E' 점을 선택한다는 것은 소비행동에 일관성이 없다는 것을 의미하며 이것은 약공리의 위반이 된다.

[그림 3-5(b)]는 약공리가 충족되는 소비행위를 보여준다. 예산선이 AB일 때는 소비자가 E점의 상품묶음을 선택했지만 예산선이 $A'B'$일 때는 소비자가 E'점의 상품묶음을 선택했다. 소비자는 E를 E'보다 선호한다는 것이 이미 현시되었지만, 예산선 $A'B'$ 내에서는 E점의 선택이 불가능하기 때문에 E'점을 선택한 것이다. 그러므로 이것은 약공리의 위반이 아니다.

수요법칙의 설명

수요법칙은 가격과 수요량이 항상 반대방향으로 변화한다는 것을 말한다. 이러한 수요법칙 때문에 수요곡선은 반드시 우하향한다. 이러한 **수요법칙은 [그림 3-6]에서 현시선호이론으로 쉽게 설명될 수 있다.**

x, y재 가격이 각각 P_x^1, P_y^1일 때의 예산선이 AB인데, 이때 소비자가 E점의 소비묶음을 실제로 선택했다면 예산선 AB하에서 이 소비자의 현시된

그림 3-6

약공리와 수요의 법칙

E점이 균형소비점이다. 가격이 하락하면 대체효과에 의해 소비점이 E로부터 E'로 이동하고 소득효과에 의 E'로부터 E''로 이동한다.

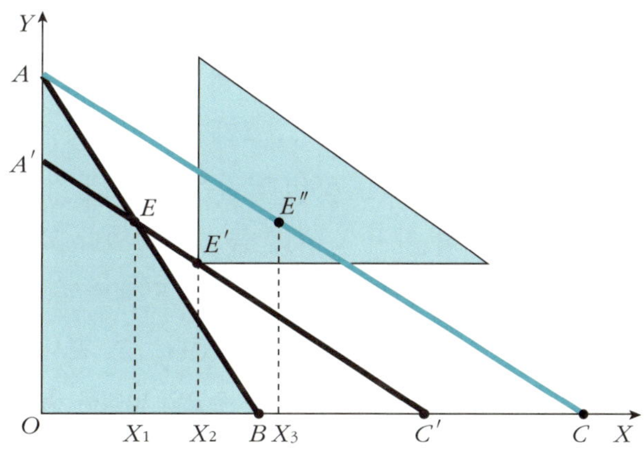

선호는 E점이 된다. 그런데 x재 가격이 P_x^2로 하락하였다면 예산선은 AC로 이동할 것이다. 이때 가격하락으로 인한 소득효과를 제거하기 위하여 이 소비자로부터 일정액의 소득을 빼어 버리면 예산선은 $A'C'$로 이동할 것이다(슬루츠키방식). 이때 빼어낸 소득의 크기는 예산선 $A'C'$가 가격변화 전에 구매했던 상품묶음인 E점을 통과하도록 하는 크기이다. 이러한 소득의 보상변화는 가격변화 후에도 가격변화 전과 마찬가지로 소비자가 E점의 상품묶음을 그대로 구매하도록 해 주는 크기이다. 이것은 슬루츠키식의 보상이다. 소비자는 가격변화 후에도 여전히 E점의 상품묶음을 구매할 수 있으므로 실질소득에는 하등의 변화가 없는 셈이 된다.

예산선이 $A'C'$로 이동한 후의 소비점은 $A'E$ 구간에는 있을 수 없고 EC' 구간에만 있을 수 있다. 만약 소비자가 $A'E$ 구간의 소비점을 선택한다면 이것은 약공리 위반이 된다. 왜냐하면 가격변화 전에도 소비자는 $A'E$ 구간의 소비점을 선택할 수 있었는데 실제로 소비자는 E점을 선택했기 때문에 E점은 $A'E$ 구간의 어떤 소비점보다 선호된다. 그러므로 가격변화 후에도 소비자는 $A'E$ 구간의 소비점보다는 E점의 소비점을 택해야만 한다. 그리고 EC' 구간은 가격변화 전에는 구매할 수 없었던 상품묶음이었는데 가격변화 후에는 구매 가능한 상품묶음이 되었기 때문에 소비자는 이제 EC' 구간도 선택할 수 있게 되었다.

예산선이 $A'C'$일 때의 실제 소비점이 E'점이 되었다고 하면 가격변화로 인한 대체효과에 의해 x재 구매량은 OX_1에서 OX_2로 X_1X_2만큼 증가하였다. 그후에 이 소비자에게 빼앗아 버렸던 소득을 되돌려 준다면 예산선은 AC로 환원 될 것이고 x재가 열등재가 아닌 한 실제 소비점은 E'점의 우상방에 존재하는 E''점과 같은 점이 될 것이다. 이때 x재 구매량은 소득효과에 의해 다시 X_2X_3만큼 증가하였다. 그러므로 x재 가격하락의 총효과에 의해 소비점은 E점으로부터 E''점으로 이동하였고 x재 구매량은 OX_1에서 OX_3로 X_1X_3만큼 증가하였다. 즉, **현시선호이론의 약공리는 x재 가격하락시 x재 구매량이 증가한다는 수요의 법칙을 충분하게 설명해 주고 있다.**

무차별곡선의 도출 무차별곡선은 소비자의 선호체계가 주어져야 도출될 수 있다. 즉 상품공

그림 3-7

현시선호이론과 무차별곡선

E점을 통과하는 무차별곡선은 미지영역을 통과하면서 원점을 향해 볼록하게 그려진다.

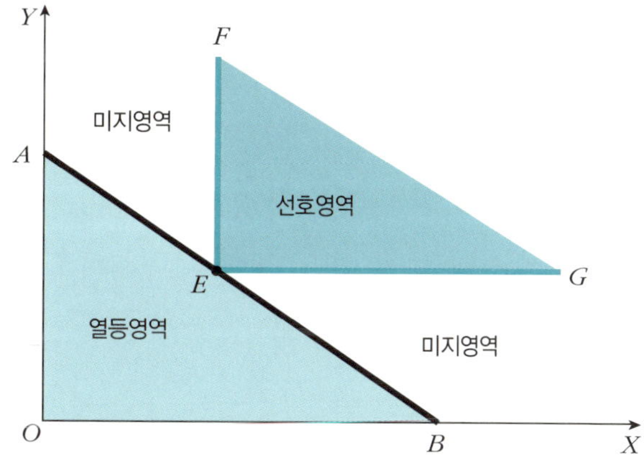

간의 모든 상품묶음들에 대한 선호순위가 밝혀져야만 무차별곡선이 도출될 수 있다. 그러나 현시선호이론의 두 공리를 이용하면 선호체계에 대한 사전 정보 없이 경험적인 소비행태로부터 무차별곡선이 도출될 수 있다.

[그림 3-7]에서 예산선이 AB일 때 소비자가 E점을 선호하는 것으로 현시되었다면 약공리에 의해 AB 내부의 모든 상품묶음은 E점보다 열등한 상품묶음이다. 이와 같이 AB 이내의 삼각형은 E점보다 열등한 영역이기 때문에 E점을 통과하는 무차별곡선은 이 영역을 지나지 않는다. 반대로 FEG 영역의 상품묶음은 x, y재 모두 E점보다는 그 양이 많은 상품묶음이기 때문에 이 구간의 상품묶음은 모두 E점보다 선호된다. 따라서 E점을 통과하는 무차별곡선은 FEG영역도 통과할 수 없다. E점을 통과하는 무차별곡선은 열등영역도 통과하지 않고 선호영역도 통과하지 않기 때문에 아직 선호관계가 밝혀지지 않은 미지영역 내의 어떤 점들을 통과할 것이다. 그런데 [그림 3-7]의 E점을 통과하면서 미지영역을 통과하는 무차별곡선은 원점을 향해 볼록하게 될 수밖에 없다. 이것은 무차별곡선의 가장 중요한 성질이다.

미지영역도 약공리와 강공리를 이용하면 그 범위를 점점 줄여 나갈 수 있는데, 이 방법을 이용하면 궁극적으로 E점을 통과하는 무차별곡선도 도출해 낼 수 있다. 여기서는 그 과정을 생략하는데, 관심 있는 독자들은 고급 과정의 미시경제이론서를 참고하기 바란다. **현시선호이론은 무차별곡선 없이도 소비자의 소비원리를 분석하면서, 역으로 무차별곡선을 도출해 낼 수 있는 이론이다.**

3. 지수와 후생

가격이나 소득이 변하면 균형소비점이 변하면서 소비자의 후생수준도 변한다. 기준년도와 비교년도 사이에 가격, 소득 및 소비량이 다음과 같이 변했을 때 이 소비자의 후생수준이 어떻게 변했는지는 여러 가지 지수를 이용해 판별해 낼 수 있다.

P_x^0 : 기준년도의 x재 가격	P_x^1 : 비교년도의 x재 가격
P_y^0 : 기준년도의 y재 가격	P_y^1 : 비교년도의 y재 가격
Q_x^0 : 기준년도의 x재 소비량	Q_x^1 : 비교년도의 x재 소비량
Q_y^0 : 기준년도의 y재 소비량	Q_y^1 : 비교년도의 y재 소비량
M^0 : 기준년도의 소득	M^1 : 비교년도의 소득
P^0 : 기준년도의 가격 벡타	P^1 : 비교년도의 가격 벡타
Q^0 : 기준년도의 소비량 벡타	Q^1 : 비교년도의 소비량 벡타

[그림 3-8]의 두 그림에서 소득과 가격이 변함에 따라 기준년도의 가격선 AB가 비교년도에는 CD로 변하고 소비점은 E_0에서 E_1으로 이동하였다. 이때 소비자의 후생수준은 어떻게 변했을까?

[그림 3-8(a)]에서는 소비자의 후생이 감소하였다. 기준년도에 이 소비자는 E_0도 선택할 수 있었고 E_1도 선택할 수 있었다. 그런데 소비자는 실제로 E_0를 선택하였다. 소비자가 현시선호이론의 약공리처럼 일관성 있는 소

그림 3-8 가격변화와 후생변화

(a)에서는 예산선이 AB에서 CD로 갈 때 소비자의 후생이 감소하고, (b)에서는 증가한다.

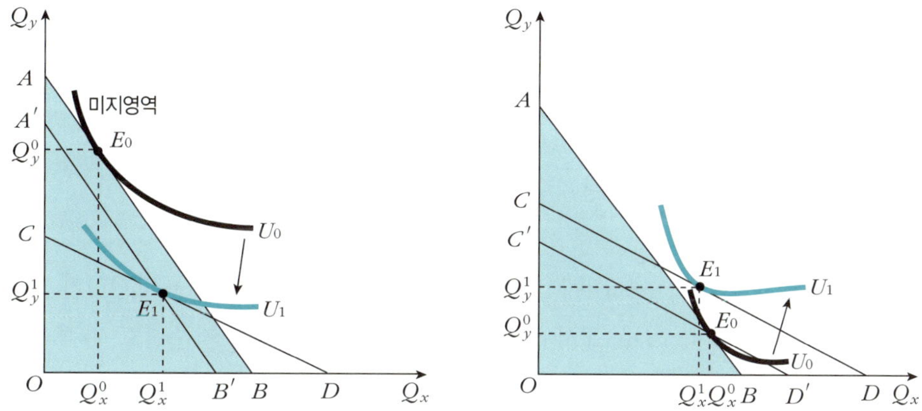

(a) 후생의 감소($U_0 \rightarrow U_1$)　　(b) 후생의 증가($U_0 \rightarrow U_1$)

비행위를 하는 한 이것은 E_0점의 효용수준이 반드시, 그리고 항상 E_1의 효용수준보다 높다는 것을 의미한다. 무차별곡선을 통해 E_1점의 효용수준이 E_0점의 효용수준보다 낮다는 것이 표현되어 있지만 무차별곡선이 없더라도 현시선호이론의 약공리에 의해 이러한 추론은 얼마든지 가능하다.

[그림 3-8(b)]에서는 기준년도에 비해 비교년도에 소비자의 후생이 증가하였다. 기준년도에는 소득제약 때문에 E_1을 선택할 수 없었기 때문에 이 소비자는 불가피하게 E_0점을 선택한 것이며, 비교년도에 와서는 E_0와 E_1 모두 선택 가능하지만 이 소비자는 E_1을 선택하였다. 이것은 무차별곡선이 없더라도 현시선호이론의 약공리에 의해 E_1의 효용수준이 E_0의 효용수준보다 높다는 것을 의미한다.

E_0와 E_1의 후생수준을 비교하기 위해서는 라스파이레스지수(Laspeyres index)와 파쉐지수(Paasche index)가 사용되기도 한다. 라스파이레스지수는 기준년도를 중심으로 기준년도와 비교년도를 비교하는 지수이고, 파쉐지수는 비교년도를 중심으로 기준년도와 비교년도를 비교하는 지수이다.

수량지수

수량지수(quantity index)는 가격을 고정시켜 놓고 수량 변화만을 이용하여 측정하는 지수이다. 라스파이레스 수량지수(L_q)와 파쉐 수량지수(P_q)가 각각 다음과 같이 정의된다.

$$\text{라스파이레스 수량지수} : L_q \equiv \frac{P_x^0 Q_x^1 + P_y^0 Q_y^1}{P_x^0 Q_x^0 + P_y^0 Q_y^0} \equiv \frac{P^0 Q^1}{P^0 Q^0}$$

$$\text{파쉐 수량지수} : P_q \equiv \frac{P_x^1 Q_x^1 + P_y^1 Q_y^1}{P_x^1 Q_x^0 + P_y^1 Q_y^0} \equiv \frac{P^1 Q^1}{P^1 Q^0}$$

[그림 3-8(a)]에서 E_0의 총지출은 $P^0 Q^0 (= P_x^0 Q_x^0 + P_y^0 Q_y^0)$가 되고 이것은 예산선 AB로 표시된다. 그리고 E_1의 총지출을 기준년도 가격으로 표시하면 $P^0 Q^1 (= P_x^0 Q_x^1 + P_y^0 Q_y^1)$이 되고 이것은 예산선 $A'B'$로 표시된다. 그런데 AB가 $A'B'$의 바깥에 있기 때문에 이 두 예산선을 비교하면 다음과 같은 부등식이 얻어진다.

$$P^0 Q^0 > P^0 Q^1, \text{ 즉 } L_q \equiv \frac{P^0 Q^1}{P^0 Q^0} < 1$$

그러므로 [그림 3-8(a)]와 같은 상황에서는 라스파이레스 수량지수가 1보다 작은데, **라스파이레스 수량지수가 1보다 작으면 비교년도의 후생수준이 기준년도의 후생수준보다 감소했다**는 것을 알 수 있다. 이 부등식은 가격 P^0에서 Q^1이 구매될 수 있는데도 실제로는 Q^0가 구매되었다는 것을 의미한다. 따라서 Q^0가 Q^1보다 분명히 높은 효용을 제공하는 상품묶음이다.

[그림 3-8(b)]에서는 E_1의 총지출이 $P^1 Q^1 (= P_x^1 Q_x^1 + P_y^1 Q_y^1)$으로 표시되고 이것은 예산선 CD로 표시된다. E_0의 총지출을 비교년도의 가격으로 표시하면 $P^1 Q^0 (= P_x^1 Q_x^0 + P_y^1 Q_y^0)$가 되고 이것은 예산선 $C'D'$로 표시된다. 그런데 CD가 $C'D'$의 바깥에 있기 때문에 이 두 예산선을 비교하면 다음과 같은 부등식이 얻어진다.

$$P^1 Q^0 < P^1 Q^1, \text{ 즉 } P_q \equiv \frac{P^1 Q^1}{P^1 Q^0} > 1$$

그러므로 [그림 3-8(b)]와 같은 상황에서는 파쉐 수량지수가 1보다 큰데, **파쉐 수량지수가 1보다 크다면 비교년도의 후생수준이 기준년도의 후생수준보다 높아졌다**는 것을 알 수 있다. 이 부등식은 P^1가격에서 Q^0가 구매될 수 있는데도 실제로는 Q^1이 구매되었다는 것을 의미한다. 따라서 Q^1이 Q^0보다 분명히 높은 효용을 제공하는 상품묶음이다.

이 두 결과를 요약하면 $L_q < 1$: 후생감소$(U_0 > U_1)$
$P_q > 1$: 후생증가$(U_0 < U_1)$

그러나 이러한 부등식은 충분조건일 뿐이지 필요조건은 아니다. 즉, $L_q < 1$이면 $U_0 > U_1$이지만, $L_q < 1$이라는 조건 없이도 $U_0 > U_1$이 될 수 있다. 마찬가지로 $P_q > 1$이면 $U_0 < U_1$이지만, $P_q > 1$이라는 조건 없이도 $U_0 < U_1$이 될 수 있다.

가격지수

가격지수(price index)는 수량지수와는 달리 수량을 고정시켜 놓고 가격변화만을 이용하여 측정되는 지수이며, 파쉐 가격지수(P_p)와 라스파이레스 가격지수(L_p)가 각각 다음과 같이 정의된다.

$$\text{파쉐 가격지수 : } P_p \equiv \frac{P_x^1 \cdot Q_x^1 + P_y^1 \cdot Q_y^1}{P_x^0 \cdot Q_x^1 + P_y^0 \cdot Q_y^1} \equiv \frac{P^1 Q^1}{P^0 Q^1}$$

$$\text{라스파이레스 가격지수 : } L_p \equiv \frac{P_x^1 \cdot Q_x^0 + P_y^1 \cdot Q_y^0}{P_x^0 \cdot Q_x^0 + P_y^0 \cdot Q_y^0} \equiv \frac{P^1 Q^0}{P^0 Q^0}$$

그리고 기준년도와 비교년도 사이의 화폐소득을 비교한 소득지수가 다음과 같이 정의된다.

$$\text{소득지수 : } I = \frac{M_1}{M_0} \equiv \frac{P_x^1 \cdot Q_x^1 + P_y^1 \cdot Q_y^1}{P_x^0 \cdot Q_x^0 + P_y^0 \cdot Q_y^0} \equiv \frac{P^1 Q^1}{P^0 Q^0}$$

소득지수는 두 기간 사이의 총지출변화를 나타내 주는 지수이다.

수량지수에서 $L_q \equiv P^0 Q^1 / P^0 Q^0 < 1$이면 $U_0 > U_1$이라는 것이 설명되었다.

이 등식의 양변을 P^0Q^0로 곱한 후 다시 양변을 P^1Q^1으로 나누고 다시 그 역수를 취하면 다음과 같은 부등식이 구해진다.

$$\frac{P^1Q^1}{P^0Q^0} < \frac{P^1Q^1}{P^0Q^1}, \text{ 즉 } I < P_p$$

그러므로 **소득지수(I)가 파쉐 가격지수보다 작으면 기준년도 후생보다 비교년도의 후생이 감소한다.** 이것은 소득 증가가 평균적인 가격 증가보다 느리면 소비자의 실질 소득은 감소한다는 것을 의미한다.

그리고 수량지수에서 $P_q \equiv P^1Q^1/P^1Q^0 > 1$이면 $U_0 < U_1$이라는 것도 설명되었다. 이 부등식의 양변을 P^1Q^0로 곱한 후 다시 양변을 P^0Q^0로 나누면 다음과 같은 부등식이 구해진다.

$$\frac{P^1Q^1}{P^0Q^0} > \frac{P^1Q^0}{P^0Q^0}, \text{ 즉 } I > L_p$$

그러므로 **소득지수(I)가 라스파이레스 가격지수보다 크면 기준년도 후생보다 비교년도의 후생이 증가한다.** 이것은 소득증가가 평균적인 가격증가보다 빠르면 소비자의 실질소득이 증가한다는 것을 의미한다.

이 두 결과를 요약하면

$I < P_p$: 후생감소($U_0 > U_1$)
$I > L_p$: 후생증가($U_0 < U_1$)

지수분석에서 $I < P_p$나 $I > L_p$로 분명하게 나타나는 경우 이외에는 후생변화를 지수로서 판단해 낼 수 없다. 즉, $I > P_p$이거나, $I < L_p$이거나, $L_p < I < P_p$일 때는 후생수준의 변화를 알 수 없다.

사례검토 3.2

특별급여의 형태는?

한겨레전자회사(주)에서는 종업원의 복지증대 차원에서 특별급여를 지급하기로 하였다. 종업원의 월급여가 100만원인데 여기에 10만원의 특별급여를 더 지급하기로 하였다. 그런데 특별급여의 형태는 종업원의 희망에 따라 현금으로 지급할 수도 있고 5,000원짜리 식권 20장으로 지급할 수도 있다. 종업원들은 어떤 형태로 특별급여를 지급받고자 할까?

[그림 3-9]에는 A, B 두 종업원의 예산선과 무차별곡선이 그려져 있다. CD는 특별급여가 지급되기 이전 두 종업원의 예산선이다. 이 예산선하에서 100만원의 급여를 모두 현금으로 가지면 소비점은 C점이고, 모두 식권으로 가지면 소비점은 D점이다. 그런데 특별급여 10만원이 모두 현금으로 지급되면 새 예산선은 직선 FH가 된다. y축을 따라서는 현금 10만원이 증가하였고, x축을 따라서는 10만원으로 식권 20장을 더 구매할 수 있다. 그런데 특별급여 10만원이 모두 식권으로 지급되면 새 예산선은 CGH가 된다. 추가되는 10만원을 모두 식권으로 가지면 현금은 100만원 이내에 머물기 때문에 삼각형 CFG 내부는 구매할 수 없는 부분이 된다.

[그림 3-9]에서 종업원 A는 U_a^1, U_a^2, U_a^3와 같은 무차별곡선을 가지기 때문에 특별급여 지급 이전의 소비점은 J점인데, 특별급여가 현금 형태로 지급되면 새 소비점은 M으로 이동하고, 식권으로 지급되면 새 소비점은 G점으로만 이동하게 된다. 그러나 U_b^1, U_b^2와 같은 무차별곡선을 갖는 종업원 B는 특별급여가 현금으로 지급되든 식권으로 지급되든 소비점은 N에서 R로 이동한다. 그러므로 종업원 A는 당연히 특별급여가 현금으로 지급되기를 원할 것이지만, 종업원 B는 어떤 형태로 지급되든 상관하지 않을 것이다.

그런데 문제는 간단하지 않다. 특별급여가 식권으로 지급되면 거기에는 세금이 부과될 수 없다. 그러나 현금으로 지급되면 소득세가 부과될 수밖에 없다. 현금으로 지급되는 특별급여에 세금이 부과되면 예산선은 FH로 이동하지 못하고 세금의 크기에 따라 그 이내의 어떤 위치에 머물게 될 것이다. 이렇게 되면 종업원 B는 당연히 식권 형태로 특별급여가 지급되기를 원할 것이다. 반면에 종

그림 3-9

현금과 식권 사이의 선택

종업원 A는 특별급여가 현금으로 지급되면 식권으로 지급되는 경우보다 더 큰 효용을 얻으나, 종업원 B는 현금으로 지급되거나 식권으로 지급되거나 마찬가지이다.

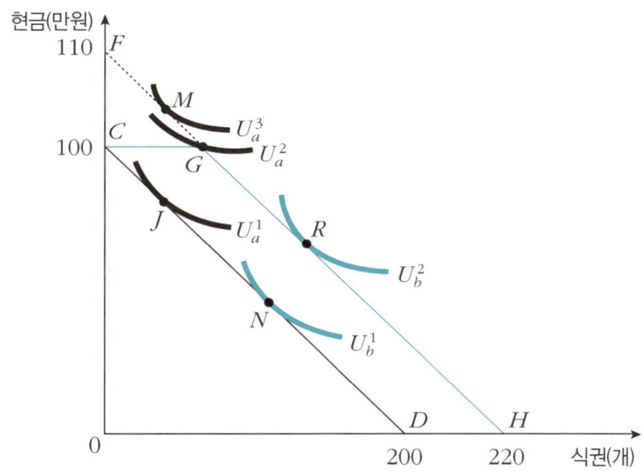

업원 A는 세금이 어느 정도 부과되느냐에 따라 현금이나 식권 중 한 형태를 원하게 될 것이다. 따라서 최근에는 세금을 면하기 위한 수단으로 현금 이외의 형태로 특별급여가 지급되기를 원하는 경향이 있기도 하다. 그뿐만 아니라 회사 입장에서도 현금보다는 식권으로 지급하기를 원할 것이다. 회사에서는 식권을 대량으로 구매하면서 5,000원짜리 식권을 할인받아 4,000원으로 구매할 수도 있기 때문이다.

4. 불확실성하의 선택

불확실성의 개념

① 위험부담이 내포된 선택행위

일반적인 소비자이론은 확실성(certainty)을 전제로 전개되고 있다. 상품의 가격, 소비자의 소득, 그 외의 모든 관련 변수들이 확실한 값으로 주어졌을 때 소비자들은 어떻게 소비행동을 해 나갈 것인가를 분석한 것이 일반적인 소비자이론이다.

그러나 소비자들의 많은 선택행위는 불확실성(uncertainty)하에서 이루어지고 어느 정도의 위험부담을 안고 있다. 예컨대, 소비자가 집을 구입하기 위해서는 빚을 내고, 이 빚은 미래의 소득으로 변제하는데, 미래의 소득이란 확실한 값이 아니다. 생각하고 있는 것보다 더 많아질 수도 있고 적어질 수도 있다. 그리고 이자율이 앞으로 어떻게 변할지도 불확실하다. 이와 같이 소비자들의 행위에 영향을 미치는 변수 중에는 확실한 값이 아닌 경우도 많다.

불확실성이 내포된 선택행위에서는 선택자가 어느 정도의 위험부담을 감수하려고 하는지에 따라 그 선택이 달라질 수 있다. 예컨대, 천만원의 여유자금이 있을 때 이것을 은행에 예금을 할 것인지, 아니면 증권회사에서 주식을 살 것인지는 위험부담을 어느 정도 감수할 것인지에 따라 선택의 결과가 달라진다. 주식은 예금보다 위험부담이 높은 대신 더 높은 수익을 가져올 수 있기 때문이다. 대학졸업 후에 취직을 할 것인지 대학원에 진학할 것인지도 각 선택에 대해 위험부담을 어느 정도 감수할 것인지에 따라 그 선택이 달라진다.

② 확률

어떤 행위의 위험도를 양으로 표시하기 위해서는 그 행위의 모든 가능한 결과들이 무엇이며 각 결과들이 나타날 가능성은 얼마인지를 알아야 한다. 이 가능성을 확률이라고 하는데, 확률은 수치로 나타낼 수 있다.

예컨대, 어떤 정유회사가 서해안의 석유탐사 시추를 하는데 그 결과는 석유가 나오는 경우와 나오지 않은 경우로 나누어질 수 있다. 이때 석유가 나올 가능성은 1/4이고 나오지 않을 가능성은 3/4이라면 이 값이 바로 확률이 된다.

확률을 계산해 내는 것은 매우 어려운 일이다. 일반적으로 확률은 2가지 방법으로 그 값이 추정된다. 하나는 객관적인 측정으로 똑같은 행위를 수없이 되풀이해 본 결과에 기초를 두고 계산해 내는 방법이다. 예컨대, 그동안 서해안에 석유탐사 시추를 100번 했는데 그 중 25번이 성공했다면, 서해안 석유탐사 시추의 성공확률은 1/4이 된다.

또 하나는 똑같은 행위를 되풀이해서 시행할 수 없는 경우 이 행위에 관한 모든 지식과 정보를 바탕으로 사람들의 주관적인 판단으로 계산해 내는 방법이다. 이 경우는 판단하는 사람에 따라 다른 확률을 계산해 내고, 따라서 다른 선택행위를 할 수 있다. 예컨대, 서해안 석유탐사 시추는 과거에 충분히 행해지지 않았기 때문에 객관적인 방법으로 성공확률을 계산해 낼 수 없다. 이때는 회사마다 자기들의 지식과 정보에 바탕을 두고 각기 다른 확률을 계산해 내기 때문에 석유탐사에 대한 각 회사의 의사결정은 달라질 수 있다.

③ 기댓값과 기대효용

어떤 행위에 대해 여러 가지 결과가 가능하면서 각 결과가 나타날 확률이 주어져 있다면, 확률을 가중치로 해서 그 행위의 평균적인 결과를 계산할 수 있는데, 이 평균적인 결과를 기댓값(expected value)이라고 한다.

서해안의 석유탐사 시추에서 성공확률이 25%이고 실패확률이 75%인데, 성공했을 때는 그 회사 주식가격이 2만원으로 오르고, 실패했을 때는 그 회사 주식가격이 5천원으로 떨어진다. 이때 주가의 **기댓값(EV)**은 다음과 같이 계산된다.

$$EV = (\text{성공확률}) \times (\text{성공 시의 주가}) + (\text{실패확률}) \times (\text{실패 시의 주가})$$
$$= 0.25 \times 20{,}000 + 0.75 \times 5{,}000 = 8{,}750\text{원}$$

어떤 행위 X의 결과가 2가지인데 각각의 경우가 나타날 수 있는 확률이 P_1, P_2이고, 각각의 경우에 벌 수 있는 보수가 X_1, X_2라고 하면, 이 행위의 기댓값은 다음과 같은 일반식으로 나타낼 수 있다.

$$E(X) = P_1 \cdot X_1 + P_2 \cdot X_2$$

그리고 X_1과 X_2로 얻을 수 있는 효용이 주어지면 이 행위의 기대효용을 구할 수 있다. X_1과 X_2로부터 얻을 수 있는 효용이 각각 $U(X_1)$과 $U(X_2)$라고 하면 선택행위 X의 기대효용[$EU(X)$]은 다음과 같이 계산된다.

$$EU(X) = P_1 \cdot U(X_1) + P_2 \cdot U(X_2)$$

앞의 예에서 석유탐사 시추가 성공하여 주가가 2만원으로 증가했을 때의 효용이 100이고[U(2만원)=100], 석유탐사 시추가 실패하여 주가가 5천원으로 감소했을 때의 효용이 50이라면 [U(5천원)=50], 이 주주의 기대효용은 다음과 같다.

$$EU(X) = 0.25 \times 100 + 0.75 \times 50 = 62.5$$

④ 분산과 위험도

대학을 졸업하는 어떤 학생이 A와 B라는 두 회사의 취직시험에 합격했

표 3-1 A, B회사의 급여 현황

회사	제1결과		제2결과		기댓값(만원)
	급여(만원)	확률	급여(만원)	확률	
A	200	0.5	100	0.5	150 (200×0.5+100×0.5)
B	151	0.99	51	0.01	150 (151×0.99+51×0.01)

표 3-2 A, B회사의 위험도 계산

회사	제1결과 |실제보수−기댓값|×확률		제2결과 |실제보수−기댓값|×확률		평균편차
A	|200−150|×0.5	+	|100−150|×0.5	=	50
B	|151−150|×0.99	+	|51−150|×0.01	=	1.98

다. 그런데 *A*회사에서는 성과급으로 보수를 지급하고 *B*회사는 월급으로 보수를 지급한다. *A*회사에서는 업무성과가 좋으면 월급여가 2백만원이고, 업무성과가 나쁘면 월급여가 1백만원이다. 그런데 업무성과가 좋을 확률과 나쁠 확률은 각각 50%씩이다. *B*회사에서는 월급으로 일정하게 151만원을 지급하게 되는데 만약 회사가 부도나면 월 51만원밖에 받지 못한다. 그런데 회사가 부도날 확률은 1%이다.

두 회사의 급여현황을 도표로 표시하면 [표 3-1]과 같다. 두 회사에서 벌 수 있는 급여의 기댓값을 계산하면 모두 150만원으로 똑같다. 그러나 이 학생은 기댓값만을 바탕으로 어느 회사로 갈지 의사결정을 하지 않는다. 그것은 두 회사의 위험도가 각기 다르기 때문이다. 위험도는 실제보수가 기대보수와 얼마나 차이가 날 수 있을까를 말한다. 그 차이가 많으면 위험도가 높다고 볼 수 있다. 그 차이는 [표 3-2]에 계산되어 있다.

[표 3-2]에서 **(실제보수−기댓값)의 절대치를 편차(deviations)**라고 한다.

표 3-3 A, B회사 보수의 분산도 측정

회사	제1결과 (실제보수−기댓값)^2×확률		제2결과 (실제보수−기댓값)^2×확률		분산	표준편차
A	$(200-150)^2 \times 0.5$	+	$(100-150)^2 \times 0.5$	=	2,500	50
B	$(151-150)^2 \times 0.99$	+	$(51-150)^2 \times 0.01$	=	99	9.9

확률을 가중치로 하여 편차를 합한 값이 평균편차인데 평균편차는 각 회사의 보수가 기대보수로부터 얼마나 많이 멀어질 수 있는가를 나타낸다. 이 값이 큰 것은 보수가 매우 불안정적이라는 것을 의미한다. [표 3-2]에 의하면 A회사의 보수는 B회사의 보수보다 훨씬 더 불안정적이다. 이것은 A회사의 위험도가 B회사보다 더 높다는 것을 의미한다.

통계학적으로는 **분산**(variance) 또는 **표준편차**(standard deviation)를 써서 위험도의 크기를 나타낸다. 분산은 [표 3-3]과 같이 계산된다. 표준편차는 $\sqrt{분산}$이기 때문에 위험도의 크기는 분산을 사용하든 표준편차를 사용하든 그 순서는 마찬가지이다. [표 3-3]에서 보는 것처럼 분산으로 판단하든 표준편차로 판단하든 회사 A가 회사 B보다 위험도가 더 크다.

A, B 두 회사를 두고 저울질하는 학생이 안정적인 급여를 원하는 학생이라면 그는 B회사를 선택할 것이다. 반대로 이 학생이 모험을 즐기는 학생이라면 A회사를 선택할 수도 있다. A회사에서는 잘하면 300만원까지도 받을 수 있기 때문이다.

불확실성에 대한 소비자의 태도

① 위험기피적 태도

위험에 대한 소비자들의 태도는 3가지로 정리된다. 위험기피적 태도(risk averse), 위험중립적 태도(risk neutral), 위험애호적 태도(risk loving)가 그것이다.

먼저 위험기피적 태도를 갖는 소비자의 효용함수를 살펴보기로 한다. [그림 3-10]의 곡선 *OABCE*는 위험기피적 소비자의 효용곡선을 그린 것이다. 위로 볼록한 효용곡선은 소득의 한계효용이 체감한다는 것을 나타낸

그림 3-10

위험기피적 태도

확실한 소득 200만원의 효용은 16이고, 불확실한 소득 200만원의 효용은 14이다.

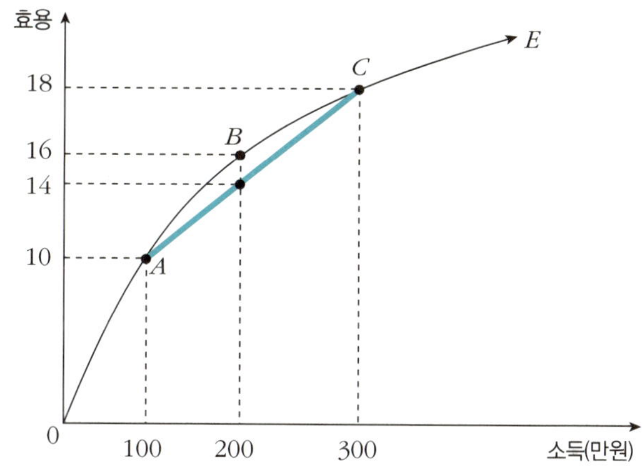

다. 소득이 증가할 때 효용이 증가하는 속도는 점점 감소하기 때문이다. 대부분의 소비자는 이런 효용함수를 갖는다.

월급여가 확실하게 200만원으로 주어진 직장과 월급여가 성과급으로 정해지면서 좋은 성과를 냈을 때(그 확률은 50%)는 300만원을 받고 나쁜 성과를 냈을 때(이 확률은 50%)는 100만원을 받는 직장 중 하나를 선택하라고 했을 때 이 소비자는 어떤 직장을 선택할까? 성과급을 지급하는 직장도 기대소득은 200만원이다(0.5×300만원+0.5×100만원=200만원). 그러나 성과급의 소득에서 얻는 기대효용은 14밖에 되지 않는다[0.5×10(소득 100만원의 효용)+0.5×18(소득 300만원의 효용)=14]. 확실한 소득 200만원의 효용은 16인데 성과급으로 지급되는 소득의 기대효용은 14밖에 되지 않기 때문에 이소비자는 효용이 더 높은 확실한 소득 200만원을 선택할 것이다. **위험기피자는 위험성이 있는 소득을 싫어한다. [그림 3-10]에서 *AC*를 연결한 직선이 *ABC*보다 아래에 위치하다는 것이 이를 나타낸다.**

② 위험애호적 태도

위험애호적 태도를 갖는 소비자의 효용곡선은 [그림 3-11]의 *OABCE*와 같이 아래로 볼록하게 그려진다. 월급여가 200만원으로 확실하게 주어져

그림 3-11

위험애호적 태도

확실한 소득 200만원의 효용은 8이고, 불확실한 소득 200만원의 효용은 10.5이다.

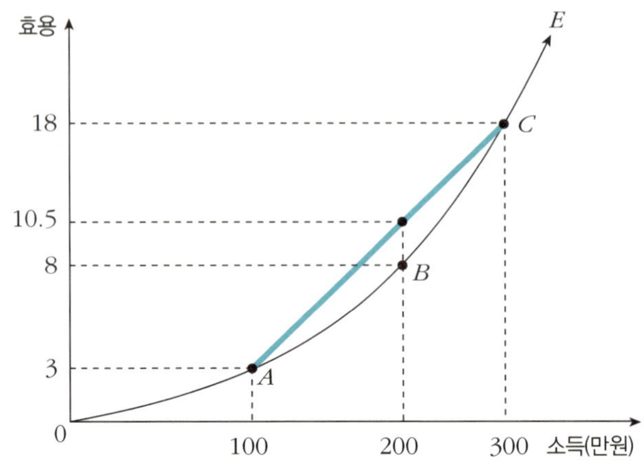

있으면 이 소비자의 효용은 *B*점에서 8이다. 그러나 월급여가 성과급으로 주어질 때의 기대효용은 10.5가 된다[0.5×3(소득 100만원의 효용)+0.5×18(소득 300만원의 효용)=10.5]. 성과급 급여의 기대효용이 확실한 소득 200만원의 효용보다 크기 때문에 이 소비자는 성과급 급여의 직장을 선택할 것이다. 즉, **위험애호적 소비자는 위험성이 내포되어 있지만 크게 벌 가능성이 있는 직장을 선택한다. [그림 3-11]에서 *AC*를 연결한 직선이 *ABC*곡선보다 위에 위치한다는 것이 이를 나타낸다.**

③ 위험중립적 태도

위험중립적 태도를 갖는 소비자의 효용곡선은 [그림 3-12]의 *OABCE*처럼 직선으로 그려진다. 월급여가 200만원으로 확실하게 주어져 있으면 이 소비자의 효용은 *B*점에서 12이다. 그런데 월급여가 성과급으로 주어질 때의 기대효용도 여전히 12이다[0.5×6(소득 100만원의 효용)+0.5×18(소득 300만원의 효용)=12]. 성과급 급여의 기대효용이나 확실한 소득 200만원의 효용이 똑같기 때문에 이 소비자는 어느 직장을 선택하든지 아무런 차이가 없다. 즉, **위험중립적 소비자는 위험성이 있는 소득이나 없는 소득에 차이를 두지 않는다. [그림 3-12]의 효용곡선 *AC*구간이 직선이라는 것이 이를 나타낸다.**

그림 3-12

위험중립적 태도

확실한 소득 200만원의 효용은 12이고, 불확실한 소득 200만원의 효용도 12이다.

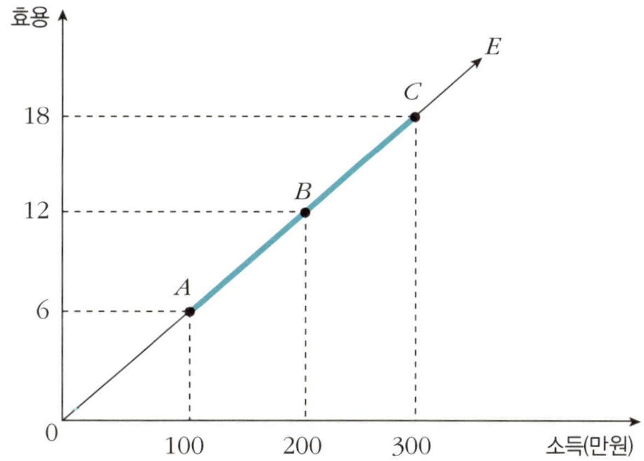

④ 위험의 대가

소비자가 위험애호적 태도를 가지기도 한다는 점은 많은 사람이 도박을 즐긴다는 점에서 입증된다. 그리고 범죄학자들은 무거운 형벌에도 불구하고 범죄를 저지르는 사람이 있는데 이것도 위험애호적 태도라고 보고 있다. 그러나 소비활동에서는 위험애호적 태도는 매우 드물다고 보고 있다.

위험기피적 소비자에게는 위험의 대가(risk premium)를 정의할 수 있다. 위험의 대가는 위험기피적 소비자가 그 위험을 피하기 위해 기꺼이 지불할 의사가 있는 화폐액을 의미한다. [그림 3-13]은 [그림 3-10]을 다시 그려 놓은 것이다.

이 소비자가 좋은 성과를 낼 때(확률 50%)의 월급여가 300만원이고, 나쁜 성과를 낼 때(확률 50%)의 월급여가 100만원이면 이 성과급 소득의 기대효용은 14이다. 그런데 이 효용수준은 [그림 3-13]의 B점에서처럼 이 소비자가 160만원이라는 확실한 소득을 벌어도 얻을 수 있다. [그림 3-13]에서 F점은 AC의 중간점으로 이 점을 수직으로 내리면 소득 200만원과 만난다. 만약 160만원이라는 확실한 소득을 지급하는 직장을 선택하려는 위험기피적 소비자에게 200만원을 받는 성과급 직장을 강요하면 이 소비자는 성과급 직장을 가지지 않기 위해 얼마만큼을 포기할 용의가 있을까? 그 금

그림 3-13

위험의 대가

확실한 소득 200만원을 받고 싶어하는 사람에게 불확실한 소득 200만원을 받으라고 하면 40만원까지는 포기하면서 확실한 소득을 고수하려고 할 것이다.

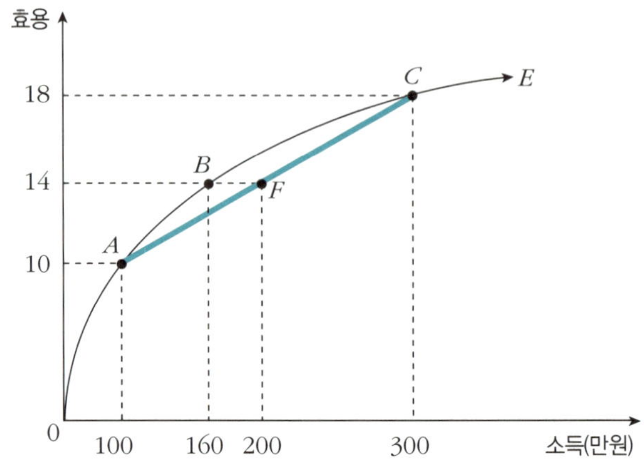

액은 40만원이다. 200만원이라는 확실한 소득에서 40만원 이내 금액을 기부하라고 하면 소비자는 성과급 직장보다 기부를 해야 하지만 확실한 소득의 직장을 원할 것이다. 즉, **성과급 소득의 위험성을 피하기 위해 이 소비자는 200만원의 확실한 소득을 택하면서 40만원까지는 포기할 용의가 있다. 그러므로 이 40만원이 위험의 대가가 된다.**

불확실성을 줄일 수 있는 방법

① 다변화

여름에 우산 장사를 하는 경우와 아이스크림 장사를 하는 경우는 날씨에 따라 그 수입에 큰 차이가 난다. [표 3-4]에서 보는 것처럼 우산 장사를 할 경우 비가 오면 30,000원을 벌지만 볕이 나면 12,000원밖에 못 번다. 그리

표 3-4 우산 판매와 아이스크림 판매로부터의 수입

(단위 : 원)

	비가 올 경우(확률 0.5)	볕이 날 경우(확률 0.5)	기대수입
우산 판매 시의 수입	30,000	12,000	21,000
아이스크림 판매 시의 수입	12,000	30,000	21,000

고 아이스크림 장사를 할 경우는 비가 오면 12,000원밖에 못 벌지만 볕이 나면 30,000원을 번다. 비가 올 확률과 볕이 날 확률이 각각 0.5라면 우산 장사를 하든 아이스크림 장사를 하든 기대수입은 21,000원이지만(0.5×30,000+0.5×12,000=21,000) 어느 경우에든 12,000원밖에 벌지 못할 위험부담(risk)이 있다.

만약 장사에 나서는 사람이 위험기피자적인 태도를 가진 자라면 그는 21,000원의 기대수입을 가지는 것보다는 확실한 수입 21,000원을 더 선호할 것이다. 이를 위해서는 투자를 다변화시켜야 한다. 우산이나 아이스크림 중 한쪽에 모두 투자하는 것이 아니라 투자금액을 반으로 나누어 우산도 판매하고 아이스크림도 판매하면 확실한 수입 21,000원을 벌 수 있다. 투자금액을 반으로 나누어 두 상품을 모두 판매하는데 비가 오면 우산 판매에서 확실하게 15,000원을 벌고, 아이스크림 판매에서 확실하게 6,000원을 벌기 때문에 그의 수입은 확실한 값 21,000원이 된다. 반대로 볕이 나면 우산 판매에서 6,000원을 벌고, 아이스크림 판매에서 15,000원을 벌기 때문에 이 경우에도 확실한 값 21,000원을 번다. 이와 같이 **판매수입에 대한 위험부담을 줄이기 위해서는 판매상품을 다변화시키면 된다.**

② 보험가입

위험기피적 태도를 가진 사람은 위험부담을 줄이기 위해 보험에 가입한다. 보험료가 기대손실 이내에 있는 한 이 사람은 보험에 가입하려고 할 것이다.

예컨대 50억원의 보석이 진열된 보석가게에 도둑이 들면 10억원 상당의 보석을 도난당하게 되는데 도둑이 들 확률은 10%이다. 이때 이 보석상 주인은 도난보험에 가입하여 재산손실 위험부담을 줄이려고 할 것이다. 보험료는 1억원까지 낼 용의가 있을 것이다. [표 3-5]는 이 보석상 주인이 보험에 가입하지 않고 도둑이 들면 10억원의 보석이 줄어 40억원의 보석만 남는다. 도둑이 들지 않으면 50억원의 보석이 그대로 남는다. 이 경우 기대재산은 49억원이다(0.1×40+0.9×50=49). 그런데 도난보험에 가입하면 도난당했을 경우에 보험회사가 도난액을 모두 보상하기 때문에 50억원의 보

표 3-5 보험가입 시와 비가입 시의 기대재산

(단위 : 억원)

보험	도난의 경우(확률=0.1)	비도난의 경우(확률=0.9)	기대재산
비가입	40	50	49
가입	49	49	49

석이 그대로 유지된다. 도난당하지 않았을 경우는 물론 50억원의 보석이 그대로 있다. 그러나 보험료를 1억원 지불했기 때문에 보험에 가입했을 경우 보석상 주인의 재산은 확실한 값 49억원이 된다. 보석상 주인은 보험에 가입하지 않으면 49억원이라는 기대재산을 가지지만 도난당했을 경우는 40억원밖에 갖지 못할 위험이 있다. 반면에 보험에 가입하면 49억원이라는 확실한 재산을 가진다.

이 보석상 주인이 위험기피자라면 효용곡선이 아래로 오목하기 때문에 보험에 가입하지 않았을 때의 기대효용[$0.1 \times U(40) + 0.9 \times U(50)$]이 보험에 가입했을 때의 확실한 효용[$U(49)$]보다 작다. 그러므로 **이 보석상 주인은 보험에 가입하여 위험부담을 줄이는 선택을 할 것이다.** 그리고 보험에 가입하지 않았을 경우, 1억원의 기대손실이 발생하기 때문에 1억원까지는 보험료로 지불할 용의가 있을 것이다.

③ 정보수집

어떤 선택의 결과가 불확실한 이유는 결과와 관련된 정보가 제한되어 있기 때문이다. 예컨대, 우산 장사를 하든 아이스크림 장사를 하든 얼마를 벌지는 불확실한데 그 이유는 날씨가 어떠한지 정확히 알 수 없기 때문이다. **만약 날씨에 대해 더 많은 정보를 가질 수 있다면 어느 상품을 판매하는 것이 유리한지 더 정확하게 예측할 수 있고 위험부담을 그만큼 줄일 수 있다.**

그런데 정보란 가격을 지불하고 얻는 일종의 상품이다. 유용한 정보를 공짜로 얻기는 어렵다. 만약 완전한 정보(complete information)를 얻는다면 위험부담을 완전히 줄일 수 있다. 따라서 완전한 정보의 가치는 완전한 정보가 있었을 때의 선택으로부터 얻는 기댓값과 완전하지 못한 정보에 의한 선택으로부터 얻는 기댓값의 차이이다.

중요내용요약

3.01 **두 개 이상 제약하의 소비자균형** : 소비자는 소득 제약 외에 다른 여러 가지 제약을 받으면서 소비하기도 한다. 배급제도가 실시되면 충분한 소득이 있으면서도 자기가 원하는 만큼 소비할 수 없다. 또한 소비활동을 위한 시간이 부족해도 자기 소득으로 충분히 구매할 수 있는 상품묶음을 소비할 수 없다. 이와 같이 소득 이외의 다른 제약조건들이 많으면 소비자의 소비가능영역은 축소되며 소비자의 효용수준도 줄어든다.

3.02 **현시선호이론**(revealed preference theory) : 선호함수를 이용하지 않고도 소비의 원리를 설명할 수 있는 이론. 소비자가 실제로 선택한 상품묶음, 즉 현시된 선호를 기초로 소비자의 소비행동을 분석한다. 약공리와 강공리가 이론전개의 중요 논리이다.

3.03 **수량지수**(quantity index) : 가격과 소득이 변하면 소비량도 변하는데 이때 소비자의 효용수준이 어떻게 변하는지는 수량지수로 판명할 수 있다.

$$L_q \equiv \frac{P^0Q^1}{P^0Q^0} < 1$$

이면 소비자의 효용수준이 감소한 경우이고

$$P_q \equiv \frac{P^1Q^1}{P^1Q^0} > 1$$

이면 소비자의 효용수준이 증가한 경우이다.

3.04 **가격지수**(price index) : 가격과 소득이 변하면 소비량도 변하는데 이때 소비자의 효용수준이 어떻게 변했는지는 가격지수로 판명할 수 있다.

$$L_p \equiv \frac{P^1Q^0}{P^0Q^0} < I \equiv \frac{P^1Q^1}{P^0Q^0}$$

이면 소비자의 효용수준이 증가한 경우이고,

$$P_p \equiv \frac{P^1Q^1}{P^0Q^1} > I \equiv \frac{P^1Q^1}{P^0Q^0}$$

이면 소비자의 효용수준이 감소한 경우이다.

3.05 **불확실성**(uncertainty) : 가격, 소득, 효용수준 등 소비행동에 영향을 미치는 변수들이 확실한 값이 아니고 어느 정도의 불확실성을 내포하고 있을 때는 소비자의 소비행동이 달라진다. 불확실성의 정도와 불확실성에 대한 소비자의 태도에 따라 달라진다.

연/습/문/제

3.01 20년 전에는 쌀 한 가마에 10만원이고 옷 한 벌에 13만원이었다. 이때 주진수 씨는 286만원의 예산으로 쌀 13가마와 옷 12벌을 소비하였다. 오늘날 그의 예산은 410만원인데 지금은 쌀 한 가마에 10만원이고 옷 한 벌은 24만원이다. 그의 효용함수가 변하지 않았다면 그는 20년 전과 현재 중 언제 후생수준이 더 높을까?

3.02 모든 상품의 가격들이 20%씩 똑같이 상승한다면 파쉐 가격지수와 라스파이레스 가격지수는 어떻게 변할까?

3.03 양수삼 군의 x재에 대한 효용함수는 $U = 1{,}000X - 10X^2$이다. 이때 양수삼은 다음 a, b 경우 중 하나를 선택하도록 되어 있다.

a. 각각 1/2의 확률로 $X = 30$을 얻을 수도 있고 $X = 50$을 얻을 수도 있다.

b. $X = 40$을 확실하게 얻을 수도 있다. 양수삼은 a, b 중 어느 경우를 선택할까?

양수삼은 얼마만큼의 확실한 x재 양을 가져야 a를 선택하는 경우와 똑같게 될까?

3.04 어떤 사람의 효용함수는 $U(X, Y) = 2X + Y$이다. 여기서 X, Y는 각각 x, y재의 소비량이다. 그의 소득은 200원이고 x재의 가격은 4원인데 현재 그는 y재를 전혀 소비하지 않고 있다. 그런데 그가 만약 y재 소비클럽에 가입하면 그는 y재를 할인가격으로 구매할 수 있다. 할인된 y재 가격은 1원이다. y재 소비클럽이 입회비를 받는다고 하면 이 사람은 이 입회비가 얼마 이하인 한 기꺼이 y재 소비클럽에 가입하려고 하겠는가?

3.05 가격이 $P_x = 2$, $Py = 1$일 때의 수요는 $X = 1$, $Y = 2$이고, 가격이 $P_x = 1$, $P_y = 2$일 때의 수요는 $X = 2$, $Y = 1$이다. 이 소비행동은 현시선호이론의 약공리를 충족시켜 주고 있는가? 이때 소비자는 (1, 2)와 (2, 1)의 상품묶음 중 어느 상품묶음을 선호하고 있는가?

3.06 김민우는 100원으로 x재와 y재를 소비하려고 한다. x재 가격은 1원이고, y재 가격은 2원이다. 그런데 x재를 1단위 소비하는 데 3시간이 소요되고 y재는 1단위 소비하는 데 1시간이 소요된다. 그리고 이 두 재화를 소비하는 데 할애할 수 있는 시간은 120시간이다. 김민우의 효용함수는 $U = X + Y$이다.

a. 소비가능영역을 그려보시오.

b. 무차별곡선을 그리면 균형소비점은 어디이며, 이때 소비자의 효용수준은 얼마일까?

c. 김민우의 소득은 그대로인데 이 두 재화의 소비에 쓸 수 있는 시간이 360시간으

로 늘었다면 새 소비점은 어디이며 이때의 효용수준은 얼마일까?

d. 두 재화의 소비에 사용할 수 있는 시간은 원래대로 120시간인데, 이번에는 김민우의 소득이 300원으로 증가했다면 새 소비점은 어디이며 이때의 효용수준은 얼마일까?

3.07 김진달의 효용함수는 $U = \min(X, Y)$이고, 소득은 180원이다. x재의 가격은 3원, y재의 가격은 1원이다. 그런데 x재를 한 단위 소비하는 데는 1시간이 소요되고, y재를 한 단위 소비하는데도 1시간이 소요된다. 그리고 x, y재 소비에 쓸 수 있는 시간은 모두 80시간이다.

a. 소비가능영역을 그려보시오.

b. 무차별곡선을 그리면 균형소비점은 어디이며, 이때 소비자의 효용수준은 얼마일까?

c. 김진달의 소득은 그대로인데 이 두 재화에 할애할 수 있는 시간이 180시간으로 늘어나면, 새 소비점은 어디이며 이때의 효용수준은 얼마일까?

d. 두 재화의 소비에 사용할 수 있는 시간은 원래대로 80시간인데 김진달의 소득이 500원으로 늘었다면 새 소비점은 어디이며, 이때의 효용수준은 얼마일까?

PART 02

생산자이론

CHAPTER 4

생산함수와 생산이론

1. 단일가변요소하의 생산
2. 여러 가변요소하의 생산
3. 생산요소의 특성과 등량곡선

학습목표

삼성전자주식회사가 반도체의 생산량을 늘려 나가려면 생산설비도 늘려야 할 뿐만 아니라 근로자도 더 많이 채용해야 한다. 이때 생산설비와 근로자 수를 어떻게 늘릴 것인가는 반도체라는 상품을 어떤 방식으로 생산하느냐에 달려 있다. 생산방식에 따라 근로자 수보다 생산설비를 더 확충할 수도 있고, 그 반대로 근로자 수를 생산설비보다 더 많이 늘릴 수도 있다. 제4장에서는 생산방식이 갖는 제반특성에 관해 공부한다. 생산량을 증가시킬 때 생산방식은 어떻게 변화하며, 이때 각 생산요소의 생산성은 어떻게 변화하는지 등에 대해 공부한다.

제4장을 공부한 후에는 다음 물음에 답할 수 있어야 한다.

1. 기업은 무엇인가?
2. 기업이 생산량을 증가시키기 위해서는 생산요소를 어떻게 변화시켜야 할까?
3. 생산요소의 사용량을 변화시키면 생산요소의 생산성은 어떻게 변할까?
4. 기업은 노동력을 기계로 대체시켜 나가면서도 생산량을 그대로 유지시킬 수 있을까?

1. 단일가변요소하의 생산

생산요소와 생산량

생산(production)이란 생산요소(inputs)를 생산물(outputs)로 전환시키는 경제활동을 의미하며 이 활동을 담당하는 경제주체는 기업(firms)이다. 현대 자동차주식회사는 기업인데 이 회사는 공장설비를 갖추어 놓고 노동자를 고용하여 자동차를 생산한다. 공장설비는 자본(capital : K)이라는 생산요소인데 노동(labor : L)과 더불어 중요한 2대 생산요소로 간주된다.

[그림 4-1]과 같이 기업은 생산활동을 하면서 **생산요소 구매를 위해 생산비(costs)를 지출하고 생산물을 판매하여 수입(revenue)을 얻는다. 판매수입에서 생산비 지출을 뺀 값이 이윤(profits)인데 기업은 이윤을 극대화할 수 있도록 생산활동을 한다.**

기업은 가능한 한 적은 생산요소로 많은 생산물을 생산할수록 더 많은 이윤을 벌 수 있다. 적은 생산요소를 투입함으로써 생산비를 줄일 수 있고 많은 생산량을 생산함으로써 판매수입을 증가시킬 수 있기 때문이다. 이와 같이 기업에게는 얼마만큼의 생산요소로 얼마만큼의 생산물을 생산해 낼 수 있느냐가 기업이윤을 결정짓는 관건이 된다.

생산요소와 생산물의 이러한 관계를 파악하기 위해 생산과정을 통해 **얼마만큼의 생산요소가 얼마만큼의 생산물로 전환되어 나오느냐를 수학적 함수식으**

그림 4-1

기업의 생산활동

기업은 자본(K)과 노동(L)을 투입하여 생산물(Q)을 생산 판매하면서 이윤을 극대화시키려고 한다.

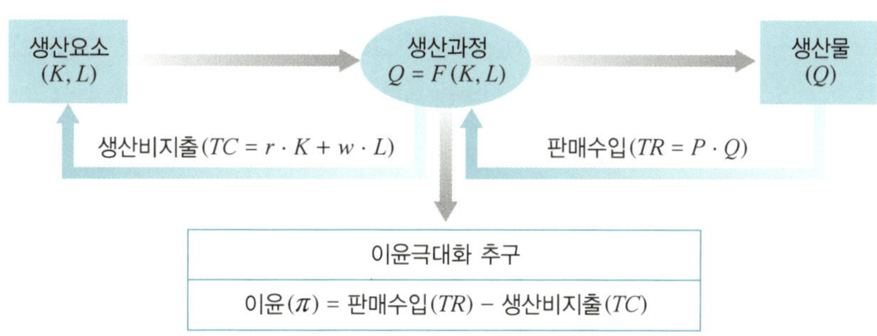

로 표현한 것이 생산함수(production function)이다. 생산요소를 노동(labor)과 자본(capital)이라고 할 때, 이 두 생산요소로부터 생산되는 생산물의 양 Q는 다음과 같은 생산함수식으로 표현될 수 있다.

$$Q = F(K, L)$$

여기서 K는 자본의 양, L은 노동의 양, Q는 생산물의 양이다.

단기와 장기 및 고정요소와 가변요소

기업이 생산량을 변화시키기 위해서는 투입되는 생산요소의 양을 변화시켜야 한다. 즉, 생산량을 증가시키기 위해서는 노동과 자본의 양을 증가시켜야 한다. 그런데 생산요소는 그 특성상 쉽게 변화시킬 수 있는 것도 있지만 그렇지 못한 것도 있다. 예컨대 생산요소가 노동과 자본이라고 할 때 노동의 사용량은 비교적 쉽게 조정될 수 있는 성질을 가지고 있지만, 자본은 공장시설이나 기계시설 등을 의미하는 것이기 때문에 이들의 양을 조정하기 위해서는 상당한 시간이 요하기 마련이다.

자본처럼 그 양을 쉽게 조정할 수 없는 생산요소를 고정요소(fixed inputs)라고 한다. 반면에 노동은 노동시간을 쉽게 변화시킬 수 있기 때문에 이런 생산요소를 가변요소(variable inputs)라고 한다. 그런데 자본이라고 해서 그 양이 항상 고정되어 있는 것은 아니다. 시간이 충분히 주어지면 자본의 양도 변화시킬 수 있다. 따라서 경제학에서는 고정요소의 양을 변화시킬 수 있는지의 여부에 따라 단기와 장기로 구분하고 있다.

시간이 충분치 못하여 **고정요소의 양을 변화시킬 수 없다면 이러한 기간은 단기(short run)이다. 그러나 시간이 충분하여 고정요소까지도 적정량으로 조정될 수 있다면 이러한 기간은 장기(long run)가 된다.** 그러므로 장기에는 고정요소가 아예 존재하지 않고 모든 요소가 가변요소이다. 경제학에서의 단기와 장기는 통상적인 시간의 길이와는 상관없이 생산요소의 양이 조정되는지에 따라 구분되어지는 개념이다. 1주일이라도 이 기간 내에 모든 생산요소의 양이 조정될 수 있다면 이 기간은 장기가 되고, 1년이라도 이 기간 내에 적어도 하나의 생산요소는 조정이 불가능하다면 이 기간은 단기가 된다.

단기와 장기의 구분과 고정요소와 가변요소의 구분은 불가분의 관계를 가지고 있다. **고정요소는 단기에서만 정의되는 개념이고, 가변요소는 단기와 장기 모두에 정의되는 개념이다. 그리고 단기와 장기의 구분은 고정요소의 존재여부를 기준으로 정의되는 개념이다.**

총생산, 평균생산, 한계생산

단기에는 자본의 양이 고정된 채 노동의 양이 변하면서 생산량이 변하기 때문에 노동을 기준으로 **총생산(total product : *TP*)**, **평균생산(average product : AP_L)**, **한계생산(marginal product : MP_L)**을 정의할 수 있다. 자본의 양이 $\overline{K}$에서 고정되어 있으면 $Q = F(\overline{K}, L)$이라는 단기적 생산함수를 정의해 놓을 수 있으며, 생산량 Q는 노동투입량 L의 변화와 더불어 변화하고 이때 TP, AP_L, MP_L은 각각 다음과 같이 정의할 수 있다.

$TP = Q$: 주어진 생산요소가 생산하는 총생산량

$AP_L = \dfrac{Q}{L}$: 노동 1단위당의 평균생산량(노동의 평균생산)

$MP_L = \dfrac{\Delta Q}{\Delta L}$: 노동 1단위가 추가될 때 추가적으로 생산되는 생산물의 양 (노동의 한계생산)

[표 4-1]에는 노동투입량이 하나씩 증가할 때 노동의 총생산, 평균생산,

표 4-1 총생산, 평균생산, 한계생산

생산점	노동투입량 L	ΔL	총생산 TP	ΔTP	평균생산 $AP_L (= TP/L)$	한계생산 $MP_L (= \Delta TP/\Delta L)$
O	0		0		…	
		> 1		> 3		3
A	1		3		3	
		> 1		> 5		5
B	2		8		4	
		> 1		> 4		4
C	3		12		4	
		> 1		> 2		2
D	4		14		3.5	
		> 1		> 0		0
E	5		14		2.8	
		> 1		> −2		−2
F	6		12		2	

그림 4-2

총생산곡선, 평균생산곡선, 한계생산곡선

총생산곡선(TP)은 처음에는 빠른 속도로 증가하다가 그 증가속도가 점점 완만해지면서 극대점에 도달한 후부터는 점점 감소한다. 평균생산(AP_L), 한계생산(MP_L) 모두 처음에는 증가하다가 나중에는 감소한다.

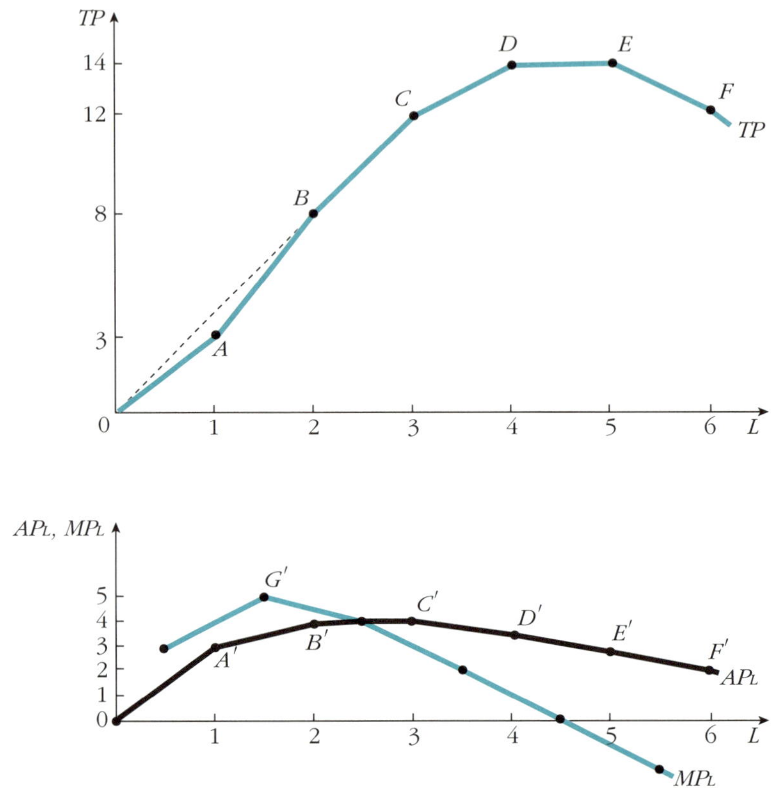

한계생산이 어떻게 변화하는지 예시되어 있다. 노동투입량이 2단위일 때는 총생산이 8개이기 때문에 평균생산은 4개(8÷2)이다. 노동투입량이 1단위일 때는 총생산이 3개이고, 2단위일 때는 총생산이 8개이기 때문에 두 번째 노동투입량의 한계생산은 5개(8−3)이다. [표 4−1]을 그래프로 작성하면 [그림 4−2]와 같다.

총생산은 D점까지 증가하다가 E점을 지나고부터 점점 감소한다. 평균생산은 B'점까지는 증가하다가 C'점 이후부터는 점점 감소한다. 한계생산은 G'점까지는 증가하다가 그 이후부터는 점점 감소한다. 그리고 평균생산이 극대화되는 $B'C'$구간에서는 한계생산이 평균생산과 일치하고 있다. 총생산이 최대화되는 DE구간에서는 $MP_L = 0$이다.

그림 4-3

총생산곡선, 평균생산곡선, 한계생산곡선

L_1에서는 한계생산(MP_L)이 극대화되고, L_2에서는 평균생산(AP_L)이 극대화되면서 한계생산과 일치하게 되고, L_3에서는 총생산(TP)이 극대화되면서 한계생산이 O이 된다. L_4에서는 총생산이 O이 되면서 평균생산도 O이 된다.

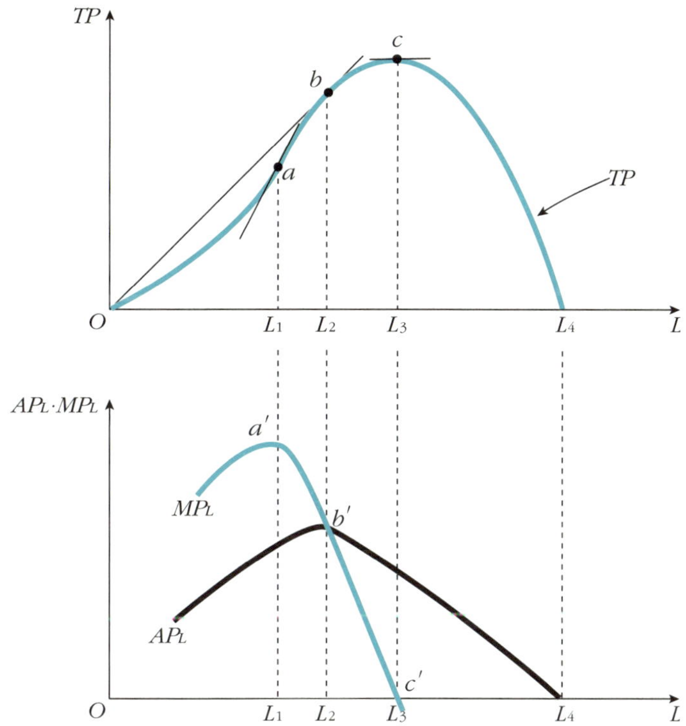

만약 노동투입량이 무한히 가분적(infinitesimally divisible)이면서 생산함수 $Q = F(\overline{K}, L)$이 구체적인 함수형태로 주어지면 총생산곡선 TP가 [그림 4-3]의 윗그림에서처럼 그려진다. 이 TP로부터 AP_L곡선과 MP_L곡선이 도출 될 수 있다. $AP_L = TP/L$이기 때문에 AP_L은 TP선상의 한 점과 원점을 연결한 직선의 기울기와 일치한다. 이 기울기는 $0 \leq L < L_2$ 범위에서는 계속 증가하기 때문에 이 범위에서는 AP_L곡선이 계속 상승한다. 그리고 $L = L_2$인 b점에서는 이 기울기가 극대화되기 때문에 AP_L곡선이 극대점에 도달한다. 그러나 $L_2 < L$의 범위에서는 이 기울기가 계속 감소하기 때문에 이 범위에서는 AP_L곡선이 계속 하락한다. AP_L곡선은 역U자 모양으로 그려진다. 그리고 $L = L_4$일 때는 $TP = 0$이기 때문에 $AP_L = 0$이다.

$MP_L = \partial TP/\partial L$이기 때문에 MP_L은 TP선상 한 점에서의 접선의 기울기와

그 크기가 일치한다. TP선상의 a점은 TP선상의 변곡점이기 때문에 $0 \leq L \leq L_1$인 범위에서는 이 접선의 기울기가 계속 증가하고, MP_L곡선도 [그림 4-3]의 아래 그림에서처럼 계속 상승한다. 그리고 $L = L_1$인 a점에서는 이 접선의 기울기가 극대화되고 MP_L곡선이 극대점에 도달한다. $L_1 < L$인 범위에서는 이 접선의 기울기가 계속 감소하고 MP_L곡선도 계속 하락한다. TP선상의 c점은 TP곡선의 극대점이기 때문에 $L = L_3$일 때는 $MP_L = \partial TP/\partial L = 0$이다. 그리고 $L_3 \leq L$인 범위에서는 $MP_L = \partial TP/\partial L \leq 0$이다. 이처럼 MP_L곡선도 역U자 모양으로 그려진다.

$L = L_2$인 b점에서는 $TP/L = \partial TP/\partial L$이기 때문에 $AP_L = MP_L$이다. 그런데 이 점은 AP_L이 극대화되는 점이다. 그러므로 [그림 4-3]의 아래 그림에서처럼 **MP_L곡선은 AP_L곡선의 극대점을 통과한다.** TP, AP_L, MP_L의 이러한 관계들을 요약 정리하면 다음과 같다.

$0 \leq L < L_1$: TP, AP_L, MP_L 모두 증가
$L = L_1$: MP_L 극대화
$L_1 < L < L_2$: TP 증가, AP_L 증가, MP_L 감소
$L = L_2$: $AP_L = MP_L$, AP_L 극대화
$L_2 < L < L_3$: TP 증가, AP_L과 MP_L 감소
$L = L_3$: TP 극대화, $MP_L = 0$
$L_3 < L < L_4$: TP, AP_L, MP_L 모두 감소, $MP_L < 0$
$L = L_4$: $TP = 0$, $AP_L = 0$

노동의 한계생산은 [그림 4-3]의 MP_L곡선이 보여주듯이 노동사용량이 적을 때는 노동사용량의 증가와 함께 잠시 증가하지만 노동사용량이 어느 수준에 다다른 후부터는 계속 하락한다. 즉, [그림 4-3]에서 노동사용량이 L_1을 초과하면서부터는 노동사용량의 증가와 함께 노동의 한계생산은 점점 하락한다. 이러한 현상을 **한계생산체감의 법칙**(law of diminishing marginal product) 또는 **수확체감의 법칙**(law of diminishing returns)이라고 한다. 이러한 현상이 나타나는 이유는 다른 생산요소의 사용량이 고

사례검토 5.1

경제학은 우울한 학문?

맬더스(Thomas Malthus, 1766~1834) 등을 비롯한 19세기 고전학파 경제학자들은 앞으로 인류는 기아상태에 직면할 것이라고 예언하였다. 수확체감의 법칙에 따르면 땅을 비롯한 자원의 양이 고정되어 있기 때문에 인구증가와 더불어 노동의 한계생산이 점점 감소하여 급기야는 0이 될 것이다. 인구는 계속 증가하는데 추가적인 생산량은 점점 하락하기 때문에 인류는 궁극적으로 기아상태(starvation)를 면하기 어려울 것이라고 보았다. 이 우울한 예언 때문에 경제학에는 “우울한 학문(dismal science)”이라는 딱지가 붙었다. 그러나 이 예언은 맞지 않았다. 오히려 인류는 현재 아주 풍족한 생활을 누리고 있다. 그 이유는 몇 가지가 있다. 첫째, 19세기 이후 생산에 사용된 자본량, 토지량, 광물량 등이 급속히 증가하였다. 둘째, 산업화된 국가에서는 인구증가율이 급속히 감소하였다. 셋째, 기술발전이 급속도로 이루어져 생산성이 현격히 향상되었다. 특히 세 번째 이유 때문에 맬더스의 예언은 결정적으로 빗나갔다. 기술진보가 이루어지면 노동의 한계생산곡선 자체가 계속 위로 이동한다. 맬더스는 장기적인 현상에 수확체감의 법칙이라는 단기적인 법칙을 적용했기 때문에 결정적인 오류를 범했다.

정되어 있는 상태에서 한 생산요소의 사용량만 늘려 나가면, 이 생산요소의 생산성이 한계에 도달하는 점이 존재하기 때문이다. 그러므로 이 점을 지난 후부터는 이 생산요소의 생산성이 점점 떨어진다. 이러한 현상은 생산에 있어서 모든 요소가 갖는 일반적 성질이다.

생산의 3단계

자본량이 고정되어 있는 채로 노동의 사용량만 증가시키면 노동사용량이 적을 때의 생산방식은 자본집약적(capital intensive) 생산이 될 것이고, 노동사용량이 많을 때의 생산방식은 노동집약적(labor intensive) 생산이 될 것이다. 자본집약적 생산하에서는 자본의 생산성이 낮을 것이고, 노동집약적 생산하에서는 노동의 생산성이 낮을 것이다.

[그림 4-4]에서 자본의 양이 고정된 채로 노동의 사용량만 증가하면 L_2까지는 노동의 평균생산이 증가할 것이다. 그러므로 이 범위는 상대적으로 자본이 너무 많이 사용되고 있는 구간이 될 것이다. 이 구간을 **생산의 제1단계(stage 1 of production)**라고 구분한다. 노동이 L_2에서 L_3까지 증가할 때는 노동증가와 함께 총생산이 계속 증가한다. 그러나 노동의 평균생산과 한계생산은 계속 하락한다. 이 구간을 **생산의 제2단계(stage 2 of production)**라고 구분한다. 노동이 L_3를 넘어서 사용되면 노동의 한계생

그림 4-4

생산의 3단계와 생산가능구간

생산의 3단계 중 실제로 생산이 이루어지는 단계는 제2단계이다.

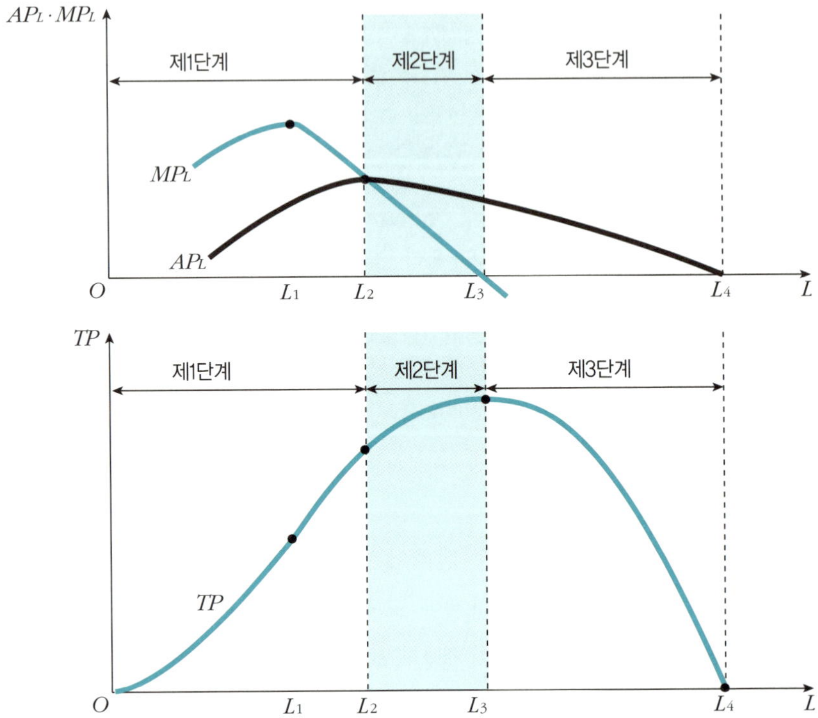

산이 음의 값이 되어 총생산은 오히려 감소한다. 그 이유는 자본에 비해 상대적으로 노동이 너무 많이 사용되기 때문이다. 이 구간을 **생산의 제3단계** (stage 3 of production)라고 구분한다.

이러한 생산의 3단계는 [그림 4-4]에 잘 구분되어 있으며 이를 요약 정리하면 다음과 같다.

제1단계$(0 \leq L \leq L_2)$: $MP_L \geq AP_L$

제2단계$(L_2 \leq L \leq L_3)$: $AP_L \geq MP_L \geq 0$

제3단계$(L_3 \leq L)$: $MP_L \leq 0$

제1단계에서는 노동사용량의 증가와 더불어 노동의 평균생산이 계속 증가하고 있기 때문에 노동가격과 상품가격이 고정되어 있는 한 노동의 사용량을 증가시킬수록 기업의 이윤이 더 증가한다. 그러므로 실제 생산은 이 구간을 넘어서서 정해질 것이다. 이 구간에서는 노동사용량을 증가시킬수록 기업에게 더 유리하기 때문이다. 그런데 제3단계에서는 노동의 사용량을 감소시킬수록 오히려 총생산이 더 증가하고 기업에게 유리하다. 따라서 제3단계에서는 실제 생산이 이루어질 수 없다. 실제 생산은 이 구간 이전에서 정해질 것이다. 이 구간에서는 노동사용량을 감소시킬수록 기업에게 유리하기 때문이다. 그러므로 실제 생산은 제2단계에서만 정해진다. 즉, **제1단계는 노동에 비해 자본이 너무 과다하게 사용되고 있는 구간이고, 제3단계는 자본에 비해 노동이 너무 과다하게 사용되고 있는 구간이기 때문에 실제 생산은 이 두 구간에서는 정해질 수 없고, 실제 생산이 이루어질 수 있는 구간은 제2단계이다.**

2. 여러 가변요소하의 생산

등량곡선

생산요소들 사이에는 대체가 이루어질 수 있다. 단기에 있어서는 고정요소가 다른 요소와 대체가 될 수 없지만 장기에는 모든 요소가 가변적이기 때문에 요소의 특성에 따라 서로 대체가 이루어질 수 있다. 생산요소 간에 대체가 이루어질 수 있다면 동일한 생산량을 생산할 수 있는 생산요소 간의 결합방법도 여러 가지가 있을 수 있다.

[표 4-2]에는 자본(K)과 노동(L)의 결합으로 생산이 이루어질 때 $[Q = F(K, L)]$ 생산량 40단위를 생산할 수 있는($Q = 40$) K와 L의 조합이 표시되어 있다. $K = 1$일 때는 $L = 20$이 되도록 상대적으로 노동을 많이 사용하여야 40단위의 생산량이 생산될 수 있다. 즉, 기계설비가 1단위일 때는 노동력이 많이 투입되고 있다. 자본을 점점 늘려 나가면 노동을 줄여도 40

표 4-2 생산요소간의 대체

생산점	K	L	Q
A	1	20	40
B	2	10	40
C	4	5	40
D	5	4	40
E	10	2	40
F	20	1	40

단기이윤의 극대화 — 추가학습 4.1

이윤은 총수입에서 총비용을 뺀 값이기 때문에 다음과 같은 수식으로 표현될 수 있다.

$$\pi = P \cdot Q - r \cdot \overline{K} - w \cdot L \tag{4.1}$$

여기서 π는 이윤, P는 생산물가격, Q는 생산량, r은 자본가격, w는 노동가격이다.

식 (4.1)에서 자본의 투입량이 $\overline{K}$로 고정되어 있는 단기를 전제로 하면, 식 (4.1)은 다음과 같이 고쳐 쓸 수 있다.

$$Q = \frac{w}{P} L + \left(\frac{\pi}{P} + \frac{r \cdot \overline{K}}{P} \right) \tag{4.2}$$

식 (4.2)에서 K의 양은 고정되어 있고, P, r, w는 각각 상품시장, 자본시장, 노동시장에서 이미 결정되어 있는 값들이기 때문에, 식 (4.2)는 기울기가 w/P이고 절편이 $\left(\frac{\pi}{P} + \frac{r \cdot K}{P} \right)$인 L과 Q 사이의 선형함수가 된다. 즉, π의 값이 π_1이면 식 (4.2)는 [그림 4-5]의 π_1과 같은 직선이 되고, π의 값이 π_2이면 [그림 4-5]의 π_2와 같은 직선이 되고, π의 값이 π_3이면 [그림 4-5]의 π_3와 같은 직선이 된다.

[그림 4-5]에서 직선 π_1을 따라서는 이윤의 크기가 항상 π_1으로 일정하다. 그러므로 이 직선을 **등이윤선(isoprofit line)**이라고 부른다. 즉, 등이윤선 π_1을 따라서는 이윤이 항상 π_1이고, 등이윤선 π_2를 따라서는 이윤이 항상 π_2이고, 등이윤선 π_3를 따라서는 이윤이 항상 π_3이다. 그리고 이 이윤들의 크기는 $\pi_1 < \pi_2 < \pi_3$이다. 그러므로 높은 등이윤선일수록 높은 이윤수준을 나타내는 등이윤선이다.

[그림 4-5]에서 TP는 총생산물곡선이다. 즉, 이 곡선은 $Q = f(\overline{K}, L)$이라는 단기생산함수로부터 도출된 L과 Q 사이의 관계를 나타낸 곡선이다.

기업은 이 총생산물곡선상에서 생산하면서 이윤을 극대화시키려고 할 것이다. 그런데 이 TP곡선상에서 생산하면서는 π_3와 같이 높은 이윤은 확보할 수 없다. 반면 π_1과 같은 수준의 이윤은 충분히 확보할 수 있다. 예컨대 A점이나 B점에서 생산하면 이때의 이윤수준은 π_1이 되다. 그러나 이 기업은 π_1보다 더

그림 4-5

등이윤선과 총생산물곡선 및 단기 이윤극대점

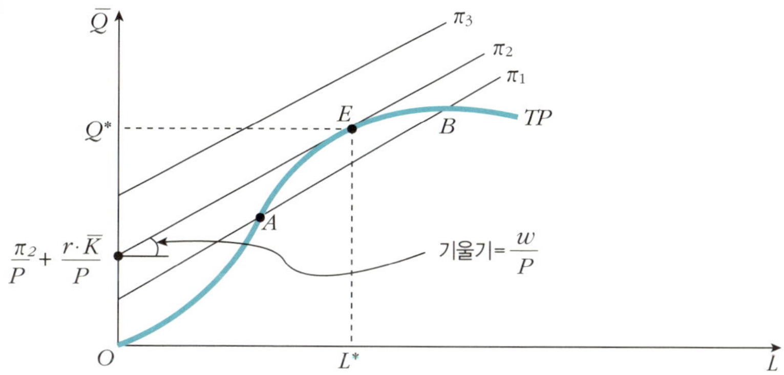

높은 이윤을 벌 수도 있다. 이 기업이 단기에 벌 수 있는 최대이윤은 E점에서 생산할 때의 이윤 π_2이다. 이때의 노동투입량은 L^*이고 생산량은 Q^*이다.

이 기업이 극대이윤을 얻는 생산점은 등이윤선과 TP곡선이 접하는 점이다. 이 점에서는 등이윤선의 기울기가 TP곡선의 기울기와 일치한다. 등이윤선의 기울기는 w/P이고 TP곡선의 기울기는 노동의 한계생산(MP_L)이기 때문에 이윤극대화 조건은 다음과 같다.

$$\text{등이윤선의 기울기} = w/P = MP_L = TP\text{곡선의 기울기}$$

$$P \cdot MP_L = w \quad \text{또는} \quad MP_L = \frac{w}{P} \tag{4.3}$$

식 (4.3)은 식 (4.2)의 이윤극대화조건과 일치한다. 식 (4.3)에서 $P \cdot MP_L$은 노동을 한 단위 추가투입했을 때 증가되는 생산물(MP_L)을 시장에 내다 팔았을 때 기업이 벌게 되는 수입이고, w는 노동을 한 단위 추가투입했을 때 기업이 지불하게 되는 추가비용이다. 이 두 값이 일치되도록 노동투입량을 정할 때 기업의 이윤은 극대화된다.

만약 $P \cdot MP_L > w$이면 이 기업은 노동투입량을 증가시키는 것이 유리하다. 추가투입되는 노동은 추가되는 비용(w)보다 더 큰 추가수입($P \cdot MP_L$)을 벌어들이기 때문이다. 이것은 [그림 4-5]의 L^*보다 왼편 구간에서 일어나는 현상인데 이때는 노동량을 L^*로 향해 증가시키는 것이 이윤을 증가시키는 길이다. 반면에 $P \cdot MP_L < w$이면 이때는 노동투입량을 감소시키는 것이 유리하다. 추가투입되는 노동은 추가되는 비용(w)보다는 적은 추가수입($P \cdot MP_L$)을 벌어들이기 때문이다. 이것은 [그림 4-5]의 L^*보다 오른편 구간에서 일어나는 현상인데 이때는 노동량을 L^*를 향해 감소시키는 것이 이윤을 증대시키는 길이다. 그러므로 이윤은 노동투입량을 L^*로 정했을 때 극대화된다.

그림 4-6

등량곡선의 도출

A, B, C, D, E, F 점에서는 모두 생산량이 40이기 때문에 이 점들을 연결한 곡선은 생산량이 40인 등량곡선을 나타낸다.

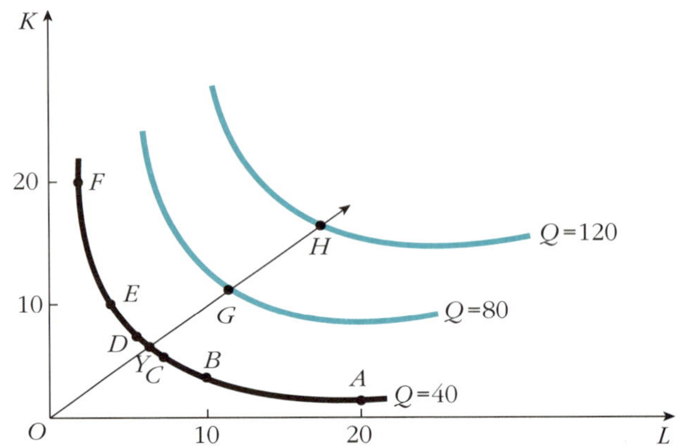

단위의 생산량이 생산될 수 있다. 즉, $K=2$일 때는 $L=10$으로도 $Q=40$이 생산될 수 있다. 이와 같이 자본을 점점 늘려 나가서 $K=20$이 되면 $L=1$로서도 $Q=40$이 생산될 수 있다. 즉, 기계설비를 20단위까지 늘리면 노동력은 1단위가 투입되어도 똑같은 생산량이 생산될 수 있다.

이와 같이 생산요소 간에 대체가 이루어지면서 생산량이 일정하게 유지될 때는 [그림 4-6]의 $Q=40$과 같이 **생산요소 $K-L$ 공간에 일정한 생산량 수준을 나타내는 곡선을 그릴 수 있다. 이 곡선을 등량곡선(isoquants)이라고 한다.** 생산점이 등량곡선을 따라 A점에서 $A \rightarrow B \rightarrow C \rightarrow D \rightarrow E \rightarrow F$로 옮겨 감에 따라 노동이 자본으로 대체되면서 일정한 생산량 40이 생산되고 있다. 즉, $Q=40$을 생산하면서 노동사용량은 줄이고 자본사용량은 늘리는 생산방법을 채택하고 있다. 어느 점에서는 생산량은 40으로 똑같기 때문에 이 점들을 연결한 곡선을 등량곡선이라고 한다.

등량곡선이 음(−)의 기울기를 갖게 되는 이유는 자본과 노동의 한계생산이 모두 양의 값을 갖기 때문이다($MP_K>0, MP_L>0$). 생산량을 일정하게 유지하면서 하나의 생산요소를 줄이면 이 생산요소의 한계생산이 양의 값을 갖기 때문에 양의 값을 갖는 다른 생산요소의 사용량을 늘려야 한다. 이와 같이 한 요소의 사용량을 줄일 때는 다른 요소의 사용량을 늘려야 하기 때문에 등량곡선은 음(−)의 기울기를 갖는다.

$K-L$ 생산요소 공간에는 이 두 요소로 생산되는 생산물의 등량곡선이 많이 그려질 수 있으며 등량곡선의 위치가 바깥쪽에 위치할수록 더 높은 생산량을 나타낸다. [그림 4-6]에서 $Q=80$을 나타내는 등량곡선은 $Q=40$을 나타내는 등량곡선보다 바깥쪽에 위치하고, $Q=120$을 나타내는 등량곡선은 $Q=80$을 나타내는 등량곡선보다 바깥쪽에 위치한다. 그 이유는 바깥쪽에 위치한 등량곡선일수록 안쪽에 위치한 등량곡선보다 더 많은 생산요소가 투입되기 때문이다. 즉, Y점보다는 G점에서 K와 L 모두가 더 많이 투입되었기 때문에 G점을 통과하는 등량곡선은 Y점을 통과하는 등량곡선보다 더 높은 생산량을 나타낸다. 마찬가지로 H점도 G점보다는 K와 L 모두가 더 많이 투입된 것을 나타내기 때문에 H점을 통과하는 등량곡선은 G점을 통과 하는 등량곡선보다 더 높은 생산량을 나타내는 등량곡선이다. 이와 같이 $K-L$ 생산요소 공간에는 각 생산량 수준을 나타내는 등량곡선이 많이 그려 질 수 있다.

기술적 한계대체율

등량곡선이 존재할 수 있는 이유는 생산요소끼리 서로 대체가 이루어지면서 생산량 수준이 일정하게 유지될 수 있기 때문이다. [그림 4-7]의 등량곡선 Q_2에서 생산점이 G점으로부터 H점으로 이동하면 생산자는 자본사용량(K)을 줄이고 노동사용량(L)을 늘리면서 생산량 수준을 Q_2에서 일정하게 유지할 수 있다. 즉, 자본을 노동으로 대체시키는 데 생산량에는 아무런 변화가 없다.

이와 같이 한 요소(K)가 다른 요소(L)로 대체되어 갈 때 이 두 요소 사이의 대체율은 다음과 같이 표시된다.

$$\text{요소 간의 대체율} = \left.\frac{\Delta K}{\Delta L}\right|_{Q\text{는 불변}} = \frac{K_1K_2}{L_1L_2} = \frac{JG}{JH} \tag{4.4}$$

여기서 ΔK와 ΔL은 각각 자본과 노동의 변화량이다. 이 대체율을 **기술적 한계대체율**(marginal rate of technical substitution : *MRTS*)이라고 하며 이것은 직선 GH의 기울기와 일치한다. 이러한 대체율로 두 요소 사이

그림 4-7

기술적 한계대체율

직선 GH의 기울기는 자본과 노동 사이의 기술적 한계대체율이다.

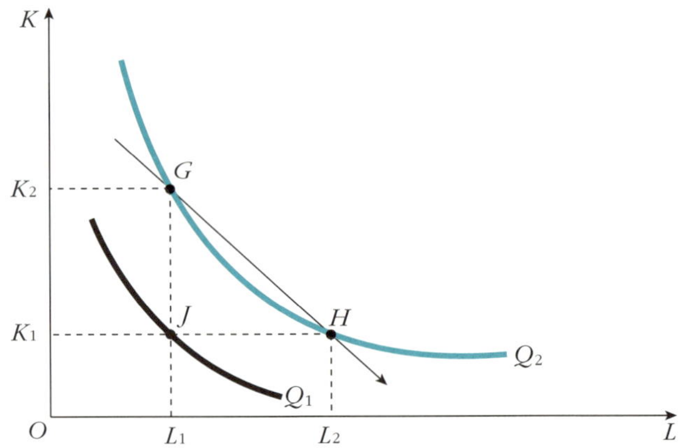

에 대체가 이루어졌다면 생산량 수준에는 아무런 변화가 없다.

기술적 한계대체율은 각 요소의 한계생산의 비율과 일치한다. [그림 4-7]에서 자본의 사용량을 K_1에 고정시켜 놓고 노동사용량만 L_1에서 L_2로 증가시키면 생산점이 J로부터 H로 이동하면서 생산량이 Q_1에서 Q_2로 증가한다. 이때 노동의 한계생산이 다음과 같이 표시될 수 있다.

$$MP_L = \frac{\Delta Q}{\Delta L} = \frac{Q_2 - Q_1}{L_1 L_2} \tag{4.5a}$$

마찬가지로 [그림 4-7]에서 L의 사용량을 L_1에 고정시켜 두고 K의 사용량만 K_1에서 K_2로 증가시키면 생산점이 J로부터 G로 이동하면서 생산량이 Q_1에서 Q_2로 증가한다. 따라서 자본의 한계생산은 다음과 같이 표시된다.

$$MP_K = \frac{\Delta Q}{\Delta K} = \frac{Q_2 - Q_1}{K_1 K_2} \tag{4.5b}$$

식 (4.5a)를 식 (4.5b)로 나누면

$$\frac{MP_L}{MP_K} = \frac{K_1 K_2}{L_1 L_2} = \frac{JG}{JH} \tag{4.6}$$

이 되는데, 이것은 식 (4.4)에서 정의한 자본과 노동 사이의 기술적 한계대체율과 일치한다. 식 (4.5a), (4.5b)로부터는 $MP_L \cdot L_1L_2 = MP_K \cdot K_1K_2 = Q_2 - Q_1$이 도출될 수 있다. 이것은 생산점이 G에서 H로 이동할 때 노동사용량 증가가 가져오는 생산량증가분($MP_L \cdot L_1L_2 = Q_2 - Q_1$)이 자본사용량의 감소가 가져오는 생산량감소분($MP_K \cdot K_1K_2 = Q_2 - Q_1$)과 일치하여 총생산량 수준에는 아무런 변화가 일어나지 않는다는 것을 의미한다.

[그림 4-7]에서 생산점이 G로부터 H로 이동할 때 이 이동이 미미할 정도로 작다면, 이때의 **기술적 한계대체율은 Q_2에 대한 G점에서의 접선의 기울기와 일치한다.** 기술적 한계대체율은 생산함수 $Q = F(K, L)$에서 생산량 수준을 고정시켜 두고 양변을 전미분함으로써 다음과 같이 수학적으로 도출될 수도 있다. 생산량 수준이 고정되어 있기 때문에

$$dQ = \frac{\partial Q}{\partial K}dK + \frac{\partial Q}{\partial L}dL = 0 \tag{4.7}$$

식 (4.7)을 조정하면

$$-\frac{dK}{dL} = \frac{\partial Q/\partial L}{\partial Q/\partial K} = \frac{MP_L}{MP_K} \tag{4.8a}$$

식 (4.8a)에서 $-dK/dL$은 생산량 수준이 고정된 채로 이루어진 자본과 노동 사이의 기술적 한계대체율을 미분개념으로 도출한 것이다. 그러므로 동일 등량곡선을 따라서는 다음과 같은 관계식이 성립한다.

$$MRTS = \left|\frac{dK}{dL}\right| = \frac{MP_L}{MP_K} = \text{등량곡선에 대한 접선의 기울기} \tag{4.8b}$$

[그림 4-8]에서 보는 것처럼 생산점이 $G \to H \to I$로 이동하면 요소 간의 대체비율이 점점 감소한다. 즉, $\frac{K_3K_2}{L_1L_2} > \frac{K_2K_1}{L_2L_3}$이다. 그리고 각 점에서의 접선의 기울기로 나타난 기술적 한계대체율도 점점 감소한다. **이러한 현상을 기술적 한계대체율체감의 법칙(law of diminishing marginal rate of technical substitution)이라고 한다. 이 때문에 등량곡선은 원점을 향해 볼록하게 된다.**

그림 4-8

기술적 한계대체율체감의 법칙

$G \rightarrow H \rightarrow I$로 갈수록 접선의 기울기는 점점 감소하는데 이 때문에 등량곡선은 원점을 향해 볼록해진다.

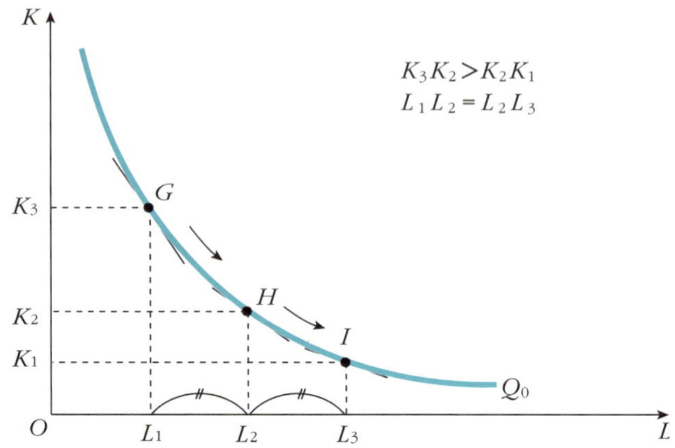

단기생산과 장기생산의 관계 **추가학습 4.2**

장기적으로는 두 요소가 모두 가변적이기 때문에 등량곡선이 도출될 수 있으나, 단기에는 한 요소가 고정되어 있기 때문에 등량곡선은 도출될 수 없고 가변요소 사용량이 변할 때 총생산량이 어떻게 변하는지를 나타내는 총생산곡선이 도출될 수 있다. [그림 4-9]에는 등량곡선으로부터 총생산곡선(*TP*)이 어떻게 도출되는지가 설명되어 있다.

[그림 4-9]의 윗그림에 의하면 자본량이 1에 고정되어 있을 때 *C*점은 노동 3단위를 투입했을 때 12개의 산출량이 생산되는 점이고, *F*점은 노동 6단위를 투입했을 때 12개의 산출량이 생산되는 점이다. 이 점들을 아래 그림으로 연결시키면 노동투입량이 3과 6일 때 총생산량이 12되는 *C'*점과 *F'*점을 찾을 수 있고 이 점들을 연결한 곡선인 *TP*곡선을 도출할 수 있다. 따라서 *TP*곡선은 자본투입량이 1로 고정되어 있을 때 노동투입량과 총생산량 사이의 관계를 나타내는 총생산곡선이다.

만약 자본량이 4에 고정되어 있다면 노동량을 1단위에서 2단위, 3단위, 4단위, 5단위, 6단위로 증가시키면 생산점이 $M \rightarrow V \rightarrow W \rightarrow Z \rightarrow X \rightarrow Y$로 이동하면서 산출량이 $12 \rightarrow 26 \rightarrow 34 \rightarrow 38 \rightarrow 38 \rightarrow 34$로 변화한다. 이런 점들을 아래 그림으로 연결시키면 노동투입량과 산출량 사이에 $M' \rightarrow V' \rightarrow W' \rightarrow Z' \rightarrow X' \rightarrow Y'$점들이 도출되며, 이 점들을 연결한 새로운 *TP*곡선이 도출된다. 이 *TP*곡선은 자본투입량이 4일 때의 총생산곡선이 된다.

그림 4-9

등량곡선으로부터 총생산곡선의 도출

윗 그림은 자본과 노동이 모두 변하는 것으로 했을 때 도출된 여러 등량곡선이고, 아래 그림은 자본의 양을 고정시켰을 때 노동투입량의 증가와 더불어 생산량이 어떻게 증가하는지를 보여주는 총생산곡선이다.

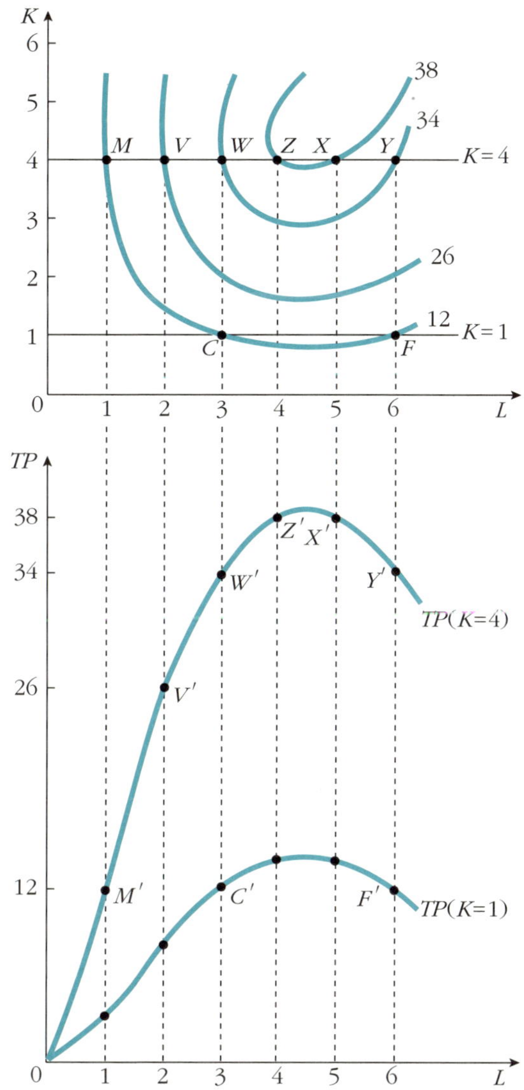

경제적 생산영역 모든 생산요소의 한계생산이 양(+)의 값이면 등량곡선의 기울기는 음(−)의 값을 갖는다. 그러나 생산요소가 이러한 성질을 가지지 못할 때는 등량

그림 4-10

경제적 생산영역의 구분

생산이 실제로 이루어질 수 있는 구간은 OX와 OY의 안쪽 부분이다.

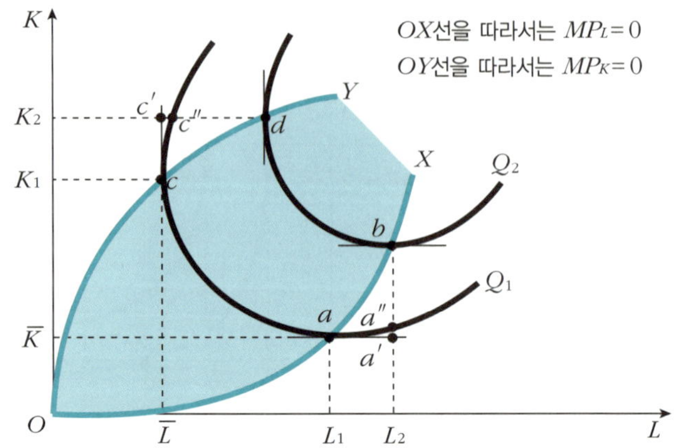

곡선이 이러한 모양을 갖지 않을 수도 있다.

[그림 4-10]에서 등량곡선 Q_1은 a점과 c점에서 기울기의 방향이 바뀌고 있고, 등량곡선 Q_2는 b점과 d점에서 기울기의 방향이 바뀌고 있다. 이 점들의 안쪽에서는 등량곡선의 기울기가 음(−)의 값을 갖지만 이 점들의 바깥쪽에서는 등량곡선의 기울기가 양(+)의 값을 갖는다. 그 이유는 간단하게 설명될 수 있다. 생산량 Q_1을 생산하는 데 있어서 자본사용량을 줄이면서 계속 노동으로 대체시켜 나가면 생산은 c에서 a로 이동하는데, 이렇게 되면 자본은 상대적으로 너무 작게 사용되는 반면 노동은 상대적으로 너무 많이 사용되고 있기 때문에 자본의 생산성은 증가되지만 노동의 생산성은 감소한다. 이러한 대체가 너무 많이 이루어져 a점의 오른쪽에서 Q_1의 생산이 이루어진다면 노동의 한계생산은 음(−)의 값이 될 것이다. 그러므로 a'점에서는 생산량이 오히려 Q_1보다 작아진다. 즉, a점으로부터 a'점으로 이동할 때는 노동사용량이 너무 많아 노동의 한계생산이 음(−)이 되었기 때문에 노동사용량의 증가와 함께 생산량은 Q_1보다 오히려 감소한다. Q_1만큼의 생산량을 계속 유지해 주기 위해서는 노동의 과다사용으로 인해 줄어든 생산량을 보완해 주기 위해 한계생산의 값이 양(+)인 자본의 사용량도 동시에 증가시켜 주어야 한다. 즉, 생산점을 a''점으로 이동시켜야 생산수준이 Q_1에서 유

지될 수 있다. 그러므로 등량곡선 Q_1은 a점을 기준으로 우상향하게 된다.

a점을 기준으로 이러한 변화가 일어나기 때문에 **a점에서는 $MP_L = 0$이고 그 오른쪽 범위에서는 $MP_L < 0$이다.** 마찬가지 원리로 c점의 위쪽에서는 노동사용량에 비해 자본사용량이 너무 많다. 그러므로 **c점에서는 $MP_K = 0$이고 그 위쪽 범위에서는 $MP_K < 0$이다.** 즉, 등량곡선 Q_1은 c점을 기준으로 다시

사례검토 4.1

운전속도, 운전시간, 운전거리, 휘발유 소비량, 그리고 등량곡선

서울, 부산 간을 운전해 갈 때 빠른 속도로 운전하면 시간은 단축되지만 휘발유는 더 많이 소비된다. [그림 4-11]에서는 600km라는 거리를 운전해 갈 때 운전시간과 휘발유 소비량 사이에는 어떤 관계가 성립되는지를 등량곡선으로 설명하고 있다. 여기서 운전거리는 산출량이고 운전시간과 휘발유 소비량은 생산요소가 되는 셈이다.

시속 50km/h로 운전하면 600km를 운전해 가는 데 12시간이나 걸린다. 그러나 저속으로 운전했기 때문에 휘발유는 덜 소비되어 16리터만 들었다. 이 점은 A점으로 표시된다. 만약 시속 60km/h로 운전하면 600km를 운전하는 데 10시간이 걸린다. 이때는 20리터의 휘발유가 소요되었다. 이 점은 B점이다. 만약 속도를 더 내어 시속 75Km/h로 운전하면 600km를 8시간에 주파하는데 이때는 휘발유가 35리터나 소요된다. 이 점은 C점이다.

A, B, C점을 연결한 곡선은 600km를 운전한다는 일정한 양의 생산물을 생산하기 위해 운전시간과 휘발유라는 생산요소가 각각 얼마나 소요되면 되는지를 나타내는 등량곡선이다. 우하향하면서 원점을 향해 볼록한 곡선이다.

그림 4-11

일정한 거리를 운전할 때의 등량곡선

일정한 거리를 운전할 때 저속으로 운전하면 가솔린은 절약되는 대신 운전시간이 더 걸리고, 고속으로 운전하면 운전시간은 절약되는 대신 가솔린은 더 많이 소비된다.

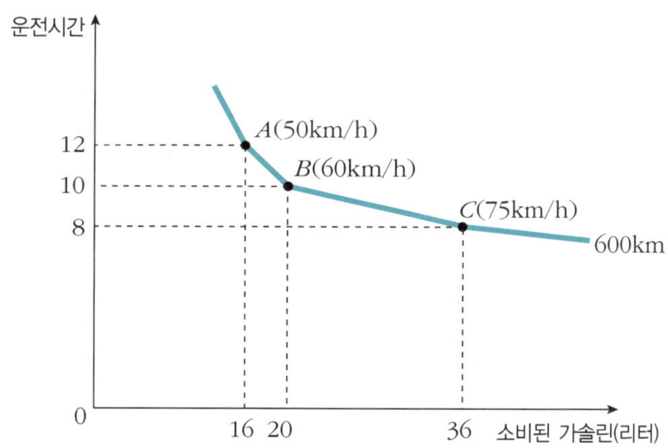

우상향하게 된다.

생산량 Q_1을 생산하는 데 있어서 a점과 c점의 바깥 부분에서는 한 요소가 비효율적으로 과다하게 사용되기 때문에 이 구간은 비경제적 생산구간이 된다. 즉, **생산량 Q_1을 생산하기 위해서는 적어도 노동은 $\overline{L}$만큼, 자본은 $\overline{K}$만큼 사용되어야 한다.** 그러므로 a점과 c점 사이의 영역만이 생산량 Q_1을 생산하는 경제적 생산구간이 된다. 똑같은 원리에 의해 생산량 Q_2를 생산하기 위해서는 b점과 d점 사이만이 경제적 생산구간이 된다.

a점과 b점은 $MP_L = 0$이 되는 점이고, c점과 d점은 $MP_K = 0$이 되는 점이다. $MP_L = 0$이 되는 점들을 연결한 곡선이 OX이고, $MP_K = 0$이 되는 점들을 연결한 곡선이 OY이다. **OX와 OY곡선의 안쪽 부분에서만 경제적 생산이 이루어질 수 있기 때문에 이 구간을 경제적 생산영역(economic region of production)이라고 한다. 그리고 경제적 생산영역을 구분짓는 OX와 OY를 분계선(ridge line)이라고 한다.**

규모의 경제와 등량곡선

생산규모가 커진다는 것은 모든 생산요소가 동일비율로 증가한다는 것을 의미한다. 이때 **산출량이 요소 증가비율보다 더 많이 증가하면 규모에 대한 보수증가(increasing returns to scale)이고, 요소 증가비율과 똑같이 증가하면 규모에 대한 보수불변(constant returns to scale)이고, 요소 증가비율보다 적게 증가하면 규모에 대한 보수감소(decreasing returns to scale)이다.** 예컨대 자본과 노동을 모두 10% 증가시킬 때, 생산량이 10% 이상 증가하면 규모에 대한 보수증가이고, 10% 증가하면 규모에 대한 보수불변이고, 10% 이하 증가하면 규모에 대한 보수감소이다.

[그림 4-12]의 세 그림에서 등량곡선이 $A \rightarrow B \rightarrow C$로 이동하면 생산량은 $100 \rightarrow 200 \rightarrow 300$으로 증가한다. 세 그림 모두 A점에서는 자본 3단위와 노동 3단위로 상품 100단위를 생산하고 있다. 그런데 [그림 4-12(a)]에서는 A점으로부터 B와 C로 갈 때 자본과 노동을 각각 2배, 3배로 증가시켰다. 이와 함께 생산량도 각각 2배, 3배로 증가하였다. 이러한 생산규모 변화에서는 **요소 증가비율과 생산량 증가비율이 일치하기 때문에 규모에 대한 보수불변이 나타난다.**

그림 4-12 **생산량의 증가비율과 생산요소의 증가비율**

(a)에서는 생산량 증가비율과 생산요소 증가비율이 같고, (b)에서는 생산량 증가비율이 생산요소 증가비율보다 크고, (c)에서는 생산량 증가비율이 생산요소증가비율보다 작다.

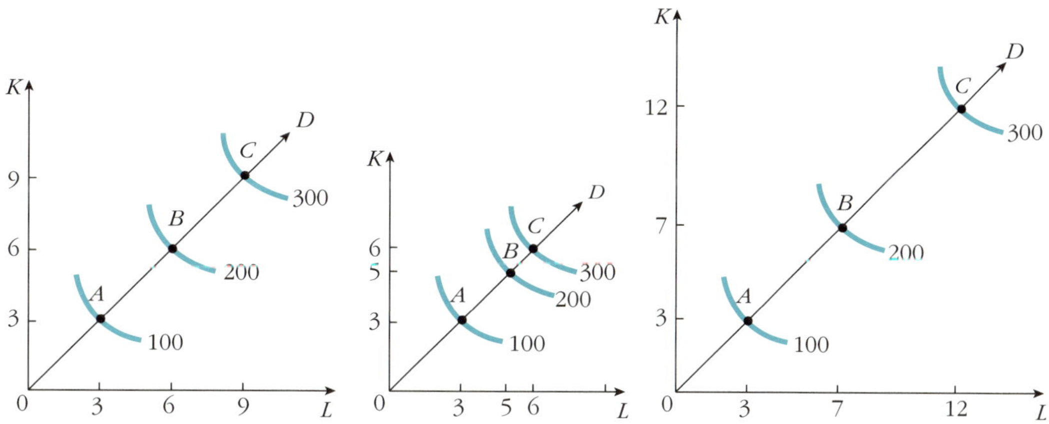

(a) 규모에 대한 보수불변 (b) 규모에 대한 보수증가 (c) 규모에 대한 보수감소

[그림 4-12(b)]에서는 A점으로부터 B와 C로 이동할 때 생산량은 2배, 3배로 증가하였으나 생산요소는 그보다 적게 증가하였다. 이러한 생산규모 변화에서는 **요소 증가비율보다 생산량 증가비율이 더 크기 때문에 규모에 대한 보수증가가 나타나고 있다.**

[그림 4-12(c)]에서는 A점으로부터 B와 C로 이동할 때 생산량은 2배, 3배로 증가하였으나 생산요소는 그보다 더 많이 증가하였다. 이러한 생산규모 변화에서는 **요소 증가비율보다 생산량 증가비율이 적기 때문에 규모에 대한 보수감소가 나타나고 있다.**

[그림 4-12]의 세 그림을 종합하면 원점으로부터 A, B, C점으로 이동할 때 생산량의 차이는 $100-0=200-100=300-200$인데 생산요소의 차이가 $OA=AB=BC$이면 규모에 대한 보수불변이고, $OA>AB>BC$이면 규모에 대한 보수증가이고, $OA<AB<BC$이면 규모에 대한 보수감소이다.

3. 생산요소의 특성과 등량곡선

완전보완적 생산요소

생산기술의 특성에 따라 등량곡선은 [그림 4-13]과 같은 L자형이 될 수도 있다. 어떤 상품을 1단위 생산하는 데 기계 2대와 노동자 3명이 꼭 필요하고, 또 이 방법밖에 없다면 이때 생산은 [그림 4-13]의 a점에서 이루어진다. a점에서 a'점으로 이동해서 기계가 3배로 늘어나도 노동자가 3명밖에 없기 때문에 생산량은 여전히 1단위밖에 될 수 없다. a''점으로 이동해서 노동자가 3배로 늘어도 기계가 2대밖에 없기 때문에 생산량은 1단위이다. 이 생산함수는 $Q=\min\left(\frac{K}{2}, \frac{L}{3}\right)$로 표시된다.

이런 성질을 갖는 생산함수를 **고정계수생산함수(fixed coefficient production function)**라고 하며 아래와 같은 함수형태로 표시된다. 여기서 고정계수란 두 요소 사이의 사용비율이 α/β로 고정되어 있다는 의미이다.

$$Q=\min\left(\frac{K}{\alpha}, \frac{L}{\beta}\right)$$

그림 4-13

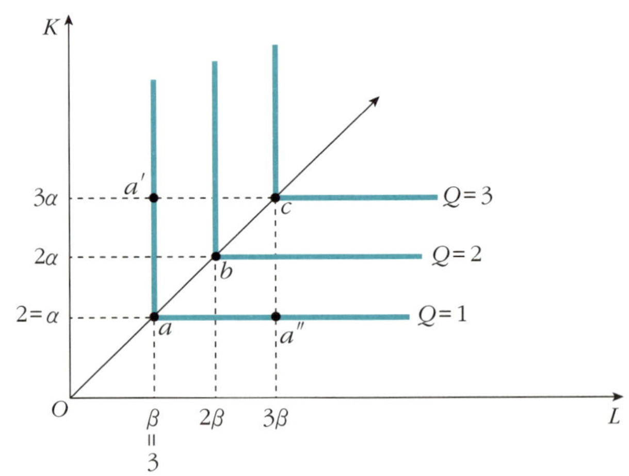

요소 간의 대체가 불가능할 때의 등량곡선

등량곡선이 L자 모양이 되고, 꼭지점의 오른쪽 구간에서는 $MP_L=0$이고, 윗구간에서는 $MP_K=0$이다.

이 생산함수에서 K와 L이 각각 α와 β만큼 투입되면($K=\alpha, L=\beta$) 생산점은 [그림 4-13]의 a점이 되고 생산량은 1단위가 된다. 즉, 이 생산함수에서 $K=\alpha$이고 $L=\beta$이면 $Q=\min(1, 1)=1$이 된다. 만약 L은 β밖에 투입되지 않았는데 K만 3배 더 투입되었다면($K=3\alpha,\ L=\beta$) 생산점은 a'점이 될 것이다. 그러나 이때의 생산량도 $Q=\min(3, 1)=1$로서 여전히 1단위밖에 되지 못한다. K와 L 사이에는 대체가 이루어지지 못하는데 K만 불필요하게(redundant) 너무 많이 사용된 것이다. 이와 같은 원리하에서 2단위를 생산하는 생산점은 b점이 되고, 3단위를 생산하는 생산점은 c점이 된다.

[그림 4-13]에서 생산점이 a에서 a'로 이동할 때는 노동량(L)이 고정된 채 자본량(K)이 증가되는데도 생산량은 증가하지 않기 때문에 자본의 한계생산은 0이 된다($MP_K=0$). 반대로 생산점이 a에서 a''로 이동할 때는 자본량(K)이 고정된 채 노동량(L)이 증가하는데도 생산량은 증가하지 않기 때문에 노동의 한계생산은 0이다($MP_L=0$). 자본과 노동 사이에는 대체가 전혀 이루어지지 않는다. 따라서 이 생산함수에서는 기술적한계대체율($MRTS$)이 정의되지 않는다.

완전대체적 생산요소

만약 생산요소 간에 완전한 대체가 가능하다면 등량곡선은 [그림 4-14]과 같이 그려진다. 예컨대 기계 2대 대신에 노동자 3명을 고용해도 생산량에 하등의 변화가 없다면 자본과 노동이 2 : 3으로 완전대체된다. 이런 생산함수는 $Q=3K+2L$로 표시되고 생산량이 12단위일 때의 등량곡선은 $12=3K+2L$로 표시되면서 [그림 4-14]의 안쪽 등량곡선으로 그려진다. 생산점이 $d\rightarrow e\rightarrow f$로 옮겨지면 생산량은 변화되지 않으면서 자본은 2단위씩 줄어드는 대신 노동은 3단위씩 늘어난다.

이런 성질을 갖는 생산함수를 **완전대체생산함수라고 하는데 $Q=aK+bL$이라는 함수식으로 표시된다.** 이 함수식에서 자본과 노동은 항상 $b:a$라는 비율로 완벽하게 대체되며 [그림 4-14]의 Q와 같은 등량곡선으로 그려진다. 즉, 이 생산함수에서는 기술적한계대체율($MRTS$)이 2/3에서 항상 일정하다.

그림 4-14

요소 간의 대체가 완전할 때의 등량곡선

등량곡선은 우하향하는 직선이 된다.

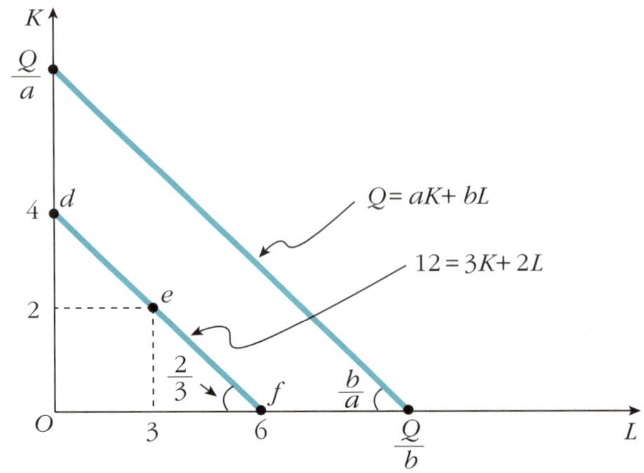

중 요 내 용 요 약

4.01 **생산함수**(producion function) : 생산요소의 투입량에 따라 생산물의 산출량이 결정된다는 생산요소와 생산물 사이의 함수적 관계 $Q = F(K, L) : \partial Q/\partial K \geq 0, \partial Q/\partial L \geq 0$

4.02 **고정요소**(fixed inputs)**와 가변요소**(variable inputs) : 생산요소의 성질상 그 사용량을 즉시 조정할 수 없는 요소가 고정요소이고, 필요에 따라 그 사용량을 언제든지 쉽게 조정할 수 있는 요소가 가변요소이다.

4.03 **단기**(short run)**와 장기**(long run) : 적어도 하나의 고정요소가 존재하여 전 생산요소의 적정조정이 불가능한 기간이 단기이고, 모든 요소가 가변적이어서 전 생산요소의 적정조정이 가능한 기간이 장기이다.

4.04 **총생산**(total product : TP), **평균생산**(average product : AP), **한계생산**(marginal product : MP) : 주어진 생산요소의 양으로 생산가능한 최대 산출량이 총생산이고, 한 가지 생산요소의 단위당 생산량이 평균생산이고, 한 가지 생산요소의 사용량이 1단위 추가될 때 늘어나는 생산물의 양이 한계생산이다. 즉, $Q = F(\overline{K}, L)$에서 $TP = Q, AP_L = Q/L, MP_L = \Delta Q/\Delta L$

4.05 **생산의 3단계**(stages 3 of production) : 다른 모든 생산요소의 투입량이 고정된 채 한 가지 생산요소의 투입량만 변화할 때 이 생산요소의 평균생산물(AP)이 증가하는 구간을 생산의 제1단계, 이 생산요소의 한계생산물(MP)이 음(−)인 구간을 생산의 제3단계라고 하고, 이 두 구간의 사이를 생산의 제2단계라고 한다. 실제로 이 생산요소의 투입량이 결정되는 구간은 생산의 제2단계이다.

4.06 **등량곡선**(isoquants) : 생산요소들 사이에는 서로 대체가 이루어질 수 있기 때문에 일정한 생산량을 생산하는 데 있어서도 생산요소의 결합방법은 여러 가지가 존재할 수 있다. 일정한 생산량을 생산하는 생산요소의 결합방법들을 모두 연결한 곡선이 등량곡선이다. 즉, 같은 양의 생산량을 생산하는 생산요소들의 투입조합을 연결한 곡선

4.07 **기술적 한계대체율**(marginal rate of substitution : $MRTS$) : 등량곡선을 따라 생산요소들이 서로 대체되는비율로서 등량곡선의 기울기를 말한다.

4.08 **경제적 생산영역**(economic region of production) : 다른 생산요소의 사용량에 비해 한 생산요소의 사용량이 너무 많으면 이 요소의 한계생산 값이 음(−)이 된다. 이러한 범위에서는 이 생산요소의 추가투입이 생산량을 오히려 감소시키기 때문에 경제적 생산이 이루어질 수 없다. 그러므로 모든 요소의 한계생산이 양(+)이 되는 등량곡선의 구간에서만 실제 생산이 이루어질 수 있고 이러한 구간을 경제적 생산영역이라고 한다. 등량곡선들에서 경제적 생산영역만을 구분짓는 선을 분계선(ridge line)이라고 한다.

4.09 **규모의 경제**(economies of scale) : 생산요소 투입을 증가시키면 산출량이 증가하는데 요소 투입의 증가율보다 산출량 증가율이 더 높으면 규모에 대한 보수증가(increasing returns to scale)이고, 더 낮으면 규모에 대한 보수감소(decreasing returns to scale)이고, 같으면 규모에 대한 보수불변(constant returns to scale)이다.

4.10 **완전보완적 생산함수** : 생산요소가 일정비율로 결합되어야만 일정량의 산출량이 생산되고, 두 요소 사이에 대체는 불가능한 생산함수. 등량곡선은 L자형

$$Q = \min\left(\frac{K}{\alpha}, \frac{L}{\beta}\right)$$

4.11 **완전대체적 생산함수** : 생산요소가 서로 일정비율로 대체되면서 일정량의 산출량이 생산되는 생산함수. 등량곡선은 우하향하는 직선

$$Q = aK + bL$$

연/습/문/제

4.01 생산요소 K와 L 사이의 기술적 한계대체율($MRTS$)이 −4일 때 노동사용량(L)을 3 단위 줄이면서도 생산량을 일정하게 유지시키기를 원한다면 자본사용량(K)을 몇 단위 증가시켜야 할까?

4.02 생산함수가 $Q = KL$이다.

a. $Q = 100$일 때와 $Q = 200$일 때의 등량곡선을 그리시오.

b. $K = 10$, $L = 10$일 때의 기술적 한계대체율($MRTS$)은 얼마인가?

c. $K = 10$으로 고정되어 있을 때 노동이 15단위 사용되면($L = 15$) TP, AP_L, MP_L은 각각 얼마인가?

d. c에서의 노동사용량은 생산의 몇 단계에 해당되는가?

4.03 생산함수가 $Q = K + L$이다.

a. $Q = 100$일 때와 $Q = 200$일 때의 등량곡선을 그리시오.

b. $K = 50$, $L = 50$일 때의 기술적 한계대체율($MRTS$)은 얼마인가?

c. $K = 50$으로 고정되어 있을 때 노동이 100단위 사용되면($L = 100$) TP, AP_L, MP_L은 각각 얼마인가?

4.04 생산함수가 $Q = \min(K, L)$이다.

a. $Q = 100$일 때와 $Q = 200$일 때의 등량곡선을 그리시오

b. $K = 100$으로 고정되어 있을 때 노동이 100단위 사용되면($L = 100$) TP, AP_L, MP_L은 각각 얼마인가? 노동이 101단위 사용될 때의 MP_L은 얼마인가?

4.05 생산함수가 $Q = \min(3L, 2L + K)$이다. $(L, K) = (20, 40)$인 점을 통과하는 등량곡선을 그려보시오.

4.06 생산함수가 $Q = \min\{L^4/K, K^3, (M^5 - L^5)/K^2\}$이다. 이때 모든 생산요소의 투입량을 2배 증가시키면 생산량은 몇 배 증가할까?

4.07 생산함수는 $Q = 20L - 4L^2$이다. 생산물가격은 4이고, 노동가격은 16이다. 기업은 노동(L)을 몇 단위 사용할까?

4.08 생산함수가 $Q = \min(2K, L)$이다.

a. 생산량 50개에 해당하는 등량곡선을 그려보시오.

b. $(L, K) = (50, 25)$인 생산점에서 $L = 50$을 그대로 둔채 자본사용량(K)만 2단위 줄이면 생산량은 몇 개가 될까? 이때의 생산점은?

c. b의 생산량 변화구간에서 자본의 한계생산(MP_K)은 얼마일까?

4.09 생산함수가 $Q = 3K + L$이다.

a. 생산량 60개의 등량곡선을 그려보시오.

b. $(L, K) = (30, 10)$인 생산점에서 $MRTS$의 값은 얼마일까?

c. $K = 10$으로 고정되어 있을 때 노동의 한계생산(MP_L)은 얼마인가?

CHAPTER 5

비용함수와 비용이론

1. 이윤극대화와 최적생산
2. 단기생산비이론
3. 장기생산비이론

학습목표

자본이 비싸고 임금이 낮았던 옛날에는 많은 기업들이 노동력을 많이 사용하는 방식으로 생산을 해왔으나 임금이 비싸진 오늘날에 와서는 반대로 자동화 생산방식을 도입하는 등 자본을 상대적으로 많이 사용하는 생산방식을 택하고 있다. 제5장에서는 기업들의 최적생산방식이 어떻게 결정되는지에 대해 공부한다. 그리고 생산량이나 생산방식의 변화에 따라 비용이 어떻게 달라지는지에 대해서도 공부한다.

제5장을 공부한 후에는 다음 물음에 답할 수 있어야 한다.

1. 기업은 이윤을 극대화시킬 수 있는 생산량이나 생산방식을 어떻게 찾아내는가?
2. 기업이 공장을 짓고 난 후에 자기 상품에 대한 수요가 갑자기 증가하면 여기에 어떻게 대처하면서 생산량을 늘려 나갈 수 있으며 이때 생산비는 어떻게 될까?
3. 기업이 생산설비를 바꿀 수 있을 정도로 충분한 시간을 갖는다면 생산량 증가와 함께 생산방식은 어떻게 바꾸며 생산비는 어떻게 변화할까?
4. 생산규모가 커지면 상품 한 단위를 생산하는 생산비는 어떻게 변할까?

1. 이윤극대화와 최적생산

등비용선

기업은 생산을 위해 생산요소를 구매해야 하는데, 이를 위해서는 자금이 필요하며, 이 자금이 일정하게 주어져 있으면 이 자금으로 구매할 수 있는 생산요소들의 양도 제한을 받는다. 만약 주어진 자금이 C_0라고 하면 이 자금으로 구매할 수 있는 노동과 자본의 양은 다음 부등식으로 표시될 수 있다.

$$C_0 \geq r \cdot K + w \cdot L \tag{5.1}$$

여기서 r와 w는 각각 자본과 노동의 가격이고, K와 L은 각각 자본과 노동의 구매량이다.

식 (5.1)을 그래프에 그리면 [그림 5-1]과 같다. 주어진 자금 C_0로는 색칠된 부분의 자본, 노동만 구매할 수 있다. b점은 주어진 자금을 모두 지출하여 노동만 C_0/w만큼 구매하는 점이고, a점은 주어진 자금을 모두 지출하여 자본만 C_0/r만큼 구매하는 점이다. c점의 자본–노동 묶음을 구매하면

그림 5-1

등비용선의 도출

직선 adb 선상의 자본–노동 묶음은 모두 똑같은 비용을 지출하도록 하기 때문에 이 직선을 등비용선이라고 한다.

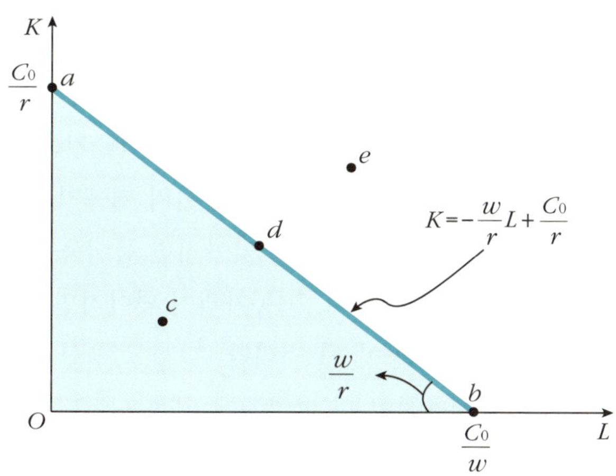

그림 5-2

등비용선의 이동

바깥부분에 있는 등비용선일수록 더 높은 비용을 나타낸다. 요소가격의 비율이 변하면 등비용선의 기울기가 변한다.

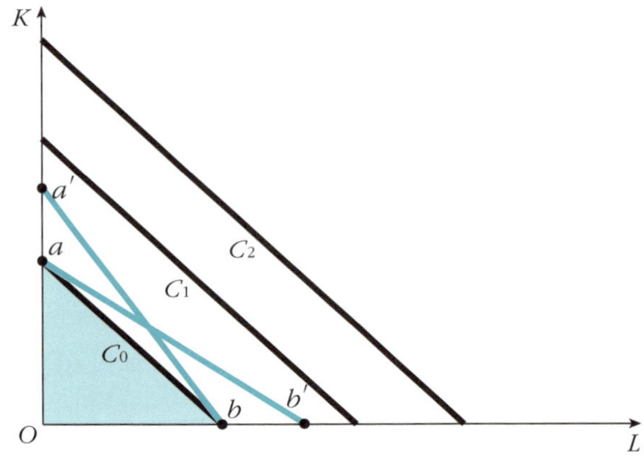

자금이 남아돌 것이고, d점의 자본–노동 묶음을 구매하면 주어진 자금 C_0가 모두 지출될 것이고, e점의 자본–노동 묶음은 자금 C_0로는 구매할 수 없다. 직선 ab선상의 자본–노동 묶음은 모두 C_0만큼의 비용이 지출되는 자본–노동 묶음이다. **이 선에서는 모두 똑같은 비용이 지출되기 때문에 직선 ab를 등비용선(isocost line)이라고 한다.** 이 직선은 식 (5.1)에서 부등호를 제거시킨 후 좌우변을 적절히 조정하여 도출한

$$K = -\frac{w}{r}L + \frac{C_0}{r}$$

라는 등식을 그래프에 그린 것이다.

절대값으로 본 등비용선의 기울기는 두 생산요소의 가격비율(w/r)과 일치한다. 그러므로 등비용선의 기울기는 생산요소들의 상대가격에 의해 정해진다. 자본가격이 낮아지면 등비용선은 [그림 5-2]의 $a'b$처럼 가파른 모양이 될 것이고, 노동가격이 낮아지면 등비용선은 [그림 5-2]의 ab'처럼 완만한 모양이 될 것이다. 그리고 생산요소의 가격들이 고정되어 있을 때는 등비용선이 더 바깥쪽에 있을수록 더 높은 수준의 생산비를 나타낸다. [그림 5-2]에서 세 개의 등비용선 C_0, C_1, C_2를 비교할 때 생산비의 크기는 $C_0 < C_1 < C_2$와 같은 부등식이 성립된다.

최적생산점 : 산출극대화 접근과 비용극소화 접근

기업은 이윤극대화를 추구한다. 만약 **기업이 생산비로 사용할 수 있는 자금이 $\overline{C}$로 일정하게 주어져 있다면, 기업은 이 자금으로 산출량을 극대화시켜야 이윤을 극대화시킬 수 있다.**

자본과 노동의 가격이 각각 r와 w로 일정하게 주어져 있다면 [그림 5-3]에서와 같이 등비용선 $\overline{C}$가 그려질 수 있다. 기업은 등비용선 이내의 자본량과 노동량을 투입하면서 산출량을 극대화시킬 수 있는 생산방법을 찾을 것이다. Q_1, Q_2, Q_3는 등량곡선인데 이 자금으로 산출량 Q_1은 충분히 생산할 수 있으나 Q_3만큼은 생산할 수 없다. Q_3를 생산하기에는 자금이 부족하고 Q_1을 생산하면 자금이 남는다. 따라서 자금 $\overline{C}$로 생산할 수 있는 최대생산량은 Q_2이다. 그리고 이때의 생산점은 E이다. 자금 $\overline{C}$를 모두 지출하면서 자본과 노동을 각각 K^*, L^*만큼 투입할 때 E점에서 Q_2가 생산되며, 이 산출량이 자금 $\overline{C}$로 생산할 수 있는 극대 산출량이 된다. 이때 생산점 E를 **생산자균형(equilibrium of producer)**이라고 한다.

생신자균형 E에서는 등비용선과 등량곡선 Q_2가 서로 접하고 있다. 그러므로 이 점에서는 등비용선의 기울기와 등량곡선의 기울기가 일치한다. 등비용선의 기울기는 w/r이고 등량곡선의 기울기는 $MRTS$이기 때문에 균형점에서는 다음과 같은 조건이 충족되며 이것을 생산자균형조건이라고 한다.

그림 5-3

산출량극대화와 생산자균형

생산비 $\overline{C}$로 생산할 수 있는 최대 산출량은 Q_2이고 생산점은 E이다.

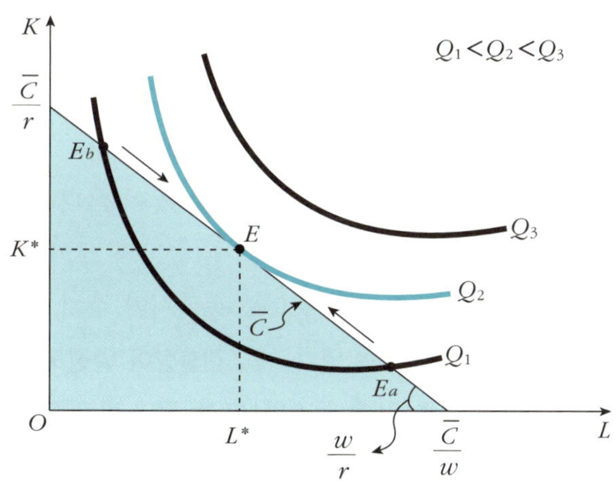

$$\text{등비용선의 기울기} = \frac{w}{r} = MRTS = \text{등량곡선의 기울기} \tag{5.2}$$

$MRTS = \frac{MP_L}{MP_K}$이기 때문에 식 (5.2)의 균형조건은 다음과 같이 표시될 수도 있다.

$$\frac{w}{r} = \frac{MP_L}{MP_K} \tag{5.3}$$

식 (5.3)은 $\frac{MP_K}{r} = \frac{MP_L}{w}$을 의미하며, 이 등식은 생산비 1원이 자본사용에 지출되어 나타나는 생산물의 증가분과 노동사용에 지출되어 나타나는 생산물의 증가분이 똑같아야 주어진 비용으로 산출량을 극대화시킬 수 있다는 것을 의미한다. 만약 생산이 E_a점에서 이루어진다면, 이때는 $\frac{MP_K}{r} > \frac{MP_L}{w}\left(\frac{w}{r} > MRTS\right)$이다. 이렇게 되면 똑같은 비용을 지출하면서도 산출량이 극대화되지 못한다. 이때는 자본사용을 늘리고 노동사용을 줄이는 방향으로 생산방법을 조정하면 똑같은 비용으로 더 많은 산출량을 생산할 수 있다. 즉, E_a점으로부터 E점을 향해 생산방법을 조정하면 MP_K는 감소하고 MP_L은 증가하여 $\frac{MP_K}{r} = \frac{MP_L}{w}$이 충족되면서 산출량이 Q_1에서 Q_2로 증대된다.

만약 E_b점에서 생산이 이루어지면 이때는 $\frac{MP_K}{r} < \frac{MP_L}{w}\left(\frac{w}{r} < MRTS\right)$이다. 이때는 생산방법을 E_a점과 반대방향으로 조정할 때 똑같은 비용으로 더 많은 산출량을 생산할 수 있다. 즉, E_b점으로부터 E점을 향해 생산방법을 조정하면 MP_K는 증가하고 MP_L은 감소하여 $\frac{MP_K}{r} = \frac{MP_L}{w}$이 충족되면서 산출량이 Q_1에서 Q_2로 증대된다.

이번에는 비용이 일정한 것이 아니라 상품수요가 일정할 때 기업은 어떻게 이윤을 극대화시킬 수 있는지 살펴보기로 한다. 상품수요가 일정하다면 기업은 일정한 수요를 충족시켜 주기 위한 생산비를 극소화해야 이윤을 극대화시킬 수 있다. 즉, **산출량이 일정하게 정해져 있을 때는 이 산출량을 생산하는 생산비를 극소화시키는 것이 바로 이윤을 극대화시키는 것이다.**

[그림 5-4]에서와 같이 산출량이 $\overline{Q}$에서 고정되어 있다면, 기업은 $\overline{Q}$를 생산하면서 생산비를 극소화시킬 수 있는 방법을 찾을 것이다. [그림 5-4]에서

그림 5-4

생산비극소화와 생산자균형

생산량 $\overline{Q}$를 생산하는 최소비용은 C_2이고 생산점은 E이다.

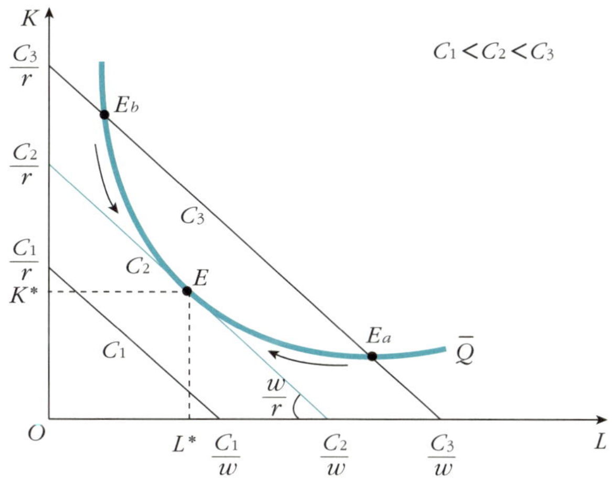

는 세 개의 등비용선 C_1, C_2, C_3가 그려져 있다. 이 비용들의 크기는 $C_1 < C_2 < C_3$인데, C_1으로는 $\overline{Q}$를 생산하기 위한 생산요소를 구입할 수가 없다. 즉, C_1은 $\overline{Q}$를 생산하기에 부족한 자금이다. 그러므로 $\overline{Q}$를 생산하기 위해서는 C_1보다 더 큰 자금이 필요하다. 그렇다고 C_3만큼 많은 자금이 필요한 것은 아니다. C_3는 $\overline{Q}$를 생산하고도 자금이 남는다. 생산비를 C_3로부터 C_2로 줄여도 E점에서 생산하면 $\overline{Q}$만큼의 산출량을 생산할 수 있다. 즉, $\overline{Q}$를 생산하기 위한 극소생산비는 C_2이며 이때의 생산점은 등비용선과 등량곡선이 서로 접하는 E점이다. 즉, E점이 바로 **균형생산점(equilibrium production point)**이며, 이 점에서는 자본과 노동이 각각 K^*, L^*만큼 투입된다.

균형생산점 E에서는 등비용선과 등량곡선이 서로 접하기 때문에 등비용선의 기울기와 등량곡선의 기울기가 일치한다. 그러므로 이때에도 주어진 비용으로 산출량을 극대화시킬 때와 마찬가지로 다음과 같은 균형조건이 도출된다.

$$\text{등비용선의 기울기} = \frac{w}{r} = MRTS = \text{등량곡선의 기울기} \qquad (5.2')$$

그리고 $MRTS = \dfrac{MP_L}{MP_K}$이기 때문에 식 (5.2′)는 다시 다음과 같이 표현될 수도 있다.

$$\frac{w}{r} = \frac{MP_L}{MP_K} \tag{5.3'}$$

비용이 일정하게 주어졌을 때 산출량을 극대화시키는 접근이나 산출량이 일정하게 주어졌을 때 비용을 극소화시키는 접근이나 균형조건은 마찬가지이다. 전자의 접근으로 도출된 균형조건(식 (5.2))과 후자의 접근으로 도출된 균형조건(식 (5.2′))은 완전히 일치한다.

[그림 5-4]의 E_a점에서는 $\frac{w}{r} > MRTS\left(\frac{MP_K}{r} > \frac{MP_L}{w}\right)$이기 때문에 똑같은 산출량 $\overline{Q}$가 생산되어도 비용은 C_2보다 많은 C_3가 소요되고 있다. 이 점에서는 자본사용을 늘리고 노동사용을 줄여갈수록 $\overline{Q}$를 생산하는 생산비가 감소한다. 이러한 조정은 E점에 도달할 때까지 이루어져야 $\overline{Q}$를 생산하는 생산비가 C_2까지 감소된다. 반대로 E_b점에서는 $\frac{w}{r} < MRTS\left(\frac{MP_K}{r} < \frac{MP_L}{w}\right)$이기 때문에 자본사용을 줄이고 노동사용을 늘려 갈수록 $\overline{Q}$를 생산하는 생산비가 감소할 것이다. 이러한 조정도 E점에 도달할 때까지 이루어져야 $\overline{Q}$를 생산하는 생산비가 C_2까지 감소된다.

확장선

생산자균형이 이루어지기 위한 조건은 $\frac{w}{r} = MRTS$이다. 만약 요소가격이 불변이라면 등비용선의 기울기인 w/r는 고정되어 있을 것이다. 이때 생산량을 Q_1에서 Q_2, Q_3으로 확장시켜 나가면 균형점은 [그림 5-5]에서와 같이

그림 5-5

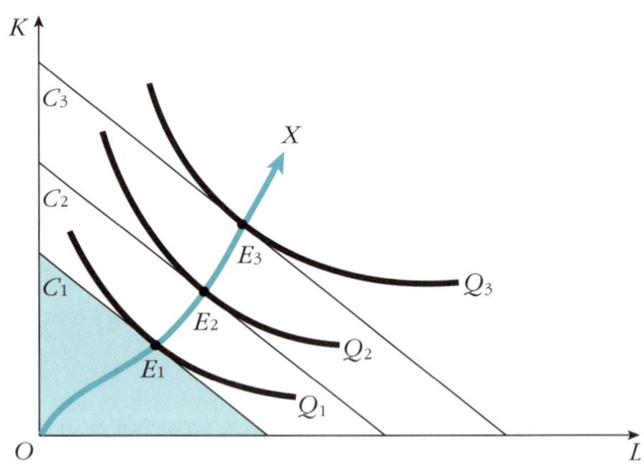

확장선의 도출

요소가격은 불변인 채 생산량을 확대해가면 균형점은 E_1, E_2, E_3로 이동해간다. 이 점들을 연결한 곡선 OX를 확장선이라고 한다.

등비용선과 등량곡선이 서로 접하는 점들을 따라 $E_1 \rightarrow E_2 \rightarrow E_3$로 이동해 갈 것이다. 이러한 **균형점들을 연결한 선 OX를 확장선(expansion path)이라고 한다.**

확장선 OX를 따라 생산량은 $Q_1 \rightarrow Q_2 \rightarrow Q_3$로 증가하였고, 생산비는 $C_1 \rightarrow C_2 \rightarrow C_3$로 증가하였다. 확장선의 모양은 생산함수의 특성에 따라 원점으로부터의 직선으로도 그려질 수 있다(제6장의 동차적 생산함수와 동조적 생산함수 참고).

완전보완적 생산요소와 생산자균형

자본과 노동이 완전보완관계에 있으면 생산함수는 $Q = \min\left(\frac{K}{\alpha}, \frac{L}{\beta}\right)$ $(\alpha > 0, \beta > 0)$로 표현되며 등량곡선은 [그림 5-6]과 같이 L자 모양을 갖는다. 이때 두 요소 사이에는 대체가 불가능하기 때문에 기술적 한계대체율은 정의될 수 없다.

[그림 5-6]의 등량곡선은 생산량 Q_0를 생산하는 등량곡선이다. **Q_0를 생산하기 위한 균형생산점은 요소가격 비율과는 상관없이 항상 E점이 된다.** 등비용선이 직선 AB와 같아도 Q_0를 생산하기 위한 비용을 극소화시키는 생산점은 E이고, 등비용선이 직선 CD와 같아도 Q_0를 생산하기 위한 비용을 극소화시키는 생산점은 E점이다. 즉, Q_0를 생산하기 위해서는 요소가격비율

그림 5-6

완전보완적 요소와 생산자균형

등비용선의 기울기에 상관없이 균형생산점은 항상 E이다.

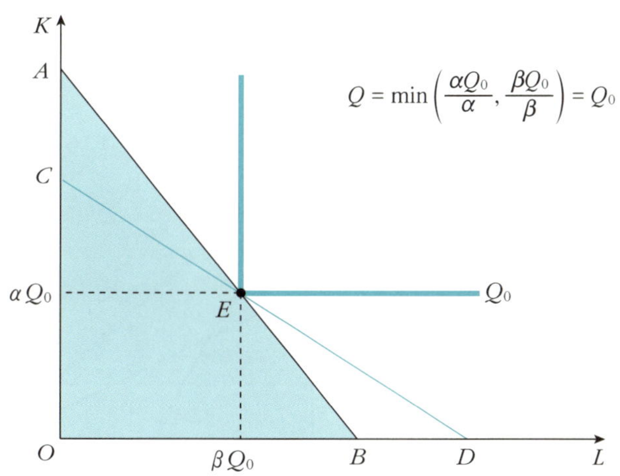

이 얼마가 되든 자본은 αQ_0만큼 투입하고 노동은 βQ_0만큼 투입해야 생산비가 극소화된다. 여기서 α는 생산물 1단위를 생산하기 위해 필요한 최소한의 자본량을 나타내고, β는 생산물 1단위를 생산하기 위해 필요한 최소한의 노동량을 나타낸다.

완전대체적 생산요소와 생산자균형

자본과 노동이 완전대체관계에 있다면 생산함수는 $Q = aK + bL\,(a > 0,\ b > 0)$로 표현되며 등량곡선은 [그림 5-7]의 AB와 같은 직선 형태가 된다. 이 등량곡선의 기울기는 $-\dfrac{b}{a}$이다. 즉, 자본과 노동의 기술적 한계대체율은 생산량이나 생산점과는 상관없이 항상 $\left|-\dfrac{b}{a}\right|$이다.

[그림 5-7]에서 등량곡선 AB가 생산량 Q_0를 나타내는 등량곡선이라면 이 생산량을 생산하는 **생산자균형은 등비용선의 기울기에 따라 A점이 될수도 있고, B점이 될 수도 있고, AB선상의 모든 점이 될 수도 있다.** 등비용선의 기울기는 요소가격의 비율이다. 즉, 자본가격이 r이고 노동가격이 w라고 하면 등비용선의 기울기는 w/r이다. 만약 $\dfrac{w}{r} > \dfrac{b}{a}$이면 등비용선은 AD와 같이 되고 이때는 Q_0만큼을 생산하면서도 비용을 극소화시킬 수 있는 생산점은 A점이다. 즉, 노동이 상대적으로 너무 비싸서 자본만 사용하고 노동은 하나도 사용하지 않는 생산점($K = OA,\ L = 0$)이 생산자균형이다.

반대로 $\dfrac{w}{r} < \dfrac{b}{a}$이면 등비용선은 CB와 같이 되고 이때는 Q_0만큼을 생산

그림 5-7

완전대체적 요소와 생산자균형

등비용선의 기울기에 따라 생산자균형은 A점이 될 수도 있고 B점이 될 수도 있고 AB선상의 모든 점이 될 수도 있다.

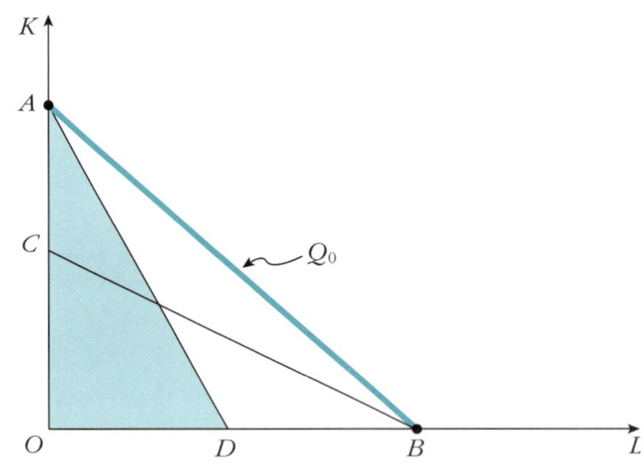

하면서도 비용을 극소화시킬 수 있는 생산점은 B점이다. 즉, 자본이 상대적으로 너무 비싸서 노동만 사용하고 자본은 하나도 사용하지 않는 생산점($K=0$, $L=OB$)이 생산자균형이다.

만약 $\frac{w}{r}=\frac{b}{a}$이면 등비용선은 AB가 되면서 등량곡선 Q_0와 일치한다. 이때는 AB선상의 어느 점에서 생산해도 생산비는 똑같으면서 Q_0만큼 생산된다. 그러므로 AB선상의 어느 점도 균형생산점이 되며 균형생산점은 무수히 많이 존재한다.

소비자균형과 생산자균형의 비교

제1장에서 논의한 소비자균형과 제5장에서 논의한 생산자균형은 매우 비슷한 원리를 이용하고 있다. 소비자이론에서는 무차별곡선이 중요했고, 생산자이론에서는 등량곡선이 중요했던 것처럼 소비자균형분석과 생산자균형분석은 분석도구와 이들의 개념에 차이를 두고 있을 뿐이다. [표 5–1]에는 소비자균형분석과 생산자균형분석이 종합적으로 대비되어 있다.

표 5-1 소비자균형과 생산자균형의 비교

비교항목	소비자균형	생산자균형
1. 경제주체	소비자(가계)	생산자(기업)
2. 독립변수	x재(X)와 y재(Y)	자본(K)과 노동(L)
3. 목적함수	효용함수 : $U=U(X, Y)$	생산함수 : $Q=F(K, L)$
4. 한계개념	MU_X와 MU_y	MP_K와 MP_L
5. 곡선	무차별곡선	등량곡선
6. 대체율	MRS(x재와 y재의 사이)	$MRTS$(자본과 노동 사이)
7. 곡선의 기울기	무차별곡선의 기울기 $= MRS$ $=\Delta Y/\Delta X = MU_X/MU_y$	등량곡선의 기울기 $= MRTS$ $=\Delta K/\Delta L = MP_L/MP_K$
8. 가격	P_x와 P_y는 생산물시장에서 정해져 있는 외생변수	r와 w는 생산요소시장에서 정해져 있는 외생변수
9. 제약조건	예산선 : $M=P_x \cdot X + P_y \cdot Y$	등비용선 : $C = r \cdot K + w \cdot L$
10. 목적	효용극대화	이윤극대화
11. 균형조건	예산선의 기울기 $=P_x/P_y = MRS = MU_x/MU_y$ = 무차별곡선의 기울기	등비용선의 기울기 $=w/r = MRTS = MP_L/MP_K$ = 등량곡선의 기울기

2. 단기생산비이론

생산비의 개념

생산비란 기업이 각 생산량을 생산하는 데 소요되는 최소비용을 의미한다. 경제학에서는 이 생산비를 명시적 비용(explicit costs)과 암묵적 비용(implicit costs)으로 구분한다.

어떤 사업가가 자기 소유의 공장에서 상품을 생산할 때 그는 근로자에게 지불하는 인건비, 원료와 부품의 구매비, 운영자금에 대한 이자 등을 생산비로 지출한다. 이런 비용은 명시적으로 지출되는 비용이기 때문에 이를 **명시적 비용**이라고 한다.

그런데 이 사업가가 자기 공장에서 일하지 않고 다른 데 가서 일했다면 일정액의 소득을 벌어왔을 것이고, 자기 공장에 투자한 자본을 다른 용도에 투자했다면 거기서도 일정액의 소득을 벌어왔을 것이다. 그는 이런 소득을 포기하고 자기 사업을 했기 때문에 이러한 소득들도 자기 사업을 수행하는 데 소요되는 하나의 비용이 된다. 이런 비용은 명시적으로 지출된 비용은 아니지만 실질적으로는 비용이나 마찬가지이기 때문에 이를 **암묵적 비용**이라고 한다. 회계학에서는 명시적 비용만을 비용으로 보지만 경제학에서는 명시적 비용과 암묵적 비용을 모두 비용으로 본다.

암묵적 비용은 자기 소유의 생산자원을 다른 최선의 용도에 사용했을 때 벌 수 있는 금액으로 계산된다. 이는 기회비용(opportunity cost)이라고도 한다.

대학생 1명이 대학에 다니는 비용도 [표 5-2]에서와 같이 명시적 비용과 암묵적 비용으로 구분할 수 있다. 등록금, 기숙사비, 책값 등은 대학교육을 위해 직접 지출하고 있는 비용으로 명시적 비용에 해당한다. 그런데 이 학생은 대학에 다니는 대신 취직을 하면 1년에 최대한 1,500만원까지 벌 수 있는데 이를 포기하고 대학에 다니는 것이기 때문에 이것도 비용에 해당한다. 또 명시적 비용을 대학교육에 사용하지 않고 이자놀이를 하면 최고 80만원까지 벌 수 있는데 이것도 대학진학으로 인해 포기한 상태이기 때문에 비용이 된

표 5-2 1년간 대학교육의 비용

명시적 비용		
등록금	9,000,000	
하숙비	5,000,000	
책값	500,000	
소계		14,500,000
암묵적 비용		
대학진학 대신 취업했을 때의 예상수입	15,000,000	
학비 때문에 포기한 이자수입	800,000	
소계		15,800,000
총계		30,300,000

다. 이 두 비용은 실제로 지출하지는 않았지만 벌 수 있는 수입을 대학진학 때문에 벌지 못한 것이기 때문에 비용에 해당하는데 이 비용은 암묵적 비용이 된다. 그래서 대학진학에 소요되는 총비용은 30,300,000원이다.

비용은 또 사적 비용(private costs)과 사회적 비용(social costs)으로도 구분할 수 있다. **사적 비용은 생산과정에서 개인이나 기업이 발생시키는 명시적 비용과 암묵적 비용을 말한다.** 반면에 **사회적 비용은 사적으로는 부담하지 않지만 사회적 관점으로 볼 때 발생되는 생산비용이다.** 만약에 기업이 생산과정에서 하천오염을 유발시킨다면 이것은 사회적 비용에 해당한다. 오염을 제거시키기 위해 사회가 추가적으로 비용을 지출해야 하기 때문이다.

고정비용과 가변비용

생산요소가 자본과 노동이라고 하면 총생산비는 자본비용과 노동비용의 합계이다.

$$TC = r \cdot K + w \cdot L \tag{5.4}$$

여기서 r은 자본의 가격이고 w는 노동의 가격이다. 그러므로 $r \cdot K$는 생산요소로 투입된 자본의 구매에 사용된 비용이고, $w \cdot L$은 생산요소로 투입된 노동의 구매에 사용된 비용이다. 그런데 **단기에는 고정요소와 가변요소가 존재하기 때문에 생산비도 고정비용(fixed costs : FC)과 가변비용(variable**

costs : *VC*)으로 구분된다. 자본이 고정요소라면 생산량이 변해도 생산설비인 자본량에는 변화가 없다. 따라서 자본비용은 고정비용이 된다. [표 5-3]에서는 생산량이 증가해도 자본량이 변하지 않기 때문에 자본비용은 30만원에서 고정되어 있다. 반면에 노동은 가변요소이다. 생산량이 변화하면 가변요소인 노동투입량도 변화하기 때문에 노동투입에 소요된 비용도 변한다. 따라서 노동비용은 가변비용이 된다. [표 5-3]은 생산량이 증가할 때 노동비용인 가변비용이 20 → 30 → 45 등으로 증가한다는 것을 보여주고 있다. 생산량이 0일 때는 가변비용이 0이다.

총비용(total costs : *TC*)은 고정비용과 가변비용을 합한 것이기 때문에 다음과 같이 표시할 수 있다.

$$TC = FC + VC \tag{5.5}$$

[표 5-3]은 생산량증가와 함께 총비용은 30 → 50 → 60 등으로 증가한다는 것을 보여준다.

[표 5-3]에서처럼 가변비용 *VC*는 생산량 *Q*의 함수가 된다. 따라서 총비용 *TC*도 *Q*의 함수가 된다. 생산량의 변화와 함께 총비용, 고정비용, 가변비용이 각각 어떻게 변할 것인지가 [표 5-3]에 종합적으로 정리되어 있다. 그리고 [그림 5-8]에는 [표 5-3]의 비용들이 곡선으로 그려져 있다. *D*점의 고정비용과 *D′*점의 가변비용을 합하면 *D″*점의 총비용이 도출된다. **고정비**

표 5-3 고정비용, 가변비용, 총비용

(단위 : 원)

생산량 *Q*	고정비용 *FC*	가변비용 *VC*	총비용 *TC = FC + VC*
0	30(A)	0(*A′*)	30(*A″*)
1	30(*B*)	20(*B′*)	50(*B″*)
2	30(*C*)	30(*C′*)	60(*C″*)
3	30(*D*)	45(*D′*)	75(*D″*)
4	30(*E*)	80(*E′*)	110(*E″*)
5	30(*F*)	145(*F′*)	175(*F″*)

그림 5-8

고정비용곡선, 가변비용곡선, 총비용곡선

고정비용곡선은 수평이고, 가변비용곡선은 증가하는 곡선이고, 총비용곡선은 이 둘을 수직으로 합한 곡선이다.

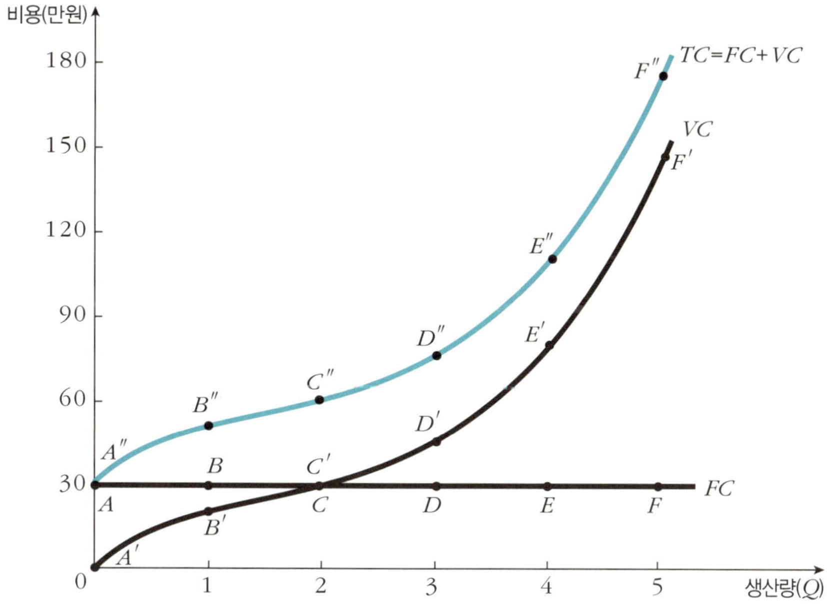

용은 생산량변화와 상관없이 항상 고정되어 있기 때문에 *FC*곡선은 고정비용의 크기인 30에서 수평으로 그려진다. 가변비용은 생산량의 증가와 함께 점점 증가하기 때문에 *VC*곡선은 원점으로부터 점점 증가하는 곡선으로 그려진다. 이 곡선은 처음에는 점점 감소하는 속도로 증가하다가 어느 점을 지나고부터는 점점 증가하는 속도로 증가한다. 그 이유는 노동(L)의 생산성이 처음에는 증가하다가 어느 점을 지나고부터는 점점 감소하기 때문이다. **총비용은 고정비용과 가변비용의 합계이기 때문에 *TC*곡선은 *FC*곡선과 *VC*곡선을 수직으로 합계하여 그릴 수 있다.** *FC*곡선이 수평이기 때문에 *TC*곡선은 *VC*곡선과 같은 속도로 증가한다.

평균비용과 한계비용

평균비용은 생산량 1단위당 비용을 의미한다. 그러므로 고정비용, 가변비용, 총비용에 대해 각각 다음과 같은 **평균고정비용**(average fixed cost : *AFC*), **평균가변비용**(average variable cost : *AVC*), **평균총비용**(average total cost : *ATC*)이 정의될 수 있다.

표 5-4 평균비용과 한계비용

(단위 : 만원)

생산량 Q	고정비용 FC	가변비용 VC	총비용 TC	평균고정비용 $AFC=FC/Q$	평균가변비용 $AVC=VC/Q$	평균총비용 $ATC=TC/Q$	한계비용 $MC=\frac{\Delta TC}{\Delta Q}=\frac{\Delta VC}{\Delta Q}$
0	30	0	30	–	–	–	
							20
1	30	20	50	30	20	50	
							10
2	30	30	60	15	15	30	
							15
3	30	45	75	10(A)	15(B)	25(C)	
							35
4	30	80	110	7.5	20	27.5	
							65
5	30	145	175	6	29	35	

$$AFC = FC/Q$$

$$AVC = VC/Q$$

$$ATC = TC/Q = FC/Q + VC/Q = AFC + AVC$$

평균고정비용은 생산량 1단위당의 고정비용이고, 평균가변비용은 생산량 1단위당의 가변비용이고, 평균총비용은 생산량 1단위당의 총비용이다.

생산량의 변화와 함께 평균고정비용, 평균가변비용, 평균총비용이 각각 어떻게 변할지가 [표 5-4]에 예시되어 있고, [그림 5-9]에는 이들을 곡선으로 그리면 어떤 모양이 되는지가 나타나 있다. 예컨대 생산량이 3이라면 고정비용이 30만원이기 때문에 평균고정비용은 10만원(30만원÷3)이고, 가변비용이 45만원이기 때문에 평균가변비용은 15만원(45만원÷3)이고, 총비용이 75만원(30만원+45만원)이기 때문에 평균총비용은 25만원(75만원÷3)이다. 이들은 [표 5-4]와 [그림 5-9]에서 각각 A, B, C점으로 표시된다.

한계비용은 생산량 1단위의 증가분이 야기시키는 총비용의 증가분을 의미한다. 그런데 생산량의 증가와 함께 고정비용은 변하지 않고 가변비용만 증가하기 때문에 한계비용은 생산량 1단위의 증가분이 야기시키는 가변비용의 증가분을 의미하기도 한다. 즉, **한계비용(marginal cost : *MC*)**은 다음과 같이 정의될 수 있다.

그림 5-9

평균고정비용곡선, 평균가변비용곡선, 평균총비용곡선, 한계비용곡선

평균고정비용곡선(AFC)은 계속 하락하는 곡선이고, 평균가변비용곡선, 평균총비용곡선, 한계비용곡선은 감소하다가 증가하는 곡선으로 그려진다.

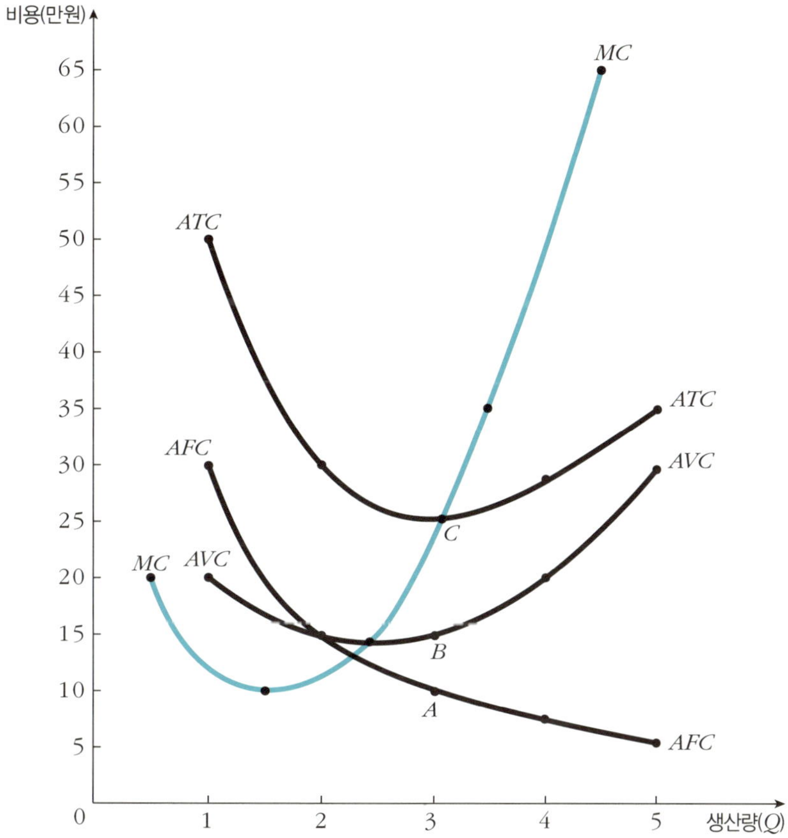

$$MC = \frac{\Delta TC}{\Delta Q} = \frac{\Delta FC + \Delta VC}{\Delta Q} = \frac{\Delta VC}{\Delta Q}$$

생산량의 변화분이 매우 작다고 할 때는 MC가 다음과 같은 미분개념으로 정의될 수 있다.

$$MC = \frac{dTC}{dQ} = \frac{dVC}{dQ}$$

[표 5-4]에서 생산량이 2개에서 3개로 1개 증가할 때는 가변비용이 30만원에서 45만원으로 증가하였기 때문에 한계비용이 15만원(45만원 − 30만

그림 5-10

평균고정비용곡선, 평균가변비용곡선, 평균총비용곡선

*AFC*는 계속 하락하는 곡선이고, *AVC*는 *c*점을 기준으로 하락하다가 상승하고, *ATC*는 *d*점을 기준으로 하락하다가 상승한다.

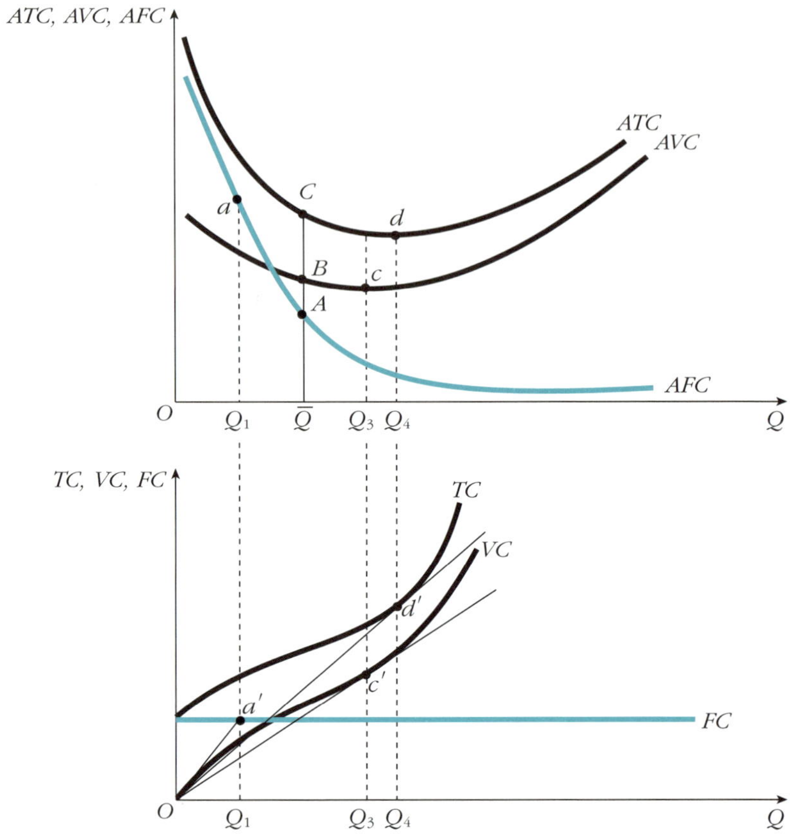

원)이다. 총비용의 증가분으로 계산해도 마찬가지이다(75만원 −60만원=15만원).

AFC, *AVC*, *ATC*, *MC*곡선들은 기하적인 방법을 통해 *FC*, *VC*, *TC*곡선으로부터 직접 도출될 수도 있다.

*AFC*는 그 정의에 의해 *FC*곡선상의 한 점과 원점을 연결하는 직선의 기울기($AFC=FC/Q$)와 일치한다. [그림 5-10]의 하단에서 생산량이 Q_1일 때의 *AFC*는 직선 Oa'의 기울기와 일치하는데 이 값은 상단의 그림에서 Q_1a의 높이로 나타나고 있다. *Q*가 계속 증가해도 *FC*는 고정되어 있기 때문에 *AFC*는 [그림 5-10]의 상단에서와 같이 계속 하락하는 곡선으로 그려진다.

AVC는 그 정의에 의해 VC곡선상의 한 점과 원점을 연결하는 직선의 기울기($AVC = VC/Q$)와 일치하는데 생산량이 Q_3일 때의 AVC는 [그림 5-10]의 하단에서 직선 Oc'의 기울기와 일치하고 이 값은 상단의 그림에서 Q_3c의 높이로 나타나고 있다. 이 곡선은 생산량의 증가와 함께 처음에는 점점 하락하다가 c점에서 극소화되고 그 다음부터는 계속 증가한다. 그러므로 AVC곡선은 c점을 기준으로 그 왼쪽에서는 하락하고 그 오른쪽에서는 증가한다. 즉, **AVC곡선은 c점에서 극소점에 도달하는 U자 모양이 된다.**

ATC곡선은 그 정의에 의해 TC선상의 한 점과 원점을 연결하는 직선의 기울기($ATC = TC/Q$)와 일치하는데 생산량이 Q_4일 때의 ATC는 [그림 5-10]의 하단에서 Od'의 기울기와 일치하고 이 값은 상단의 그림에서 Q_4d의 높이로 나타나고 있다. 이 기울기도 생산량의 증가와 함께 처음에는 점점 하락하다가 d점에서 극소화되고 그 다음부터는 계속 증가한다. 그러므로 **ATC곡선은 d점에서 극소점에 도달하는 U자 모양이 된다.**

$ATC = AFC + AVC$이기 때문에 ATC곡선은 AFC곡선과 AVC곡선을 수직으로 합계하여 도출할 수도 있다. 즉, [그림 5-10]의 윗 그래프에서 생산량이 $\bar{Q}$일 때의 ATC는 $\bar{Q}C(ATC) = \bar{Q}A(AFC) + \bar{Q}B(AVC)$이다. MC는 그 정의에 의해 TC곡선상이나 VC곡선상의 한 점에서 접선을 그었을 때 그 접선의 기울기와 일치한다. [그림 5-11]에서 생산량이 Q_2일 때의 MC는 [그림 5-11]의 하단에서 b'점이나 b''점에서의 접선의 기울기와 일치하고, 그 값은 상단 그림에서 Q_2b의 높이로 나타나 있다. 이 기울기는 생산량의 증가와 함께 처음에는 점점 하락하다가 b' 또는 b''점에서 극소화되고 그 다음부터는 계속 증가한다. b'점은 TC곡선의 변곡점이고, b''점은 VC곡선의 변곡점이다. 그러므로 MC곡선은 b점을 기준으로 그 왼쪽에서는 하락하고 그 오른쪽에서는 증가한다. 즉, **MC곡선은 b점에서 극소점에 도달하는 U자 모양이 된다.**

그리고 [그림 5-11]의 하단에서 Q_3 및 Q_4가 되는 c'점과 d'점에서는 이 점들과 원점을 연결하는 직선의 기울기(AVC, ATC)와 이 점들에서의 접선의 기울기가 서로 일치한다. 그러므로 생산량 Q_3에서는 $MC = AVC$이고 생산량 Q_4에서는 $MC = ATC$이다. 그런데 생산량 Q_3과 Q_4에서는 각각 AVC와

그림 5-11

한계비용곡선

한계비용곡선(MC)은 TC나 VC에 대한 접선의 기울기로서 b점을 기준으로 하락하다가 상승한다.

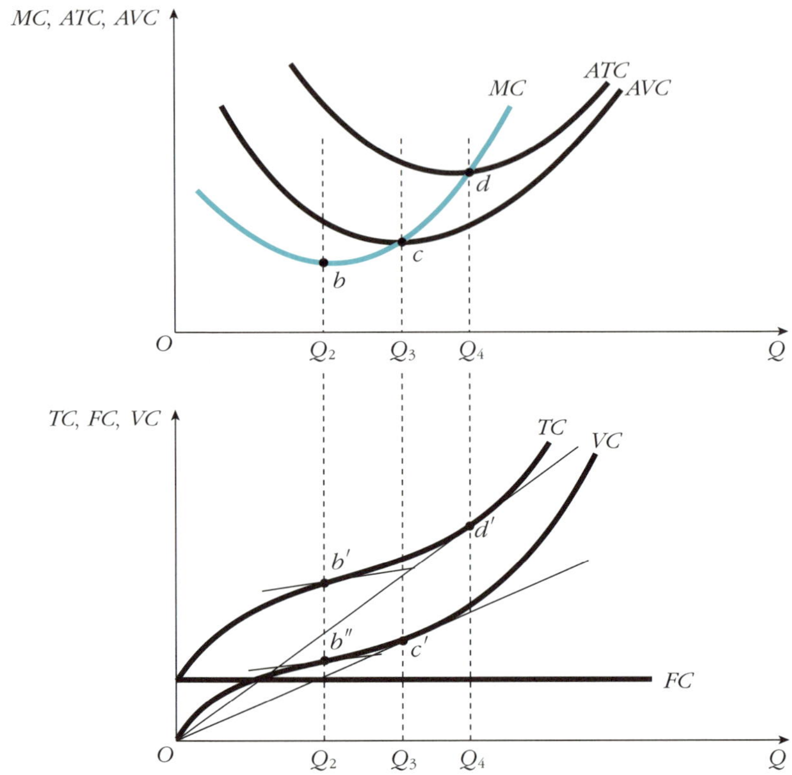

ATC가 극소화되기 때문에 **MC곡선은 반드시 AVC곡선과 ATC곡선의 극소점을 통과하게 된다.**

[그림 5-10]과 [그림 5-11]을 종합하면 [그림 5-12]에서와 같은 MC, ATC, AVC, AFC곡선들의 관계가 도출된다. **b점에서는 MC가 극소화되고 c점에서는 AVC가 극소화되면서 $MC = AVC$이고, d점에서는 ATC가 극소화되면서 $MC = ATC$이다. 생산량이 0에 접근하면 AFC는 무한대로 커지며, 생산량이 무한히 커지면 AFC는 0에 접근하고, AVC곡선과 ATC곡선은 서로 무한히 접근해 간다.**

그림 5-12

평균비용곡선과 한계비용곡선의 관계

c점에서는 AVC가 극소화되면서 $MC = AVC$이고, d점에서는 ATC가 극소화되면서 $MC = ATC$이다.

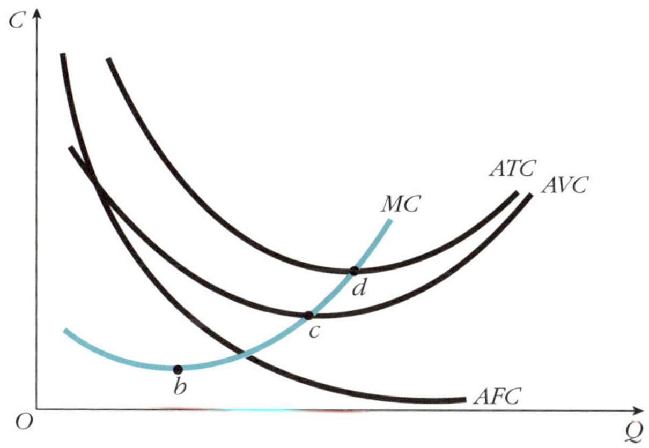

생산함수와 비용함수의 관계

제4장에서 이미 설명되었듯이 평균생산곡선과 한계생산곡선은 역U자 모양을 갖는 반면 평균비용곡선과 한계비용곡선은 U자 모양을 갖는다. 즉, 단기에서 노동의 평균생산(AP_L)과 한계생산(MP_L)은 처음에는 증가하다가 어느 점을 지나고부터는 계속 하락하는데, 단기에 평균가변비용(AVC)과 한계비용(MC)은 반대로 처음에는 하락하다가 어느 점을 지나고부터는 계속 증가한다. 생산곡선과 비용곡선이 이와 같이 정반대적인 관계를 유지하는 이유는 쉽게 설명되어질 수 있다.

자본의 양이 $\overline{K}$에서 고정되어 있으면 생산함수는 $Q = f(\overline{K}, L)$이 되며, 이때 노동(L)의 평균생산과 한계생산은 각각 다음과 같이 정의된다.

$$AP_L = Q/L \qquad (5.6a)$$

$$MP_L = \partial Q/\partial L \qquad (5.6b)$$

그리고 노동의 가격을 w라고 두었을 때 $VC = w \cdot L$이기 때문에 평균가변비용과 한계비용은 다음과 같이 정의된다.

$$AVC = (w \cdot L)/Q \qquad (5.7a)$$

$$MC = \partial (w \cdot L)/\partial Q \qquad (5.7b)$$

식 (5.6a)와 식(5.7a)를 연결시키면 AP_L과 AVC 사이의 관계가 다음과 같이 도출된다.

$$AVC = (w \cdot L)/Q = w \cdot \frac{1}{Q/L} = w/AP_L \tag{5.8}$$

그러므로 AVC와 AP_L은 서로 역관계를 가진다. 즉, **AP_L이 증가하면 AVC는 감소하고 반대로 AP_L이 감소하면 AVC는 증가한다.** 마찬가지 방법으로 식 (5.6b)와 식 (5.7b)를 연결시키면 MP_L과 MC 사이의 관계가 다음과 같이 도출된다.

$$MC = \partial(w \cdot L)/\partial Q = w \cdot \partial L/\partial Q = w \cdot \frac{1}{\partial Q/\partial L} = w/MP_L$$

그러므로 MC와 MP_L 사이에도 역관계가 성립한다. **MP_L이 증가하면 MC가 감소하고 MP_L이 감소하면 MC가 증가한다.**

AVC와 AP_L 사이 및 MC와 MP_L 사이의 이러한 역관계는 그래프를 통해서도 설명될 수 있다. [그림 5-13]은 p.119의 [그림 4-3]과 p.162의 [그림 5-11]을 합해 놓은 그림인데 [그림 5-13]에서 MP_L이 극대화되는 a점은 MC가 극소화되는 a''점에 상응하고, AP_L이 극대화되는 b점은 AVC가 극소화되는 b''점에 상응한다. 그런데 오른쪽 위 그림의 x축은 L을 나타내고 왼쪽 아래 그림의 x축은 Q를 나타내기 때문에 이 두 그림은 오른쪽 아래 그림을 통해 서로 연결될 수 있다. 오른쪽 아래 그림은 생산함수 $Q = F(\overline{K}, L)$을 그림으로 표시한 것으로 노동투입량이 L_1이면 생산량이 Q_1이고, 노동투입량이 L_2이면 생산량이 Q_2라는 것을 나타낸다. 그러므로 오른쪽 위 그림의 a점은 오른쪽 아래 그림의 a'의 점을 거쳐 왼쪽 아래 그림의 a''점과 연결된다.

그런데 a점과 a''점의 왼쪽에서는 MP_L은 증가하고 MC는 감소한다. 반대로 a점과 a''점의 오른쪽에서는 MP_L이 감소하고 MC가 증가한다. a점의 왼쪽에서는 MP_L이 증가하고 a점의 오른쪽에서는 MP_L이 감소하는 이유는 오른쪽 아래 그림으로부터 쉽게 설명될 수 있다. 즉, a'점의 왼쪽에서는 L의 증가와 함께 접선의 기울기(= MP_L)가 점점 증가하고, a'점의 오른쪽에서는

그림 5-13 생산과 생산비의 관계

AP_L나 MP_L가 증가할 때는 AVC나 MC가 감소하고, 반대로 AP_L나 MP_L가 감소할 때는 AVC나 MC가 증가한다.

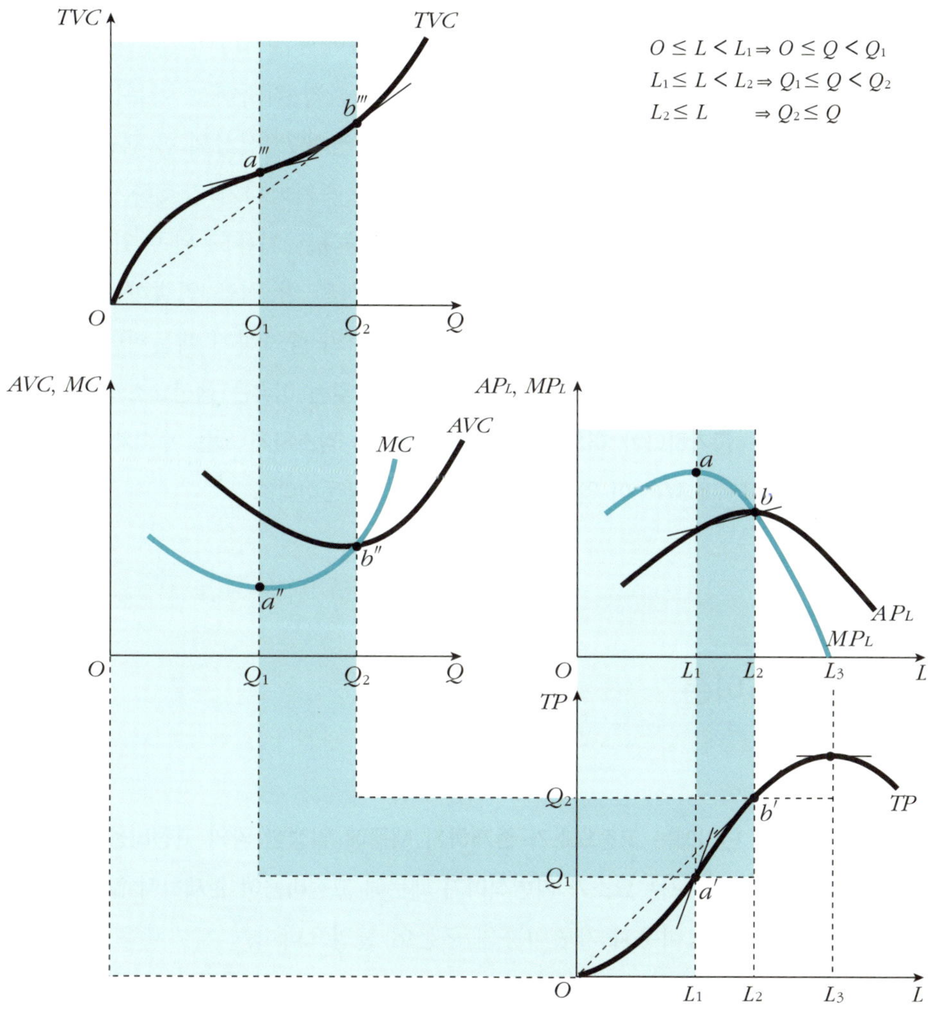

L의 증가와 함께 접선의 기울기($=MP_L$)가 점점 감소한다. a''점을 기준으로 그 왼쪽에서는 MC가 감소하고 그 오른쪽에서는 MC가 증가하는 이유는 왼쪽 위의 그림으로부터 쉽게 설명될 수 있다. 즉, a'''점의 왼쪽에서는 Q의

증가와 함께 접선의 기울기(= MC)가 점점 감소하고, a''' 점의 오른쪽에서는 Q의 증가와 함께 접선의 기울기(= MC)가 점점 증가하기 때문이다.

오른쪽 위 그림의 b점도 오른쪽 아래 그림의 b'점을 거쳐 왼쪽 아래 그림의 b''점과 연결된다. b점과 b''점의 왼쪽에서는 AP_L이 증가하고 AVC가 감소한다. 반대로 b점과 b''점의 오른쪽에서는 AP_L이 감소하고 AVC가 증가한다. b점을 기준으로 AP_L이 증가하다가 감소하는 이유는 오른쪽 아래의 그림으로부터 설명될 수 있다. 즉, 원점과 TP선상의 한 점을 연결하는 직선의 기울기(= AP_L)가 b'점을 기준으로 증가하다가 감소하기 때문이다. b''점을 기준으로 AVC가 감소하다가 증가하는 이유도 왼쪽 위의 그림으로부터 설명될 수 있다. 즉, 원점과 TVC선상의 한 점을 연결하는 직선의 기울기(= AVC)가 b'''점을 기준으로 감소하다가 증가하기 때문이다.

어쨌든 **AVC와 MC가 U자 모양을 갖는 이유는 생산요소의 생산성이 처음에는 증가하다가 어느 점을 지나서부터는 감소하게 되는 수확체감의 법칙에 의해 AP_L과 MP_L이 역U자 모양을 가지기 때문이다.**

3. 장기생산비이론

단기비용과 장기비용

단기에는 고정요소가 존재하기 때문에 일정한 양의 고정비용이 존재하지만 장기에는 모든 요소가 가변적이기 때문에 고정비용이 존재하지 않는다. 즉, 장기에는 고정비용과 가변비용의 구분이 불필요하다.

[그림 5-14]에서 고정요소인 자본의 양이 K_1이면 고정비용이 $FC_1 = (r \cdot K_1)$이고, K_2이면 고정비용이 $FC_2 = (r \cdot K_2)$이고, K_3이면 고정비용이 $FC_3 = (r \cdot K_3)$이다. 여기서 r은 자본가격이다. 고정비용이 FC_1이면 단기총비용곡선 TC_1이 그려진다. 마찬가지로 고정비용이 FC_2, FC_3이면 또 다른 단기총비용곡선 TC_2와 TC_3가 그려진다. 그런데 장기에는 고정요소의 양이 변하기 때문에 고정비용의 크기도 변할 수 있다. 말하자면 장기에는

그림 5-14

고정요소 사용량의 변화와 총비용곡선

고정요소량이 K_1일 때는 총비용곡선이 TC_1이고 K_2일 때는 TC_2이고, K_3일 때는 TC_3이다.

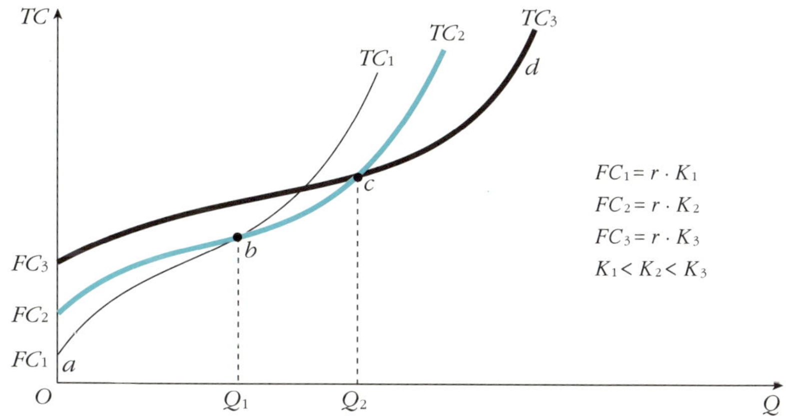

자본비용이 신축적으로 변한다는 것을 전제로 하여 총비용곡선을 도출해 낼 수 있다.

만약 어떤 사업가가 막 사업을 시작하면서 공장을 지으려고 하는데 자기 상품에 대한 수요가 [그림 5-14]의 $O < Q \leq Q_1$ 범위에 있을 것으로 예상한다면 이 생산자는 자본규모를 K_1으로 선택하는 것이 총생산비를 가장 낮추는 방법이고, 이때의 총비용은 a에서 b점까지의 곡선이 될 것이다. 만약 수요의 범위가 $Q_1 \leq Q \leq Q_2$가 될 것이라고 예상한다면 이 생산자는 자본규모를 K_2로 선택하는 것이 가장 유리할 것이고, 이때의 총비용은 b점에서 c점까지의 곡선이 될 것이다. 만약 수요의 범위가 $Q_2 \leq Q$일 것이라고 예상한다면 이 생산자는 자본규모를 K_3로 선택하는 것이 가장 유리할 것이고, 이때의 총비용은 c점에서 d로 갈 것이다. 그러므로 생산량의 증가와 함께 고정요소로 간주된 자본규모를 K_1, K_2, K_3로 변화시킬 수 있다고 하면 총비용곡선은 [그림 5-14]에서 $a \rightarrow b \rightarrow c \rightarrow d$로 연결되는 곡선이 될 것이다. 이것은 자본을 포함하여 모든 생산요소가 변한다고 전제했을 때 도출된 것이므로 일종의 장기총비용곡선이 된다.

그러나 여기서는 자본규모가 K_1, K_2, K_3 세 가지로만 변할 수 있는 것으로 전제하고 장기총비용곡선을 도출하였는데, 만약 자본규모가 어떠한 규

그림 5-15

장기총비용곡선의 도출

자본의 양이 어느 규모로든지 사용될 수 있다면 단기총비용곡선은 무수히 많이 도출될 수 있고 이들에 대한 포락선이 장기총비용곡선 TC이다.

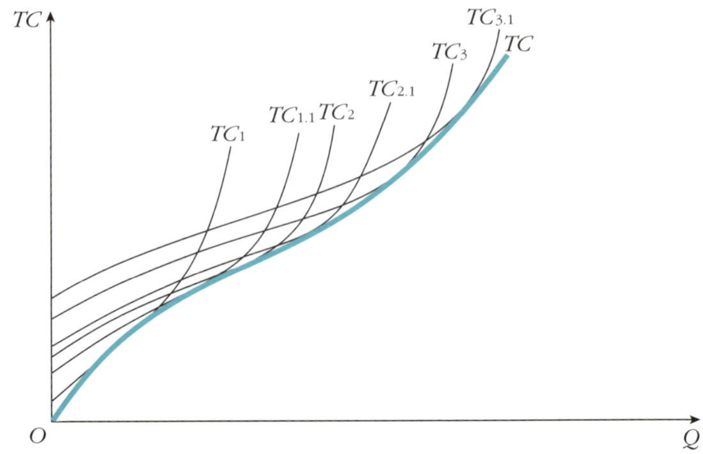

모로든지 무한히 가분적(infinitely divisible)이라고 하면 [그림 5-15]에서와 같이 무수히 많은 단기총비용곡선들이 그려질 수 있다. 무수히 많은 단기총비용곡선들을 그린 후 이 곡선들에 접하는 **포락선(envelope curve)**을 그리면 [그림 5-15]의 TC와 같은 총비용곡선이 도출된다. **이 곡선은 고정요소로 간주되었던 자본의 양까지 얼마든지 조정 가능하다는 것을 전제로 하여 도출한 총비용곡선이기 때문에 장기총비용곡선이 된다.**

장기총비용곡선은 각 생산량 수준에서 생산비가 최소화되도록 모든 생산요소량이 최적으로 조정되었을 때 도출되는 총비용곡선이다. 그러므로 어떠한 생산량도 장기총비용곡선보다 낮은 비용으로는 생산될 수 없다.

장기총비용(long-run total cost : $LRTC$)은 모든 생산요소의 투입량이 적정량으로 조정된 후의 총생산비이고, 단기총비용(short-run total cost : $SRTC$)은 적어도 한 가지 이상의 생산요소 투입량이 고정되어 있는 상태에서 나머지 생산요소들의 투입량만이 적정량으로 조정된 후의 총생산비이기 때문에, 장기총비용이 단기총비용보다 높을 수는 없다($LRTC \leq SRTC$). 이러한 관계는 [그림 5-16]에서 쉽게 설명되어질 수 있다. 생산량이 $Q_1 \rightarrow Q_2$로 증가하면 단기에는 자본(K)이 $\overline{K}$ 수준에 고정되어 있기 때문에 생산점은 $E_1 \rightarrow E'_2$로 이동할 수밖에 없다. 자본량은 $\overline{K}$에 고정시켜둔 채 가변요소인 노동투입량

그림 5-16

단기생산비와 장기생산비의 비교

TC'_2는 Q_2를 생산하는 데 소요되는 단기총생산비이고 TC_2는 장기총생산비이다.

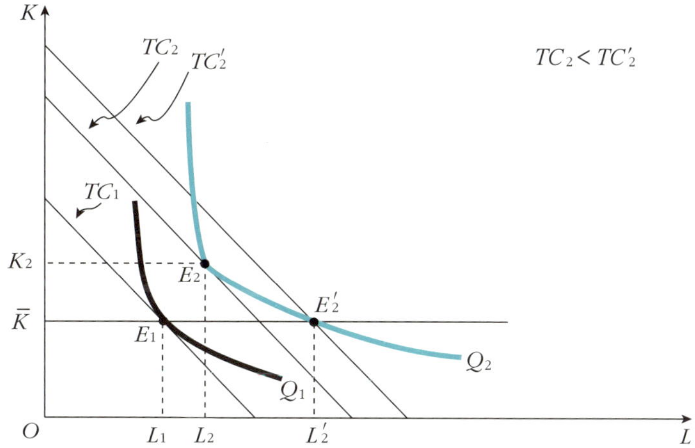

만 L_1에서 L'_2로 증가시켜 생산량을 Q_1에서 Q_2로 증가시킨다. 이때 총생산비는 $TC_1 \to TC'_2$로 증가한다. 즉, 등비용선이 TC_1에서 TC'_2로 이동한다.

그러나 장기에는 자본량도 적정수준으로 조정될 수 있기 때문에 각 생산량에서의 생산점은 모든 생산요소들의 투입량이 적정량으로 조정된 후의 생산점이 될 것이다. 즉, 생산량이 $Q_1 \to Q_2$로 증가하면 장기에 있어서는 생산점이 $E_1 \to E'_2 \to E_2$로 이동할 것이다. 자본량을 $\overline{K}$에서 K_2로 증가시키는 대신 노동투입량은 L'_2에서 L_2로 감소시킨다. 이렇게 되면 총생산비는 TC'_2에서 TC_2로 감소한다. 그러므로 장기에는 생산량이 $Q_1 \to Q_2$로 증가할 때 총생산비는 $TC_1 \to TC_2$로 증가한다.

출발점인 E_1에서는 단기생산비와 장기생산비가 일치한다. 그러나 생산량 Q_2에 대해서는 동일한 생산량에 대해서도 장기에는 TC_2라는 총생산비가 소요되지만 단기에는 이보다 높은 TC'_2라는 총생산비가 소요된다 ($TC_2 < TC'_2$). 그 이유는 자본사용량까지 적정량으로 조정하였기 때문이다.

평균비용과 한계비용

[그림 5-17]의 SAC_1, SAC_2, SAC_3는 [그림 5-14]의 TC_1, TC_2, TC_3로부터 도출된 단기평균비용곡선들이다. $SAC_1 = TC_1/Q$, $SAC_2 = TC_2/Q$, $SAC_3 = TC_3/Q$이다. [그림 5-14]에서도 생산량 범위가 $O < Q \leq Q_1$일 때는

그림 5-17

고정요소 사용량의 변화와 평균비용곡선

자본량이 K_1, K_2, K_3로 변하면 단기평균비용곡선도 SAC_1, SAC_2, SAC_3로 도출될 수 있다.

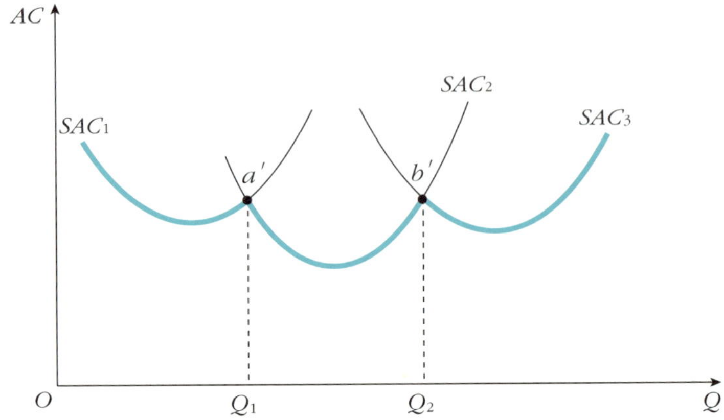

자본규모 K_1을 채택하는 것이 가장 유리하였는데 [그림 5-17]에서도 이 생산량 범위에서는 $K=K_1$일 때 생산물 단위당의 평균생산비가 가장 낮아진다. 즉, $O<Q\leq Q_1$ 범위에서는 총비용곡선 TC_1이 가장 낮은 총생산비이며 동시에 평균비용은 SAC_1이 가장 낮다. 마찬가지로 생산량 범위가 $Q_1<Q\leq Q_2$일 때는 자본규모 K_2를 채택하는 것이 가장 유리하며, 이때는 총비용곡선 TC_2가 가장 낮은 총생산비이고 동시에 평균비용은 SAC_2가 가장 낮다. 똑같은 이유로 생산량 범위가 $Q_2<Q$일 때는 자본규모 K_3를 채택하는 것이 가장 유리하며, 이때는 총비용곡선 TC_3가 가장 낮은 총생산비이며 동시에 평균비용은 SAC_3가 가장 낮다. 이와 같이 생산량 변화와 함께 자본규모가 변할 때는 평균비용곡선도 변하는데, [그림 5-17]에서 단위당 생산비가 가장 낮아지는 평균비용곡선만 채택하면 $SAC_1\rightarrow a'\rightarrow b'\rightarrow SAC_3$로 연결된 굵은 곡선이 도출된다. 이 곡선은 비록 제한된 범위이긴 하지만 고정요소로 간주되었던 **자본의 규모가 변하는 것을 고려하면서 도출된 평균비용곡선이기 때문에 일종의 장기평균비용곡선(long-run average cost curve : *LAC*)이 된다.**

여기서도 자본규모가 K_1, K_2, K_3 세 가지로만 변할 수 있는 것으로 전제하고 장기평균비용곡선이 도출되었는데, 만약 자본규모가 어떤 규모로든지 무한히 가분적(infinitely divisible)이라고 하면 [그림 5-15]에서 무수히 많

그림 5-18

장기평균비용곡선의 도출

수많은 단기평균비용곡선의 포락선인 *LAC* 가 장기평균비용곡선이다.

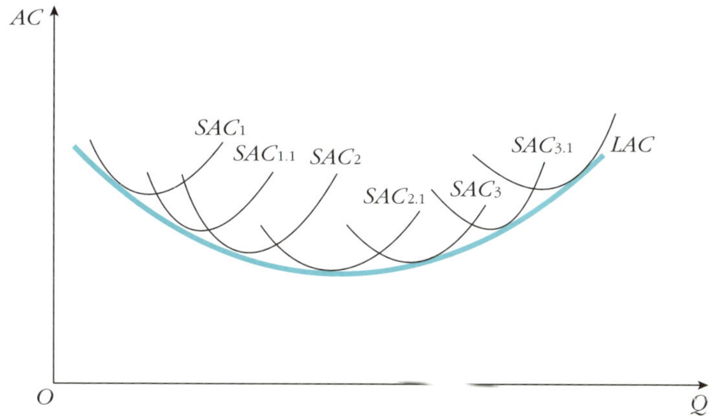

은 단기총비용곡선들이 도출되었던 것처럼, 다시 이 곡선들로부터 [그림 5-18]에서처럼 무수히 많은 단기평균비용곡선들을 도출할 수 있다. 그리고 무수히 많은 단기평균비용곡선들로부터는 이 곡선들에 접하는 *LAC*와 같은 **포락선**(envelope curve)을 그릴 수 있다. 이 포락선 *LAC*가 바로 장기평균비용곡선이다.

장기평균비용곡선은 각 생산량 수준에서 생산비가 최소화되도록 모든 생산요소량이 조정되었을 때 도출되는 평균비용곡선이다. 그러므로 어떠한 생산량 수준도 장기평균비용곡선보다 낮은 단위당 생산비로는 생산될 수 없다. 장기란 모든 생산요소가 최적량으로 조정될 수 있는 충분한 기간이 주어졌다는 것을 의미하기 때문에 어떤 생산량도 장기생산비보다 더 낮은 비용으로는 생산할 수 없다.

장기한계비용곡선(long-run marginal cost curve : *LMC*)도 단기한계비용곡선으로부터 도출될 수 있다. [그림 5-19]에서 SAC_1에 상응하는 한계비용곡선은 SMC_1이다. 그리고 SAC_1 중 장기평균비용곡선의 한 부분이 될 수 있는 점은 *d*점뿐이다. 즉, 생산량 Q_d에서는 $SAC_1 = LAC$이다. 자본규모가 K_1일 때 SAC_1이 도출되었다면 이 자본규모는 생산량 Q_d를 생산하기 위한 최적규모이고 이 자본규모하에서 도출된 SMC_1은 생산량 Q_d에서 장기한계비용과도 일치한다. 다시 말해 자본규모 K_1과 생산량규모 Q_d에서는 단기

그림 5-19

장기한계비용곡선의 도출

장기한계비용곡선(LMC)은 장기평균비용곡선(LAC)의 최소점을 통과한다.

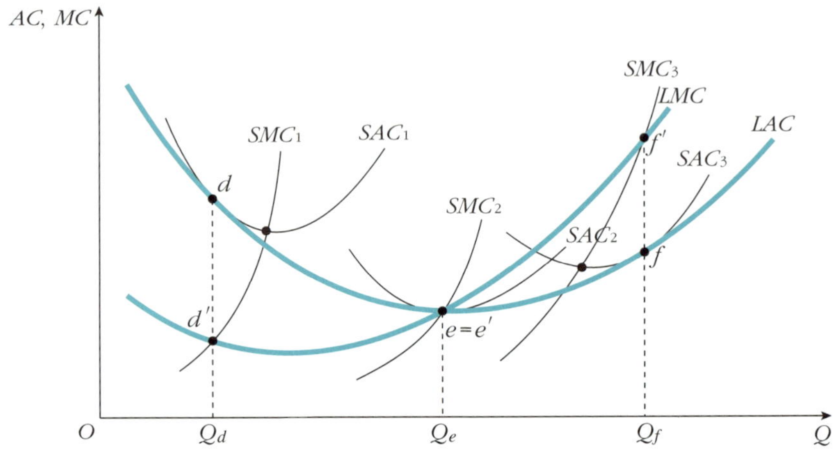

와 장기가 일치하고 $SMC_1 = LMC$이다. 이 등식이 성립하는 점은 SMC_1상의 d'점이 될 것이다. 그러므로 d'점은 장기한계비용곡선상의 한 점이 될 것이다. SAC_2가 도출된 자본규모인 K_2에서는 생산량이 Q_e일 때 단기와 장기가 일치하면서 $SAC_2 = LAC$이고 $SMC_2 = LMC$이다. 이 생산량에서 $SMC_2 = LMC$가 성립하는 점은 e'점이다. SAC_3가 도출된 자본규모인 K_3에서는 생산량이 Q_f일 때 단기와 장기가 일치하면서 $SAC_3 = LAC$이고 $SMC_3 = LMC$이다. 이 생산량에서 $SMC_3 = LMC$가 성립하는 점은 f'점이다. 다른 모든 단기한계비용곡선들에 대해서도 d', e', f'와 같은 점들을 찾아낼 수 있다. 이러한 점들을 모두 연결한 곡선은 d', e', f'가 될 것이며, 이 곡선이 바로 **장기한계비용곡선(long-run marginal cost curve : *LMC*)**이다. LMC는 LAC의 극소점을 통과한다.

LMC는 다른 방법으로도 도출될 수 있다. [그림 5-15]에서 TC는 장기총비용곡선이기 때문에 이 곡선의 접선의 기울기로부터는 직접 LMC가 도출될 수도 있다. [그림 5-15]의 TC에 대한 접선의 기울기로부터 도출된 장기한계비용곡선은 [그림 5-19]의 LMC와 일치한다.

사례검토 5.1

단기비용곡선과 장기비용곡선의 비교

단기비용곡선과 장기비용곡선은 [그림 5-20]에서와 같이 명료하게 비교될 수 있다. 상단에는 고정요소가 K_1인 단기총비용곡선 TC_1과 장기총비용곡선 TC가 그려져 있다. 생산량이 Q_1일 때 A점에서 두 곡선이 서로 접한다. 이것은 우상단의 그림에서 보는 것처럼 생산량 Q_1을 생산할 때 자본규모 K_1이 적정 규모이기 때문에 단기와 장기가 완전히 일치한다는 것을 의미한다.

윗그림 A점에서는 $TC_1 = TC$이기 때문에 직선 OA의 기울기는 $TC_1/Q_1 = TC/Q_1$으로서 $SAC_1 = LAC$라는 것을 나타낸다. 이는 아래 그림의 A''에서 $SAC_1 = LAC$가 되는 것으로 나타나 있다. 또 A점에서는 TC_1에의 접선의 기울기는 SMC_1이고 TC에의 접선의 기울기는 LMC인데 이 둘은 완전히 일치한다. $SMC_1 = LMC$인 것은 아래 그림의 A'''에 나타나 있다.

[그림 5-20]에서 A, A'', A'''점은 오른쪽 위 그림의 A'점에 상응하는 점이다. 그런데 생산량을 Q_2로 증가시키면 단기총비용은 D점이고 이 점은 오른쪽 위 그림의 D'점에 상응하는 점이다. E점은 Q_2를 생산할 때의 장기총비용을 나타내는 점으로 오른쪽 위 그림의 E'점에 상응하는 점이다.

그림 5-20

단기비용곡선과 장기비용곡선의 비교

A점은 단기와 장기가 일치할 때의 총비용, A''점은 단기와 장기가 일치할 때의 평균비용, A'''점은 단기와 장기가 일치할 때의 한계비용을 나타내는 점이다.

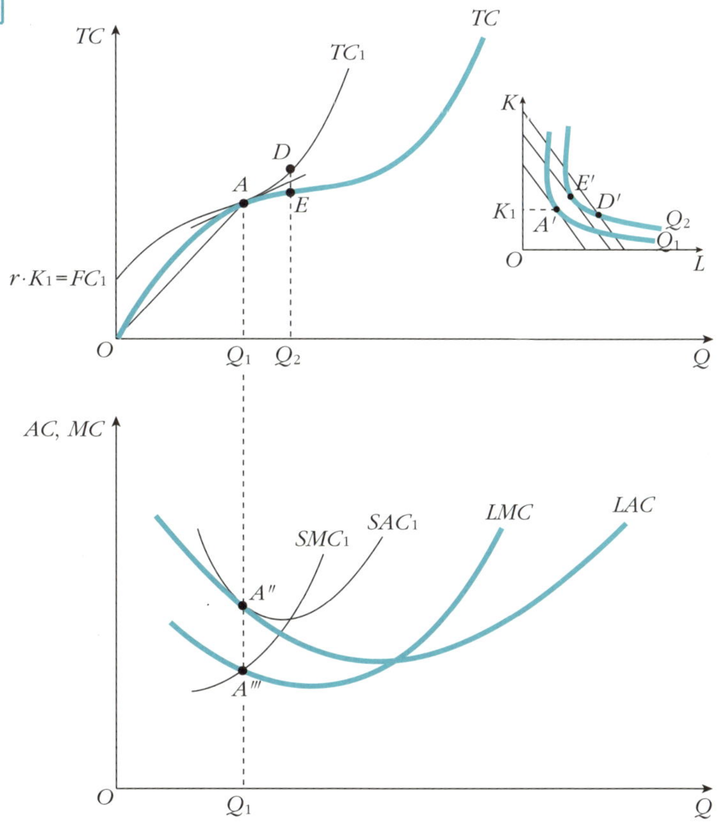

장기평균비용곡선과 규모의 경제

모든 요소가 적정량으로 조정되면서 생산규모가 커질 때의 평균비용곡선을 장기평균비용곡선이라고 하는데, [그림 5-18]에서 장기평균비용곡선은 생산량 증가와 함께 처음에는 감소하다가 어느 점을 지나고부터는 증가하는 U자 모양을 갖는다. **생산규모의 증가와 함께 장기평균생산비가 감소하는 구간에서는 규모의 증대와 더불어 생산의 경제성이 존재하기 때문에 이 구간을 규모의 경제(economies of scale)가 존재하는 구간이라고 한다.** 이 구간을 지나고부터는 **생산규모의 증가와 함께 장기평균생산비가 오히려 증가하는데 이 구간에서는 규모의 증대와 더불어 비경제성이 존재하기 때문에 이 구간을 규모의 비경제(diseconomies of scale)가 존재하는 구간이라고 한다.**

LAC는 [그림 5-18]에서와 같이 U자 모양만 갖는 것이 아니고 [그림 5-21]에서와 같이 일정한 수평구간을 갖는 L자 모양도 가질 수 있다. 여러 실증분석들에 의하면 많은 생산분야에서 LAC는 [그림 5-21]에서와 같은 모양을 갖는다. 생산규모가 커지면 초창기에는 분업과 전문화 등의 이점을 발휘할 수 있기 때문에 단위당 생산비가 낮아질 수 있다. 이러한 현상은 계속해서 일어나는 것이 아니고 어느 규모에 다다르고 난 후에는 더 이상 나타나지 않는다. [그림 5-21]에서 그 규모는 Q_1이다. 즉, $O \leq Q \leq Q_1$ 범위에서는 규모의 증가와 더불어 단위당 생산비가 감소하는 규모의 경제가 나타난다. 이러한 **규모의 경제를 규모에 대한 보수증가(increasing returns to scale : $IRTS$)라고도 한다.**

그림 5-21

규모에 대한 보수증가, 규모에 대한 보수불변, 규모에 대한 보수감소

OQ_1구간에서는 규모에 대한 보수증가이고, Q_1, Q_2구간에서는 규모에 대한 보수불변이고, Q_2 이상 구간에서는 규모에 대한 보수감소이다.

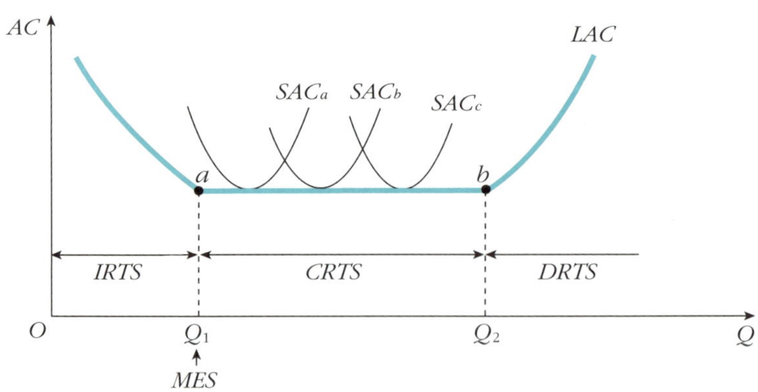

그러나 a점을 지나고부터는 당분간 규모의 증가와 더불어 단위당 생산비가 일정하게 유지된다. 즉, a점에서 b점까지는 LAC가 극소화되면서 수평으로 유지되고 있다. 이때부터는 규모의 증가에 따른 어떤 이점도 존재하지 않을 뿐만 아니라 동시에 어떤 불리점도 존재하지 않는다. 생산규모가 증가되어도 단위당 생산비는 그 수준에서 일정하게 유지되고 있다. 즉, [그림 5-21]의 생산량 범위 $Q_1 \leq Q \leq Q_2$에서는 규모의 경제도 규모의 비경제도 존재하지 않는다. 이 구간에선 **단기평균비용곡선들이 SAC_a, SAC_b, SAC_c와 같이 수평으로 이동하며, LAC가 수평선이 된다. 이러한 현상을 규모에 대한 보수불변(constant returns to scale : *CRTS*)이라고도 한다.**

[그림 5-21]의 ab구간에서는 단위당 생산비가 극소화되기 때문에 이 구간의 생산규모를 **효율규모(efficient scale)**라고 한다. 그런데 생산량 Q_1은 이 효율규모 중에서도 최소규모이기 때문에 이 규모를 **최소효율규모(minimum efficient scale : *MES*)**라고 한다. [그림 5-18]과 같이 LAC가 U자 모양을 가질 때는 구간이 아니라 한 점에서 LAC가 극소화되기 때문에 이때는 이 극소점이 바로 MES가 된다.

생산규모가 계속 커지면 규모에 따르는 비효율성이 나타나기 시작한다. 생산규모가 비대해짐에 따라 경영능률과 내부결속이 약화된다. [그림 5-21]에서 b점을 지나서부터는 규모의 증가와 더불어 단위당 생산비가 오히려 증가한다. 즉, [그림 5-21]의 **생산량 범위 $Q_2 \leq Q$에서는 규모의 비경제가 존재하는데 이러한 현상을 규모에 대한 보수감소(decreasing returns to scale : *DRTS*)라고도 한다.**

다종류 상품생산기술과 범위의 경제

추가학습 5.1

한 기업이 여러 가지 상품을 동시에 생산하는 경우가 많이 있다. 전자회사에서 TV를 생산하면서 컴퓨터도 생산하는 것 등은 그 예이다. 한 기업이 단일종류의 상품만 생산하는 것이 아니라 다종류 상품을 동시에 생산하는 것은 그 타당성이 범위의 경제(economies of scope)로 설명된다. **범위의 경제는 한 기업이 여러 종류의 상품을 동시에 생산할 때 경제성이 있다는 이론으로서 한 기업이 단일 종류의 상품을 더 많이 생산할수록 경제성이 있다는 규모의 경제(economies of scale)와는 그 내용이 분명히 구분되는 이론이다.**

범위의 경제는 다종류 상품생산기업(multiproduct firm)이 존재하기 위한 필요충분조건이다. 두 가지 종류의 상품이 각각 y_1과 y_2만큼 생산될 때 한 기업이 이 둘을 동시에 생산할 때의 총생산비는 $C(y_1, y_2)$이고, 두기업이 각각 y_1과 y_2를 따로 생산할 때의 총생산비는 $C(y_1, 0)+C(0, y_2)$이다.

만약 생산비조건이

$$C(y_1, y_2) < C(y_1, 0) + C(0, y_2)$$

이면 범위의 경제가 존재한다. 한 기업이 두 상품을 동시에 생산하는 것이 각 상품을 각 기업이 따로 생산하는 것보다 경제적이기 때문이다. 이렇게 되면 다종류 생산기업이 출현한다. 반대로

$$C(y_1, y_2) > C(y_1, 0) + C(0, y_2)$$

이면 범위의 비경제(diseconomies of scope)가 존재한다. 각 상품을 각 기업이 따로 생산하는 것이 유리하다. 이때는 단일 종류의 상품만 생산하는 전문기업이 출현한다.

$$C(y_1, y_2) = C(y_1, 0) + C(0, y_2)$$

이면 범위의 경제도 범위의 비경제도 존재하지 않는다. 이때는 다종류 상품생산기업이 출현할 수도 있고 단일종류 상품의 전문기업이 출현할 수도 있다.

중 요 내 용 요 약

5.01 등비용선(isocost line) : 동일한 비용으로 구매할 수 있는 생산요소들의 양을 나타내는 직선. 생산비 C로 구매할 수 있는 자본(K)과 노동(L)의 양을 수식으로 표시하면 $C = r \cdot K + w \cdot L$, 즉, $K = -\frac{w}{r}L + \frac{C}{r}$이고 이 등식을 그림으로 그린 것이 등비용선이다.

5.02 생산자균형 : 기업이 이윤을 극대화(주어진 생산량을 생산하기 위해서는 생산비를 극소화하고, 주어진 생산비로서는 생산량을 극대화하는 것)할 수 있는 생산점으로 등비용선과 등량곡선이 접하는 점

$$\text{등비용선의 기울기} = \frac{w}{r} = MRTS = \frac{MP_L}{MP_K} = \text{등량곡선의 기울기}$$

5.03 확장선(expansion path) : 생산요소들의 가격이 불변일 때 생산량의 확장과 더불어 도출되는 균형생산점들을 연결한 선

5.04 명시적 비용(explicit costs)**과 암묵적 비용**(implicit costs) : 기업활동에서 실제로 지출이 이루어진 비용은 명시적 비용이고, 실제로 지출이 이루어지지는 않았어도 생산활동에 투여된 소유자의 물적, 인적자원은 다른 곳에 사용되어 벌 수 있는 수입을 포기한 것이기 때문에 이 가상적인 수입도 하나의 비용이 되고 이 비용을 암묵적 비용이라고 한다.

5.05 사적비용(private costs)**과 사회적 비용**(social costs) : 생산과정에서 개인이나 기업이 발생시키는 명시적 비용과 암묵적 비용은 사적 비용이고, 생산에서 발생시키는 환경오염 등과 같이 사회적 관점으로 볼 때 발생되는 비용은 사회적 비용이다.

5.06 비용함수(cost function) : 기업은 주어진 생산량의 생산비를 극소화시키는 것이 이윤을 극대화시키는 방법인데, 이때 극소화된 생산비는 생산량의 크기와 생산요소가격에 달려 있다. 따라서 생산비(C)는 생산량(Q), 자본가격(r), 노동가격(w)의 함수로 표현될 수 있고, 이것을 비용함수라고 한다. 즉, $C = f(Q, r, w)$

5.07 고정비용(fixed costs : FC), **가변비용**(variable costs : VC), **총비용**(total costs : TC) : 단기에는 생산요소가 고정요소와 가변요소로 구분되는데 고정요소 구매에 사용된 비용이 고정비용이고, 가변요소 구매에 사용된 비용이 가변비용이다. 고정비용은 생산량의 증가와는 상관없이 항상 일정하며, 가변비용은 생산량의 증가와 함께 증가한다. 고정비용과 가변비용을 합한 것이 총비용이다. 즉, $TC = FC + VC$

5.08 평균고정비용(average fixed costs : AFC), **평균가변비용**(average variable costs : AVC), **평균총비용**(average total costs : ATC)

$$AFC = \frac{FC}{Q},\ AVC = \frac{VC}{Q}$$

$$ATC = \frac{TC}{Q} = AFC + AVC$$

5.09 한계비용(marginal costs : MC) : 생산량이 한 단위 증가할 때 추가적으로 증가하는 생산비

$$MC = \frac{\Delta TC}{\Delta Q} = \frac{\Delta VC}{\Delta Q}\left(\frac{\Delta FC}{\Delta Q} = 0\right)$$

5.10 평균가변비용(AVC)**과 평균생산물**(AP_L) : AVC와 AP_L은 서로 역관계에 있다.

$$AP_L = \frac{Q}{L}$$

$$AVC = \frac{VC}{Q} = \frac{w \cdot L}{Q} = \frac{w}{AP_L}$$

5.11 **한계비용**(MC)**과 한계생산물**(MP_L) : MC와 MP_L도 서로 역관계에 있다.

$$MP_L = \frac{\Delta Q}{\Delta L}$$

$$MC = \frac{\Delta VC}{\Delta Q} = \frac{\Delta(w \cdot L)}{\Delta Q} = \frac{w \cdot \Delta L}{\Delta Q} = \frac{w}{MP_L}$$

5.12 **단기비용과 장기비용** : 생산량이 변하면 생산비도 변하는데 적어도 한 가지 이상의 생산요소가 고정된 채 변화하는 생산비를 단기비용이라고 하고, 모든 생산요소의 투입량이 적정량으로 조정되면서 변화하는 생산비를 장기비용이라고 한다.

5.13 **규모에 대한 보수증가**(increasing returns to scale : *IRTS*), **규모에 대한 보수불변**(constant returns to scale : *CRTS*), **규모에 대한 보수감소**(decreasing returns to scale : *DRTS*) : 모든 요소의 투입량이 적정량으로 조정되면서 생산규모가 커질 때 생산량 단위당 생산비가 감소하면 규모에 대한 보수증가현상이 존재하고, 생산량 단위당 생산비가 불변이면 규모에 대한 보수불변현상이 존재하고, 생산량 단위당 생산비가 증가하면 규모에 대한 보수감소현상이 존재한다.

5.14 **범위의 경제**(economies of scope) : 두 가지 이상의 상품에 대해 개별기업이 한 가지 상품만 전문적으로 생산하는 것보다 한 기업이 여러 상품을 동시에 생산하는 것이 생산비 면에서 유리한 경우. 즉, 기업이 생산분야를 넓혀 나갈 때 경제성이 존재하는것.

연/습/문/제

5.01 다음 표는 시험 전에 12시간의 여유를 가진 학생이 각 과목의 공부에 할애하는 시간에 따라 얻을 수 있는 점수를 나타낸 것이다. 이 학생의 목적은 3과목의 총점을 극대화시키는 것이다.

시간	미시경제학	거시경제학	국제경제학
1	40	60	30
2	65	90	46
3	80	100	60
4	90	100	72
5	95	90	82
6	99	75	90
7	100	55	96
8	100	33	100
9	99	8	100
10	95	0	100

a. 각 과목에 대해 한 시간 공부의 한계생산물을 점수로 계산하시오.
b. 이 학생은 각 과목의 공부에 몇 시간씩을 할애할 것인가?

5.02 생산함수가 $Q = 2K + 4L$이고 $r = 2$, $w = 5$일 때의 확장선을 도출하시오.

5.03 생산함수가 $Q = KL$인 기업이 100이라는 자금으로 사업을 하고 있으며, $r = 1$이고 $w = 2$이다.
a. 생산할 수 있는 최고생산량은 얼마이며, 이때의 자본사용량과 노동사용량은 각각 얼마인가?
b. 자금을 모두 지출하면서 800개만 생산하고 있다면 이때의 $MRTS$값은 얼마인가?
c. b에서 $MRTS$와 w/r의 값은 어떤 차이가 있으며 자본과 노동의 사용량을 어떻게 조정하여야 더 많은 양을 생산할 수 있을까?

5.04 평균가변비용이 일정할 때 FC, VC, TC, AFC, AVC, ATC곡선들은 어떤 모양이 되는가?

5.05 총비용함수가 $TC = Q^2 + 1$일 때 TC, VC, FC, AFC, AVC, ATC, MC함수식을 도출하고 이 곡선들을 그래프상에 그려 보시오.

5.06 $FC = 10,000$원이고 단기생산함수는 $Q = L$이다. 그리고 노동의 가격은 1,000원이다. 이때 단기총비용함수는 어떻게 도출되는가?

5.07 어떤 복사가게가 복사기를 대여받아 복사업을 하려고 한다. 그런데 국산 복사기는 1개월 대여료가 34만원이고 1장 복사하는 데 소요되는 비용은 2원이다. 그리고 일제 복사기는 1개월 대여료가 107만원인데 1장 복사하는 데 소요되는 비용은 1원이다. 이 가게가 일제복사기를 대여받아 영업을 하려면 최소한 1개월에 몇 장의 복사 주문을 받아야 하는가?

5.08 한 기업이 A, B 두개의 공장을 가동시키고 있는데, A공장에서는 비용함수가 $C_a = 2Q_a^2 + 90$이고, B공장에서는 비용함수가 $C_b = 6Q_b^2 + 40$이다. 이 기업이 총 32개의 생산량을 가장 싼 비용으로 생산하기 위해서는 각 공장에서 몇 개씩을 생산해야 할까?

5.09 컴퓨터산업의 생산함수는 $Q = \min(K, L)$인데 $r = 18$, $w = 10$인 상황에서 총 170개를 생산해야 한다면 이때의 생산비는 얼마인가?

5.10 어떤 상품의 생산함수가 $Q = \min\left(\frac{K}{3}, \frac{L}{4}\right)$인데, $r = 5$, $w = 2$이다. 생산량이 2,000개일 때 평균생산비는 얼마인가?

5.11 어떤 상품의 생산함수는 $Q = 3K^{0.5}L^{0.5}$이고 $r = 1$, $w = 64$이다. 24개를 생산하기 위한 총비용은 얼마인가?

5.12 어떤 상품의 생산함수는 $Q = 2K + L$이고 $r = 8$, $w = 5$이다. 30개를 생산하기 위한 총생산비는 얼마인가?

5.13 어떤 상품의 생산함수는 $Q = 4K^{0.5}L^{0.5}$인데 단기에 자본이 16개로 고정되어 있다. $r = 5$이고 $w = 7$이면 단기에 160개를 생산하는 생산비는 얼마인가?

5.14 $MC = 6Q$이다. 3개를 생산하는 총가변비용(VC)은 얼마인가?

5.15 $TC = 16Q^2 + 144$이다. 단기평균비용이 극소화되는 생산량은 얼마인가?

5.16 어떤 기업의 생산함수는 $Q = L^{0.5}K$이다. 이 기업은 단기에 자본을 50개 사용하고 있다. $w = 250$, $r = 3$이다. 이 기업의 단기한계비용함수는 무엇인가?

5.17 $TC = 4Q^2 + 100Q + 100$이다. 25개의 상품을 생산한다면 평균가변비용은 얼마인가?

5.18 어떤 상품의 생산함수가 $Q = 0.1K^{\frac{1}{2}}L^{\frac{3}{4}}$이다.

a. 단기에 자본이 100개로 고정되어 있고 $r = 6$, $w = 6$이면 27개를 생산하는 총비용은 얼마인가?

b. $r = 1$, $w = 6$이면, 장기적으로 비용을 최소화시키는 요소사용비율(K/L)은 얼마인가?

5.19 어떤 기업의 생산함수는 $Q = \min(K, L^{\frac{1}{2}})$이고, $r = 2$, $w = 1$이다. 이 기업의 장기한계비용곡선은 무엇인가?

CHAPTER 6

생산자이론의 확장과 응용

1. 동차적 생산함수와 동조적 생산함수
2. 요소 간의 대체와 요소사용비율
3. 콥-더글라스 생산함수와 CES생산함수

학습목표

생산은 노동과 자본 등 여러 가지 생산요소를 결합시켜 상품을 만들어내는 일인데 생산요소가 결합되는 방식과 상품의 생산량 사이에는 여러 가지 특성이 있을 수 있다. 특히 생산요소 간에 대체가 이루어지는 정도는 생산의 매우 중요한 특성이다. 실제 생산에서 이러한 제반특성이 어떻게 나타나는지를 분석하기 위해서는 구체적 생산함수를 측정해야 한다. 제6장에서는 생산량과 생산방식 사이의 관계를 나타내는 생산함수에 대해 공부한다.

제6장을 공부한 후에는 다음 물음에 답할 수 있어야 한다.

1. 생산량을 키워 나가기 위해서는 생산요소도 더 많이 투입해야 하는데, 이때 생산요소의 사용비율은 어떻게 변화시켜야 할까?
2. 생산요소 투입을 모두 2배로 증가시키면 생산량도 2배만큼 증가할까?
3. 노동과 자본의 사용비율을 변화시키는 주요 요인은 무엇일까?
4. 생산요소의 투입량과 생산량 사이의 관계를 구체적인 함수식으로 나타낼 수 있을까?

1. 동차적 생산함수와 동조적 생산함수

동차적 생산함수

생산량이 변할 때 생산요소의 사용량과 사용비율이 어떻게 변하는지를 보여주는 것이 생산기술이다. 생산기술은 생산함수에 의해 표시되는데 **생산함수 $Q = F(K, L)$이 $\lambda^r Q = F(\lambda K, \lambda L)$이라는 성질을 만족시킬 때 이러한 생산함수를 동차적 생산함수(homogeneous production function)라고 한다.** 이 동차생산함수는 요소투입량이 모두 λ배 증가할 때 생산량이 λ^r배 증가하는 것을 의미한다. 그리고 이러한 동차 생산함수를 r차 동차(homogeneous of degreer r) 생산함수라고 한다.

r차 동차함수를 편미분한 함수는 $(r-1)$차 동차함수가 된다. 동차 생산함수 $Q = F(K, L)$은 $\lambda^r Q = F(\lambda K, \lambda L)$이라는 성질을 만족시키기 때문에 이 함수는 다음과 같이 표현될 수 있다.

$$\lambda^r F(K, L) = F(\lambda K, \lambda L) \tag{6.1}$$

식 (6.1)의 양변을 K로 편미분하면

$$\lambda^r F_1(K, L) = \lambda F_1(\lambda K, \lambda L) \tag{6.2}$$

여기서 하첨자 1은 첫 번째 생산요소인 자본으로 편미분했다는 것을 의미한다. 따라서 $F_1(K, L)$은 자본의 한계생산(marginal product)을 의미한다. 식 (6.2)의 양변을 λ로 나누면 다음과 같은 식이 얻어진다.

$$\lambda^{r-1} F_1(K, L) = F_1(\lambda K, \lambda L) \tag{6.3}$$

식 (6.3)은 r차 동차함수 F를 K로 편미분한 F_1이 $(r-1)$차 동차함수가 된다는 것을 의미한다. 즉, **r차 동차함수를 1차 미분한 함수는 $(r-1)$차 동차함

수가 된다. 마찬가지 방법으로 함수 F를 L로 편미분하면 다음 식이 구해진다.

$$\lambda^{r-1}F_2(K, L) = F_2(\lambda K, \lambda L) \tag{6.4}$$

여기서 하첨자 2는 두 번째 생산요소인 노동으로 편미분했다는 것을 의미하기 때문에 $F_2(K, L)$은 노동의 한계생산을 의미하고, 이것도 K와 L의 $(r-1)$차 동차함수가 된다. F_1과 F_2가 모두 $(r-1)$차 동차 함수라는 것은 생산함수 $Q = F(K, L)$이 r차 동차함수이면 자본과 노동의 한계생산인 MP_K와 MP_L이 모두 $(r-1)$차 동차함수가 된다는 것을 의미한다.

자본과 노동의 투입량을 각각 $K = K_0$, $L = L_0$라 해 두고 식 (6.4)를 식 (6.3)으로 나누면 동차 생산함수의 중요한 성질이 도출된다.

$$\frac{F_2(K_0, L_0)}{F_1(K_0, L_0)} = \frac{F_2(\lambda K_0, \lambda L_0)}{F_1(\lambda K_0, \lambda L_0)} = \frac{MP_L}{MP_K} \tag{6.5}$$

$F_1(K_0, L_0)$는 자본과 노동의 투입량이 각각 K_0, L_0일 때 자본의 한계생산(MP_K)을 의미하고, F_2는 이때 노동의 한계생산(MP_L)을 의미한다. 그러므로 이 두 값의 비율은 두 요소 사이의 기술적 한계대체율(marginal rate of technical substitution : $MRTS$)을 나타낸다. 그런데 식 (6.5)는 자본과 노동의 투입량이 각각 K_0, L_0일 때나 λK_0, λL_0일 때나 기술적 한계대체율의 크기에는 하등의 변화가 없다는 것을 의미한다. 즉, 모든 생산요소가 똑같은 비율로 증가하는 한 기술적 한계대체율은 변하지 않는다. 이것이 바로 동차 생산함수가 가지는 가장 중요한 성질이다. 즉, **어떤 생산함수가 동차적 생산기술을 가지면 요소의 사용량이 증가해도 이 요소들의 증가율이 똑같아 요소 사이의 사용비율이 변하지 않으면 이 요소들 간의 기술적 한계대체율은 항상 일정하다.**

이러한 동차 생산함수의 성질은 [그림 6-1]에서 등량곡선으로 더욱 분명하게 설명될 수 있다. 원점을 통과하는 직선 OR은 요소의 사용비율이 K_0/L_0로 일정하다는 것을 의미한다. 자본과 노동의 사용비율은 이 직선의

그림 6-1

동차 생산함수와 등량곡선

동차 생산함수하에서는 확장선이 OR, OR', OR''처럼 원점으로부터의 직선이 된다.

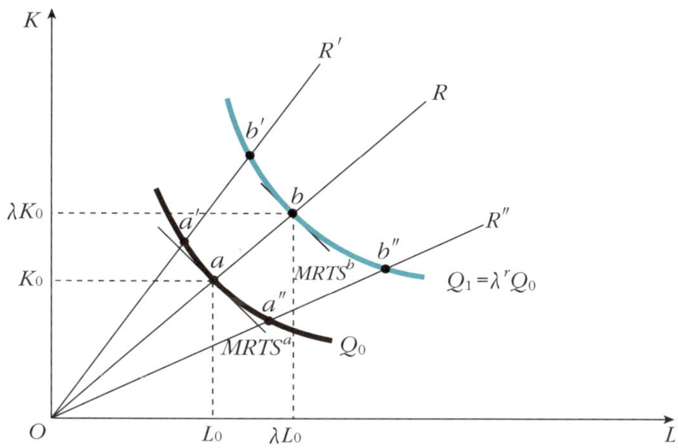

기울기와 동일하다. 즉, 생산점 b에서는 a에서보다 자본과 노동이 모두 λ배 더 많이 투입되었을 뿐이지 사본과 노동의 사용비율은 K_0/L_0에서 불변이다. 이때 생산함수가 r차 동차라고 하면 b점에서의 생산량 Q_1은 a점에서의 생산량 Q_0보다 λ^r배 증가한다. 즉, $Q_1 = \lambda^r Q_0$이다. r차 동차함수에서 생산요소가 모두 λ배 증가했기 때문이다. 그리고 요소사용비율에 변화가 없었기 때문에 a점에서의 기술적 한계대체율과 b점에서의 기술적 한계대체율은 서로 일치한다($MRTS^a = MRTS^b$).

요소 사용비율이 직선 OR'의 기울기와 같을 때도 똑같은 성질이 충족된다. 이때는 자본이 노동보다 상대적으로 더 많이 사용되고 있다. 그러나 자본과 노동의 사용비율은 똑같다. 그러므로 b'점에서는 a'점에 비해 생산량은 λ^r배 증가하지만 기술적 한계대체율은 동일하다. 요소 사용비율이 직선 OR''의 기울기와 같을 때는 노동이 자본보다 상대적으로 더 많이 사용되고 있으며, 이때에도 a''점과 b''점에서는 요소 사용비율은 불변이고 생산량만 λ^r배 증가하고 기술적 한계대체율은 동일하다.

동차적 생산함수하에서 요소 사용비율이 일정한 한 $MRTS$가 변하지 않는다고 하는 것은 확장선이 원점으로부터의 직선으로 그려진다는 것을 의미한다. 만약 [그림 6-1]에서 등비용선의 기울기가 $MRTS^a(=MRTS^b)$와 일치한다면 확장선은 OR이 된다. 즉, 확장선은 원점으로부터의 직선이다.

이러한 동차함수의 성질은 $Q = K^{\alpha} L^{\beta}$라는 구체적 함수에 의해 쉽게 설명될 수도 있다. 이 생산함수는 $(\lambda K)^{\alpha}(\lambda L)^{\beta} = \lambda^{(\alpha+\beta)} K^{\alpha} L^{\beta} = \lambda^{(\alpha+\beta)} Q$가 성립되기 때문에 $(\alpha+\beta)$차 동차함수이다. 이 함수로부터 자본과 노동의 한계생산물을 구하면 다음과 같다.

$$MP_K = \frac{\partial Q}{\partial K} = \alpha K^{\alpha-1} L^{\beta} \tag{6.6a}$$

$$MP_L = \frac{\partial Q}{\partial L} = \beta K^{\alpha} L^{\beta-1} \tag{6.6b}$$

Q가 $(\alpha+\beta)$차 동차함수이기 때문에 식 (6.6a)와 (6.6b)는 모두 $(\alpha+\beta-1)$차 동차함수이다. 그리고 식 (6.6b)를 식 (6.6a)로 나누면 다음과 같은 기술적 한계대체율이 구해진다.

$$MRTS = \frac{MP_L}{MP_K} = \frac{\beta}{\alpha} \cdot \frac{K}{L} \tag{6.7}$$

식 (6.7)은 요소 사용비율(K/L)이 변하지 않는 한 $MRTS$도 변하지 않는다는 것을 의미한다. 즉, $MRTS$는 K와 L의 사용비율이 변할 때만 변한다.

동차 생산함수는 r의 크기에 따라 다음 세 가지로 구분된다.

$r > 1$: 규모에 대한 보수증가 생산함수(increasing returns to scale production function). 규모의 경제 존재, 요소증가보다 생산량이 더 많이 증가

$r = 1$: 규모에 대한 보수불변 생산함수(constant returns to scale production function), 요소증가 비율과 생산량 증가비율이 동일

$0 < r < 1$: 규모에 대한 보수감소 생산함수(decreasing returns to scale production function). 규모의 비경제 존재, 요소증가보다 생산량이 덜 증가

$r=1$인 1차 동차(homogeneous of degree 1) 생산함수는 규모에 대한 보수불변인 생산함수이기 때문에 이 생산함수에는 규모의 경제도 규모의 비경제도 존재하지 않는다. 이러한 생산함수를 선형동차생산함수(linearly homogeneous production function)라고도 한다. 만약 $r=0$이면 이러한 생산함수는 영차동차 생산함수가 되는데 이것은 모든 요소투입량을 똑같은 비율로 아무리 증가시켜도 생산량에는 아무런 변화가 없다는 것을 의미한다.

동조적 생산함수

동조적 생산기술(homothetic production technology)은 동차적 생산기술보다 더 일반화된 동차적 특성을 갖는 생산기술이다. 동차적 생산함수(homogeneous production function)는 생산규모에 상관없이 항상 일정한 동차성이 충족되지만 동조적 생산함수(homothetic production function)는 생산규모에 따라 그 동차성이 변할 수 있다. 즉, r차 동차함수는 어떤 생산규모에서나 r차 동차성만 충족되지만 동조적 생산함수는 이 동차성이 생산규모와 함께 변할 수 있는 생산함수이다. 즉, $r=f(Q)$가 된다고 볼 수 있다.

생산함수 $Q=F(K,L)$이 동차적 생산함수일 때, 이 함수의 단조적 변환(monotonic transformation)인 $Q^*=H(Q)=H\{F(K,L)\}$은 동조적 생산함수가 된다. 단조적 변환이란 $H'>0$이 충족된다는 것을 의미한다. 이것은 Q와 Q^*가 같은 방향으로 변한다는 것을 의미한다. Q가 증가하면 Q^*도 증가하고 Q가 감소하면 Q^*도 감소한다.

동차적 생산함수는 동조적 생산함수의 부분집합이다. 동조적 생산함수 중에서 동차성이 생산규모와 상관없이 고정되어 있는 생산함수가 동차적 생산함수이기 때문이다. 그러므로 **동차적 생산함수는 동조적 생산함수에 포함되지만 그 역은 성립되지 않는다.**

$Q=F(K,L)$이 동차적 생산함수이고 $Q^*=H(Q)$가 동조적 생산함수일 때 동조적 생산함수 $Q^*=H\{F(K,L)\}$을 K와 L로 편미분한 값은 다음과 같다.

$$H_1=H'F_1(K,L) \tag{6.8a}$$

$$H_2 = H'F_2(K, L) \tag{6.8b}$$

여기서 하첨자 1은 K로 편미분한 것을, 하첨자 2는 L로 편미분한 것을 의미하며, $H' = \frac{dQ^*}{dQ}$이다. 그리고 $H_1 = \partial H/\partial K = MP_K$이고 $H_2 = \partial H/\partial L = MP_L$이다. 그러므로 식 (6.8b)를 식 (6.8a)로 나누면 다음 식이 도출된다.

$$\frac{H_2}{H_1} = \frac{F_2}{F_1} = \frac{MP_L}{MP_K} = MRTS \tag{6.9}$$

식 (6.9)에서 F가 동차 생산함수이기 때문에 식 (6.5)에서 이미 논의한 것처럼 생산요소의 사용비율이 변하지 않는 한 $MRTS$는 일정하다. 그런데 $\frac{H_2}{H_1} = \frac{F_2}{F_1}$이기 때문에 동조적 생산함수 H에 있어서도 생산요소의 사용비율이 변하지 않는 한 $MRTS$는 일정하다. 즉, **어떤 생산함수가 동조적 생산기술을 가질 때도 요소들 사이의 사용비율이 변하지 않는 한 요소들 간의 기술적 한계대체율에도 하등의 변화가 없다.**

이러한 동조적 생산기술의 성질은 [그림 6-2]에서와 같이 설명할 수 있는데, 이 성질은 [그림 6-1]에서 설명된 동차적 생산기술의 성질과 잘 비교 될 수 있다. [그림 6-2]에서도 생산요소의 사용비율이 직선 OR을 따라서 K_0/L_0로 일정하게 유지되면, 생산점 a, b에서의 기술적 한계대체율은 모두 똑같다($MRTS^a = MRTS^b$). 그런데 [그림 6-1]에서는 생산함수가 r차 동차함수이기 때문에 생산요소의 사용량이 λ배 증가할 때 생산량이 λ^r배 증가하였지만 [그림 6-2]에서는 이러한 성질이 성립되지 않는다. $Q = F(K, L)$은 r차동차함수이고 $Q^* = H\{F(K, L)\}$이기 때문에 $Q_0^* = H(Q_0) = H\{F(K_0, L_0)\}$이고 $Q_1^* = H\{F(\lambda K_0, \lambda L_0)\} = H(\lambda^r Q_0)$이지만 여기서 $Q_1^* = \lambda^r Q_0^*$이 성립될 보장이 없기 때문이다. 그것은 전적으로 H함수의 특성에 달려 있다.

예를 들어 어떤 생산함수가 $Q^* = KL + K^2L^2$이라고 하면, 이 생산함수는 동차적 생산함수는 아니지만 동조적 생산함수는 된다. 왜냐하면 $Q = KL$이 2차동차함수인데 Q^*는 Q의 단조적 변환(monotonic transformation)이기 때문이다. 즉, $Q = KL$이고 $Q^* = H(Q) = Q + Q^2$이며 양(+)의 생산량에 대해 항상 $H' = 1 + 2Q > 0$이다. 따라서 Q^*는 동조적 생산함수이다.

그림 6-2

동조적 생산함수와 등량곡선

동조적 생산함수는 동차적 생산함수의 함수인데 확장선이 *OR* 처럼 원점으로부터의 직선이다.

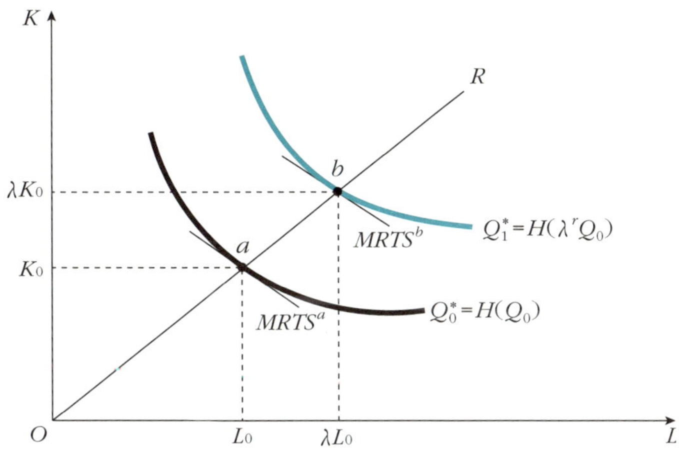

$Q^* = KL + K^2L^2$ 로부터 자본과 노동의 한계생산물을 구하면 다음과 같다.

$$MP_K = H_1 = L + 2KL^2 = L(1 + 2KL) \tag{6.10a}$$

$$MP_L = H_2 = K + 2K^2L = K(1 + 2KL) \tag{6.10b}$$

여기서 H_1은 H를 K로 편미분한 것으로 자본의 한계생산을 의미하며, H_2는 H를 L로 편미분한 것으로 노동의 한계생산을 의미한다. 식 (6.10b)를 식 (6.10a)로 나누면 $MRTS$가 도출된다.

$$\frac{H_2}{H_1} = \frac{K}{L} = \frac{MP_L}{MP_K} = MRTS \tag{6.11}$$

식 (6.11)은 [그림 6-2]에서 보여주는 것처럼 동조적 생산기술하에서는 생산규모가 변해도 요소 사용비율(K/L)이 변하지 않는 한 기술적 한계대체율($MRTS$)은 변하지 않는다는 것을 나타낸다. 이러한 성질은 동차적 생산기술하에서나 동조적 생산기술하에서나 마찬가지이다. 그러나 $Q_1^* \neq \lambda^r Q_0^*$이다. Q는 2차 동차함수이지만 $Q_0^* = K_0L_0 + K_0^2L_0^2$이고 $Q_1^* = (\lambda K_0)(\lambda L_0) + (\lambda K_0)^2(\lambda L_0)^2 \neq \lambda^2 Q_0^*$이기 때문이다.

사례검토 6.1

동차 생산함수이면?

전자산업의 생산함수가 $Q = 10K^{\frac{1}{2}}L^{\frac{1}{2}}$이라면 이 산업은 일차동차생산기술$\left(\frac{1}{2} + \frac{1}{2} = 1\right)$을 가지면서 규모에 대한 보수불변인 생산함수를 가진다. 동차적이기 때문에 동조적 생산기술도 성립된다.

이 생산함수하에서 자본과 노동의 투입이 증가할 때 생산량이 어떻게 변하는지가 [표 6-1]에 정리되어 있다. 자본(K)과 노동(L)이 증가하는 비율과 똑같은 비율로 생산량이 증가한다(1차 동차 및 규모에 대한 보수불변). 자본과 노동이 각각 1에서 3으로 3배 증가하니 생산량도 10에서 30으로 3배 증가하였다. 그리고 생산량이 30 ($Q = 30$)일 때의 등량곡선은 $30 = 10K^{\frac{1}{2}}L^{\frac{1}{2}}$ ($K = 9/L$)로부터 도출될 수 있고, 생산량이 50 ($Q = 50$)일 때의 등량곡선은 $50 = 10K^{\frac{1}{2}}L^{\frac{1}{2}}$ ($K = 25/L$)로부터 도출될 수 있다. [그림 6-3]에는 $Q = 30$인 등량곡선과 $Q = 50$인 두 개의 등량곡선이 그려져 있다.

만약 노동가격(w)과 자본가격(r)이 똑같다면 등비용선의 기울기는 $\frac{w}{r} = 1$이 된다. 그러므로 균형생산점은 $MRTS = \frac{w}{r} = 1$이 충족되는 점이어야 하는데 [그림 6-3]에서 $Q = 30$일 때 이 조건이 충족되

표 6-1 생산함수가 $Q = 10K^{\frac{1}{2}}L^{\frac{1}{2}}$일 때의 요소투입량과 생산량

K	L	$10K^{\frac{1}{2}}L^{\frac{1}{2}}$	Q
0	0	$10\sqrt{0}\cdot\sqrt{0}$	0
1	1	$10\sqrt{1}\cdot\sqrt{1}$	10
2	2	$10\sqrt{2}\cdot\sqrt{2}$	20
3	3	$10\sqrt{3}\cdot\sqrt{3}$	30
4	4	$10\sqrt{4}\cdot\sqrt{4}$	40
5	5	$10\sqrt{5}\cdot\sqrt{5}$	50

그림 6-3

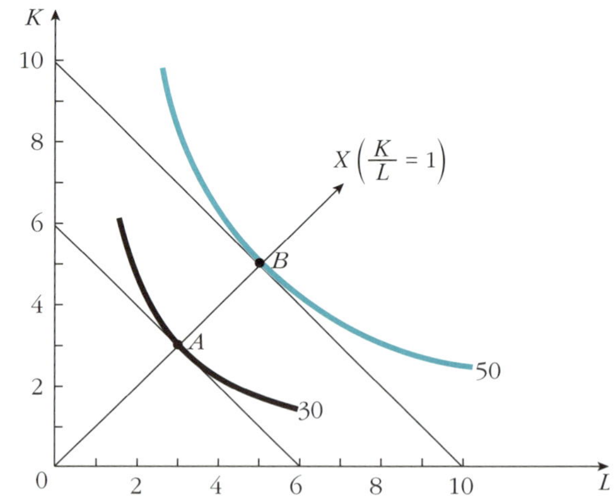

등량곡선과 확장선

생산량을 30에서 50으로 확장할 때 균형점은 A에서 B로 이동하기 때문에 직선 $OABX$가 확장선인데 이 선은 원점으로부터의 직선이다.

는 점은 A점이고, $Q=50$일 때 이 조건이 충족되는 점은 B점이다. 그러므로 $\frac{w}{r}=1$일 때의 확장선은 A, B점을 연결한 직선 $OABX$이다. 확장선은 원점으로부터의 직선으로 그려진다.

오일러 정리와 분배

생산함수 $Q=F(K,L)$이 t차 동차함수일 때 $K \cdot F_1 + L \cdot F_2 = t \cdot Q$라는 등식이 성립되는 것을 오일러 정리(Euler's theorem)라고 한다. 이때 F_1과 F_2는 $F(K, L)$을 각각 K와 L로 편미분한 값을 의미한다. 이러한 오일러 정리는 분배에 대한 한계생산력이론의 발전에 중요한 역할을 했다.

오일러 정리는 쉽게 증명될 수 있다. $Q=F(K, L)$을 t차 동차함수라고 하면 다음 식이 성립된다.

$$F(\lambda K, \lambda L) = \lambda^t F(K, L) \tag{6.12}$$

식 (6.12)를 λ로 편미분하면 다음 식이 구해진다.

$$K \cdot F_1(\lambda K, \lambda L) + L \cdot F_2(\lambda K, \lambda L) = t\lambda^{t-1} F(K, L) \tag{6.13}$$

식 (6.13)에서 $\lambda = 1$이면

$$K \cdot F_1(K, L) + L \cdot F_2(K, L) = t \cdot F(K, L) = t \cdot Q \tag{6.14}$$

즉, t차 동차생산함수 $Q=F(K,L)$에 대해 식 (6.14)가 성립하는 것을 오일러 정리라고 한다.

식 (6.14)로 표현된 오일러 정리에서는 여러 가지 경제학적인 의미를 찾을 수 있다. 식 (6.14)의 양변을 Q로 나누면 다음 식이 도출된다.

$$F_1 \cdot \frac{K}{Q} + F_2 \cdot \frac{L}{Q} = t \tag{6.15}$$

자본과 노동의 생산량 탄력성(output elasticity of capital and labor)을

각각 e_1과 e_2라고 하면 이들은 다음과 같이 정의된다.

$$e_1 = \frac{\partial Q}{\partial K} \cdot \frac{K}{Q} = F_1 \cdot \frac{K}{Q} \tag{6.16a}$$

$$e_2 = \frac{\partial Q}{\partial L} \cdot \frac{L}{Q} = F_2 \cdot \frac{L}{Q} \tag{6.16b}$$

식 (6.16a)와 식 (6.16b)를 식 (6.15)에 대입하면

$$e_1 + e_2 = t \tag{6.17}$$

식 (6.17)은 동차 생산함수에 있어서는 **생산요소의 생산량 탄력성 값들을 합계하면 이 값은 동차성의 크기와 일치한다는 것을 의미한다.** 1차 동차생산함수에서는 $e_1 + e_2 = 1$이다.

생산함수가 1차 동차성을 갖는다면 식 (6.14)는 다음과 같이 표현될 수 있다.

$$K \cdot F_1 + L \cdot F_2 = Q \tag{6.18}$$

식 (6.18)은 자본의 한계생산에 자본량을 곱한 값($K \cdot MP_K$)과 노동의 한계생산에 노동량을 곱한 값($L \cdot MP_L$)을 합계하면 이 값은 총생산량(Q)과 일치 한다는 것을 보여준다.

이것은 **모든 생산요소가 자기의 물리적 한계생산물(marginal physical product)만큼 보수를 받는다면 생산요소의 총보수는 총생산량과 완전하게 일치한다는 것을 의미한다.** 자본 각 단위가 자기의 한계생산인 MP_K만큼의 보수를 받고, 노동 각 단위가 자기의 한계생산인 MP_L만큼의 보수를 받는다면 자본보수의 총액은 $K \cdot MP_K$이고 노동보수의 총액은 $L \cdot MP_L$이다. 이 두 값을 합계한 값은 Q가 된다는 의미이다. 만약 동차성이 1보다 크다면 생산요소의 총보수는 총생산량을 초과할 것이다. 반대로 동차성이 1보다 작다면 생산요소의 총보수는 총생산량보다 작을 것이다.

식 (6.18)의 양변을 P로 곱하면 다음 식이 도출된다.

$$P \cdot F_1 \cdot K + P \cdot F_2 \cdot L = P \cdot Q \tag{6.19}$$

F_1과 F_2는 각각 자본과 노동의 한계생산이기 때문에 여기에 생산물가격 P를 곱한 $P \cdot F_1$과 $P \cdot F_2$는 각각 자본과 노동의 한계생산물가치(value of marginal physical product)가 되는데 자본의 한계생산 MP_K를 시장에서 가격 P로 판매한 가치가 바로 $P \cdot MP_K$이고, 노동의 한계생산 MP_L을 시장에서 가격 P로 판매한 가치가 바로 $P \cdot MP_L$이기 때문이다. 이윤이 극대화되도록 생산요소를 사용하면 생산요소 가격과 생산요소의 한계생산물 가치가 서로 일치한다. 즉,

$$r = P \cdot F_1 \tag{6.20a}$$

$$w = P \cdot F_2 \tag{6.20b}$$

여기서 r은 자본가격이고 w는 노동가격이다. 식 (6.20a)와 (6.20b)를 식 (6.19)에 대입하면

$$r \cdot K + w \cdot L = P \cdot Q \tag{6.21}$$

식 (6.21)은 **총생산물의 시장가치($P \cdot Q$)는 각 요소에 대한 보수총액을 모두 합한 값과 똑같다는 것을 의미한다.** 즉, 총생산물 Q를 시장가격 P로 판매한 총가치인 $P \cdot Q$는 자본가격 r로 자본사용량 K에 지불한 보수 $r \cdot K$와 노동가격 w로 노동사용량 L에 지불한 보수 $w \cdot L$을 합한 값과 일치한다.

한계생산력이론은 (a) 모든 요소가 한계생산물의 시장가치만큼 보수를 받으면, (b) 총생산액 과부족없이 모두 생산요소의 보수로 지불된다는 것이다. 이 이론은 1차 동차적 생산함수에 대해서만 성립되는 것이지, 모든 생산함수에 대해 성립하는 것은 아니다.

2. 요소 간의 대체와 요소사용비율

대체탄력성

동일 등량곡선을 따라 생산점이 이동하는 것을 요소 간의 대체라고 한다. [그림 6-4]에서 생산량이 a로부터 b로 이동하면 생산량은 Q_0 수준에서 변하지 않고 생산요소의 사용비율만 변한다. 즉, 노동을 자본으로 대체하고 있다.

이와 같이 **한 생산요소가 다른 생산요소로 대체될 때, 생산기술상 그 대체가 얼마나 민감하게 일어날 수 있는지를 나타내는 것이 대체탄력성(elasticity of substitution)이다.** 대체탄력성은 σ로 표시되며 다음과 같이 정의된다.

$$\sigma = \frac{\frac{\Delta(K/L)}{K/L}}{\frac{\Delta MRTS}{MRTS}} = \frac{\Delta(K/L)}{\Delta MRTS} \cdot \frac{MRTS}{K/L} \tag{6.22}$$

이 공식에서 $MRTS$는 기술적 한계대체율로 등량곡선의 기울기를 의미하고 K/L은 요소 사용비율을 의미한다. 그러므로 대체탄력성(σ)은 기술적 한계대체율의 변화율에 대한 요소사용비율의 변화율이 갖는 비율이다.

그림 6-4

등량곡선과 대체탄력성

생산점이 a에서 b로 이동할 때는 노동을 자본으로 대체하는데 대체탄력성 값은 약 0.61이다.

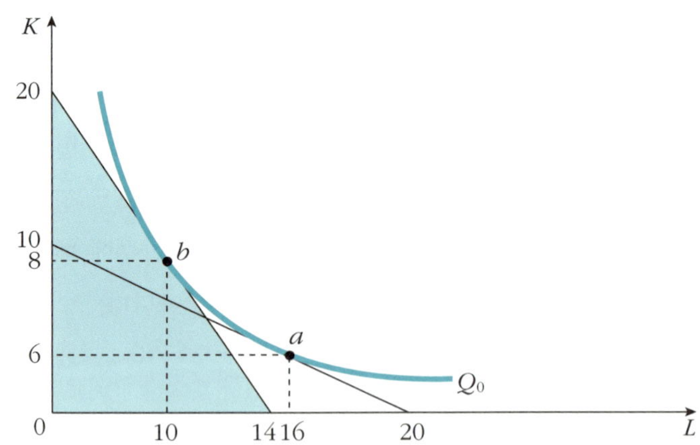

[그림 6-4]에서는 생산점이 a점으로부터 b점으로 변할 때의 대체탄력성을 구할 수 있다. a점에서는 $MRTS = \frac{10}{20}$이고 $K/L = \frac{6}{16}$이다. 그리고 b점에서는 $MRTS = 20/14$이고 $K/L = 8/10$이다. 따라서 a점으로부터 b점으로 변할 때 $\Delta MRTS = 20/14 - 10/20 = 13/14$이고 $\Delta(K/L) = 8/10 - 6/16 = 17/40$이다.

그러므로 $\sigma = \dfrac{\frac{17/40}{6/16}}{\frac{13/14}{10/20}} \fallingdotseq 0.61$=이다. 즉, [그림 6-4]와 같은 등량곡선이 보여주는 생산기술에서 생산점이 a점으로부터 b점으로 이동할 때의 대체탄력성은 0.61이다. 그런데 균형생산점에서는 항상 $w/r = MRTS$이기 때문에 식 (6.22)는 다음과 같이 변환될 수도 있다.

$$\sigma = \frac{\frac{\Delta(K/L)}{K/L}}{\frac{\Delta(w/r)}{w/r}} = \frac{\Delta(K/L)}{\Delta(w/r)} \cdot \frac{w/r}{K/L} \tag{6.23}$$

여기서 w는 노동의 가격이고 r는 자본의 가격이다. 식 (6.23)의 **대체탄력성 공식은 요소 간의 가격비율이 변할 때 요소 간의 사용비율이 얼마나 민감하게 변하는지를 보여주고 있다.** 이 대체율이 클수록 상대가격이 변할 때 요소 간의 사용비율이 매우 민감하게 변한다. 예컨대 대체탄력성이 매우 클 때 임

그림 6-5

대체탄력성=0일 때의 등량곡선

생산요소가 서로 완전보완관계에 있을 때는 대체탄력성 값이 0이다.

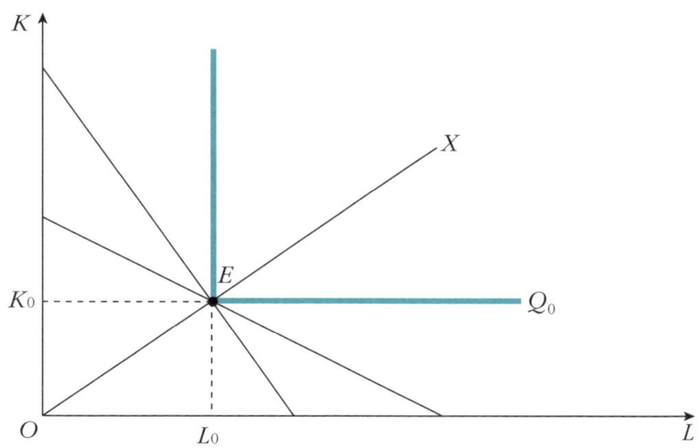

그림 6-6

대체탄력성=∞일 때의 등량곡선

생산요소가 서로 완전대체관계에 있을 때는 대체탄력성 값이 ∞이다.

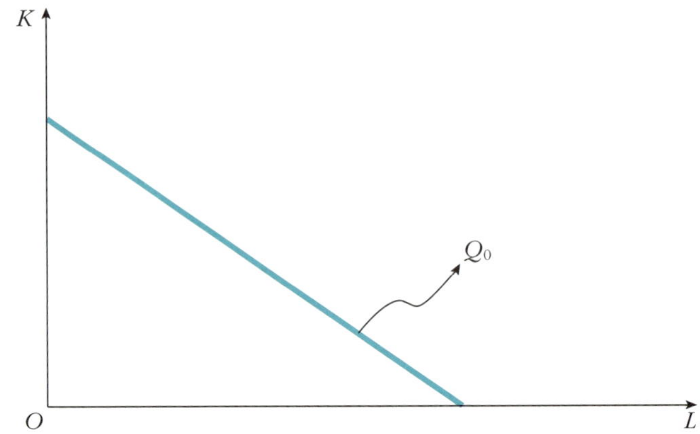

금이 상승하면 생산자들은 노동을 자본으로 매우 많이 대체해 나갈 것이다. 이때는 임금상승과 함께 실업이 하나의 경제문제로 대두할 가능성이 있다.

생산기술이 [그림 6-5]와 같은 등량곡선으로 표현될 때는 자본과 노동 간의 대체가 전혀 불가능하며 두 요소는 완전 보완관계에 있다. 생산량 Q_0를 생산하기 위해서는 요소가격의 비율(w/r)이 어떻게 되든 상관없이 항상 E점에서만 생산이 이루어진다. 즉, 생산요소의 사용비율은 요소 가격비율이 어떻게 되든 상관없이 항상 직선 OX의 기울기와 일치하고 있다. 그러므로 이때는 항상 $\Delta\left(\frac{K}{L}\right)=0$이기 때문에 대체탄력성 값이 0이다($\sigma=0$).

생산기술이 [그림 6-6]과 같은 등량곡선으로 표현될 때는 자본과 노동 간의 대체가 완벽하며 두 요소는 완전 대체관계에 있다. 즉, 자본과 노동 간에는 항상 일정한 비율로 대체가 이루어질 수 있다. 이때는 등량곡선의 기울기가 일정하기 때문에 $MRTS$가 항상 고정되어 있다. 그러므로 이때의 대체탄력성 값은 ∞이다.

이와 같이 대체탄력성 값은 0과 ∞ 사이의 값을 갖는다($0 \leq \sigma < \infty$). 이 대체탄력성 값이 클수록 요소 간의 대체는 매우 탄력적으로 이루어진다.

기술진보와 요소 사용비율의 변화

생산과정에서의 기술진보란 주어진 생산요소로 더 많은 생산량을 생산해낼 수 있는 변화를 의미한다. 이러한 기술진보는 주어진 생산량이 더 적은 생산요소로

생산될 수 있다는 것을 의미하기도 한다.

기술진보가 이루어지면 요소사용량을 줄일 수 있기 때문에 요소사용비율(K/L)이 변할 수 있다. 그런데 기술진보가 이루어져도 요소사용비율이 일정하게 유지되면 이러한 기술진보를 중립적 기술진보라고 한다. [그림 6-7]에서 기술진보가 일어나기 전에 t기에는 생산량 $\bar{Q}$가 등량곡선 Q_t를 따라 생산 가능하고, 기술진보가 일어난 후의 $t+1$기에는 생산량 $\bar{Q}$가 등량곡선 Q_{t+1}을 따라 생산 가능하다. 기술진보로 인해 똑같은 생산량을 더 적은 생산요소의 투입으로 생산할 수 있게 되었다. 그런데 **기술진보가 이루어질 때 자본과 노동의 사용비율이 [그림 6-7]에서처럼 직선 OX를 따라 일정하게 유지되면서 생산점이 a에서 b로 이동하면 이러한 기술진보를 힉스중립적 기술진보(Hicks neutral technical change)라고 한다.**

힉스중립적 기술진보에서는 요소사용비율이 일정한 한 $MRTS$에도 하등의 변화가 없다. 이러한 기술진보는 자본의 생산성과 노동의 생산성을 똑같이 향상시켜 주었기 때문에 요소사용비율이 변하지 않는 한 두 요소의 한계생산비율인 기술적 한계대체율$\left(MRTS = \frac{MP_L}{MP_K}\right)$에 하등의 변화가 없다. 즉, a점에서의 접선의 기울기인 $MRTS^a$와 b점에서의 접선의 기울기인 $MRTS^b$는 서로 일치한다($MRTS^a = MRTS^b$). 그러므로 **기술진보가 힉스중립적이라면 요소가격에 변화가 없는 한 기술진보가 이루어져도 요소사용비율에는 하등의 변**

그림 6-7

힉스중립적 기술진보

기술진보 후에도 요소사용비율에 변화가 없이 생산점이 a에서 b로 이동한다.

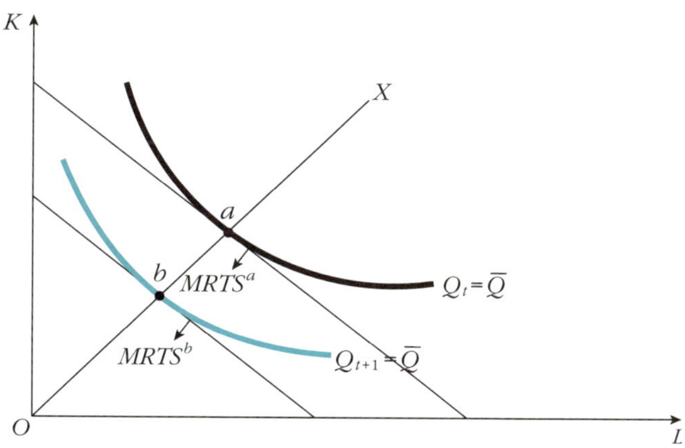

그림 6-8

자본사용적 또는 노동절약적 기술진보

기술진보 후에는 자본을 노동보다 상대적으로 더 많이 사용하여 생산점이 a에서 b로 이동한다.

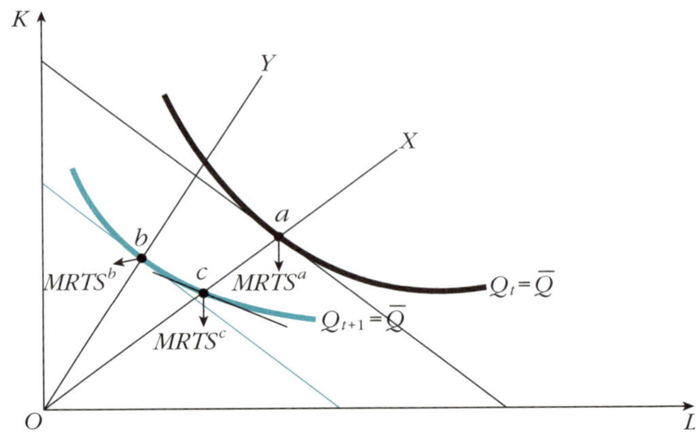

화가 없다.

기술진보가 힉스중립적이 아닌 경우를 편의된 기술진보(biased technical change)라고 한다. 편의된 기술진보는 두 가지로 나누어진다. 하나는 자본사용적 또는 노동절약적 기술진보(capital using or labor saving technical change)이고, 다른 하나는 자본절약적 또는 노동사용적 기술진보(capital saving or labor using technical change)이다.

노동절약적 기술진보하에서는 [그림 6-8]에서처럼 기술진보로 인해 Q를 생산하는 등량곡선이 Q_t에서 Q_{t+1}로 이동했으며 요소가격비율이 변하지 않는 한 기술진보와 함께 생산점은 a에서 b로 이동할 것이다. 기술진보와 더불어 자본을 상대적으로 더 사용하고 노동을 덜 사용하게 된다. 즉, 기술진보와 더불어 자본과 노동의 사용비율(K/L)이 OX로부터 OY로 증가하였다.

이러한 기술진보하에서는 요소사용비율이 일정한 한 자본의 한계생산(MP_K)이 노동의 한계생산(MP_L)보다 더 많이 증가하기 때문에 c점에서의 $MRTS$는 a점에서의 $MRTS$보다 작을 것이다($MRTS^a > MRTS^c$). 그러므로 이때는 기술진보와 함께 자본사용이 노동사용보다 상대적으로 더 커지게 되어 생산점이 a에서 b로 이동한다.

자본절약적 기술진보하에서는 [그림 6-9]에서처럼 기술진보로 인해 $\overline{Q}$를 생산하는 등량곡선이 Q_t에서 Q_{t+1}로 이동했으며, 이때에는 요소가격비율이

그림 6-9

자본절약적 또는 노동사용적기술진보

기술진보 후에는 노동을 자본보다 상대적으로 더 많이 사용하여 생산점이 a에서 b로 이동한다.

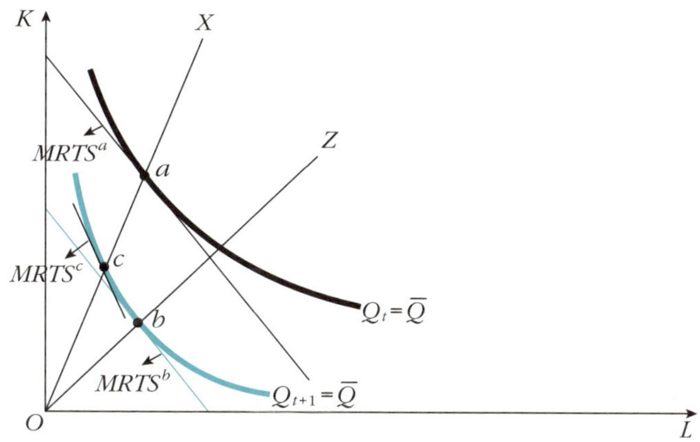

변하지 않는 한 기술진보와 함께 생산점은 a에서 b로 이동할 것이다. 기술진보와 더불어 자본을 상대적으로 덜 사용하고 노동을 상대적으로 더 사용하게 된다. 즉, 기술진보와 더불어 자본과 노동의 사용비율(K/L)이 OX로부터 OZ로 감소하였다.

이러한 기술진보하에서는 요소사용비율이 일정한 한 노동의 한계생산이 자본의 한계생산보다 더 많이 증가하기 때문에 c점에서의 $MRTS$는 a점에서의 $MRTS$보다 클 것이다($MRTS^a < MRTS^c$). 그러므로 이때는 기술진보와 함께 노동사용이 자본사용보다 상대적으로 더 커지게 되어 생산점이 a에서 b로 이동한다.

3. 콥-더글라스 생산함수와 *CES*생산함수

콥-더글라스 생산함수

생산함수는 생산요소의 투입량과 이로부터 얻을 수 있는 산출량 사이의 관계를 함수형태로 표시해 주는 것을 말하는데, 이것이 구체적으로 어떤 형태를 갖느냐에 따라 생산기술의 특성이 정해진다. 생산이론의 설명에 가장 유용하게 사용되면서 가장 잘 알려진 생산함수는 콥-더글라스(Cobb-Douglas)생산함수로서, 다음과 같은 형태를 갖는다.

$$Q = AK^{\alpha} L^{\beta} \tag{6.24}$$
$$(A, \alpha, \beta > 0)$$

여기서 K와 L은 각각 자본과 노동의 투입량이며, Q는 이로부터 얻을 수 있는 최대 산출량이다. 그러므로 K, L, Q는 모두 변수이다. K와 L은 독립변수이고 Q는 종속변수이다. 그러나 A, α, β는 모두 상수로서 이 생산함수의 특성을 나타내 주는 상수이다.

콥-더글라스 생산함수는 다음과 같은 성질을 가지고 있다.

첫째, 콥-더글라스 생산함수는 동차 생산함수이다.

식 (6.24)의 콥-더글라스 생산함수에서 자본(K)과 노동(L)을 모두 λ배 하면 아래와 같이 생산량이 $\lambda^{(\alpha+\beta)}$배로 증가한다.

$$A(\lambda K)^{\alpha}(\lambda L)^{\beta} = AK^{\alpha} L^{\beta} \lambda^{(\alpha+\beta)} = \lambda^{(\alpha+\beta)} Q \tag{6.25}$$

이것은 이 생산함수가 $(\alpha+\beta)$차 동차함수라는 것을 나타낸다. 이와 같이 생산함수는 $(\alpha+\beta)$차 동차함수이기 때문에 $(\alpha+\beta)$의 크기에 따라 규모에 대한 보수의 성질을 다음 세 가지로 구분할 수 있다.

$\alpha+\beta > 1$: 규모에 대한 보수증가
$\alpha+\beta = 1$: 규모에 대한 보수불변
$\alpha+\beta < 1$: 규모에 대한 보수감소

일반적으로는 $\alpha+\beta = 1$인 생산함수만을 콥-더글라스 생산함수라고 한다.

둘째, 콥-더글라스 생산함수는 대체탄력성 값이 1이다($(\sigma = 1)$).[1]

---

1) 생산규모나 요소사용비율에 상관없이 대체탄력성 값은 항상 1이다. 식 (6.24)로부터 다음과 같이 MP_K와 MP_L을 도출할 수 있다.

셋째, α와 β는 각각 자본과 노동의 분배비율이다. 자본의 가격을 r, 노동의 가격을 w라고 하면 자본과 노동의 분배분은 각각 $r \cdot K$와 $w \cdot L$이다. 그리고 각 요소는 각각 한계생산만큼 보수를 받기 때문에 $r = \rho \cdot MP_K$이고 $w = \rho \cdot MP_L$이다. 따라서 두 요소 사이의 분배비율은 다음과 같이 도출된다.[2)]

$$\frac{w \cdot L}{r \cdot K} = \frac{MP_L \cdot L}{MP_K \cdot K} = \frac{\beta AK^{\alpha} L^{\beta-1} \cdot L}{\alpha AK^{\alpha-1} L^{\beta} \cdot K} = \frac{\beta}{\alpha}$$

즉, 자본과 노동의 분배비율은 $\alpha : \beta$이다. 그런데 규모에 대한 보수불변 하에서는 $\alpha + \beta = 1$이기 때문에 **α는 자본의 분배몫이 되고 $(1-\alpha)$는 노동의 분배몫이 된다.**

CES생산함수

콥-더글라스 생산함수는 요소 간의 대체탄력성이 $1(\sigma = 1)$인 생산업종에만 적용되는 생산함수로 너무 제약이 강한 생산함수이다. 그러므로 이 제약을 조금 완화시키기 위해 개발된 생산함수가 CES생산함수이다. CES생산함수는 대체탄력성이 1은 아니지만 생산규모에 상관없이 항상 어떤 일정한 값으로 고정되어 있다는 의미의 고정된 대체탄력성(constant elasticity of substitution : CES) 생산함수를 말하는 것으로서 다음과 같은 형태를 갖는다.

$$MP_K = \frac{\partial Q}{\partial K} = \alpha AK^{\alpha-1} L^{\beta} \quad (1a)$$

$$MP_L = \frac{\partial Q}{\partial L} = \beta AK^{\alpha} L^{\beta-1} \quad (1b)$$

식 (1b)를 식 (1a)로 나누면, 다음과 같이 $MRTS$가 구해진다.

$$MRTS = \frac{MP_L}{MP_K} = \frac{\beta}{\alpha} \cdot \frac{K^{\alpha} L^{\beta-1}}{K^{\alpha-1} L^{\beta}} = \frac{\beta}{\alpha} \cdot \frac{K}{L} \quad (2)$$

그리고 식 (2)로부터는 다음 값을 구할 수 있다.

$$\frac{d(K/L)}{d(MRTS)} = \frac{\alpha}{\beta} \quad (3a)$$

$$\frac{MRTS}{K/L} = \frac{\beta}{\alpha} \quad (3b)$$

대체탄력성의 공식에 식 (3a)와 식 (3b)를 대입하면,

$$\sigma = \frac{d(K/L)}{d(MRTS)} \cdot \frac{MRTS}{K/L} = \frac{\alpha}{\beta} \cdot \frac{\beta}{\alpha} = 1$$

이다.

2) 주1)에서 $MP_K = \alpha AK^{\alpha-1} L^{\beta}$이고 $MP_L = \beta AK^{\alpha} L^{\beta-1}$이 도출되었기 때문에 이를 대입하면 된다.

$$Q = A[\alpha K^{-\rho} + (1-\alpha)L^{-\rho}]^{-1/\rho} \tag{6.26}$$
$$(-1 < \rho < \infty,\ \rho \neq 0,\ 0 < \alpha < 1,\ A > 0)$$

CES 생산함수에서도 K와 L은 독립변수로 자본과 노동의 투입량을 나타내고, Q는 이 요소들의 투입량에 의해 결정되는 종속변수로 산출량을 나타낸다. A, α, ρ는 생산기술의 특성에 따라 정해지는 상수로서 다음과 같은 의미를 갖는다.

A : 효율성 상수(생산요소들의 효율성을 나타낸다)
ρ : 대체성 상수(생산요소 간의 대체성을 나타낸다)
α : 분배 상수(생산요소들이 받는 보수의 분배비율을 나타낸다)

만약 A가 크면 주어진 생산요소의 투입량으로서 더 많은 산출량을 얻을 수 있기 때문에 A값이 클수록 더 효율적인 생산이 이루어지고 있는 것이다. ρ와 α에 대해서는 CES생산함수의 성질을 설명하면서 각 해당 사항에서 상세하게 설명하기로 한다.

첫째, CES생산함수는 1차동차 생산함수이다. 식 (6.26)에서 생산요소 투입량을 모두 λ배 증가시키면 생산량도 다음과 같이 λ배 증가하기 때문에 1차동차성은 쉽게 증명된다.

$$A[\alpha(\lambda K)^{-\rho} + (1-\alpha)(\lambda L)^{-\rho}]^{-1/\rho} = A[\alpha K^{-\rho} + (1-\alpha)L^{-\rho}]^{-1/\rho} \cdot \lambda = \lambda Q$$

둘째, 대체탄력성 값은 $1/(1+\rho)$이다[$\sigma = 1/(1+\rho)$].[3] ρ값이 주어지면

---

3) $Q = A[\alpha K^{-\rho} + (1-\alpha)L^{-\rho}]^{-1/\rho}$

$$MP_K = \frac{\partial Q}{\partial K} = -\frac{1}{\rho}A[\alpha K^{-\rho} + (1-\alpha)L^{-\rho}]^{(\frac{-1}{\rho}-1)}\alpha(-\rho)K^{-\rho-1}$$
$$= \alpha A[\alpha K^{-\rho} + (1-\alpha)L^{-\rho}]^{(\frac{-1}{\rho}-1)} \cdot K^{-\rho-1}$$
$$= \alpha A[\alpha K^{-\rho} + (1-\alpha)L^{-\rho}]^{\frac{-(1+\rho)}{\rho}} \cdot K^{-(\rho+1)}$$
$$= \alpha A([\alpha K^{-\rho} + (1-\alpha)L^{-\rho}]^{\frac{-1}{\rho}} \cdot K^{-1})^{\rho+1}$$

대체탄력성(σ)의 크기가 정해진다. *CES*생산함수에서는 콥-더글라스 생산함수에서처럼 σ의 값이 항상 1이 될 필요는 없으나 항상 일정한 값을 갖는다. 식 (6.26)에 주어진 $\rho > -1$이라는 조건은 $\sigma > 0$이라는 성질을 충족시켜 주는 조건이며, ρ의 크기에 따라서 대체탄력성 σ의 크기가 정해진다. ρ의 값이 클수록 대체성은 낮아진다.

셋째, *CES*생산함수에서 α는 자본과 노동의 분배몫을 결정한다. 분배는 각 요소의 한계생산이 각 요소가격과 같도록 이루어지기 때문에 두 요소 사이의 분배비율은 다음과 같이 표시될 수 있다.

$$\frac{r \cdot K}{w \cdot L} = \frac{MP_K \cdot K}{MP_L \cdot L} \tag{6.27}$$

$$= \alpha A \left(\frac{[\alpha K^{-\rho} + (1-\alpha) L^{-\rho}]^{\frac{-1}{\rho}}}{K} \right)^{\rho+1}$$

$$= \alpha A^{-\rho} \left(\frac{A[\alpha K^{-\rho} + (1-\alpha) L^{-\rho}]^{\frac{-1}{\rho}}}{K} \right)^{\rho+1}$$

$$= \alpha A^{-\rho} \left(\frac{Q}{K} \right)^{\rho+1}$$

$$= \frac{\alpha}{A^{\rho}} \left(\frac{Q}{K} \right)^{\rho+1} \tag{1a}$$

같은 방법으로

$$MP_L = \frac{(1-\alpha)}{A^{\rho}} \left(\frac{Q}{L} \right)^{\rho+1} \tag{1b}$$

식 (1b)를 식 (1a)로 나누면 다음과 같이 *MRTS*가 도출된다.

$$MRTS = \frac{MP_L}{MP_K} = \frac{1-\alpha}{\alpha} \left(\frac{K}{L} \right)^{\rho+1} \tag{2}$$

식 (2)의 양변에 자연로그를 취하면

$$ln(MRTS) = ln\left(\frac{1-\alpha}{\alpha} \right) + (\rho+1)\, ln\left(\frac{K}{L} \right) \tag{3}$$

식 (3)으로부터 다음 미분값을 구할 수 있다.

$$\frac{d\, ln(MRTS)}{d\, ln\left(\frac{K}{L} \right)} = \rho + 1 \tag{4}$$

그런데 대체탄력성 공식은 자연로그의 미분 공식을 적용할 때 다음과 같이 표현될 수도 있다.

$$\sigma = \frac{d\, ln\left(\frac{K}{L} \right)}{d\, ln(MRTS)} = \frac{d\left(\frac{K}{L} \right)}{d(MRTS)} \cdot \frac{MRTS}{(K/L)} \tag{5}$$

식 (5)는 식 (4)의 역수와 일치하므로 대체탄력성 값은 다음과 같다.

$$\sigma = \frac{1}{\rho+1} \tag{6}$$

여기서 r과 w는 자본과 노동의 가격으로서 MP_K와 MP_L로 대체될 수 있다. 식 (6.27)의 MP_K와 MP_L에 각각 주3)의 (1a)와 (1b)를 대입하면

$$\frac{r \cdot K}{w \cdot L} = \frac{\alpha}{A^{\rho}}\left(\frac{Q}{K}\right)^{\rho+1} \cdot K \Big/ \frac{(1-\alpha)}{A^{\rho}}\left(\frac{Q}{L}\right)^{\rho+1} \cdot L = \frac{\alpha}{1-\alpha}\left(\frac{L}{K}\right)^{\rho} \quad (6.28)$$

식 (6.28)에서 $\rho = 0$이면 자본과 노동 사이의 분배비율은 $\alpha : (1-\alpha)$이다. 이때의 분배비율은 바로 콥-더글라스 생산함수에서의 분배비율과 일치한다. $\rho \neq 0$인 경우의 분배비율은 식 (6.28)에서 보는 것처럼 α뿐만 아니라 ρ와 두 요소 사이의 사용비율(L/K)에 의해 정해진다.

ρ의 값과 등량곡선의 모양 — 추가학습 6.1

ρ의 값에 따라 대체탄력성의 크기는 [표 6-2]에서처럼 다섯 가지로 구분할 수 있으며 그때의 등량곡선 모양은 [그림 6-10(a)~(e)]처럼 된다. (a) $\rho \to +\infty$이면 $\sigma \to 0$으로서 두 요소 간에는 대체가 거의 불가능하다. 이때 CES생산함수는 레온티에프 생산함수가 되며 [그림 6-10(a)]와 같은 등량곡선이 그려진다. (b) $\rho > 0$이면 $0 < \sigma < 1$로서 [그림 6-10(b)]와 같은 등량곡선이 도출된다. (c) $\rho \to 0$이면 $\sigma = 1$로서 CES생산함수는 콥-더글라스 생산함수 형태가 되며 [그림 6-10(c)]와 같은 등량곡선이 그려진다. (d) $-1 < \rho < 0$이면 $\sigma > 1$로서 [그림 6-10(d)]와 같은 등량곡선이 도출된다. (e) $\rho \to -1$이면 $\sigma \to +\infty$로서 CES생산함수는 완전대체 생산함수가 되며 [그림 6-10(e)]와 같은 등량곡선이 그려진다.

표 6-2 ρ값과 CES생산함수

ρ	σ	생산함수
$\rho \to +\infty$	0	레온티에프 생산함수
$\rho > 0$	$0 < \sigma < 1$	-
$\rho \to 0$	1	콥-더글라스 생산함수
$-1 < \rho < 0$	$\sigma > 1$	-
$\rho \to -1$	$+\infty$	완전대체 생산함수

그림 6-10 CES생산함수의 등량곡선

CES 생산함수는 ρ값의 크기에 따라 등량곡선의 모양이 각기 달라진다.

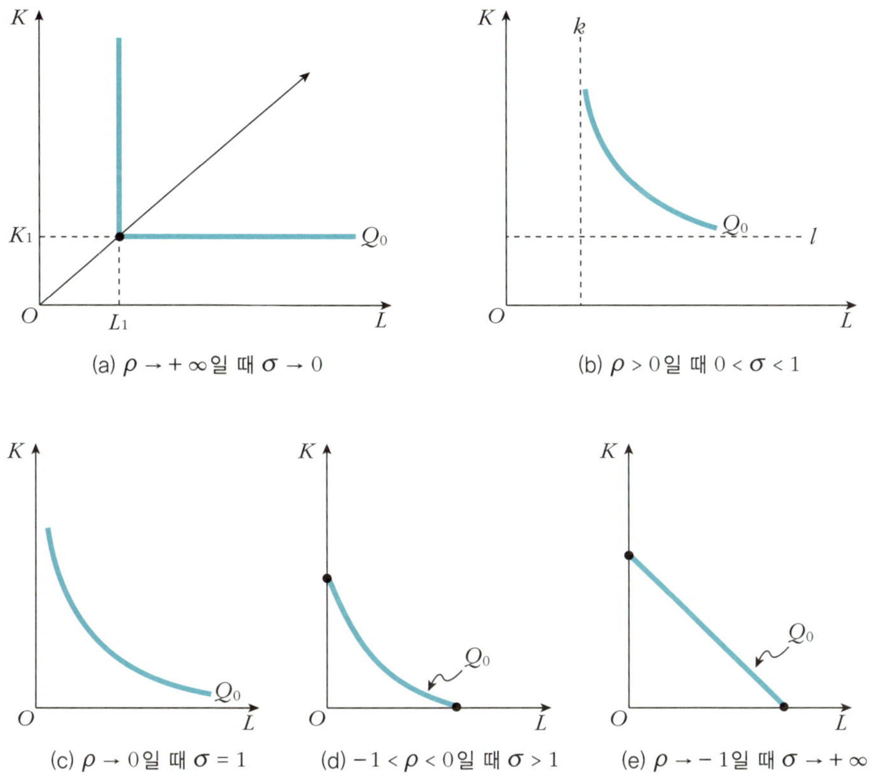

중 요 내 용 요 약

6.01 동차적 생산함수(homogeneous production function) : 생산함수 $Q=F(K,L)$이 $\lambda^r Q = F(\lambda K, \lambda L)$이라는 성질을 만족시킬 때 이 생산 함수를 r차동차 생산함수라고 한다.

$r>1$: 규모에 대한 보수증가, 규모의 경제
$r=1$: 규모에 대한 보수불변
$0<r<1$: 규모에 대한 보수감소, 규모의 비경제

동차 생산함수에서는 요소비율(K/L)이 불변이면 $MRTS$도 불변이다. 따라서 동차 생산함수에서는 확장선이 원점을 지나는 직선으로 된다.

6.02 동조적 생산함수(homothetic production function) : $Q=F(K,L)$이 동차함수일 때 $Q^*=H(Q)=H[F(K,L)]$이고 $dQ^*/dQ>0$이면 $Q^*=H(Q)$는 동조적 생산함수가 된다. 즉, 동조적 생산함수란 동차적 생산함수의 단조변환함수(monotonic transformation)이다. 동조적 생산함수에 있어서도 요소사용비율(K/L)이 불변이면 $MRTS$는 불변이다. 따라서 동조적 생산함수에서도 확장선은 원점을 지나는 직선으로 된다.

6.03 오일러 정리(Euler's theorem) : 생산함수 $Q=F(K,L)$이 t차 동차함수일 때 $K\cdot F_1+L\cdot F_2=K\cdot MP_K+L\cdot MP_L=t\cdot Q$라는 등식이 성립하는 것을 오일러 정리라고 한다. 1차 동차함수에서는 $K\cdot MP_K+L\cdot MP_L=Q$이며, 이것은 각 생산요소가 한계생산만큼 보수를 받으면 산출량은 과부족 없이 두 생산요소에 분배된다는 것을 나타낸다.

6.04 대체탄력성(elastictiy of substitution) : 생산요소 간의 대체성 정도를 나타내는 탄력성

$$\sigma=\frac{\Delta\left(\frac{K}{L}\right)\Big/\left(\frac{K}{L}\right)}{\frac{\Delta MRTS}{MRTS}}=\frac{\Delta\left(\frac{K}{L}\right)\Big/\left(\frac{K}{L}\right)}{\Delta\left(\frac{w}{r}\right)\Big/\left(\frac{w}{r}\right)}$$

$\sigma=0$이면 두 요소는 완전 보완재이고 등량곡선은 L자형이 된다.

$\sigma=\infty$이면 두 요소는 완전 대체재이고 등량곡선은 우하향하는 직선이 된다.

6.05 힉스중립적 기술진보(Hicks neutral technical change) : 기술진보와 더불어 요소의 사용비율에 아무런 변화가 나타나지 않는 기술진보

6.06 자본사용적 또는 노동절약적 기술진보(capital using or labor saving technical change) : 기술진보와 더불어 자본-노동비율(K/L)이 증가하는 기술진보

6.07 자본절약적 또는 노동사용적 기술진보(capital saving or labor using technical change) : 기술진보와 더불어 자본-노동비율(K/L)이 감소하는 기술진보

6.08 Cobb-Douglas 생산함수 : $Q=AK^{\alpha}L^{\beta}$ $(A,\alpha,\beta>0)$이라는 형태의 생산함수로서 이 생산함수는 첫째 $(\alpha+\beta)$차 동차함수이고, 둘째 대체탄력성 값이 항상 1이고, 셋째 자본과 노동의 분배비율이 $\alpha:\beta$이다.

6.09 *CES*생산함수 : $Q=A[\alpha K^{-\rho}+(1-\alpha)L^{-\rho}]^{-1/\rho}$ $(-1<\rho<\infty, \rho\neq 0, 0<\alpha<1, A>0)$라는 형태의 생산함수로서 이 생산함수는 첫째 1차동차 생산함수이고, 둘째 대체탄력성 값이 $1/(1+\rho)$이고, 셋째 α는 자본과 노동 사이의 분배비율을 결정하는 상수이다.

연/습/문/제

6.01 어떤 업종의 생산함수가 $Q = 2K^{0.4}L^{0.6}$이다.

a. 생산량이 120개이면 자본가의 분배몫은 얼마이고 노동자의 분배몫은 얼마인가?

b. 대체탄력성은 얼마인가?

c. 이 함수는 몇차 동차함수인가?

6.02 어떤 기업이 일정한 생산량을 생산함에 있어서 $r = 2$이고 $w = 3$일 때는 자본(K)과 노동(L)의 사용량이 각각 $K = 100$, $L = 120$이었는데, 요소가격이 상승하여 $r = 3$, $w = 6$이 되었을 때는 자본과 노동의 사용량이 각각 $K = 110$, $L = 100$이 되었다.

a. 이 기업의 생산함수에서 대체탄력성 값은 얼마인가?

b. 요소가격 상승으로 인하여 생산비는 얼마만큼 증가하였는가?

6.03 생산함수가 $Q = (0.2K^{-1} + 0.8L^{-1})^{-1}$이다.

a. 이 함수는 몇차 동차 생산함수인가?

b. 대체탄력성은 얼마인가?

c. $K = 1/2$이고 $L = 1$이면 생산량은 얼마이며 각 생산요소는 몇 개씩 분배받는가?

d. c에서 각 요소의 상대적 분배비율은 얼마인가?

e. $r = w = 1$이면 K/L은 얼마인가?

6.04 어떤 업종의 생산함수가 $Q = (K + L)^2 + K + L$이다.

a. 이 생산함수는 동차 생산함수일까?

b. 이 생산함수는 동조 생산함수일까?

c. $K/L = 3/2$일 때의 $MRTS$값은?

6.05 두 개의 생산함수가 각각 $Q = 2KL$, $Q^* = KL + (KL)^2$이다.

a. $K/L = 4$일 때 $Q = 100$일 때와 $Q = 200$일 때의 $MRTS$값은?

b. $K/L = 3$일 때 $Q^* = 100$일 때와 $Q^* = 200$일 때의 $MRTS$값은?

c. Q는 동차 생산함수일까?

d. Q^*는 동차 생산함수일까?

e. Q에서 MP_K는 동차함수일까?

f. Q^*에서 MP_L은 동차함수일까?

6.06 $Q = 2KL$이던 생산함수가 기술진보 후에는 $Q = 3KL$이라는 생산함수로 바뀌었다.

a. Q^*만큼 생산하는 등량곡선이 기술진보 후에 어떻게 변화했는지 그려보시오.

b. 자본과 노동을 각기 K_0와 L_0씩 사용하던 생산점이 기술진보 후에는 자본과 노동

을 각기 얼마씩 사용하는 생산점으로 이동했으며 기술진보는 생산요소사용비율에 어떻게 영향을 미쳤는가?

PART 03

생산물시장 이론

M I C R O E C O N O M I C T H E O R Y

CHAPTER 7

완전경쟁시장

1. 완전경쟁시장의 정의
2. 완전경쟁기업의 단기균형
3. 완전경쟁기업의 장기균형
4. 완전경쟁산업의 장기공급곡선
5. 경합시장과 경쟁시장

학습목표

비슷한 크기의 수천 개 기업이 똑같은 상품을 생산하여 한 시장에서 판매한다면 이런 기업들은 어떻게 경쟁하며, 이윤을 극대화시킬 수 있는 가격이나 판매량은 어떻게 정해질 수 있을까? 제7장에서는 이런 시장에 있는 개별 기업들이 단기와 장기에 있어서 각기 어떻게 생산량을 결정해 나가는지 분석한다. 수천 개 기업들이 똑같은 상품을 생산판매하면서 서로 경쟁한다면 이런 시장은 경쟁이 완벽하게 이루어지는 시장일 것이다. 완벽한 경쟁이 이루어지는 시장의 개별 기업들이 어떻게 시장행동을 하는지 분석하는 것은 경쟁의 효과를 이해하는 데 필수적인 요소이다.

제7장을 공부한 후에는 다음 물음에 답할 수 있어야 한다.

1. 경쟁자 수가 많아지면 경쟁의 강도는 높아지는가, 낮아지는가?
2. 수많은 기업들이 경쟁하는 시장에서는 각 개별 기업들이 누구를 상대로 경쟁할까?
3. 경쟁도가 높아지면 가격과 이윤은 어떻게 될까?
4. 기업들이 장기에도 계속해서 많은 초과이윤을 벌 수 있을까?

1. 완전경쟁시장의 정의

완전경쟁의 조건

경쟁이란 특정 상대와 서로 대립적 관계에서 이루어지는 경쟁(rivalry)과 불특정 다수를 상대로 대립관계 없이 이루어지는 경쟁(competition)으로 나누어질 수 있다. 만약 어떤 시장에 구매자는 무수히 많은데 판매자는 두 사람 밖에 없다면, 이 두 판매자는 서로 많은 고객을 확보하기 위해 치열하게 경쟁할 것이다. 이러한 경쟁은 전자의 경쟁에 해당한다.

그런데 이 시장에서 새로운 판매자가 등장하여 판매자의 수가 3, 4, 5 등으로 증가했다고 하자. 이때는 경쟁상대가 다수이기 때문에 특정 상대와의 대립적 경쟁관계는 줄어들 것이다. 그러나 경쟁자의 수가 많아졌기 때문에 이 시장의 전체적인 경쟁 정도는 오히려 더 높아졌다고 볼 수 있다. 만약 판매자의 수가 무수히 많이졌다면, 이때의 경쟁은 특정인을 상대로 한 경쟁이 될 수 없고 무수히 많은 판매자 모두가 경쟁상대이고 경쟁은 불특정 다수를 상대로 이루어지는 완벽한 경쟁이 된다. 이러한 경쟁은 위에서 논의한 두 가지의 경쟁 중 후자의 경쟁에 해당한다. 완전경쟁(perfect competition)이란 바로 이러한 후자의 경쟁을 의미한다.

완전경쟁에서는 경쟁상대가 무수히 많기 때문에 어느 한 특정 판매자의 시장 내 비중은 매우 미미하다. 그러므로 완전경쟁이 이루어지면 이 시장의 어느 특정 개인도 시장가격에 영향을 미칠 수 있는 힘을 가지지 못한다. 가격은 시장 전체의 수요와 공급의 균형에 의해서만 정해질 뿐이지 개별 판매자는 시장가격을 변화시킬 수 있는 힘을 가지지 못한다. 각 판매자는 시장에서 정해진 가격을 그대로 받아들이는 가격순응자(price taker)일 뿐이며, 이들은 이러한 시장가격에서 자기의 판매량만 적정한 수준으로 결정할 수 있을 뿐이다. **판매자나 구매자 모두가 가격순응자일 뿐이라는 것이 완전경쟁시장의 가장 중요한 특성이다.**

이러한 완전경쟁이 성립하기 위해서는 적어도 다음 네 가지 조건이 충족되어야 한다. **첫째, 판매자의 수와 구매자의 수가 무수히 많아야 한다.** 그러므로 이들은 모두 시장에서 매우 미미한 비중을 가질 뿐이며, 개별적으로는 시장가격에 아무런 영향을 미칠 수가 없다. 이들 모두는 가격순응자이다.

둘째, 자원의 이동이 완전히 자유로워야 한다(free mobility of resources). 시장 조건이 변하면 항상 자원의 이동이 발생한다. 시장이 확장되면 더 많은 자원이 이 시장으로 유입될 것이고, 반대로 시장이 위축되면 많은 자원이 이 시장으로부터 빠져나갈 것이다. 완전경쟁시장이 되기 위해서는 이러한 이동이 일어나는 데 아무런 장애가 없어야 한다. 특허제도, 면허제도, 노동이동을 제한하는 노동조합 등이 존재하면 자원이동은 자유로울 수가 없고 완전경쟁시장이 달성될 수 없다.

셋째, 모든 상품이 완전히 동질적(homogeneous product)이어야 한다. 이것은 완전경쟁시장의 모든 기업들이 모든 면에서 똑같은 상품만 생산한다는 것을 의미한다. 그렇지 않으면 상품의 차이만큼 각 판매자는 가격차이를 낼 수 있고, 이렇게 되면 각 기업은 가격순응자가 되지 못한다. 그리고 모든 상품이 완전 동질적이어야만 엄격한 의미에서 하나의 시장이 정의된다. 이 상품만을 생산하는 기업들의 집합이 산업이고, 이 산업이 바로 이 상품의 시장이 된다.

넷째, 시장참가자는 모두가 시장에 대해 완전한 정보를 가져야 한다(perfect knowledge). 그들은 그 시장에 관계된 생산 조건뿐만 아니라 생산요소가격, 생산물가격 등에 대해 완전한 정보를 가지고 있어야 한다. 이렇게 되면 이 시장에는 두 가지 이상의 가격이 성립될 수 없다. 그리고 생산자와 소비자는 항상 현명한 결정을 할 수 있다.

이상에서 열거된 4가지 조건이 완전하게 충족되는 시장이 현실적으로는 존재할 수 없다. 그러므로 완전경쟁시장은 현실적인 시장이라고 볼 수 없으며 하나의 이상적인 시장모형이라고만 볼 수 있다. 그러나 이상적인 시장모형을 분석함으로서 현실적인 시장을 분석할 수 있는 기준을 찾을 수 있다. 즉, 현실 시장이 완전경쟁시장과 얼마나 차이가 있는지를 찾아냄으로서 현실 시장의 문제점과 성과를 파악할 수 있다.

수요곡선과 한계 수입곡선

완전경쟁시장의 개별기업은 가격순응자이다. 만약 시장에서 정해진 가격이 $\overline{P}$라고 하면, 개별기업은 이 가격을 그대로 받아들일 뿐이지, 이 가격을 변화시킬 수 있는 힘은 전혀 가지고 있지 못하다. 한 기업이 $\overline{P}$보다 조금 높은 가격을 정하면 이 기업은 하나도 판매할 수 없다. 모든 구매자들은 $\overline{P}$로 판매하는 다른 기업들의 상품을 구매할 것이기 때문이다. 반대로 이 기업이 가격을 $\overline{P}$보다 조금 낮추면 이 기업은 원하는 대로 얼마든지 판매할 수 있다. 모든 구매자들은 $\overline{P}$보다 낮은 가격으로 판매하는 이 기업의 상품을 구매하려고 몰려들 것이기 때문이다.

이것은 **개별기업에 대한 수요곡선이 가격 $\overline{P}$에서 완전탄력적이라는 것을 의미한다.** 그러므로 개별기업에 대한 수요곡선은 [그림 7-1]에서와 같이 $\overline{P}$수준에서 수평이 된다. $\overline{P}$보다 조금 높은 가격에서는 수요량이 0이고 $\overline{P}$보다 조금 낮은 가격에서는 수요량이 ∞이다. 즉, 수요의 가격탄력성이 ∞이다. 그

사례검토 7.1 삼성전자 주식시장

주식시장에서는 완전경쟁시장에 가까운 사례를 찾아볼 수 있다. 예컨대 삼성전자 주식이 거래되는 증권거래소의 삼성전자 주식시장은 완전경쟁에 가까운 시장이라고 볼 수 있다.

첫째 조건인 무수한 수의 판매자와 구매자가 존재한다는 조건은 거의 충족된다. 삼성전자 주식을 팔려는 사람과 사려는 사람은 무수히 많다. 삼성전자 주식시장의 규모가 엄청나게 큰데 여기에서 개별판매자나 개별구매자의 주식비율은 매우 미미하다. 따라서 개별거래자는 주식가격에 영향을 미칠 수 없다. 말하자면 주가의 인위적 조작은 불가능하다(소규모 회사의 주식시장은 가능할 수 있다). 삼정전자의 주가는 시장 전체의 수요와 공급에 의해 정해지고, 개별구매자나 판매자는 이 가격에서 몇 주를 사거나 팔지만 정할 수 있을 뿐이다.

둘째 조건인 자유로운 자원이동도 거의 충족된다. 삼성전자 주식의 거래자가 주식시장에 들어오거나 나가는 데는 아무런 장애가 없다. 팔려는 사람은 자기가 원하는 대로 주식을 내놓을 수 있고, 사려는 사람은 시장가격에서 자기가 원하는 대로 주식을 구매할 수 있다.

셋째 조건인 동질적 상품도 완벽히 충족된다. 삼성전자의 주식(액면가 5,000원)은 모두 똑같다. 보통주는 모두 똑같은 의결권과 배당권을 가지고 액면가도 똑같다.

넷째 조건인 완벽한 정보도 거의 충족된다. 판매자와 구매자는 시장에서 제공되는 정보를 모두 똑같이 확보할 수 있다.

이처럼 증권거래소에서 삼성전자 주식시장이 하나의 시장으로 획정되면 이 시장은 거의 완전경쟁이라고 볼 수 있다. 시장의 수요 · 공급에 의해 시장조건이 달성되며, 개별 참여자는 시장가격에서 각기 자기가 원하는 구매나 판매 결정을 할 수 있다.

그림 7-1

완전경쟁기업이 직면하는 수요곡선

수요곡선 D는 $\overline{P}$에서 수평이고 AR 및 MR와 일치한다.

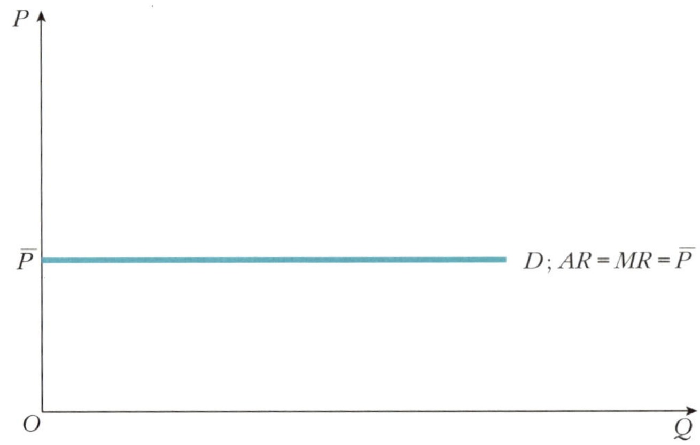

그림 7-2

완전경쟁기업의 총수입곡선

총수입곡선은 기울기가 $\overline{P}$인 원점으로부터의 직선이다.

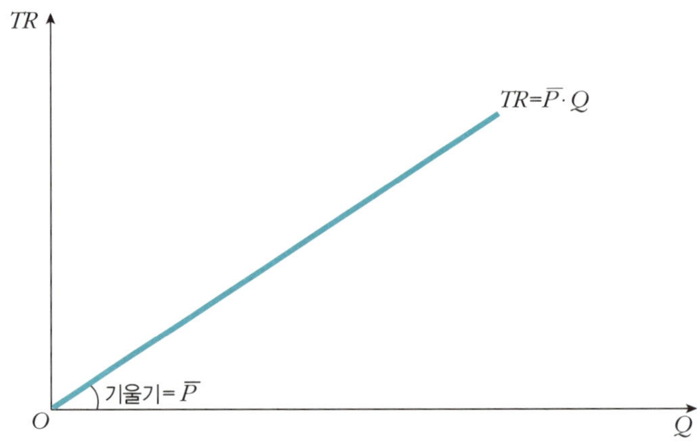

러므로 **완전경쟁기업이 직면하는 수요곡선은 D와 같이 $\overline{P}$에서 수평이 된다.**

개별기업의 총수입(total revenue : TR)은 $TR = P \cdot Q$이다. 그런데 완전경쟁기업에게는 가격이 $P = \overline{P}$로 고정되어 있기 때문에 $TR = \overline{P} \cdot Q$로 쓸 수 있다. 총수입 TR를 그래프로 그리면 [그림 7-2]와 같은 직선이 된다. 이 직선은 원점을 통과하며, 기울기는 $\overline{P}$이다. 그리고 **총수입으로부터는 평균수입 (average revenue : AR)이 $AR = TR/Q = \overline{P}$로 도출될 수 있고, 한계수입 (marginal revenue : MR)이 $MR = dTR/dQ = \overline{P}$로 도출될 수 있다.** 즉,

$\overline{P} = MR = AR$이다. 그러므로 완전경쟁기업의 한계수입곡선과 평균수입곡선은 [그림 7-1]의 수요곡선 D와 일치하고 $\overline{P}$수준에서 수평이 된다.

2. 완전경쟁기업의 단기균형

이윤극대화 산출량 결정

이윤은 총수입(TR)에서 총비용(TC)을 뺀 차액이기 때문에 이윤식 π는 다음과 같이 표시될 수 있다.

$$\pi = TR(Q) - TC(Q) \tag{7.1}$$

기업의 목적은 이윤극대화인데, 식 (7.1)과 같이 표시된 이윤이 극대화되는 산출량을 구하기 위해서는 π를 Q로 미분한 값이 0이 되는 Q의 값을 찾아야 한다(극대화의 2차조건은 충족된다고 가정한다). 즉, 다음 식으로부터 이윤극대화 산출량을 구할 수 있다.

$$\frac{d\pi}{dQ} = \frac{dTR(Q)}{dQ} - \frac{dTC(Q)}{dQ} = 0 \tag{7.2}$$

식 (7.2)가 충족되는 산출량 수준을 Q^*라고 하면 $dTR/dQ = MR$이고 $dTC/dQ = MC$이기 때문에 식 (7.2)는 다음과 같이 표시될 수 있다.

$$MR(Q^*) = MC(Q^*) \tag{7.3}$$

즉, 식 (7.3)이 충족되는 산출량 수준에서 이윤이 극대화되는데 그때의 산출량 수준이 Q^*이다. 그러므로 식 (7.3)을 이윤극대화조건이라고 한다.

그런데 시장가격이 $\overline{P}$인 완전경쟁시장에서는 $TR = \overline{P} \cdot Q$이기 때문에 $MR = dTR/dQ = \overline{P}$이다. 그리고 단기한계비용은 SMC로 표시되고 있기 때

문에 완전경쟁기업의 단기균형을 나타내는 조건은 식 (7.3)으로부터 다음과 같이 표현할 수 있다.

$$MR(Q^*) = \overline{P} = SMC(Q^*) \tag{7.4}$$

이러한 균형산출량 도출 과정은 [그림 7-3]을 통해서 더욱 쉽게 설명될 수 있다. TR는 기울기가 $\overline{P}$이면서 원점을 통과하는 직선이다. 그리고 TC는 단기총비용곡선이기 때문에 FC만큼의 고정비용을 가지고 있다. $\pi = TR - TC$이기 때문에 TR곡선과 TC곡선 사이의 수직거리로부터 π곡선이 도출된다. 이 π곡선이 극대화되는 산출량이 Q^*인데, 이 산출량에서는 식 (7.4)의

그림 7-3

완전경쟁기업의 이윤극대화 단기균형

단기에는 $\overline{P} = MR = SMC$가 충족되는 Q^*에서 생산할 때 완전경쟁기업은 이윤을 극대화시킬 수 있다. 극대화된 이윤은 □$A\overline{P}EB$이다.

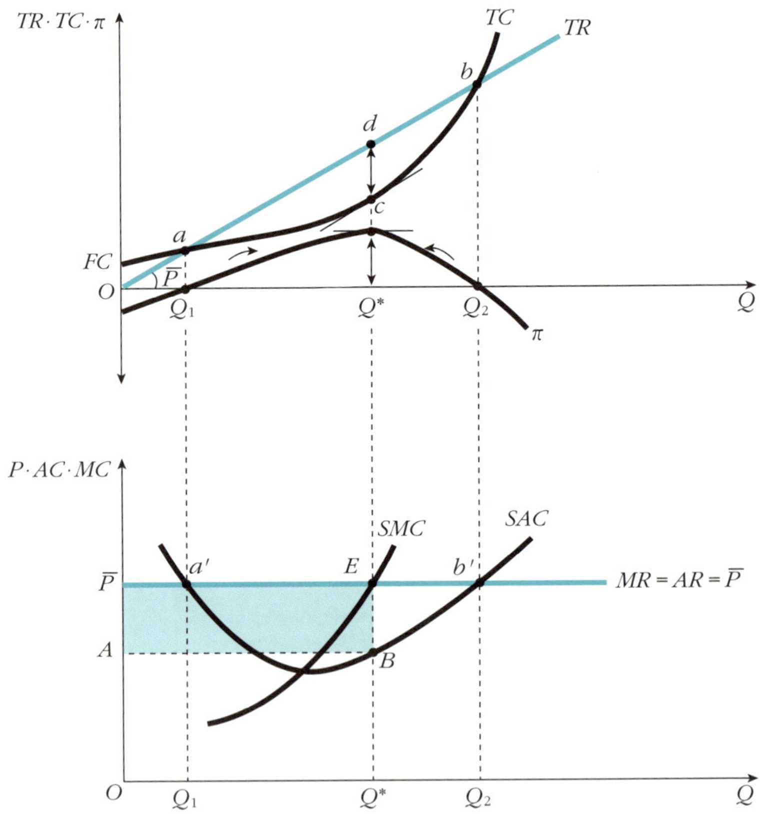

조건이 충족되고 있다. 즉, c점에서의 TC에 대한 접선의 기울기인 SMC는 d점에서의 TR에 대한 접선의 기울기인 $\overline{P}(=MR)$와 서로 일치한다.

[그림 7-3]의 아래 그림에서는 E점에서 이 조건이 충족된다. 즉, 이윤극대화 산출량 Q^*에서 $\overline{P}(=MR)=SMC$가 충족된다. 극대화된 이윤은 색칠된 부분의 면적과 일치한다. $\square O\overline{P}EQ^*$가 총수입($TR$)이고 $\square OABQ^*$가 총비용이기 때문이다. 이 두 면적의 차이가 이윤인데 이는 바로 $\square A\overline{P}EB$이다.

[그림 7-3]에서 **산출량이 Q^*보다 작을 때는($Q<Q^*$), $\overline{P}>SMC$이기 때문에 산출량을 증가시킬수록 ($\overline{P}-SMC$)만큼 이윤이 증가하고, 산출량이 Q^*보다 클 때는($Q^*<Q$), $\overline{P}<SMC$이기 때문에 산출량을 감소시킬수록($SMC-\overline{P}$)만큼 이윤이 증가한다.** 즉, [그림 7-3]의 π곡선에서 산출량이 →표 방향으로 이동할수록 이윤은 증가한다. 그러므로 식 (7.3) 또는 식 (7.4)가 충족되는 산출량 수준($Q=Q^*$)에서 이윤이 극대화된다. 이때 극대화된 이윤은 cd 사이의 수직거리이고, Q^*에서 π곡선의 높이이다. 그리고 이 값은 색칠된 부분의 면적과 일치한다.

완전경쟁기업이 반드시 초과이윤을 버는 것은 아니다. 단기에는 손실을 볼 수도 있다. 손실을 볼 때는 손실이 극소화되는 산출량이 균형산출량이 된다. 즉, 이윤극대화(profit maximization)는 바로 손실극소화(loss minimization)와 똑같은 의미이다. 그러므로 손실극소화 산출량도 똑같은 원리를 적용하여 [그림 7-4]에서와 같이 도출될 수 있다.

[그림 7-4]에서는 모든 생산량 영역에 걸쳐 TR이 TC보다 아래에 존재한다. 그러므로 어떤 생산량 수준에서나 $\pi<0$이다. 그러므로 π곡선은 Q축의 아래에 그려지고, 이때 π는 이윤이 아니라 손실이 된다. 이때에도 이윤극대화 산출량을 도출할 때와 마찬가지로 식 (7.3) 또는 식 (7.4)가 충족되는 Q^*를 찾을 수 있으며 이 Q^*가 손실이 극소화되는 산출량이 된다. 그리고 이때 극소화된 손실은 ab 사이의 수직거리이고, Q^*에서 π곡선까지의 거리이다. 그리고 이 값은 아래 그래프의 색칠된 부분의 면적과 일치한다. 평균비용(SAC)이 가격($\overline{P}$)보다 높기 때문에 단위당 그 차이만큼 손실이 발생한다. 따라서 색칠된 부분의 면적이 손실의 총액이 된다.

그림 7-4

완전경쟁기업의 손실극소화 단기균형

손실이 발생할 때는 $\overline{P} = MR = SMC$ 가 충족되는 Q^*를 생산할 때 손실이 극소화된다.

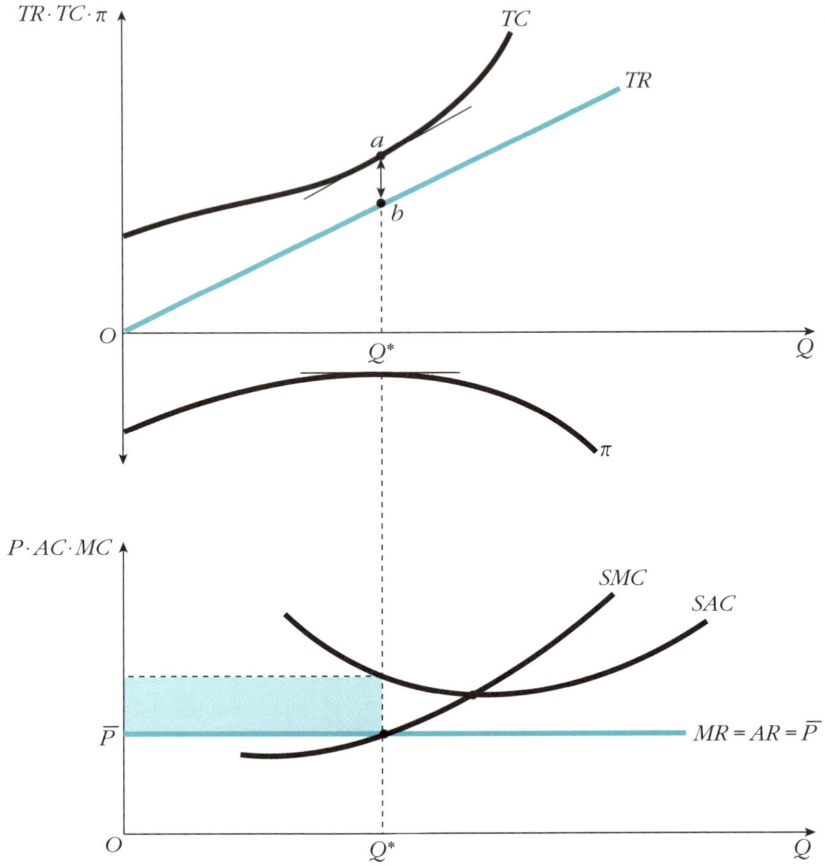

사례검토 7.2

$MR = MC$의 의미

만약 $MR > MC$이면 이것은 기업이 산출량을 추가시킬 때 얻게 되는 수입(MR)이 소요되는 비용(SMC)보다 더 크다는 것을 의미한다. 그러므로 이 기업은 산출량을 증대시킴으로서 ($MR - MC$)만큼 이윤을 더 증가시킬 수 있다. 예컨대, 기업이 생산량을 1단위 더 증가시킬 때 비용은 8만원 더 추가되는데(MC = 8만원) 이로부터 얻는 추가적인 수입이 10만원이라고 하면(MR = 10만원) 이 기업은 순이윤을 2만원(10만원 − 8만원) 늘릴 수 있다. 반대로 $MR < MC$이면 이때는 추가적인 수입보다 추가적인 비용이 더 크다. 그러므로 이 기업은 산출량을 감소시켜야 이윤을 더욱 증가시킬 수 있다. 예컨대, 기업이 생산량을 1단위 더 증가시킬 때 생산비는 17만원 늘어나는데(MC = 17만원) 이로부터 얻는 수입은 15만원밖에 되지 않는다면(MR = 15만원) 이 기업은 이 생산단위를 생산하지 않을수록 이윤이 2만원 더 증가한다(17만원−15만원). 그런데 $MR = MC$가 충족되면 이때는 어떤 산출량 조정도 이윤을 더 증가시키지 못한다. 이것은 이미 이윤이 극대화된 상태라는 것을 의미한다.

완전경쟁기업의 단기공급곡선

완전경쟁기업은 $P = MC$조건이 충족되는 점에서 산출량 수준을 정하기 때문에 가격 변화와 함께 산출량 수준이 어떻게 변화하는지를 찾아낼 수 있다. 가격 변화와 산출량 변화 사이의 관계는 바로 기업의 공급곡선을 나타내기 때문에 이러한 관계를 찾아냄으로써 완전경쟁기업의 공급곡선을 도출해 낼 수 있다.

[그림 7-5]에는 완전경쟁기업의 한계비용곡선(MC), 평균총비용곡선(ATC), 평균가변비용곡선(AVC)이 그려져 있다. 만약 시장가격이 P_1이라면 이 기업은 이 가격하에서 이윤을 극대화시킬 수 있는 산출량을 $P_1 = MC$가 충족되는 E_1점을 기준으로 Q_1으로 정할 것이다. 이때 이 이 기업은 양(+)의 초과이윤을 벌 수 있다. 즉, 가격이 P_1이면 이 기업은 Q_1을 공급할 것이다.

똑같은 원리에 의해 시장가격이 P_2로 하락하면 이 기업은 $P_2 = MC$가 충족되는 E_2점을 기준으로 Q_2만큼 공급할 것이다. 그런데 이 가격에서는 Q_2

그림 7-5

완전경쟁기업의 단기공급곡선

가격이 P_4 이하일 때는 공급량이 0이고, P_4 이상일 때는 MC곡선을 따라 공급량이 정해진다.

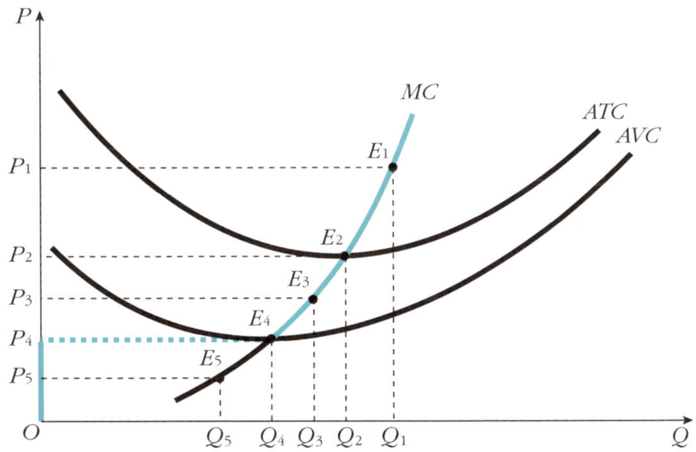

균형점	가격	공급량	이윤
E_1	P_1	Q_1	+
E_2	P_2	Q_2	0(손익분기점)
E_3	P_3	Q_3	−
E_4	P_4	Q_4	−(조업중지점)
E_5	P_5	O	−

를 공급하지만 $P_2 = ATC$이기 때문에 아무런 초과이윤을 벌지 못한다. 그러므로 **E_2점을 손익분기점(break-even point)이라고 한다.**

시장가격이 P_3이면 $P_3 = MC$가 충족되는 점은 E_3이고 이때의 산출량 수준은 Q_3이다. 그런데 이 가격은 평균총비용(ATC)보다 낮기 때문에, 이 기업은 손실을 볼 수밖에 없다. 이 기업은 이렇게 손실을 감수하고서라도 생산을 해야 하는지, 아니면 아예 생산을 중단해 버리는 것이 유리한지를 판단해야 한다. 단기에는 자본설비를 처분할 수도 없기 때문에 다른 업종으로 전업할 수도 없다. 그러므로 생산을 아예 중단해 버리면 단기에는 고정비용만큼 손실을 보게 된다. 만약 Q_3를 생산 · 공급하면 가격 P_3가 평균가변비용(AVC)보다는 높기 때문에, 이때의 수입으로는 총가변비용을 완전히 충당하고 남는 부분으로 고정비용의 일부도 충당할 수 있다. 그러므로 생산을 아예 중단하면 고정비용을 통째로 손해보게 되는 반면 Q_3를 생산 · 공급하면 고정비용의 일부만 손해 보게 된다. 따라서 이 기업은 가격 P_3에서 비록 손해를 볼지라도 E_3점을 기준으로 Q_3만큼 생산 · 공급하는 것이 하나도 생산하지 않는 것보다 더 유리하다.

그러나 시장가격이 더 낮아져 P_4가 되면 상황은 달라진다. 이 가격하에서는 $P_4 = MC$가 충족되는 E_4점을 기준으로 Q_4만큼 생산 · 공급하게 되는데 이때의 수입은 총가변비용과 완전히 일치한다. 그러므로 이때는 생산을 해도 고정비용만큼 손실을 보게 되고, 생산을 중단해도 고정비용만큼 손실을 보게 된다. 그런데 P_4를 기준으로 가격이 이보다 더 낮아지면 이때는 가격이 평균가변비용보다도 낮아져 판매수입이 가변비용조차도 충당하지 못하게 된다. 따라서 이때는 생산을 하면 고정비용보다 더 많은 손실을 감수해야 하고 아예 생산을 중단해 버리면 고정비용만큼만 손해보게 된다. 예컨대, 가격이 P_5라면 $P_5 = MC$가 충족되는 E_5점을 기준으로 Q_5만큼 생산할텐데 이 가격은 AVC보다도 낮기 때문에 이때의 수입은 총가변비용도 충당하지 못한다. 그러므로 이때는 생산을 아예 중단하고 단기에 고정비용만큼만 손해를 보는 편이 기업에게 더 유리하다. 그러므로 E_4점을 기준으로 가격이 P_4보다 더 낮아지면 이 기업은 조업을 중단하게 되며 생산 공급량이 0이 될 것이다. 그러므로 **E_4점을 조업중지점(shut-down point)이라고 한다.**

가격이 P_1에서 P_2, P_3, P_4로 하락할 때의 공급량은 E_1, E_2, E_3, E_4점들을 따라 정해지고, 가격이 P_4 이하로 하락할 때의 공급량은 0이기 때문에 가격과 공급량 사이의 관계를 나타내는 공급곡선은 $OP_4E_4E_3E_2E_1$을 연결하는 컬러선으로 그려질 수 있다. 즉, 평균가변비용곡선의 극소점 윗부분에 해당하는 한계비용곡선이 이 기업의 단기공급곡선이 된다.

이윤과 생산자잉여

이윤(π)은 총수입(TR)에서 총비용(TC)을 뺀 값이고 총비용은 고정비용(FC)과 가변비용(VC)으로 구성되어 있기 때문에 $\pi = TR - VC - FC$이다. 이러한 이윤은 [그림 7-6]의 색칠된 부분을 나타낸다. $TR = \square OP^*AQ^*$이고, $VC + FC = \square OTBQ^*$이기 때문이다.

생산자잉여는 총수입에서 가변비용을 뺀 값이다. 즉, 생산자잉여 $= TR - VC$이다. 그러므로 생산자잉여는 [그림 7-7]의 색칠된 부분과 일치한다. [그림 7-7]에서 $TR = \square OP^*AQ^*$이고, $VC = \square ODCQ^*$이기 때문이다. 즉, 생산자잉여 = 색칠된 부분 $= TR - VC = \square DP^*AC$이다.

그런데 이 생산자잉여는 한계비용곡선의 왼편 면적과 일치한다. 즉, [그림 7-8]에서 색칠된 부분이 바로 생산자잉여가 된다. 단기에 있어서는 고정비용이 불변이기 때문에 총가변비용은 한계비용의 누적적 합계로서 표시된다. 그러므로 [그림 7-8]에서 MC곡선의 아랫부분의 면적이 총가변비용

그림 7-6

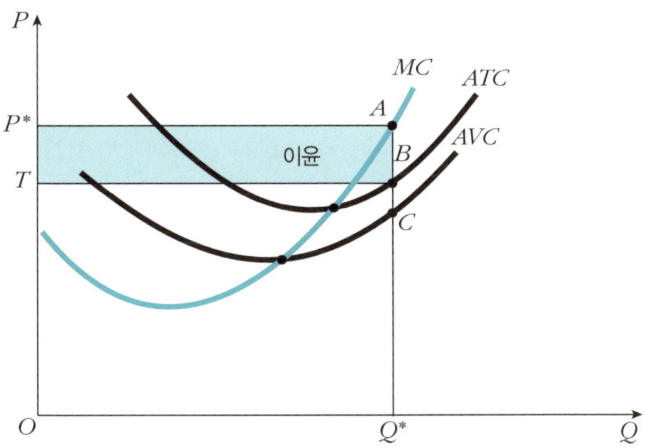

초과이윤

$\square TP^*AB$는 총수입(TR)에서 총비용($TC = FC + VC$)을 뺀 값으로 초과이윤을 나타낸다.

그림 7-7

평균가변비용과 생산자잉여

총수입에서 총가변비용을 빼고 남은 부분을 생산자잉여라고 한다.

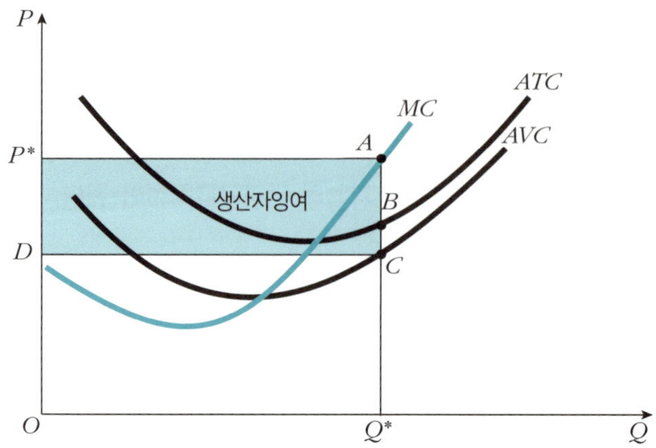

그림 7-8

한계비용과 생산자잉여

가격과 한계비용의 차이를 모두 합한 값인 색칠된 부분을 생산자잉여라고 한다.

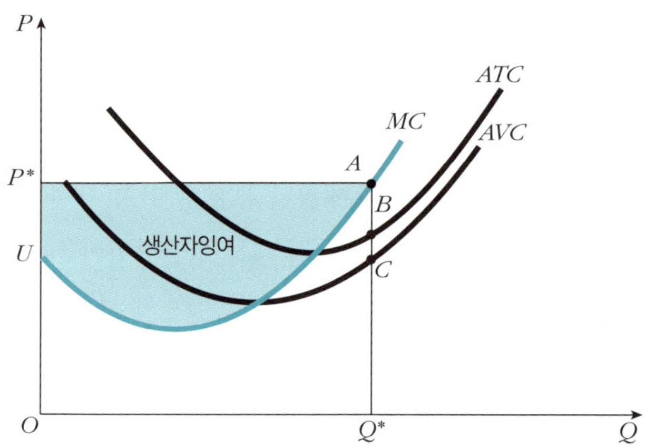

(VC)이 된다. 즉, VC는 Q축과 $OUAQ^*$로 둘러싸인 부분의 면적이다. 그러므로 총수입인 $\square OP^*AQ^*$에서 이 부분의 면적을 뺀 색칠된 부분이 바로 생산자잉여가 된다. 즉, 단기에 있어서는 기업의 MC곡선이 기업의 공급곡선이 되며 이 곡선의 왼편 부분의 면적이 바로 생산자잉여가 된다.

[그림 7-7]의 색칠된 부분과 [그림 7-8]의 색칠된 부분은 둘 다 생산자잉여로서 그 크기가 서로 일치한다.

판매량이 변할 때는 생산자잉여의 변화분이 바로 이윤의 변화분이 된다.

그림 7-9

생산자잉여의 변화와 이윤의 변화

생산자잉여의 증가분은 이윤의 증가분과 일치한다.

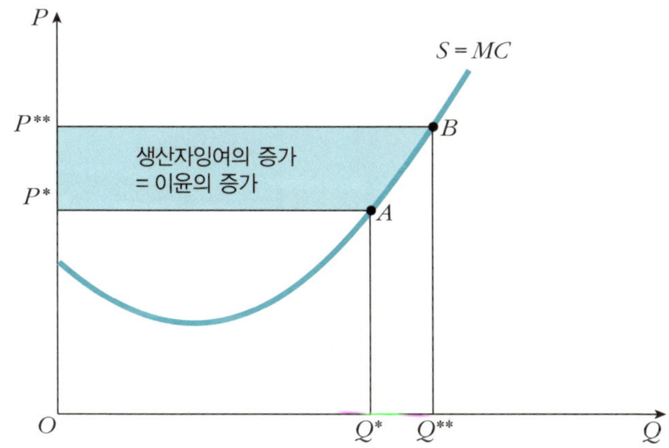

[그림 7-9]에서 판매량이 Q^*로부터 Q^{**}로 증가하면 생산자잉여가 색칠된 부분만큼 증가한다. 그런데 이 증가분은 바로 이윤의 증가분이 된다. 왜냐하면 이러한 판매량의 증가와 더불어 판매수입이 $P^*P^{**}BQ^{**}Q^*AP^*$로 둘러싸인 부분의 면적(= $\square OP^{**}BQ^{**} - \square OP^*AQ^*$)만큼 증가하는데 이와 동시에 생산비가 Q^*ABQ^{**}의 면적만큼 증가하기 때문이다. 즉, 판매수입의 증가분에서 생산비 증가분을 뺀 것만큼 이윤이 증가하는데 이것이 바로 [그림 7-9]의 색칠된 부분의 면적과 일치하고, 이 부분은 동시에 생산자잉여의 증가분이 된다.

생산자잉여와 소비자잉여

생산자잉여는 공급곡선으로부터도 정의된다. 생산자는 상품의 공급자로서 스스로 판단하는 공급가격을 가지고 있다. 이 공급가격은 [그림 7-10]의 공급곡선 S를 따라 표현되고 있다. 즉, 공급곡선 S는 각 공급량에서 생산자가 기꺼이 받아들일 수 있는 공급가격이 무엇인지를 보여주고 있다. 그 이유는 공급곡선 S가 한계생산비곡선(MC)으로부터 도출되기 때문이다. 생산자는 각 생산량에 대해 한계생산비만큼의 가격만 받을 수 있으면 그 상품을 기꺼이 공급하려고 할 것이다. 그러므로 공급곡선 S는 각 공급량에서 생산자가 받으려고 하는 최소한의 가격을 나타낸다.

그런데 시장에서는 [그림 7-10]의 E점에서 실제의 거래량과 거래가격이

그림 7-10

생산자잉여

가격에서 공급가격을 뺀 값을 모두 합한 것이 생산자잉여이다.

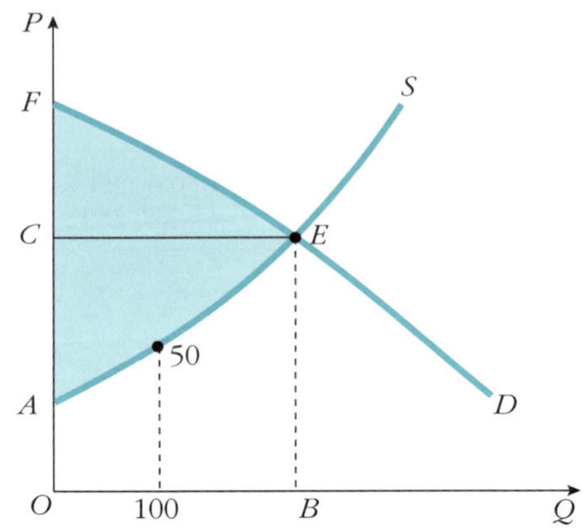

정해진다. 여기서 시장수요곡선과 시장공급곡선이 서로 교차하기 때문이다. 이 생산자는 각 판매량에 대해 모두 *OC*라는 가격을 받고 있다. 즉, 거래량은 *OB*이고 거래가격은 *OC*이다. 그러므로 이 생산자의 총판매수입은 □*OCEB*이다. 그러나 이 생산자는 각 판매량에 대해 공급곡선 *S*의 높이가 보여주는 가격만 받아도 그 상품을 기꺼이 공급하려고 한다. 즉, 판매량이 0으로부터 출발하여 *B*를 향해 점점 증가하면 판매자는 가격을 *A*로부터 출발하여 *E*를 향해 점점 증가시켜 주기만 하면 된다. 예컨대, [그림 7-10]에서 가격 50원만 보장되면 100번째 상품은 공급될 수 있다. 그러므로 이 판매자는 총판매량 *OB*에 대해 면적 *OAEB*만큼의 총판매수입만 받아도 불만이 있을 수 없다.

판매자의 실제 판매수입은 □*OCEB*인데 판매자가 불만 없이 받아들일 수 있는 판매수입은 이보다 작은 *OAEB*의 면적이다. 그러므로 이 두 면적의 차이는 생산자에게 추가로 주어진 판매수익이라고 볼 수 있으며, 이것을 생산자잉여(producer's surplus)라고 한다. 즉, 생산자잉여는 □*OCEB* −*OAEB*의 면적이다. [그림 7-10]에서 *ΔFCE*의 면적은 소비자잉여(consume surlpus)이다. 제2장에서 이미 공부한 것처럼 소비자잉여는 소비자들이 실제로 지출한 금액보다 추가로 더 얻은 혜택이다.

3. 완전경쟁기업의 장기균형

기존기업의 장기 조정

완전경쟁시장에서 개별 기업은 가격에는 어떤 영향도 미칠 수 없고, 주어진 가격에서 생산량만 이윤을 극대화시킬 수 있도록 조정한다. 특히 단기에는 고정요소의 양을 변화시키지 못한 채 이윤극대화 생산량을 정한다. 그러나 장기에는 고정요소의 사용량도 조정하면서 이윤극대화를 추구할 수 있다. 즉, 장기에는 이윤을 더 증대시킬 수 있는 방향으로 고정요소의 양을 조정할 수 있다.

[그림 7-11]에서 자본규모가 K_1으로 고정되어 있을 때의 단기한계비용곡선과 단기평균비용곡선을 각각 SMC_1과 SAC_1이라고 하면 이때의 단기균형점은 $\overline{P}=MR=SMC_1$이 충족되는 E_1이 될 것이다. 이때의 생산량은 Q_1이고 이때의 단기극대이윤은 $\square A\overline{P}E_1b$의 면적과 일치한다.

그러나 E_1점은 결코 장기균형이 될 수 없다. 만약 이 기업에게 고정요소의 사용량도 조정할 수 있도록 충분한 시간이 주어지면, 이 기업은 자본규모를 K_1에서 K_2로 조정함으로써 Q_1을 생산하는 단위당 생산비를 b점으로

그림 7-11

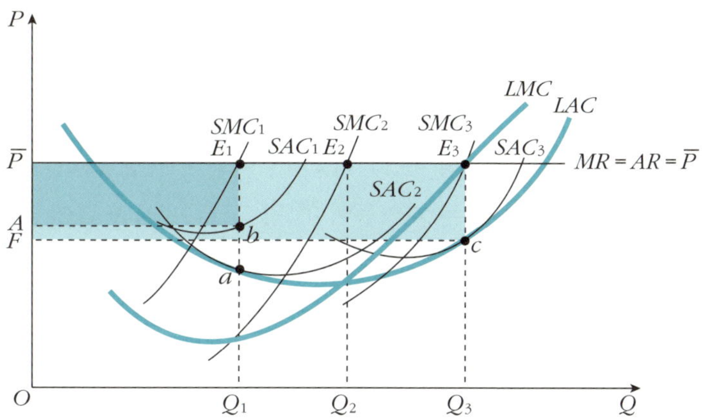

완전경쟁기업의 장기이윤극대화

시장 내 기존기업이 생산량과 생산설비를 모두 조정해 나가면 Q_3를 생산할 때 최대의 이윤을 벌 수 있다.

부터 a점까지 내릴 수 있을 것이다. 그러므로 장기에는 이윤을 더욱 증대시킬 수 있다. 그런데 이렇게 자본규모를 조정하고 나면 이제는 Q_1이 적정생산 규모가 될 수 없다. 왜냐하면 자본규모가 K_2로 조정되고 난 후에는 한계생산비곡선과 평균생산비곡선이 각각 SMC_2와 SAC_2로 변하는데, 이때는 $\overline{P} = MR = SMC_2$조건이 충족되는 점이 E_2가 되고, 이 점에서는 산출량은 Q_1이 아니라 Q_2이기 때문이다. 그렇다고 산출량을 Q_2로 조정하면 이번에는 K_2가 적정자본규모가 되지 못한다.

이와 같이 장기적으로는 기업이 자본규모와 산출량을 모두 조정하면서 이윤극대화를 추구할 수 있다. 이렇게 하여 자본규모와 산출량을 더 이상 조정할 필요가 없는 점에 도달하면 그 점이 바로 기존기업의 장기균형점이 되고 그 점에서 이윤이 극대화된다. 이러한 점은 자본규모가 K_3로 조정되었을 때의 균형점인 [그림 7-11]의 E_3점이다. 이 점에서는 $\overline{P} = MR = SMC_3 = LMC$ 조건이 충족된다. E_3점을 기준으로 Q_3를 생산하면 $\overline{P} = MR = SMC_3$ 조건이 충족되기 때문에 생산량을 더 이상 조정할 필요는 없다. 그리고 이 산출량에서는 c점에서처럼 SAC_3가 LAC와 접하기 때문에 자본규모를 조정해도 생산비를 더 이상 낮출 수 없다. 그러므로 자본 규모도 더 이상 조정할 필요가 없다. 그리고 c점에서는 SAC_3가 LAC와 접하기 때문에 $SMC_3 = LMC$이다. 기존 기업은 E_3점에서 $\square F\overline{P}E_3c$만큼의 극대화된 장기이윤을 번다. 이러한 장기균형의 일반적 조건은 $P = MR = SMC = LMC$이다. **단기균형에서는 $P = MR = SMC$만 충족되지만 장기균형에서는 $P = MR = SMC = LMC$까지 충족되어야 한다.**

신규진입과 정상이윤

[그림 7-11]의 E_3이 최종적인 장기균형은 될 수 없다. 완전경쟁시장 내의 모든 기업들이 [그림 7-11]에서와 같이 높은 초과이윤을 벌면 이 업종은 매우 수익성이 좋은 업종이며 장기적으로는 이 시장으로의 신규진입(entry)이 일어날 것이기 때문이다. 초과이윤은 이 업종이 매우 매력적인 업종이라는 것을 의미하며, 따라서 다른 업종의 기업이나 신규기업들이 이 업종으로 진입해 들어올 것이다. 즉, 초과이윤 때문에 장기적으로는 기존 기업들이 생산량을 확장하고 새로운 기업들이 이 시장으로 진입할 것이다.

그림 7-12

완전경쟁기업의 장기균형

완전경쟁기업의 최종 장기균형은 $P = AR = MR = SMC = SAC = LMC = LAC$가 충족되는 E^*점이다.

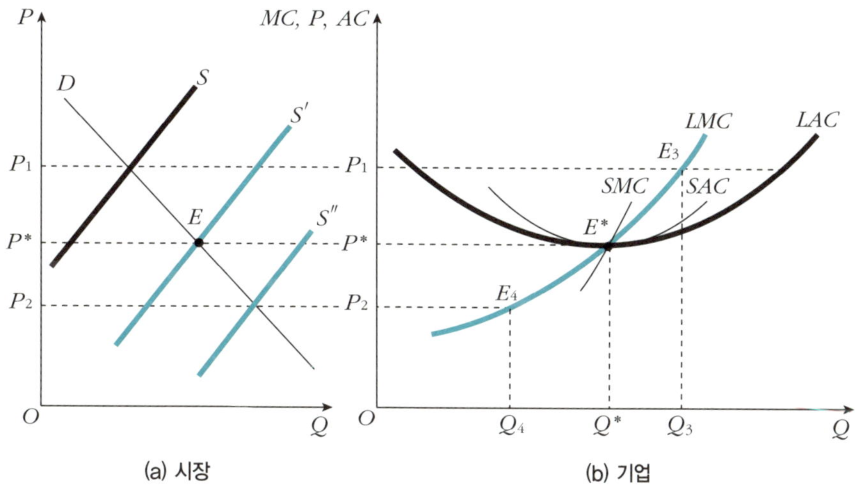

이렇게 되면 이 시장의 총공급이 증대될 것이다. 즉, [그림 7-12]에서처럼 시장공급곡선이 S에서 S'로 이동할 것이다. 시장공급이 증대되면 가격이 하락한다. 시장가격은 더 이상 P_1에서 유지될 수 없다. 만약 시장가격이 P^*로 하락한다면 시장균형은 E점이 되면서 기업의 균형점은 E^*가 될 것이고, 이때 기업의 산출량은 Q^*가 될 것이다. E^*점에서는 $P^* = MR = AR = SMC = SAC = LMC = LAC$ 조건이 충족되고 있다. 이 균형점에 도달하고 나면 이 기업에게는 장기적으로 더 이상 어떤 조정을 할 유인이 없어진다. 자본규모도 조정할 필요가 없고, 생산량도 조정할 필요가 없다. 그리고 기업들은 아무런 초과이윤도 벌지 못하기 때문에 신규진입도 더 이상 일어날 이유가 없다. 즉, E^*점에서는 기존기업들이 자본규모 조정도 모두 끝났고 신규진입에 의한 조정도 모두 끝났다. 이러한 균형점이 바로 완전한 장기균형점이다. 그런데 이 균형점에서는 기업이 아무런 초과이윤(excess profits)도 벌지 못하고 정상이윤만 번다. 정상이윤(normal profits)이란 그 업종에 남아 있도록 할 정도의 이윤으로 생산비에 포함되는 개념이다. 즉, LAC 속에 이미 정상이윤이 포함되어 있다. 기업이 정상이윤을 벌지 못하면 장기적으로 이 산업을 떠나 정상이윤을 벌 수 있는 다른 업종으로 옮겨간다.

만약 기존기업의 생산량 확장과 신규진입이 너무 많이 일어나서 시장공급곡선이 S''까지 이동했다면 가격은 P_2수준으로 하락할 것이다. 이때 기업의 장기균형점은 E_4점이 될 것인데 이렇게 되면 가격이 평균비용보다 낮기 때문에 기업은 손실을 보게 된다. 말하자면 기업은 정상이윤을 벌지 못한다. 이렇게 되면 이 시장으로부터 빠져나가려는 기업이 생긴다. 즉, 기업의 퇴출(exits)이 일어난다. 그리고 시장 내에 머무는 기업들도 생산량을 줄이려고 할 것이다. 이러한 변화가 일어나면 총시장공급이 줄어든다. 즉, 시장공급곡선은 S''로부터 S'로 환원될 것이다. 가격은 다시 P^*로 상승된다. 그러므로 가격 P^*가 장기균형가격이 되며, E^*점이 기업의 장기균형생산점이 된다.

완전경쟁기업의 장기균형조건은 $P^* = MR = AR = SMC = SAC = LMC = LAC$이며, 이 조건이 충족되는 점은 LAC곡선의 극소점 밖에 없다. 그러므로 완전경쟁기업은 장기적으로 LAC곡선이 극소화되는 가장 효율적 규모에서 산출량 수준을 정한다. 그리고 완전경쟁기업은 장기적으로 정상이윤만 벌지 어떤 초과이윤도 벌지 못한다.

사례검토 7.3

노래방의 신규진입

우리나라에 노래방이 처음 도입되었을 때 노래방 업자들은 매우 높은 수입을 올렸다. 노래방은 새로운 상품이었다. 사람들은 노래방에서 기계 반주에 맞추어 마음껏 노래를 부르면서 스트레스를 풀 수 있었다. 비용도 그리 비싼 것이 아니었다. 노래방에는 많은 소비자가 몰려들었다. 노래방 업자는 쉽게 많은 돈을 벌 수 있었다.

그런데 높은 수입은 그리 오래 지속될 수 없었다. 노래방 산업은 신규진입이 매우 쉬운 산업이었기 때문이다. 노래방을 개업하는 데는 그리 많은 자금이 소요되는 것이 아니었다. 그러므로 많은 사람들이 노래방 사업에 달려들었다. 여기 저기에 우후죽순처럼 노래방이 생겨나기 시작했다.

노래방이 처음 생겨났을 때는 그 수가 매우 적었고 지역에 따라서는 혼자서만 영업하고 있었기 때문에 노래방 업자는 많은 이윤을 벌 수 있었다. 그러나 신규진입이 계속 일어나자 각 노래방에는 손님이 줄고 가격도 내려가기 시작해 초과이윤은 점점 줄어들었다. 결국은 초과이윤이 사라지고 정상이윤만 벌 정도로 노래방 수가 늘어났다. 이제는 노래방이 그렇게 수익성 있는 사업이 아니다. 이와 같이 어떤 업종이든 초과이윤이 있는 한 신규진입이 계속 이루어질 것이다.

4. 완전경쟁산업의 장기공급곡선

생산비 증가산업

기업과 산업이 각각 E^*와 E_1에서 장기균형에 도달해 있는데, 이때 어떤 외부요건에 의해 시장수요가 증가하면 단기적으로 시장가격은 상승할 것이다. [그림 7-13]에서 시장수요가 D로부터 D'로 증가하면 단기적인 변화는 시장균형이 E_1에서 E_2로 이동하고 가격이 P^*로부터 P_2로 상승할 것이다.

그런데 이러한 균형은 그대로 지속되지는 못할 것이다. 왜냐하면 가격 P_2에서는 기존기업들이 초과이윤을 벌 수 있기 때문에 장기적으로는 신규진입이 일어날 뿐만 아니라 기존기업들도 자본규모를 증대시킬 것이기 때문이다. 이렇게 되면 시장공급곡선이 S'로 이동하면서 시장공급량이 확장될 것이다. 상품의 시장공급이 증가하면 이 상품을 생산하는 생산요소의 수요가 증가하면서 생산요소가격들이 상승하여 생산비가 증가한다. 생산비가 증가하면 비용곡선들이 LMC에서 LMC'로, LAC에서 LAC'로 상향이동한다. 이런 산업을 **생산비 증가산업**(increasing cost industries)이라고 한

그림 7-13 생산비 증가산업의 장기산업공급곡선

장기산업공급곡선(LS)은 우상향한다.

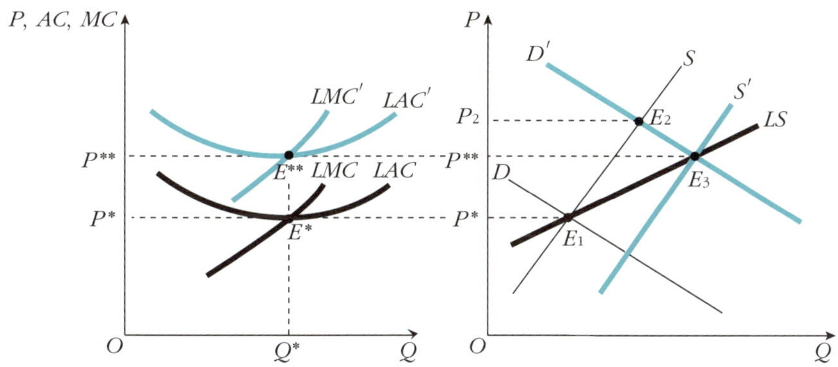

(a) 기업 (b) 산업

다(비용곡선들이 상향이동할 때 E^*가 E^{**}로 반드시 수직이동하는 것은 아니다. 비용 조건에 따라 왼쪽 또는 오른쪽으로 상향이동할 수도 있다).

이런 변화 후의 새로운 시장균형점은 E_3가 되고, 비용곡선들의 이동이 일어난 후의 새로운 기업균형점은 E^{**}가 된다. 장기적인 시장공급가격은 P^*에서 P^{**}으로 상승하였다. 이러한 **장기적인 시장공급가격의 변화는 장기시장균형점인 E_1점과 E_3점을 연결하는 곡선으로 표현될 수 있으며 이러한 곡선 LS를 장기산업공급곡선(long-run industry supply curve)이라고 한다.** 장기적으로 산업의 공급이 정해지는 곡선이기 때문이다. 생산량 확장과 더불어 생산비가 증가하는 산업에서는 [그림 7-13]에서와 같이 기업의 비용곡선들이 상향이동하고 장기산업공급곡선이 우상향하는 기울기를 가지게 된다.

생산비 불변산업

상품의 시장공급증가와 더불어 이 상품의 생산요소에 대한 수요가 증가해도 생산요소가격에 하등의 변화가 없다면, 기업의 비용곡선들은 [그림 7-14]에서 처럼 하등의 이동을 하지 않을 것이다. 이런 산업을 **생산비 불변산업**(constant cost industries)이라고 한다. 이때는 시장수요가 D로부터 D'로 증가하여도 단기에서만 가격이 P_2로 상승할 뿐이지 장기적으로는 P^*로

그림 7-14 생산비 불변산업의 장기산업공급곡선

장기산업공급곡선(LS)은 수평이다.

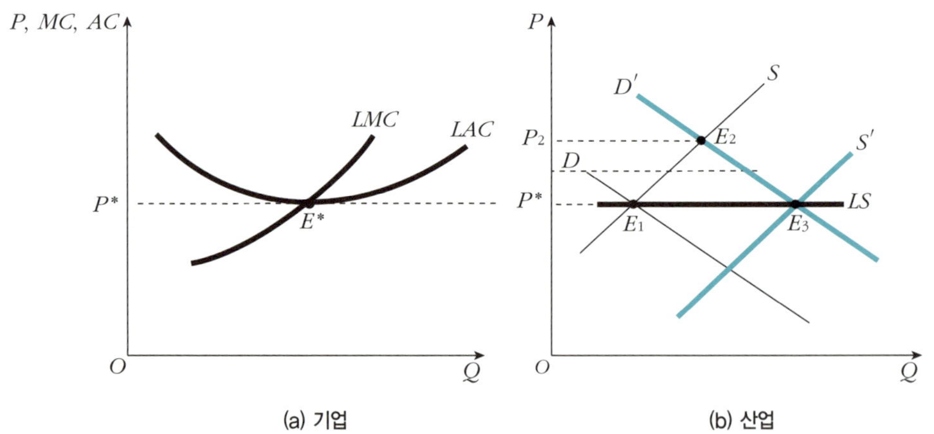

되돌아 온다. 시장수요 증가와 더불어 가격이 P_2로 증가하기 때문에 기존기업들은 생산량을 증가시키고 동시에 잠재기업(potential entrants)들에 의한 신규진입이 일어나서 공급곡선이 S로부터 S'까지 이동할 것이다. 이렇게 되면 시장균형점은 E_3가 될 것이고 장기적인 공급가격은 다시 P^*가 될 것이다.

이와 같이 **생산비가 불변인 산업에서는 장기공급가격이 P^*수준에 머물러 있기 때문에, E_1점과 E_3점을 연결하는 장기산업공급곡선은 [그림 7-14]의 LS처럼 수평선이 된다.**

생산비 감소산업

시장공급량의 확장과 더불어 이 상품의 생산요소에 대한 수요가 증가하면 생산요소 가격이 오히려 하락할 수도 있다. 예컨대 생산요소가 대량으로 공급됨으로서 규모의 경제를 누릴 수 있다면, 생산요소 수요의 증가와 함께 생산요소가격은 오히려 하락할 수도 있다. 이러한 산업을 **생산비 감소산업**(decreasing cost industries)이라고 한다.

이때는 [그림 7-15]에서처럼 시장수요가 D로부터 D'로 증가할 때 단기에서는 가격이 P_2로 상승하지만 장기에는 오히려 가격이 P^{**}로 하락한다. 가격이 P_2로 증가할 때는 기존기업이 생산량을 증가시키고 잠재기업에 의

그림 7-15 생산비 감소산업의 장기산업공급곡선

장기산업공급곡선(LS)은 우하향한다.

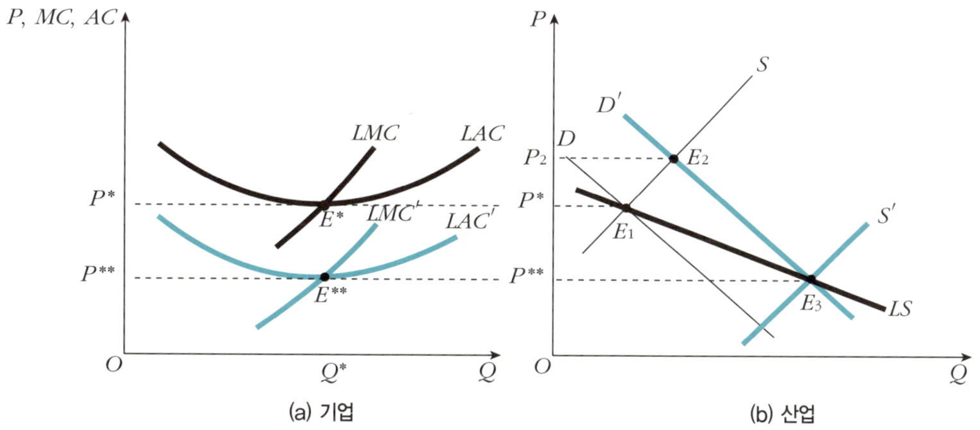

한 신규진입이 일어나기 때문에 시장 공급은 증가하고 시장공급곡선은 S로부터 S'로 이동하는데, 이때 기업의 비용곡선들은 각각 LMC에서 LMC'로, LAC에서 LAC'로 하향이동한다(이 곡선들이 하향이동할 때 E^*점이 E^{**}점으로 반드시 수직 하향이동하는 것은 아니고 비용조건에 따라 왼쪽 또는 오른쪽으로도 하향이동할 수도 있다).

이와 같이 **생산비가 감소하는 산업에서는 E_1과 E_3를 연결하는 장기산업공급곡선 LS가 우하향하는 기울기를 갖는다.**

5. 경합시장과 경쟁시장

경합시장이론에서는 경쟁을 두 가지로 나누어 살펴보고 있다. 하나는 이미 시장 내에서 적극적으로 영업활동을 하고 있는 기존기업들(incumbent firms) 사이의 실제적인 경쟁(actual competition)이고, 다른 하나는 이미 시장 내에서 영업활동을 하고 있는 기존기업과 아직 시장 내에 들어와 있지는 않지만 언제든지 들어와서 적극적인 경쟁상대가 될 수 있는 잠재적인 기업(potential entrants) 사이의 잠재적인 경쟁(potential competition)이다. 전자는 내부적인 시장조건(internal market condition)이고 후자는 외부적인 시장조건(external market condition)이다.

경합시장(contestable markets)은 외부적인 시장조건에 초점이 맞추어져 정의되는 시장이다. 경우에 따라서는 기존기업과 잠재적인 진입기업 사이의 잠재적인 경쟁이 기존기업들 사이의 실제적인 경쟁과 마찬가지일 수 있다는 것이다. 이러한 잠재적인 경쟁은 과거 30여 년 동안 경제학자들의 많은 관심을 끌어 왔다. 특히 1970년대 후반에 William J. Baumal, Elizabeth E. Bailey, John C. Panzar, Robert D. Willig, Edward Zajac 등이 이러한 잠재적인 경쟁에 많은 관심을 갖고 경합시장이론을 발전시켰다.

Baumal은 진입장벽(barriers to entry)과 퇴출장벽(barriers to exit)이

완전히 제거된다면 잠재적인 경쟁이 바로 실제적인 경쟁과 똑같은 역할을 한다고 보고 있다. 따라서 진입장벽과 퇴출장벽이 전혀 존재하지 않는 시장을 완전경합시장(perfectly contestable markets)이라고 규정하고, 이 시장에서는 잠재적인 경쟁이 실제적인 경쟁과 똑같이 시장구조, 시장행동, 시장성과에 영향을 미친다고 보았다.

Baumal(1982)은 경합시장을 다음과 같이 간단히 정의하고 있다. "A contestable market is one into which entry is absolutely free, and exit is absolutely costless."

경합시장에서는 진입이 절대적으로 자유로울 뿐만 아니라 퇴출하는 데 아무런 비용이 수반되지 않는다. 그러므로 독점, 과점, 완전경쟁시장 등 어느 것에 해당하든 진입과 퇴출이 아무런 비용 없이 완전히 자유롭게 가능하다면 그 시장은 완전경합시장이 된다.

이와 같이 정의된 경합시장에서는 기존기업들이 항상 잠재적인 경쟁자를 염두에 두어야 한다. 즉, 기존기업들은 항상 잠재적인 경쟁기업들에 의한 진입의 위협(threat of entry)에 직면해 있다. 기존기업들이 조금이라도 초과이윤을 벌고 있다면 이 시장은 바로 진입의 유혹을 주게 되며 잠재적인 경쟁자들은 아무런 장애 없이 이 시장으로 진입하여 잠재기업이 실제적인 경쟁자가 되어 기존기업들의 초과이윤 가능성을 잠식해 버린다. 그러므로 기존기업들은 이러한 신규진입을 배제하기 위하여 항상 정상이윤(normal profits)만 벌도록 가격과 생산량결정(price-output decision)을 하게 된다. 즉, 완전경합시장은 어떤 기업에도 초과이윤을 허락하지 않는다. 따라서 완전경합시장의 기업들은 항상 효율적인 자원배분(efficient resource allocation)을 보장하는 최적행동(optimal behavior)을 추구하게 된다. 그러므로 완전경합시장에서는 항상 사회후생이 극대화된다.

Baumal-Panzar-Willig(1982)[1]는 항공운송시장(airline markets)에서 이러한 완전경합시장의 예를 하나 들고 있는데, 하루에 한 번 운행함으로서 원하는 승객들을 모두 수송할 수 있는 두 지점 간의 항공운송시장의 예가

---

1) William J. Baumal, John C. Panzar and Robert D. Willig, *Contestable Markets and the Theory of Industry Structure*(New York : Harcourt Brace Jovanovich, Inc., 1982)

그것이다. 비행기는 다른 노선으로 완전히 이동 가능한 자본이다. 그러므로 이 항공운송시장에서는 진입과 퇴출이 완전히 자유롭고 퇴출에 따른 매몰비용(sunk cost)이 하나도 없다. 매몰비용이란 기업이 어떤 산업으로 진입했다가 그 산업으로부터 퇴출할 때 다시 회수할 수 없이 매몰되어 버리는 비용이다.

이 매몰비용은 고정비용과는 다른 개념으로서 기업이 퇴출할 때 포기해야만 하는 비용이다. 이 항공운송시장에는 매몰비용이 없다. 왜냐하면 이 노선이 수지가 맞지 않으면 그 비행기를 아무런 비용 없이 즉시 다른 노선(다른 시장)에 취항시킬 수 있기 때문이다. 그러므로 이 노선의 기존회사는 다른 회사들에 의한 이 노선으로 자유로운 진입에 완전히 노출되어 있다. 기존회사가 이 노선에서 어떤 초과이윤을 번다면 다른 회사들이 약간 낮은 가격으로 즉시 이 노선에 취항시켜(진입) 초과이윤을 벌고, 기존회사가 여기에 반응하여 가격을 더 내리려고 하면 즉시 이미 얻은 이윤과 함께 다른 노선으로 옮겨 갈 수 있다(퇴출). 그러므로 기존회사는 이러한 진입의 위협(threat of entry) 때문에 초과이윤을 벌 수 있을 정도로 높은 가격을 책정할 수 없다.

완전경합시장(perfectly contestable markets)은 그 균형점이 갖는 경제학적 의미에 있어서는 완전경쟁시장과 일치한다. 그러나 완전경합시장이 되기 위한 조건은 완전경쟁시장의 그것과 다르며 보다 단순하다고 볼 수 있다. 완전경합시장에서는 기업들이 반드시 무수히 많을 필요도 없으며 또한 개별기업들의 비중이 무시할 정도로 미미할 필요도 없다. 그리고 기업의 의사결정이 완전히 독립적일 필요도 없으며 각 기업이 반드시 동질의 한 가지 상품만 생산할 필요도 없다.

완전경합시장이 요구하는 한 가지 조건은 진입과 퇴출의 완전한 자유이다. 즉, 진입기업(entrants)에게 기존기업(incumbents)에 비해 어떠한 불리한 차별도 부과되지 않는 시장이다.

완전경합시장의 장기균형에서도 항상 파레토최적이 달성되기 때문에 완전경쟁시장의 균형과 완전경합시장의 균형은 서로 일치한다. 그런데 완전경쟁시장은 반드시 완전경합시장이 될 수 있으나 그 역은 성립되지 않는다.

중요내용요약

7.01 **완전경쟁시장의 조건** : 첫째, 판매자 수가 무수히 많고 둘째, 자원이동이 완전히 자유롭고 셋째, 모든 기업의 상품이 완전히 동질적이고 넷째, 모든 시장참가자들이 시장에 대해 완벽한 정보를 가지고 있을 때 이 시장은 완전경쟁시장이 되며, 이러한 조건이 충족되는 완전경쟁시장에서는 어떤 개별 판매자도 시장가격을 변화시킬 수 없고, 이들은 시장에서 정해져 오는 가격을 그대로 받아들일 수밖에 없는 가격순응자(price taker)일 뿐이다.

7.02 **완전경쟁기업이 직면하는 수요곡선** : 기업은 모두 가격순응자이기 때문에 정해진 시장가격에서 자기의 판매량만 정할 수 있을 뿐이다. 가격을 조금이라도 올리면 이 기업에 대한 수요량은 0이 되고, 가격을 조금이라도 낮추면 이 기업에 대한 수요량은 무한대가 된다. 따라서 이 기업이 직면하는 수요곡선은 정해진 시장가격 수준에서 수평이 된다. 이 수평선은 동시에 한계수입곡선(MR)도 되고 평균수입곡선(AR)도 된다. 즉, $P = AR = MR$가 바로 기업이 직면하는 수요곡선이다.

7.03 **완전경쟁기업의 단기균형** : 완전경쟁기업은 단기에 $P = MR = SMC$ 조건이 충족되는 생산량을 판매할 때 이윤을 극대화시킬 수 있기 때문에 이 조건이 충족되는 생산점이 단기균형점이 된다.

7.04 **완전경쟁기업의 단기공급곡선** : 단기균형은 $P = MC$가 충족되는 점에서 정해지기 때문에 평균가변비용이 극소화되는 점 윗부분의 MC 곡선이 바로 완전경쟁기업의 단기공급곡선이 된다.

7.05 **생산자잉여** : 생산자잉여=총수입-총가변비용

7.06 **완전경쟁기업의 장기균형** : 완전경쟁기업은 $P = MR = SMC = LMC = SAC = LAC$ 조건이 충족되는 점에서 장기균형점에 도달하고, 이때 이 기업은 아무런 초과이윤도 벌 수 없다. 이러한 장기균형점은 LAC곡선의 극소점이 된다.

7.07 **장기산업공급곡선** : 시장규모가 증가할 때 장기적으로 이 시장의 공급가격이 어떻게 변하는지를 나타내는 곡선이 장기산업공급곡선인데, 공급량 증가와 함께 생산비가 증가하는 산업에서는 이 곡선이 우상향하고, 생산비가 불변인 산업에서는 이 곡선이 수평이고, 생산비가 감소하는 산업에서는 이 곡선이 우하향한다.

7.08 **경합시장** : 진입장벽과 퇴출장벽이 전혀 존재하지 않아서 시장 내 기존기업들끼리의 실제적 경쟁과 시장 내 기존기업과 잠재적인 진입기업 사이의 잠재적 경쟁에 아무런 차이가 존재하지 않는 시장이다.

연/습/문/제

7.01 완전경쟁시장에 있는 어떤 기업의 생산함수는 $Q = \min(M, L)$이다. M의 가격은 5이고 L의 가격은 7이다. 그런데 M은 24단위까지만 사용이 가능하다. 그리고 1개 이상을 생산하면 168이라는 고정비용이 소요된다. 하지만 하나도 생산하지 않으면 고정비용은 0이다. 이 경우 상품가격은 얼마 이상이어야 이 기업은 한 개라도 생산할 수 있게 될까?(가격은 정수값으로만)

7.02 완전경쟁시장의 한 기업의 비용함수가 $C = 4Q^2 + 89$인데 28개를 생산하면서 이윤을 극대화시키고 있다. 상품가격은 그대로인데 제2공장을 건설하려고 한다. 제2공장의 비용함수는 $C = 8Q^2 + 39$이다. 이 기업은 이윤을 극대화하기 위해 제2공장에서는 몇 개를 생산해야 할까?

7.03 어떤 완전경쟁기업의 생산함수는 $Q = \min(K, L)$이다. 자본의 가격은 5이고 노동의 가격은 9이다. 그리고 이 회사는 18단위 이상의 자본은 사용할 수 없으며, 생산을 하든 안 하든 공장문을 완전히 닫아 버리지 않는 한 항상 3이라는 일정액수의 전기료를 지불해야 한다. 이 회사로 하여금 생산을 할 수 있도록 해주는 최저가격은 얼마인가?(가격은 반드시 정수(integer)로 정해진다)

7.04 비용함수가 $C = 4Q^2 + 89$인 공장을 가동시키고 있는 완전경쟁기업은 28단위를 생산할 때 이윤을 극대화시키고 있다. 상품가격은 변하지 않는데도 이 기업은 $C = 8Q^2 + 39$라는 비용함수를 가지는 제2공장을 건설하려고 결정하였다. 이 기업은 이윤을 극대화시키기 위해 제2공장에서 몇 단위를 생산해야만 하는가?

7.05 어떤 완전경쟁시장에 200개의 기업이 존재하는데 100개 기업의 장기비용함수는 $C = 2 + Q^2/2$이고 다른 100개 기업의 장기비용함수는 $C = 3 + Q^2/3$이다. 어떤 새 기업도 이 산업으로 진입할 수 없다. 가격이 2보다 높을 때 이 산업의 장기공급함수는 무엇인가?

7.06 2개의 기업으로 구성된 산업에서 한 기업의 장기비용함수는 $C = 3 + 4Q^2/3$이고 다른 한 기업의 장기비용함수는 $C = 10 + Q^2/10$이다. 어떤 새 기업도 이 산업으로 진입하지 않는다면 어느 가격수준에서 오직 한 기업만 영업을 할 수 있을까?(정수로만)

7.07 비용함수가 $C = Q^2 + 1$일 때 공급곡선을 도출하고 판매량이 5일 때의 생산자잉여를 구하시오.

7.08 완전경쟁기업의 생산함수는 $Q = 13K^{0.25}L^{0.25}$이다. 그리고 $r = w = 1$이다. 이 기업의

비용함수는?

7.09 완전경쟁기업의 생산함수는 $Q = [\min(K, 3L)]^{1/2}$이다. 그리고 $r = 4$, $w = 6$이다. 이 기업의 공급함수는?

7.10 어떤 기업의 장기비용함수가 $C = 9Q^2 + 225$이다. 장기적으로 이 기업은 가격이 얼마 이상이어야 상품을 공급하기 시작할까?

7.11 어떤 산업의 장기비용함수가 $C = 2 + Q^2/2$인 기업 100개와 장기비용함수가 $C = Q^2/10$인 기업 60개로 구성되어 있다. 새 기업은 이 산업으로 들어올 수 없다. 가격이 2 이상일 때 이 산업의 장기공급곡선은 어떻게 될까?

7.12 모든 기업의 비용함수가 $Q > 0$일 때 $C(Q) = Q^2 + 4$이고 $C(0) = 0$인 완전경쟁산업이 있다. 이 산업의 수요곡선은 $Q = 50 - P$이다. 장기균형에서 이 산업에는 몇 개의 기업이 영업할까?

7.13 어떤 완전경쟁기업의 비용함수는 $C = 3Q^2$이다. 생산물의 시장가격은 36원이다. 이 기업은 몇 개를 생산할 때 이윤을 극대화시킬 수 있을까?

7.14 어떤 완전경쟁기업의 단기비용함수가 $C = 5Q^3 - 40Q^2 + 96Q + 50$이다. 이 기업은 단기에 가격이 얼마 이상이면 생산을 계속할 수 있을까?

7.15 어떤 완전경쟁기업은 $VC = Q^2/1{,}400$이다. 상품가격이 5원이라면 이 기업은 단기에 몇 개를 생산할까?

CHAPTER 8

독점시장

1. 독점시장의 정의
2. 독점의 단기균형과 장기균형
3. 가격차별화
4. 독점과 완전경쟁의 비교
5. 독점의 규제

학습목표

우리들은 한국전력으로부터만 전기를 공급받고 있다. 구매자는 어떤 선택의 여지도 없이 전기요금이 높아지기거나 낮아지거나 상관없이 한전으로부터만 전기를 구매할 수밖에 없다. 이러한 시장을 독점시장이라고 한다. 즉, 판매자가 하나뿐인 시장이 독점시장이다. 독점시장에서는 판매자가 수요감소만 감수한다면 자기가 원하는 대로 가격을 올려 받을 수 있다. 제8장에서는 이러한 독점시장에서 가격과 판매량이 어떻게 정해지며 어떤 문제점이 발생하는지에 대해 공부한다. 그리고 이런 시장은 제7장에서 공부한 완전경쟁시장과 어떤 차이가 있으며, 독점시장은 어떻게 규제될 수 있는지 등에 대해 공부한다.

제8장을 공부한 후에는 다음 물음에 답할 수 있어야 한다.

1. 어떤 시장이 독점시장인지 예를 들어보시오.
2. 독점은 왜 나쁘다고 보는가?
3. 독점시장과 경쟁시장의 차이는 무엇인가?
4. 정부는 독점에 대해 어떻게 해야 하는가?

1. 독점시장의 정의

독점의 조건

독점(monopoly)은 판매자 수가 오직 하나뿐인 시장을 말한다. 그러므로 완전경쟁이 한쪽의 극단적인 시장형태라면 독점은 다른 한쪽의 극단적인 시장형태라고 볼 수 있다. 완전경쟁시장에서는 판매자가 가격에 영향을 미칠 수 있는 아무런 힘을 발휘할 수 없지만, 독점시장에서는 판매자가 가격결정에 절대적인 힘을 발휘할 수 있다. 판매자가 오직 하나뿐이기 때문에 이 판매자는 아무런 경쟁상대도 가지고 있지 않고, 무수히 많은 구매자들은 판매자가 하나뿐이기 때문에 누구로부터 구매할 것인가에 대해 아무런 선택의 여지도 가지지 못한다. 오직 하나뿐인 그 판매자로부터 구매할 수밖에 없다. 그러므로 이러한 시장은 하나뿐인 판매자에 의해 지배되기 마련이다.

그러나 어느 독점자(monopolist)도 그 시장을 100% 완전 지배할 수는 없으며, 적어도 2가지 사항에 대해서는 신경을 쓰지 않을 수 없다. 첫째, 어떤 상품도 대체상품을 갖기 마련이다. 비록 그 대체도의 크기에는 차이가 있을지라도, 모든 상품에는 대체재가 존재한다. 그러므로 어느 독점자도 자기가 판매하는 바로 그 상품과 동일한 상품을 판매하는 경쟁상대는 갖고 있지 않을지라도 대체재의 판매자와는 어느 정도 경쟁관계에 있을 수밖에 없다. 예컨대 담배 수입 개방 이전에 우리나라의 담배 시장은 독점이었다. 그러나 담배 시장도 비록 대체도가 낮긴하지만 껌이나 은단 같은 대체상품과는 어느 정도 경쟁관계에 있었다고 볼 수 있다. 만약 그 대체도가 높다면 그 경쟁관계도 매우 높을 수 있다. 그러므로 비록 독점자라고 할지라도 대체상품과는 어느 정도 경쟁이 이루어질 수밖에 없다.

둘째, 잠재기업(potential entrants)과의 경쟁도 고려해야 한다. 만약 독점시장의 수익성이 너무 좋아 새로운 기업이 이 시장으로 진입한다면 이 독점은 무너지게 된다. 그러므로 현재는 어떤 기업과도 실제적인 경쟁(actual competition)을 하고 있지 않지만, 진입하려고 하는 잠재기업과 잠재적 경쟁(potential competition)은 이루어지고 있는 것이다. 예컨대 담배 수입

개방 이전의 우리나라 담배시장은 외국의 담배 생산기업과 잠재적인 경쟁 관계에 있었다. 현재는 수입이 개방되어 국산 담배는 외국 담배와 실제적으로 경쟁하는 관계가 이루어져 있다.

독점시장은 대체상품의 유무와 진입장벽(barriers to entry)의 크기에 따라 독점의 강도가 달라진다. **대체상품이 적고 진입장벽이 높을수록 더 강한 독점이 된다.**

독점의 발생원인

독점이 나타나는 이유는 기술적 요인과 제도적 요인으로 구분해 볼 수 있다. **기술적 요인은 생산기술 면에서 독점이 다른 시장형태보다 사회적으로 유리하기 때문에 자연적으로 독점이 형성되는 것이다.** 예컨대 어떤 산업의 생산기술이 10,000단위를 생산할 때의 단위당 생산비가 100원이고, 20,000단위를 생산할 때의 단위당 생산비가 70원이고, 30,000단위를 생산할 때의 단위당 생산비가 40원인데, 이 산업의 시장수요가 20,000단위라고 하면 이 시장수요는 한 기업이 모두 생산해 낼 때 사회적으로 가장 유리하다. 한 기업이 20,000단위를 모두 생산하면 한 단위당 생산비가 70원인데, 만약 두 기업이 각각 10,000단위씩 생산하여 시장수요량 20,000단위를 충족시켜준다면 한 단위당 생산비는 100원이 된다. 이와 같이 두 기업이 생산하면 독점은 안 되지만 생산비는 독점일 때의 70원보다 더 높아진다. 따라서 이러한 산업은 자연적으로 독점이 될 수밖에 없으며, 이러한 독점을 **자연독점(natural monopoly)**이라고 한다. 전기, 수도, 가스 등 대부분의 **공익산업(public utilities)**은 생산기술 면에서 이러한 성질을 갖는 자연독점산업이다.

제도적 요인은 생산기술과는 직접 관계없이 주로 소유 관계나 법적인 사정 때문에 독점이 되는 것이다. 예컨대 미국의 Aluminum Company of America라는 회사는 한때 미국 내에서 알루미늄의 주요 원료인 보크사이트 광산을 독점적으로 지배함으로써 알루미늄의 독점 생산자가 되었으며, De Beers Company of South Africa라는 회사는 세계의 다이아몬드 광산을 거의 대부분 지배함으로써 다이아몬드의 독점자가 되었다.

특허권이나 복사권 등은 법적으로 독점을 유지시켜 주는 예들이다. 이러한 제도는 정부가 발명, 기술혁신, 창조적 활동 등을 촉진시키기 위해 정책적으로 도입하고 있는 제도로서 기득권자에게 배타적 독점을 인정해 주는 제도이다.

그리고 정부에 의한 배타적인 허가도 독점의 원인이 된다. 이것은 오랜 옛날부터 사용되어 온 독점의 원인으로서 가장 강력한 독점이 되기도 한다. 정부가 특정인에게만 영업권을 허용하면 그 상품시장은 독점시장이 된다. 예컨대 우편배달은 이러한 요인에 의한 독점이라고 볼 수 있다. 그리고 수입독점 등도 이러한 요인에 의한 독점이다. 정부로부터 수입권을 받은 사람만 그 상품을 수입할 수 있기 때문이다.

사례검토 8.1

다이아몬드의 국제적 독점

세계 다이아몬드 원광석의 80%는 남아프리카공화국에서 생산된다. 그런데 다이아몬드 광산의 소유자들은 모두 담합하여 De Beers사를 유일한 수출 대리인으로 하고 있다. De Beers사는 세계시장에 내놓는 다이아몬드 양을 조정하면서 다이아몬드 가격을 높게 유지시킨다. 나머지 20%는 구소련에서 생산하지만 세계 다이아몬드 시장은 De Beers사에 의해 거의 독점되어 있다.

독점하의 수요곡선과 한계수입곡선

독점자는 시장가격을 스스로 결정할 수 있는 힘을 가지고 있다. 이러한 힘을 **독점력**(monopoly power)이라고 한다. 그런데 독점자는 무턱대고 가격을 정할 수는 없다. 왜냐하면 가격을 높이면 시장수요가 줄 것이기 때문이다. 그러므로 독점자는 수요량을 고려하면서 가격을 정하게 된다. 즉, 독점자가 가격을 높게 책정할 수 있는 힘은 가지고 있지만 수요량 감소는 감수해야 한다.

완전경쟁기업은 시장가격을 결정할 수 있는 힘을 아예 가지고 있지 못하고 오직 시장에서 정해져 오는 가격을 그대로 받아들이는 가격순응자(price taker)일 뿐이다. 그러나 **독점자는 수요량을 고려하면서 스스로 가격을 정할 수 있는 가격설정자(price maker)**이다. 그런데 가격에 의해 독점상품의 수요량이 정해지기 때문에 수요량 Q와 가격 P 사이에는 $Q=f(P)$라는 수요함수가 성립되고, 가격이 올라가면 수요량이 줄어들고 가격이 내려가면 수요량

그림 8-1

독점기업의 수요곡선, 총수입곡선, 한계수입곡선

수요곡선은 우하향하고 한계수입곡선은 수요곡선의 아래에 있으면서 우하향한다. 총수입곡선은 증가하다가 감소한다.

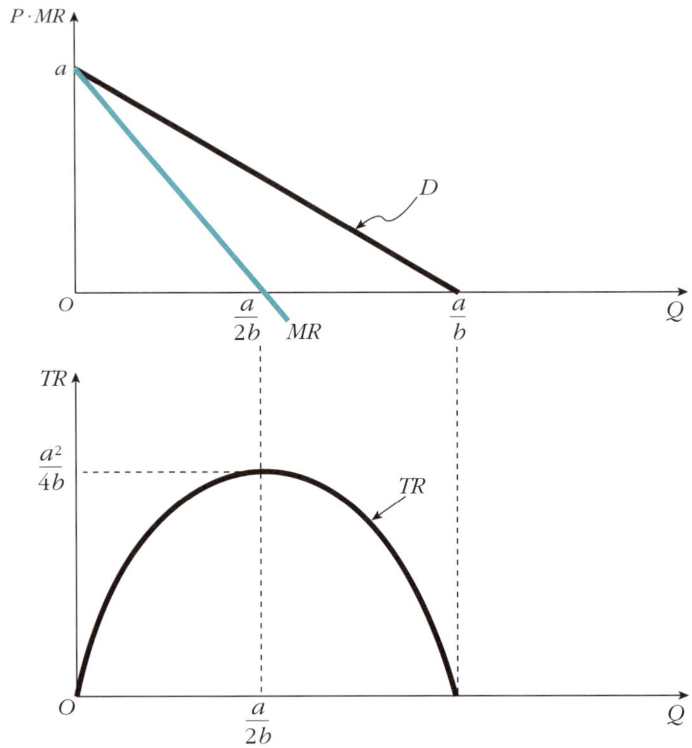

이 올라가기 때문에 $\frac{dQ}{dP} < 0$이 성립한다. Q와 P 사이에 1 대 1 대응관계가 성립한다면 이 수요함수는 $P = f^{-1}(Q) = g(Q)$라는 형태로 고쳐 쓸 수 있으며, 여기서도 $\frac{dP}{dQ} < 0$이 성립한다.

이러한 성질을 갖는 수요함수 중 가장 간단한 함수는 다음과 같은 선형 함수이다.

$$P = a - bQ \quad (a > 0,\ b > 0) \tag{8.1}$$

여기서 a, b는 일정한 값의 상수이다. 이 수요함수는 [그림 8-1]의 D와 같은 우하향하는 직선으로 그려진다. 이것을 독점기업의 수요곡선이라고 한다. **완전경쟁기업의 수요곡선은 수평인 데 비해 독점기업의 수요곡선은 우하향**

하는 기울기를 갖는데, 이것이 이 두 시장의 가장 중요한 차이이다. 이러한 차이가 나는 이유는 완전경쟁기업은 가격순응자이고 독점기업은 가격설정자이기 때문이다.

독점기업의 총수입(TR)은 $P \cdot Q$인데 식 (8.1)에서 $P = a - bQ$이기 때문에 TR은 다음과 같이 도출된다.

$$TR = P \cdot Q = (a - bQ) \cdot Q = aQ - bQ^2 \tag{8.2}$$

식 (8.2)를 그래프로 그리면 [그림 8-1]의 TR과 같으며 이것을 독점기업의 총수입곡선이라고 한다.

독점기업의 한계수입(MR)은 식 (8.2)로부터 다음과 같이 도출될 수 있다.

$$MR = \frac{dTR}{dQ} = a - 2bQ \tag{8.3}$$

식 (8.3)을 그래프로 그리면 [그림 8-1]의 MR과 같으며 이것을 독점기업의 한계수입곡선이라고 한다. **완전경쟁기업의 한계수입곡선은 수평이면서 수요곡선과 일치하였는데, 독점기업의 한계수입곡선은 우하향하면서 수요곡선보다 아래에 위치한다.** 그런데 독점기업의 한계수입곡선은 수요곡선보다 그 기울기가 절대값으로 2배 더 크다. 즉, 수요곡선의 기울기는 그 절대값이 b인데 한계수입곡선의 기울기는 그 절대값이 $2b$이다. 그러므로 한계수입곡선은 y축과 수요곡선 사이의 중간에 위치한다.

사례검토 8.2

ALCOA의 독점

미국의 알루미늄 생산업체인 Aluminum Company of America(ALCOA)는 제2차 세계대전이 끝날 때까지 50년 동안 독점을 유지했었다. 첫 독점은 19세기 말에 보크사이트로부터 산소를 제거하여 알루미늄을 얻어내는 기술에 대해 특허를 얻으면서부터 시작했다. 이 특허권은 1906년에 끝나기로 되어 있었는데, 1903년에 보다 더 효율적인 새 기술을 개발하여 이 기술에 대해 특허를 얻음으로써 ALCOA의 독점은 계속 이어졌다.

이 특허는 1909년 끝나기로 되어 있었는데, 이때 ALCOA는 보크사이트 생산업자와 장기계약을 맺어 다른 업체에게 보크사이트를 제공하지 못하도록 하였다. 보크사이트는 알루미늄을 만드는 필수요소인데 이 계약으로 ALCOA만이 배타적으로 보크사이트를 확보할 수 있었다. 이와 동시에 ALCOA는 외국의 알루미늄 제조업체들과 서로 상대방 국가로는 알루미늄을 수출하지 않는다는 계약을 체결하였다. 그뿐만 아니라 ALCOA는 자기에게 전기를 공급하는 회사와 알루미늄을 생산하는 다른 회사에는 전기공급을 하지 않는다는 계약을 맺었다. 그러므로 미국 내에서는 어느 다른 회사도 알루미늄을 만들 수 없었다. ALCOA는 알루미늄에 대해 계속 독점력을 행사했다.

1912년에는 미국 법원이 이런 계약들은 모두 불법이라고 판결하였다. 그럼에도 불구하고 ALCOA는 계속 독점력을 유지하였는데, 그 방법은 수요증가에 대비하여 미리 생산설비를 확장하면서 신규진입의 매력이 없을 정도까지 알루미늄 가격을 낮추어 책정하는 것이었다.

ALCOA의 독점은 제2차 세계대전이 끝나고서야 종식되었는데, 이는 정부가 전시 중에 건설한 알루미늄공장을 ALCOA 이외의 다른 회사에 판매함으로써 가능했다. 이때부터 Reynolds and Kaiser 알루미늄 회사가 이 시장에 진입하여 알루미늄 시장의 독점이 무너졌다.

2. 독점의 단기균형과 장기균형

단기균형하의 가격과 생산량

독점기업은 가격설정자이기 때문에 이윤을 극대화시킬 수 있는 생산량과 판매가격을 독점기업 스스로가 정한다. 독점기업이 단기에 있어서 이러한 생산량과 판매가격을 어떻게 결정하는지는 [그림 8-2]를 통해 설명할 수 있다.

[그림 8-2]에서 TR는 총수입곡선이고 TC는 FC만큼의 고정비용이 존재하는 단기총생산비곡선이다. π는 초과이윤으로서 $\pi = TR - TC$라는 식으로부터 도출되는데 [그림 8-2]의 π곡선은 TR와 TC의 수직거리를 나타내는 이윤곡선이다. SAC와 SMC는 각각 독점기업의 단기평균비용 및 단기한계

그림 8-2

독점기업의 단기 균형

독점기업은 $MR = SMC$ 조건이 충족되는 생산량인 Q_m을 생산하면서 가격을 P_m에서 정할 때 이윤을 극대화시킬 수 있다.

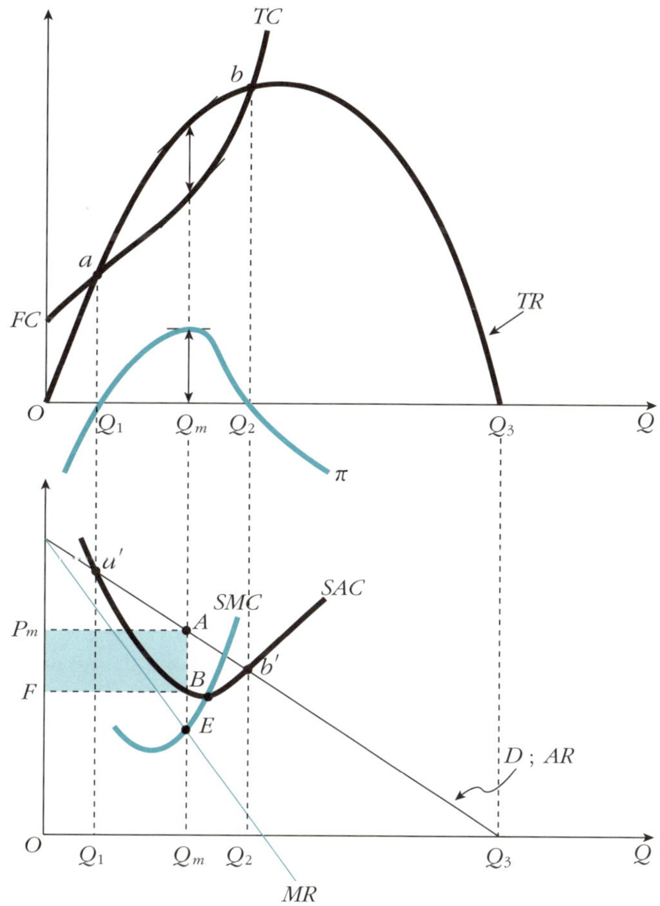

비용곡선이며, 모두 TC로부터 도출될 수 있다. D와 MR는 각각 독점기업이 직면하는 수요곡선 및 한계수입곡선이다. 생산량 Q_1과 Q_2는 a, b점이 나타내는 것처럼 $TR = TC$가 성립되는 생산량이다. 그러므로 이 생산량 수준에서는 당연히 a', b'점에서처럼 평균수입(AR)을 나타내는 수요곡선과 SAC가 교차한다. 그리고 생산량 Q_3에서는 $TR = 0$이고 평균수입, 즉 수요가격도 0이 된다.

독점기업은 이윤, 즉 π가 극대화되는 생산량과 가격을 책정하고자 한다. 앞장에서 이미 도출했듯이 이윤이 극대화되기 위해서는 $MR = MC$이어야 한다. 이러한 조건이 충족되는 생산량은 $MR = SMC$가 충족되는 E점을 기준으로 정해지는 생산량인 Q_m이며, 이 생산량에서 독점자가 부과할 수 있는 최대가격은 수요곡선상의 A점에서 정해지는 가격인 P_m이다. 즉, 독점기업의 단기균형생산량과 판매가격은 각각 Q_m과 P_m이다. 그리고 이때 극대화된 이윤은 생산량 Q_m을 기준으로 π곡선의 수직 높이이고, TR와 TC 사이의 수직거리이다. 이것은 다시 색칠된 부분인 $\square P_m ABF$의 면적과 일치한다.

2개 공장을 가진 독점기업의 단기 균형

기업은 하나의 공장만 가질 수도 있고, 2개 이상의 공장을 가질 수도 있다. 하나의 공장만 가지면 공장의 생산량이 바로 기업의 생산량이 된다. 그러나 2개 이상의 공장을 가지면 기업의 생산량은 각 공장의 생산량을 합계한 값이 된다. 그런데 독점기업이 2개 이상의 공장을 가동시키고 있다면, 이 기업은 이윤을 극대화시킬 수 있는 총생산량을 정하면서, 동시에 이 생산량을 각 공장에 어떻게 배분하여 생산해야 할지도 정해야 한다. 즉, 이 독점기업은 총생산량, 시장가격, 각 공장에의 생산량 배분 등을 동시에 정해야만 한다.

독점기업이 두 개의 공장 A, B를 가동시키면서 [표 8-1]에서와 같은 수요조건과 생산비조건을 가졌다고 가정해 보자. 공장 A는 신설 공장이고 공장 B은 낡은 공장이다. 그러므로 생산량이 증가할 때 생산량 1단위 증가와 함께 나타나는 생산비의 증가분은 공장 A에서보다 공장 B에서 더 높다. 즉, 공장 B의 한계비용 MC_b가 공장 A의 한계비용 MC_a보다 높다($MC_a < MC_b$). MC_a와 MC_b는 [그림 8-3(a)]에 우상향곡선으로 그려져 있는데 MC_b가 MC_a보다 더 높다. 그리고 [표 8-1]로부터 도출된 이 독점기업의 수요곡선 D와 한계수입곡선 MR이 [그림 8-3(b)]에 그려져 있다.

이 독점기업은 생산량을 1단위씩 늘려 갈 때 이 생산량을 어느 공장에서 생산해야 할지를 결정해야 한다. 만약 1단위만 생산한다면, 이 1단위는 당연히 생산비가 낮은 A공장에서 생산될 것이다. [표 8-1]에서 보는 것처럼 공장 A에서 생산하면 1.92원이 소요되고, 공장 B에서 생산하면 2.04원이 소요되기 때문이다. 만약 1단위 더 추가 생산한다면 두 번째 단위도 A공장

표 8-1 독점기업이 직면하는 수요조건과 A, B공장의 생산비조건

Q	P	MR	MC_a	MC_b	MC
1	5.00	-	1.92(1)	2.04(3)	1.92(1)
2	4.50	4.00	2.00(2)	2.14(5)	2.00(2)
3	4.10	3.30	2.08(4)	2.24(7)	2.04(3)
4	3.80	2.90	2.16(6)	2.34(10)	2.08(4)
5	3.55	2.55	2.24(8)	2.44	2.14(5)
6	3.35	2.35	2.32(9)	2.54	2.16(6)
7	3.20	2.30	2.40	2.64	2.24(7)
8	3.08	2.24	2.8	2.74	2.24(8)
9	2.98	2.18	2.56	2.84	2.32(9)
10	2.89	2.08	2.64	2.94	2.34(10)

*( ) 안의 숫자는 생산량 단위를 나타낸다.

그림 8-3 복수공장을 가동하는 독점기업의 단기균형

A공장이 B공장보다 효율적이어서 MC_a가 MC_b보다 아래에 있다. 균형은 $MR = MC = MC_a = MC_b$일 때 달성된다.

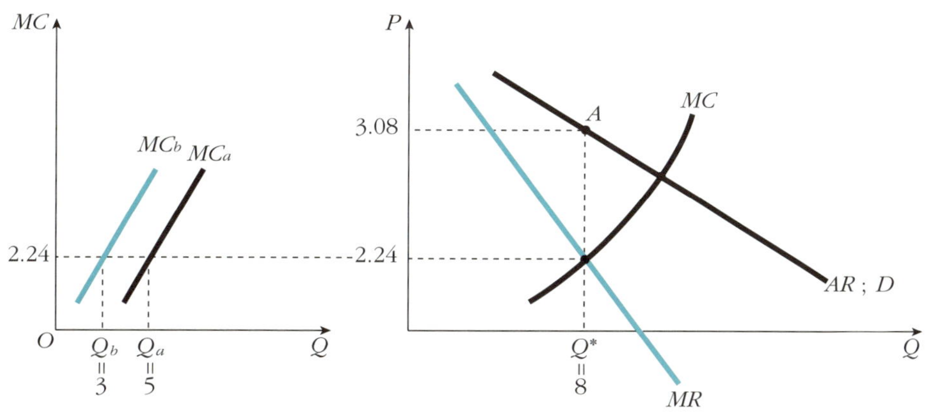

(a) 공장 (b) 기업

에서 생산하는 것이 유리할 것이다. 즉, A공장에서 생산하면 2원이 소요되는데, B공장에서 생산하면 2.04원이 소요될 것이기 때문이다. 또 1단위를 더 추가 생산한다면 3번째 단위는 B공장에서 생산하는 것이 유리하다. 이렇게 생산량을 증가시킬 때 4번째 단위는 A공장, 5번째 단위는 B공장, 6번째 단위는 A공장, 7번째 단위는 B공장, 8번째 단위는 A공장, 9번째 단위도 A공장, 10번째 단위는 B공장에서 생산하게 될 것이다. 각 추가 단위가 어느 공장에서 생산되는 것이 유리한지는 [표 8-1]의 MC_a와 MC_b 옆의 괄호 안에 숫자로 표시되어 있다. 이렇게 하여 구한 각 추가생산 단위의 한계생산비는 MC란에 정리되어 있다. 즉, 독점기업이 생산량을 1단위씩 증가시키면서 이 생산단위를 생산비가 작게 소요되는 방향으로 각 공장에 배분할 때 도출된 이 독점기업의 한계비용은 [표 8-1]의 MC이고, MC는 [그림 8-3]의 MC곡선으로 그려져 있다.

독점기업은 한계수입 MR와 한계비용 MC가 일치하는 생산량에서 이윤을 극대화시킬 수 있다. [표 8-1]에서 이 조건이 만족되는 생산량은 $MR = MC = 2.24$인 8단위이다. 이 8단위는 바로 [그림 8-3]에서 MC와 MR가 교차하는 생산량인 Q^*이다. 이 생산량에서 독점기업이 부과할 수 있는 최대가격은 [표 8-1]에서 3.08이다. 이 가격은 [그림 8-3]의 수요곡선에서도 찾을 수 있다. 그리고 이 독점기업은 각 공장의 한계비용이 모두 2.24가 되도록($MC_a = MC_b = 2.24$) 8단위를 A, B공장에 배분하여 생산한다. 만약 $MC_a < MC_b$이면 생산량을 A공장으로 돌리는 것이 유리하고, 반대로 $MC_a > MC_b$이면 생산량을 B공장으로 돌리는 것이 유리하다. 따라서 $MC_a = MC_b = 2.24$가 되도록 A공장에서는 5단위를 생산하고 B공장에서는 3단위를 생산하여 이 독점기업은 총 8단위를 생산한다. [그림 8-3]에서 $Q_a = 5$일 때 $MC_a = 2.24$이고, $Q_b = 3$일 때 $MC_b = 2.24$이다. 독점기업은 낡은 공장 B에서 보다 효율적인 공장 A에서 더 많은 생산량을 생산하고 있다.

사례검토 8.3

두 개 공장을 가진 독점기업의 의사결정

POSCO는 철강부문의 독점기업이다. 그리고 포항과 광양에 공장이 있다. POSCO가 이윤을 극대화시킬 수 있는 철강생산량이 100만 톤이라면 이 회사는 100만 톤을 포항제철소와 광양제철소에 어떻게 배분하여 생산하는 것이 이윤을 최대화시키는 방법인지 찾아야 한다. 광양제철소는 포항제철소보다 새로운 공장이기 때문에 한계비용이 더 낮을 것이다.

독점의 장기균형

독점기업도 단기적으로는 주어진 고정설비하에서 이윤극대화를 추구할 수밖에 없지만 장기적으로는 모든 생산요소를 가장 유리한 방향으로 조정하면서 이윤을 극대화시켜 나갈 것이다. [그림 8-4]에서 독점의 단기균형은 $SMC_1 = MR$조건을 만족시키는 J점을 기준으로 OQ_1 생산량을 OP_1 가격에 판매하는 것이 될 것이다. 그리고 이때의 극대화된 단기이윤은 □P_1ABF이다. 그러나 장기적으로는 이 이윤에 만족하지 않을 것이다.

독점기업은 장기적으로 더 큰 이윤의 여지가 있으면 고정요소를 조정해 나가면서 새로운 생산량수준과 가격수준을 정할 것이다. [그림 8-4]의 B점은 OQ_1을 생산하는 단위생산비가 최소화되는 점은 아니다. OQ_1을 생산하면서 고정요소의 양을 조정하면 단위생산비는 LAC곡선상의 L점까지 낮출 수 있다. 그러므로 독점기업은 장기적으로 이윤을 더 증가시킬 수 있는 여지를 발견하고 생산설비를 조정해 나간다. 그런데 생산설비를 조정하고 나면 SMC곡선이 이동할 것이기 때문에 이제는 OQ_1이 $SMC = MR$조건을 만족시켜 주는 적정 생산량수준이 되지 못한다. 그러므로 장기적으로 고정설비의 조정과 함께 생산량수준도 조정해 나갈 것이다.

이와 같이 독점기업은 장기적으로 모든 것들을 조정하면서 극대이윤을 추구한다. 더 이상 어떤 것도 조정할 필요가 없게 되는 점이 바로 장기이윤이

그림 8-4

독점기업의 장기균형

독점기업은 $SMC_2 = LMC = MR$가 충족되는 E점을 기준으로 장기균형생산량(Q_m)과 가격(P_m)을 정한다.

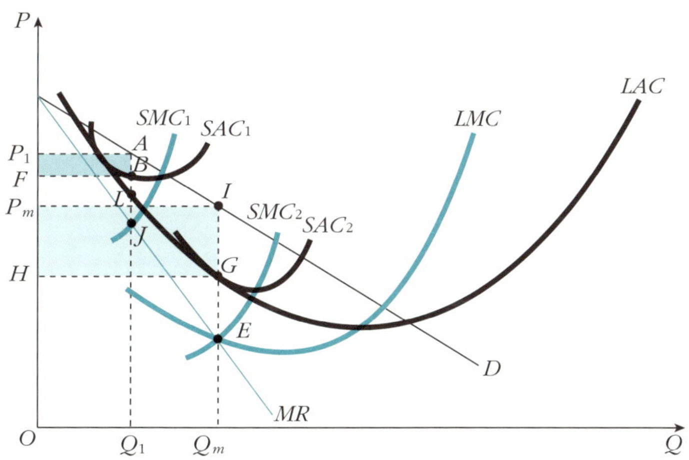

극대화되는 장기균형점이 된다. [그림 8-4]에서 이 점은 바로 E점을 기준으로 정해진다. 고정요소의 양을 조정한 후의 새로운 단기비용곡선들이 SMC_2와 SAC_2인데 E점에서는 $SMC_2 = MR$이기 때문에 생산량을 다시 조정할 필요도 없고, G점에서는 $SAC_2 = LAC$이기 때문에 고정요소를 더이상 조정할 필요도 없다. 이 점에서는 $SAC_2 = LAC$이기 때문이다. 고정요소의 양을 아무리 조정해도 Q_m을 생산하는 단위당 생산비는 이보다 더 낮아질 수 없다.

E점에서는 $SMC_2 = LMC = MR$가 충족되는데 이것이 바로 장기이윤극대화 조건이다. 그러므로 E점을 기준으로 한 생산량 OQ_m이 장기적으로 이윤을 극대화시키는 생산량이 된다.

이때의 가격은 I점을 기준으로 OP_m에서 정해진다. 그리고 극대화된 장기이윤은 $\square P_mIGH$이다. 이 이윤은 단기극대이윤인 $\square P_1ABF$보다 반드시 크다. 그렇지 않으면 독점기업이 단기균형점에서 장기균형점으로 이동할 이유가 없다. 이와 같이 독점기업의 장기균형조건은 $SMC = LMC = MR$이고 이 조건이 충족되는 생산량(Q_m)에서는 $SAC = LAC$도 충족된다.

완전경쟁기업의 장기균형에서는 초과이윤이 완전히 소멸되었지만, 독점기업의 장기균형에서는 오히려 초과이윤이 더 증대되었다. 그 이유는 바로 진입장벽 때문이다. 완전경쟁시장에서는 초과이윤을 노려 진입이 무한으로 이루어질 수 있기 때문에 시장가격이 하락하여 초과이윤이 소멸하였지만 독점시장에서는 진입이 완전히 봉쇄되어 있기 때문에 이러한 현상이 발생하지 않는다. 만약 진입이 이루어진다면 이 시장은 이미 독점시장이 아니다.

3. 가격차별화

독점기업은 가격설정자이기 때문에 자기에게 유리하다고 판단되면 동일 상품에 대해서도 여러 가지 다른 가격을 정하는 가격차별화(price discrimination)를 시행할 수 있다. 이러한 가격차별화가 실시되기 위해서는 적어도 세 가지 조건이 충족되어야 한다. **첫째, 판매자가 독점력을 가져야 한다.** 즉, 판매자가 가격을 정할 수 있는 힘을 가져야 한다. 완전경쟁기업은 이러한 독점력을 가지지 못하기 때문에 완전경쟁시장에서는 가격차별화가 이루어질 수 없다. **둘째, 가격이 차별되는 시장은 서로 완전히 차단되어 있어야 한다.** 그렇지 않다면 가격이 낮게 책정되는 시장에서 구매하여 가격이 높게 책정되는 시장에서 재판매하는 현상이 일어날 것이기 때문에 가격차별화가 유지될 수 없다. **셋째, 가격이 차별되는 시장 사이에는 수요의 가격탄력성이 달라야 한다.** 만약 이 시장들에서 수요탄력성이 똑같다면 이것이 수요조건이 동일하다는 것을 의미하기 때문에 동일한 수요조건을 갖는 소비자에게는 다른 가격을 부과시킬 수 없다.

가격차별화는 세 가지 유형으로 구분되어진다. 첫째는 제1차 가격차별화로 동일상품 하나 하나에 모두 다른 가격이 정해지는 것을 말하며, 둘째는 제2차 가격차별화로 소비 그룹별로 다른 가격이 정해지는 것을 말하며, 셋째는 제3차 가격차별화로 분리된 시장별로 다른 가격이 정해지는 것을 말한다.

제1차 가격차별화

제1차 가격차별화(first degree price discrimination)는 상품 한 단위 한 단위에 각기 다른 가격을 책정하면서 모든 상품 단위에 대해 가능한 한 최대의 가격을 부과시키는 것으로서 완전가격차별화(perfect price discrimination)라고도 한다. [그림 8-5]에서 가격차별화가 실시되지 않는다면, 독점기업은 OP_m이라는 한 가지 가격으로 OQ_m만큼 판매하면서 $\square P_mBIH$만큼의 초과이윤을 벌 것이다. 이때는 P_mAB만큼의 소비자잉여가 존재한다.

그러나 이 독점기업이 완전가격차별화를 시행할 수 있다면 각 판매단위에는 모두 다른 가격이 정해질 것이다. 독점기업은 A점으로부터 출발하여 수요곡선 D를 따라 한 단위 한 단위에 대해 개별적으로 각기 다른 가격을 부과시키면서 판매량을 확장해 나간다. 예컨대 [그림 8-5]에서 첫 번째 판매단위에 대해서는 P_1까지 지불하려는 소비자가 있기 때문에 이 소비자에게는 P_1이라는 가격을 부과하고, 두 번째 판매단위에 대해서는 P_2까지 지불하려는 소비자가 있기 때문에 이 소비자에게는 P_2라는 가격을 부과한다.

이러한 가격차별화가 시행되면 $P > MC$로 인한 독점자는 생산량을 증가

그림 8-5

제1차 가격차별화

가격차별화 이전에는 생산량이 Q_m이었으나 제1차 가격차별화 이후에는 생산량이 Q_c로 증가한다. 색칠된 부분의 소비자잉여는 모두 판매자의 수입으로 넘어간다.

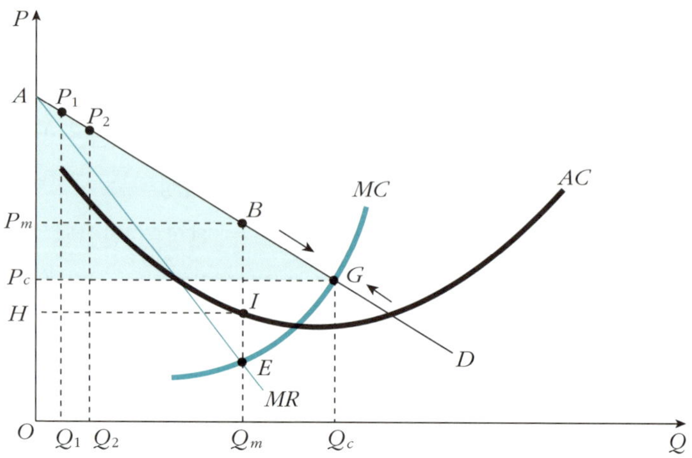

시켜 나갈 것이다. 추가생산단위의 생산비는 MC인데, 가격은 이보다 높은 P이기 때문에 이 추가단위의 상품은 $P-MC$만큼 순이윤 증대를 가져오기 때문이다. 그러므로 독점자는 $P=MC$되는 점까지 판매량을 확장해 나갈수록 이윤을 증대시킬 수 있다. 이 점이 바로 G점이다. 즉, 독점자는 완전가격차별화를 시행할 때 생산량을 OQ_c까지 확장해 나가게 된다. 이때 가장 높게 판매된 상품의 가격은 $OA(=P_1)$이고,[1] 가장 낮게 판매된 상품의 가격은 OP_c이다. 이렇게 완전가격차별화가 시행되고 나면 소비자잉여는 모두 생산자의 수입으로 돌아간다. 만약 OQ_c가 모두 OP_c라는 한 가지 가격에 판매된다면 ΔP_cAG는 소비자잉여가 발생할 것이다. 그러나 제1차 가격차별화하에서는 이 부분이 모두 생산자의 수입으로 되어 버린다.

제1차 가격차별화가 시행되면 생산량이 Q_c로 확장되고, 이 생산량에서는 완전경쟁시장의 균형에서처럼 $P=MC$가 충족되기 때문에 자원배분의 효율성이 달성된다. 이 생산량 수준에서는 배분의 효율성이 달성되어 (소비자잉여+생산자잉여)의 값이 극대화되지만 이 잉여분의 합계액은 모두 생산자에게로 돌아간다. 그러므로 완전가격차별화는 생산자에게 가장 유리한 가격제도이다.

---

1) 상품수가 무수히 많다면 A 점과 P_1 점은 점점 일치해 간다.

사례검토 8.4

판화의 가격차별화

판화 작가는 한 개의 원판으로부터 제한된 수의 판화만을 찍어낸다. 만약 한 원판으로부터 5개의 판화를 찍었다면 이 5개는 동일한 상품이 된다. 이 5개의 판화를 한꺼번에 시장에 내놓고 팔았을 때 [그림 8-6]의 DD와 같은 수요곡선이 형성되고 공급곡선 SS와 교차하는 E점에서 개당 100만원이라는 시장가격이 형성되었다면, 이 작가는 500만원의 판매수입을 벌 수 있다. 그리고 소비자는 500만원의 소비자잉여를 누린다. 그런데 이 작가는 5개를 한꺼번에 팔지 않고 먼저 1개만 시장에 내놓을 수 있다. 이렇게 하면 첫 번째 판화는 A점에서 가격이 정해진다. 즉, 첫 번째 판화는 300만원에 가장 절실히 원하는 수요자에 의해 구매된다. 첫 번째 판화를 판 후, 두 번째 판화를 시장에 내놓으면 이 판화는 그 다음 절실히 원하는 수요자에 의해 B점에서 가격이 정해진다. 즉, 두 번째 판화는 250만원에 팔 수 있다. 이런 판매방식을 계속하면 세 번째 판화는 200만원, 네 번째 판화는 150만원, 다섯 번째 판화는 100만원에 팔 수 있다. 작가의 총판매 수입은 1,000만원이 된다. 이와 같이 완전가격차별화를 시행하니 소비자잉여였던 500만원이 판매자수입으로 되어 판매자가 1,000만원의 판매수입을 번다.

그림 8-6

판화의 가격차별화

색칠된 부분의 면적 500만원이 소비자잉여인데 완전가격차별화하에서는 이 부분이 모두 판매자의 수입으로 넘어간다.

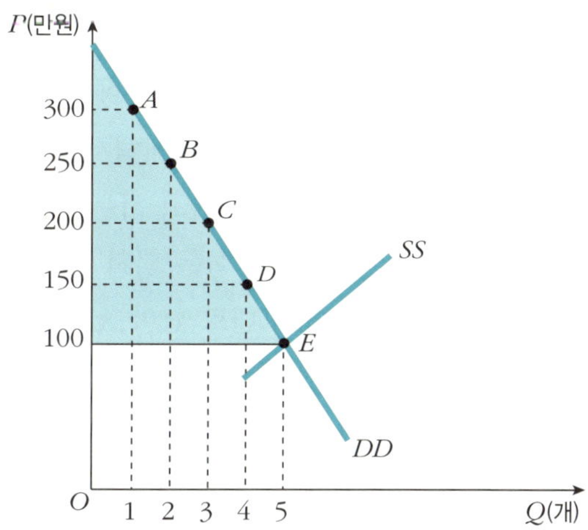

제2차 가격차별화

상품 한 단위 한 단위에 각기 다른 가격이 부과되는 것이 아니라 **상품이 몇 개의 그룹으로 구분되어 그룹별로 각기 다른 가격이 부과되는 것을 제2차 가격차별화(second degree price discrimination)라고 한다.** 이때 같은 그룹 내의 각 상품들에게는 똑같은 가격이 부과된다.

[그림 8-7]에서 상품수요는 OQ_1, Q_1Q_m, Q_mQ_c 등 3개 그룹으로 구분되

그림 8-7

제2차 가격차별화

생산량이 Q_m에서 Q_c로 증가하면서 색칠된 부분만이 소비자잉여로 남는다.

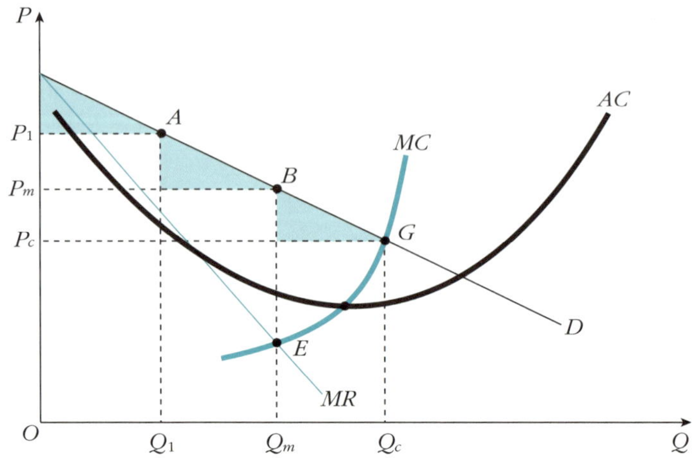

고 OQ_1 상품그룹 내의 모든 상품에 대해서는 OP_1 가격이 부과되고 Q_1Q_m 상품그룹 내의 모든 상품에 대해서는 OP_m 가격이 부과되고, Q_mQ_c 상품그룹 내의 모든 상품에 대해서는 OP_c 가격이 부과된다. 이러한 가격차별화를 제2차 가격차별화라고 하는데, 제2차 가격차별화는 제1차 가격차별화만큼 완벽한 가격차별화는 되지 못한다. 그러므로 이때는 색칠된 부분만큼의 소비자잉여가 그대로 남아 있게 된다. 완전가격차별화(제1차 가격차별화)에서는 이 부분들이 모두 판매자의 수입으로 되어 판매자의 혜택으로 돌아갔다. 이때도 가격차별화가 시행되지 않으면 이윤을 극대화시키는 단일가격은 OP_m이고, 이 가격에서 OQ_m만큼 판매된다.

제2차 가격차별화에서도 생산량이 $P=MC$가 성립되는 G점까지 증가하기 때문에 OQ_m에서 생산량이 정해지는 단일가격 독점균형에서보다는 배분의 효율성이 향상되고 있다. 즉, 소비자잉여는 감소하지만 배분의 효율성은 향상되고 있다.

제3차 가격차별화

제3차 가격차별화(third degree price discrimination)는 동일상품을 완전히 분리된 2개 이상의 시장에 판매하면서 각 시장에서 각기 다른 가격을 부과시키는 것을 말한다. 이때 각 시장은 각기 다른 수요탄력성을 가진다. 만약 수요탄력성이 똑같다면 똑같은 시장이 되기 때문에 가격이 차별화될 수 없다.

그림 8-8 **제3차 가격차별화**

탄력성이 낮은 A시장에서는 높은 가격을 정하고, 탄력성이 높은 B시장에서는 낮은 가격을 정한다.

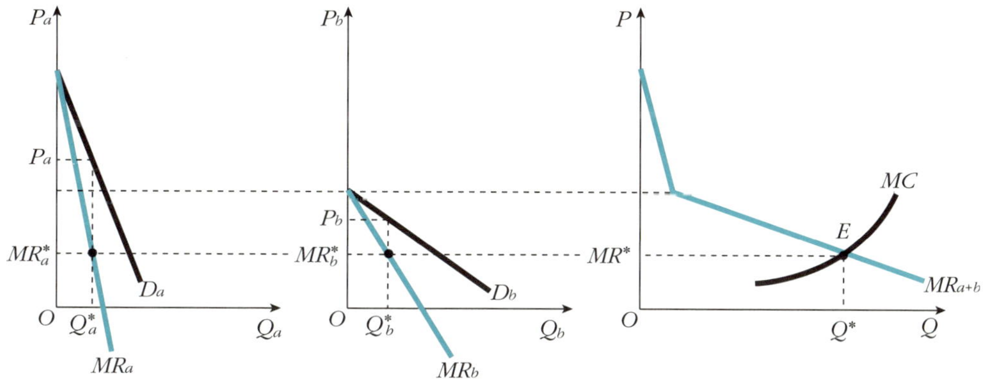

(a) 시장 A (b) 시장 B (c) 기업

예컨대 시장 A와 시장 B에서 동일상품을 판매하는데 이 두 시장은 완전히 분리된 시장이고 시장 A의 수요탄력성보다 시장 B의 수요탄력성이 더 크다고 가정해 보자. 이때 각 시장의 수요곡선은 [그림 8-8]의 D_a와 D_b와 같이 그려질 수 있다. 그러므로 MR_a와 MR_b는 각 시장의 한계수입곡선이 된다.

독점기업은 두 시장 모두에서 상품을 판매하기 때문에 각 시장에서 가지는 한계수입곡선들을 수평적으로 합계함으로써 자기의 전체적인 한계수입곡선을 도출할 수 있다. 이렇게 도출된 한계수입곡선이 MR_{a+b}이다. 그리고 MC는 이 기업의 한계비용곡선이다. 그러므로 이 기업의 이윤극대화 산출량은 $MR_{a+b}=MC$가 충족되는 E점을 기준으로 Q^*에서 정해진다. 이때 이 기업의 한계수입은 MR^*인데 시장 A에서 한계수입이 MR_a^*가 되는 판매량은 Q_a^*이고 시장 B에서 한계수입이 MR_b^*가 되는 판매량은 Q_b^*이다. 즉, $MR^*=MR_a^*=MR_b^*$이고 $OQ_a^*+OQ_b^*=OQ^*$이다. 만약 $MR_a^*>MR_b^*$이면 판매량을 B시장에서 A시장으로 이동시키는 것이 유리하고, $MR_a^*<MR_b^*$이면 그 반대가 유리하다. 그러므로 균형에서는 $MR_a^*=MR_b^*$이다.

그런데 시장 A에서는 OQ_a^*만큼을 판매하기 위해 OP_a까지의 가격을 부과시킬 수 있으며, 시장 B에서는 OQ_b^*만큼을 판매하기 위해 OP_b까지의 가격을 부과시킬 수 있다. 즉, 이 기업은 총판매량 OQ^* 중 OQ_a^*만큼을 시장 A에서 판매하면서 OP_a라는 가격을 책정하고 OQ_b^*만큼을 시장 B에서 판매하면서 OP_b라는 가격을 책정하는 것이 최대이윤을 확보할 수 있는 방법이다. 그러므로 판매자는 동일상품인데도 각 시장에서 가격을 달리 부과할 수 있으며 이러한 가격차별화를 제3차 가격차별화라고 한다.

그런데 두 가격을 비교하면 $OP_a > OP_b$이다. 그리고 두 시장의 수요탄력성을 비교하면 $\eta_a < \eta_b$이다(η_a는 A시장의 수요탄력성, η_b는 B시장의 수요

가격탄력성과 가격차별화 — 추가학습 8.1

제3차 가격차별화는 수식으로도 간단하게 증명될 수 있다. 기업의 총수입 함수는 다음과 같이 표시될 수 있다.

$$TR = TR_a(Q_a) + TR_b(Q_b)$$

여기서 TR은 총수입, TR_a는 시장 A에서 번 수입, TR_b는 시장 B에서 번 수입이다. 그리고 총비용함수(TC)는 $TC = TC(Q_a + Q_b)$로 표시할 수 있다. 그러므로 이 기업의 이윤식은 다음과 같다.

$$\pi = TR_a(Q_a) + TR_b(Q_b) - TC(Q_a + Q_b) \qquad (8.4)$$

이윤이 극대화되기 위해서는 다음 등식이 충족되어야 한다(2차조건은 충족된다고 가정한다).

$$\frac{\partial \pi}{\partial Q_a} = \frac{\partial TR_a}{\partial Q_a} - \frac{\partial TC}{\partial Q_a} = 0 \qquad (8.5a)$$

$$\frac{\partial \pi}{\partial Q_b} = \frac{\partial TR_b}{\partial Q_b} - \frac{\partial TC}{\partial Q_b} = 0 \qquad (8.5b)$$

식 (8.5a)와 (8.5b)는 각각 $MR_a = MC$와 $MR_b = MC$로 표현될 수 있다. 즉, 이윤이 극대화되기 위해서는 $MR_a = MR_b = MC$가 충족되어야 한다. 그런데 일반적으로 $MR = P(1 - 1/\eta)$로 표현되기 때문에 균형에서는 $MR_a = P_a(1 - 1/\eta_a) = MR_b = P_b(1 - 1/\eta_b) = MC$라는 등식 역시 성립된다.[2] 그러므로 $\eta_a < \eta_b$이면 반드시 $P_a > P_b$이어야 한다. 즉, 수요 탄력성이 작은 시장에서는 높은 가격이 책정되고, 수요탄력성이 큰 시장에서는 낮은 가격이 책정된다.

---

2) $TR = P(Q) \cdot Q$이기 때문에 $MR = dTR/dQ = P + Q(dP/dQ) = P\left(1 + \frac{Q}{P} \cdot \frac{dP}{dQ}\right) = P(1 - 1/\eta)$.
여기서 η은 탄력성의 절대값이다.

탄력성). 즉, **탄력성이 낮은 시장에서는 높은 가격이 책정되고 탄력성이 높은 시장에서는 낮은 가격이 책정된다.** 탄력성이 높은 시장(시장 B)에서 가격이 높아지면 수요량이 매우 탄력적으로 감소할 것이기 때문에 이 시장에서는 가능한 한 가격을 낮게 책정하고, 탄력성이 낮은 시장(시장 A)에서는 가격이 높아져도 수요량이 비교적 비탄력적으로 감소할 것이기 때문에 이 시장에서는 가격을 다소 높게 책정하는 것이 이 기업의 이윤을 증대시켜 주는 가격전략이다.

예컨대 국내시장과 해외시장에서 물건을 판매하는 기업은 국내시장에서는 높은 가격을 책정하고 해외시장에서는 낮은 가격을 책정하는 것이 일반적이다. 즉, 내수가격보다 수출가격이 낮은 것이 보통이다. 그 이유는 국내시장과 해외시장이 완전히 차단되어 있기 때문에 일단 가격차별화가 가능하다는 것이며 동시에 해외시장은 국내시장에 비해 시장 경쟁이 높고 수요가 탄력적이기 때문에 국내시장에 비해 가격을 낮게 책정할 수밖에 없다는 것이다.

사례검토 8.5

조조영화 왜 입장료가 낮을까?

같은 영화라도 오전에 상영하는 조조요금은 오후와 저녁에 상영하는 영화관람료보다 싸다. 일반관람료가 8,000원이면 조조관람료는 6,000원이다. 같은 상품인데도 왜 다른 가격이 매겨질까?

영화관람 시장을 오전 시장과 그 외 시간대의 시장으로 구분하면, 첫째 완전한 시장분리가 가능하다. 오전 시장에서 구매해 저녁 시장에서 재판매하는 것은 불가능하다. 둘째 두 시장에서의 수요탄력성이 다르다. 오전 영화관람 시장이 야간 영화관람 시장보다 수요가 더 탄력적이다. 관람료를 높이면 오전 시장의 관람객은 쉽게 저녁 시장으로 옮겨갈 수 있는 반면, 저녁 시장 관람객은 쉽게 오전 시장으로 옮겨갈 수 없기 때문이다. 오전에 영화관람을 할 수 있는 사람은 저녁에도 가능한 것이 보통인 반면, 저녁에 영화관람을 하는 사람은 오전 시장으로 옮겨가기 어려운 사람들이 대부분이다.

오전 영화관람 시장이 저녁 시장보다 더 탄력적이면 관람료는 오전에 낮아지고 저녁에 높아질 것이 분명하다. 같은 원리에서 심야 전화요금은 낮 전화요금보다 왜 싼지 연구해 보시오.

4. 독점과 완전경쟁의 비교

가격설정자와 가격순응자

독점기업은 가격설정자(price maker)이고 완전경쟁기업은 가격순응자(price taker)이다. 독점기업은 가격설정자로서 자기가 판매가격을 정할 수는 있지만 가격을 높이면 수요량이 감소하는 것을 감수해야 한다. 따라서 독점은 [그림 8-9]의 왼쪽 위 그래프에서처럼 우하향하는 수요곡선을 갖고 한계수입곡선이 수요곡선의 아래에 위치한다.

반면에 완전경쟁기업은 가격순응자에 불과하기 때문에 시장에서 정해진

그림 8-9

독점과 완전경쟁의 차이

독점균형에서는 $P>MC$이고 완전경쟁균형에서는 $P=MC$이다.

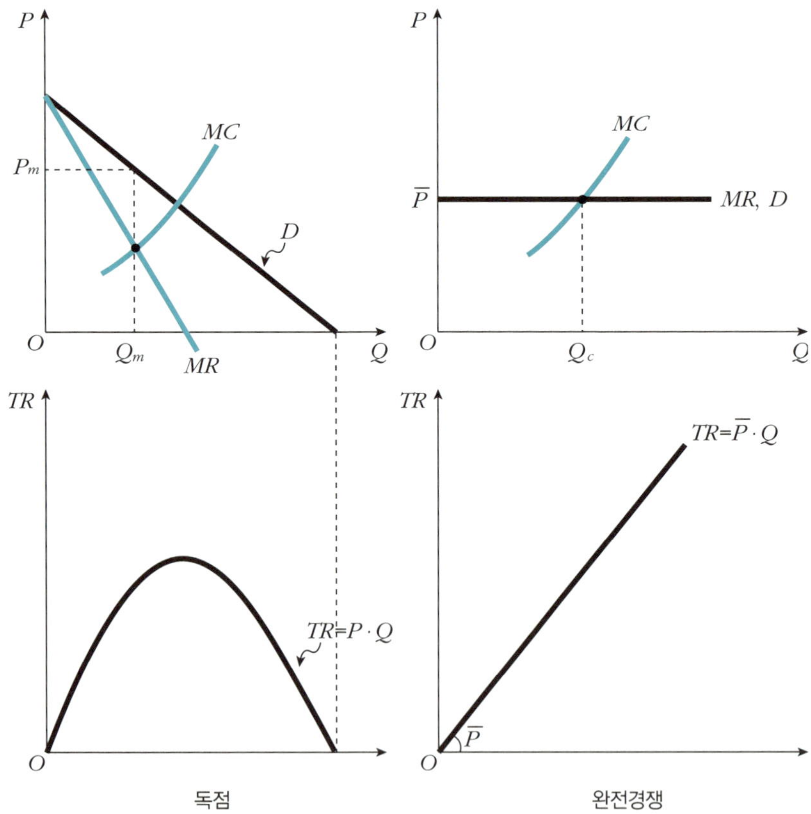

가격을 그대로 받아들이고 이 가격에서 얼마만큼 판매할 것인가만 정할 수 있을 뿐이다. 따라서 수요곡선 [그림 8-9]의 오른쪽 위 그래프에서처럼 수평이고, 한계수입곡선과 일치한다.

독점기업은 수요곡선이 우하향하기 때문에 총수입곡선은 [그림 8-9]의 왼쪽 아래 그래프에서처럼 곡선으로 그려진다. 반면에 완전경쟁기업은 수요곡선이 시장가격에서 수평이기 때문에 총수입곡선은 오른쪽 아래 그래프에서처럼 원점에서부터 출발하여 기울기가 $\overline{P}$인 직선으로 그려진다.

독점기업의 균형은 [그림 8-9]의 왼쪽 위 그래프에서처럼 우하향하는 MR곡선이 MC곡선과 교차하는 점을 기준으로 생산량 Q_m과 가격 P_m에서 정해진다. 그런데 MR곡선이 수요곡선보다 아래에 위치하기 때문에 가격은 한계비용보다 높다. 즉, **독점의 균형에서는 항상 $P > MC$이다.**

반면에 완전경쟁기업의 균형은 [그림 8-9]의 오른쪽 위 그래프에서처럼 수평인 MR곡선이 MC곡선이 교차하는 점을 기준으로 생산량 Q_c와 같은 $\overline{P}$에서 정해진다. 그런데 MR곡선이 수요곡선과 일치하기 때문에 가격은 한계비용과 일치한다. 즉, **완전경쟁기업의 균형에서는 항상 $P = MC$이다.**

독점의 사회적 비용

독점하에서는 항상 $P > MC$가 되도록 가격이 결정되기 때문에 이로 인해 사회후생(social welfare)의 손실이 초래된다는 것이 이론적으로 설명되는 독점의 사회적 비용이다. 가격(P)이란 사회가 그 상품의 최종 소비단위에 부여해 주는 한계가치이다. 예컨대 [그림 8-10]에서 소비단위가 0으로부터 1단위씩 증가해 나가면 가격은 G점으로부터 출발하여 수요곡선을 따라 점점 하락할 것인데 독점판매량 OQ_m의 최종단위에 해당하는 Q_m점에 있는 소비단위에 대해 사회는 $Q_mA\,(= OP_m)$라는 가치를 부여해 주고 있다. 그러므로 독점가격 OP_m은 Q_m점에 있는 소비단위의 **사회적 한계가치**(social marginal value)라고 할 수 있다. 이것을 Q_m점 소비단위의 **유보가격**(reservation price)이라고도 한다.

반면에 한계비용(MC)은 그 소비단위를 생산하기 위해 소요되는 **사회적 한계비용**(social marginal cost)이다. 예컨대 [그림 8-10]에서 Q_m점에 있는 소비단위를 생산하기 위해서는 그 사회가 Q_mE만큼의 비용을 감당해 내

그림 8-10

독점력으로 인해 후생손실

EAB의 면적이 독점의 사회적 비용인데 CAB는 소비자잉여가 사라진 부분이고, ECB는 생산자잉여가 사라진 부분이다.

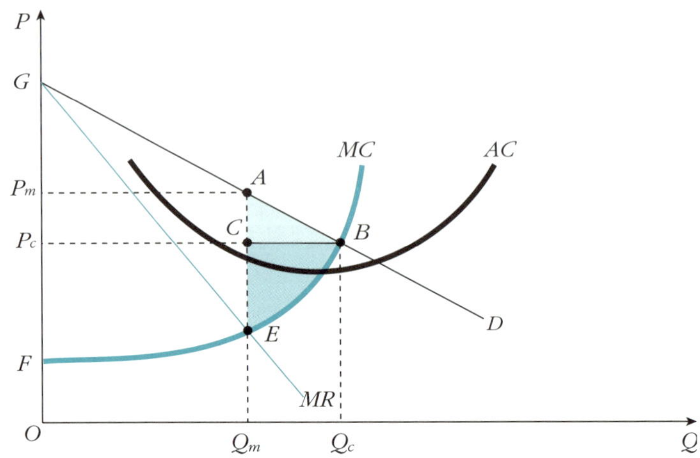

야 하기 때문에 이때의 사회적 한계비용은 Q_mE이다.

완전경쟁에서는 사회적 한계가치인 P와 사회적 한계비용인 MC가 일치하도록($P=MC$) 균형이 성립된다. 그러므로 [그림 8-10]에서 완전경쟁균형에 상응하는 점은 $OP_c=MC$가 성립되는 B점이 된다. 즉, [그림 8-10]에서 완전경쟁균형에 상응하는 산출량과 가격은 각각 Q_c와 P_c이다. 그러나 $MC=MR$가 성립되는 독점균형산출량 OQ_m에서는 가격이 한계비용보다 높다($OP_m > MC = Q_mE$).

이와 같이 완전경쟁 균형에서는 $P=MC$이지만 독점균형에서는 $P>MC$이기 때문에 독점하에서는 사회후생이 극대화되지 못한다. 즉, 독점하에서는 사회후생의 손실이 발생한다. [그림 8-10]에서 생산량이 Q_m으로부터 Q_c까지 점점 증가하면 추가생산 단위들이 야기시키는 생산비는 MC곡선을 따라 E점에서 B점까지 증가하지만 이때 추가생산 단위들에 대해 사회가 부여하는 가치는 수요곡선(D)을 따라 A점에서 B점까지 감소한다. 즉, 생산량이 Q_m에서 Q_c까지 증가할 때 총생산비는 Q축의 윗부분 중 Q_mEBQ_c로 둘러싸인 부분의 면적만큼 증가하지만, 이 상품에 대해 사회가 부여해 주는 총가치는 Q_mABQ_c로 둘러싸인 부분의 면적만큼 증가한다. 그러므로 생산량이 Q_m에서 Q_c로 증가할 때는 색칠된 부분 $EAB(=Q_mABQ_c-Q_mEBQ_c)$만큼 사회후생의 순증가가 이루어진다.

즉, 생산량이 독점산출량인 OQ_m으로부터 완전경쟁산출량인 OQ_c로 증가하면 EAB만큼 사회후생의 순증가가 발생한다. 만약 생산량이 Q_c로부터 더 증가하면 이때부터는 사회적 한계비용(MC)이 사회적 한계가치(P)보다 더 높기 때문에 사회후생은 오히려 감소한다. 그러므로 사회후생은 산출량이 OQ_c일 때 극대화되고 그보다 많거나 적을 때는 감소하게 된다. 독점하에서는 산출량이 OQ_m 수준에서 멈추기 때문에 사회후생이 극대화되지 못하고 있다. 즉, **독점으로 인하여 산출량 Q_c까지 확장되지 못하기 때문에 EAB만큼의 사회후생 손실이 발생하는데 이것이 바로 독점의 사회적 비용(social cost of monopoly)이다.**

독점의 사회적 비용은 소비자잉여와 생산자잉여의 감소분으로도 설명될 수 있다. [그림 8-10]에서 완전경쟁산출량 OQ_c가 생산될 때는 ΔP_cGB가 소비자잉여(cosumer's surplus)이고 FP_cBEF가 생산자잉여(producer's surplus)이다. 독점으로 인해 생산량이 OQ_m으로 감소하면 소비자잉여는 ΔP_mGA로 감소하는데 감소분 $P_cP_mABP_c$ 중 $\square P_cP_mAC$는 소비자잉여에서 생산자잉여로 넘어간 부분이지만 ΔABC는 생산자잉여로 넘어가지도 못하고 완전히 사라져 버린 부분이다.

생산량이 OQ_m으로 감소할 때 생산자잉여는 FP_mAEF로 변화하는데 그 전의 생산자잉여와 비교하면 $\square P_cP_mAC$는 새로 증가한 부분이고 ECB는 감소한 부분이다. 새로 증가한 부분 $\square P_cP_mAC$는 소비자잉여로부터 넘어온 부분이기 때문에 사회 전체적으로는 변화한 부분이 아니다. 그러나 ECB는 생산자잉여로부터 사라졌는데도 소비자잉여로 넘어가지도 못했기 때문에 이 부분은 생산량이 OQ_c로부터 OQ_m으로 감소함으로써 완전히 사라져 버린 생산자잉여의 감소분이 된다.

그러므로 **생산량이 완전경쟁생산량인 OQ_c로부터 독점생산량인 OQ_m으로 감소하면 ΔCAB만큼의 소비자잉여가 증발해 없어져 버리고, 동시에 ECB만큼의 생산자잉여가 증발해 없어져 버리기 때문에 이들을 합한 만큼의 사회후생이 완전히 증발해 버리며 이러한 후생손실을 독점력으로 인한 사중적 후생손실(dead-weight welfare loss)이라고 한다. 소비자잉여의 감소분은 수요곡선이 탄력적**

일수록 적어지고, 생산자잉여의 감소분은 한계생산비가 완만하게 상승할수록 적어진다.

독점도의 측정

독점하에서는 완전경쟁에 비해 생산량이 줄어들고 가격이 높아진다. 즉, 완전경쟁하에서는 $P = MC$인 반면, 독점하에서는 $P > MC$이다. 그러므로, 가격(P)이 한계비용(MC)보다 높아지는 정도를 기준으로 독점도를 측정하기도 하는데 이때 사용되는 지수로 러너지수(Lerner index)가 있다. **러너지수(L)는 $L = \frac{P - MC}{P}$로 정의되는데 완전경쟁하에서는 $P = MC$이기 때문에 $L = 0$이고, 독점하에서는 $P > MC$이기 때문에 $L > 0$이다. 그러므로 L이 크면 클수록 독점도가 높아진다.**

만약 한계비용이 일정하다고 가정해 두면 [그림 8-11]에서와 같이 한계비용곡선은 수평이며 $MC = AC$이다. 이때 독점균형하의 가격과 생산량은 각각 OP_m과 OQ_m이고, 경쟁균형하의 가격과 생산량은 각각 OP_c와 OQ_c이다. 그러므로 완전경쟁하의 러너지수값은 $L = \frac{Q_cB - Q_cB}{Q_cB} = 0$이고 독점하의 러너지수값은 $L = \frac{Q_mA - Q_mE}{Q_mA} = \frac{AE}{Q_mA}$이다.

$MR = P(1 - 1/\eta)$이고(η는 수요의 가격탄력성), 균형에서는 $MR = MC$이기 때문에 러너지수는 $L = \frac{P - MC}{P} = \frac{P - P(1 - 1/\eta)}{P} = \frac{1}{\eta}$이 된다. 즉, **균형점에서 수요곡선이 탄력적이면 러너지수값이 작아지고 비탄력적이면 러너지수**

그림 8-11

독점도의 측정

독점도의 크기는 AE/Q_mA인데, 수요곡선이 탄력적일수록 이 값은 작아진다.

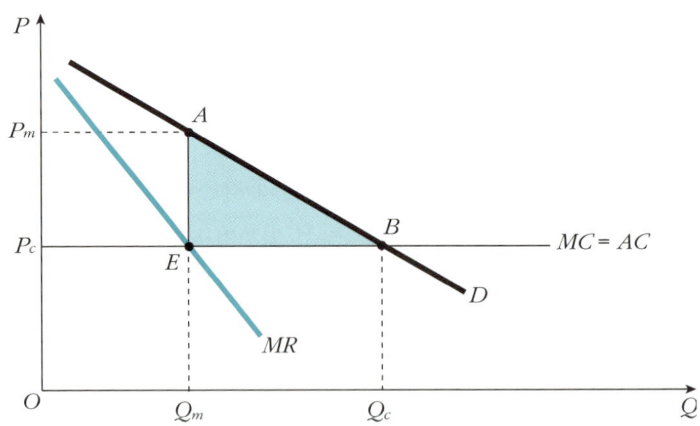

값이 커진다. 완전경쟁하에서는 수요곡선이 수평이고 수요탄력성이 ∞이기 때문에 $L=0$이 되고, 독점하에서는 수요곡선이 우하향이기 때문에 탄력성 값이 작아지고 L의 값은 커진다.

5. 독점의 규제

자연독점의 가격규제

자연독점은 생산 기술상 독점이 불가피한 독점이기 때문에 독점 자체는 그대로 유지하면서 독점적 폐해만을 제거하기 위해 정부가 가격규제를 실시하는 것이 일반적이다. 자연독점은 [그림 8-12]에서처럼 평균생산비(AC)가 계속 하락하는 산업에서 나타나는 독점으로 정부에 의한 가격규제가 없으면 이 독점의 균형가격과 균형생산량은 각각 OP_m과 OQ_m이 되고 색칠된 부분 만큼의 극대화된 독점이윤이 발생한다. 즉, 생산량을 제한하여 가격을 높이는 독점적 폐해가 그대로 나타난다.

정부는 이러한 독점적 폐해를 방지하기 위해 최고가격을 설정하는 가격

그림 8-12

자연독점기업에 대한 가격규제

평균비용 가격설정하에서는 A점이 균형이고, 한계비용 가격설정하에서는 B점이 균형이다.

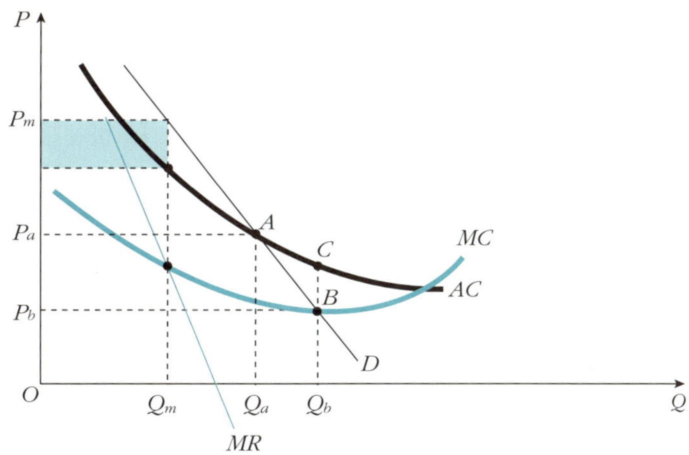

규제를 실시하는데 그 방법으로는 **평균비용가격설정(average cost pricing)과 한계비용가격설정(marginal cost pricing)**이 있다. 평균비용가격설정은 가격상한선을 평균비용과 일치하도록 책정해 독점적 초과이윤을 제거시키면서 생산량을 증가시키려는 가격규제정책으로서 [그림 8-12]의 OP_a가 바로 이때의 규제가격이 된다. OP_a는 독점가격 OP_m보다는 낮은 가격으로서 정부가 이 수준에서 가격상한선(price ceiling)을 설정하면 기업은 생산량을 OQ_a로 확장하는 것이 가장 유리한 대응방법이 된다. 생산량을 OQ_a보다 낮게 정하면 그 생산량에서는 가격(OP_a)이 평균비용(AC)보다 낮기 때문에 기업은 손해를 보게 되고 OQ_a보다 더 생산하면 가격 OP_a하에서는 추가생산량을 판매할 수가 없고 추가생산량을 판매하기 위해서는 수요곡선을 따라 가격을 OP_a 이하로 내려야 하는데 이때는 가격이 평균비용보다 더 낮아져 기업은 또한 손해를 감수해야 한다. 그러므로 규제가격 OP_a에 대응하는 기업의 최선 전략은 생산량을 OQ_a로 확장하는 것이다. 즉, A점이 이러한 규제하의 균형이 된다.

평균비용가격정책하에서는 가격이 낮아지면서 생산량이 확장되었고 독점적 초과이윤도 사라졌기 때문에 독점규제의 목적은 어느 정도 달성되었다. 그러나 자원배분이 최적화되는 가장 이상적인 가격수준은 완전경쟁균형에서처럼 $P=MC$가 충족되는 가격수준이다. 그러나 A점에서의 가격수준은 여전히 한계비용보다 높다($OP_a > MC$).

그러므로 정부는 평균비용가격정책에 만족할 수 없고 가격이 한계비용과 일치하도록 상한가격을 정하는 한계비용가격설정을 생각해 볼 수 있다. 이러한 가격은 OP_b로서 이 규제가격하에서는 생산량이 OQ_b까지 확장될 것이다. 상한가격이 OP_b로 정해지면 P_bB가 규제하의 한계수입곡선이 되기 때문에 이 규제하에서는 한계수입과 한계비용이 일치하는 점이 B점이며, 따라서 이 규제하에서는 생산량이 OQ_b로 확장된다. 그리고 $P=MC$라는 조건도 충족되고 있다. 그러나 한계비용 가격책정하에서도 중요한 문제점이 하나 대두된다. B점에서는 가격이 평균비용보다 낮기 때문에 이 균형하에서는 기업이 손실을 감수해야 한다. 그러므로 규제가격이 OP_b에서 책정되면 단위당 손해액 BC만큼이 정부로부터 보조되지 않는 한 이 기업은 생산을 중단하려고 할 것이다. 그러므로 정부는 이 규제를 유지시키기 위해서는 단위당 BC만큼 기업에서 보조를 해 주어야 하는 예산이 필요하다. 이러한 예산이 확보되지 못한다면 OP_b에서의 가격규제는 성공할 수 없다. 그러므로 정부는 비록 $P = MC$라는 조건은 충족되지 못해도 독점적 폐해가 어느 정도는 제거되는 OP_a에서 가격상한선을 정하는 것이 일반적이다.

총액세의 부과

정부는 독점자의 독점이윤을 회수하여 이를 재분배하기 위하여 판매액이나 이윤의 크기와는 상관없이 독점자에게 일정액의 **총액세(lump-sum tax)**를 부과하는 독점정책을 사용할 수 있다. 총액세의 크기를 T라고 하면 세후 이윤식은 다음과 같다.

$$\pi = TR(Q) - TC(Q) - T \tag{8.6}$$

여기서 π는 세후의 독점이윤인데, 이 독점이윤이 극대화되기 위해서는 식 (8.6)을 Q로 미분한 값이 0이 되어야 한다.

$$\frac{d\pi}{dQ} = \frac{dTR}{dQ} - \frac{dTC}{dQ} = MR - MC = 0 \tag{8.7}$$

식 (8.7)은 바로 $MR = MC$라는 본래의 이윤극대화 조건을 그대로 나타내 주고 있기 때문에 **총액세의 부과는 독점자의 생산량과 가격에는 아무런 영향을 주지 못하고 있다. 즉, 총액세 T의 부과는 독점자의 가격-생산량 결정에는 아무런 영향 없이 독점이윤만 T만큼 줄여 주는 효과를 가지고 있다.** 정부는 T만큼의 독점이윤을 세금으로 회수하여 소득재분배 자금으로 사용할 수 있다.

이러한 총액세의 효과를 그림으로 설명하면 [그림 8-13]과 같다. 총액세 이전의 독점균형에서는 생산량이 OQ_m이고 가격이 OP_m이다. 그리고 독점이윤은 $\square P_aP_mBA$이다. 이때 T만큼의 총액세가 부과되면 총생산비가 $T(= \square P_aP_tFA)$만큼 증가하기 때문에 평균생산비가 $T/OQ_m(= AF)$만큼 증가한다. 즉, AC곡선이 AC'로 이동한다. 그러나 한계비용에는 하등의 변화가 없다. 그러므로 $MR = MC$가 충족되는 E점에는 하등의 변화가 없으면

그림 8-13

독점기업에 대한 총액세 부과의 효과

균형생산량과 균형가격에는 하등의 영향이 없고 초과이윤의 일부만 세금으로 환수된다.

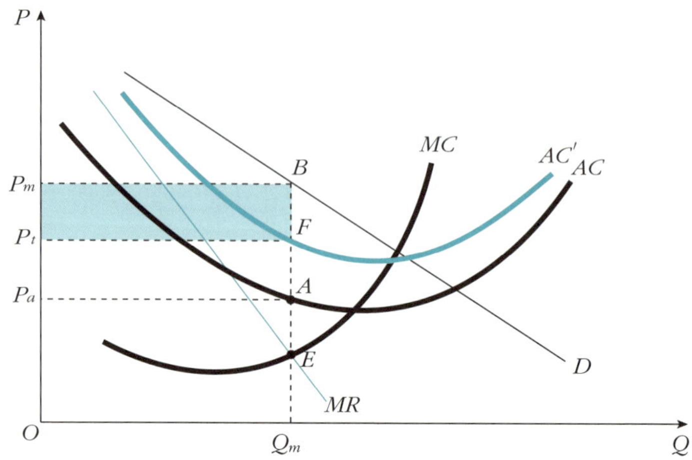

총액세를 포함한 총생산비만 □$OP_aAQ_m(=TC)$으로부터 □$OP_tFQ_m(TC'=TC+T)$으로 증가하고, 따라서 독점이윤이 □P_aP_mBA로부터 P_tP_mBF로 감소한다. 즉, **총액세는 독점자의 순이윤만 감소시키는 효과를 가지지 가격과 생산량에는 하등의 변화를 주지 못한다.**

독점이윤세의 부과

정부는 독점자에게 독점이윤의 일정률을 세금으로 회수하는 **독점이윤세**(profit tax) 정책을 사용할 수도 있다. 이때 세율을 $t(0<t<1)$라고 하면 독점자의 세후 이윤은 다음과 같이 표시될 수 있다.

$$\pi = TR(Q) - TC(Q) - t[TR(Q) - TC(Q)] = (1-t)[TR(Q) - TC(Q)] \quad (8.8)$$

여기서 t가 세율이기 때문에 $t[TR(Q) - TC(Q)]$는 총조세수입이 된다. 이윤이 극대화되기 위해서는 식 (8.8)을 미분한 값이 0이 되어야 한다.

$$\frac{d\pi}{dQ} = (1-t)\left(\frac{dTR}{dQ} - \frac{dTC}{dQ}\right) = (1-t)(MR - MC) = 0 \quad (8.9)$$

여기서 $1-t \neq 0$이기 때문에 $MR = MC$이어야 한다. 이때에도 세전 본래의 이윤극대화 조건인 $MR = MC$가 그대로 충족되고 있기 때문에 독점이윤세도 독점자의 가격 및 생산량 결정에는 아무런 영향을 미치지 못한다. 즉, **독점이윤세도 독점이윤의 일부를 세금으로 회수하여 소득재분배 자금으로 사용할 수 있는 효과를 가질 뿐이지 가격이나 생산량에는 아무런 영향을 미치지 않는다.**

그러므로 독점이윤세의 효과에 대해서도 [그림 8-13]이 그대로 적용될 수 있다. 세율 t의 크기에 따라 AC와 AC' 사이의 거리가 달라져 정부의 조세 수입과 독점자의 세후 순이윤이 달라질 뿐이다.

판매세의 부과

정부는 독점자의 판매량이나 판매액을 기준으로 일정한 세금을 부과시키는 판매세(sales tax) 정책을 사용할 수도 있다. 만약 정부가 독점자의 판매단위당 일정액의 세금을 부과시키는 이윤식은 다음과 같다.

$$\pi = TR(Q) - TC(Q) - eQ \tag{8.10}$$

여기서 e는 판매량을 기준으로 판매단위당 부과되는 세금액인데 이러한 세금을 **종량세(excise tax)**라고 한다. 독점이윤이 극대화되기 위해서는 식 (8.10)을 미분한 값이 0이 되어야 한다.

$$\frac{d\pi}{dQ} = \frac{dTR}{dQ} - \frac{dTC}{dQ} - e = MR - MC - e = 0 \tag{8.11}$$

식 (8.11)은 $MR = MC + e$란 조건이 충족되어야 세후 독점이윤이 극대화된다는 것을 의미한다. 이 조건은 세금부과 이전의 이윤극대화 조건인 $MR = MC$와는 다른 것으로서 이때는 세금부과가 독점자의 가격 및 생산량 결정에 영향을 미치고 있다는 것을 알 수 있다.

세후의 균형조건은 $MR = MC + e$이기 때문에 새로운 균형생산량과 균형가격은 [그림 8-14]에서처럼 본래의 MR곡선과 새로운 한계비용곡선 MC'($MC + e$)가 만나는 점 E'를 기준으로 각각 OQ_t와 OP_t에서 정해진다. 즉, 단위당 e만큼의 **세금으로 인하여 생산량이 감소하고 가격이 상승하였다. 그러므로 이때는 세금의 일부가 소비자에게로 전가되고 소비자잉여도 감소된다.**

그림 8-14

독점기업에 대한 종량세 부과의 효과

MC곡선이 MC'로 이동하여 생산량이 감소하고 가격이 상승하였다.

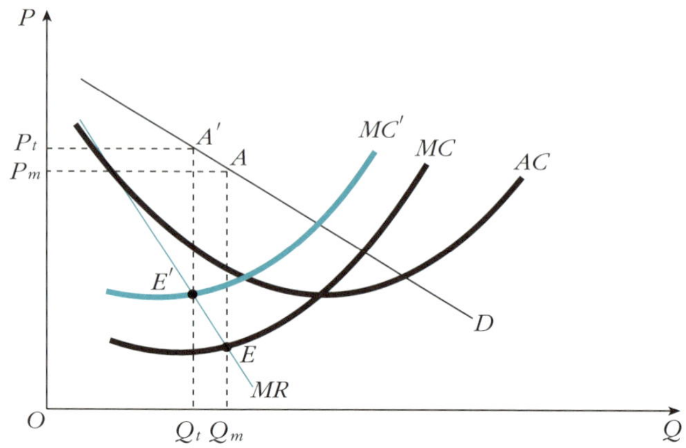

판매단위당 일정액의 세금이 부과되는 종량세(excise tax)가 아니라 판매수입의 일정비율을 세금으로 내야 하는 **종가세(ad valorem tax)**가 부과되어도 그 결과는 마찬가지이다. 이때는 세후 이윤식이 다음과 같다.

$$\pi = TR(Q) - TC(Q) - vTR(Q) \tag{8.12}$$

여기서 v는 세율이며 $0 < v < 1$이다.

식 (8.12)를 Q로 미분한 값을 0으로 두면 다음과 같다.

$$\frac{d\pi}{dQ} = \frac{dTR}{dQ} - \frac{dTC}{dQ} - v\left(\frac{dTR}{dQ}\right) = MR - MC - vMR = 0 \tag{8.13}$$

식 (8.13)은 $(1-v)MR = MC$가 세후의 이윤극대화 조건이라는 것을 말한다. 즉, 세후에는 [그림 8-15]에서처럼 본래의 한계비용곡선 MC와 새로운 한계수입곡선 $MR'[= MR(1-v)]$가 일치하는 점 E'를 기준으로 생산량과 가격이 각각 OQ_t와 OP_t에서 정해진다. $MR' = MR(1-v)$이고 $0 < v < 1$이기 때문에 MR'곡선은 [그림 8-15]에서와 같이 X점을 기준으로 MR곡선을 시계의 반대방향으로 회전시킨 것과 같다. **이때에도 세금으로 인해 생산량은 감**

그림 8-15

독점기업에 대한 종가세 부과의 효과

MR 곡선이 MR'로 회전하여 생산량이 감소하고 가격이 상승하였다.

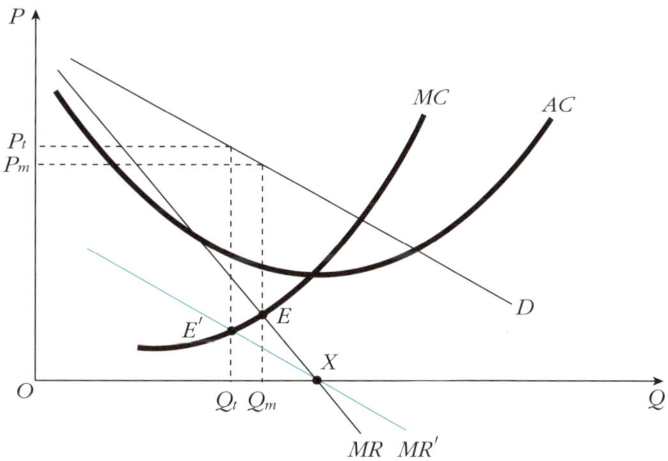

소하고 가격은 상승하였다. 그러므로 세금의 일부는 소비자 부담으로 전가되고 소비자잉여도 감소한다.

중요내용요약

8.01 독점의 의미 : 판매자 수가 하나인 시장으로 직접적인 경쟁자가 존재하지 않는 시장

8.02 독점력(monopoly power) : 독점시장에서는 독점자인 판매자가 시장가격을 책정할 수 있는데 독점자의 이러한 힘을 독점력이라고 한다. 독점시장에서는 판매자가 독점력을 가지는 가격설정자(price maker)가 되고, 완전경쟁시장에서는 개별 판매자가 아무런 독점력을 가지지 못하고 단순히 가격순응자(price taker)가 될 뿐이다.

8.03 자연독점(natural monopoly) : 생산규모가 커질수록 단위당 생산비가 낮아지는 산업에서는 1개의 기업이 그 산업의 전 생산량을 모두 담당하는 것이 사회적으로 생산비를 최소화시킬 수 있기 때문에 그 산업은 자연적으로 독점이 될 수밖에 없으며 이런 독점을 자연독점이라고 한다.

8.04 독점기업이 직면하는 수요곡선 : 독점자는 스스로 가격을 책정할 수 있으며 독점자가 가격을 높게 책정하면 수요량이 줄고, 낮게 책정하면 수요량이 늘기 때문에 독점기업이 직면하는 수요곡선은 우하향한다.

8.05 독점기업의 한계수입곡선 : 수요곡선이 우하향하기 때문에 한계수입곡선은 수요곡선의 아래에 위치하면서 우하향한다.

8.06 독점기업의 단기균형 : $MR = SMC$ 조건이 충족되는 생산량과 이 생산량에서의 가격

8.07 독점기업의 장기균형 : $MR = SMC = LMC$ 조건이 충족되는 생산량과 이 생산량에서의 가격. 이 생산량에서는 $SAC = LAC$.

8.08 제1차 가격차별화 : 동일 생산물에 대해서도 생산물의 개별 단위당 각기 다른 가격을 부과하는 것. 배분의 효율성은 증대되지만 소비자잉여는 전부 생산자의 수입으로 넘어간다.

8.09 제2차 가격차별화 : 동일 생산물인데도 상품그룹별로 각기 다른 가격이 부과되는 것. 배분의 효율성은 증대되지만 소비자잉여는 일부 감소

8.10 제3차 가격차별화 : 동일 생산물이 시장에 따라 다른 가격이 부과되는 것. 탄력성이 낮은 시장에서는 높은 가격이 책정되고, 탄력성이 높은 시장에서는 낮은 가격이 책정된다.

8.11 독점과 경쟁의 비교

	독점	완전경쟁
판매자수	단일	다수
가격책정	가격설정자	가격순응자
수요곡선	우하향, $P = f(Q)$	수평, $P = \overline{P}$
한계수입	우하향, $MR < P$	수평, $MR = P$
단기균형	$MR = SMC < P$	$MR = SMC = P$
장기균형	$MR = SMC$ $= LMC < P$	$MR = SMC = LMC$ $= SAC = LAC = P$
러너지수	$L > 0$	$L = 0$

8.12 독점비용 : 독점에서는 $MC < P$이고 $P - MC$만큼 사회적 손실이 발생하는데 이 사회적 손실을 독점의 사회적 비용이라고 한다.

8.13 러너지수 : $L = \frac{P - MC}{P}$, 독점균형에서는 $P > MC$이기 때문에 $L > 0$이고, 완전경쟁균형에서는 $P = MC$이기 때문에 $L = 0$이다.

8.14 평균비용 가격설정(average cost pricing) : 자연독점 기업에 대해 $P = AC$가 되도록 가격상

한선을 정하는 것, 이때 가격은 독점가격보다 낮아지면서 생산량이 증가

8.15 **한계비용 가격설정**(marginal cost pricing) : 자연독점 기업에 대해 $P = MC$가 되도록 가격 상한선을 정하는 것. 이때에도 가격은 하락하고 생산량이 증가하지만 독점기업은 손실을 보게 된다.

8.16 **총액세의 효과** : 독점이윤의 일정액을 세금으로 회수하면 독점기업의 생산량과 가격에는 하등의 변화 없이 세금만큼 독점이윤이 감소한다.

8.17 **독점이윤세의 효과** : 독점이윤에 일정세율이 적용되면 독점기업의 생산량과 가격에는 하등의 변화가 없어도 독점이윤은 감소한다.

8.18 **판매세의 효과** : 판매량에 대한 종량세나 판매액에 대한 종가세가 부과되면 독점기업의 생산량이 감소하면서 가격이 상승한다. 따라서 조세부담의 일부가 소비자에게로 전가된다.

연/습/문/제

8.01 독점기업이 직면하는 수요곡선은 $Q = 100 - 2P$이고 비용곡선은 $C = 2Q$이다. 이윤극대화 생산량과 가격은 각각 얼마인가?

8.02 독점기업이 직면하는 수요곡선은 $Q = 100/P$이고 비용곡선은 $C = Q^2$이다. 적정산출량 수준과 가격은 각각 얼마인가?

8.03 독점기업이 직면하는 수요곡선은 선형이며 현재의 판매량에서 수요의 가격탄력성은 3이다. 이때 정부가 판매단위당 6원의 종량세를 부과하면 가격은 얼마만큼 상승하는가? 만약 탄력성이 항상 일정하다면 가격은 얼마만큼 상승하는가?

8.04 독점기업이 직면하는 수요곡선의 가격탄력성이 항상 2에서 일정하다면, 가격은 한계비용보다 얼마나 더 높은가?

8.05 독점기업이 완전하게 분리된 두 시장에 상품을 공급하면서 각기 다른 가격을 책정하려고 한다. 두 시장에서의 수요탄력성은 각각 ε_1과 ε_2로 항상 일정하다. 그리고 한계생산비는 C에서 일정하다. 각 시장에서 책정되는 가격은 얼마인가?

8.06 독점기업의 수요함수는 $Q = 7,000/P^2$이고, $MC = 1$이다. 이윤을 극대화시키기 위한 가격수준은?

8.07 독점기업이 직면하는 수요함수는 $P = 100 - 2Q$이다. 고정비용은 없으며 평균가변비용은 항상 10에서 일정하다. 이 독점기업의 이윤함수를 도출하시오.

8.08 독점기업이 직면하는 수요곡선이 $P = 320 - 4Q$일 때 이 독점기업의 매출수입을 극대화할 수 있는 판매량은?

8.09 독점기업이 직면하는 수요함수는 $Q = 100 - 3P$이고 한계비용은 20에서 일정하다. 이때 판매단위당 10원의 판매세가 부과되면 이 독점상품의 가격은 얼마만큼 상승하는가?

8.10 독점기업이 직면하는 수요곡선이 −3이라는 일정한 수요탄력성을 가지며 이 기업이 책정하는 가격은 12이다. 이 기업의 산출량 수준에서 한계비용은 얼마인가?

8.11 독점기업의 비용함수는 $C = 100 + 7Q$이고 이 기업이 직면하는 수요곡선은 $P = 130 - 3Q$이다. 독점금지법 때문에 이 기업이 $P = MC$가 되도록 산출량을 생산해야 한다면 이 기업은 얼마만큼 손해를 보게 되는가?

8.12 수요함수가 $Q = 10 - P$이고 $MC = 4$인 독점기업의 산출량과 가격은 얼마이며, 이때의 가격탄력성 값은 얼마인가?

8.13 수요함수가 $Q = 5/P$이다.
a. 수요의 가격탄력성은?
b. $P = 1$과 $P = 30$일 때의 총수입은?
c. $AC = 1$일 때의 생산량은?

8.14 독점기업의 수요함수는 $Q = 100 - 3P$이고 $MC = 20$이다. 한 단위당 독점세 10원이 부과되면 이 독점기업은 가격을 얼마만큼 올릴까?

8.15 독점기업의 수요탄력성은 3으로 일정한데 가격이 72일 때 이윤이 극대화된다. 이때 한계비용은 얼마인가?

8.16 독점기업의 수요함수가 $Q = 1,000/P$ ($P \leq 50$일 때), $Q = 0$ ($P > 50$일 때)이고 $MC = 1$이다. 이윤극대화 산출량은?

8.17 독점기업의 수요함수는 $Q = 70 - P/2$이고, $TC = C + 20Q$ ($Q > 0$일 때), $TC = 0$ ($Q = 0$일때)이다. 이 기업이 생산을 하게 되는 C값 중 가장 큰 값은?

8.18 독점기업의 비용함수는 $C = 40Q$이고 수요함수는 $Q = 1,000/P^4$이다. 정부가 1단위당 15원의 생산보조금을 지급하면 가격은 어떻게 변할까?

8.19 $MC = 2$이고 $FC = 0$인 독점기업이 분리된 A, B 두 시장에 상품을 공급하는데 A시장의 수요함수는 $Q_a = 4,800 - 600P_a$이고, B시장의 수요함수는 $Q_b = 4,200 - 300P_b$이다. 두 시장에서의 가격차이는?

CHAPTER 9

독점적 경쟁시장

1. 독점적 경쟁의 정의
2. 독점적 경쟁기업의 균형
3. 독점적 경쟁시장의 특성

학습목표

완전경쟁시장은 판매자 수가 무수히 많으면서 모두 동질적인 상품만 판매하는 시장이다. 반면에 독점시장은 판매자 수가 하나라서 경쟁이 전혀 이루어지지 않는 시장이다. 그런데 현실적으로 이런 시장은 별로 없고 주스, 사이다, 콜라 등과 같은 음료수 시장에서처럼 기업의 수가 무수히 많으면서 각 기업들이 모두 자기 나름대로 차별화된 상품을 공급하는 시장이 많다. 이런 시장을 독점적 경쟁시장이라고 하는데 제9장에서는 독점적 경쟁시장에서의 기업이 어떻게 균형에 도달하고 그 균형은 어떤 특성을 가지고 있는지에 대해 공부한다.

제9장을 공부한 후에는 다음 물음에 답할 수 있어야 한다.

1. 같은 용도의 상품이라도 제조업체에 따라 그 상품의 특성은 각양각색이 되는데 이런 상품에는 어떤 것이 있는가?
2. 많은 회사들이 가격보다는 광고서비스 등과 같은 가격 이외의 수단으로 경쟁을 하는데 그 이유는 무엇일까?

1. 독점적 경쟁의 정의

독점적 요소와 경쟁적 요소

독점적 경쟁시장(monopolistic competition)은 독점시장의 요소와 경쟁시장의 요소가 동시에 존재하는 시장이다. 경쟁적 요소는 기업의 수가 많아 기업들 사이에 실질적으로 경쟁이 이루어진다는 것이고, 독점적 요소는 각 기업이 차별화된 고유한 상품을 독점적으로 생산한다는 것이다. 예컨대 코카콜라는 자기 회사만 가지는 고유한 기술로 독특한 상품을 독점적으로 공급하고 있다. 그러나 대체로 매우 높은 다른 음료제조업체와 치열하게 경쟁하고 있다. 따라서 음료수시장은 독점적 경쟁시장이라고 볼 수 있다.

완전경쟁시장에는 무수히 많은 판매자들이 서로 치열하게 경쟁한다. 그러나 이들은 모두 동질적인 상품(homogeneous product)만 판매한다. 따라서 경쟁수단은 가격뿐이다. 그러나 독점적 경쟁시장은 비록 같은 용도의 상품일지라도 생산자들이 각자 나름대로의 특성을 살려 차별화된 제품을 생산 · 판매한다. 따라서 제품의 특성도 경쟁의 수단이 된다. 예컨대 음료수시장에서는 같은 용도의 상품임에도 콜라, 사이다, 이온음료, 과일음료, 섬유음료 등등으로 그 특성이 다양하게 차별화되고 있다. 이런 현상을 제품차별화(product differentiation)라고 한다.

제품차별화가 이루어지는 이유는 각 생산자가 자기 상품만이 가지는 고유한 특성을 소비자에게 부각시켜 이 특성에 집착하는 고정소비자를 확보하면서 자기 상품의 판매를 증대시키기 위한 것이다. 이 점은 이 시장이 가지는 독점적 요소인데 생산자는 자기 상품의 고유한 특성에 집착하는 소비자에게는 어느 정도의 독점력을 행사할 수 있다. 독점력을 행사한다는 것은 수요를 많이 잃지 않으면서 가격을 올릴 수 있다는 의미이다.

이와 같이 독점적 경쟁시장은 독점적 요소와 경쟁적 요소를 동시에 가지고 있는 시장이다. **독점적 요소는 제품차별화에서 오는 것이고 경쟁적 요소는 판매자의 수가 많은 데서 오는 것이다. 그러므로 판매자는 자기 상품에 대해 어느 정도의 독점력을 행사하면서 타 판매자와 경쟁한다.**

독점적 경쟁시장은 제품차별화 때문에 완전경쟁시장만큼 시장의 범위가 분명하게 정해지지는 못한다. 완전경쟁시장은 동질적 상품을 가정하고 있기 때문에 똑같은 상품을 생산하는 기업들만 모두 동일시장에 속하는 것으로 간주한다. 그러나 독점적 경쟁시장에서는 제품차별화가 이루어지고 있는데 차별화의 정도가 너무 크면 같은 종류의 상품으로 볼 수 없고, 이러한 상품을 생산하는 기업은 다른 시장에 속하는 것으로 분류되어질 수 있다. 일반적으로 독점적 경쟁시장은 대체성이 매우 높은 같은 용도의 상품을 생산하는 기업들만을 묶어 하나의 시장으로 그 범위를 정하고 있다. 그러므로 **완전경쟁시장에서는 시장(market)이 바로 산업(industry)과 동일시 되고 있지만 독점적 경쟁시장은 그 범위를 산업이라기보다는 상품집단(product groups)이라고 하는 것이 더 타당하다고 본다.**

기업에 대한 수요곡선

완전경쟁기업의 수요곡선은 수평이고 독점기업의 수요곡선은 우하향인데 독점적 경쟁기업의 수요곡선은 독점적 요소 때문에 수평은 될 수 없고, 경쟁적 요소 때문에 독점기업의 수요곡선만큼 가파른 곡선은 되지 않을 것이다. 즉, 독점적 경쟁기업이 직면하는 수요곡선은 [그림 9-1]에서처럼 완전경쟁기업이 직면하는 수요곡선인 D_c와 독점기업이 직면하는 수요곡선인 D_m의 중간에 위치하는 D_{mc}와 같이 될 것이다.

그림 9-1

독점적 경쟁기업이 직면하는 수요곡선

독점적 요소 때문에 수평은 되지 않고, 경쟁적 요소 때문에 비교적 탄력적인 곡선이 된다.

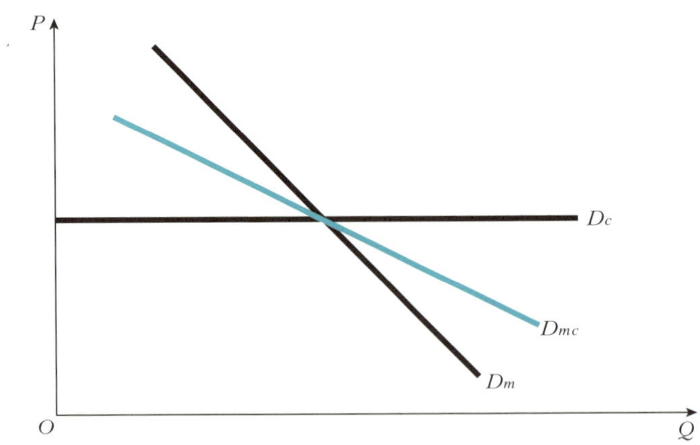

독점적 경쟁기업들은 서로 경쟁은 하고 있지만 차별화된 특성을 통해 어느 정도의 독점력을 행사하기 때문에 수요곡선이 수평은 될 수 없고, 우하향하는 기울기를 가진다. 즉, 독점적 경쟁기업은 가격을 올려도 독점적 요소 때문에 완전경쟁기업처럼 수요량이 0으로 감소하는 것이 아니라 어느 정도의 수요량은 그대로 유지된다. 그러므로 수요곡선은 수평이 아니라 우하향한다. 단지 순수독점보다는 더 탄력적인 모습이 될 뿐이다.

예를 들자면 음료수시장은 독점적 경쟁시장이라고 할 수 있는데, 대표적 음료수라고 할 수 있는 콜라에 대한 수요곡선은 우하향한다. 우하향하지만 사이다, 주스 등 경쟁 음료수가 많기 때문에 그 탄력성은 매우 크다. 콜라 가격이 올라가면 많은 소비자가 사이다, 주스 등으로 콜라를 대체할 것이지만 콜라라는 고유한 특성에 집착하는 소비자는 여전히 콜라를 원하기 때문에 수요가 줄어들긴 해도 완전탄력적으로 줄어들지는 않는다. 그러므로 콜라에 대한 수요곡선은 우하향하면서 그 기울기는 매우 완만할 것이다.

사례검토 9.1

콜라, 사이다, 환타, 비비콜은 같은 상품인가?

사람들은 갈증이 나면 음료수를 찾는다. 물에서부터 시작하여 콜라, 사이다, 주스, 탐스, 미란타, 환타, 오란씨, 암바사, 밀키스, 비비콜, 보리텐, 하이-C, 사각사각, 봉봉, 쌕쌕, 포카리스웨트, 게토레이, 네스카페, 실론티, 식혜, 박카스 등등 더 나아가서는 막걸리, 맥주까지 갈증을 해소시켜 주는 음료수이다. 그리고 이런 다양한 음료수를 생산하는 회사들도 무수히 많다. 상품의 용도는 똑같은데 상품의 특성은 왜 이렇게 다양해질까? 이것은 바로 제품차별화(product differentiation)를 통해 가능한 한 소비자의 다양한 욕구에 가까이 가려는 기업들의 전략 때문이다.

같은 콜라라도 코카콜라와 펩시콜라의 차이가 있고, 같은 사이다라도 제조회사에 따라 품질이 다르다. 이와 같이 제품차별화가 시행되면 각 상품은 차별화된 특성으로 소비자를 공략한다. 이때 각 상품의 차별화된 특성에 집착하는 소비자들에게는 이 상품이 어느 정도의 독점력을 가질 수 있다. 예컨대, 코카콜라의 독특한 특성에 집착하는 소비자는 갈증이 나도 수많은 다른 음료수를 제쳐두고 코카콜라만 마시려고 한다. 이런 소비자 중 많은 사람은 코카콜라가 가격을 올려도 아주 많이 올리지 않는 한 코카콜라를 찾는다. 즉, 코카콜라에 대한 수요곡선은 가격에 대해 비탄력적이 될 수 있다.

이와 같이 독점적 경쟁시장은 같은 용도의 차별화된 제품들끼리 경쟁하는 시장이다. 그런데 과점과는 달리 경쟁기업의 수가 아주 많다.

제품차별화의 크기

독점적 경쟁시장의 핵심요소는 제품차별화이다. 이 시장의 각 기업이 생산하는 상품은 같은 용도의 상품이지만 제조업자에 따라 각기 고유특성을 가지고 있다. 같은 용도의 상품이라는 것은 기업끼리 서로 경쟁한다는 의미이고 각기 고유특성을 가진다는 것은 각 기업이 그 특성에 관해 독점력을 가진다는 의미이다. 그런데 그 특성에 아주 많은 차이가 나면 그 상품은 아예 다른 상품이 되어버리고 별개의 시장으로 구분되어 버릴 수 있다. 따라서 제품차별화의 정도는 어느 정도로 유지해야 하느냐가 독점적 경쟁기업들의 고민이다. 그 차이를 아주 줄여 각 회사 상품들이 서로 비슷하도록 하는 것이 유리할지, 아니면 그 차이를 아주 크게 만들어 소비자들이 별개 상품으로 취급하도록 하는 것이 유리한지 등에 대해 고민할 것 이다.

이런 문제는 종종 영업지의 입지문제(location model)와 연결하여 설명되고 있다. 동해안의 미진포 해수욕장이 100m 정도의 직선 백사장으로 이루어져 있다고 가정해보자. 이때 한 사람만이 소프트 아이스크림 장사를 하고 있다면 그는 완전히 독점사업자로서 50m 위치의 정중앙에서 영업하는 것이 가장 유리할 것이다. 그러나 다른 위치로 옮겨서 영업해도 독점자의 위상에는 변화가 없다. 그런데 한 사람이 더 들어와서 두 사람이 장사를 한다면 위치선정은 매우 중요한 요소가 된다. 일단은 시장을 반반으로 나누어서 [그림 9-2(a)]의 A, B에서처럼 각자의 위치를 선정할 수 있을 것이다. 그런데 가만히 생각해 보면 위치를 옮기는 것도 나쁘지 않을 것이다.

우선 A가 화살표 방향을 따라 오른쪽으로 옮겨가면 왼쪽 시장은 어차피 자기 시장이 되고 오른쪽의 B시장도 뺏어 올 수 있을 것이다. 따라서 A는 오른쪽으로 옮겨가는 전략을 구사할 수 있다. 이렇게 되면 B도 자기 시장을 뺏기지 않기 위해 화살표를 따라 왼쪽으로 옮겨 갈 수밖에 없다. 이렇게 되면 결국은 A, B 모두 중앙에서 영업하면서 A는 왼쪽 시장을, B는 오른쪽 시장을 차지한다.

[그림 9-2(a)]의 입지 선택은 제품차별화 선택과 바로 연결할 수 있다. A는 왼쪽에서, B는 오른쪽에서 자기의 영업점을 정했다는 것은 각자가 제품차별화를 추구한다는 것을 의미한다. 각자가 다른 영업점 입지(location)를 선택한 것이다. 그러나 A, B 모두 같은 점에서 영업한다는 것은 제품차별

그림 9-2

영업점의 입지와 제품차별화

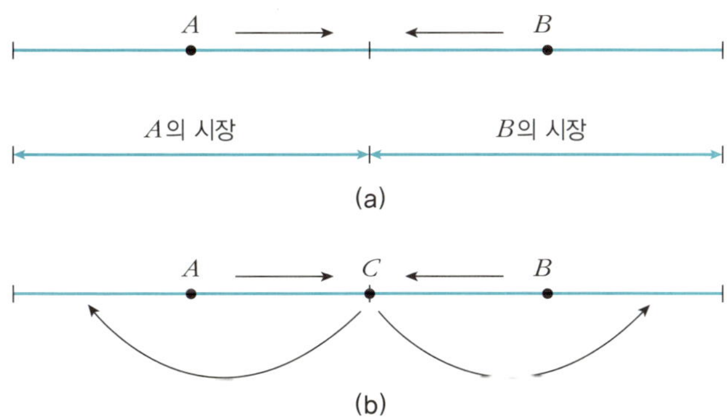

화를 추구하지 않았다는 것을 의미한다. 둘 모두 같은 영업점 입지를 선택한 것이다. A, B가 모두 중앙에 자리 잡았다는 것은 서로가 상대방의 고객을 뺏기 위해 상대방 상품을 모방하고 서로 닮아 간다는 것을 의미한다.

그런데 이 두 경우를 비교하면 상대방 고객을 뺏기 위한 경쟁이 사회적 비효율성을 초래했다. [그림 9-2(a)]에서 A, B가 각자 왼쪽과 오른쪽에 자리 잡으면 가장 먼 곳의 소비자는 25m만 걸어가면 된다. 그러나 둘 모두 중앙에 위치하면 양끝에 있는 소비자는 50m를 걸어가야 아이스크림을 살 수 있다. 판매자 A, B는 어느 경우에나 시장을 반반씩 나누어 가지지만 소비자는 더 많이 걸어가야 하는 수고를 해야 한다. 따라서 사회적으로 비효율성(inefficiency)이 초래되었다.

예컨대 한 회사는 한 가지 소주만 생산 할 수 있다고 가정해보자. X라는 소주회사는 18도 소주만 생산하고 Y라는 소주회사는 30도 소주만 생산한다. 따라서 약한 소주를 원하는 소비자는 X회사 제품만 구매하고, 강한 소주를 원하는 소비자는 Y회사 제품만 구매한다. 그런데 X가 자기 고객은 지키면서 Y의 고객을 약간 빼앗아오기 위해 도수를 약간 올려서 23도 소주만 생산하고, Y는 자기 고객을 지키면서 X의 고객을 약간 뺏어오기 위해 25도 소주만 생산한다면 소주는 결국 24도 근방의 한 가지 소주만 생산할 것이다. 이렇게 되면 약한 소주만 원하는 소비자와 강한 소주만 원하는 소비자는 후생감소를 감수해야 한다. 사회적으로 비효율적인 균형이 초래된다.

사례검토 9.2

세계 자동차산업의 시장구조

미국의 자동차시장은 매우 경쟁적이다. [표 9-1]에서 보는 것처럼 미국 시장은 GM이 주도적 사업자이지만 2009년에는 20.4%의 시장점유율에 머무르고 있다. 그리고 외국차 점유율이 50%를 넘어서고 있다. 이 중 일본차의 비중이 39.4%, 유럽차 비중이 7.5%, 한국차 비중이 7.2%를 차지하고 있다. 그러므로 미국의 자동차시장은 미국의 Big3뿐만 아니라 도요타, 혼다 등 일본 메이커와 유럽 및 한국 메이커들이 치열하게 경쟁하는 시장구조이다.

1993년 이후 시장구조가 점점 경쟁적으로 바뀌어 왔다. 회사별 시장점유율은 연도별로 많은 변화를 거듭하고 있다. 특히, 주도적 사업자인 GM의 시장점유율이 꾸준히 그리고 급격히 감소하고 있다. 이것은 구조적으로도 시장경쟁이 높아질 뿐만 아니라 행태적으로도 시장경쟁이 더욱 높아지고 있다는 것을 나타낸다.

특히 외국차와의 경쟁이 점점 증가하고 있다는 것을 알 수 있다. 일본차의 시장점유율은 1993년의 29.1%에서 2009년에는 39.4%까지 증가하였다. 유럽차의 비중도 증가하는 편이지만, 특히 한국차의 비중이 매우 뚜렷하게 증가하고 있다. 미국 시장에서 유럽차와 한국차는 거의 비슷한 비중을 차지하고 있다. 이처럼 미국의 자동차시장에서는 미국차와 외국차가 많이 경쟁하는 상황이라고 볼 수 있다.

일본의 자동차시장도 미국보다는 덜하지만 한국보다는 훨씬 더 경쟁적이다. [표 9-2]에 의하면 주도적 사업자인 도요타가 30% 전후의 시장점유율을 차지하고 있으나 기업수도 많고 닛산, 혼다, 다이

표 9-1 미국 자동차산업의 시장구조

(단위 : %)

품명 \ 연도		1993	1999	2004	2007	2009
Big 3	GM	34.2	29.8	25.0	23.7	20.4
	포드	22.0	19.9	13.6	15.4	16.3
	크라이슬러	9.8	8.6	6.3	12.8	9.1
	Big 3 합계	66.0	58.3	44.9	51.9	45.8
일본	도요타	8.7	10.2	14.7	16.2	17.4
	혼다	8.4	3.8	11.2	9.5	11.3
	닛산	5.7	4.6	7.2	6.6	7.6
	기타	6.4	5.8	6.2	4.4	3.1
	합계	29.1	30.5	39.3	37.1	39.4
유럽		3.6	8.0	9.8	6.6	7.5
한국		1.3	3.2	6.1	4.8	7.2

자료 : 최정표, 「공정거래정책, 허와 실」, 도서출판 해남, p.208.

하츠 등의 2위 경쟁도 치열하다. 다이하츠는 2000년대 들어 시장점유율을 급격히 증가시키고 있다. 회사별 점유율도 연도에 따라 많이 변화하는 모습을 보여 주고 있다. 이것은 기업들 사이의 시장경쟁이 매우 높다는 것을 말해 준다.

표 9-2 일본 자동차산업의 시장구조

(단위 : %)

품명 \ 연도	1990	1998	2004	2006	2008
도요타	37.1	27.8	33.0	29.7	29.1
닛산	20.7	16.8	14.5	13.8	13.7
미쓰비시	6.2	7.9	3.9	5.9	4.6
혼다	10.1	14.4	14.5	12.3	12.4
스즈키	4.9	8.8	10.7	12.1	13.3
마쓰다	7.8	5.9	5.0	4.7	4.8
다이하츠	5.0	7.1	9.3	10.9	12.7
후지	3.2	4.7	4.0	4.3	4.1
이스즈	0.7	0.1	0.0	1.6	1.2
수입	4.3	6.5	5.1	4.6	4.1
CR_3(%)	67.9	59.0	62	55.8	56.1
HHI	0.208	0.155	0.179	0.159	0.161

자료 : 최정표, 「공정거래정책, 허와 실」, 도서출판 해남, p.208.

그런데 위 백사장의 예에서 백사장이 1,000m 정도로 아주 길다면 상황은 달라진다. 이때는 두 회사가 중앙으로 몰리지 않을 것이다. 소비자는 아이스크림을 구매하기 위해 200m 이상을 걸어가지 않으려고 할 것이기 때문이다. 이렇게 되면 A는 왼쪽의 적당한 곳에 자리잡고, B는 오른쪽의 적당한 곳에 자리잡고 두 시장은 완전히 분리된 별개의 시장이 될 것이다. 이 경우는 각 기업이 제품차별화를 너무 많이 해서 두 상품이 각기 별개의 상품이 되고, 시장이 완전히 분리된 경우이다. 각 기업은 자기의 고유특성으로 각기 독점자가 되었다. 제품차별화가 너무 많이 이루어졌다. 고유특성에 집착하는 소비자가 충분히 많으면 이러한 제품차별화가 일어날 수 있다.

위의 해수욕장예에서 사업자는 둘 뿐이었다. 만약 셋으로 늘어나면 어떻게 될까? 셋이면 어느 하나는 반드시 가운데에 위치하게 된다. [그림 9-2(b)]에서 C가 가운데 위치하고 있다. 이렇게 되면 A와 B는 각자 자기 고객은 지키면서 C의 고객을 뺏기 위해 C쪽으로 옮겨 갈 것이다. 이렇게 되면 C는 A나 B의 밖으로 옮겨가서 자기 시장을 확보하려고 할 것이다. 만약 C가 A의 왼쪽으로 옮겨가고 A가 가운데로 들어갔다면, 언젠가는 A도 다시 바깥으로 옮겨 나갈 것이다. 이런 시장에서는 안정적인 균형이 성립하지 않는다.

2. 독점적 경쟁기업의 균형

단기균형

어떤 기업이든 단기에서 이윤이 극대화되는 점은 $MR = SMC$ 조건이 충족되는 점이다. 독점적 경쟁기업도 마찬가지이다. 독점적 경쟁기업이 단기에 균형이 되기 위해서는 $MR = SMC$ 조건이 충족되어야 한다. [그림 9-3]에 독

그림 9-3

독점적 경쟁기업의 단기균형

균형생산량은 OQ^*, 균형가격은 OP^*, 초과이윤은 $\square P_f P^* CF$이다.

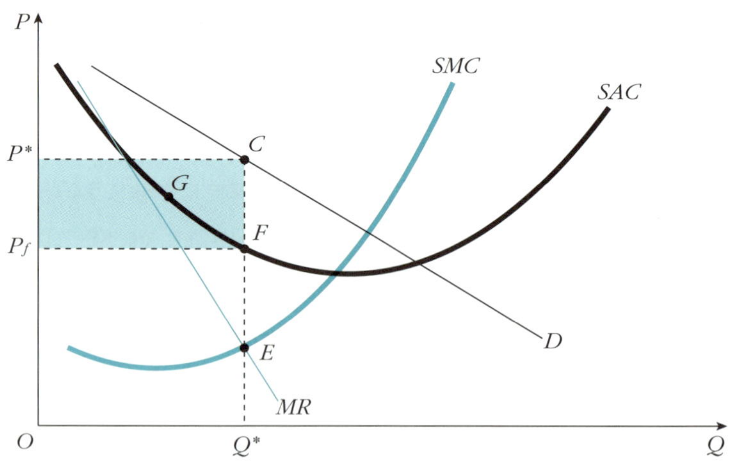

점적 경쟁기업의 단기균형이 설명되어 있는데, E 점에서 $MR = SMC$ 조건이 충족되고 있기 때문에 이윤이 극대화되는 산출량과 가격은 각각 OQ^*와 OP^*이다. 그리고 이때 평균비용이 F에서 정해지기 때문에 극대화된 단기 이윤은 색칠된 부분 $\square P_f P^* CF$이다. 독점적 경쟁기업의 단기균형은 독점기업의 단기균형과 차이가 없다. 두 시장 모두에서 기업에 대한 수요곡선이 우하향하기 때문이다.

장기균형

[그림 9-3]의 단기균형은 장기적으로 지속될 수 없다. 왜냐하면 $\square P_f P^* CF$만큼의 초과이윤으로 인해 장기적으로는 이 산업으로 신규진입(entry)이 일어날 것이기 때문이다. 독점적 경쟁시장은 독점이 아니기 때문에 초과이윤이 있으면 장기적으로 얼마든지 진입이 일어날 수 있다. 그러므로 장기균형이 달성되기 위해서는 신규진입이 더 이상 일어나지 않아야 한다.

[그림 9-3]에서 초과이윤을 노려 이 시장으로 신규진입이 계속 일어나면 이 시장에는 기업의 수가 증가하고 각 기업에게 할당되는 수요는 줄어든다. 그러므로 개별기업에 대한 수요곡선 D는 왼쪽으로 이동해 나간다. 이러한 이동이 계속되면 수요곡선 D는 [그림 9-4]의 G점에까지 이동할 것이다. G점에서는 D'가 LAC에 접하고 있다. 즉, G점에서는 $P^{**} = LAC$이다. 가격

그림 9-4

독점적 경쟁기업의 장기균형

균형생산량은 OQ^{**}, 균형가격은 OP^{**}, 초과이윤은 O이다.

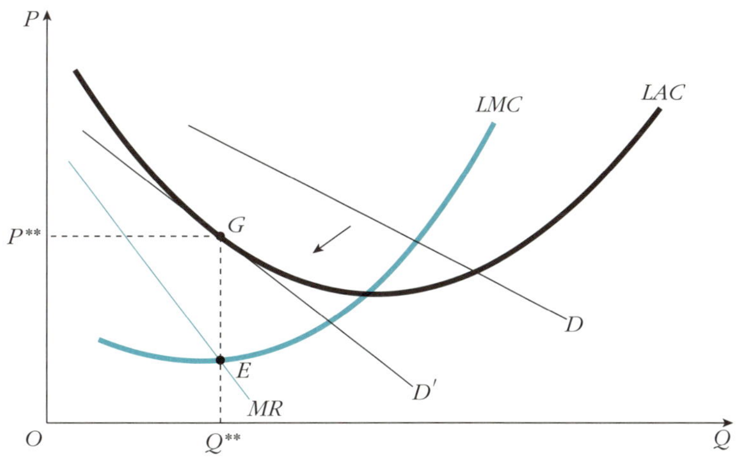

이 평균비용과 일치하기 때문에 초과이윤은 생길 수 없다. 그리고 E점에서는 $MR = LMC$이다.

산출량 OQ^{**}는 $MR = LMC$ 조건이 충족되는 이윤극대화 산출량이다. 그리고 이때의 가격은 OP^{**}이다. 이 가격에서는 $P^{**} = LAC$이기 때문에 어떤 초과이윤도 존재하지 않는다. 그러므로 장기적으로 신규진입의 여지가 존재하지 않는다. 그러므로 OQ^{**}와 OP^{**}가 바로 독점적 경쟁기업의 장기균형 산출량과 장기균형 가격이 된다.

독점적 경쟁기업의 단기균형은 독점기업의 단기균형과 이론상 차이가 없지만 장기균형에는 차이가 있다. 독점시장에서는 신규진입이 봉쇄되어 있지만 독점적 경쟁시장에서는 장기적으로 신규진입이 일어나기 때문이다.

사례검토 9.3

정유산업의 시장구조와 가격경쟁

국내정유사는 SK에너지, GS칼텍스, 인천정유, 현대오일뱅크, S-Oil 등 5개이지만 SK에너지가 인천정유를 인수함으로써 실질적으로는 4개의 정유회사가 영업하고 있는 셈이다. 5개 정유사는 모두 일관정유업을 영위하는 회사로 정유 과정에서 발생하는 석유류 제품을 일관생산하고 있다. 회사규모는 매출액기준으로 [표 9-3]와 같다.

2009년 기준으로 SK에너지가 가장 큰 정유회사로서 매출액은 36조 원이고 매출액점유율은 36.7%이다. 다음으로는 26조 원 규모의 GS칼텍스이고 점유율은 33.3%이다. 그 다음은 현대오일뱅크, S-Oil 순이다. 이처럼 한국의 정유시장은 과점적 구조경쟁이 많은 과점인지는 미지수이다.

정유산업은 구조적으로는 전형적인 과점이다. 5개 회사(SK의 인천정유 인수 후에는 4개)가 한국의 석유류 제품시장을 나누어 차지하고 있는데, 특히 SK와 GS칼텍스는 선두주자로서 둘이 합하면 거의 모든 석유류 제품시장에서 절반 이상의 점유율을 차지하고 있다. 그런데 어느 한 기업이 시장을 독주하는 체제는 아니고 SK와 GS칼텍스가 선두경쟁을 하는 경쟁형의 과점이다. 말하자면, 과점 중에서도 경쟁 가능성이 높은 약과점(loose oilgopoly)이다. 그러나 현실적으로는 경쟁이 많이 이루어지지 않고 있다. 그 때문에 정유회사들은 서로 경쟁을 자제하는 협조체제를 만들고 있다는 의심을 받는다. 석유류 제품가격은 원유가 오를 때에는 재빨리 많이 오르고 원유가 내릴 때에는 천천히 적게 내린다. 이것은 정유사끼리 묵시적으로 협조하는 관행이 만들어져 있기 때문이라고 보고 있다.

정유산업의 과점구조는 앞으로 더욱 심화될 것으로 보인다. 정유산업은 규모의 경제가 매우 큰 범위까지 존재하기 때문에 개별 기업이 더욱더 큰 규모로 영업할수록 더 효율적으로 생산할 수 있다. 거기다가 국내 정유시장은 초과공급 상태이다. 따라서 소규모 정유사는 대규모 정유사에 흡수되는 현상이 나타날 가능성이 높다. 인천정유가 SK에 흡수된 것은 그 한 예이다. 이렇게 되면 과점적 시장구조는 더욱 강화될 것이다. 지금도 4개의 독립적 정유사가 존재하는 전형적 과점인데, 합병에 의해 3개로 줄어든다면 정유산업은 전형적인 과점구조로 이동할 것이다. 이러한 과점이 경쟁적 과점이 될지 비경쟁적 과점이 될지는 공정거래위원회가 이들의 협조적 시장조정을 얼마만큼 차단해 낼 수 있는지에 달려 있다.

표 9-3 5개 정유사의 매출액과 점유율

회사명	2004		2009	
	매출액(십억 원)	점유율(%)	매출액(십억 원)	점유율(%)
SK	17,406	34.3	35,827	36.7
GS	14,063	27.8	26,089	33.3
S-Oil	10,689	21.1	17,424	14.5
현대	6,014	11.9	10,868	15.5
인천	2,502	4.9	–	–
합계	50,674	100.0	72,802	100.0

주 : 인천정유는 2008년 2월 SK에너지에 흡수합병.
자료 : 최정표, 「공정거래정책, 허와 실」, 도서출판 해남, p.208.

3. 독점적 경쟁시장의 특성

균형의 독점적 특성과 경쟁적 특성

독점적 경쟁시장은 독점적 특성과 경쟁적 특성을 동시에 가진 시장이기 때문에 기업의 균형점도 독점적 특성과 경쟁적 특성을 동시에 나타내고 있다. 독점기업은 균형에서 $P > MC$이기 때문에 배분의 효율성이 달성되지 못하고, 완전경쟁기업은 경쟁 때문에 장기적으로 정상이윤밖에 벌지 못한다. 독점적 경쟁기업에게는 장기균형에서 이 두 가지 특성이 동시에 나타난다. **독점적 경쟁기업은 장기균형에서 $P > MC$가 되어 배분의 효율성이 달성되지 못하는 독점적 특성을 나타내고, 아무런 초과이윤을 벌지 못하는 경쟁적 특성도 가진다.**

독점적 경쟁기업은 독점적 요소 때문에 수요곡선이 우하향하게 되는데, 수요곡선이 완전경쟁기업에서처럼 수평이 되지 않고 우하향하면 한계수입곡선(MR)은 [그림 9-5]에서처럼 수요곡선의 아래에 위치한다. 이 그림에서 균형은 $MR = LMC$ 조건이 충족될 때 달성되는데 이때 가격은 G점에서

그림 9-5

배분의 비효율성

균형에서는 $P_{mc} > LMC$이기 때문에 배분의 비효율성이 존재한다.

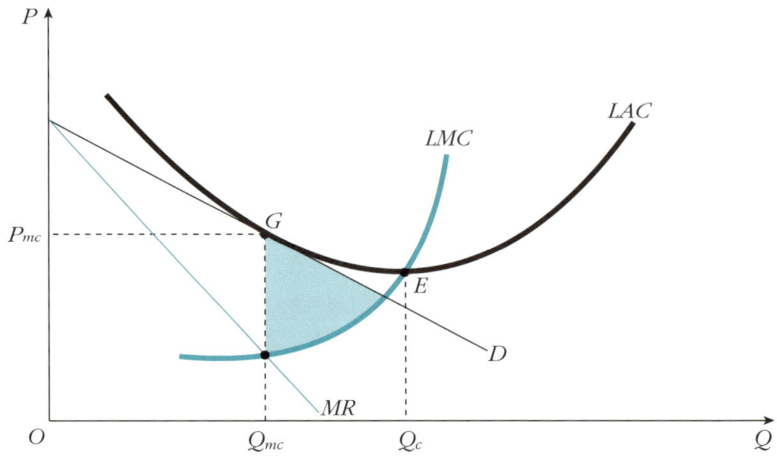

정해지기 때문에 LMC보다 높다. 즉, 균형에서 $P > MC$이고, 이 때문에 배분의 비효율성(inefficiency of allocation)이 나타나고 색칠된 부분만큼의 사중적 후생손실(dead-weight welfare loss)이 발생한다. 이것은 독점적 요소로서 독점적 경쟁균형의 사회적 비용이다.

독점적 경쟁기업은 경쟁적 요소 때문에 장기균형에서 초과이윤이 존재하지 않는다. 독점적 경쟁시장에는 기업 수가 많고 장기적으로 진입과 퇴출이 일어날 수 있다. 그러므로 초과이윤이 나타나면 장기적으로 신규진입이 이루어져 초과이윤의 여지를 없애 버린다. [그림 9-5]의 G에서 보는 것처럼 독점적 경쟁기업은 장기적으로 가격(P_{mc})이 평균생산비(LAC)와 같아져 완전경쟁기업에서처럼 초과이윤을 벌 수 없다.

사례검토 9.4

국제전화시장의 경쟁구조

국제전화시장의 시장구조 현황은 [표 9-4]와 같다. KT의 시장주도력은 다른 유선통신시장에 비해 매우 낮은 편이다. 그만큼 경쟁이 높은 시장이라고 볼 수 있다. 기간 3사업자(KT, LG데이콤, SK텔링크)에 의한 집중률이 아직도 높기는 하나 이들 간의 경쟁은 점점 더 높아지고 있다. 문제는 기간 3사업자 이외의 사업자들이 어떻게 시장을 확보해 나가면서 경쟁력을 확보하느냐 하는 것이다. 국제전화시장이 더욱 경쟁적 구조로 가기 위해서는 KT 이외의 사업자들이 점유율을 증가시켜 나가야 한다. 기간사업자들뿐만 아니라 별정사업자들도 KT의 시장을 더욱 집중적으로 잠식하여 KT의 점유율이 대폭 낮아져야 국제전화시장은 KT가 주도하는 시장에서 탈피하여 명실공히 경쟁적 시장구조로 전환할 수 있을 것이다.

국제전화시장은 시장구조에 비해 시장행동은 경쟁이 매우 높은 편이다. 특히, 경쟁의 진수인 가격경쟁이 매우 높다. 기간통신사업자의 국제전화상품은 표준요금상품, 할인요금상품, 저가요금상품으로 나눌 수 있는데, 별정사업자들의 공격적인 마케팅에 대응하기 위해 기간통신사업자들도 별정통신사업자의 요금과 비슷한 수준인 저가의 국제별정통신 서비스 상품을 제공하고 있다. 이렇게 가격경쟁이 활성화됨에 따라 소비자 입장에서는 싼 가격으로 국제전화를 이용할 수 있게 되었다. 그만큼 소비자후생이 증가하고 있다는 것을 의미한다.

표 9-4 국제전화시장의 시장구조

구분		2004	2005	2006	2007	2008
매출액(단위 : 억원)		7,891	7,318	6,946	7,550	7,400
매출액 점유율 (%)	KT	31.3	31.8	30.1	34.4	30.4
	LG데이콤	17.8	19.4	19.2	18.3	19.2
	온세텔레콤	3.6	3.8	3.1	2.4	2.5
	SK텔링크	15.6	16.0	17.9	19.3	20.8
	SKBB	2.2	4.8	5.5	4.5	4.8
	별정사업자	29.7	24.3	24.1	21.1	22.3
	기간 3사업자	64.7	67.2	67.2	72.0	70.4
발신총량(단위 : 백만분)		1,090	1,133	1,141	1,437	2,015
발신 점유율 (%)	KT	48.4	40.6	36.3	43.3	48.3
	LG데이콤	21.0	25.5	25.9	24.2	26.9
	온세텔레콤	8.0	8.0	5.8	4.3	4.4
	SK텔링크	13.5	16.1	20.3	19.7	14.8
	SKBB	4.0	5.3	4.5	3.2	2.3
	별정사업자	4.7	4.3	4.2	5.1	2.9
	기간 3사업자	82.9	82.2	82.5	87.2	90.0

자료 : 정보통신정책연구원(KISDI), 『정책연구』, 09-62.

초과용량

독점적 경쟁기업은 장기균형에서 [그림 9-6]의 Q_1만큼 생산한다. 그런데 이 기업이 만약 완전경쟁기업이라면 장기적으로 최적량의 생산설비를 갖추고 Q_2만큼 생산할 것이다. 이와 같이 독점적 경쟁기업은 장기균형에서도 평균비용의 극소점에서 생산하지 않는다. 장기평균비용이 극소화되는 생산량을 이상적 생산량(ideal output)이라고 하는데 독점적 경쟁기업은 장기균형에서 이상적 생산량보다 적은 양을 생산한다.

이상적 생산량과 실제 생산량의 차이를 초과용량(excess capacity)이라고 한다. [그림 9-6]에서는 Q_1Q_2만큼을 초과용량이라고 한다. 초과용량이 존재하면 단위당 생산비가 높아지고 그만큼 사회적으로 자원의 낭비가 초래된다.

독점적 경쟁기업의 초과용량은 두 부분으로 나누어 설명할 수 있다. [그림 9-6]에서 이 기업이 만약 완전경쟁기업이라면 장기적으로 K_2라는 최적설비를 갖추고 이상적 생산량인 Q_2만큼 생산할 것이다. 그런데 독점적 경쟁기업이기 때문에 K_1이라는 설비를 갖추고 있다. 이와 같이 독점적 경쟁기업은 최적설비를 갖추고 있지 못하는데 최적설비를 갖추지 못한 데 기인한 생산용량의 차이인 Q_aQ_2가 초과용량의 한 부분을 차지한다. 그리고 현재 설비도 단위당 생산비가 최소화되는 수준까지 가동시키지 못하고 있다. 단위당 생산비가 최소화되도록 현재 설비를 가동시키면 생산량은 Q_a가 되

그림 9-6

초과용량

Q_1Q_2가 초과용량인데, 이 부분은 Q_1Q_a와 Q_aQ_2로 나누어질 수 있다.

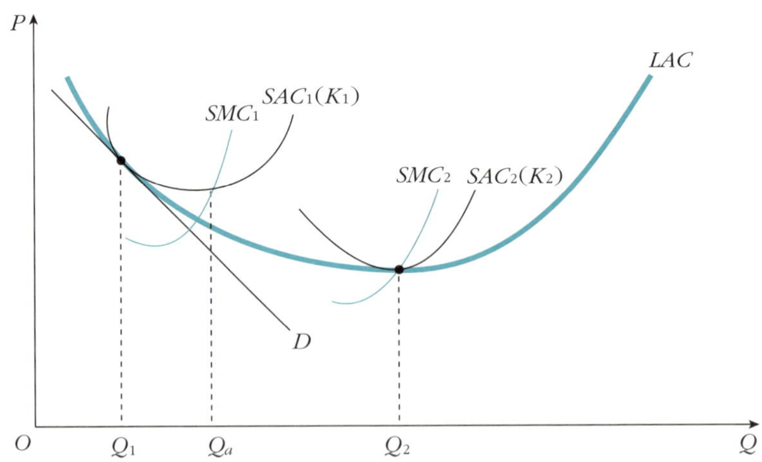

는데 실제 생산량은 Q_1에 머물러 있다. 그러므로 이 부분의 초과용량은 Q_1Q_a이다.

이와 같이 독점적 경쟁기업의 초과용량인 Q_1Q_2는 Q_1Q_a 부분과 Q_aQ_2부분으로 나누어 그 의미를 살펴볼 수 있다. **초과용량에 기인한 생산비 증가분은 독점적 경쟁의 사회적 비용이라고 할 수 있지만 또 다른 측면에서는 다양화의 대가라고 볼 수 있다.** 독점적 경쟁시장에서는 다양한 소비자의 기호에 부응하기 위해 생산자들이 제품차별화를 시도하고 이 때문에 초과용량이 존재하게 된다. 그러므로 초과용량은 소비자의 다양한 기호를 골고루 충족시켜 주기 위한 비용이라고도 볼 수 있다.

비가격경쟁

독점적 경쟁시장에서는 가격 이외의 수단을 동원하여 경쟁하는 비가격경쟁(nonprice competition)이 많이 이루어진다. 광고, 서비스, 포장, 디자인, 상표 등이 대표적 비가격경쟁의 수단인데 독점적 경쟁기업은 이러한 비가격 경쟁수단을 동원하여 제품차별화를 시도한다.

같은 용도의 상품이라도 소비자 입장에서 차이가 나는 것으로 판단하면 제품차별화가 이루어진 것이다. 그리고 기업은 이 차별화를 이용하여 어느 정도의 독점력을 확보한다. 광고는 이러한 차별화전략에 많이 이용되는 비가격경쟁 수단이다. 광고를 통해 소비자에게 우수한 상품이라는 이미지를 심어 주면 그 제품은 차별화에 성공한 것이다. 그러므로 **이미지차별화(image differentiation)도 제품차별화의 한 요소가 된다.** 독점적 경쟁기업은 차별화를 통해 소비자를 확보하려는 노력을 많이 한다.

사례검토 9.5

초고속인터넷시장의 경쟁구조

초고속인터넷시장의 시장구조는 [표 9-5]와 같다. 사업자는 기간통신사업자 외에도 부가/별정통신사업자와 방송사업자가 초고속인터넷 서비스를 제공하고 있다. 부가/별정통신사업자들의 비중은 2003년까지 가입자수로 7.1% 수준까지 올랐으나 그 이후에는 꾸준히 감소하고 있다. 최근의 전체적인 시장구조는 KT를 비롯한 3대 사업자(KT, SKBB, LG파워콤)가 주도하는 시장이라고 볼 수 있다. KT의 비중은 가입자수에서 40% 이상을 꾸준히 유지하고, 매출액에서는 50% 전후를 장악하고 있다.

매출액에서 주도사업자의 점유율이 50%인 것으로 볼 때, 시장구조는 과점이라는 것을 알 수 있다.

과점 중에서는 강과점(tight oligopoly)이라고 볼 수 있다. 제1사업자의 점유율도 최근에는 감소하고 있다. 이런 현상을 종합할 때 초고속인터넷시장은 구조적으로 강과점이면서 시장 전체를 제1사업자가 주도할 수 있는 비경쟁적 구조이지만 최근에는 이런 구조가 많이 개선되고 있는 상황이다.

그런데 중소사업자의 도산과 단위사업자에 의한 인수 · 합병 등으로 경쟁이 위축되는 측면도 있다. 이것은 KT라는 주도사업자가 지배해 온 통신시장 고유의 특성에 기인하는 면이 강하다. 초고속인터넷 서비스는 새롭게 개발된 상품이어서 경쟁이 높아질 수 있는 여지가 존재하지만 KT라는 대규모 기존 기업의 기득권이 분명하게 작용하는 한 시장경쟁에는 한계가 있을 수 있다.

표 9-5 초고속인터넷시장의 시장구조(가입자수 기준)

구분		2001	2002	2003	2004	2005	2006	2007	2008
총가입자수(천 명)		7,775	10,405	11,178	11,921	13,008	14,043	14,709	15,474
가입자수 점유율 (%)	KT	49.6	47.3	50.0	50.9	48.0	45.2	44.3	43.4
	SKBB	26.4	27.6	24.4	23.1	21.3	25.7	24.9	22.9
	두루넷	16.7	12.5	11.6	10.8	6.4	–	–	–
	온세텔레콤	2.6	4.3	3.8	3.3	2.7	1.6	–	–
	드림라인	2.2	1.6	1.3	1.1	0.8	0.2	0.007	0.003
	LG데이콤	1.6	1.4	1.8	1.7	1.6	0.8	0.5	0.2
	LG파워콤	–	–	–	–	2.0	8.6	11.7	14.1
	부가/별정사업자	–	5.2	7.1	1.8	2.2	1.3	1.1	1.0
	방송사업자	–	–	7.0	7.1	14.9	16.6	17.5	18.4
총매출액(억 원)		21,438	27,341	31,584	34,152	34,183	39,500	40,596	40,951
매출액 점유율 (%)	KT	51.8	51.6	54.9	58.3	61.1	52.1	48.4	47.6
	SKBB	25.1	28.3	26.6	25.5	24.5	26.3	25.3	23.2
	두루넷	15.7	12.3	10.8	9.1	7.5	0.0	0.0	0.0
	온세텔레콤	2.3	3.6	4.1	3.6	3.1	2.1	0.3	0.0
	드림라인	3.0	2.1	1.5	1.1	0.9	0.5	0.0	0.0
	LG데이콤	1.8	1.8	1.8	2.4	2.6	1.1	0.8	0.3
	LG파워콤	–	–	–	–	0.4	5.8	11.6	14.1
	부가/별정사업자	–	–	–	0.0	0.0	0.9	1.0	1.1
	방송사업자	–	–	–	0.0	0.0	11.1	12.6	13.7

자료 : 정보통신정책연구원(KISDI), 『정책연구』, 09-62.

중 요 내 용 요 약

9.01 **독점적 경쟁시장의 독점적 요소와 경쟁적 요소** : 기업의 수가 많아 판매자 사이에 실질적인 경쟁이 이루어지고 있다는 점이 경쟁적 요소이고, 각 기업들이 자기 생산물에 대해 제품차별화(product differentiation)를 시도하여 차별화된 특성에 대해 독점력을 행사할 수 있다는 점이 독점적 요소이다.

9.02 **독점적 경쟁기업이 직면하는 수요곡선** : 독점적 요소로 인해 우하향하는 수요곡선이 되지만 경쟁적 요소로 인해 비교적 탄력적인 수요곡선이 된다.

9.03 **공장의 입지와 제품차별화** : 동일상품이라도 공장의 입지가 다르면 소비자 입장에서는 차별화가 이루어진 것이다. 따라서 입지가 어떻게 얼마나 달라지는지를 설명하는 이론(location model)은 바로 제품차별화를 설명하는 이론으로 사용될 수 있다.

9.04 **독점적 경쟁기업의 단기균형** : $MR = SMC$ 조건이 충족되는 생산량 및 가격

9.05 **독점적 경쟁기업의 장기균형** : $MR = SMC$ 조건이 충족될 뿐만 아니라 기업이 정상이윤(초과이윤 = 0)만 벌게 되는 생산량 및 가격

9.06 **균형의 특성** : 장기균형에서 초과이윤이 존재하지 않는다는 점은 완전경쟁기업과 같은 점이지만 LAC의 극소점보다는 왼쪽에서 균형이 달성된다는 점은 완전경쟁기업과의 차이점이며, 이것은 독점적 요소로 인해 수요곡선이 우하향하기 때문에 나타난다.

9.07 **초과용량**(excess capacity) : 균형생산이 LAC의 극소점보다 왼쪽에서 이루어질 때 초과용량이 존재하며, 이때 실제 생산량과 LAC가 극소화되는 생산량과의 차이를 초과용량의 크기라고 한다.

9.08 **독점적 경쟁시장의 특성** : 첫째, 장기균형에서 초과용량이 존재하고 둘째, 균형점에서 $P > MC$이기 때문에 배분의 비효율이 존재하고 셋째, 광고, 서비스, 품질 등을 통한 비가격 경쟁이 많이 일어난다.

연/습/문/제

9.01 독점적 경쟁이 독점 및 완전경쟁과 같은 점은 무엇이고 다른 점은 무엇인가?

9.02 독점적 경쟁기업은 왜 광고를 많이 하려고 하는가?

9.03 독점적 경쟁기업의 단기균형이 장기적으로도 지속될 수 없는 이유는 무엇인가?

9.04 독점적 경쟁시장이 단기균형에서 장기균형으로 이동할 때 이 시장 내 기업의 수는 어떻게 변하는가?

9.05 독점적 경쟁기업에게는 항상 초과용량(over-capacity)이 존재하게 되는데 그 이유는 무엇인가?

9.06 독점적 경쟁기업에 대한 수요곡선은 $P = 51 - 2Q$이고, 이 기업의 장기평균비용곡선은 $ATC = Q^2 - 16Q + 100$이다.

a. 장기균형에서의 가격과 생산량은 각각 얼마인가?
b. 장기균형에서 수요의 가격탄력성은 얼마인가?
c. 장기균형 산출량에서 기업의 한계수입은 얼마인가?

9.07 독점적 경쟁기업에 대한 수요곡선은 $Q = 300 - 3P$이고, 이 기업의 장기평균비용곡선은 $ATC = Q^2 - 12Q + 46$이다.

a. 장기균형에서의 가격과 생산량은 각각 얼마인가?
b. 장기균형에서 수요의 가격 탄력성은 얼마인가?
c. 장기균형산출량에서 기업의 한계비용은 얼마인가?

9.08 같은 용도의 상품이라도 제조회사에 따라 상품차별화가 시도되는 이유는 무엇인가?

CHAPTER 10

과점시장

1. 과점시장의 정의
2. 과점시장의 균형
3. 굴절수요곡선 모형
4. 게임이론

학습목표

판매자 수가 아주 많은 상품의 시장에서는 각 판매자가 불특정 다수와 경쟁하기 때문에 어느 판매자도 특정 판매자와 대립적인 경쟁관계를 가질 필요가 없다. 그러나 판매자 수가 두셋이거나 그리 많지 않은 상품시장에서는 각 판매자가 특정 판매자와 대립적인 경쟁관계를 가진다. 예를 들자면 OB맥주와 Hite맥주는 각자의 판매전략에 따라 다른 회사의 수익에 직접적으로 영향을 미치기 때문에 두 회사는 서로 대립적인 경쟁관계를 유지하게 된다. 이런 시장을 과점시장이라고 한다. 판매자 수가 둘 이상이지만 그리 많지 않아 경쟁상대가 분명하게 부각되는 시장이 과점시장이다. 이런 시장에서의 기업행동은 완전경쟁시장에서의 기업행동과는 달리 서로 상대기업에게 영향을 미치고 상대기업으로부터 영향을 받는데 제10장에서는 이런 시장에서의 기업행동에 대해 분석한다. 그리고 이런 시장의 균형은 어떻게 달성되는지에 대해 살펴본다.

제10장을 공부한 후에는 다음 물음에 답할 수 있어야 한다.

1. 판매자가 둘인 시장에서의 판매자는 왜 상대기업의 영업전략에 지대한 관심을 가지는가?
2. 판매자의 수가 많을 때의 경쟁과 적을 때의 경쟁은 어떻게 다른가?
3. 과점기업들은 경쟁하는 것이 유리할까 협조하는 것이 유리할까?
4. 경쟁하에서도 가격이 하나에서 계속 유지될 수 있을까?

1. 과점시장의 정의

기업 간의 대립적 경쟁

과점시장(oligopoly)은 기업의 수가 소수인 시장을 말한다. 여기서 소수란 하나보다는 많지만 매우 많지는 않다는 것을 의미한다. 즉, 기업의 수가 2~5개인 시장이 전형적인 과점시장이다.

이러한 과점시장에서는 개개 기업의 시장행동이 다른 기업의 이해관계에 민감하게 영향을 미치기 때문에 기업 간의 상호의존성(interdependence)이 매우 높다. 완전경쟁시장이나 독점적 경쟁시장에는 기업의 수가 매우 많으면서 각 기업의 시장비중이 매우 미미하기 때문에 어느 한 기업의 시장행동이 다른 특정 기업의 이해관계에 영향을 미치는 정도가 매우 미미하다. 즉, 이러한 시장에서는 특정 기업들 간의 상호의존성이 별로 존재하지 않는다. 독점시장에는 하나의 기업만이 존재하기 때문에 상호의존성이 아예 존재할 수 없다. 그러나 과점시장에는 소수의 기업들만이 존재하기 때문에 어느 한 기업이 어떤 행동을 취하느냐에 따라 다른 기업들의 이해관계에 매우 민감하게 영향을 미치게 된다. 그러므로 **과점시장들 간에는 상호의존성이 매우 높을 수밖에 없다.** 이것이 과점시장의 매우 중요한 특성이다.

과점기업들 간에는 상호의존성이 매우 높기 때문에 그 상호의존성이 어떻게 처리되어 가느냐가 과점이론의 핵심이 된다. 예컨대 각 과점기업들이 이기적으로 자기의 이익만을 증대시키려고 한다면 과점기업들 사이에는 치열한 경쟁이 이루어질 것인데 이러한 과점을 **경쟁적 과점**이라고 한다. 반면에 과점기업들이 서로 협조하여 공동이익을 극대화시킨 후 이익을 서로 사이좋게 나누어 갖는다면 이러한 과점은 **협조적 과점**이 될 것이다. 협조적 과점은 바로 비경쟁적 과점이 된다.

과점시장에서의 경쟁은 완전경쟁시장에서의 경쟁과는 그 개념이 다르다. 경제학에서는 2가지 유형의 경쟁을 구분하고 있는데, 하나는 특정 기업들이 서로 치열하게 대립하는 경쟁(rivalry)이고, 다른 하나는 특정한 경쟁상대 없이 불특정다수 간에 전체적으로 경쟁이 이루어지는 형태의 경쟁

(competition)이다. 과점시장에서의 경쟁은 전자의 경쟁 형태로서 특정 기업들 사이에 치열한 대항관계의 경쟁이 이루어지는 것이고, 완전경쟁시장의 경쟁은 후자의 경쟁 형태로서 무수히 많은 불특정 경쟁상대와 완벽한 형태의 경쟁이 이루어지는 것을 말한다. 즉, **완전경쟁시장에서의 경쟁은 특정 기업들 사이의 상호의존성이 없는 경쟁이고, 과점시장에서의 경쟁은 특정 기업들 사이의 상호의존성이 매우 높은 경쟁이다.**

예측적 변화

과점시장에서는 기업들 간의 상호의존성 때문에 어떤 기업이든 시장 행동을 결정할 때는 이 행동에 대해 상대기업이 어떻게 반응할 것이냐를 매우 중요시한다. 상대기업의 반응 여하에 따라 자기 행동의 결과는 매우 달라질 것이기 때문이다. 어떤 과점기업이 가격을 내릴 때 상대기업도 따라서 내릴 것이라고 예측할 수도 있고, 그러지 않을 것이라고 예측할 수도 있다. 이처럼 **개별 기업이 자기 행동에 대해 상대기업이 어떻게 반응할 것인가에 대해 미리 예측하는 것을 예측적 변화(conjectural variation)라고 한다.**

예측적 변화는 과점이론의 핵심적 요소이다. 예측적 변화를 어떻게 설정해 두느냐에 따라 과점이론은 여러 가지로 달라질 수 있다. 예컨대 기업 A가 생산량을 확장할 때 경쟁기업 B도 따라서 생산량을 확장할 것인지, 아니면 생산량을 전혀 변화시키지 않을 것인지, 아니면 생산량을 오히려 감소시킬 것인지 등에 대해 기업 A는 자기 나름대로 어떤 예측을 하여야 한다. 그리고 이 중 어느 하나의 반응이 이루어질 것이라고 예측할 때도 그 반응하는 양이 어느 정도가 될 것인지도 동시에 예측하여야 한다. 이때 기업 A가 기업 B의 반응이 어떠하리라고 예측하느냐가 바로 기업 A의 예측적 변화인데, 이 예측적 변화가 어떻게 되느냐에 따라 기업 A의 시장행동과 그 과점의 시장균형이 달라진다. 따라서 예측적 변화가 어떠하느냐에 따라 여러 가지 과점 모형이 가능해진다.

사례검토 10.1

자동차산업은 과점인가, 독점인가?

1996년 이전까지만 해도 한국의 승용차 시장에는 현대, 기아, 대우, 쌍용, 삼성 자동차가 경쟁하는 과점시장이었다. 현대자동차가 가장 높은 시장점유율을 차지한 가운데 그 뒤를 기아와 대우가 추격해 갔다. 쌍용자동차는 아주 적은 시장점유율을 차지하는 영세 자동차회사였고, 삼성자동차는 금방 자동차산업에 진입한 신생 회사였다. 그러므로 한국의 승용차 시장은 현대, 기아, 대우에 의한 과점구도로 유지되고 있었다.

그런데 1996년 이후 이러한 자동차시장에는 대변혁이 일어났다. 먼저 쌍용자동차가 대우자동차에 흡수 통합되고, 그 다음에는 기아가 파산하여 1998년에 현대에 흡수되었다. 그러던 중 1999년에는 빅딜정책에 의해 삼성자동차가 문을 닫고 대우자동차마저 미국의 GM 자동차회사에 매각되었다. 이렇게 되면 한국의 자동차산업에는 기아를 인수한 현대자동차는 독점사업자가 될 수 있다.

자동차산업의 시장변화 모습은 [표 10-1]과 같다. 2009년 기준으로 현대와 기아가 자동차시장의 77%를 차지하고 있다.

표 10-1 자동차 내수시장 현황

회사명	2002		2005		2007		2009	
현대	7.24	46.4	70.4	48.0	69.5	48.4	76.8	48.4
기아		26.0		22.4		21.1		28.4
GM대우	9.7		9.0		10.1		7.2	
쌍용	8.9		6.4		4.7		1.5	
르노삼성	7.1		9.7		9.1		9.2	
진도	0.0		0.0		0.0		0.0	
대우버스	0.0		0.3		0.3		0.2	
타타대우	0.0		0.3		0.7		0.4	
수입자동차	1.8		3.9		5.7		4.8	
합계	100% (1,652,759대)		100% (1,188,783대)		100% (1,292,562대)		100% (1,457,382대)	

자료 : 최정표, 「공정거래정책, 허와 실」, 도서출판 해남(2011), p.204.

2. 과점시장의 균형

과점이론에서는 일반적으로 기업 A와 기업 B가 존재하는 복점(duopoly) 모형을 이용하여 과점시장의 특성과 균형을 설명하고 있다. 기업 A와 기업 B의 생산량을 각각 q_a와 q_b라고 할 때 시장수요량(q)은 두 기업에 대한 수요량을 합한 값이기 때문에 $q = q_a + q_b$가 된다. 그리고 시장수요량($q = q_a + q_b$)의 가격함수($q = q(p)$)로서 $P = f(q_a + q_b)$라는 함수식이 만들어질 수 있다. 분석의 편의를 위해 시장수요함수를 $P = a - b(q_a + q_b)$, $a > 0$, $b > 0$이라고 가정해 두고, 각 기업의 생산비는 0이라고 가정해 둔다. 즉, $TC_a = TC_b = 0$이다. 따라서 $MC_a = MC_b = 0$이다. 이러한 가정하에 과점시장의 균형이 어떻게 달성되는지 4개의 과점모형을 살펴보기로 한다.

쿠르노 모형

쿠르노 모형은 과점이론의 고전적 모형으로서 1800년대의 불란서 수학자 쿠르노(Augustin Cournot)가 개발한 모형이다. 이 모형의 핵심은 예측적 변화에 대한 쿠르노적 가정에 있다. 이 모형도 두 기업만이 존재하는 복점 모형인데, 각 기업은 상대기업의 산출량을 예측한 후 이 산출량을 기준으로 자기의 산출량을 결정한다. 즉, **각 기업은 자기가 예측한 상대방의 산출량을 주어진 외생변수로 보고 이것을 기준으로 자기의 이윤극대화 산출량을 정한다는 예측적 변화(conjectural variation)를 가진다.** 이런 예측적 변화가 바로 쿠르노적 가정인데, 이 가정이 쿠르노 모형의 핵심적 요소이다.

예컨대 q_a는 A기업의 산출량이고 q_b^e는 A기업이 예측하는 B기업의 산출량이라고 하면 쿠르노 모형에서는 q_a가 다음과 같은 함수식으로 표현될 수 있다.

$$q_a = f_a(q_b^e) \tag{10.1a}$$

즉, 기업 A는 자기가 예측하는 B의 산출량(q_b^e)을 외생변수로 보고 자기의 산출량(q_a)을 정한다. 그런데 기업 A는 자기가 q_a를 정했을 때 이것을 기준으로 기업 B가 자기가 산출량을 다시 조정할 것이라고는 생각하지 않는다. 이것이 바로 쿠르노식 예측적 변화이다.

마찬가지로 q_b는 B기업의 산출량이고 q_a^e는 B기업이 예측하는 A기업의 산출량이라고 하면 q_b는 다음과 같은 함수식으로 표현될 수 있다.

$$q_b = f_b(q_a^e) \quad (10.1b)$$

즉, 기업 B는 자기가 예측하는 A의 산출량(q_a^e)을 외생변수로 보고 자기의 산출량(q_b)을 결정한다. 식 (10.1a)와 (10.1b)를 **반응함수(reaction function)**라고 하는데, 식 (10.1a)는 기업 A가 기업 B의 산출량에 따라 자기의 산출량을 어떻게 반응시켜야 하느냐를 나타내는 것이므로 기업 A의 반응함수가 되고, 식 (10.2b)는 기업 B가 기업 A의 산출량에 따라 자기의 산출량을 어떻게 반응시켜야 하느냐를 나타내는 것이므로 기업 B의 반응함수가 된다.

쿠르노 모형은 $q_a = q_a^e$와 $q_b = q_b^e$가 성립되는 산출량에서 균형이 달성된다. 이 조건이 성립하는 A, B의 산출량을 $q_a^*(=q_a^e)$, $q_b^*(=q_b^e)$라고 하면, 이때의 반응함수식은 다음과 같이 된다.

$$q_a^* = f_a(q_b^*) \quad (10.2a)$$
$$q_b^* = f_b(q_a^*) \quad (10.2b)$$

이러한 쿠르노 모형의 균형은 시장수요곡선 $P = a - b(q_a + q_b)$로부터 쉽게 설명될 수 있다. 각 기업의 생산비가 0이라고 가정해 두었기 때문에 각 기업의 이윤식은 다음과 같이 표시될 수 있다.

$$\pi_a = P \cdot q_a - 0 = [a - b(q_a + q_b^e)]q_a \quad (10.3a)$$
$$\pi_b = P \cdot q_b - 0 = [a - b(q_a^e + q_b)]q_b \quad (10.3b)$$

쿠르노 모형에서는 각 기업이 상대기업의 산출량이 주어진 것으로 보고 (상대기업의 산출량은 외생변수) 자기의 산출량 수준을 정하기 때문에 각 기업의 이윤극대화 산출량은 다음식으로부터 도출될 수 있다(2차조건은 만족된다고 가정한다).

$$\frac{\partial \pi_a}{\partial q_a} = a - 2bq_a - bq_b^e = 0 \qquad (10.4a)$$

$$\frac{\partial \pi_b}{\partial q_b} = a - 2bq_b - bq_a^e = 0 \qquad (10.4b)$$

여기서 q_b^e과 q_a^e를 사용하는 것은 기업 A는 B의 산출량이 q_b^e일 것이라고 예측한 상태에서 이것을 기준으로 자기의 산출량을 결정하고, 기업 B는 A의 산출량이 q_a^e일 것이라고 예측한 상태에서 이것을 기준으로 자기의 산출량을 결정한다는 의미이다. 이것이 바로 쿠르노 가정이다. 식 (10.4a)와 (10.4b)를 다시 정리하면 다음과 같은 A, B기업의 반응함수식이 도출된다.

$$q_a = \frac{a - bq_b^e}{2b} \qquad (10.5a)$$

$$q_b = \frac{a - bq_a^e}{2b} \qquad (10.5b)$$

각 기업의 반응함수식을 그림으로 그리면 [그림 10-1]과 같다.

만약 B가 X_1점에서 자기의 산출량을 정하면 A는 여기에 반응하여 자기의 산출량을 X_2점에서 정할 것이고, B는 다시 여기에 반응하여 X_3점에서, A는 다시 여기에 반응하여 X_4점에서 자기의 산출량을 정할 것이다. 이러한 반응은 더 이상의 반응이 필요없을 때까지 계속될 것이다. 그 점이 바로 E점이다. 마찬가지로 A가 Y_1점에서 자기의 산출량을 정하면 B는 여기에 반응하여 Y_2로, 다시 A는 여기에 반응하여 Y_3로, B는 다시 여기에 반응하여 Y_4로 산출량을 조정해 나갈 것이다. 이러한 반응은 E점에 도달할 때까지 계속될 것이다. 어느 방향으로부터 접근하든 일단 E점에 도달하고 나면 어느 기업도 더 이상 반응할 필요가 없다. 이 점이 바로 $q_a = q_a^e = q_a^*$와 $q_b = q_b^e = q_b^*$가 만족되는 점으로 쿠르노 모형의 균형점이 된다.

그림 10-1

반응곡선

A의 반응곡선과 B의 반응곡선이 교차하는 E점이 쿠르노 모형의 균형점이다.

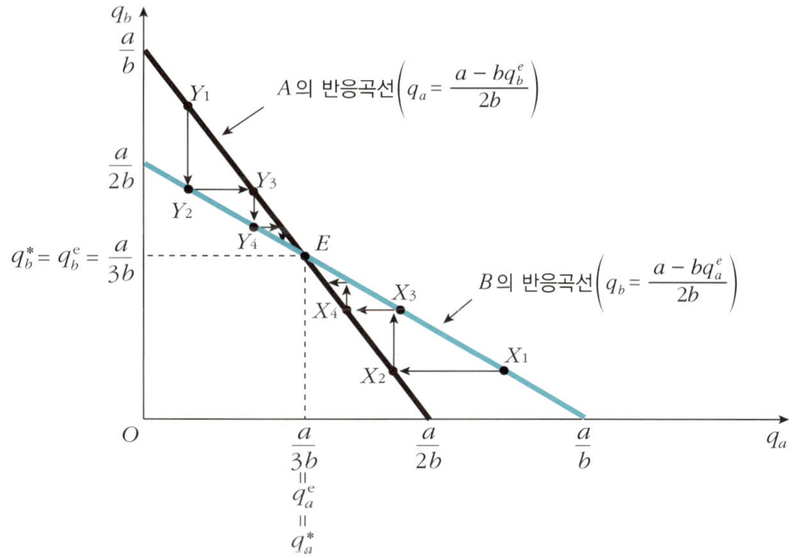

식 (10.5a)와 식 (10.5b)에서 $q_a = q_a^e$, $q_b = q_b^e$라 두고 두 식을 연립방정식으로 묶어 q_a와 q_b에 대해서 풀면 q_a^*값과 q_b^*값이 도출되고 이 값이 모두 $\frac{a}{3b}$이다. 즉, 쿠르노 모형에서 각 기업의 균형산출량은 $\frac{a}{3b}$이다 $(q_a = \frac{b}{3b}, q_b = \frac{a}{3b})$. 그러므로 총시장공급량은 $q_a + q_b = \frac{2a}{3b}$가 된다. 이 공급량을 시장수요함수$[P = a - b(q_a + q_b)]$에 대입시키면 이때의 시장가격은 $\frac{a}{3}$가 된다.

쿠르노 모형의 균형해를 시장수요곡선에서 살펴보면 [그림 10-2]와 같다. **E점이 쿠르노 모형의 시장균형점으로 이 점에서 시장수급량은 $\frac{2a}{3b}$이고 이때의 가격은 $\frac{a}{3}$이다.**

쿠르노 모형은 또한 과점이 독점 및 완전경쟁과 비교되는 중요한 의미를 제공하기도 한다. **쿠르노 모형에서는 기업의 수가 두 개인데 만약 기업의 수가 무한정으로 늘어나면 이 모형은 완전경쟁 모형과 일치하고, 기업의 수가 하나로 줄어들면 이 모형은 독점모형과 일치하게 된다.** 예컨대 기업의 수가 n개라면 시장공급량은 $q = q_1 + q_2 + \dots + q_i + \dots + q_n$으로 표시된다. 이때 i기업의 총수입은 $TR = P(q) . q_i$이기 때문에 i기업의 한계수입은 $MR_i = P(q) + q_i \frac{dP}{dq}$이

그림 10-2

쿠르노 모형의 균형

균형에서 가격은 $\frac{a}{3}$이고, 시장판매량은 $\frac{2a}{3b}$이다.

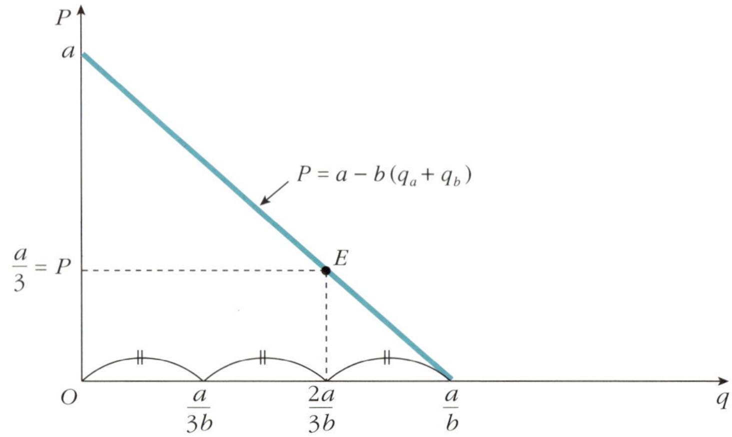

다. 그리고 i기업의 이윤극대화 조건은 $MR_i = MC_i$로서 다음과 같이 표현될 수 있다.

$$P(q) + \frac{dP}{dq} q_i = MC(q_i) \tag{10.6}$$

식 (10.6)은 다음과 같이 변형될 수 있다.

$$P(q)\left[1 + \frac{dP}{dq}\frac{q}{P}\frac{q_i}{q}\right] = MC(q_i) \tag{10.7}$$

각 기업의 시장몫을 $S_i = \frac{q_i}{q}$로 표시하면 식 (10.7)은 다음과 같이 변형될 수 있다.

$$P(q)\left[1 - \frac{S_i}{\eta}\right] = MC(q_i) \tag{10.8}$$

여기서 η는 수요의 가격탄력성의 절대값이다.

식 (10.8)에서 시장 내 기업의 수가 하나라면 $S_i = 1$이 되고 이 식은 $P\left(1-\frac{1}{\eta}\right) = MC$가 되어 독점기업의 균형조건과 일치한다. $P\left(1 - \frac{1}{\eta}\right) = MR$이기 때문이

다. 반면에 기업의 수가 무한히 증가하면 $S_i = 0$이고 이 식은 $P = MC(q_i)$와 같이 되어 완전경쟁의 균형조건과 일치하게 된다. 즉, **쿠르노 모형에서 기업 수가 하나로 감소해 버리면 이 시장의 균형은 독점균형과 일치하고, 기업의 수가 무한대로 증가해 버리면 이 시장의 균형은 완전경쟁시장의 균형과 일치한다.**

버트란드 모형

쿠르노 모형에서는 각 기업이 자기의 산출량을 정하고 이 산출량의 합인 시장공급량에 의해 시장가격이 정해지는 것으로 되어 있었다. 그러나 버트란드 모형(Bertrand model)에서는 그 반대로 기업들이 먼저 가격을 정하고 이렇게 정해진 가격에서 시장수요량이 정해진다고 보고 있다. 그런데 버트란드 모형에서는 각 기업이 가격을 정하는데 경쟁기업은 자기가 이미 정한 가격을 그대로 고수할 것이라는 예측적 변화를 가진다. 즉, 상대방 기업은 이미 정한 가격을 그대로 유지할 것이라 보고 여기에 대응해서 각 기업은 자기이윤을 극대화시킬 수 있는 가격을 찾는다는 가성이다. 이것은 쿠르노 모형에서의 가정과 본질적으로 똑같은 가정이다. 단지 **쿠르노 모형에서는 생산량을 기준으로 이러한 가정이 설정되었는데, 버트란드 모형에서는 가격을 기준으로 이러한 가정이 설정되었다는 것 뿐이다.**

가격을 기준으로 과점시장의 의사결정이 이루어진다는 버트란드 모형에서의 균형은 쿠르노 모형의 균형과는 완전히 다른 결과를 가져온다. 그 이유는 어느 기업도 자기가 정한 가격이 한계비용(MC)보다 클 때는 가격을 낮추는 것이 자기에게 유리하기 때문이다. 예컨대 한계비용보다 높은 어떤 가격 P에서($MC < P$) 두 기업이 자기의 상품을 판매하는데 상대방기업이 이 가격을 그대로 고수할 것이라고 믿는다면 각 기업은 가격을 이보다 조금 낮추는 것이 자기 이윤을 더욱 증대시키는 방법이 될 것이다. 예컨대 기업 B가 가격을 P에서 그대로 유지할 것이라고 생각하면 기업 A는 가격을 ΔP만큼 낮추어 기업 B의 고객을 모두 빼앗아오려고 할 것이다. 기업 B도 똑같은 생각을 하기 때문에 가격인하를 단행할 것이다. 즉, $P > MC$로 인한 두 기업은 모두 가격인하를 계속 단행할 것이다.

이러한 가격인하 경쟁이 더 이상 진행될 수 없는 상황이 바로 버트란드 모형의 균형이며 이러한 균형은 바로 $P = MC$가 되는 점이다. 즉, **버트란드**

그림 10-3

버트란드 모형의 균형

$P = MC = O$이 되는 T점이 시장균형점이고 각 기업의 생산량은 $\frac{a}{2b}$이다.

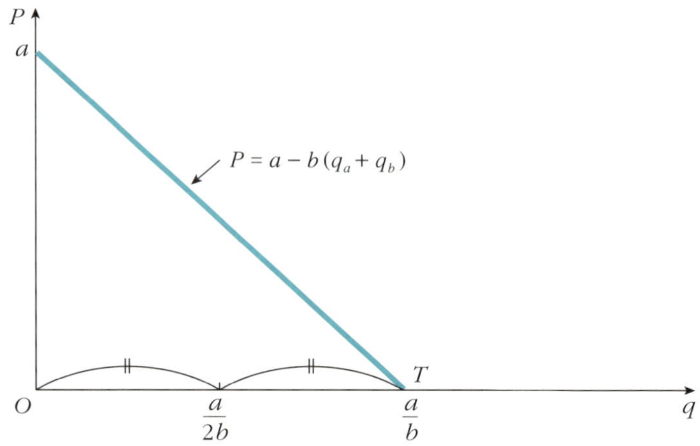

모형의 균형은 완전경쟁의 균형과 일치한다. 이러한 상황에서는 가격을 더 이상 낮추면 두 기업 모두 손실을 보기 때문에 가격은 더 이상 낮아지지 않는다.

각 기업의 생산비가 0이고 시장수요곡선이 $p = a - b(q_a + q_b)$라는 과점모형에 버트란드 모형을 적용시키면 시장균형은 $P = MC = 0$이 성립되는 점이 될 것이다. 이러한 점은 [그림 10-3]의 T점으로서 이 점에서의 시장수급량은 $q^* = (q_a^* + q_b^*) = \frac{a}{b}$가 된다. 그리고 시장가격은 $P = 0$이 된다. 두 기업이 시장수요량을 똑같이 나누어 갖는다면 각 기업의 생산량은 $q_a^* = q_b^* = \frac{a}{2b}$가 된다. 그리고 어느 기업도 초과이윤을 벌지 못한다. 버트란드 모형의 균형은 완전경쟁시장의 균형과 일치한다.

챔벌린 모형

기업은 어떤 방법을 쓰든 이윤을 극대화시키려고 할 것이다. 가능한 길이 있다면 두 기업은 각자의 이윤이 아니라 두 기업의 이윤을 합한 결합이윤(joint profit)을 극대화시킨 후 이를 적절히 나누어 가지는 방법도 추구할 수 있다. 기업들의 이런 전략을 담합(collusion)이라고 하며 기업들이 만든 담합을 카르텔(cartel)이라고 부른다. 과점시장이 이런 식으로 균형에 도달할 것이라고 보는 모형은 챔벌린 모형(Chamberlin model)이다.

카르텔의 시장행동은 독점기업의 시장행동과 마찬가지이다. 앞의 예에서처럼 생산비는 0이고 시장수요함수가 $P=a-b(q_a+q_b)$인 과점 모형에서 산업 전체의 이윤함수는 다음과 같다.

$$\pi = P \cdot q - 0 = [a-b(q_a+q_b)] \cdot (q_a+q_b) - 0 \tag{10.9}$$

식 (10.9)에서 산업 전체의 이윤이 극대화되기 위해서는 다음 조건이 충족되어야 한다(제2차 조건은 충족된다고 가정한다).

$$\frac{d\pi}{dq} = a - 2bq = 0 \tag{10.10}$$

여기서 $q=q_a+q_b$이다. 그러므로 산업 전체의 이윤이 극대화되는 산출량은 식 (10.10)이 충족되는 산출량인 $q^*=\frac{a}{2b}$가 된다. 이때 시장가격은 $P^*=a-b\left(\frac{a}{2b}\right)=\frac{a}{2}$가 된다. 그리고 두 기업은 똑같은 수요 및 생산비 조건을 갖는 기업이므로 각 기업의 생산량은 $q_a^*=\frac{q^*}{2}=\frac{a}{4b}=q_b^*$이다. 이러한 담합모형의 균형점은 [그림 10-4]의 M점과 같다. 이 산업이 담합에 의해 독점으로 되면 이 산업의 한계수입곡선은 MR이고 생산비가 0이기 때문에

그림 10-4

챔벌린 모형의 균형

균형에서 시장수요량은 $\frac{a}{2b}$이고 가격은 $\frac{a}{2}$이다. 각 기업의 판매량은 $\frac{a}{4b}$이다.

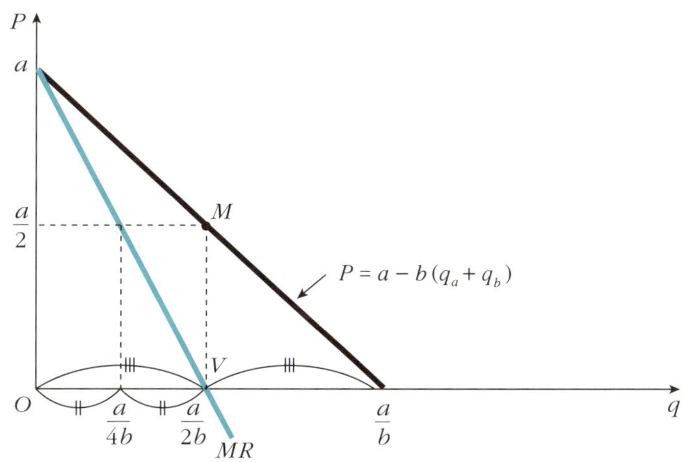

q축과 일치하는 수평선이 한계비용곡선 MC가 된다. 그러므로 이러한 독점 산업의 균형은 $MR=MC$가 충족되는 V점을 기준으로 산업 전체의 생산량이 $\frac{a}{2b}$에서 정해지고 가격은 M점을 기준으로 $\frac{a}{2}$에서 정해진다.

그런데 이러한 담합균형은 각 기업이 자기에게 할당된 산출량인 $\frac{a}{4b}$를 고수할 때만 달성된다. 만약 **어느 한 기업이 자기만의 이윤을 더욱 증대시키기 위해 이 산출량을 고수하지 않고 자기만 산출량을 증가시킨다면 결합이윤을 극대화시키는 산업 전체의 산출량인 $\frac{a}{2b}$는 유지되지 못한다.** 이렇게 되면 식 (10.10)이 충족되지 못한다. 이때는 담합이 깨어질 수밖에 없다.

실제로 과점에서는 상대방기업이 과점 협정에 충실하리라고 확신하면 자기의 산출량을 증대시키려고 유혹받는 기업이 생긴다. 즉, 어느 기업이든 상대기업이 산출량을 $\frac{a}{4b}$에서 고수하리라고 확신하면 자기는 산출량을 상대방 몰래 증대시키고 싶어한다.

과점기업들이 모두 이러한 생각을 갖는다면 각 기업은 상대방을 속이면서 자기의 산출량을 증대시킬 것이다. 이렇게 되면 담합균형은 유지될 수 없다. 그러므로 담합균형이 유지되고 담합이 성공하기 위해서는 어느 기업도 상대기업을 속일 수 없는 확실한 장치가 마련되어야 한다. 대부분의 국가에서 이러한 장치는 불법이기 때문에 담합균형이 오래 유지되기는 매우 어렵다.

스타켈버그 모형

과점기업들은 시장 내에서 차지하는 비중이 각기 다르기 때문에 그 시장을 주도하는 기업도 있고 그렇지 못한 기업도 있다. **스타켈버그 모형(Stackelberg model)은 어느 한 기업이 먼저 의사결정을 내리고 다른 기업은 이 기업의 의사결정을 보고 이것을 기초로 자기의 의사결정을 한다는 모형이다. 이때 먼저 의사결정을 하는 기업을 선도자(leader)라고 하고, 그 다음에 따라서 의사결정을 하는 기업을 추종자(follower)라고 한다.** 이러한 과점은 시장 내에서 어느 한 기업이 분명한 주도기업으로 부각되고 있는 시장이며, 이 주도기업이 자연적으로 선도기업이 된다. 현실적으로도 많은 과점시장들이 이러한 유형하에서 가격결정이나 생산량 결정을 하고 있다. 예컨대 국내 반도체시장에서 삼성이 선도자가 되고 그 외 기업들이 추종자가 되는 것은 스타켈버그 과점모형의 한 예라고 볼 수 있다.

스타켈버그 모형의 과점균형을 구체적으로 설명하기 위해 기업 A를 선도기업으로 가정하고 기업 B를 추종기업으로 가정해 둔다. 이때 기업 B는 A의 산출량 결정을 보고 자기의 산출량을 정하기 때문에 $q_b = f_b(q_a)$라는 반응함수(reaction function)를 가지게 된다.

시장수요함수가 $P = a - b(q_a + q_b)$이며 각 기업의 생산비가 0인 복점모형에서 각 기업의 이윤함수는 다음과 같다.

$$\pi_a = P \cdot q_a - 0 = [a - b(q_a + q_b)]q_a \tag{10.11a}$$

$$\pi_b = P \cdot q_b - 0 = [a - b(q_a + q_b)]q_b \tag{10.11b}$$

기업 B가 추종자인 스타켈버그 과점모형에서는 다음 등식이 충족될 때 기업 B가 이윤을 극대화시킬 수 있다.

$$\frac{d\pi_b}{dq_b} = [a - b(q_a + q_b)] - bq_b = 0 \tag{10.12}$$

식 (10.12)로부터 B의 반응함수는 다음과 같이 도출될 수 있다.

$$q_b = \frac{a - bq_a}{2b} \tag{10.13}$$

식 (10.13)을 식 (10.11a)에 대입하면 다음과 같은 선도기업 A의 이윤함수가 도출된다.

$$\pi_a = \left[a - b\left(q_a + \frac{a - bq_a}{2b}\right)\right]q_a \tag{10.14}$$

기업 A는 π_a를 극대화시킬 수 있는 자기 산출량 q_a^*를 생산할 것인데 이 산출량 수준에서는 다음 등식이 충족된다.

$$\frac{d\pi_a}{dq_a} = a - b\left(q_a + \frac{a - bq_a}{2b}\right) - b[1 - \frac{1}{2}]q_a = 0 \tag{10.15}$$

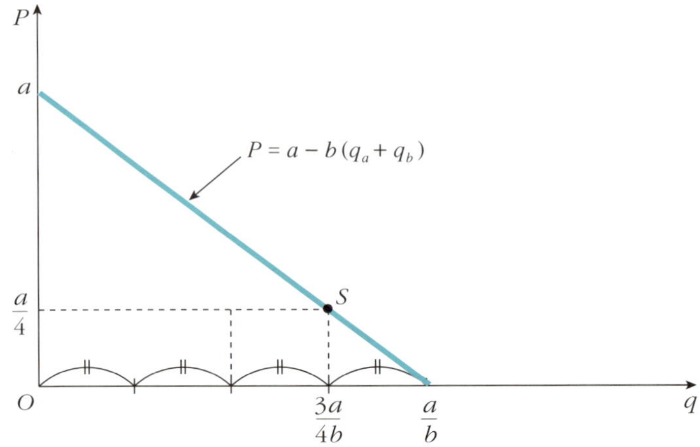

그림 10-5

스타켈버그 모형의 균형

균형에서 시장수요량은 $\frac{3a}{4b}$이고 가격은 $\frac{a}{4}$이다. 선도기업 A의 판매량은 $\frac{2a}{4b}$이고, 추종기업 B의 판매량은 $\frac{a}{4b}$이다.

식 (10.15)를 q_a에 대해 풀면 $q_a^* = \frac{a}{2b}$이고 이 값을 식 (10.13)에 대입하면 $q_b^* = \frac{a}{4b}$가 도출된다. 그러므로 총시장공급량은 $(q_a^* + q_b^*) = \frac{3a}{4b}$이고 이때의 시장가격은 $P^* = a - b \cdot \frac{3a}{4b} = \frac{a}{4}$이다.

이러한 스타켈버그 모형의 균형은 [그림 10-5]의 S이다. 산업 전체의 공급량은 $\frac{3a}{4b}$이고 이때의 가격은 $\frac{a}{4}$이다. 그리고 선도자인 기업 A는 $\frac{2a}{4b}$만큼 공급하고, 나머지 $\frac{a}{4b}\left(=\frac{3a}{4b} - \frac{2a}{4b}\right)$는 추종자인 기업 B가 공급한다.

각 모형의 비교

지금까지 논의한 4가지의 과점모형은 과점시장의 특성을 매우 잘 나타내주는 모형들이다. 이 모형들의 균형점을 종합적으로 비교해 보면 [표 10-2]와 같다. 그리고 이러한 과점균형들을 그림으로 표시하면 [그림 10-6]과 같다. E는 쿠르노 모형의 시장균형, T는 버트란드 모형의 시장균형, M은 챔벌린 모형의 시장균형, S는 스타켈버그 모형의 시장균형을 나타내는 점이다.

챔벌린 모형은 과점시장이 독점으로 귀착되는 모형으로의 비경쟁적 과점을 나타내는 모형이다. 반면에 버트란드 모형은 과점시장이 경쟁으로 귀착되는 모형으로서 경쟁적 과점을 나타내는 모형이다. 쿠르노 모형과 스타켈버그 모형은 과점시장의 균형이 경쟁과 독점의 중간에서 정해질 수 있다는 것을 보여주고, 각 과점기업의 예측적 변화(conjectural variation)가 어떠하냐에 따라 과점시장의 균형이 어떻게 달라지느냐를 보여준다. 이와 같이 **과점시장은 각 기업들이 어떤 전략을 구사하느냐에 따라 독점균형으로 귀착될 수도 있고, 경쟁균형으로 귀착될 수도 있고, 그 사이의 어느 점으로 귀착될 수도 있다.** 이것은 과점시장에서는 각 기업이 상대기업의 행동을 어떻게 상정해 두느냐에 따라 그 균형이 다양하게 달라질 수 있다는 것을 보여준다.

표 10-2 과점모형의 종합적 비교

모형 \ 변수	q_a^*	q_b^*	q^*	P^*	[그림 10-6]에서의 균형점	특성
쿠르노 모형	$\frac{a}{3b}$	$\frac{a}{3b}$	$\frac{2a}{3b}$	$\frac{a}{3}$	E	–
버트란드 모형	$\frac{a}{2b}$	$\frac{a}{2b}$	$\frac{a}{b}$	0	T	경쟁균형
챔벌린 모형	$\frac{a}{4b}$	$\frac{a}{4b}$	$\frac{a}{2b}$	$\frac{a}{2}$	M	독점균형
스타켈버그 모형	$\frac{a}{2b}$	$\frac{a}{4b}$	$\frac{3a}{4b}$	$\frac{a}{4}$	S	–

그림 10-6

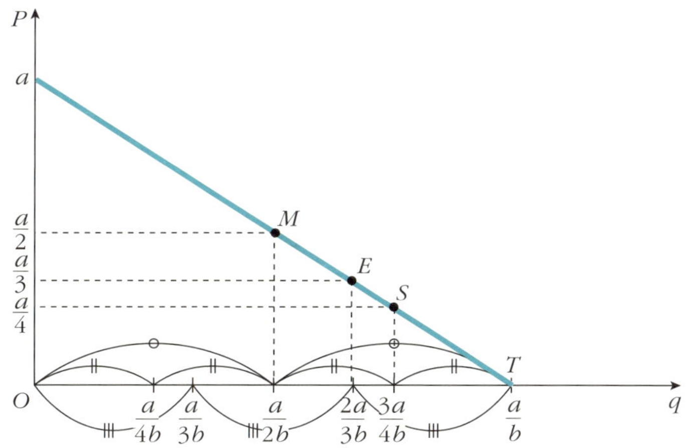

과점모형들의 비교

M은 챔벌린 모형의 균형, E는 쿠르노 모형의 균형, S는 스타켈버그 모형의 균형, T는 버트란드 모형의 균형이다.

사례검토 10.2

변화하고 있는 맥주시장의 과점구조

맥주시장은 [표 10-3]에서 보는 것처럼 OB, 하이트, 카스가 영업하는 과점시장이었다. 1994년 자료에 의하면 각 회사의 시장점유율은 OB가 59%, 하이트가 36%, 카스가 5%였다. 그러나 1998년에 와서는 판도가 완전히 달라졌다. OB가 34%로 줄어들었고, 대신 하이트가 49%로 증가하였다. 카스도 17%까지 증가하였다. 그러므로 이 기간 동안에 맥주시장에는 경쟁이 많이 이루어져 왔다고 볼 수 있다. 그런데 OB와 카스가 합병하였기 때문에 맥주시장은 3개 기업에 의한 과점체제(trigopoly)에서 2개 기업에 의한 과점체제(duopoly)로 바뀌었다. 2개 기업에 의한 과점은 복점이라고 한다. 2009년 자료를 보면 합병 후에는 맥주시장이 OB와 하이트가 각각 43%와 57%를 점유하는 전형적 복점시장이 되었다.

표 10-3 맥주시장의 회사별 점유율

연도		1994	1996	1998	2000	2002	2004	2006	2009
출고량(kl)		1,679,651	1,737,359	1,456,705	1,644,342	1,821,130	1,789,452	1,724,017	1,799,534
점유율(%)	하이트	36.0	45.0	49.0	52.9	56.3	58.0	62.2	57.2
	OB	59.0	36.0	34.0	47.1	43.7	42.0	37.8	42.8
	카스	5.0	19.0	17.0					

자료 : 최정표, 「공정거래정책, 허와 실」, 도서출판 해남(2011), p.243.

3. 굴절수요곡선 모형

수요곡선이 굴절하는 이유

과점시장의 가격은 비교적 안정적이라고 관찰되었는데 이러한 과점가격의 안정성(stability)은 굴절수요곡선 모형(kinked demand curve model)으로 설명되고 있다. 굴절수요곡선 모형은 1939년에 R.L. Hall and C.J. Hitch와 Paul M. Sweezy에 의해 거의 동시에 그러나 각기 독립적으로 제시된 이론이다.[1)]

굴절수요곡선 모형의 핵심은 과점시장에서는 개별기업에 대한 수요곡선

그림 10-8

수요곡선의 굴절

P^* 위에서는 수요곡선이 BE이고, P^* 아래에서는 수요곡선이 EH이다.

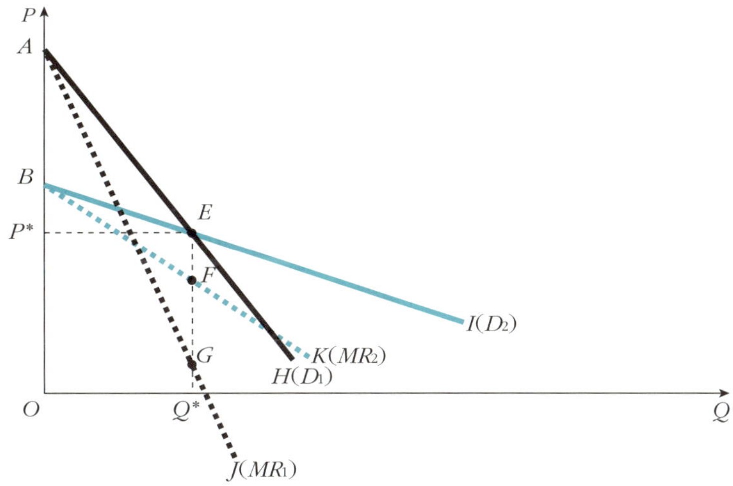

이 굴절한다는 것이다. 개별 과점기업은 [그림 10-8]에서와 같이 2개의 수요곡선에 직면한다. 하나는 D_1과 같이 가파른 모양의 수요곡선이고 다른 하나는 D_2와 같이 완만한 모양의 수요곡선이다. D_1에 상응하는 한계수입곡선은 MR_1이고 D_2에 상응하는 한계수입곡선은 MR_2이다.

그런데 굴절수요곡선 모형에서는 균형점인 E점을 기준으로 한 기업이 가격을 상승시킬 때와 하락시킬 때 경쟁기업들의 반응 양태가 달라진다고 가정하고 있다. 한 **기업이 가격을 P^*보다 높이면 경쟁적인 타기업들은 그 기업의 시장을 빼앗아오기 위해 가격을 따라 올리지 않는다고 본다.** 그러므로 이 기업에 대한 수요량은 수요곡선 EB를 따라 급격히 감소할 수밖에 없다. 타기업들이 가격을 따라서 올리지 않는 이유는 자기들의 시장몫을 더욱 확장시키기 위해서일 것이다. 반면에 이 **기업이 가격을 P^* 이하로 내리면 경쟁적인 타기업들도 자기 시장을 빼앗기지 않기 위해서 가격을 따라서 내릴 수밖에 없다고 본다.** 이렇게 되면 이 기업에 대한 수요는 EI를 따라 급격히 증가하는 것이 아니라 EH를 따라 완만하게 증가할 것이다. 그러므로 이 과점기업에 대

1) R.L. Hall and C.J. Hitch, "Price Theory and Business Behavior" (Oxford Economic Papers, May, 1939), pp.12~45; Paul M. Sweezy, "Demand under Condition of Oligopoly" (Journal of Political Economy, 47, August, 1939), pp.568~573.

한 수요곡선은 E점에서 굴절하는 모양인 BEH가 될 것이다. 수요곡선이 이와 같으면 한계수입곡선도 BE구간에서는 BF가 되고 EH구간에서는 GJ가 된다. 즉, 한계수입곡선은 $BFGJ$가 된다.

가격의 경직성

[그림 10-9]에서 $MR=MC$조건이 충족되는 점은 L점이다. 즉, MR곡선이 $BFGJ$이기 때문에 MC곡선과 MR곡선이 교차하는 점은 L이 된다. 따라서 균형산출량은 OQ^*이고 이때의 가격은 E점을 기준으로 OP^*에서 정해진다. 즉, 굴절수요곡선 모형에서의 균형가격과 균형산출량은 각각 OP^*와 OQ^*이다.

그런데 이러한 굴절수요곡선의 균형에서는 생산비가 변해도 가격은 변하지 않을 수 있다. 생산비가 증가하여 MC곡선이 MC_1까지 상향이동하여도 균형가격은 여전히 OP^*일 수밖에 없다. 그리고 생산비가 하락하여 MC곡선이 MC_2까지 하향이동하여도 균형가격은 여전히 OP^*일 수밖에 없다. 즉, 한계비용곡선(MC)이 FG구간 사이에서 이동하는 한 균형가격은 전혀 영향을 받지 않는다. 생산비가 아주 많이 변해 FG구간을 벗어나면 그때서야 가격에 영향이 나타난다.

그리고 수요가 증가하여 [그림 10-10]에서처럼 수요곡선이 BEH에서

그림 10-9

생산비 변화와 가격의 안정성

MC곡선이 FG구간에서 변화하는 한 균형산출량 OQ^*와 균형가격 OP^*에는 하등의 변화가 없다.

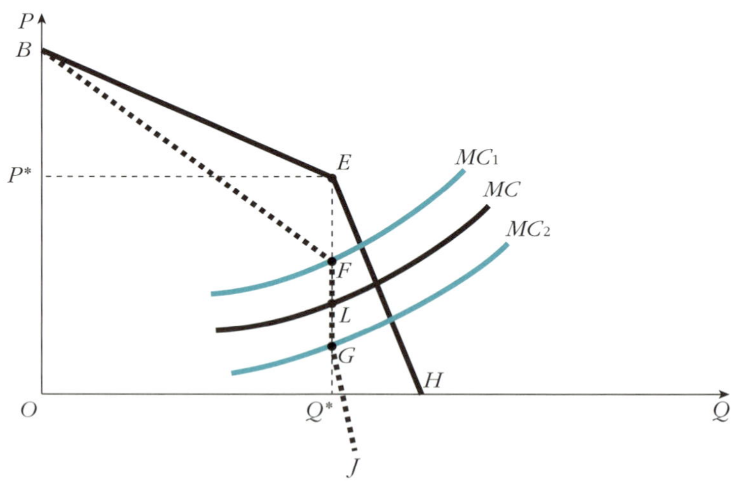

그림 10-10

수요의 변화와 가격의 안정성

수요곡선이 오른쪽으로 이동해도 생산량만 증가하였지 가격에는 하등의 변화가 없다.

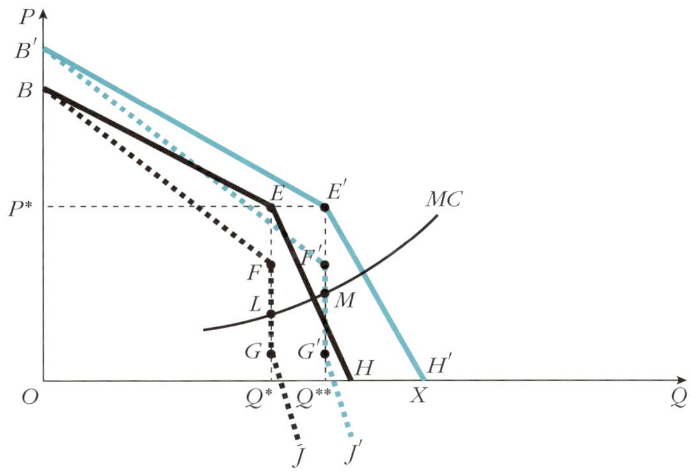

$B'E'H'$로 이동해도 균형가격은 변하지 않는다. 새로운 수요곡선하의 한계수입곡선은 $B'F'G'J'$이다. 이 한계수입곡선과 MC곡선이 만나는 점은 M인데 이때에도 가격은 역시 OP^*이고 생산량만 OQ^{**}로 증가한다.

이와 같이 **굴절수요곡선 모형에서는 생산비와 수요가 매우 많이 변하지 않는 한 가격은 매우 경직적이다.** 그러므로 과점시장의 가격안정성은 굴절수요곡선 모형으로 많이 설명되고 있다. 그러나 굴절수요곡선 모형은 수요곡선이 굴절하는 이유는 설명해 주지만 어디서 굴절해야 하는지를 설명해주지는 못하는 한계를 가지고 있다. 즉, 이 모형은 왜 E점에서 수요곡선이 굴절하는지를 설명하지 못하는 한계점을 가지고 있다. 그리고 이 모형은 또 수요곡선이 굴절하는 이외의 다른 요인 때문에 가격이 경직적일 수 있다는 점을 설명하지 못하고 있다. 실제로는 독점시장에서도 가격이 매우 경직적인 사실이 발견되는데 이때는 수요곡선이 굴절하는 것 이외의 다른 요인으로 가격경직성을 설명해야 한다. 그러므로 과점시장에서도 가격경직성이 수요곡선의 굴절로만 설명될 수는 없고 다른 요인에 의해서도 설명되어야 한다.

큰 기업에 의한 가격선도

추가학습 10.1

한 기업이 규모 면에서나 시장점유율 면에서 월등한 대기업이고 나머지 기업들은 매우 작은 소규모 기업들인 과점시장에서는 대기업이 주도기업(dominant firm)으로 부상하여 시장가격을 선도해 나가기도 한다. 이때 소규모 기업들은 주도기업의 위상을 모두 인정하고 있다.

이러한 과점시장에서 **주도기업이 택할 수 있는 전략은 공존전략이다. 즉, 자기가 가격을 책정하기는 하지만 이 가격하에서 소규모 기업들로 하여금 자기들이 원하는 만큼을 모두 생산, 공급하도록 내버려두는 것이다. 그리고 소규모 기업들이 공급하고 남는 시장수요를 자기가 공급해 주는 것이다.** 이렇게 하면 주도기업은 소규모 기업들과 공존하면서 가격을 선도해 나갈 수 있다. 주도기업은 소규모 기업들을 시장으로부터 내쫓아 버릴 수 있다. 그러나 이것은 독점금지법에 위반되기 때문에 주도기업은 소규모 기업들과 공존하는 것이 유리하다. 그리고 주도기업은 가격을 너무 높게 책정하지도 않을 것이다. 가격을 너무 높게 책정하면 시장수요는 줄어드는데 소규모 기업들이 공급량을 늘려 나갈 것이기 때문에 주도기업의 시장지분이 너무 적어진다.

이러한 가격선도 모형은 [그림 10-11]로 쉽게 설명될 수 있다. AD는 시장수요곡선이다. MC_d는 주도기업의 한계비용곡선이고 MC_f는 소규모 기업들의 한계비용을 수평적으로 합계한 한계비용곡선이다. 주도기업은 어느 수준에서나 가격을 정할 수 있으며 소규모 기업들은 이 가격을 주어진 것으로 받아들일 수밖에 없다. 만약 주도기업이 가격을 OP_4에서 정하면 소규모 기업들에게는 수평선 P_4B가 한계수입곡선이 된다. 즉, 소규모 기업들은 가격 추종자로서 이 가격을 그대로 받아들일 수밖에 없기 때문에 완전경쟁기업들에게 있어서 가격이 바로 한계수입이 되는 것과 마찬가지로 P_4B는 소규모 기업들에게 한계수입곡선(MR)이 된다. 그러므로 소규모 기업들은 이 가격에서 $MR = MC_f$조건이 성립되는 B점을 기준으로 자기의 공급량을 P_4B만큼 정할 것이다. 가격 OP_4에서 시장수요는 P_4L밖에 안 되는데 소규모 기업들이 P_4B만큼 공급하려고 하기 때문에 주도기업의 몫은 아예 존재하지 않을 뿐만 아니라 오히려 소규모 기업들만에 의해서도 초과공급이 발생한다. 그러므로 주도기업은 절대로 OP_4만큼 높은 가격은 책정하지 않는다.

만약 주도기업이 가격을 OP_3로 낮추어서 책정하면 소규모 기업들의 생산량은 이 가격에서의 시장수요와 일치하는 P_3E가 될 것이고 주도기업의 시장몫은 0이 된다. 즉, 가격 OP_3에서 주도기업에 대한 수요는 0이다. 다시 가격을 OP_2로 낮추면 이때는 소규모 기업들의 생산량이 P_2G가 될 것이고 시장수요 중 나머지 GC를 주도기업이 생산, 공급할 것이다. [그림 10-11]의 (b)에 GC의 크기가 y축으로부터의 거리로 표시되어 있다. 그러므로 [그림 10-11(b)]의 GC는 가격이 OP_2일 때 주도기업에 대한 수요가 된다. 가격을 더 낮추어 OP_1에서 정하면 소규모 기업들의 생산량은 0이 되고 주도기업에 대한 수요는 NF가 된다. 이때에도 NF를 [그림 10-11(b)]에 옮겨 표시하면 이것은 주도기업에 대한 수요가 된다. 즉, 가격이 OP_1일 때 주도기업에 대한 수요는 NF가 된다. 이와 같이 [그림 10-11(b)]에서 가격이 $OP_3 \rightarrow OP_2 \rightarrow OP_1$으로 하락할 때 주도기업에 대한 수요량을 나타내는 점들인 P_3, C, F를 연결하면 주도기업에 대한 수요곡선 P_3CFD_d가 도출된다. 이러한 주도기업의 수요곡선에 대한 한계수입곡선이 MR_d이다. 이러한 주도기업의 수요곡선과 한계수입곡선을 도출하면 주도기업의 한계비용곡선이 MC_d로 주어져 있기 때문에 주도기업이 어떤 가격을 정할 것인지 찾아낼 수 있다.

주도기업은 이윤을 극대화시키기 위해 $MR_d = MC_d$가 성립되는 R점을 기준으로 OQ_d만큼 생산하려고 할 것이다. 그리고 이 생산에 상응하는 주도기업의 수요곡선상의 점은 J이기 때문에 주도기업은 OP^*에서 가격을 정하려고 할 것이다. 주도기업이 이러한 가격을 정하면 소규모 기업들은 따라갈 수밖에 없다. 이 가격에서의 시장수요량은 P^*K이다. 시장수요 P^*K 중 $P^*J = SK$만큼은 주도기업이 공급하고, 나머지 P^*S는 소규모 기업들이 공급한다. 주도기업은 가격 OP^*에서 소규모 기업들과 공존하면서 자기 이윤을 극대화시키는 2가지 목적을 달성하였다.

그림 10-11 큰 기업에 의한 가격선도

규모가 큰 기업이 주도기업이 되면서 시장가격을 정하면 나머지 기업들은 이 가격을 그대로 따라간다.

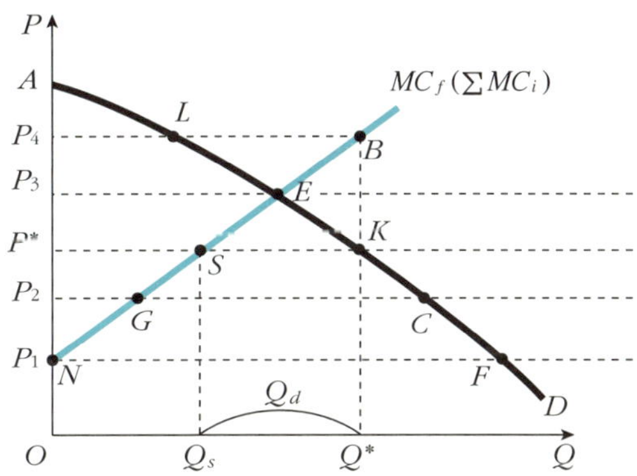

(a) 시장과 소기업

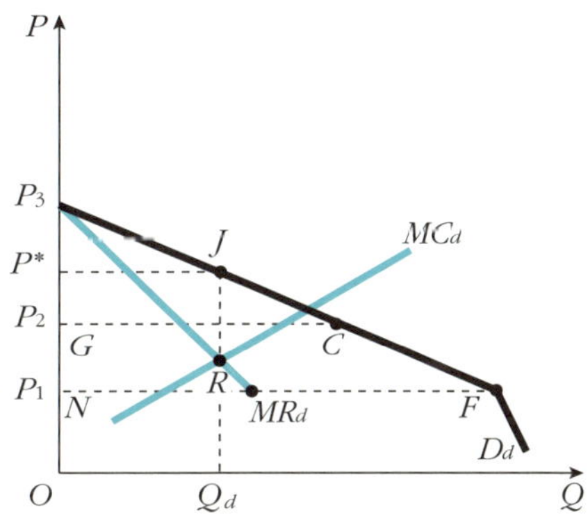

(b) 주도기업

사례검토 10.3 과점구조인 이동통신시장

한국의 이동통신시장은 [표 10-4]에서 보는 것처럼 과점시장이다. 과점 중에서도 SK텔레콤이 50% 이상의 시장점유율을 가지면서 주도적 위치를 점하고 있는 과점이다. 이런 과점은 유효한 경쟁이 이루어지기가 어렵다. 한 회사가 50% 가까운 시장점유율을 차지하고 있는 주도적 기업이기 때문에 적은 점유율을 차지하고 있는 나머지 기업들은 SK텔레콤과 경쟁하기가 매우 어렵다. 그러므로 이런 과점은 SK텔레콤이 지배하는 독점적 과점이라고 볼 수 있다.

표 10-4 이동통신시장의 매출액기준 시장구조(1999~2008년)

<table>
<tr><th colspan="2">연도</th><th>1999</th><th>2000</th><th>2001</th><th>2003</th><th>2005</th><th>2008</th></tr>
<tr><td colspan="2">총매출액(억원)</td><td>89,316</td><td>123,836</td><td>147,706</td><td>168,114</td><td>193,193</td><td>270,253</td></tr>
<tr><td colspan="2">매출액성장률(%)</td><td>–</td><td>38.65</td><td>19.27</td><td>3.83</td><td>3.07</td><td>12.9</td></tr>
<tr><td rowspan="5">사업자별점유율(%)</td><td>SKT</td><td>47.9</td><td>46.5</td><td>42.1</td><td rowspan="2">56.6</td><td rowspan="2">50.9</td><td rowspan="2">51.9</td></tr>
<tr><td>신세기</td><td>14.0</td><td>16.1</td><td>16.3</td></tr>
<tr><td>KT(KTF)</td><td>16.3</td><td>16.2</td><td rowspan="2">28.6</td><td rowspan="2">30.1</td><td rowspan="2">31.3</td><td rowspan="2">30.3</td></tr>
<tr><td>한솔 PCS</td><td>10.0</td><td>9.5</td></tr>
<tr><td>LGU+</td><td>11.5</td><td>11.5</td><td>12.7</td><td>13.2</td><td>17.6</td><td>17.8</td></tr>
</table>

자료 : 최정표, 「공정거래정책, 허와 실」, 도서출판 해남(2011), p.285.

4. 게임이론

경제학에서의 게임이론

오늘날 게임이론(game theory)은 정치학, 경제학 등 사회과학의 여러 부분에서 많이 활용되고 있다. 경제학에서는 주로 기업행동을 설명하는 데 많이 사용되고 있다. 특히 과점시장에서처럼 기업들이 서로 대립적 경쟁관계에 있을 때 그 기업들이 서로의 경쟁관계를 어떻게 처리해 나가는지 설명하는 데 게임이론이 유용하게 쓰이고 있다.

과점시장에서는 기업들끼리 상호의존성(interdependence)이 매우 높다. 이것이 과점시장의 매우 중요한 특성이다. 즉, 과점시장에서는 어떤 한 기업의 시장행동이 다른 기업의 이해에 민감하게 영향을 미친다. 그러므로 각 기업은 상대기업의 행동을 주시하기 마련이고, 또 상대기업의 행동에 대해 적절하게 대처하려고 한다. 예컨대 어떤 한 기업이 가격을 올리면 다른 기업도 따라서 가격을 올려야 하는지, 아니면 그대로 두어야 하는지, 아니면 오히려 내려야 하는지 등등으로 적절하게 대처할 수 있다. 그러므로 어떤 한 기업이 하나의 의사결정을 할 때는 다른 기업이 어떻게 반응할 것인지에 대해 자기 나름대로의 예측이 있어야 하며, 다른 기업도 이러한 의사결정에 적절하게 대처하여야 한다.

과점기업들 사이의 이러한 관계는 바로 과점기업들끼리 서로 게임을 하고 있는 관계와 같다. 각 기업은 모두 자기에게 가장 유리하도록 행동하려고 한다. 그리고 이러한 게임의 결과가 어떻게 귀결되는지에 따라 과점시장의 균형이 결정된다.

그러므로 과점시장의 균형은 게임이론을 통해 설명되기도 한다. 특히 최근에 들어서는 게임이론이 급속도로 발전하여 과점시장을 설명하는 필수불가결한 이론이 되었다. 더 나아가 게임이론은 과점뿐만 아니라 게임현상이 성립되는 거의 모든 분야에 도입되고 있다. **각자가 독립적인 의사결정을 하는데 이러한 의사결정이 서로의 이해에 밀접하게 영향을 미칠 때 이 의사결정을 하는 당사자들은 서로 게임을 하는 관계에 있게 된다.** 이러한 관계하에서 각자의 의사결정이 어떻게 이루어지는지를 분석하는 것이 바로 게임이론이다. 그러므로 가위 바위 보 경기를 하는 당사자들의 의사결정, 정치적 협상을 하는 당사자들의 의사결정, 군비경쟁을 하는 당사자들의 의사결정 등등은 모두 게임이론으로 설명될 수 있다.

게임의 경기자, 전략, 보상 및 게임의 해

게임을 하는 당사자들은 여러 명이 될 수 있다. 이러한 **게임의 당사자들을 경기자(player)**라고 한다. 그리고 각 경기자가 선택할 수 있는 **게임의 전략(strategy)**도 여러 가지가 있을 수 있다. 경기자의 수와 전략의 수가 제한되어 있는 경우의 게임은 **유한게임**이고, 제한되어 있지 않은 경우의 게임은 **무한게임**이다. 이것들이 가장 적은 수로 제한되어 있는 게임은 2사람(two-person game)이 각자 2가지 전략을 가지고 있는 게임으로서 가장 간단한 게임이다.

예컨대 경기자가 A, B 두 사람이고 A가 사용할 수 있는 전략은 상이나 하 중 하나이고 B가 사용할 수 있는 전략은 좌나 우 중 하나라고 하면 [표 10-5]와 같은 가장 간단한 하나의 게임이 이루어질 수 있다. 여기서 전략

표 10-5 우월전략게임

A \ B		B의 전략	
		좌	우
A의 전략	상	2 1	1 0
	하	1 2	0 1

상은 가격을 올리는 것이고, 전략 하는 가격을 내리는 것이라고 생각해도 좋고, 전략 좌는 광고를 줄이는 것이고 전략 우는 광고를 늘리는 것이라고 생각해도 좋다. 이때 A와 B가 각각 어떤 전략을 구사하느냐에 따라 A와 B가 얻는 수입은 달라질 것이다. [표 10-5]에서 행렬로 표시된 숫자는 A와 B가 각각 어떤 전략을 구사하느냐에 따라 그들이 얻게 되는 수입이다. 사선(⋰)의 아랫부분은 A가 얻은 수입을 나타내고 윗부분은 B가 얻는 수입을 나타낸다. 만약 A가 상을 택하고 B가 좌를 택하면 A는 1을 얻고 B는 2를 얻는다. 또 A가 하를 택하고 B가 우를 택하면 A는 1을 얻고 B는 0을 얻는다. 이와 같이 **게임의 각 경기자가 어떤 전략을 구사하느냐에 따라 나타나는 결과를 게임의 보상(pay off)**이라고 하며, 이러한 보상을 [표 10-5]와 같은 행렬식으로 나타낸 것을 **보상행렬(payoff matrix)**이라고 한다.

[표 10-5]와 같이 간단한 보상행렬을 갖는 게임에서는 게임의 해, 즉 게임의 결과가 쉽게 구해질 수 있다. A는 B가 어떤 전략을 구사하든 상관없이 하를 택하는 것이 유리하다. B는 A가 어떤 전략을 구사하든 상관없이 좌를 택하는 것이 유리하다. 그러므로 이러한 게임에서는 A, B의 전략 구성이 (하, 좌)로 귀결될 것이 틀림없다. 이때 A는 2를 얻고 B는 1을 얻는다. **상대방의 전략에 관계없이 자기에게 유리한 전략이 분명하게 존재할 때 이 전략을 우월전략(dominant strategy)이라고 하고 이러한 우월전략은 게임의 해(solution) 또는 균형(equilibrium)이 된다. 우월한 전략이 존재하는 게임을 우월전략게임이라고 한다.**

각 경기자가 자기 전략을 단순하게 선택할 때 이를 **순수전략(pure strategy)**이라고 한다. [표 10-5]의 게임에서 *A*와 *B*는 각각 단번에 하와 좌를 선택하고, 또 이들은 이 전략들을 그대로 고수하게 된다. 따라서 이러한 전략은 순수전략이 된다. 그러나 모든 게임이 이와 같은 순수전략으로만 결정되는 것이 아니다. 예를 들어 *A*는 동전을 던져 앞이 나오면 상을 택하고 뒤가 나오면 하를 택하는 전략을 가질 수 있고 *B*도 마찬가지의 전략을 가질 수 있다. 이때는 각 전략이 어떤 확률을 가지고 채택되어진다. 동전을 던져서 각 전략을 채택하면 각 전략이 채택될 수 있는 확률은 $\frac{1}{2}$이다. 만약 *A*가 주사위를 던져 1과 2가 나오면 상을 택하고 다른 수가 나오면 하를 택한다고 하면 상이 택해질 확률은 $\frac{1}{3}$이고 하가 택해질 확률은 $\frac{2}{3}$이다. *B*도 마찬가지 방법을 택하면 좌가 택해질 확률은 $\frac{1}{3}$이고 우가 택해질 확률은 $\frac{2}{3}$이다. 이와 같이 각 경기자의 전략이 확률로 결정될 때 이를 **혼합전략(mixed strategy)**이라고 한다.

게임의 형태는 **협조적 게임(cooperative game)**과 **비협조적 게임(noncooperative game)**으로도 나눌 수 있다. 협조적 게임은 경기 당사자들 모두에게 유리한 전략을 끌어낼 수 있는 조건을 경기자들이 협상할 수 있는 게임이다. 예컨대 두 기업이 공동투자를 두고 게임을 할 때 이 공동투자(투자결과는 불확실)로부터 얻는 이윤을 두 기업 모두에게 유리하도록 나눌 수 있는 조건이 존재하면 이 게임은 협조적 게임이 된다.

비협조적 게임은 두 경기자 사이에 협상이나 어떤 조건을 강요하는 것이 불가능할 때의 게임이다. 예컨대 두 기업이 각자 상대방의 행동을 예측하면서 자기에게만 유리하도록 독립적으로 의사결정을 하는 게임은 비협조적 게임이다. 게임이론에서 다루는 게임은 주로 비협조적 게임이다.

내쉬균형

[표 10-5]에서와 같은 우월전략게임에서는 균형의 개념이 매우 간단하다. 그러나 모든 게임이 그러한 균형을 가지는 것은 아니다. 예컨대 *A*와 *B*가 [표 10-6]에서와 같은 게임을 가진다면 우월전략균형(dominant strategy equilibrium)은 나타나지 않는다. *A*의 입장에서는 *B*가 어느 전략을 택하느냐에 따라 자기의 선택이 달라질 것이다. *B*가 좌를 택하면 *A*는

표 10-6 내쉬균형

A \ B		B의 전략: 좌	B의 전략: 우
A의 전략	상	2, 1	0, 0
	하	0, 0	1, 2

상을 택할 것이고, B가 우를 택하면 A는 하를 택할 것이다. B의 입장에서도 마찬가지이다. A가 상을 택하면 B는 좌를 택할 것이고 A가 하를 택하면 B는 우를 택할 것이다.

이때는 상대방이 어떤 전략을 택할 것인지를 먼저 예측하여야 한다. 예컨대 A는 자기가 예측한 B의 전략을 기준으로 자기의 전략을 채택해야 하고, B도 자기가 예측한 A의 전략을 기준으로 자기의 전략을 채택하여야 한다. 그런데 B의 전략이 B^*일 때 A가 택한 적정전략이 A^*이고 A의 전략이 A^*일 때 B가 택한 적정전략이 B^*인 전략구성 A^*와 B^*가 존재하면 이 전략구성은 하나의 균형이 되며 이러한 균형을 **내쉬균형(Nash equilibrium)**이라고 한다. 예컨대 A는 B의 전략이 B^*일 것이라고 예측하고, B는 A의 전략이 A^*일 것이라고 예측하면 이 게임은 내쉬균형에 도달하게 된다.

[표 10-6]에서는 A^*=상, B^*=좌인 전략구성이 내쉬균형이 될 수 있다. 만약 A가 상을 택한다면(A^*=상) B는 당연히 좌를 택하는 것이(B^*=좌) 유리하다(이때 B가 우를 택하면 0을 얻고 좌를 택하면 1을 얻기 때문이다). 마찬가지로 B가 만약 좌를 택하면(B^*=좌) A는 당연히 상을 택하는 것이(A^*=상) 유리하다(이때 A가 하를 택하면 0을 얻고 상을 택하면 2를 얻기 때문이다). 그러므로 우연하게 A는 B가 좌를 택할 것이라고 예측하고 B는 A가 상을 택할 것이라고 예측한다면 이 게임은 균형에 도달하게 된다. 이러한 균형을 내쉬균형이라고 한다. 그러므로 **내쉬균형은 상대방의 전략이 공개되었을 때 어느 누구도 자기 행동을 변화시키려고 하지 않는 전략구성이라고**

말할 수 있다. 그리고 이러한 전략구성이 두 경기자에 의해 모두 예측되었을 때 이 게임은 내쉬균형에 도달하게 된다.

쿠르노균형(Cournot equilibrium)도 내쉬균형의 한 부분이라고 말할 수 있다. 쿠르노 모형에서는 각자의 전략이 이윤극대화 산출량을 어떻게 정하느냐 하는 것이다. 이때 경기자(player)인 각 생산자는 상대방이 가지는 현 수준의 산출량을 그대로 고수할 것이라고 예측하면서 이 수준을 기준으로 자기 이윤을 극대화시키는 산출량을 정한다고 가정되어 있다. 예컨대 기업 B의 산출량이 q_b^*라면 기업 A는 B가 이 산출량 수준을 그대로 고수할 것이라고 예측하면서 자기 이윤을 극대화시킬 수 있는 자기의 산출량을 결정한다. 만약 이렇게 정한 A의 산출량이 q_a^*인데 B도 이러한 A의 산출량이 A에 의해 그대로 고수될 것이라고 생각하면서 자기에게 가장 유리한 산출량을 정했는데 그 값이 q_b^*였다면 각 기업의 산출량 q_a^*와 q_b^*는 쿠르노균형이 되며 이것은 정확하게 내쉬균형의 개념과 일치한다.

그런데 내쉬균형은 항상 하나만 존재하는 것이 아니다. 그리고 내쉬균형은 존재하지 않을 수도 있다. [표 10-6]에서는 A^* = 하, B^* = 좌라는 A, B의 전략구성도 내쉬균형이 될 수 있다. 그것은 A^* = 상, B^* = 좌라는 A, B의 전략구성이 내쉬균형이 되는 것과 똑같은 이유에서이다(독자들은 두 전략구성이 왜 똑같은 내쉬균형인가를 비교해 볼 필요가 있다).

[표 10-7]과 같은 게임에서는 단순전략의 내쉬균형이 존재하지 않는다. A가 상을 택하면 B는 반드시 좌를 택할 것이다. 그러나 B가 좌를 택하면 A

표 10-7 단순전략의 내쉬균형이 존재하지 않는 게임

A \ B		B의 전략	
		좌	우
A의 전략	상	0, 0	0, −1
	하	1, 0	−1, 3

표 10-8 죄수의 고뇌게임

A \ B		B의 전략: 자백	B의 전략: 비자백
A의 전략	자백	−3, −3	0, −7
	비자백	−7, 0	−1, −1

는 하를 택할 것이다. *A*가 하를 택하면 *B*는 우를 택할 것이다. *B*가 우를 택하면 *A*는 상을 택할 것이다. 그러므로 이 게임에서는 내쉬균형이 존재할 수 없다.

내쉬균형이 가지는 또 하나의 문제점은 이 균형이 반드시 파레토 효율적인 결과를 가져오는 것은 아니라는 점이다. 이것은 잘 알려진 **죄수들의 고뇌게임(prisoner's dilemma game)**으로 쉽게 설명될 수 있다. [표 10-8]에는 어떤 범죄 혐의로 구속된 범인 *A*와 *B*가 범죄사실을 자백하느냐 하지 않느냐에 따라 이들에게 어떤 형량이 부가될 것인지가 나타나 있다. 이 두 범인은 서로 연락이 될 수 없는 완전히 단절된 감방에 수감되어 있으면서 수사관의 취조를 받고 있다. 그러므로 두 범인이 서로 의논하거나 의사전달을 할 수 있는 방법은 없다. 보상행렬의 숫자는 이들이 받게 될 형량을 나타내다. 예컨대 범인 *A*와 *B*가 모두 자백하면 이들은 똑같이 3년형을 선고받는다. 둘다 자백하지 않으면 이들 모두 1년형을 선고받는다. 한 사람은 자백하고 한 사람은 자백하지 않으면 자백한 사람은 즉시 석방되고 자백하지 않은 사람은 7년형을 선고받는다.

이 게임에서 *B*가 자백을 하지 않는다면 *A*는 자백을 하는 것이 유리하다. 만약 *B*가 자백을 한다면 *A*도 자백하는 것이 유리하다. 그러므로 *A*는 *B*가 어떤 행동을 취하든 자백하는 것이 최선의 전략이다. *B* 입장에서도 마찬가지로 *A*가 어떤 행동을 취하든 *B*는 자백하는 것이 유리하다. 그러므로 둘 모두 자백하는 것이 내쉬균형이 되며 동시에 유일한 내쉬균형이 된다. 그리고 이 내쉬균형은 상대방의 행동이 어떻든 상관없이 채택되는 균형이기 때문에 우월전략균형(dominant strategy equilibrium)이 되기도 한다.

그러나 두 범인이 서로 배신하지 않을 것이라고 강력하게 믿고 있다면 그들의 선택은 달라질 것이다. 서로 상대방이 자백하지 않을 것이라고 확실히 믿고 있다면 두 범인 모두 자백하지 않을 것이다. 이때는 두 범인 모두 1년 형만 선고받는다. 즉, 둘 다 비자백하는 전략이 두 범인 모두에게 유리한 전략이다. 이러한 전략은 파레토 효율적(Pareto efficient)이 된다. 왜냐하면 두 범인 모두에게 동시에 유리한 다른 전략은 존재하지 않기 때문이다. 두 범인 모두 자백하는 전략은 내쉬균형이긴 하지만 두 범인 모두 더 많은 형량을 선고받는 전략이기 때문에 이것은 파레토 효율적(Pareto efficient)인 균형이 아니다. 이를 파레토 비효율적(Pareto inefficient)이라고 한다.

반복게임

게임은 경기 당사자가 독립적으로 행동하면서 동시에 한 번만 자기 전략을 선택하는 것으로 그 게임이 끝날 수도 있고, 2번, 3번 반복해서 그 게임을 계속해 나갈 수도 있다. 죄수의 고뇌게임은 한 번의 선택으로 그 게임이 끝난다. 그러나 경쟁기업들 사이에서 이루어지는 게임은 계속 반복해서 이루어지는 것이 일반적이다. 이럴 경우에는 게임의 결과가 달라진다.

[표 10-9]는 같은 상품을 시장에 내놓고 있는 경쟁기업 A, B가 판매가격을 높게 정하는 경우와 낮게 정하는 경우에 각 기업이 얻을 수 있는 이윤을 나타낸다. 이 게임은 죄수의 고뇌게임과 같은 게임인데 만약 A기업과 B기

표 10-9 기업들의 가격전략게임

(단위 : 억원)

A \ B		기업 B: 저가격	기업 B: 고가격
기업 A	저가격	A: 1, B: 1	A: 10, B: −5
	고가격	A: −5, B: 10	A: 5, B: 5

업이 가격 선택을 한 번만 한다면, 두 기업은 상당히 고뇌스러울 것이다. A, B 모두 고가격을 정하면 둘 모두 5억원의 이윤을 낼 수 있지만, 만약 상대기업이 저가격정책으로 시장을 모두 뺏어가 버리면 자기는 5억 원의 손실을 보고 상대기업은 10억원의 이윤을 번다. 그러므로 상대방의 행동을 모르는 한 각 기업은 고가격으로 가는 것을 주저할 것이다. 따라서 각 기업은 저가격으로 갈 가능성이 높다.

그런데 가격선택이 한 번으로 끝나는 것이 아니고 매월 초에 두 기업이 새로 가격을 정하도록 되어 있다면 각 기업의 선택은 달라질 것이다. 각 기업은 매월마다 반복해서 게임을 하게 된다. 이런 게임이 **반복게임(repeated game)**인데 매월 초마다 두 기업이 동시에 새 가격을 발표하도록 되어 있다면, 각 기업은 다음 달의 가격 책정 시 상대기업이 보복할 수 있다는 것을 염두에 두어야 한다. 예컨대 이번 달에 A가 고가격으로 갔는데 B가 저가격으로 갔다면, 다음 달 게임에서 A는 B에게 보복할 수 있다. 이 점은 A, B 모두에게 마찬가지이다.

이런 게임에서는 지난번에 상대방이 어떻게 행동하는지를 보고 자기 행동을 정할 것이다. 상대방이 고가격으로 갔으면 나도 고가격으로 가고, 상대방이 저가격으로 갔으면 나도 저가격으로 간다. 이런 전략을 **'오는 말에 가는 말(tit-for-tat) 전략'**이라고 한다. 반복게임에서는 '오는 말에 가는 말 전략'이 최선 전략이 될 수 있다.

반복게임은 또 두 가지로 나누어서 살펴볼 수 있다. **하나는 게임이 무한히 되풀이되는 무한반복게임이고, 다른 하나는 게임의 끝이 정해져 있는 유한반복게임이다.** 무한반복게임에서는 최선의 전략이 '오는 말에 가는 말' 전략에 바탕을 둔 상호협조가 될 것이다. 어느 한 기업이 저가격으로 높은 이윤을 벌면 그 다음 게임부터는 상대방도 계속 저가격으로 나오기 때문에 높은 이윤은 한 번에 불과하게 된다. 한 번의 아주 높은 이윤보다는 적절히 높은 이윤을 계속적으로 버는 것이 유리하기 때문에 어느 기업도 저가격으로는 가지 않고 두 기업 모두 '오는 말에 가는 말' 전략에 바탕을 둔 고가격정책이 될 것이다.

게임의 끝이 정해져 있는 유한반복게임에서도 최선의 행동은 '오는 말에 가는 말' 전략에 바탕을 둔 상호협조가 될 것이다. 끝 게임에서는 한 기업이 저가격으로 가서 더 높은 가격을 벌 것 같지만 상대방도 이 사실을 알고 있기 때문에 이렇게 되기는 어렵다. 한 기업이 끝 게임에서 저가격으로 갈 것이라고 생각한 상대기업은 그 전 게임에서 저가격으로 갈 것이다. 이런 조건은 두 기업 모두에게 마찬가지이다. 그러므로 각 기업이 끝 게임에서 저가격으로 가려고 하는 것은 결국 두 기업이 모든 게임에서 저가격으로 가려는 것이나 마찬가지이다. 이 전략은 두 기업 모두에게 불리한 결과를 가져온다. 그러므로 유한반복게임에서도 '오는 말에 가는 말' 전략에 바탕을 둔 상호협조적 행동이 이루어져 두 기업 모두 고가격으로 가는 선택을 할 것이다.

순차게임

지금까지 논의한 게임에서는 두 경기자가 동시에 행동하는 것이 전제되어 있다. 그러나 실제 게임에서는 두 경기자가 순서를 정해 차례로 행동할 수도 있다. 예컨대 과점이론의 스타켈버그 모형에서는 한 기업이 선도자로서 먼저 행동을 하고 다른 기업은 추종자로서 그 다음에 행동을 한다. 그 외에도 한 기업이 광고를 내면 다른 기업은 이를 보고 그 다음에 광고를 게재하기도 한다. 정부의 규제정책도 마찬가지이다. 정부가 먼저 기업에 대한 규제를 실시하면 그 다음에 기업은 여기에 대한 대응 방안을 찾는다. 이처럼 순서를 정해서 전략을 선택하는 게임을 **순차적 게임(sequential game)**이라고 한다.

[표 10-10]은 순차게임이 어떻게 풀려 나가는지를 보여주는 게임이다. 기업 A, B가 모두 같은 상품을 생산하면 경쟁이 심해 두 회사 모두 5억원씩 손해를 본다. 그러나 두 회사가 각기 다른 상품을 생산하면 높은 이윤을 낼 수 있다. 그런데 맥주보다는 소주를 생산하는 것이 더 높은 이윤을 낼 수 있다. 즉, A가 소주를 생산하고 B가 맥주를 생산하면 A는 20억원의 이윤을 버는 반면 B는 10억원의 이윤을 번다. 반대로 A가 맥주를 생산하고 B가 소주를 생산하면 이번에는 B가 20억원을 벌고 A는 10억원만 번다. 소주 사업이 훨씬 수익성이 있는 사업이다. 이런 게임에서 각 기업은 어떤 결정을 할까? 만약 두 회사가 독립적으로 동시에 선택을 한다면 모두 20억원

을 노려 소주 사업을 택하면서 각자 5억원씩 손해를 보게 될 것이다. 그런데 순서적으로 의사결정을 한다면 결과는 달라진다.

① 게임의 확장형태

만약 *A*가 먼저 선택을 하고 그 다음에 *B*가 선택을 한다면 *A*가 소주사업을 택하고 *B*가 맥주사업을 택하는 결과로 나올 것이다. [그림 10-13]은 [표 10-10]을 순차게임으로 나타낸 것인데 이를 게임의 확장형태(extensive form)라고 한다. [그림 10-13]에서 *A*는 소주를, *B*는 맥주를 선택하여 *A*는 20억원을 벌고 *B*는 10억원을 벌 것이다. 만약 *A*가 맥주를 선택한다면 결과는 반대로 갈 것이다. 그런데 *A*가 먼저 선택을 하는 한 이런 결과는 나오지 않을 것이다. 만약 *B*가 먼저 선택할 수 있는 입장에 있다면 *B*가 소주를 선택하고 *A*가 맥주를 선택할 것이다.

표 10-10 순차게임

(단위 : 억원)

B / *A*		기업 *B* 맥주	기업 *B* 소주
기업 *A*	맥주	−5 −5	20 10
	소주	10 20	−5 −5

그림 10-13

확장모형

*A*가 먼저 시작하면 다음은 *B*이고, *B*가 먼저 시작하면 다음은 *A*이다.

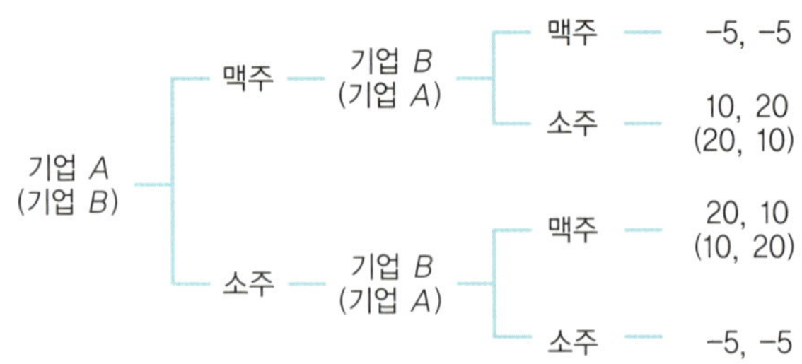

② 먼저 행동하는 이점

순차게임에서는 먼저 행동하는 경기자가 절대적으로 유리하다. [표 10-10]에서 이미 살펴본 것처럼 먼저 행동하는 경기자는 20억원을 벌고 뒤에 행동하는 자는 10억원만 번다. **스타켈버그 과점모형**에서도 먼저 행동하는 선도자(leader)가 뒤에 행동하는 추종자(follower)보다 더 높은 이윤을 번다. **쿠르노 과점모형**에서는 두 경기자가 동시에 선택을 하면서 두 경기자 모두 똑같은 이윤을 번다.

그런데 문제는 어떻게 먼저 행동하는 입장에 설 수 있느냐 하는 것이다. 기업들이 여러 가지 수단을 동원하여 특정 상품에 대해 기득권을 확보하려고 한다. 상품 생산을 시작하기도 전에 광고를 대대적으로 내기도 하고, 우수한 생산기술을 확보하고 있다고 은근히 정보를 흘리기도 하고, 공장 부지를 대대적으로 확보하여 경쟁기업을 미리 압도하려고 들기도 하고, 대리점 모집을 먼저 시작하기도 한다. 이렇게 해서 수익성이 높은 업종에 기득권을 확보하는 것은 순차게임에서 중요한 전략이 될 수 있다.

중요내용요약

10.01 **과점의 의미** : 판매자 수가 복수이긴 하지만 매우 적은 소수에 불과한 시장. 판매자 수가 2~5인 시장이 전형적인 과점시장으로 분류된다.

10.02 **기업 간의 상호의존성**(interdependence) : 과점시장에는 기업의 수가 매우 적기 때문에 이해관계에 있어서 기업들 사이의 상호의존성이 매우 높다. 즉, 한 기업의 시장행동이 다른 기업의 이익에 지대한 영향을 미칠 수 있다. 이러한 기업 간의 상호의존성 때문에 과점시장에서는 기업들 사이에 치열한 경쟁이 이루어지거나, 반대로 협조적 담합이 이루어지는 시장행동이 나타난다.

10.03 **예측적 변화**(conjectural variation) : 과점기업은 기업들 사이의 상호의존성 때문에 항상 상대기업의 반응을 예측하면서 자기의 시장행동을 결정하게 되는데, 이때 자기의 행동에 대한 상대기업의 반응이 어떠하리라고 예측하느냐 하는 것을 예측적 변화라고 한다.

10.04 **순수과점이론의 비교**

모형	이론	균형
쿠르노 모형	각 기업이 자기 행동에 대해 상대기업이 전혀 반응하지 않을 것이라고 가정하고 자기의 생산량을 결정	경쟁과 독점의 중간
버트란드 모형	각 기업이 상대기업의 가격을 보고 그보다 낮게 자기 가격을 정한다.	경쟁 균형
담합 모형	결합이윤을 극대화시킬 수 있는 생산량 결정	독점 균형
스타켈버그 모형	선도자가 먼저 생산량을 정하고 추종자가 그 뒤를 따라 나중에 자기의 생산량을 정한다.	협조 균형

10.05 **굴절수요곡선**(kinked demand curve) : 한 과점기업이 균형가격에서 가격을 더 이상 올릴 때는 다른 과점기업들이 가격을 따라 올리지 않기 때문에 이 기업이 직면한 수요량은 급감소하고, 반대로 가격을 내릴 때는 다른 과점기업들도 따라서 가격을 내리기 때문에 이 기업이 직면하는 수요량은 완만하게 증가한다고 할 때, 이 기업이 직면하는 수요곡선은 이 가격을 기준으로 굴절하게 된다. 굴절수요곡선은 과점가격이 이 가격수준에서 매우 경직적이라는 것을 설명해 주는 모형이다.

10.06 **가격선도**(price leadership) : 과점시장에서 한 기업이 가격을 먼저 정하고 다른 기업들은 이 가격을 따라서 정하는 것을 가격선도라고 하는데, 이때 가격을 먼저 정하는 기업을 선도자(leader)라고 하고 나중에 가격을 따라가는 기업을 추종자(follower)라고 한다. 이때 선도자는 주로 효율적인 생산을 수행하는 기업이거나 시장점유율이 가장 큰 기업이다.

10.07 **게임이론**(game theory) : 각 과점기업은 상대기업과 게임을 하는 관계에 있으며 이 게임에서 각 기업은 모두 자기에게 가장 유리하도록 행동하려고 한다. 이러한 게임의 결과가 바로 과점시장의 균형이 된다.

10.08 **내쉬균형**(Nash equilibrium) : 게임이론에서 게임 당사자들이 서로 상대방이 선택한 전략을 주어진 것으로 보고 자기의 전략을 선택했을 때 모두가 만족하게 되어 더 이상 다른 전략을 선택할 여지가 없게 되었을 때의 균형

연/습/문/제

10.01 과점기업 A와 B의 생산비는 각각 $TC_a = 5q_a$와 $TC_b = 0.5q_b^2$이고, 시장수요함수는 $P = 100 - 0.5(q_a + q_b)$이다.

a. 이 과점기업들이 쿠르노 모형에서와 똑같은 행동을 한다면 각 기업의 반응함수는 무엇이며, 균형에서의 각 기업의 산출량, 이윤 및 시장가격은 얼마인가?

b. 이 과점기업들이 버트란드 모형에서와 똑같은 행동을 한다면 균형에서 각 기업의 산출량, 이윤 및 시장가격은 얼마인가?

c. 이 과점기업들이 서로 담합한다면 균형에서 각 기업의 산출량, 이윤 및 시장가격은 얼마인가?

d. 이 과점시장에서 기업 A는 선도자이고, 기업 B는 추종자이면 각 기업의 산출량, 이윤 및 시장가격은 얼마인가?

e. 이 과점시장에서 기업 B가 선도자이고 기업 A가 추종자이면 각 기업의 산출량, 이윤 및 시장가격은 얼마인가?

f. d, e를 비교하여 어느 것이 스타켈버그 모형의 균형이 될까?

10.02 스타켈버그균형에서 선도자(leader)가 얻는 이윤은 쿠르노균형으로 갔을 때 얻을 수 있는 이윤보다 작을 수 있는가?

10.03 과점기업들은 자원배분이 효율적인 산출량 수준을 생산할 수 있는가?

10.04 우월적 전략균형은 항상 내쉬균형이 되는가? 내쉬균형은 항상 우월적 전략균형이 되는가?

10.05 상대방이 내쉬균형 전략을 택하지 않으면 당신은 내쉬균형 전략을 택하겠는가?

10.06 죄수의 고뇌게임이 반복적 게임이라면 파레토 효율적인 결과가 나타날 수 있을까?

10.07 과점기업 A와 B의 생산비 조건은 $MC_a = MC_b = 10$이고, 시장수요함수는 $P = 100 - 2(q_a + q_b)$이다.

a. 이 과점기업들이 쿠르노 모형에서처럼 행동하다면 균형에서의 시장가격과 각 기업의 산출량 및 이윤은 얼마인가?

b. 이 과점기업들이 버트란드 모형에서처럼 행동한다면 균형에서의 시장가격과 기업의 산출량 및 이윤은 얼마인가?

c. 이 과점기업들이 챔벌린 모형에서처럼 행동한다면 균형에서의 시장가격과 각 기업의 산출량 및 이윤은 얼마인가?

d. 이 과점기업들이 스타켈버그 모형에서처럼 행동한다면 균형에서의 시장가격과 각 기업의 산출량 및 이윤은 얼마인가?

PART 04

생산요소 시장이론

M I C R O E C O N O M I C   T H E O R Y

CHAPTER 11

완전경쟁하의 요소시장

1. 개별 기업의 요소수요곡선
2. 시장의 요소수요곡선
3. 생산요소의 공급곡선
4. 생산요소의 가격과 고용량

학습목표

기업이 생산활동을 하기 위해서는 생산요소를 구입해야 한다. 자본(capital), 노동(labor), 원료(materials) 등이 생산요소인데, 기업은 시장에서 이들을 구입한다. 이들이 거래되는 시장을 생산요소시장(input market)이라고 한다. 생산요소시장에서도 각 생산요소의 시장수요와 시장공급에 의해 그 요소의 가격과 고용량이 정해진다. 예컨대 자본시장에서는 자본의 수요와 공급에 의해 이자율과 자본투입량이, 노동시장에서는 노동의 수요와 공급에 의해 임금과 고용량이 정해진다. 제11장에서는 생산물시장과 생산요소시장이 모두 완전경쟁적일 때 생산요소에 대한 수요곡선과 공급곡선이 어떤 원리에 의해 도출되는지 공부한다. 그리고 도출된 수요곡선과 공급곡선에 의해 균형가격 및 균형사용량이 어떻게 결정되는지에 대해 공부한다.

제11장을 공부한 후에는 다음 물음에 답할 수 있어야 한다.

1. 노동은 누가 공급하고 누가 수요하는가?
2. 기업은 어떤 기준에 따라 노동사용량을 정할까?
3. 생산요소의 가격을 결정하는 가장 중요한 원천은 무엇인가?
4. 생산요소의 공급자들은 어떤 때 더 큰 혜택을 누릴 수 있는가?

1. 개별 기업의 요소수요곡선

시장구조와 이윤 극대화 고용량

기업이 생산요소를 얼마만큼 고용하는 것이 이윤을 극대화시킬 수 있는지는 그 생산요소가 사용됨으로써 야기되는 수입의 증가분과 그 생산요소의 고용에 소요되는 비용의 증가분을 비교해 봄으로써 알 수 있다. **생산요소 X를 한 단위 추가 고용함으로써 얻을 수 있는 총수입의 증가분은 X의 한계수입생산물(MRP_X : marginal revenue product)로서 아래와 같이 정의된다.**

$$MRP_X = \frac{\Delta TR}{\Delta X} = \frac{\Delta TR}{\Delta Q} \cdot \frac{\Delta Q}{\Delta X} = MR \cdot MP_X \qquad (11.1)$$

생산요소 X를 추가 고용하면 생산량 Q가 늘어나면서 총수입 TR이 증가한다. 이때 $\Delta Q/\Delta X$는 X를 추가 고용할 때 늘어나는 생산량이고, $\Delta TR/\Delta Q$는 생산량이 늘어날 때 추가되는 수입이다. 따라서 MRP_X는 다른 요소 투입량이 고정된 채 X의 투입량을 한 단위 증가시킬 때 총수입이 얼마나 증가하느냐를 나타내는 값이고, $\Delta Q/\Delta X$는 생산요소 X의 한계생산(MP_X)이고, $\Delta TR/\Delta Q$는 추가생산물이 가져오는 한계수입(MR)이다.

생산요소 X를 한 단위 추가 고용함으로써 소요되는 비용의 증가분은 X의 한계요소비용(MFC_X : marginal factor cost)으로서 다음과 같이 정의된다.

$$MFC_X = \frac{\Delta TC}{\Delta X} \qquad (11.2)$$

MFC_X는 다른 요소의 투입량을 고정시켜 둔 채 X투입량을 한 단위 증가시키면 총비용이 얼마나 증가하는지를 나타내는 값이다.

식 (11.1)과 (11.2)를 비교하여 $MRP_X > MFC_X$이면 X요소를 한 단위 추가 고용했을 때 수입의 증가분이 비용의 증가분보다 크기 때문에 X를 계속 추가 고용하는 것이 기업에게 유리하다. 그러므로 $MRP_X = MFC_X$가 될 때까지는 X요소를 추가 고용함으로써 이윤이 증가한다. 그러나 반대로

그림 11-1

기업의 요소구입과 상품판매과정

기업은 요소시장에서는 구매자가 되고 상품시장에서는 판매자가 된다.

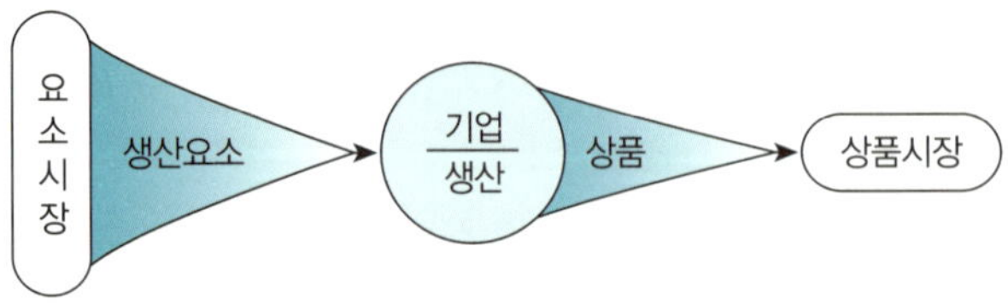

$MRP_X < MFC_X$가 되면 X요소를 한 단위 추가 고용했을 때 비용의 증가분이 오히려 수입의 증가분보다 크다. 이때는 X요소를 추가 고용하면 이윤이 오히려 감소하고, 생산요소 X의 고용을 줄이는 것이 이윤을 증가시키는 방법이다. 그러므로 **$MRP_X = MFC_X$일 때까지 생산요소 X를 고용할 때 이윤이 극대화된다.**

그런데 MRP_X와 MFC_X는 생산물시장과 생산요소시장이 어떤 형태로 되어 있느냐에 따라 그 크기가 달라진다. $MRP_X = MP_X \cdot MR$에서 생산물시장이 완전경쟁이면 기업 입장에서는 P가 고정되어 있으면서 $P = MR$이고, 불완전경쟁시장에서는 그렇지 않다. 생산요소시장도 완전경쟁이면 기업 입장에서는 요소 X의 한 단위 추가 고용($\Delta X = 1$)이 요소가격 W만큼의 비용만 증가시켜($\Delta TC = W$) $MFC_X = W$이지만, 불완전경쟁시장에서는 그렇지 않다. 따라서 생산물시장과 생산요소시장이 어떤 형태이냐에 따라 $MRP_X = MFC_X$가 성립되는 모습은 달라진다.

기업은 [그림 11-1]에서처럼 생산요소시장에서 생산요소를 구매하여 생산활동을 수행하고, 생산과정을 거치면서 만들어진 상품을 상품시장에 내다 판다. 그런데 생산요소를 수요하는 기업이 어떤 형태의 시장에서 생산요소를 구입하고, 생산한 상품을 어떤 형태의 시장에서 판매하느냐에 따라 이 기업이 이윤을 극대화시킬 수 있는 조건이 달라진다. 그 조건은 [표 11-1]에서와 같이 3가지로 나누어 고찰해 볼 수 있다.

첫째, A와 같은 기업은 완전경쟁시장에서 생산요소를 조달하고, 생산한 상품도 완전경쟁시장에서 판매한다. 본 장에서는 A와 같은 기업이 어떻게 생산요

표 11-1 시장구조에 따른 요소수요의 차이

요소시장의 형태	기업	상품시장의 형태
완전경쟁	A	완전경쟁
완전경쟁	B	판매독점
구매독점	C	판매독점

소를 수요하는지에 대해 공부한다. **둘째, B와 같은 기업은 완전경쟁시장에서 생산요소를 조달하고, 생산한 상품은 독점시장(monopoly)에서 판매한다.** 이 기업은 판매독점자이다. 그러므로 높은 가격을 받고 상품을 판매할 수 있다. **셋째, C와 같은 기업은 구매독점시장(monopsony)에서 생산요소를 조달하고, 판매독점시장에서 상품을 판매한다.** 구매독점시장에서 생산요소를 구매하기 때문에 가능한 한 가장 낮은 가격으로 구매하면서 생산비를 낮출 수 있고, 생산한 상품은 판매독점시장에서 판매하기 때문에 가능한 한 가장 높은 가격으로 판매하면서 판매수입을 높일 수 있다. 기업 입장에서는 C와 같은 기업이 가장 유리한 조건을 가진 기업이다. B와 C 같은 기업의 요소수요에 대해서는 제12장에서 공부한다.

가변요소가 하나일 때의 요소수요곡선

생산요소는 노동, 토지, 자본, 원료 등 여러 가지로 구분할 수 있으나 요소수요분석에서는 노동을 대표적인 요소로 선정하여 요소수요의 제반 특성을 분석한다. 다른 요소에 대한 수요도 그 원리는 노동에 대한 수요와 마찬가지이기 때문이다. 그 원리는 **한계생산력이론**(marginal productivity principle)이다.

생산요소는 상품을 생산하기 위해 필요로 하는 것이기 때문에 상품에 대한 수요가 먼저 정해지고 2차적으로 생산요소에 대한 수요가 정해진다. 그러므로 생산요소에 대한 수요를 **파생수요**(derived demand)라고 한다.

[표 11-1]의 기업 A가 완전경쟁적인 생산요소시장에서 생산요소를 구매하고 완전경쟁적인 생산물시장에서 생산한 상품을 판매하는데 노동만이 가변요소일 때 이 기업의 노동에 대한 수요는 노동을 한 단위 추가 고용했을

표 11-2 이윤극대화 고용량의 결정

L	Q	$MP_L = \Delta Q / \Delta L$	P(만원)	$MRP_L = VMP_L$(만원) $= 10 \times MP_L$		$MFC_L = W$(만원)
0	0	–	10	–		40
1	12	12	10	120	>	40
2	22	10	10	100	>	40
3(a)	30	8	10	80	>	40
4(b)	36	6	10	60	>	40
5(c)	**40**	**4**	**10**	**40**	**=**	**40**
6	42	2	10	20	<	40

때 소요되는 비용인 MFC_L과 추가된 한 단위의 노동이 벌어들인 수입의 크기인 MRP_L에 의해 결정된다. $MRP_L = MR \cdot MP_L$인데 완전경쟁시장에서는 P(생산물가격)$= MR$이기 때문에 $MRP_L = P \cdot MP_L$이다. 그런데 $P \cdot MP_L$은 노동의 한계생산물 MP_L을 시장가치로 환산한 값이기 때문에 이를 노동의 한계생산물가치(VMP_L : value of marginal product of labor)라고 한다. 즉, $MRP_L = MR \cdot MP_L = P \cdot MP_L = VMP_L$이다. 반면에 MFC_L은 노동시장이 완전경쟁이기 때문에 임금(W)과 일치한다. 즉, 노동 1단위를 추가 고용하면 임금 W만큼 비용이 증가하고 $MFC_L = \dfrac{\Delta TC}{\Delta L} = \dfrac{W}{1} = W$이다.

VMP_L은 [표 11-2]에서와 같이 도출된다. 노동투입량(L)이 한 단위씩 증가하면 생산물(Q)도 증가하는데, 이때 추가적으로 증가한 생산량이 MP_L이다. 완전경쟁시장에서 생산물의 가격은 10($P = 10$)으로 고정되어 있기 때문에 $VMP_L = 10 \cdot MP_L$로 계산된다. $L = 1$일 때는 $VMP_L = 120$이고, $L = 2$일 때는 $VMP_L = 100$이다. VMP_L은 노동투입의 증가와 더불어 감소하면서 $L = 6$일 때는 $VMP_L = 20$이다. 그런데 완전경쟁적인 노동시장에서는 임금(W)이 40으로 고정되어 있기 때문에 $MFC_L = W = 40$이다.

[표 11-2]에서 노동투입량이 하나일 때는 이 노동을 구매하는 데 40만원이 소요되었지만 이때의 추가생산량은 120만원을 벌어들였다. 그러므로 기업 입장에서는 이 노동을 고용하는 것이 절대로 유리하다. 노동투입량이 4단위일 때까지 이런 현상이 일어난다. 즉, 기업 입장에서는 노동투입량을 4

그림 11-2

요소수요곡선의 도출

VMP_L곡선은 노동의 수요곡선(D_L)과 일치한다.

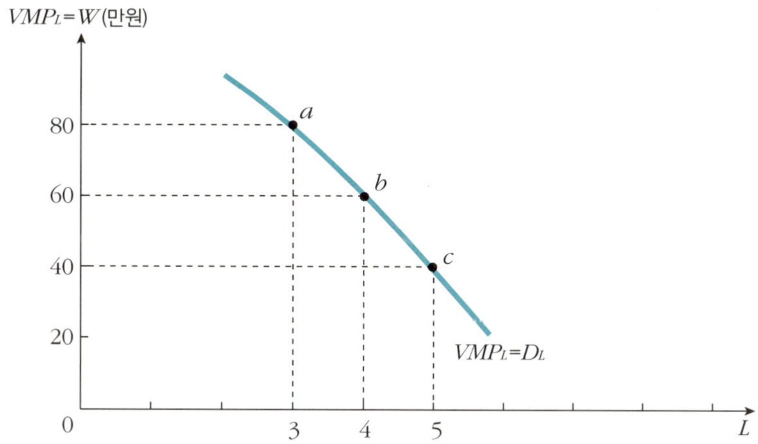

단위 이상으로 확장하는 것이 이윤을 증대시키는 방법이다. 그런데 노동투입이 6단위째로 증가하면 상황은 달라진다. 이때는 노동을 한 단위 구매하는데 40만원이 소요되지만 이 노동력이 벌어들인 수입은 20만원에 불과하다. 그러므로 6번째 노동력은 고용하지 않는 것이 절대로 유리하다. 5번째 노동력은 소요되는 비용과 벌어들이는 수입이 똑같다. 그러므로 기업 입장에서는 이 5번째 노동력까지 고용하는 것이 최대로 유리하다. 즉, 고용량 $VMP_L(40) = W(40)$이 충족되는 5단위에서 정해진다.

$VMP_L = W$인 점에서 고용량이 정해지기 때문에 [표 11-2]로부터는 [그림 11-2]와 같은 노동수요곡선이 도출될 수 있다. 말하자면 **VMP_L곡선이 바로 이 기업의 노동수요곡선이 된다.** 횡축을 노동투입량(L)으로 두고 종축을 VMP_L값으로 두면 [그림 11-2]에는 a, b, c점을 통과하는 VMP_L곡선을 그릴 수 있다. [표 11-2]의 분석에서처럼 $W = 40$만원이면 c점에서 $VMP_L = W = 40$만원이 되면서 고용량은 5단위로 정해진다. 만약 노동시장에서 임금이 60만원으로 상승하면 $VMP_L = W = 60$만원이 되는 점은 b점이다. 즉, 임금상승과 함께 노동투입량은 4단위로 줄어든다. 임금이 80만원으로 더 상승하면 $VMP_L = W = 80$만원이 되는 점은 a점이다. 이때는 임금상승과 더불어 노동투입량이 더 줄어들어 3단위가 된다.

[그림 11-2]에서 a, b, c점을 연결한 곡선은 임금이 80만원, 60만원, 40만원으로 변할 때 노동수요량이 3단위, 4단위, 5단위로 변한다는 것을 나타내는 노동수요곡선이 된다. 이 곡선은 임금과 노동수요량 사이의 관계를 나타내는 노동수요곡선이다. 그러므로 **VMP_L곡선은 노동수요곡선과 완전히 일치한다. 수확체감의 법칙에 의해 MP_L곡선이 우하향하기 때문에 $VMP_L(MP_L \cdot P)$곡선도 우하향한다. VMP_L곡선이 바로 노동수요곡선이 되기 때문에 노동수요곡선도 우하향한다. 임금과 노동수요량이 서로 반대방향으로 변하는 것은 수확체감의 법칙 때문이다.**

가변요소가 여럿일 때의 요소수요곡선

노동만이 가변요소가 아니고 노동과 함께 사용되는 다른 생산요소도 가변적이면 노동에 대한 수요곡선의 도출이 다소 복잡해진다. [그림 11-3]에서 임금이 80만원일 때 노동수요량은 3단위로 수요점이 a이다. 그런데 노동과 함께 사용되는 자본까지 가변요소이면 임금이 40만원으로 하락할 때 노동수요량은 c점으로 이동하지 않는다. 만약 자본사용량이 고정되어 있다면 노동의 VMP_L곡선이 바로 노동의 수요곡선이 되면서 노동수요량은 c점으로 증가할 것이다. 그러나 노동사용량 증가와 더불어 가변적인 자본사용량까지 변하면 VMP_L곡선은 더 이상 노동수요곡선이 될 수 없다.

그림 11-3

가변요소가 여럿일 때 노동에 대한 수요곡선

임금이 하락할 때 VMP_L곡선이 이동하기 때문에 노동수요곡선은 이를 고려하여 도출된다.

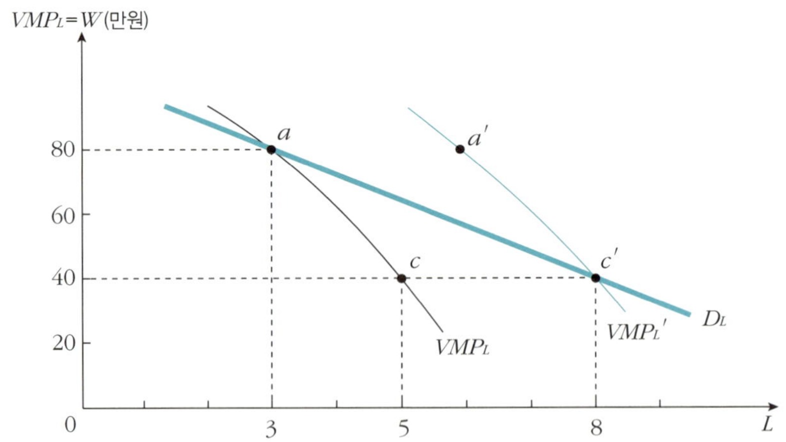

임금이 80만원에서 40만원으로 하락하면 기업 입장에서는 생산비 부담이 줄기 때문에 자본과 노동 모두를 더 많이 사용하면서 생산량을 증대시킨다. 즉, 상품을 더 많이 생산하기 위해 노동사용량을 증가시키면서 자본사용량까지도 증가시킨다. 자본설비가 많아지면 노동의 생산성(MP_L)이 높아지기 때문에 같은 노동량에서도 노동의 한계생산물가치($VMP_L = P \cdot MP_L$)가 높아지면서 VMP_L 곡선이 우로 이동한다. [그림 11-3]에서 VMP_L이 VMP_L'로 이동한다. 이렇게 되면 임금이 40만원일 때 노동수요량은 5단위가 아니라 8단위가 된다. 수요점은 c점이 아니라 c'점이 된다. 그러므로 임금과 노동수요량 사이의 관계를 나타내는 노동수요곡선은 a점과 c점을 연결한 곡선이 아니라 a점과 c'점을 연결한 곡선이다. 즉, **자본과 노동이 모두 가변적일 때는 노동에 대한 수요곡선은 VMP_L이 아니라 [그림 11-3]에서처럼 a와 c'를 연결한 D_L이다.**

그런데 [그림 11-3]에서 보는 것처럼 여러 요소가 가변적일 때도 노동에 대한 수요곡선은 여전히 우하향한다. 그런데 이때는 더 완만한 기울기를 가지기 때문에 노동수요는 더 탄력적(elastic)이다.

두 요소가 모두 가변적일 때 임금이 하락하면 왜 노동사용량과 자본사용량 모두가 증가하는지를 등량곡선을 통해 설명할 수도 있다. [그림 11-4]에서 임금이 w_1이면 등비용선은 C_1이면서 E_1점이 균형생산점이 된다. 이때의 생산량은 Q_1이고 노동고용량은 L_1이다. 임금이 w_2로 하락하면 예산선이 C_2로 이동하면서 균형생산점은 E_2가 된다. 이때의 생산량은 Q_2이고 노동수요량은 L_1에서 L_2로 증가한다. 그런데 임금이 w_2로 하락해도 생산량을 여전히 Q_1수준으로 유지하면 E_1'점이 균형이 되면서 노동수요량은 L_1'가 된다. 이때 노동수요량이 L_1에서 L_1'로 증가한 것은 생산량이 변하지 않아도 노동이 자본에 비해 상대적으로 싸졌기 때문에 자본을 노동으로 대체한 효과이다. 즉, [그림 11-4]에서 보면 $L_1 L_1'$는 **대체효과(substitution effect)**이다. 생산점이 E_1'에서 E_2로 이동하면서 노동사용량이 L_1'에서 L_2로 증가한 것은 생산량을 Q_1에서 Q_2로 증가시켰기 때문에 노동을 더 고용한 것이다. 그러므로 $L_1' L_2$를 **산출량효과(output effect)**라고 한다.

등비용선 C_1과 C_2는 똑같은 크기의 생산비를 나타낸다. 생산비 크기는

그림 11-4

임금하락과 노동사용량의 증가

임금이 하락하면 노동사용량이 L_1에서 L_3까지 증가하는데 그 이유는 대체효과, 산출량효과, 이윤극대화효과 때문이다.

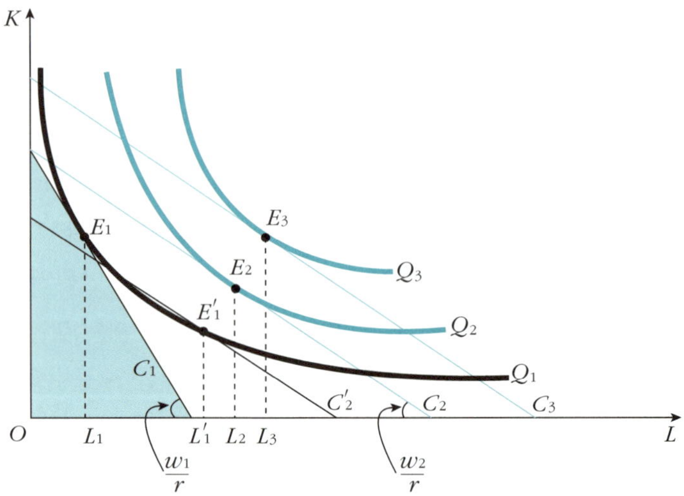

변하지 않았는데 임금이 하락했기 때문에 등비용선이 C_1에서 C_2로 이동했다. 그런데 기업 입장에서는 임금이 하락하면 MC곡선이 하향이동하기 때문에 생산자금을 증가시키면서까지 생산량을 확장하려고도 한다. $MC = MR$조건이 충족되는 생산량이 더 커진다. 이렇게 되면 생산량이 Q_2에서 Q_3까지 증가하면서 생산비는 C_3까지 증가할 수 있다. 이때의 균형점은 E_3이다. 그러므로 노동사용량도 L_2에서 L_3까지 증가한다. 이때 L_2L_3는 이윤극대화를 위해 생산량을 증가시키면서 노동을 더 사용한 것이기 때문에 이를 **이윤극대화효과(profit-maximizing effect)**라고 한다. 결국 임금하락으로 노동수요량은 L_1에서 L_3로 증가했다. 임금하락에 기인한 3가지 효과 중에서 대체효과는 자본 사용을 줄이게 하지만, 자본이 열등재가 아닌 한 산출량효과와 이윤극대화효과는 모두 자본을 더 사용하게 한다. 즉, 노동가격인 임금이 하락할 때도 자본이 증가할 수 있다.

2. 시장의 요소수요곡선

시장수요곡선의 도출

임금은 시장에서 정해지기 때문에 임금의 결정 원리를 분석하기 위해서는 노동의 시장수요곡선을 도출해야 한다. 시장에는 노동을 수요하는 기업이 무수히 많다. 그러므로 시장에서의 노동수요곡선은 개별 기업의 노동수요곡선을 모두 합쳐야 도출될 수 있다. 상품시장에서 개별 소비자의 상품수요곡선을 모두 합쳐서 시장수요곡선을 도출하는 것이나 마찬가지이다.

그런데 요소시장에서는 상품시장에서와 달리 개별 수요곡선을 단순히 합계하여 시장수요곡선을 도출할 수 없는 성질이 있다. 임금이 하락하면 기업 입장에서는 생산비 부담이 줄어들어 생산량을 증가시킨다. 시장의 모든 기업들이 이런 결정을 하면 이 기업들이 생산하는 상품의 시장공급량이 증가하여 상품의 가격(P)이 하락한다. 이렇게 되면 가격(P)과 한계생산(MP_L)을 곱해서 도출하는 $VMP_L(=P \cdot MP_L)$곡선이 이동하게 된다. 그러므로 노동의 시장수요곡선은 이런 변화를 고려하면서 도출되어야 한다.

[그림 11-5]의 왼쪽 그림은 개별 기업의 노동수요곡선이고 오른쪽은 이런 기업들 100개로 구성된 노동시장의 수요곡선을 나타낸다. 임금이 80만원일 때 개별 기업은 A점에서 노동 3단위씩을 고용하고, 100개 기업으로 구성된 시장의 노동수요량은 A'점에서 나타난 것처럼 300단위이다. 만약 임금이 40만원으로 하락하면 개별 기업은 C점에서 8단위를 고용하는 것이 아니라 6단위를 고용한다. 임금하락과 더불어 모든 기업들이 고용량을 늘리면서 생산량을 증가시키면 상품가격(P)이 하락하기 때문이다. 가격이 하락하면 $VMP_L(=P \cdot MP_L)$이 왼쪽으로 이동하기 때문에 이로부터 도출된 개별 기업의 수요곡선도 d_L로부터 d_L'로 이동하게 된다. 즉, 임금이 40만원으로 하락하였을 때는 개별 기업의 노동수요량이 C점에서의 8단위가 아니라 E점에서의 6단위이다. 그러므로 100개의 기업들로 구성된 시장의 노동수요량도 800단위가 아니라 600단위가 된다. 즉, 임금이 40만원일 때의 시장수요점은 100개 기업의 C점을 수평적으로 합계한 것이 아니라 E점을 수평

그림 11-5 노동의 시장수요곡선 도출

개별 기업의 노동수요곡선이 왼쪽으로 이동한 것을 고려하면서 시장수요곡선을 도출하여야 한다.

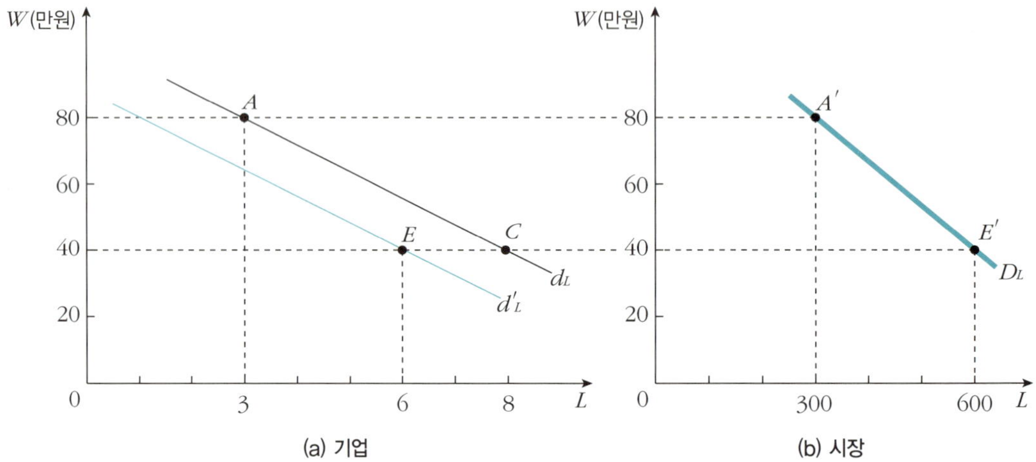

적으로 합계한 E'점이 된다. 따라서 노동의 시장수요곡선은 A'점과 E'점을 연결한 D_L곡선이다. **D_L곡선은 d_L곡선을 단순히 수평합계한 것보다는 비탄력적이다.**

이처럼 노동의 시장수요곡선이 어떻게 되느냐는 노동의 한계생산력(MP_L)에 달려 있다. MP_L이 VMP_L을 결정하고, VMP_L이 노동의 개별 및 시장수요를 결정하기 때문이다. 따라서 균형임금 수준도 결국은 노동의 한계생산력에 의해 결정된다.

요소수요의 가격 탄력성

요소가격이 변할 때 요소수요량이 얼마나 민감하게 변하느냐를 나타내는 것이 요소수요의 가격탄력성이다. 요소수요의 가격탄력성은 여러 가지 요인에 의해 영향을 받는다.

첫째, 어떤 요소의 가격탄력성은 그 요소를 대체할 수 있는 생산요소의 수가 많을수록 가격탄력성이 높아진다. 그리고 대체 정도가 높을수록 가격탄력성이 높아진다. 예컨대 A라는 생산요소를 대체할 수 있는 다른 생산요소의 수가 많고 대체 정도가 높으면 A라는 요소의 수요에 대해 가격탄력성은 높아진다.

둘째, 생산요소의 수요는 그 요소를 사용하여 생산한 상품의 수요에 의해 결정되는 파생수요이다. 그러므로 그 요소를 사용하여 생산한 상품의 수요가 탄력적일수록 그 요소의 가격탄력성도 높아진다. 예컨대 임금이 하락하면 새 주택의 가격은 하락하는데, 이때 새 주택수요가 매우 탄력적으로 증가하면 새 주택을 생산하는 데 소요되는 노동수요도 매우 탄력적으로 증가한다.

셋째, 어떤 요소를 대체하는 다른 생산요소들의 공급탄력성이 높으면 그 요소의 가격탄력성이 더 높아진다. 예컨대 생산원료인 알루미늄의 가격이 하락하면 알루미늄과 대체관계에 있는 다른 생산요소를 알루미늄으로 대체하려고 할 것이다. 이때 다른 요소는 공급이 탄력적이면 수요가 감소해도 (수요곡선이 왼쪽으로 이동) 가격하락폭은 적을 것이다. 이렇게 되면 알루미늄에 대한 수요는 더 많이 증가하기 때문에 알루미늄의 가격탄력성은 더 높아진다.

넷째, 총생산비 중 그 생산요소에 지출된 비용몫이 적을수록 그 요소에 대한 가격탄력성은 작아진다. 총생산비 중에서 차지하는 비중이 낮기 때문에 비록 그 요소의 가격이 증가해도 그 요소를 절약하려고 큰 노력을 하지 않기 때문이다.

다섯째, 가격 변화에 대응할 수 있는 시간이 길수록 탄력성은 높아진다. 이것은 장기탄력성이 단기탄력성보다 크다는 이치 때문이다. 노동가격이 증가해도 단기에는 당장 기계사용량을 늘리면서 노동사용량을 줄이기는 어렵다. 그러나 장기적으로는 공장 규모를 개편하면서 노동을 자본으로 대체해 나갈 수 있다. 따라서 요소수요는 장기적으로 더 탄력적이 된다.

3. 생산요소의 공급곡선

여가시간과 근로 시간 사이의 최적 선택

① 예산선과 무차별곡선

노동자는 자기에게 주어진 시간을 근로(working)에 할애하여 소득을 벌 수도 있고, 여가(leisure)에 할애하여 그 시간을 즐길 수도 있다. 즉, 노동자는 일을 할 수도 있고 놀 수도 있는데 효용을 극대화시킬 수 있도록 자기에게 주어진 시간을 노동과 여가 사이에 적절히 배분하려고 한다. 이러한 배분이 어떻게 이루어질 수 있는지가 무차별곡선 모형으로 설명될 수 있다.

[그림 11-6]은 여가시간을 x축에 표시하고 근로로부터 얻는 소득을 y축에 표시했을 때 이 노동자가 갖는 예산선과 무차별곡선을 보여주고 있다. 이 노동자에게 주어진 시간이 OB라고 하면, 이 노동자는 이 시간을 모두 여가에 할애할 수도 있고, 이 시간을 모두 근로에 할애할 수도 있다. 총시간을 모두 여가에 할애하면 이 노동자는 아무런 소득도 벌지 못하면서 놀기만 하는 것이기 때문에 이 노동자의 선택점은 B점이 될 것이고, 총시간을 모두 근로에 할애하면 이 노동자는 여가시간을 전혀 갖지 않고 일만 하면서

그림 11-6

소득과 여가 사이의 균형선택

임금이 W_1일 때는 H_1B만큼 일해서 OM_1만큼의 소득을 번다. 임금이 W_2이면 H_2B만큼 일해서 OM_2만큼의 소득을 번다.

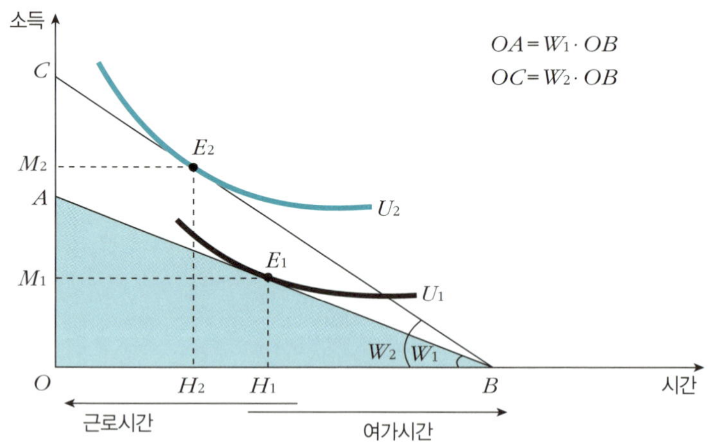

소득을 벌기 때문에 이 노동자의 선택점은 A점이 될 것이다. 시간당 임금을 W_1이라고 하면 총근로시간이 OB이기 때문에 이 노동자가 모든 시간을 근로에 할애해서 벌 수 있는 최대소득은 $W_1 \cdot OB$가 되고, 이 소득의 크기는 OA로 나타난다. 그러므로 A점과 B점을 연결하는 직선 AB는 이 노동자가 선택할 수 있는 여가와 소득의 묶음을 나타낸다. 이 노동자는 AB선을 따라서 얼마를 근로에 할애하고 얼마를 여가에 할애할 것인지 결정할 수 있다. 그러므로 **AB는 이 노동자의 예산선이고 예산선 AB의 기울기 $W_1(=OA/OB)$은 시간당 임금률을 나타낸다.**

[그림 11-6]의 여가-소득공간에는 또한 이 노동자의 무차별곡선이 그려질 수 있다. 여가와 소득 모두 이 노동자에게 양(+)의 효용을 제공하기 때문에 [그림 11-6]에는 여가와 소득 사이에 U_1, U_2와 같은 일반적인 모양의 무차별곡선들이 그려질 수 있다.

② 소득과 여가 사이의 균형선택

노동자는 효용을 극대화시킬 수 있도록 자기 시간을 근로와 여가에 배분할 것인데 예산선인 AB선상에서만 이러한 시간배분을 할 수 있다. 노동자가 AB선상에서 시간배분을 하면서 가장 높은 무차별곡선에 도달할 수 있는 점은 E_1점이다. 즉, 노동자가 할 수 있는 최선의 시간배분은 바로 E_1이 된다. 이 노동자는 총시간 OB 중 OH_1만큼을 여가에 할애하고 H_1B만큼을 근로에 할애하여 OM_1만큼의 소득을 벌므로써 자기효용을 극대화할 수 있다($OM_1 = W_1 \cdot H_1B$). 이때의 효용수준은 U_1이다. 균형점 E_1에서 예산선의 기울기와 무차별곡선의 기울기가 일치한다는 균형조건이 충족된다. 즉, 예산선의 기울기인 임금률 W_1과 무차별곡선의 기울기인 한계대체율이 일치한다($W_1 = MRS$).

만약 임금률이 $W_2(>W_1)$로 상승하면 예산선은 CB로 이동할 것이다. 이때 $W_2 = OC/OB$이다. 이렇게 되면 노동자는 E_2점에서 최선의 시간배분을 할 수 있으며, 더 높은 효용수준인 U_2에 도달할 수 있다. 즉, 임금률이 W_2로 상승함으로써 노동자는 총시간 OB 중 OH_2만큼을 여가에 할애하고 나머지 H_2B를 근로에 할애하여 OM_2만큼의 소득을 벌므로써 도달 가능한 최고의 효용수준 U_2에 도달할 수 있다($OM_2 = W_2 \cdot H_2B$).

사례검토 11.1

시간외 근무수당 지급

노동자로 하여금 자발적으로 시간외 근무를 하도록 하기 위해서는 시간외 임금률을 일반 임금률보다 높게 책정해 주어야 한다. [그림 11-7]에서 AB의 기울기인 W_1은 일반 임금률을 나타낸다. 만약 계약근로시간이 BF이고 그 이상의 근로시간에 대해서는 시간외 임금률을 지급해야 한다면 N점에서부터는 예산선의 기울기가 시간외 임금률인 W_2가 된다. W_2는 W_1보다 더 크고, 따라서 DG는 AB보다 더 가파른 직선이 된다.

시간외 임금률에 의해 이 노동자가 얼마만큼 시간외 근무를 더 할 것인지는 이 노동자의 무차별곡선, 즉 효용함수에 달려 있다. 이 노동자의 무차별곡선이 U_1, U_2와 같다면 시간외 임금률에 의해 이 노동자는 더 많이 일을 하면서 더 높은 무차별곡선에 도달하려고 할 것이다. 일반 임금률하에서는 E_1이 균형선택점이 되지만 시간외 임금률하에서는 E_2가 균형선택점이 되기 때문이다. 즉, 일반 임금률하에서는 BK만큼 일을 하지만 시간외 임금이 지급될 때는 BJ만큼 일을 한다. BF만큼의 근로시간에 대해서는 W_1의 임금률을 적용받고 FJ만큼의 근로시간에 대해서는 W_2의 임금률을 적용받는다.

만약 이 노동자의 무차별곡선이 U_a와 같다면 이 노동자는 시간외 임금률이 있어도 더 이상 효용을 증대시킬 수 없기 때문에 근로시간을 더 이상 늘리지 않는다. 높은 시간외 임금률이 노동자로 하여금 자발적으로 더 많이 일을 하게 할지는 그 사람의 효용함수에 달려 있다.

그림 11-7

시간외 임금률과 근로시간의 변화

시간외 임금률을 지급하면 근로시간을 BG에서 BJ로 늘릴 수 있다.

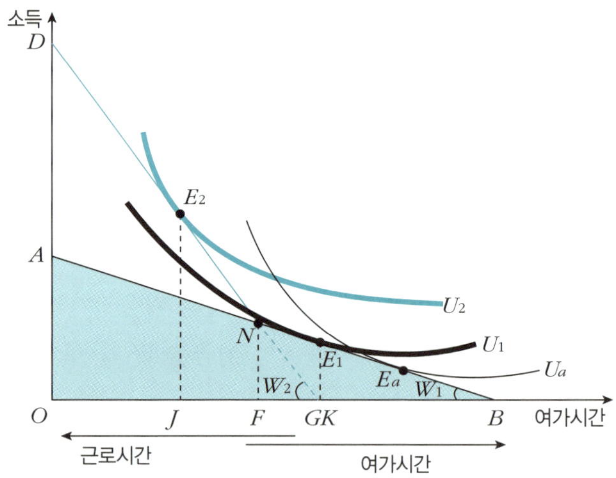

생산요소의 개별 공급곡선

근로자 개개인은 개별 노동공급자이다. 각 근로자는 임금에 따라 자기의 노동공급량을 조절한다. 일반적으로 임금이 높아지면 더 많이 일하고, 임금이 낮아지면 일하는 시간을 줄인다고 보고 있다. 즉, 임금과 노동공급량과의 관계인 노동공급곡선은 우상향한다고 보고 있다.

이러한 노동공급곡선이 어떻게 도출될 수 있는지가 [그림 11-8]에 설명되어 있다. 왼쪽 그림의 x축은 하루 24시간 중 몇 시간 일하고 몇 시간 노는지를 나타낸다. x축은 여가시간으로서 오른쪽으로 이동하면 노는 시간(여가시간)이 증가하고, 왼쪽으로 이동하면 일하는 시간이 증가한다. y축은 근로자가 벌어들이는 소득을 나타낸다.

그림 11-8 개별 노동공급곡선의 도출

노동공급곡선이 $H'E'$까지는 우상향하지만 그 이후부터는 좌상향한다.

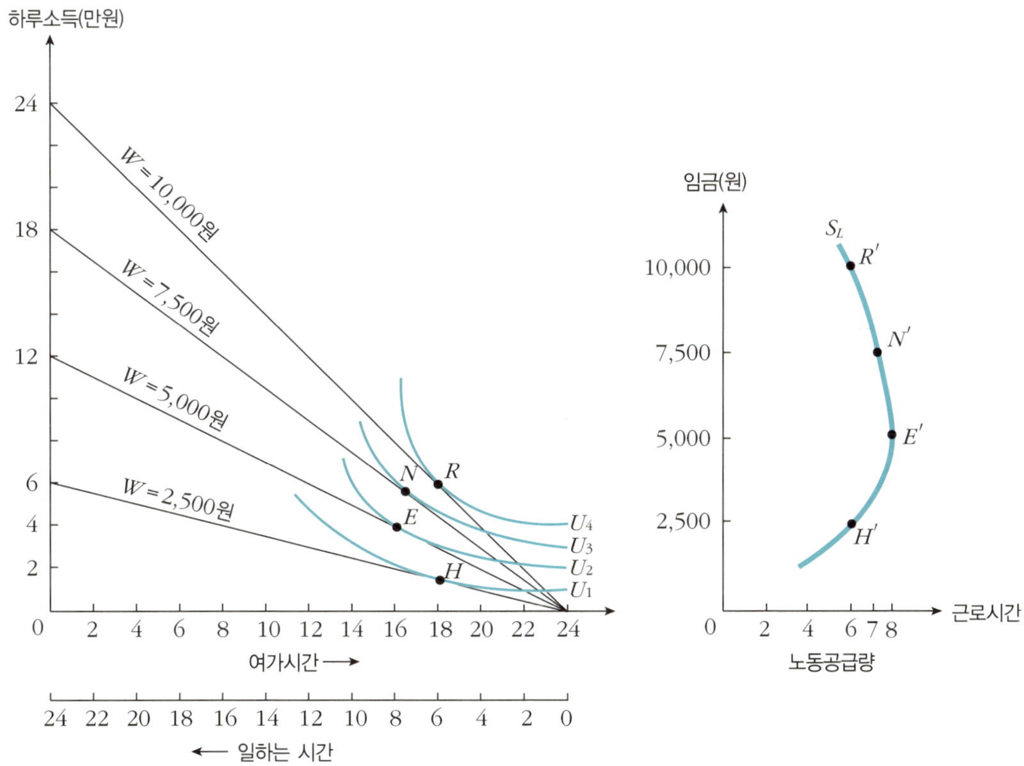

시간당 임금이 2,500원이면 근로자는 x축의 24(시간)와 y축의 6(만원)을 연결하는 직선상에서 자기의 근로시간을 정할 수 있다. 24시간 모두 놀면 소득은 0이고, 24시간 모두 일하면 여가시간은 0이지만 소득은 6만원이 된다. 그러므로 근로자는 이 직선상에서 근로시간을 정할 수 있는데 이 직선의 기울기는 시간당 임금률(60,000원/24시간=2,500원)을 나타낸다. U_1, U_2, U_3, U_4는 여가시간과 소득 사이의 무차별곡선인데 이 근로자는 시간당 임금이 2,500원일 때 H점에서 근로시간을 정하고 U_1만큼의 효용을 얻을 수 있다. H점은 18시간 놀고 6시간 일하여 15,000원(6시간×2,500원)을 버는 점이다. 즉, 임금이 2,500원일 때 이 근로자의 노동공급량은 6시간이다. 이 점은 오른쪽 그림의 H'점으로 표시된다.

만약 시간당 임금이 5,000원으로 인상되면 근로자는 x축의 24(시간)와 y의 축의 12(만원)를 연결하는 직선상에서 근로시간을 정할 수 있다. 이때는 E점에서 근로시간을 정하여 효용을 U_2까지 끌어올릴 수 있다. E점은 16시간 놀고 8시간 일하여 40,000원(8시간×5,000원)을 버는 점이다. 즉, 임금이 5,000원일 때 이 근로자의 노동공급량은 8시간이다. 이 점은 오른쪽 그림의 E'점으로 표시된다.

[그림 11-8]의 오른쪽 그림에서 H'와 E'를 연결하는 곡선은 개별 근로자에 대해 임금과 노동공급량 사이의 관계를 나타내는 노동공급곡선이다. 임금이 올라갈 때 노동공급량은 증가하기 때문에 노동공급곡선은 우상향하는 기울기를 갖는다.

그런데 임금이 더 올라가면 노동공급곡선의 기울기는 달라진다. [그림 11-8]에서 시간당 임금이 5,000원→7,500원→10,000원으로 증가하면 균형점은 E→N→R로 이동하는데, 이때는 노동공급곡선이 오른쪽 그림의 E', N', R'점들을 연결한 곡선모양으로 된다. 이 곡선은 E'점의 아래에서와는 달리 좌상향하는 기울기를 갖는다. 이는 일반적인 노동공급곡선의 성질과는 정반대이다. 임금이 아주 높아지면 임금 증가와 더불어 노동공급량이 증가하는 것이 아니라 오히려 감소한다.

[그림 11-8]의 오른쪽 그림에서처럼 노동공급곡선이 E'점을 기준으로 기울기가 역전되는 이유는 임금인상의 **대체효과(substitution effect)와 소**

득효과(income effect)로 설명될 수 있다. 임금이 인상되면 여가비용이 높아진다. 즉, 여가를 얻기 위해서는 일하는 시간을 줄여야 하는데 이는 더 많은 소득을 포기해야 한다는 것을 의미한다. 이 때문에 임금이 인상되면 여가사용을 줄이고 대신 일하는 시간을 늘린다. 말하자면 여가시간을 근로시간으로 대체하는 효과가 나타난다. 이를 임금인상의 대체효과라고 하는데 임금이 인상되면 이 대체효과 때문에 여가를 줄이고 노동공급량을 늘리려고 한다. **대체효과는 임금과 노동공급량이 같은 방향으로 움직이도록 한다.**

그러나 소득효과는 정반대의 효과를 낸다. 임금의 증가는 개인 근로자의 소득을 증가시키는 효과를 낸다. 이러한 소득증가는 이 근로자로 하여금 정상재(normal goods)인 여가시간을 더 많이 갖도록 하는 효과를 가진다. 이를 소득효과라고 하는데, 이 소득효과 때문에 임금이 증가하면 여가는 증가하고 노동공급량은 감소한다. 말하자면 **소득효과는 임금과 노동공급량을 반대방향으로 움직이도록 한다.**

임금이 인상될 때는 대체효과와 소득효과가 동시에 나타나는데 대체효과가 소득효과보다 클 때는 임금과 노동공급량이 같은 방향으로 변하면서 우상향하는 노동공급량이 반대방향으로 변하면서 좌상향하는 노동공급곡선이 도출된다. 시간당 임금이 아주 높은 수준에 이르면 소득효과가 대체효과보다 더 커진다.

[그림 11-8]의 오른쪽 그림에서 E'점까지는 임금상승 시 대체효과가 소득효과보다 더 크고, E'점에서는 두 효과가 같고, E'점의 윗부분에서는 소득효과가 대체효과보다 더 크다. 임금이 높아지면 대체효과와 소득효과가 역전되는 E'점과 같은 점이 나타나는데 각 근로자는 각기 다른 효용함수를 갖기 때문에 E'점이 어디에서 나타날지는 근로자에 따라 다르다.

생산요소의 시장 공급곡선

노동시장은 수많은 근로자들로 구성된다. 그러므로 노동의 시장공급곡선은 개별 근로자의 공급곡선을 수평적으로 합계하여 도출할 수 있다. 일반적으로 시장공급곡선은 우상향하는 기울기를 갖는다. 그러나 임금이 아주 높아지면 그 기울기는 좌상향으로 역전될 수도 있다.

[그림 11-9]는 x축을 근로자 수, y축을 임금으로 하여 도출한 노동의 시

그림 11-9

노동의 시장공급곡선

노동공급곡선은 우상향하는데 임금이 높아질수록 점점 비탄력적이 된다.

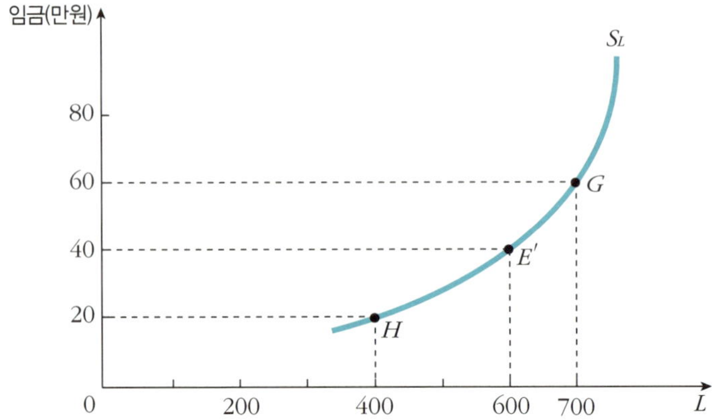

장공급곡선이다. 임금이 20만원이면 일을 하려는 근로자 수가 400명으로 H점이 도출되고, 임금이 40만원이면 일을 하려는 근로자 수가 600명으로 E'점이 도출된다. 마찬가지 방법으로 G점도 도출할 수 있다. 이 점들을 연결한 S_L이 노동의 시장공급곡선이다. **S_L은 우상향하는 기울기를 갖는데 임금이 낮을 때는 탄력적인 곡선인데 임금이 높아지면 비탄력적인 곡선으로 변한다. 임금이 아주 높아지면 기울기가 좌상향으로 역전될 수도 있다.** 그 이유는 여기에서는 임금인상 시 대체효과보다 소득효과가 더 크기 때문이다.

4. 생산요소의 가격과 고용량

한계생산력이론

생산요소시장에서도 상품시장에서와 마찬가지로 시장수요곡선과 시장공급곡선의 교차점에서 균형가격과 균형거래고용량이 정해진다. [그림 11-10]은 노동의 시장공급곡선과 시장수요곡선이 E'점에서 교차하여 균형임금이 40만원이고 고용자 수가 600명이라는 것을 보여준다. 만약 임금이

그림 11-10 균형임금과 고용량의 결정

시장수요곡선(D_L)과 시장공급곡선(S_L)이 교차하는 점에서 균형임금이 정해진다.

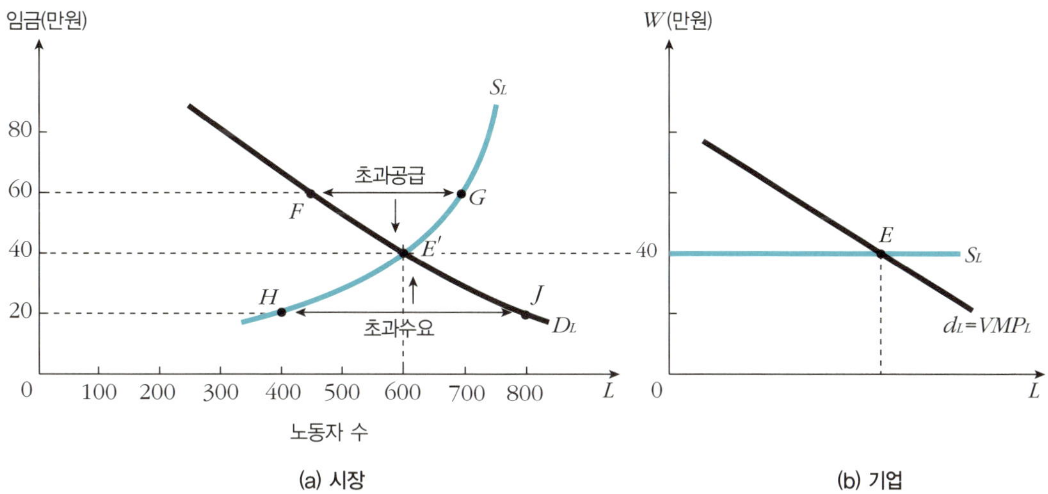

20만원에서 정해진다면 일을 하려는 사람은 400명뿐인데도 기업들이 고용하려는 사람 수는 800명에 달한다. 그러므로 HJ(400명)만큼 노동에 대한 초과수요가 존재하며 임금을 위로 끌어올리게 된다. 반대로 임금이 60만원이라고 하면 일을 하려는 사람은 700명이나 되어도 기업들이 고용하려는 사람 수는 450명에 불과하게 된다. 이때는 FG(250명)만큼 노동의 초과공급이 존재하여 임금이 내려간다. 임금이 40만원일 때만 일을 하려는 사람 수와 기업들이 고용하려는 사람 수가 일치하여 균형이 달성된다. 이때의 고용자 수는 600명이다.

만약 시장에 똑같은 기업 100개가 노동을 수요하고 있다면 40만원이라는 균형임금에서는 각 기업이 6명씩 고용하게 될 것이다([그림 11-5]의 E점). 그런데 개별 기업들은 완전경쟁적 요소시장에서 노동을 조달받기 때문에 임금에는 영향을 미칠 수 없고, 오직 시장임금 수준에서 자기가 원하는 대로 고용량만 정할 수 있을 뿐이다. 각 개별 기업은 그 임금에서 자기가 원하는 어떤 노동량도 조달받을 수 있다. 그러므로 개별 기업에 대한 노동공급곡선은 [그림 11-10]의 오른쪽 그림에 있는 S_L처럼 임금 40만원에서 수평선으로 그려진다.

[그림 11-10]의 오른쪽 그림에서 균형임금 40만원은 E점에서 노동의 한계생산물가치(VMP_L)와 일치한다. 즉, **노동의 가격은 노동의 한계생산력(MP_L)에 의해 정해진다. 그러므로 생산요소의 가격 및 고용량 결정이론을 한계생산력이론(marginal productivity theory)이라고도 한다.**

사례검토 11.2

대졸초임은 얼마나 될까?

2011년 대기업 대졸 신입사원의 초임연봉 평균은 3,300만원인 것으로 집계되었다. 취업포털 잡코리아는 국내 매출액 상위 500대 기업 중 201개사를 대상으로 '2011년 대졸 신입직 연봉수준'에 대해 조사한 결과를 발표하였다. 업종별로 조선·중공업 직종의 대졸 초임 연봉이 4,333만원으로 가장 높았다. 전체 평균보다 31.3%로 높은 수치다. 그 뒤를 이어 금융업도 3,618만원으로 전체 업종 평균보다 9.6% 높은 것으로 집계됐다. 기계·철강업은 3,416만원(3.5%), 석유·화학 3,383만원(2.5%) 등으로 전체 평균초임보다 다소 높은 업종으로 조사됐다. 주요 공기업들의 올해 대졸 초임 수준은 2,597만원으로 일반 대기업 대졸 평균수준에 비해 703만원 낮았다. 외국계 기업은 2,917만원으로 국내 대기업에 비해 383만원 낮았다. 중소기업 대졸 초임수준은 2,175만원으로 대기업과 무려 1,125만원이나 차이가 났다.

각 기업별 전년 대비 연봉 인상률을 보면 공기업의 경우 전년 대비 4.9% 인상된 수준이며, 외국계 기업도 4.5% 인상됐다. 중소기업의 전년 대비 신입직 연봉인상률이 8.2%로 다른 기업들에 비해 높았다.

표 11-3 업종별 대졸초임 분석

(단위 : 만원)

업종	대졸초임 연봉
1위 : 조선·중공업	4,333
2위 : 금융업	3,618
3위 : 기계·철강업	3,416
4위 : 석유·화학업	3,383
5위 : 섬유·의류업	3,285
6위 : 건설업	3,246
7위 : 운수업	3,194
8위 : 유통·무역업	3,192
9위 : 제조업	3,156
10위 : 자동차업	3,154

자료 : 경향신문(2011. 1. 3)

경제적 지대

경제적 지대(economic rent)는 생산요소가 현재의 용도에 공급되도록 하는 데 필요한 최소한의 금액을 초과해서 그 요소에 지불되고 있는 금액을 말한다. [그림 11-11]의 (a)에서는 토지의 공급량이 600평으로 고정되어 있기 때문에 토지의 공급곡선은 S와 같은 수직선이 된다. 이때 토지의 수요곡선이 D이면 S와 D의 교차점 E를 기준으로 토지임대료는 40만원이 된다. 이렇게 되면 토지 소유자에게 지불되는 총금액은 2억 4천만원(=40만원×600평)이다. 그런데 토지 소유자는 토지임대료가 0이라도 600평은 그대로 공급하고 있다. 그러므로 600평을 공급하도록 하는 데 필요한 금액은 0이고, 2억 4천만원은 모두 이를 초과한 금액이면서 경제적 지대가 된다. 말하자면 지주는 어차피 가지고 있는 땅을 놀리지 않는 한 경제적 지대를 번다. 수요곡선이 D'이면 이때는 E'점을 기준으로 3억 6천만원(60만원×600평)이 경제적 지대이다. 마찬가지로 수요곡선이 D''이면 E''점을 기준으로 1억 2천만원(20만원×600평)이 경제적 지대이다. [그림 11-11]의 (a)처럼 **공급량이 고정되어 있으면 공급곡선이 수직선이고 경제적 지대의 크기는 수요곡선의 위치에 달려 있다.**

그림 11-11 경제적 지대

토지는 수요곡선의 위치에 따라 경제적 지대의 크기가 달라지고, 노동은 공급곡선의 탄력성에 따라 경제적 지대의 크기가 달라진다.

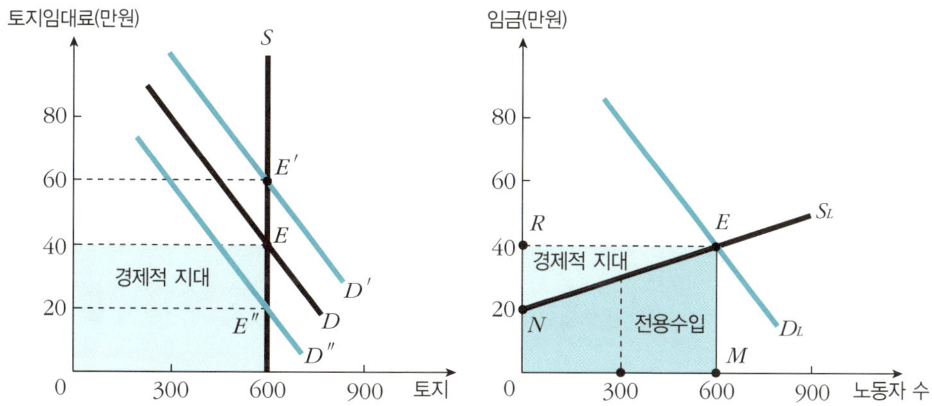

(a) 토지시장 (b) 노동자시장

[그림 11-11]의 (b)에서는 S_L이 노동의 공급곡선인데 우상향하는 기울기를 갖는다. D_L은 노동의 수요곡선인데 E점에서 S_L과 교차한다. 그러므로 근로자들에게 지불된 총금액은 2억 4천만원(40만원×600명)이다. 그런데 600명의 근로자를 노동시장에 끌어내는 데는 이만큼의 금액이 필요하지 않다. S_L곡선을 따라가면서 첫 노동자는 20만원에도 노동시장에 나오고, 300번째 노동자는 30만원에도 노동시장에 나온다. 600번째의 노동자만이 40만원에 노동시장으로 나온다. 그러므로 S_L곡선의 아랫부분인 *NEMO*의 금액만으로도 600명의 노동자들을 일터로 나오게 할 수 있다. 그런데 실제로 이 노동자들에게 지불된 금액은 *REMO*(2억 4천만원)이기 때문에 이 중에서 이들을 일터로 끌어내는 데 필요한 *NEMO*를 뺀 *REN*은 경제적 지대가 된다. 즉, [그림 11-11]의 (b)에서는 **색칠된 삼각형의 면적이 경제적 지대이다. 공급곡선이 비탄력적이 될수록 경제적 지대는 더 커진다.**

생산요소시장에서의 경제적 지대는 생산물시장에서의 생산자잉여(producer's surplus)와 같은 개념이다. 경제적 지대는 요소소유자가 요소의 공급비용을 초과해서 받아가는 몫이고, 생산자잉여는 기업이 상품의 생산비를 초과해서 받아가는 몫이다.

일시적으로 그 양이 고정되어 있는 요소에 지불되는 금액을 준지대(quasi-rent)라고도 한다. 그러므로 단기고정요소에 지불된 금액은 준지대이다. 이는 생

사례검토 11.3

사장 연봉이 1,000억원인 나라

미국에서는 대기업의 사장(Chief Executive Officer : CEO)이 1,000억원까지의 연봉을 받기도 한다. 이것은 월평균 80억원을 넘게 받는 금액이다. 이것은 스톡옵션과 상여금 등을 합한 금액인데 사장의 생산성이 과연 이 정도 되는 것일까? 노동조합에서는 이러한 연봉에 비난을 퍼붓기도 한다.

미국의 대기업은 소유자(owner) 경영체제가 아니고 전문경영인 경영체제이다. 그러므로 사장이 그만한 생산성이 없으면 그런 연봉으로 그 사람을 고용할 리가 없다. 기업이 자발적으로 그런 연봉을 지불하고 그 사람을 사장으로 고용하기 때문에 그 사람이 그만한 생산성을 갖는다고 주장하는 사람들이 많다. 또는 연봉결정위원회가 충분하고 정확한 정보를 가지지 못하기 때문에 그렇게 된다고 주장하는 사람들도 있다.

우리나라 재벌기업에서는 10억원을 넘는 사장이 많지 않을 것이다. 그렇다면 한국의 경영자는 생산성이 미국 경영자의 100분의 1밖에 되지 않는 것일까? 우리나라 재벌기업에서는 사장이 최고경영자가 아니고 재벌 총수만이 최고경영자라는 점이 이 문제를 설명할 수 있는 어떤 열쇠가 되지 않을까?

산자잉여와 일치한다. 그러나 장기적으로는 이 요소도 가변적으로 변한다. 그러므로 장기적으로는 모든 요소에 대해 그 요소가 다른 용도로 가지 않고 그 용도에 사용될 수 있도록 하는 데 필요한 최소금액을 지불해야 하며, 이 금액을 초과해서 지불되는 금액은 경제적 지대가 된다.

사례검토 11.4

손바닥으로 하늘 가리는 청년실업률 통계

한국개발연구원(KDI)이 최근 내놓은 실업률 측정에 관한 보고서는 현행 실업률 통계 산출방식에 근본적인 개선이 필요함을 새삼 일깨우고 있다. KDI는 이 보고서에서 우리나라가 국제노동기구(ILO) 기준에 따라 '지난 4주 내 구직활동을 하였을 것' 등 요건을 적용해 실업률을 산출하고 있지만 조사 방식상 결함으로 취업할 의사가 있는 사람을 제대로 가려내지 못하고 있다고 지적했다. 이에 따라 취업할 의사가 있음에도 비경제활동인구로 분류되는 사람이 많아 경제활동인구에서 실업자가 차지하는 비율로 정의되는 실업률이 현실보다 낮게 산출되고 있다는 것이다.

KDI는 취업 의사를 좀 더 정확히 파악해 숨겨진 실업자를 가려내기 위해 구직활동 여부를 묻기에 앞서 취업 희망 여부를 먼저 확인하는 식으로 현행 방식을 바꿔 20대 청년 1,258명을 대상으로 실업률을 측정했다. 그랬더니 기존 방식으로는 4.8%로 측정됐던 잠재실업률이 21.2%로 무려 4배나 높아졌다는 것이다.

통계청이 발표하는 실업률이 지나치게 낮아 현실과 동떨어진다는 것은 입이 아프게 지적돼 왔다. 통계청이 얼마 전 발표한 9월 실업률도 3%로 세계적으로 유례를 찾기 어려울 정도로 낮았다. 숫자만 놓고 보면 9.2%인 미국에 비해 3분의 1에 불과할 정도여서 일자리 확대가 아닌 경기과열을 걱정해야 할 판이다. 그럼에도 툭하면 대통령 주재로 일자리 대책회의가 열리니 앞뒤가 맞지 않다.

9월 청년실업률 6.3%도 대학을 나온 젊은이 절반이 백수 신세인 현실을 전혀 반영하지 못하고 있다. KDI 보고서는 현실과 숫자 간 괴리가 도대체 어디에서 비롯되는지 가늠해 볼 수 있게 한다. 문제를 덮거나 실상을 왜곡하면서 제대로 된 해결책을 궁리할 수는 없는 노릇이다. 잘못된 통계는 문제파악은 물론 심각성을 분별하기 어렵게 함으로써 정책의 우선순위를 가리는 데도 혼선을 초래할 수밖에 없다.

현실을 반영하지 못하는 실업률 통계는 조속히 개선해야 한다. 국제적으로 통용되는 방식이라는 말로 얼렁뚱땅 넘어가서는 안 된다. 통계의 일관성 유지와 국제적인 비교를 위해 근본적인 개선이 어렵다면 국민 피부에 와닿고 정책에도 요긴하게 활용할 수 있는 보조지표 개발이라도 서둘러야 한다.

(매일경제 〈사설〉, 2011. 10. 28)

중요내용요약

11.01 **한계수입생산물**(marginal revenue product : MRP) : $MRP_L = \Delta TR / \Delta L = (P \cdot \Delta Q) / \Delta L$ (상품시장이 완전경쟁일 경우) $= P \cdot MP_L = VMP_L$

11.02 **한계요소비용**(marginal factor cost : MFC) : $MFC_L = \Delta TC / \Delta L = (W \cdot \Delta L) / \Delta L$(노동시장이 완전경쟁일 경우) $= W$

11.03 **이윤극대화 고용량** : 기업은 이윤이 극대화되는 점에서 고용량을 정하는데 그 점은 $MRP = MFC$가 충족되는 점이다. 모든 시장이 완전경쟁이면 $MRP = VMP$이고 $MFC = W$이기 때문에 노동의 이윤극대화 고용량은 $VMP = W$가 충족되는 점에서 정해진다.

11.04 **기업의 요소수요곡선** : $W = VMP$ 조건이 충족되는 점에서 노동수요량이 정해지기 때문에 임금과 노동수요량 사이의 관계인 노동수요곡선은 $W = VMP$라는 조건으로부터 도출된다. 기울기는 우하향한다. 가변요소가 하나일 때와 둘 이상일 때는 도출방법이 다르다.

11.05 **시장의 요소수요곡선** : 개별 기업의 노동수요곡선을 모두 합하면 시장의 노동수요곡선이 도출된다. 그러나 단순 수평합계하는 것이 아니라 임금변화와 더불어 노동수요곡선이 이동하는 점을 고려하여 도출한다.

11.06 **생산요소의 개별공급곡선** : 개별 근로자는 주어진 시간범위 내에서 임금이 변함에 따라 얼마만큼 일하고 얼마만큼 놀 것인가를 정하는데, 이때 임금에 따라 얼마만큼 일하는가를 그래프로 도출한 것이 개별 근로자의 노동공급곡선이다.

11.07 **생산요소의 시장공급곡선** : 개별 근로자의 노동공급곡선을 모두 수평적으로 합계하면 노동의 시장공급곡선이 도출된다.

11.08 **한계생산력이론**(marginal productivity theory) : 임금 수준은 노동의 한계생산성이 얼마나 크냐에 의해 정해지기 때문에 노동의 가격 및 고용량 결정이론을 한계생산력이론이라고 한다.

11.09 **경제지대**(economic rent) : 생산요소가 현재의 용도에 공급되도록 하는 데 필요한 최소한의 금액을 초과해서 그 요소에 지불되고 있는 금액

연/습/문/제

11.01 김민호는 1주일에 100시간을 가지고 일을 할 수도 있고, 여가를 즐길 수도 있다. 일을 하면 시간당 5만원을 받고, 정부로부터 100만원의 교부금을 받는다. 그러나 근로소득에 대해서는 50%의 세금을 내야 한다. 김민호의 소득과 여가에 대한 효용함수는 $U = XY$이다(X는 여가시간이고, Y는 소득이다).

a. 김민호는 1주일에 몇 시간 일을 하고 몇 시간 여가를 즐길까?

b. 김민호는 일을 해서 1주일에 얼마를 벌까?

11.02 노동의 평균 및 한계생산곡선이 각각 $AP = 100 - L$과 $MP = 100 - 2L$이다. 생산물의 시장가격이 5원이면 다른 생산요소들이 모두 고정되어 있을 때 기업의 노동수요곡선은 무엇인가? 임금이 80원이면 이 기업의 이윤극대화 고용량은 얼마인가?

11.03 하루 24시간 중 H는 여가시간이고 I는 소득이라고 두었을 때 어떤 노동자의 무차별곡선 4개가 아래 표와 같이 U_1, U_2, U_3, U_4로 주어져 있다.

U_1		U_2		U_3		U_4	
H	I	H	I	H	I	H	I
10	20	10	32	12	40	14	48
16	8	14	20	15	27	17	28
24	4	24	12	24	16	24	20

a. 시간당 임금이 1, 2, 3, 4로 오를 때 이 노동자의 노동공급곡선을 도출하시오.

b. 노동공급곡선이 우상향하다가 왼쪽으로 꺾이는 현상이 나타나는데 그 점은 어디이며 그 이유는 어떻게 설명할 수 있을까?

11.04 신대현은 1주일에 70시간을 아르바이트에 쓸 수 있다. 그런데 40시간까지는 시간당 5만원을 받는데, 그 이상 일을 하면 초과분에 대해서는 시간당 10만원을 받는다. 일을 하지 않는 시간에는 여가를 즐길 수 있다. 신대현의 소득과 여가에 대한 효용함수는 $U = XY$이다(X는 여가시간이고, Y는 소득이다).

a. 신대현의 예산선을 그리시오(x축은 시간, y축은 소득).

b. 신대현의 무차별곡선을 그리시오.

c. 신대현은 몇 시간 일을 할까?

d. 신대현의 소득은 얼마일까?

11.05 어떤 기업의 생산함수는 $Q = 400L - 10L^2$이다. 자본사용량은 고정되어 있고 생산물가격은 100원이다.

a. 기업의 노동수요곡선을 도출하시오.

b. 임금이 10,000원이면 고용량은 얼마일까?

CHAPTER 12

불완전경쟁하의 요소시장

1. 생산물이 공급독점일 때의 요소수요이론
2. 생산요소가 수요독점일 때의 요소수요이론
3. 독점하의 착취, 최저임금제, 노동조합
4. 쌍방독점

학습목표

기업이 노동력을 고용하여 상품을 생산할 때 생산한 상품에 대해 판매독점력을 가지면 이는 노동력을 얼마나 고용하고 임금을 얼마나 지불해야 할지에 영향을 미친다. 마찬가지로 노동력을 고용하는 요소시장에서 노동력에 대해 수요독점력을 가질 때도 노동력을 얼마나 고용하고 임금을 얼마나 지불할지는 달라진다. 이와 같이 기업이 노동력을 수요하는 요소시장과 생산할 상품을 판매하는 생산물시장이 비경쟁적으로 되면 요소수요의 모습이 완전경쟁일 때와는 달라진다. 제12장에서는 요소시장과 생산물시장이 비경쟁적이면 요소수요이론은 어떻게 달라지는지에 대해 공부한다.

제12장을 공부한 후에는 다음 물음에 답할 수 있어야 한다.

1. 어떤 지역에 공장이 하나밖에 없으면 공장이 여럿일 때와 비교하여 이 지역의 근로자들이 받을 수 있는 임금은 높아질까, 낮아질까?
2. 독점기업이 가격을 높여 독점이윤을 누리면 이 기업에서 일하는 노동자들도 그만큼 높은 이윤을 받을 수 있을까?
3. 최저임금제가 실시되면 노동자들은 어떤 혜택을 받고 어떤 피해를 볼까?
4. 어떤 부품은 하나의 기업만이 생산하는데 이 부품을 사용하는 기업도 하나 밖이라면 이 부품의 가격은 어느 쪽에 유리하도록 정해질까?

1. 생산물이 공급독점일 때의 요소수요이론

시장상황과 한계 생산물수입

기업은 생산요소를 사용하여 생산물을 만들어내는 경제조직체이기 때문에 생산요소에 대해서는 수요자이고 생산물에 대해서는 공급자이다. 이때 생산요소를 제공받는 요소시장과 생산물을 제공하는 생산물시장이 어떤 구조로 되어 있느냐에 따라 생산요소의 수요분석이 달라진다. 여기서는 제11장 [표 11-1]의 B기업처럼 생산요소는 완전경쟁적인 시장에서 구매하고 생산물은 공급독점적인 시장(monopoly)에서 판매할 때 요소수요곡선이 어떻게 도출되는지에 대해 공부한다.

기업은 요소시장에서 $MRP_X = MFC_X$ 조건이 충족되도록 생산요소를 고용할 때 이윤을 극대화시킬 수 있다는 것은 이미 제11장 제1절에서 자세히 살펴보았다. 여기서도 그 조건은 여전히 유효하다. 그런데 제11장에서처럼 생산물시장과 노동시장이 모두 완전경쟁적이라면 $MRP_L = MR \cdot MP_L = P \cdot MP_L = VMP_L$이고 $MFC_L = W$이면서 이윤극대화조건이 $VMP_L = W$가 되나, 생산물시장이 공급독점시장이면 $MRP_L = MR \cdot MP_L$이고 $MFC_L = W$이면서 이윤극대화조건이 $MRP_L = W$가 된다는 차이가 있다.

가변요소가 하나일 때의 요소수요곡선

노동만이 가변요소이고 다른 생산요소는 모두 고정되어 있다면 이 기업의 생산량은 노동투입량에 의해서만 정해진다. [표 12-1]은 노동투입량(L)의 변화와 더불어 생산량(Q)이 어떻게 변하고 있는지를 보여준다. 그리고 노동의 한계생산(MP_L)이 계산되어 있다. 그런데 이 기업은 공급독점자이기 때문에 생산물의 가격(P)을 낮추어야만 더 많은 생산량을 판매할 수 있다. 즉, 생산량과 가격은 서로 반대방향으로 변한다.

판매량(Q)과 판매가격(P)을 곱하면 총판매수입(TR)이 도출된다. 노동을 한 단위씩 증가시킬 때 총판매수입이 어떻게 변하는지를 계산하면 노동의 한계생산물수입(MRP_L)이 도출된다. 노동이 2단위 투입될 때의 MRP_L은 108이고, 3단위 투입될 때의 MRP_L은 66이다.

표 12-1 노동의 한계생산물수입(MRP_L)과 기업의 노동수요곡선

L	Q	$MP_L\left(=\frac{\Delta Q}{\Delta L}\right)$	P	$TR(=Q\cdot P)$	$MR\left(=\frac{\Delta TR}{\Delta Q}\right)$	$MRP_L\left(=\frac{\Delta TR}{\Delta L}=MR\cdot MP_L\right)$	$VMP_L(=P\cdot MP_L)$
1	12	12	13	156	(13.0)	156	(156)
2	22	10	12	264	(10.8)	108	(120)
3	30	8	11	330	(8.25)	66	(88)
4	37	7	10	370	(5.71)	40	(70)
5	43	6	9	387	(2.83)	17	(54)
6	48	5	8	384	(−0.6)	−3	(40)

기업은 노동의 한계요소비용(MFC_L)과 한계생산물수입(MRP_L)이 같아지도록 노동량을 고용할 때 이윤을 극대화시킬 수 있다. 그런데 이 기업은 완전경쟁적인 요소시장에서 노동을 구입하기 때문에 임금수준(W)은 시장에서 정해진 대로 그대로 받아들일 수밖에 없다. 그러므로 노동의 한계요소비용은 임금과 일치한다($MFC_L=W$).

만약 임금이 40이면 [표 12-1]에서 고용량은 $MRP_L=40$이 되는 4단위가 될 것이다. 4단위 이내에서는 $MRP_L>40$이기 때문에 고용량을 증가시킬수록 기업은 (MRP_L-40)만큼 이윤을 증가시켜 나갈 수 있다. 반면에 4단위가 넘어서면 $MRP_L<40$이기 때문에 고용량을 줄이는 것이 기업에게 유리하

그림 12-1

한계생산물수입곡선과 노동수요곡선

노동의 한계생산물수입곡선(MRP_L)은 노동의 수요곡선(D_L)과 일치한다.

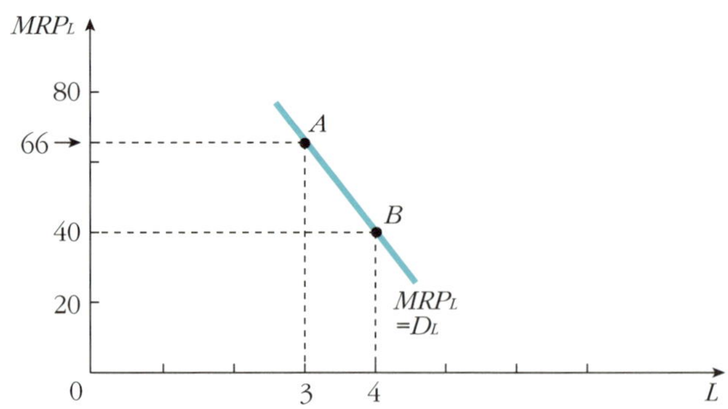

다. 그러므로 임금이 40일 때 이윤을 극대화시킬 수 있는 노동수요량은 4단위이다.

[그림 12-1]에서 A, B를 연결한 곡선은 [표 12-1]의 MRP_L을 그린 곡선이다. A점은 노동이 3단위일 때 $MRP_L = 66$인 점이고, B점은 노동이 4단위일 때 $MRP_L = 40$인 점이다. MRP_L은 우하향하는 곡선이 된다. 그 이유는 $MRP_L = MR \cdot MP_L$인데 수확체감의 법칙에 의해 MP_L이 우하향하고 수요의 법칙에 의해 MR도 우하향하기 때문이다.

[그림 12-1]에서 임금이 40이면 노동수요량이 4일 때 $MRP_L = W = 40$이기 때문에 B점을 도출할 수 있다. 만약 임금이 66이 되면 $MRP_L = W(= 66)$가 충족되는 노동수요량은 3단위이고 그 점은 [그림 12-1]의 A점이 된다. 그러므로 MRP_L상의 A, B점은 임금과 노동수요량의 관계를 나타내는 점들이고, 이 점들을 연결한 곡선은 노동수요곡선이 된다. 즉, **노동수요곡선은 MRP_L곡선과 완전히 일치하고 우하향하는 기울기를 갖는다.**

[표 12-1]에서 보는 것처럼 MR은 P보다 작다($MR < P$), 이는 [그림 12-2]에서 보는 것처럼 독점기업에 있어서 한계수입곡선이 수요곡선의 아래에 위치한다는 점에서 분명하게 나타난다. 가격은 수요곡선을 따라 정해지는데 한계수입곡선은 그 아래에 위치하기 때문이다. 그런데 $VMP_L = P \cdot MP_L$이고 $MRP_L = MR \cdot MP_L$인데 $MR < P$이기 때문에 [그림 12-3]에서처럼

그림 12-2

가격과 한계수입

한계수입곡선(MR)은 수요곡선(D)의 아래에 위치한다.

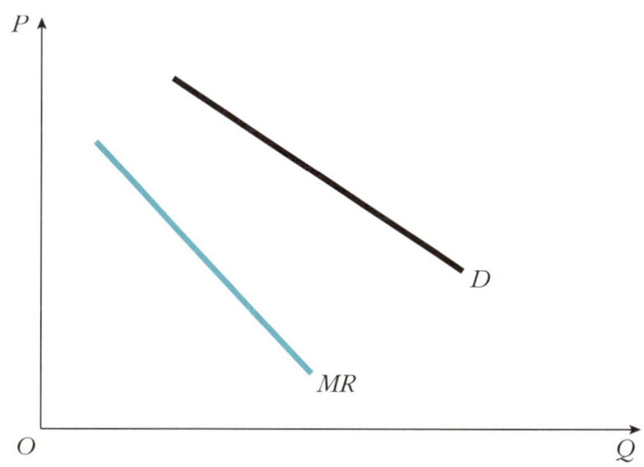

그림 12-3

MRP_L과 VMP_L

한계생산물수입곡선(MRP_L)은 한계생산물가치곡선(VMP_L)보다 아래에 위치한다.

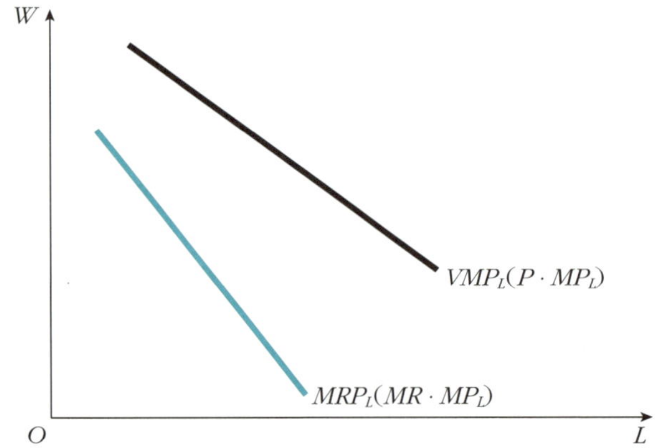

MRP_L곡선은 항상 VMP_L곡선의 아래에 위치한다. 즉, $MRP_L < VMP_L$이다.

가변요소가 여럿일 때의 요소수요곡선

노동 이외의 다른 요소도 가변요소일 때 노동의 수요곡선은 MRP_L곡선과 일치하지 않는다. [그림 12-4]에서 임금이 66이면 노동수요량은 3이고 수요점은 A점이다. 그런데 노동 이외의 다른 요소들이 가변적일 때는 임금이 40으로 하락할 때 노동수요점이 B점으로 이동하지 않는다. 임금이 40으로 하락하면 노동사용량뿐만 아니라 노동과 함께 사용되는 다른 생산요소들의 양도 변하기 때문이다.

임금이 40으로 하락하면 노동사용량이 변하면서 노동과 보완 또는 대체관계에 있는 다른 생산요소들의 사용량도 변한다. 이렇게 되면 노동의 한계생산물(MP_L)이 달라진다. 임금이 하락하면 기업의 생산비가 줄어들면서 기업들은 생산량을 증가시키고 다른 생산요소들의 사용량도 증가시킨다. 노동과 함께 사용되는 다른 생산요소들의 사용량이 증가하면 노동의 생산성이 증가하기 때문에 MP_L이 증가한다. MP_L이 증가하면 $MRP_L(= MR \cdot MP_L)$곡선이 [그림 12-4]에서처럼 MRP'_L로 이동한다. 이렇게 되면 임금이 40으로 하락했을 때 노동수요량은 4가 아니고 C점에서의 6이 된다. 그러므로 임금과 노동수요량 사이의 관계를 나타내는 노동수요곡선은 A점과 C점을 연결하는 D_L곡선이다.

그림 12-4

가변요소가 여럿일 때의 노동수요곡선

임금하락 시 MRP_L 곡선이 이동하기 때문에 노동에 대한 수요곡선은 A, C를 연결한 D_L이다.

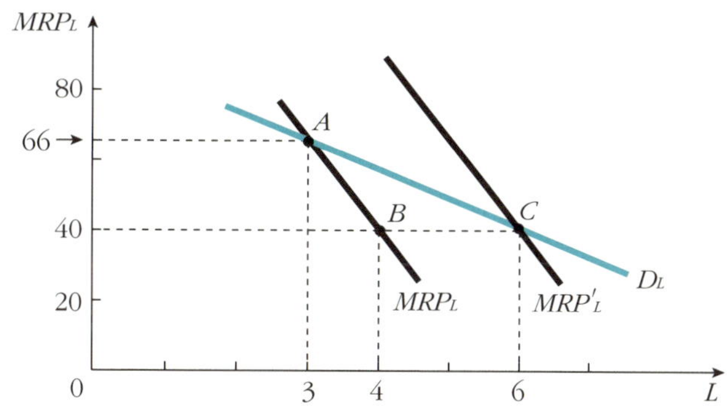

D_L은 MRP_L보다 더 탄력적이다. MP_L이 많이 증가하여 MRP_L이 바깥으로 많이 이동할수록 노동수요곡선 D_L은 더 탄력적이 된다.

생산수요의 시장수요와 시장균형

시장에 있는 모든 개별 기업의 수요곡선을 수평적으로 합하면 시장수요곡선이 도출된다. 상품시장이 완전경쟁적일 때는 제11장에서 본 것처럼 개별 기업의 수요곡선이 단순히 수평합계해서 시장수요곡선은 도출할 수 없었다. 그 이유는 임금이 하락하면 모든 기업들이 생산량을 늘리기 때문에 시장가격(P)이 하락하여 $VMP_L(=P \cdot MP_L)$이 왼쪽으로 이동하기 때문이다. 그러나 생산물시장이 공급독점시장일 때는 이 점을 우려할 필요가 없다. 개별 기업의 노동수요곡선인 MRP_L은 $MRP_L = MR \cdot MP_L$인데 임금이 하락하여 이 기업의 생산량이 늘어나면 가격이 하락하면서 MR도 하락하는데 이런 특성은 이미 $MRP_L(=MR \cdot MP_L)$에 반영되어 있기 때문이다. 그러므로 **MRP_L을 단순 수평합계하면 [그림 12-5]에서 노동의 시장수요곡선 D_L이 도출된다.**

노동의 시장공급곡선 S_L은 개별 근로자의 공급곡선을 단순 수평합계하여 도출한다. 노동의 공급곡선은 시장구조와는 상관없이 도출된다. 노동의 시장수요곡선과 시장공급곡선이 도출되면 [그림 12-5]에서처럼 이 두 곡선이 교차하는 E점에서 균형임금수준(W^*)과 균형고용량(L^*)이 정해진다. 각 기업은 이렇게 정해진 **균형임금이 이 기업의 한계생산물수입(MRP_L)과 같아지**

그림 12-5

노동의 시장수요 곡선 및 시장공급 곡선과 시장균형

시장공급곡선과 시장수요곡선이 교차하는 점에서 임금과 고용량이 정해진다.

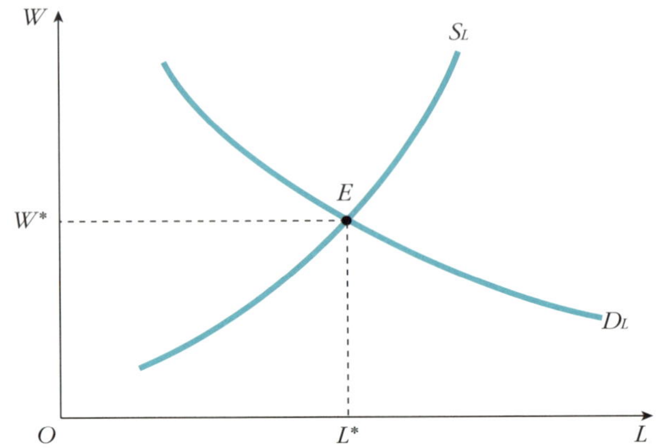

도록 자기의 고용량을 정하기 때문에 노동의 한계생산력이론(marginal productivity theory)은 그대로 유효하다.

2. 생산요소가 수요독점일 때의 요소수요이론

시장상황과 한계 요소비용곡선

완전경쟁적인 요소시장에서 생산요소를 조달받는 기업은 수평적인 요소공급곡선을 갖는다. 즉, 시장가격에서 원하는 만큼 생산요소를 공급받을 수 있다. 반면에 생산요소를 수요하는 기업이 하나밖에 없는 요소시장도 있을 수 있다. 예컨대 특정 기술을 가진 노동자는 무수히 많으나 그 노동력을 수요하는 기업은 하나뿐일 수 있다. 이런 시장을 **수요독점시장(monopsony)이라고 한다. 요소시장이 수요독점시장이 되면 그 요소를 수요하는 기업은 우상향하는 요소공급곡선을 갖는다.** 그 요소의 가격은 수요독점자인 기업이 정할 수 있는데 더 많은 요소를 공급받기 위해서는 더 높은 가격을 책정해야 하기 때문이다. 그러므로 이 기업에게 공급되는 요소의 양과 가격 사이의 관계를

표 12-2 수요독점기업에 대한 노동공급곡선과 한계요소비용곡선

W	L	ΔL	$TFC_L(=W \cdot L)$	ΔTFC_L	$MFC_L\left(=\frac{\Delta TFC_L}{\Delta L}\right)$
10	1		10		
		1		30	30(A)
20	2		40		
		1		50	50(B)
30	3		90		
		1		70	70(C)
40	4		160		
		1		90	90(D)
50	5		250		

나타내는 공급곡선은 우상향하게 된다.

[표 12-2]는 수요독점기업이 직면하는 임금과 노동공급량 사이의 관계를 나타낸다. 임금(W)이 10일 때는 노동이 한 단위밖에 공급되지 않는데, 임금을 20으로 올리면 노동을 2단위 공급받을 수 있다. 이와 같이 수요독점기업이 임금을 올려주면 노동력을 점점 더 많이 공급받을 수 있는데, 임금과 노동공급량 사이의 이러한 관계는 [그림 12-6]에 우상향하는 노동공급곡선(S_L)으로 그려질 수 있다.

임금(W)을 올리면서 노동(L)을 점점 더 많이 공급받는 이 기업이 노동에

그림 12-6

노동의 공급곡선과 한계요소비용곡선

한계요소비용곡선(MFC_L)은 우상향하면서 공급곡선(S_L)보다 위에 위치한다.

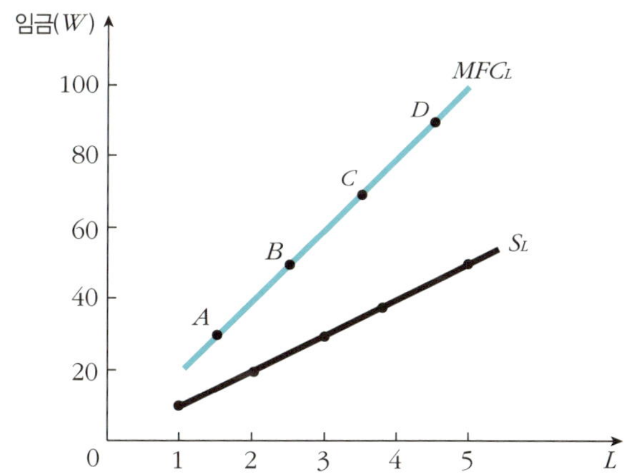

지불하는 총요소비용은 [표 12-2]에 $TFC_L = (W \cdot L)$로 계산되어 있다. TFC_L로부터는 다시 한계요소비용 $MFC_L\left(=\frac{\Delta TFC_L}{\Delta L}\right)$이 도출될 수 있다. [표 12-2]에서 이 기업이 노동을 1단위에서 2단위로 더 공급받으면 노동에 지불하는 총요소비용은 10에서 40으로 증가하기 때문에 이때의 한계요소비용(MFC_L)은 30(=40−10)이다. 같은 방법으로 다른 MFC_L의 값도 계산된다. 노동공급량이 늘어나면 MFC_L이 점점 증가하는데 MFC_L은 항상 임금(W)보다 높다. 즉, $MFC_L > W$이다. 그러므로 [표 12-2]를 기준으로 [그림 12-6]에 노동의 **MFC_L곡선을 그리면 이 곡선은 노동의 공급곡선(S_L)보다 위에 위치한다.**

요소시장이 완전경쟁일 때는 개별 기업에 대한 요소의 공급곡선은 시장임금에서 수평으로 그려진다. 이때는 개별 기업이 시장임금 수준에서 자기가 원하는 양만큼 얼마든지 요소를 공급받을 수 있기 때문이다. 그리고 노동력을 한 단위씩 더 공급받을 때마다 총요소비용(TFC_L)은 항상 임금(W)만큼만 증가시키면 된다. 그러므로 노동공급을 증가시킬 때의 한계요소비용(MFC_L)은 W에 고정되어 있다. 따라서 이때는 MFC_L곡선이 W에서 수평이면서 노동공급곡선과 완전히 일치한다.

가변요소가 하나일 때의 요소시장균형

노동만이 가변요소이고 기업은 그 요소의 수요독점기업일 때 이 기업은 이윤을 극대화시킬 수 있는 노동고용량과 임금수준을 동시에 정할 수 있다. 이 기업이 생산물시장에서 공급독점자이면 이 기업이 이윤을 극대화시킬 수 있는 조건은 $MRP_L = MFC_L$이다. [그림 12-7]에서 이 조건이 충족되는 점은 E점이다. 그러므로 이 기업은 노동을 3단위 고용하는 것이 가장 유리하다. 노동을 2단위 고용하면 $MRP_L(70) > MFC_L(30)$이 되어 노동사용량을 한 단위 더 증가시키면 그 차이만큼 이윤을 증가시킬 수 있다. 반면에 노동을 4단위 고용하면 $MRP_L(40) < MFC_L(70)$이 되어 노동사용량을 한 단위 줄이는 것이 오히려 이윤을 증가시키는 방법이다. 그러므로 $MRP_L(50) = MFC_L(50)$이 충족되는 3단위의 노동고용이 이윤을 극대화시키는 방법이다.

노동을 3단위 공급받기 위해서는 임금을 30까지 내려도 된다. 이 점은

그림 12-7

요소에 대한 수요독점시장에서의 균형고용량과 가격

한계생산물수입곡선(MRP_L)과 한계요소비용곡선(MFC_L)이 교차하는 점(E)에서 공급곡선(S_L)까지 내려와서 임금이 정해진다.

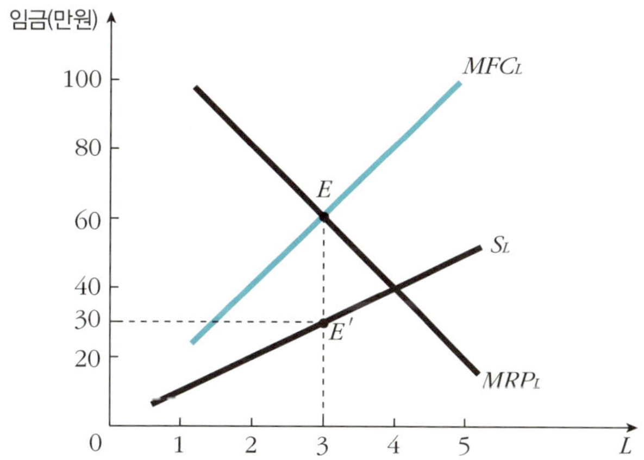

[그림 12-7]의 E'점으로 노동공급곡선(S_L)상의 점이다. 그러므로 이 기업이 정하는 임금과 노동사용량은 각각 30만원과 3단위이다.

가변요소가 여럿일 때의 요소시장균형

노동과 자본이 모두 가변요소이고 이들을 구매하는 기업이 수요독점자(monopsonist)라고 하면 이 기업은 이윤을 극대화시키기 위해 두 요소 모두에 대해 $MRP = MFC$ 조건이 충족되도록 요소사용량을 정해야 한다. 즉,

$$MRP_L = MR \cdot MP_L = MFC_L \tag{12.1a}$$

$$MRP_K = MR \cdot MP_K = MFC_K \tag{12.1b}$$

식 (12.1a)와 (12.1b)는 다음과 같이 고쳐 쓸 수 있다.

$$\frac{MFC_L}{MP_L} = \frac{MFC_K}{MP_K} = MC = MR \tag{12.2}$$

$\frac{MFC_L}{MP_L}$은 노동을 추가 고용하면서 생산물을 한 단위 더 생산할 때 소요되는 비용이고, $\frac{MFC_K}{MP_K}$는 자본을 추가 고용하면서 생산물을 한 단위 더 생

산할 때 소요되는 비용인데 식 (12.2)는 이윤이 극대화되도록 생산요소를 고용하면 이 두 값은 일치한다는 것을 나타낸다. 그런데 이 둘은 모두 생산물 한 단위를 추가 생산하는 데 소요되는 비용이기 때문에 한계비용(MC)이 된다. 식(12.1a)와 식 (12.1b)로부터는 이렇게 도출된 한계비용(MC)은 한계수입(MR)과도 일치한다는 것을 나타낸다. 그러므로 식(12.2)는 **이윤이 극대화되도록 각 생산요소를 고용하면 $MR = MC$ 조건도 충족된다는 것을 보여준다.**

식 (12.2)는 **이윤이 극대화되도록 생산요소를 고용하기 위해서는 $\frac{MP_L}{MFC_L} = \frac{MP_K}{MFC_K}$라는 등식이 충족되도록 해야 한다는 것을 나타내기도 한다.** 만약 $\frac{MP_L}{MFC_L} > \frac{MP_K}{MFC_K}$이면, 이는 노동을 추가구입하는 데 소요된 1원의 생산성이 자본을 추가구입하는 데 소요된 1원의 생산성보다 더 크기 때문에 기업은 자본을 노동으로 대체시키는 것이 비용을 절약시키는 방법이다. 자본사용을 줄이고 노동사용을 증가시키면 (a) MP_L은 감소하고 MP_K는 증가할 뿐만 아니라 (b) MFC_L은 증가하고 MFC_K는 감소하기 때문에 $\frac{MP_L}{MFC_L}$과 $\frac{MP_K}{MFC_K}$는 같아지는 방향으로 움직인다. 이 두 값이 같아질 때까지 자본을 노동으로 대체시켜 나가면 기업은 이윤을 최대로 증가시킬 수 있다. $\frac{MP_L}{MFC_L} < \frac{MP_K}{MFC_K}$이면 그 역으로의 조건이 필요하다. 따라서 $\frac{MP_L}{MFC_L} = \frac{MP_K}{MFC_K}$가 충족되도록 노동과 자본을 사용해야 이윤을 극대화시킬 수 있다.

식 (12.2)로부터는 $\frac{MP_L}{MP_K} = \frac{MFC_L}{MFC_K}$이라는 등식도 도출된다. **이 등식은 기술적 한계대체율($MRTS = \frac{MP_L}{MP_K}$)이 한계요소비용의 비율과 일치하도록 생산요소를 고용할 때 이윤극대화가 달성될 수 있다는 것을 나타낸다.** 만약 요소시장이 수요독점이 아니고 완전경쟁이라면 $MFC_L = w$이고, $MFC_K = r$이기 때문에 이 등식은 $MRTS = \frac{w}{r}$라는 생산자균형조건을 나타낸다.

사례검토 12.1

65살 이상 소득불평등 OECD 3위 '불명예'

노후 복지체계의 미비로 우리나라 노령층의 소득불평등이 경제협력개발기구(OECD) 가운데 세 번째로 높은 것으로 나타났다. 8일 경제협력개발기구의 소득분배와 불평등지표를 보면, 2000년대 말 기준 우리나라 65살 이상 인구의 소득불평등을 나타내는 지니계수(세후기준 0에 가까울수록 소득분배 평등)가 0.409로 나타났다. 이는 34개 회원국 평균(0.299)보다 크게 높은 수준이다. 우리보다 불평등 정도가 큰 나라로는 멕시코(0.524), 칠레(0.474) 두 나라뿐이다. 그리고 터키(0.399)와 이스라엘(0.398), 미국(0.386), 일본(0.348) 등의 순으로 불평등 정도가 높은 것으로 나타났다.

지니계수로 본 우리나라 노령층의 소득불평등은 2000년대 중반(0.393)보다 더 나빠졌다. 특히 노령층의 지니계수는 18~65살인 경제활동인구의 지니계수(0.3)보다 훨씬 높은 것으로 나타났다. 충남대 교수(경제학)는 "이는 사회보장제도가 잘 안되어 있어서 자산이 있거나 전문직에 계속 종사하는 노인들과 그렇지 않은 노인들 간에 소득격차가 더 벌어지기 때문"이라고 말했다. 노령층의 소득불평등이 낮은 나라 1~3위는 체코 · 헝가리 · 슬로바키아로 나타났으며, 복지체계가 잘 갖춰진 덴마크 · 노르웨이 · 핀란드 · 스웨덴 등도 불평등 정도가 낮게 나왔다. 중앙대 교수(사회학)는 "기초노령연금은 너무 적고 국민연금 수혜자는 많지 않은데 비해 정부의 노후 복지제도는 너무 낙후되어 있다"고 지적했다.

(한겨레신문, 2011. 12. 8)

3. 독점하의 착취, 최저임금제, 노동조합

독점하의 착취

기업이 노동시장에서는 수요독점자(monopsonist)로서 노동력을 조달하고, 생산물시장에서는 공급독점자(monopolist)로서 생산물을 판매하면 노동에 대해 2가지 종류의 착취가 발생한다. 먼저 생산물시장이 공급독점이기 때문에 [그림 12-8]에서처럼 $MRP_L < VMP_L$이 되어 완전경쟁적 생산물시장일 때와 비교해 이 차이만큼 임금이 낮아지는데, 이렇게 낮아지는 임금을 **공급독점적 착취**(monopolistic exploitation)라고 한다. 또 생산요소시장이 수요독점이기 때문에 [그림 12-8]에서처럼 $S_L < MFC_L$이 되어 완전경쟁적 요소시장일 때와 비교해 이 차이만큼 임금이 더 낮아지는데, 이렇게 낮아지는 임금을 **수요독점적 착취**(monopsonistic exploitation)라고 한다.

그림 12-8

공급독점적 착취와 수요독점적 착취

$(w_3 - w_2)$는 공급독점적 착취이고, $(w_2 - w_1)$은 수요독점적 착취이다.

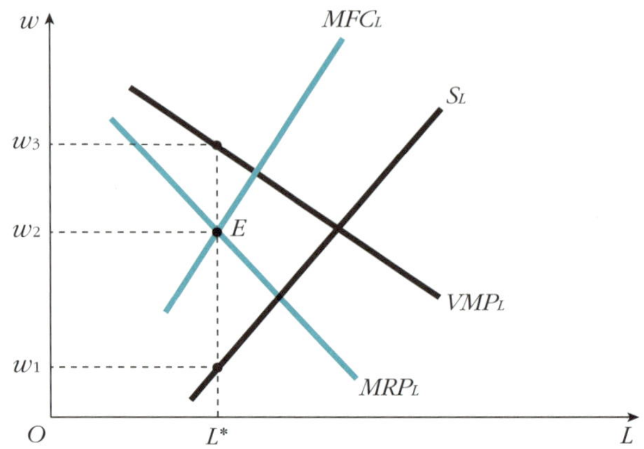

[그림 12-8]에서 노동은 $MRP_L = MFC_L$이라는 조건이 충족되는 E점을 기준으로 L^*만큼 고용된다. 이 고용량 수준에서 임금은 w_1이다. 그런데 만약 생산물시장이 완전경쟁적이라면 $MRP_L = VMP_L$이기 때문에 고용량 L^*에서 이 두 곡선의 차이인 $(w_3 - w_2)$만큼은 임금 차이가 나타나지 않을 수 있다. **이 부분은 생산물시장이 공급독점적이라는 데서 나타나는 임금 차이이기 때문에 이를 공급독점적 착취라고 한다.** 만약 생산요소시장이 완전경쟁적이라면 $MFC_L = S_L$이기 때문에 고용량 L^*에서 이 두 곡선이 차이인 $(w_2 - w_1)$만큼은 임금 차이가 나타나지 않을 수 있다. **이 부분은 생산요소시장이 수요독점적이라는 데서 나타나는 임금 차이이기 때문에 이를 수요독점적 착취라고 한다.**

요약컨대 [그림 12-8]에서 임금이 w_1까지 낮아진 것은 $(w_3 - w_2)$만큼의 공급독점적 착취와 $(w_2 - w_1)$만큼의 수요독점적 착취 때문이다.

완전경쟁적 요소시장에서의 최저임금제와 노동조합

노동시장이 완전경쟁적이면 [그림 12-9]의 (a)에서처럼 노동에 대한 시장수요곡선(D_L)과 시장공급곡선(S_L)이 교차하는 E점에서 균형임금(w^*)과 시장고용량(L^*)이 정해진다. 그리고 이 임금에서 개별 기업은 [그림 12-9]의 (b)에서처럼 l^*만큼의 노동을 고용한다.

그런데 최저임금제도(minimum wage)를 도입하여 임금하한선을 w_1에

그림 12-9 **최저임금제와 노동조합**

최저임금제와 노동조합의 단체교섭을 통해 임금을 균형가격(w^*)보다 높은 w_1에서 정하면 고용량이 감소하고 AB만큼의 실업이 발생한다.

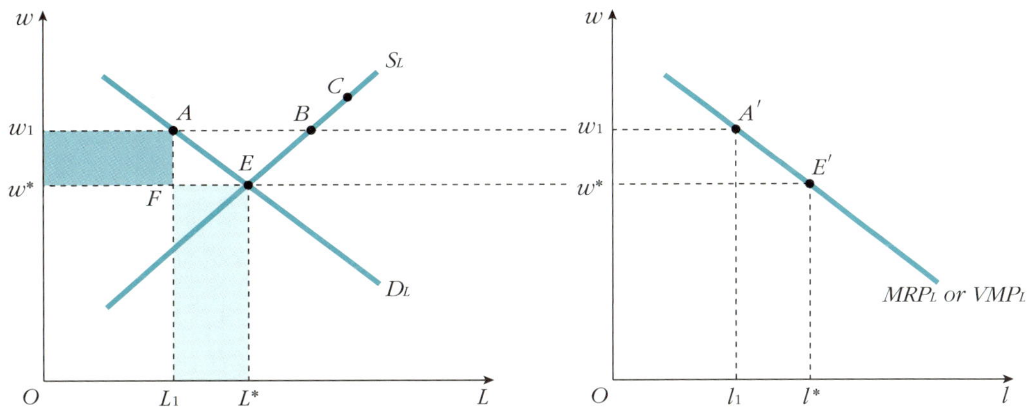

(a) 노동시장 (b) 기업

설정해 두거나, 노동조합이 단체교섭을 통해 임금을 w_1에 설정해 두면 E점은 더 이상 시장균형이 될 수 없다. 임금하한선이 w_1에 설정되면 [그림 12-9]의 (a)에서 w_1ABC로 연결되는 선이 노동공급곡선이 된다. 그러므로 노동의 공급곡선과 수요곡선이 교차하는 점은 A점이고 이 점에서 시장고용량이 정해진다. 그리고 개별 기업의 고용량은 A'점에서 정해진다. **그러므로 최저임금제나 노동조합의 단체교섭하에서는 임금은 인상되지만 시장고용량은 L^*에서 L_1으로 감소하고, 개별 기업의 고용량은 l^*에서 l_1으로 감소한다.**

최저임금제도나 노동조합의 단체교섭으로 OL_1만큼의 노동자는 높은 임금을 받게 되나 L_1L^*만큼의 노동자는 일자리를 잃게 된다. 만약 시장수요곡선(D_L)이 매우 비탄력적이라면 일자리를 유지하고 있는 노동자들(OL_1)의 늘어난 소득으로 일자리를 잃은 노동자들(L_1L^*)에게 그 전의 소득만큼을 보상해주고도 남을 수 있다(□w_1AFw^*가 □FEL^*L_1보다 크다). 그러나 시장수요곡선(D_L)이 탄력적이라면 일자리를 유지하고 있는 노동자들(OL_1)의 늘어난 소득으로 일자리를 잃은 노동자들(L_1L^*)에게 그 전의 소득만큼 보상해 줄 수 없다(□w_1AFw^*가 □FEL^*L_1보다 작다).

수요독점적 요소 시장에서의 최저 임금제와 노동조합

수요독점적 노동시장에서는 수요독점자의 횡포를 방지하기 위해 최저임금제가 도입되거나 노동조합이 교섭을 통해 임금을 정하면 고용량을 증가시키면서 수요독점적 착취를 제거할 수 있다. 최저임금제나 노동조합과의 단체교섭에 의한 임금설정이나 그 효과는 똑같기 때문에 여기서는 노동조합이 단체교섭을 통해 임금을 정할 때 수요독점적 착취가 어떻게 제거되는지를 살펴본다.

[그림 12-10]에서 균형고용량은 $MRP_L = MFC_L$이 충족되는 E점을 기준으로 L^*에서 정해진다. 그리고 임금은 w^*이다. 그런데 노동조합이 단체교섭을 통해 임금을 w_2에서 정하면 고용량은 L_2로 증가한다. 이때는 임금이 w_2 아래로 내려갈 수 없기 때문에 w_2에서 C점까지의 수평선이 노동의 공급곡선이면서 동시에 한계요소비용곡선이다. 즉, w_2CH는 노동공급곡선이고 w_2CFG는 노동의 한계요소비용곡선(MFC_L)이다. 그러므로 노동조합이 임금을 w_2에서 정하면 $MRP_L = MFC_L$이 충족되는 J점을 중심으로 기업은 L_2만큼 고용한다. 그리고 이때는 각 노동단위가 자기가 생산하여 공헌한 만큼의 임금을 받기 때문에($w = MRP_L$) 수요독점적 착취는 제거된다.

노동조합이 임금을 w^*와 w_1 사이에서 정하면 고용량은 AB구간에서 정해진다. AB구간에서는 노동공급량이 노동수요량(MRP_L)보다 적기 때문이다. 이

그림 12-10

노동조합의 단체교섭

단체교섭으로 임금을 균형임금(w^*)보다 높게 정하면 $A \rightarrow B \rightarrow E$를 따라 고용도 증가할 수 있다.

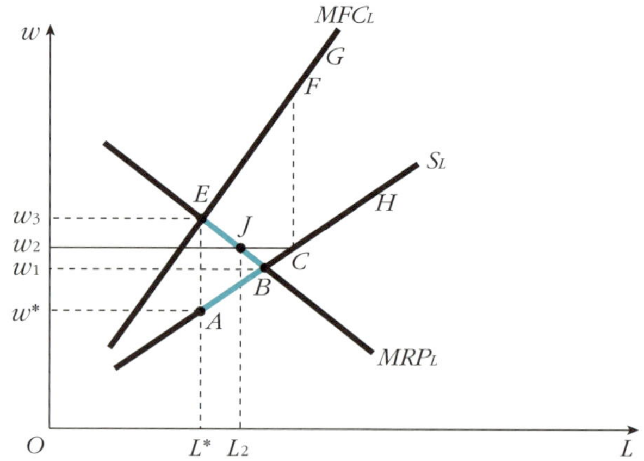

구간에서는 노동조합이 임금을 올리면서 고용량을 증가시켜 나갈 수 있다.

노동조합이 임금을 w_1과 w_3 사이에서 정하면 고용량은 BE구간에서 정해진다. BE구간에서는 임금이 w_2일 때 설명된 것처럼 노동의 한계수입곡선과 수평인 노동의 한계요소비용곡선이 만나기 때문이다($MRP_L = MFC_L$). 이때도 노동조합은 교섭 이전에 비해 임금과 고용량을 모두 증가시킬 수 있다. 그런데 **노동조합은 임금을 w_1과 w_3 사이에서 정하면 w^*과 w_1 사이에서 정할 때와 똑같은 양만큼 고용을 증가시키면서도 더 높은 임금을 받을 수 있다. 그러므로 노동조합은 당연히 임금을 w^*와 w_1구간에서보다는 w_1과 w_3구간에서 정하려고 할 것이다.**

임금수준 w_3는 노동조합이 고용량을 L^* 이하로 감소시키지 않으면서 가장 높게 책정할 수 있는 임금이다. 이 가격에서도 수요독점적 착취는 완전히 제거된다. 여기서 노동조합은 단체교섭을 통해 수요독점적 착취는 제거시킬 수 있으나 공급

사례검토 12.2

최저임금은 얼마?

내년 최저임금 수준을 놓고 노동계와 경영계의 충돌이 본격화되고 있다. 30일 최저임금위원회에 따르면 내년에 적용될 최저임금으로 노동계는 올해보다 26% 오른 5,180원을, 경영계는 올해와 같은 4,110원을 각각 제시했다.

한국경영자총협회 등 경영계는 노동생산성만 고려할 때 내년 최저임금은 올해보다 36.2% 삭감된 2,624원이 적절하지만 여러 여건을 고려해 동결을 제안한다고 밝혔다. 경총은 "2000년 이후 최저임금이 물가상승률보다 세 배가 넘는 연평균 9% 이상 인상되면서 영세 · 중소기업 지급능력이 크게 악화돼 존폐기로에 서 있다"고 주장했다. 또 저임금 근로자 보호라는 최저임금제 정책 목표를 이미 달성했으며 오히려 적정수준을 초과한 최저임금을 현실에 맞게 조정할 필요가 있다고 지적했다.

반면 민주노총 등 노동계는 우리나라 평균임금 대비 최저임금 비율이 26%로 경제협력개발기구(OECD) 국가 가운데 멕시코(24%)에 이어 두 번째로 낮기 때문에 경영계 측 동결 주장은 받아들일 수 없다고 밝혔다. 또 1998년 최저임금이 도입된 이후 최저임금은 7.3배 올랐지만 같은 기간 임금총액은 6.3배, 국내총생산은 7.6배 오른 것을 감안하면 다른 경제지표와 비교할 때 결코 과도하게 오른 게 아니라고 덧붙였다. 민주노총은 "영세 · 중소기업 경영위기는 최저임금 때문이 아니라 원도급 대기업의 납품단가 후려치기와 불공정거래 때문"이라며 "한국에서 가장 열악한 처지인 근로빈곤층 생존을 좌지우지하는 최저임금은 정당하게 대우받아야 한다"고 주장했다.

근로자위원 9명, 사용자위원 9명, 공익위원 9명 등으로 구성된 최저임금위원회는 다음달 29일까지 내년 최저임금을 의결해야 한다. 남은 기간에 1,070원이라는 간극을 둘러싼 노동계와 경영계 간 기싸움이 치열할 전망이다.

(매일경제, 2010. 5. 30)

독점적 착취는 제거시킬 수 없다. 그리고 임금을 w_3보다 더 높게 정하면 고용량이 E점의 왼쪽인 MRP_L선상에서 정해지기 때문에 고용량이 L^*보다 감소하게 된다.

4. 쌍방독점

쌍방독점의 개념

어떤 상품은 그 상품의 판매자도 하나이고 구매자도 하나일 수 있다. 생산원료나 부품시장에서 이런 현상이 관찰될 수 있는데, 예컨대 구리광산도 하나뿐이고, 동괴제조회사도 하나뿐이라면 동괴의 원료인 구리광석을 공급자도 하나뿐이고, 수요자도 하나뿐이다. 이런 상황의 구리광석 시장은 쌍방독점시장(bilateral monopoly)이 된다. 구리광석을 판매하는 구리광산도 하나이고 구리광석을 구매하는 동괴제조회사도 하나이기 때문이다.

쌍방독점에서는 판매자는 판매독점력(monopoly power)을 통해 판매가격을 높이려고 하고, 구매자는 구매독점력(monopsony power)을 통해 구매가격을 낮추려고 한다. 그러므로 이 시장에서는 두 독점자의 요구를 동시에 만족시켜 주는 가격이 존재하지 않는다. 가격은 각자의 교섭력에 따라 그 중간에서 정해진다.

거래가격과 거래량의 결정

쌍방독점시장에서 독점판매자가 원하는 판매가격 및 판매량과 독점적 수요자가 원하는 구매가격 및 구매량이 어떻게 결정되는지 [그림 12-11]에 설명되어 있다. 우선 독점적 판매자는 $D(MV)$와 같은 수요곡선과 MR과 같은 한계수입곡선을 갖는다. 공급곡선 $S(MC)$는 판매자 입장에서 볼 때 한계비용이 된다. 따라서 판매자는 $S(MC)=MR$조건이 충족되도록 판매할 때 판매혜택을 극대화할 수 있다. A점에서 이 조건이 충족되며 이때의 판매량은 Q_S이고 가격은 수요곡선상의 P_S까지 높게 책정할 수 있다.

독점적 수요자는 $S(MC)$와 같은 공급곡선과 MFC와 같은 한계요소비용

그림 12-11

쌍방독점시장

거래가격은 P_b와 P_S의 중간에서 결정되는데 판매자의 교섭력이 강하면 P_S쪽으로 갈 것이고, 구매자의 교섭력이 강하면 P_b쪽으로 갈 것이다.

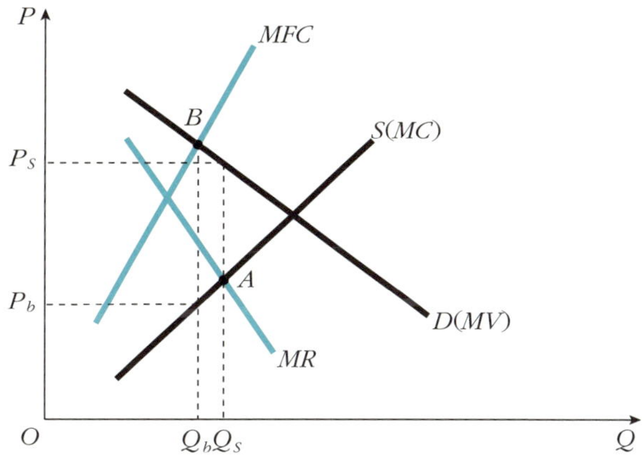

곡선을 갖는다. 수요곡선인 $D(MV)$는 구매자 입장에서 볼 때 구매상품의 한계가치이다. 따라서 이 구매자는 $D(MV) = MFC$ 조건이 충족되도록 구매할 때 구매혜택을 극대화할 수 있다. B점에서 이 조건이 충족되며 이때의 구매량은 Q_b이고 가격은 공급곡선상의 P_b까지 낮게 책정할 수 있다.

결과적으로 **독점적 판매자(seller)는 Q_S만큼을 P_S에서 판매하기를 원하고 독점적 구매자(buyer)는 Q_b만큼을 P_b에서 구매하기를 원한다.** 그러므로 수요조건과 공급조건에 대한 쌍방독점시장 정보만으로는 균형가격이나 균형거래량을 도출할 수 없다. 이 정보로는 균형가격이 P_b와 P_S 사이에서 정해지고 균형거래량이 Q_b와 Q_S 사이에서 정해질 것이라는 것만 알 수 있다. 어느 쪽으로 더 가깝게 정해질 것이냐는 구매자와 판매자의 거래수완이나 거래전략에 달려 있다. 실제 거래가격과 거래량은 거래능력이 우월한 쪽에 유리하도록 정해진다.

소득분배와 지니계수(기능적 분배와 계층별 분배) — 추가학습 12.1

소수의 부자들이 국가의 전체소득 중 너무 많은 부분을 차지하고 대다수 국민들이 극빈층이 되어 있으면 그 국가는 소득분배가 매우 불균등하다고 한다. **소득분배의 불균등도는 로렌츠곡선(Lorenz curve)과 지니계수(Gini coefficient)로 수량화시키고 있다.**

[표 12-4]는 국민 중 저소득가구 20%가 받는 소득이 전체소득에서 차지하는 비중이 소득재분배정책을 실시하기 이전에는 1.0%인데 이후에는 4.8%라는 것을 나타낸다. 저소득계층을 40%, 60% 등으로 올릴 때 이들이 차지하는 누적소득의 비중도 소득재분배정책이 실시되기 이전 및 이후로 나누어져 나타나 있다.

이 자료를 그래프로 그린 것이 [그림 12-12]인데, x축에는 저소득층의 가구비중을 누적적으로 합계한 값을 나타내고, y축에는 저소득층들이 차지하는 소득의 누적비중을 나타내고 있다. A점은 소득재분배정책 이전에 저소득층 60%가 차지하는 소득의 비중이 전체의 24.5%라는 것을 나타내고 B점은 소득재분배정책 이후에 저소득층 60%가 차지하는 소득의 비중이 전체의 32.5%라는 것을 나타낸다. 만약 소득이 균등하게 분배되어 있으면 60%의 저소득층이 차지하는 누적소득의 비중이 60%일 것이기 때문에 이 점은 C점이 된다.

OAG, OBG, OCG를 로렌츠곡선이라고 하는데 OAG는 소득재분배정책이 실시되기 이전의 로렌츠곡선이고, OBG는 소득재분배정책이 실시된 이후의 로렌츠곡선이고, OCG는 소득이 완전히 균등하게 분배되었을 때의 로렌츠곡선이다. 만약 한 사람이 모든 소득을 다 차지하고 다른 사람은 하나의 소득도 가지지 못하면 로렌츠곡선은 OHG가 된다.

대각선 OCG와 로렌츠곡선 사이의 면적이 삼각형 OHG에서 차지하는 비중을 지니계수라고 한다. 소득이 완전히 균등하게 분배되었을 때는 지니계수값이 0이고, 한 사람이 모든 소득을 다 차지했을 때는 지니계수값이 1이 된다. 그리고 소득재분배정책 이후의 로렌츠곡선 OBG와 OCG 사이의 면적이 소득재분배정책 이전의 로렌츠곡선 OAG와 OCG 사이의 면적보다 작기 때문에 소득재분배정책 이후에는 이전보다 지니계수가 작다.

표 12-4 소득재분배정책 이전과 이후의 소득분배현황

가구의 누적비중(%)	총소득의 누적비중(%)	
	소득재분배정책 이전	소득재분배정책 이후
저소득층 20	1.0	4.8
40	8.6	16.2
60	24.5	32.5
80	48.6	56.3
100	100.0	100.0

그림 12-12

로렌츠곡선

로렌츠곡선 OAG는 OBG보다 아래로 처져 있다. 로렌츠곡선이 아래로 처져 있을수록 소득분배는 불균등하다.

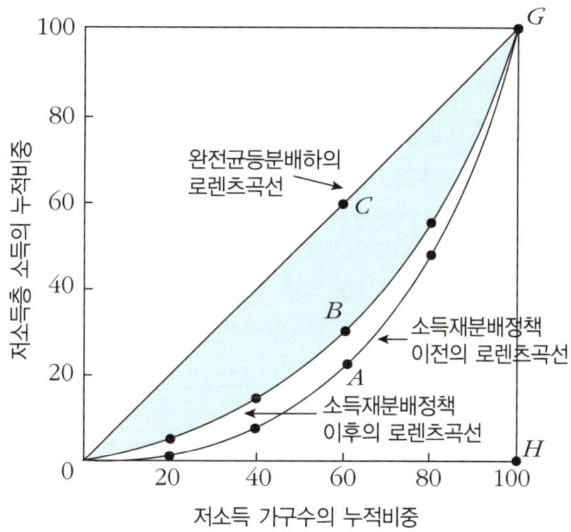

사례검토 12.2

상위 20%가 소득 71% 가져가 … '20 대 80 사회' 현실화되나

외환위기 직후인 1999년부터 한국은 위기 때마다 저력을 발휘해 1인당 국내총생산은 10년이 지난 2009년 두 배 가까이 뛰었다. 성장의 온기가 고루 퍼졌다면 자영업자이든 월급생활자이든 명목소득이 두 배는 아니더라도 조금이라도 늘어나는 것이 상식이다. 하지만 현실은 그렇지 않다. 국세청의 자료에 따르면 소득 하위 20%의 자영업자와 월급생활자는 똑같이 명목소득이 많게는 3분의 1가량 줄었다. 반면 상위 20%의 소득은 큰 폭으로 증가하면서 전체 소득에서 차지하는 비중이 커져 상위 20%가 전체 부의 80%를 가져간다는 '20 대 80'의 법칙이 지배하는 사회로 변해가고 있다. 그나마 이는 세금을 납부한 사람들을 기준으로 한 것이다. 월급생활자 중에서도 소득이 적어 세금을 한 푼도 내지 않는 사람이 2009년 575만 3,000명에 이르는 것을 감안하면 한국사회의 '20 대 80' 현상은 상당히 진척돼 있을 것으로 추정된다.

……

전체 소득금액 중 계층별로 차지하는 비율을 보면 개인사업자의 양극화는 뚜렷하다. 2009년 종소세 납부자의 총소득금액은 90조 2,257억 원이었다. 이 중 상위 20%가 가져간 소득금액은 64조 4,203억 원으로 무려 71.4%에 달해 소득의 대부분을 싹쓸이했다. 반면 소득기준 하위 20%가 차지하는 비중은 1.6%밖에 되지 않았다. 국세청 관계자는 "상위 20% 개인사업자가 종소세 납부소득의 3분의 2 이상을 거둬들인 반면 전체 납부자의 60%를 차지하는 상위 40% 이하는 고작 10%를 약간 넘는 소득밖에 가져가지 못했다"고 말했다. 이처럼 개인사업자의 양극화가 심화되는 것은 취업이 되지 않는 고령자와 여성, 파트타임 근로자 상당수가 자기 가게를 열어 자영업자의 길을 걷고 있기 때문이다.

……

기업형 슈퍼마켓이나 프랜차이즈로 운영되는 제과점처럼 대기업들이 자금력과 마케팅 능력을 앞세워 골목 상권을 장악한 것도 한 원인으로 분석된다. 실제 2009년 489만 명에 달하는 자영업자 가운데 96만 3,000명이 새로 가게를 차린 사람들이지만 이에 버금가는 78만 6,000명이 가게 문을 닫았다.

개인사업자뿐만 아니라 근로소득자도 상위 20%와 하위 20%의 격차가 벌어졌다. 2009년 근로소득세를 납부한 연말정산자 854만 1,000명 중 월급 소득이 상위 20%인 사람들의 1인당 연소득은 5,750만 원으로 2005년의 5,500만 원보다 4.5%가 늘었다. 그러나 같은 기간 하위 20%의 1인당 연소득은 1,770만 원에서 1,580만 원으로 오히려 10.7%가 줄었다. 이로 인해 근로소득세 납부자의 총소득에서 상위 20%가 차지하는 비율도 점점 커지고 있다. 2005년 근로소득자 610만 7,000명의 총소득 223조여 원 가운데 상위 20%는 86조여 원을 가져갔다. 상위 20%가 전체 소득의 38.6% 정도를 가져간 셈이다. 그러나 2009년에는 총소득 315조여 원의 절반에 가까운 131조여 원(41.6%)을 상위 20%가 가져갔다. 상위 20%가 전체 소득에서 차지하는 비율이 2005년에서 2009년까지 불과 4년 사이에 3%포인트 늘어난 것이다.

실제로 2005년에는 상위 10%의 연소득이 8,650만 원으로 하위 10%의 연소득 1,400만 원과 7,250만 원 격차를 보였다. 그러나 2009년에는 상위 10%의 연소득이 9,610만 원, 하위 10%의 연소득이 1,370만 원으로 격차가 8,240만 원으로 벌어졌다. 이는 수출 대기업 위주의 경제성장 과정에서 일자리수 증가가 경제성장률을 따라가지 못했고 일자리의 질 자체도 크게 떨어졌기 때문으로 분석된다. 실제 하위 20%의 급여생활자는 대부분 단시간 근로자 등 비정규직이 큰 비중을 차지하고 있다.

(동아일보, 2011. 4. 26)

중 요 내 용 요 약

12.01 **한계생산물수입**(MRP) : 생산물의 판매독점기업이 노동의 한계생산물로부터 벌어들인 수입 : $MRP_L = \Delta TR/\Delta L = MR \cdot (\Delta Q/\Delta L) = MR \cdot MP_L$

12.02 **생산요소의 균형고용량** : $MRP_L = MFC_L$일 때 노동의 균형고용량 결정. 노동시장과 상품시장이 모두 완전경쟁이면 이 조건은 $VMP_L = W$이고, 노동시장은 완전경쟁인데 상품시장은 독점이면 이 조건은 $MRP_L = W$이고, 노동시장은 수요독점이고 상품시장은 판매독점이면 이 조건은 $MRP_L = MFC_L$

12.03 **생산물시장이 독점일 때 생산요소의 수요곡선** : 가변요소가 하나일 때는 MRP가 개별 기업의 요소수요곡선이고, 가변요소가 여럿일 때는 MRP의 이동을 고려하여 개별 기업의 요소수요곡선이 도출되고, 시장의 요소수요곡선은 개별 기업의 요소수요곡선을 단순 수평합계하여 도출

12.04 **요소시장은 수요독점이고 생산물시장은 판매독점일 때의 요소수요** : 각 생산요소에 대해 $MRP = MFC$가 충족되는 점에서 요소수요량 결정

12.05 **독점적 착취** : 노동시장과 생산물시장이 모두 완전경쟁일 때는 임금이 VMP_L과 일치하는데 ($W = VMP_L$). 생산물시장이 공급독점이 되면 임금이 VMP_L보다 낮은 수준에서 정해지고 이 차이를 공급독점적 착취(monopolistic exploitation)라고 하며, 노동시장이 수요독점이 되면 임금이 더 낮아지게 되고 이렇게 낮아지는 부분을 수요독점적 착취(monopsonistic exploitation)라고 한다.

12.06 **최저임금제와 노동조합** : 노동시장이 완전경쟁적인데 균형가격 이상에서 최저임금을 설정하면 고용이 줄어든다. 노동시장이 수요독점적일 때 최저임금제를 도입하면 임금수준을 어디에서 설정하느냐에 따라 독점적 착취를 막을 수도 있고 고용량을 증대시킬 수도 있다.

12.07 **쌍방독점**(bilateral monopoly) : 한 상품에 대해 공급자도 한 사람이고 수요자도 한 사람일 때 이 상품의 시장은 쌍방독점인데, 쌍방독점의 균형은 수요독점자(monopsonist)와 공급독점자(monopolist)의 거래교섭력(bargaining power)에 의해 크게 좌우된다.

연/습/문/제

12.01 노동고용량(L), 상품생산량(Q), 상품가격(P) 사이의 관계가 아래 표와 같이 주어져 있다.

L	1	2	3	4	5
Q	10	20	28	34	38
P	500	450	400	350	300

a. 노동의 한계생산물수입(MRP_L) 곡선을 도출하여 그래프로 그리시오.

b. 임금이 4,000, 2,200, 700일 때의 균형고용량은 얼마인가?

c. b를 기준으로 기업의 노동수요곡선을 도출하시오.

12.02 어떤 지역에 하나의 기업이 위치하고 있는데 이 지역에서는 이 기업만이 노동력을 수요하고 있기 때문에 이 기업은 노동의 독점수요자(monopsonist)이다. 반면에 노동자들은 노동조합을 결성하고 있기 때문에 노동조합은 노동력의 독점판매자(monopolist)가 된다. 이때 기업이 직면하는 노동공급함수는 $S_L = 2w$이고(S_L은 노동공급량이고, w는 임금이다). 기업의 노동수요함수는 $D_L = 120 - 2w$이다(D_L은 노동수요량).

a. 기업이 원하는 임금수준과 고용량수준은 얼마인가?

b. 노조가 원하는 임금수준과 노동공급량은 얼마인가?

c. 시장균형임금과 고용량은 어디서 결정될 수 있을까?

12.03 생산요소시장과 생산물시장이 모두 완전경쟁적일 때는 생산요소의 개별 수요곡선을 단순 수평합계하여 시장수요곡선을 도출하지 못하지만 생산물시장이 공급독점적일 때는 생산요소의 개별 수요곡선을 단순 수평합계한 것이 시장수요곡선이다. 왜 이런 차이가 나는지 설명하시오.

12.04 (주)미산은 노동시장에서는 수요독점자(monopsonist)이고 생산물시장에서는 공급독점자(monopolist)이다. 이때 노동시장에서는 공급독점적 착취(monopolistic exploitation)와 수요독점적 착취(monopsonistic exploitation)가 동시에 발생할 수 있는데 노동자들이 노동조합을 결성하면 어떻게 이러한 독점적 착취를 제거시킬 수 있는지 설명하시오.

CHAPTER 13

자본시장

학습목표

자본은 토지, 건물, 기계설비 등과 같은 물리적인 생산시설을 말한다. 이런 생산시설을 갖추기 위해서는 자금이 소요되는데 이 자금을 조달하는 시장이 자본시장이다. 즉, 자본재를 구매하는 데 필요한 자금을 조달하는 시장이 자본시장이다. 제13장에서는 이런 자본시장에서 자본의 가격인 이자율이 어떻게 결정되는지에 대해 공부한다. 자본은 물리적인 자본시설을 지칭하기도 하지만 자본시장이라고 할 때의 자본은 물리적인 자본시설을 갖추는 데 소요되는 화폐 표시의 자본을 말한다. 제13장에서는 이런 자본의 수요는 무엇이며, 공급은 무엇인지, 그리고 자본의 수요공급은 어떻게 균형에 도달하는지 등에 대해 살펴본다. 이자율을 기초로 한 자본비용에 대해서도 공부한다.

제13장을 공부한 후에는 다음 물음에 답할 수 있어야 한다.

1. 왜 어떤 사람은 저축을 하고 어떤 사람은 빚을 지는가?
2. 이자율은 경제활동에서 어떤 역할을 하는가?

1. 자본시장의 특성

생산요소는 그 특성에 따라 수요와 공급의 원리가 달라진다. 자본, 노동, 원료 등이 생산요소인데 자본시장은 노동시장이나 원료시장과는 다른 특성을 가지고 있다. 노동이나 원료는 비용을 지불한 그 기간만 사용할 수 있기 때문에 그 기간에 그 요소에 지불한 비용과 그 기간에 그 요소가 벌어들인 한계생산물수입(marginal revenue product : *MRP*)을 비교하여 그 요소를 사용할 것인가 사용하지 않을 것인가를 결정하면 된다.

그러나 기계와 같은 자본은 한번 구입하면 오랜 기간에 걸쳐 사용되면서 수입을 벌어들인다. 거기다가 현재의 수입과 미래의 수입은 단순비교가 가능하지 않다. 즉, 현재의 100만원과 미래의 100만원이 같은 가치일 수 없다. 그 뿐만 아니라 미래의 수입에는 항상 불확실성이 내재되어 있다. 내년에 100만원을 벌어들일 것이라고 예상은 하지만 반드시 그렇게 되리라는 보장은 없다.

그러므로 자본에 대한 투자결정은 노동에 대한 고용결정과는 그 원리가 다르다. 자본에 대한 투자결정에는 시간 개념이 도입된다. 한 시점과 다른 한 시점을 연결시키는 이론이 필요하다.

이런 차이는 자본과 노동의 측정방법에서도 그대로 나타난다. **자본은 저량(stocks)개념으로 시간이 한 시점에서 그 양이 측정될 수 있다.** 어떤 회사의 자본량은 연말 현재 10억원이라는 등으로 일정시점에서 측정된다. 그러나 **노동이나 원료 등은 유량(flows)개념으로 시간의 일정기간에 걸쳐 그 양이 측정된다.** 1년간 노동사용량은 얼마이고 원료사용량은 얼마이냐는 등으로 일정기간이 주어져야 그 양이 측정될 수 있다. 이런 차이는 자본의 시장원리와 노동의 시장원리가 서로 다르다는 것을 그대로 보여준다.

생산에 사용되는 자본은 물리적인 시설이다. 그런데 이런 자본을 갖추기 위해서는 자금이 필요하다. 그러므로 자본시장은 물리적 자본을 구매하는데 사용되는 자금의 시장을 의미하다. 말하자면 자금시장이 자본시장이다. 자본시장의 분석은 바로 이런 자금시장을 분석하는 것이다.

2. 빌림과 빌려줌의 균형

현재소비와 미래소비 사이의 최적선택

① 예산선과 무차별곡선

개인이 자기의 소득 중 얼마를 소비하고 얼마를 저축할 것인지를 결정하는 것도 무차별곡선을 이용하여 분석할 수 있다. 소비자의 현재소득과 미래소득이 각각 Y_1과 Y_2로 정해져 있을 때 이 소비자가 어떻게 자기의 현재소비 C_1과 미래소비 C_2를 결정하느냐에 따라 이 소비자의 현재저축 S_1과 미래저축 S_2가 정해진다. 만약 $Y_1 - C_1 = S_1 > 0$이면 이 소비자는 현재에 $(Y_1 - C_1)$만큼 저축하여 미래에 $(Y_1 - C_1)(1+r)$만큼 더 소비할 수 있다. 여기서 r은 이자율이다. 반대로 $Y_1 - C_1 = S_1 < 0$이면 이 소비자는 현재에 $(C_1 - Y_1)$만큼 더 소비하였기 때문에 이만큼 빚이 생기는 것이며 미래에는 이자를 합쳐 $(C_1 - Y_1)(1+r)$만큼을 미래소득에서 되갚아야 한다.

이 소비자는 현재와 미래에 걸쳐 자기의 전체소득을 초과하여 소비할 수는 없다. 그러므로 미래소득의 현재가치와 현재소득을 합한 값은 미래소비의 현재가치와 현재소비를 합한 값과 일치한다. 이자율이 r일 때 미래소득의 현재가치는 $Y_2/(1+r)$이기 때문에 현재를 기준으로 한 이 소비자의 총소득은 $Y_1 + Y_2/(1+r)$이다. 미래소비의 현재가치는 $C_2/(1+r)$이기 때문에 현재를 기준으로 한 이 소비자의 총소비는 $C_1 + C_2/(1+r)$이다. 그러므로 이 소비자의 소비활동은 반드시 다음 조건이 만족되도록 이루어져야만 한다.

$$Y_1 + \frac{Y_2}{(1+r)} = C_1 + \frac{C_2}{(1+r)} \tag{13.1}$$

식 (13.1)의 양변에 $(1+r)$을 곱하여 정리하면 다음과 같은 등식이 구해진다.

$$C_2 = Y_2 + Y_1(1+r) - (1+r)C_1 \tag{13.2}$$

사례검토 13.1

경제 해치는 정말 미운 기업인들

'친(親)기업'이라는 현 정부가 들어선 지 3년, 요즘 기업인들은 예전과 다르다. 자기 목소리를 내는 데 주저함이 없고, 자기 사업 벌이는 데 거리낌이 없다. 대통령 주재 경제단체장 모임에서 중소기업단체 대표가 "동반성장 협의에 월급쟁이 대표 말고 오너가 직접 나오라"고 요구할 정도로 중소기업 목소리도 커졌다. 대기업들이라고 기죽을 리 없다. "돈만 벌면 된다"는 식으로 사업 확장에 노골적이다. 10대 그룹의 경우 최근 5년 통계만 보더라도 닷새 만에 한 개씩 재벌그룹 계열사가 만들어졌을 정도이다.

요즘 기업인들의 촉수는 미래가치 높은 기업을 만들기보다는 당장 더 많은 돈을 버는 기업 양산(量産)하기에 바쁜 것 같다. 상황이 이렇다 보니 기업인들 스스로가 봐도 잘못된 기업 행태가 너무 많은 모양이다. 10대 그룹의 한 대표는 "요즘은 대기업이 무엇을 해도 국민들의 반발이 너무 크다"고 한숨을 내쉬었다. 한 회의에서 모 대기업 대표는 중소기업 대표들에게 이렇게 따졌다. "외제차 몰고 평일에 골프장에서 사는 중소기업 대표들이 너무 많다고 합니다. 이러고도 대기업들에 단가인상을 요구하는 게 이해되지 않아요." 기술개발은 안중에 없고, 적당히 골프접대나 하면서 거래선을 유지하는 중기 대표들을 꼬집은 것이다.

……

재벌들이 문어발식 확장을 하고 계열사에 일감을 몰아주는 소위 '인하우스(in-house) 거래' 관행도 유쾌하지 않다. 광고회사나 건물관리회사, 식음료회사 등 돈 되는 곳이면 기리낌 없이 손을 뻗는 것을 경제논리라고 합리화하고 싶겠지만 이를 이해하는 국민은 거의 없다. 건강하고 미래지향적인 참기업인은 줄어들고, 돈만 벌면 된다는 사업가가 늘고 있다.

……

국가 미래는 경제에 달려 있고, 미래국가의 건강성은 건전한 기업 생태계에 좌우된다. 기업인들도 이젠 국가경제 기여도에 따라 확실하게 구별해야 한다. 국민들이 대기업이든 중소기업이든 참기업인에게는 더 많은 박수를, 탐욕스러운 기업인들에게는 더 매서운 눈초리를 보내야 할 것 같다.

(조선일보 〈경제초점〉, 2011. 5. 15)

이 소비자는 반드시 식 (13.2)가 만족되도록 자기의 현재소비 C_1과 미래소비 C_2를 정해야 한다. 그렇지 않으면 총소비가 총소득을 초과하거나, 총소득이 총소비를 초과하게 된다. 그러므로 식 (13.2)는 소비자가 현재와 미래에 걸쳐 자기의 소비수준을 정할 수 있는 예산제약을 나타낸다. Y_1과 Y_2 값이 정해져 있으면 식 (13.2)는 [그림 13-1]의 C_1, C_2평면에 직선 AB와 같은 예산선으로 그려질 수 있다. Y_1과 Y_2값은 G점에 주어져 있다. 이 예산선의 기울기는 $-(1+r)$이다. 그리고 x축 절편의 값은 $Y_2/(1+r)+Y_1$이고 y축의 절편의 값은 $(1+r)Y_1+Y_2$이다. 전자의 값은 미래소비를 0으로 할 때 현재 소비할 수 있는 최대액을 나타내며, 후자의 값은 현재소비를 0으로 할 때 미래에 소비할 수 있는 최대액을 나타낸다.

소비자는 예산선 AB구간에서 소비하면서 자기효용을 극대화하도록 현재소비 C_1과 미래소비 C_2를 정할 것이다. 그런데 이 소비자는 C_1과 C_2에 의해 정해지는 효용함수 $U(C_1, C_2)$를 가지는데 두 상품 모두 좋아하는 상품이기 때문에 C_1, C_2평면에는 [그림 13-1]의 U_1, U_2, U_3와 같은 무차별곡선을 그릴 수 있다.

② 소비와 저축

소비자는 예산선 AB상에서 현재소비와 미래소비를 정하면서 자기효용을 극대화시킬 수 있는 소비점을 찾으려고 할 것이다. 그 점은 [그림 13-1]의 E점이다. 즉, 예산선 AB와 무차별곡선이 접하는 점에서 이 소비자는 자기효용을 극대화할 수 있는데, 이때의 효용수준은 U_2이고 현재소비와 미래소비는 각각 C_1^*과 C_2^*이다. 무차별곡선의 기울기는 C_1과 C_2 사이의 한계대체율(MRS)이고, 예산선의 기울기인 $(1+r)$는 현재 1원의 미래값인데, 이 두 값이 일치할 때 이 소비자의 효용은 극대화된다.

[그림 13-1]에서 이 소비자의 현재소득과 미래소득이 각각 Y_1과 Y_2이기 때문에 이 소비자는 현재에 $(Y_1 - C_1^*)$만큼 저축하고 미래에는 미래소득 Y_2에다 현재저축의 미래값인 $(1+r)(Y_1 - C_1^*)$만큼 더 소비할 수 있다. 따라서

그림 13-1

소비자와 저축의 결정

U와 같은 효용함수를 가진 사람은 저축하고 V와 같은 효용함수를 가진 사람은 빚을 진다.

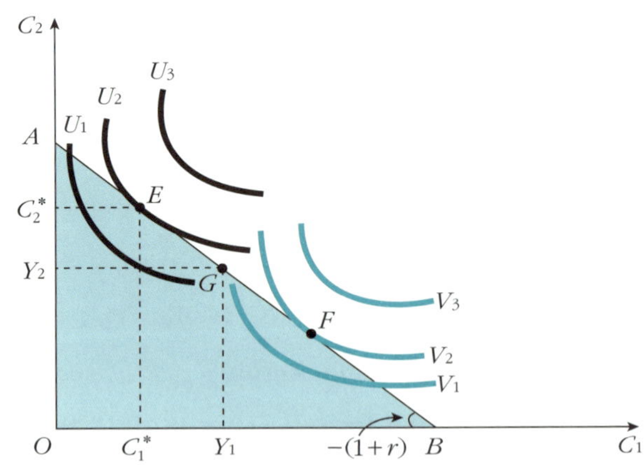

사례검토 13.2

BMW가 식음료 · 패션사업 안 하는 이유

모든 기업은 1등을 지향한다. 1등이 아니면 시장에서 살아남을 수 없고, 살아남은 1등만이 '승자 독식'의 과실을 맘껏 누릴 수 있다. 따라서 기업이라면 예외 없이 1등 달성의 전략을 놓고 고민에 빠지는데, 우리 재벌들은 '선단(船團)식 경영전략'을 채택해 왔다. 하나의 모선(母船 · 주력사업)을 앞에 내세우고 주변에 제2, 제3, 제4의 후방(後方)군단을 거느리며 서로 밀어주고 키워주는 구조다.

'선단 경영'은 고도성장기 한국 기업들의 전략이었지만, 이제는 그 관성의 폐해가 너무 심하다는 지적이 많다. 대기업들이 "나만 잘살면 된다"는 식으로 온갖 시장에 전방위적으로 침투하다 보니 대기업과 중소기업 사이의 양극화 현상, 대기업의 중소기업 영역 빼앗기 싸움이 극도로 심화 · 촉진됐다는 것이다.

양극화라는 게 뭔가? 같은 물건을 만들었는데 대기업은 배부르고, 99%의 중소기업들은 배고픈 기이한 현상인데, 수치가 현실을 알려 준다. 공정거래위원회가 발표한 자산총액 5조 원 이상 55개 상호출자제한 기업집단의 계열사는 1,554개로 작년보다 290개가 늘었다. 지난 3년간 재계 1~20위권 그룹의 매출과 순이익은 각각 54%와 71%가 증가했다. 매출과 이익은 엄청 늘어났지만 정작 대기업이 국민에게 제공한 일자리 숫자는 최근 10년간 49만개가 줄었다.

산업현장 곳곳에서 터져 나오는 기업 영역 다툼도 이젠 그냥 넘어가기엔 도를 넘어섰다. 샴푸, 스팀청소기, 전기청소기, 맞춤용 양복시장, 김치냉장고, 세탁비누와 네비게이션 등 중소기업들이 먼저 뛰어들어 성공한 사업에 내기업들이 훼빙을 놓은 게이스는 손가락으로 세기 힘들 정도다. 한 중소기업 대표는 "상품 개발해 봐야 금방 대기업들이 잠식하는데, 이 바람에 상품 개발할 엄두가 나지 않는다"고 하소연했다.

제조업뿐 아니다. 유통분야도 마찬가지다. 재벌그룹들은 볼펜과 연필, 면장갑, 쓰레기통, 대걸레 등 소모성 자재를 계열사나 협력업체에 독점 판매하는 MRO(소모성 자재 구매대행) 사업에 대한 비난에 직면해 있다. 이들 또한 할 말이 없었던지, 일단 "사업구조를 개선하겠다"며 물러서긴 했지만 구조개선 범위가 너무 제한돼 있어 문제가 완전히 해결될지 불확실하다.

……

"세계적 자동차 회사인 BMW라고 왜 패션 · 식음료사업을 하지 못하겠느냐? 대기업이 시장을 독식하는 것은 국가경쟁력을 갉아먹는 일이며 기술력을 갖춘 중소기업의 출현을 막을 뿐이다." 위르겐 뵐러 한 · 독 상공회의소 사무총장이 국내 재벌들에게 전하는 경고의 목소리다. 대기업들과 중소기업들이 활동하는 무대는 완전히 달라야 한다.

(조선일보 〈경제초점〉, 2011. 6. 5)

이 소비자는 현재 저축한 돈을 빌려줄 수 있는 대출자(lender)가 된다.

그러나 V_1, V_2, V_3와 같은 무차별곡선을 갖는 소비자는 똑같은 소득 Y_1과 Y_2를 가져도 차입자가 된다. 이 사람의 균형소비점은 F점인데 이 점에서는 현재소비가 현재소득보다 크고 미래소비가 미래소득보다 작다. 이와 같이 이 사람은 현재소득 Y_1보다 현재 더 많이 소비하기 때문에 **미래소득을 미리**

당겨서 사용하는 차입자(borrower)가 된다. 즉, 현재의 소비가 현재의 소득을 초과하기 때문에 돈을 빌려와서 소비하게 된다.

만약 어떤 소비자의 효용함수가 $U(C_1, C_2) = C_1C_2$라고 하면 한계대체율은 $MRS = MU_1/MU_2 = C_2/C_1$이 된다. 그러므로 균형점에는 $C_2/C_1 = 1 + r$가 충족되는데 이 식을 C_2에 대해 풀어서 예산선 공식인 식 (13.2)에 대입하면 다음 식이 도출된다.

$$C_1 = \frac{1}{2}\left(Y_1 + \frac{Y_2}{1+r}\right) \tag{13.3}$$

식 (13.3)은 현재(Y_1)든 미래(Y_2)든 소득이 증가하면 현재소비(C_1)가 증가하고, 이자율 r이 증가하면 현재소비가 감소한다는 것을 보여준다. 여기서 이자율의 증가와 함께 현재소비가 감소하는 이유는 현재소비를 위해 더 많은 미래소비를 희생해야 하기 때문이다.

또한 이자율 상승은 대체효과(substitution effect)와 부의 재산효과(wealth effect)를 동시에 가진다. **대체효과는 현재소비를 줄이고 대신에 미래소비를 늘리려는 것이며, 재산효과는 미래소득의 현재가치가 적어지는 것이다.** 이 두 효과 때문에 이자율 상승은 현재소비를 감소시킨다.

빌리는 소비자의 균형

소비자는 현재와 미래의 소득으로 현재와 미래의 소비를 정하는데 현재의 소비가 현재의 소득보다 크면 이 소비자는 그 차이만큼을 빌려와야 한다. 그리고 미래에는 소비를 소득보다 작게 하여 원금에 이자를 붙여 이를 되갚아야 한다. 이러한 소비자는 빌리는 자가 된다. 즉, 빚을 지는 소비자이다. 현재소득을 Y_1, 미래소득을 Y_2, 현재소비를 C_1, 미래소비를 C_2, 이자율을 r이라고 두었을 때 이 소비자가 어떻게 빌리는 소비자(borrower)가 되는지 [그림 13-2]에 설명되어 있다. 현재를 기준으로 이 소비자의 총소비액을 계산하면 그 값은 $C_1 + C_2/(1+r)$이다. $C_2/(1+r)$은 미래의 소비액을 현재의 가치로 환산한 값이다. 현재를 기준으로 이 소비자의 총소득을 계산하면 그 값은 $Y_1 + Y_2/(1+r)$이다. $Y_2/(1+r)$은 미래소득을 현재의 가치로 환산한 값이다.

이 소비자는 현재와 미래를 합쳐 소득만큼 소비한다. 즉, 이 소비자의 예산제약은

$$C_1 + C_2/(1+r) = Y_1 + Y_2/(1+r) \quad (13.4a)$$

$$C_2 = -(1+r)C_1 + Y_1(1+r) + Y_2 \quad (13.4b)$$

이 소비자는 [그림 13-2]의 A에 위치하기 때문에 현재소득이 25 ($Y_1 = 25$)이고 미래소득이 90 ($Y_2 = 90$)이다. 이때 이자율이 0.2이면 식 (13.4a, 4b)는

$$C_1 + C_2/1.2 = 25 + 90/1.2 \quad (13.5a)$$

$$C_2 = -1.2C_1 + 120 \quad (13.5b)$$

그림 13-2 빌리는 자의 균형

A점의 소득구성을 가진 사람이 E점의 소비구성을 가지면 이 사람은 현재소비가 현재소득보다 크기 때문에 빌리는 사람이 된다.

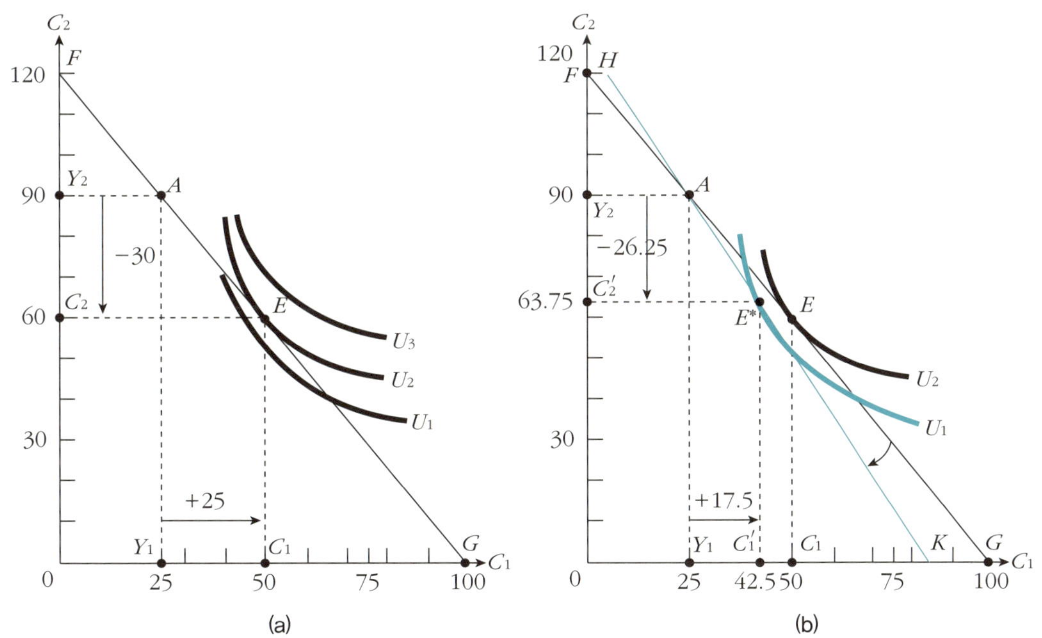

사례검토 13.3

무역 1조 달러, 이젠 양보다 질적 고도화를

이달 초 우리나라 연간 무역규모가 1조 달러를 돌파할 것으로 보인다. 올해 들어 지난달까지 무역규모가 9,876억 달러(수출 5,097억 달러, 수입 4,789억 달러)를 기록했는데, 조업일당 수출입액이 35억~40억 달러인 점을 감안하면 5~6일쯤 1조 달러 돌파가 가능하다.

광복 직후인 1946년 무역액이 고작 6,400만 달러에 불과했지만 65년 만에 무려 1만 7,000배나 늘어 세계 9번째로 1조 달러 클럽에 드는 것은 감개무량한 일이다. 1조 달러는 100달러 지폐로 세계에서 가장 높은 에베레스트산(8,848m)을 136개 쌓을 수 있고, 13억 중국인에게 스마트폰(대당 700달러 기준)을 한 대씩 나눠줄 수 있는 엄청난 금액이다. 지금까지 무역이 대한민국을 먹여살리고 소득 2만 달러 달성을 가능케 한 원동력이 됐다. 앞으로도 성장을 지속해 가기 위해서는 무역이 절대적으로 중요하다.

하지만 이제부터는 양보다 질이다. 지금까지는 고성능이나 우수한 디자인, 브랜드인지도 등을 바탕으로 제값을 받기보다는 물량 위주로 수출을 해온 측면이 강하다. 값비싼 부품 · 소재나 장비는 대부분 수입에 의존했다. 이 때문에 교역조건은 계속 악화됐다. 작년 교역조건 악화로 인한 무역손실액만 해도 39조 7,000억 원에 달했다. 저평가된 원화값에 의존하는 허약한 체질도 하루빨리 버려야 한다.

수출대상 지역을 선진국에서 중국 등 신흥국으로 다변화하는 것은 불가피한 일이다. 하지만 고급품의 테스트 시장인 선진국 시장을 지나치게 빨리 내주는 것은 바람직하지 않다.

공산품뿐 아니라 지식기반서비스 산업을 중심으로 한 서비스 수출에도 힘을 기울여야 한다. 상품수지는 막대한 흑자를 내면서도 그 상당부분을 서비스수지 적자가 까먹는 기형적인 무역구조는 조속히 시정돼야 한다. 작년 서비스수지 적자 112억 달러 중 법률, 회계 등 사업서비스부문 적자가 무려 168억 달러에 달했다.

개방을 통한 국민의 만족도도 높아져야 한다. 그동안 한국은 경제영역을 높이기 위해 동시다발적인 FTA전략을 추진해 왔고, 이 과정에서 수입관세가 획기적으로 철폐됐다. 하지만 국내 소비자가격은 요지부동인 상품이 허다하다. 개방만 할 게 아니라 유통구조 혁신을 통해 소비자들이 혜택을 보도록 해야 한다.

(매일경제 〈사설〉, 2011. 12. 2)

식 (13.5b)는 [그림 13-2]의 FG로 그려진다. 즉, 소비는 이 제약선상에서 이루어진다. 이 소비자의 소득점은 A점이다($Y_1 = 25, Y_2 = 90$). 그런데 현재소비(C_1)나 미래소비(C_2)가 모두 정의 효용을 제공하는 상품이기 때문에 C_1축과 C_2축 사이에는 U_1, U_2, U_3 등과 같은 무차별곡선이 그려질 수 있다.

이 소비자는 FG라는 예산선상에서 소비하면서 효용을 극대화시키는 소비점을 찾으려고 할 것이다. 그 점은 예산선과 무차별곡선이 접하는 E점이다. 즉, 이 소비자는 주어진 크기의 현재와 미래소득으로 현재에 50만큼 소비하고($C_1 = 50$), 미래에 60만큼 소비하면($C_2 = 60$) U_2까지의 효용에 도달할 수 있다.

그런데 현재소득은 25인데 현재에 50만큼 소비하기 때문에 그 차이인 25만큼을 빌려와야 한다. 대신에 미래소득은 90인데 미래소비는 60이기 때문에 이 차이 30으로 현재에 빌린 25에 20%(0.2)만큼의 이자를 붙여 미래에 되갚을 수 있다. 이런 소비자는 빌리는 자, 빚을 지는 소비자이다. 이 소비자는 이자율이 0.2일 때 25만큼 빌려와 사용했다.

만약 이자율이 0.2(20%)에서 0.5(50%)로 오르면 어떻게 될까? 그 분석은 [그림 13-2(b)]에 있다. 이자율이 0.2에서 0.5로 오르면 식 (13.5a, 5b)에서 예산제약식은 $C_2=-1.5C_1+127.5$가 되고 예산선은 *FG*에서 *HK*로 이동한다. 즉, 예산선은 더 가파른 기울기를 가지게 된다. 새 예산선하에서 이 소비자가 효용을 극대화시킬 수 있는 점은 예산선 *HK*와 무차별곡선이 접하는 E^*점이다. 즉, 이 소비자는 이자율이 높아짐에 따라 현재소비를 50에서 42.5로 줄이고 미래소비를 60에서 63.75로 늘린다. 그리고 빌리는 금액을 25에서 17.5로 줄인다. 원금 17.5에 50%의 이자가 붙으면 미래에는 원금 17.5에 8.75만큼의 이자를 붙여 26.25를 되갚는다. 즉, 미래소득 90과 미래소비 63.75의 차이는 26.25이다. **이자율이 상승함에 따라 소비자는 빌리는 금액을 줄이고 있다.**

빌려주는 소비자의 균형

빌려주는 소비자(lender)는 현재소비가 현재소득보다 작다. 그러므로 이 소비자는 그 차이만큼 빌려줄 수 있고 원금에 이자를 붙여 이를 미래에 되돌려 받아 미래소비에 충당할 수 있다.

빌려주는 소비자에 대한 분석은 [그림 13-3]에 이루어져 있다. 빌려주는 소비자도 현재와 미래를 합쳐 소득만큼 소비한다. 그러므로 식 (13.4a, 4b)의 예산제약식은 여기서도 그래도 유효하다.

그런데 이번에는 이 소비자가 *B*점에 위치하기 때문에 현재소득은 75($Y_1=75$)이고 미래소득은 30($Y_2=30$)이다. 그리고 이자율은 여전히 0.2(20%)이다. 그러므로 이 소비자의 예산제약식은 식(13.4a, 4b)로부터

$$C_1+C_2/1.2=75+30/1.2 \tag{13.6a}$$

그림 13-3 **빌려주는 자의 균형**

B점의 소득구성을 가진 사람이 E점의 소비구성을 가지면 이 사람은 현재소득이 현재소비보다 더 크기 때문에 빌려주는 사람이 된다.

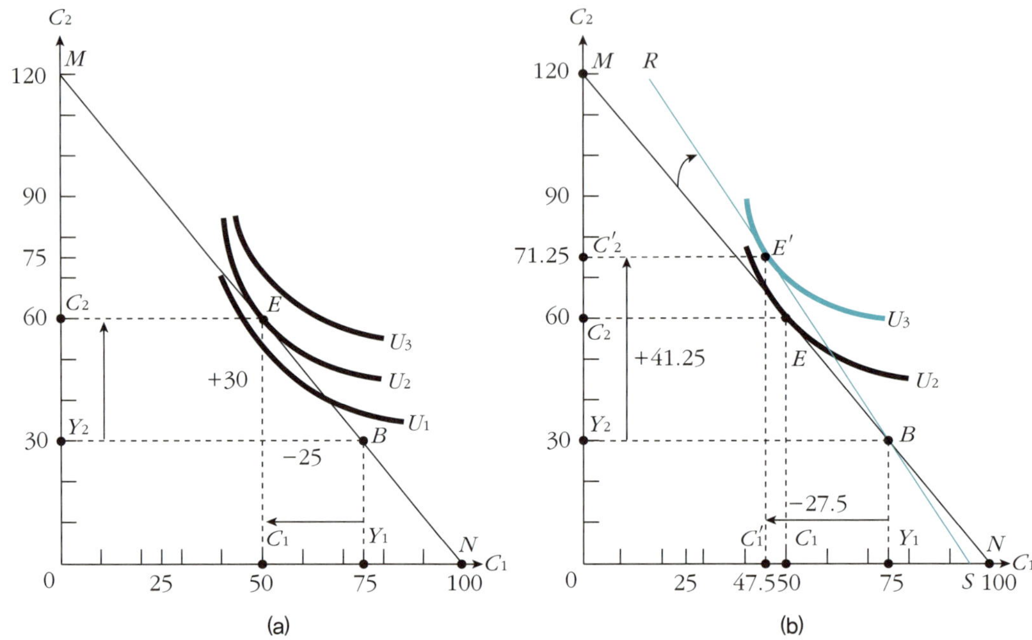

$$C_2 = -1.2C_1 + 120 \qquad (13.6b)$$

식 (13.6b)는 [그림 13-3]의 MN으로 그려진다. 즉, 소비는 이 예산선상에서 이루어진다. 그런데 이 소비자의 소득점은 B점이다($Y_1 = 75, Y_2 = 30$). 그리고 여기서도 현재소비와 미래소비 사이에는 U_1, U_2, U_3 등과 같은 무차별곡선이 그려진다.

이 소비자는 MN이라는 예산선상에서 소비하면서 효용을 극대화시키는 소비점을 찾는다. 그 점은 예산선과 무차별곡선이 접하는 E점이다. 즉, 이 소비자는 주어진 현재와 미래의 소득으로 현재에 50만큼 소비하고($C_1 = 50$) 미래에 60만큼 소비하면서($C_2 = 60$) U_2만큼의 효용을 얻는다. 여기까지는 [그림 13-2]에서 분석한 빌리는 자의 소비균형과 일치한다.

그런데 현재의 소득은 75인데 현재의 소비는 50이기 때문에 이 소비자는 그 차이인 25만큼을 저축할 수 있다. 즉, 이 소비자는 빌려주는 자이다. 이 소비자는 빌려준 돈 25에 20%만큼의 이자를 붙여 미래에는 30만큼 되돌려 받을 수 있다. 그러므로 미래에는 소득이 30에 불과한데도 60만큼 소비할 수 있다. 이런 소비자는 빌려주는 소비자로서 이자율이 0.2일 때 25만큼 빌려주고 있다.

만약 이자율이 0.2에서 0.5로 증가하면 이 소비자는 어떻게 행동할까? 그 분석은 [그림 13-3(b)]에 이루어져 있다. 이자율이 0.2에서 0.5로 오르면 이번에는 예산제약식이 $C_2=-1.5C_1+142.5$($C_1+C_2/1.5=75+30/1.5$이기 때문에)가 되고, 예산선은 MN에서 RS로 이동한다. 즉, 예산선은 더 가파른 기울기를 가지게 된다.

이 예산선하에서 이 소비자가 효용을 극대화시킬 수 있는 점은 예산선과 무차별곡선이 접하는 E'점이다. 즉, 이 소비자는 이자율이 높아짐에 따라 현재소비를 50에서 47.5로 줄이고 빌려주는 금액을 25에서 27.5로 증가시킨다.

이번에는 원금 27.5에 50%의 이자가 붙으면 미래에는 원금과 이자를 합쳐 41.25만큼을 받게 된다. 그러므로 미래소비는 이자율 상승 전의 60에서 71.25로 증가한다. 즉, 미래에는 소비와 소득의 차이가 30에서 41.25로 증가한다. **이자율이 증가함에 따라 이 소비자는 빌려주는 금액을 늘리고 있다.**

시장이자율의 결정

자금시장에서 균형이자율이 결정되는 원리는 빌리는 사람과 빌려주는 사람이 각각 한 사람씩 존재한다는 간단한 모형에서 쉽게 설명될 수 있다. [그림 13-4]에서 빌리는 사람(borrower)은 A점에서 현재소득 25와 미래소득 90을 가지며, 빌려주는 사람(lender)은 B점에서 현재소득 75와 미래소득 30을 가진다.

FG는 이자율이 20%라고 했을 때 그려진 예산선이다. 이 두 소비자가 모두 똑같은 효용함수를 가진다고 가정하면 두 사람은 모두 E점에서 효용을 극대화시킬 수 있다. 즉, A점에 있는 빌리는 사람은 20%의 이자율에 25만큼을 빌려 현재소비를 50으로 늘리고, B점에 있는 빌려주는 사람은 20%의

그림 13-4

빌림과 빌려줌의 균형

A점에 있는 사람은 빌리는 사람이고 B점에 있는 사람은 빌려주는 사람인데 현재의 거래금액 25는 미래의 거래금액 30과 동일하다.

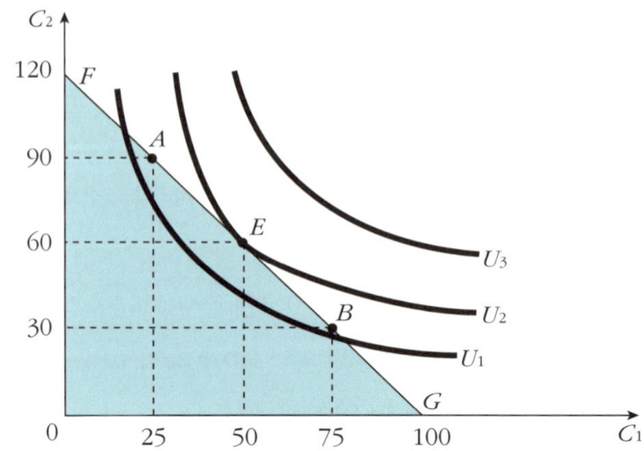

이자율에 25만큼을 빌려주면서 현재소비를 50으로 줄인다. 빌리는 사람은 미래에 90만큼의 소득을 벌지만 빌린 돈 25에 20%의 이자를 붙여 30만큼 갚아야 하기 때문에 미래소비는 60이 된다. 그리고 빌려주는 사람은 미래에 30이라는 소득밖에 못 벌지만 빌려준 돈 25에 20%의 이자를 붙여 30만큼 되돌려 받기 때문에 미래소비를 60으로 증가시킬 수 있다.

이 모형에서는 이자율이 20%일 때 빌리는 사람은 25만큼의 자금을 수요

그림 13-5

자금시장의 균형

이자율이 20%일 때 빌리려는 금액과 빌려주려는 금액이 일치한다.

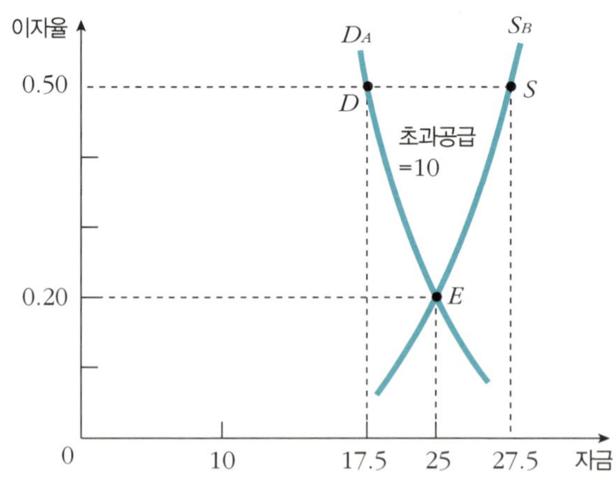

하고 빌려주는 사람은 25만큼의 자금을 공급하기 때문에 자금시장이 균형에 도달한다. 이러한 균형은 [그림 13-5]의 수요공급곡선으로 설명될 수도 있다. D_A는 빌리는 사람에 의한 자금수요곡선이고, S_B는 빌려주는 사람에 의한 자금공급곡선이다. 이자율이 50%(0.50)이면 [그림 13-2(b)]와 [그림 13-3(b)]에서 설명된 것처럼 빌리려는 사람은 17.5만큼만 자금을 수요하는데 빌려주는 사람은 27.5만큼 자금을 공급하려고 한다. 즉, [그림 13-5]에서 보이는 것처럼 이자율이 50%이면 자금의 공급점은 S점이고 수요점은 D점이 되어 10만큼의 초과공급이 발생한다. 이 때문에 이자율은 50%에서 유지될 수 없고 하락하게 된다. 이자율이 20%로 하락하면 E점에서처럼 자금의 수요와 공급이 일치되어 균형이 달성된다.

지금까지는 모형에서는 분석을 단순화시키기 위해 빌리려는 사람과 빌려주려는 사람이 각각 한 사람씩이고 둘 모두 같은 효용함수를 갖는다고 가정하였나. 그러나 현실세계에는 빌리려는 사람도 무수히 많고 빌려주려는 사람도 무수히 많다. 그리고 각기 다른 효용함수를 갖는다. 그러나 균형이

사례검토 13.4

기준금리 3.25% 6개월째 동결

한국은행 금융통화위원회(금통위)가 기준금리를 또다시 동결했다. 금통위는 8일 서울 소공동 한은 본관에서 김중수 총재 주재로 정례회의를 열어 12월 기준금리를 연 3.25%로 결정했다고 말했다. 지난 6월 0.25%포인트 올린 뒤 6개월째 동결이다.

금통위는 “유럽지역의 국가채무위기와 주요국 경제 부진으로 성장의 하락 위험이 큰 것으로 판단된다”며 “위원들이 만장일치로 금리동결을 결정했다”고 설명했다. 물가 억제를 위해 금리를 올리기에는 나라 밖 사정이 좋지 않다는 뜻이다.

금통위는 국내 경기에 대해 유로지역 재정위기 악화 등에 따른 불확실성 증가로 부분적인 둔화 조짐이 있다고 내다봤다. 김 총재는 회의 뒤 기자회견에서 “한국경제가 적어도 장기 성장추세에서 크게 벗어나지 않을 것”이라며 경기후퇴 가능성을 부인했다. 또 통계청의 최근 소비자물가지수(CPI) 개편과 관련해 “특정 목표를 가지고 물가지수를 개편하는 것은 상상할 수 없는 일”이라며 ‘정부의 꼼수 개편 의혹’을 일축했다.

한은의 기준금리는 2008년 9월 미국 투자은행인 리먼브라더스 파산에서 비롯된 미국발 금융위기 직후인 2008년 10월부터 줄곧 내렸다. 금통위는 이때부터 2009년 2월까지 모두 6차례에 걸쳐 기준금리를 인하해 연 5.25% 금리를 연 2.0%까지 끌어내렸다. 금통위는 2.0%의 저금리를 1년 5개월 동안 유지하다가 지난해 7월부터 올해 6월까지 6차례에 걸쳐 금리를 3.25%로 소폭 올렸다.

(한겨레신문, 2011. 12. 8)

자율이 결정되는 기본원리는 마찬가지이다. 즉, 시장의 균형이자율은 빌리려는 모든 사람들이 수요하는 자금의 총액이 빌려주려는 모든 사람들이 공급하려는 자금총액과 일치할 때 달성되는 이자율이다. 이 이자율보다 높은 이자율에서는 자금의 공급이 자금의 수요를 초과하여 이자율을 하향이동시키고, 이 이자율보다 낮은 이자율에서는 반대로 자금의 수요가 자금의 공급을 초과하여 이자율을 상향이동시킨다. 자금의 수요와 자금의 공급이 일치하는 균형이자율에서는 더 이상 이자율이 변화하려고 하지 않는다.

3. 투자의 결정원리

기업의 투자결정은 투자사업으로부터 벌 수 있는 수입과 투자비용을 비교하여 이루어진다. 투자사업으로부터 벌 수 있는 모든 미래의 수입을 현재가치로 환산한 후 이 값에서 현재의 투자비용을 뺀 값이 큰 사업부터 기업은 투자하려고 한다.

이 원리는 현재가치를 계산하는 수식을 이용하여 더욱 명료하게 설명할 수 있다. 기업이 투자하려는 사업에 소요되는 현재비용은 R_0이다. 그런데 이 투자로부터 1년 후에는 R_1만큼, 2년 후에는 R_2만큼, ..., n년 후에는 R_n만큼 벌어들인다. 연이자율은 r이다. 이때 기업이 이 투자로부터 벌어들이는 순수입의 현재가치는 아래와 같이 계산된다.

$$V_0 = -R_0 + \frac{R_1}{1+r} + \frac{R_2}{(1+r)^2} + \cdots + \frac{R_n}{(1+r)^n} \tag{13.7}$$

R_0는 현재 소요된 비용이기 때문에 음(−)의 값으로 표시된다. $R_1/(1+r)$은 1년 후에, $R_2/(1+r)^2$는 2년 후에, ..., $R_n/(1+r)^n$은 n년 후에 번 수입을 현재의 가치로 환산한 값이다. V_0는 이 투자로부터 벌 미래의 모든 수입을 현재의 값으로 환산한 후 이 투자에 소요된 현재비용(R_0)을 뺀 값이다.

예컨대 기업이 한 대의 기계설비를 갖추는 데 150만원이 소요되고, 이 기계는 1년과 2년 후에 각각 100만원씩을 벌어들인 후 못쓰게 된다면 연이자율이 10%일 때 기업이 이 기계로부터 벌어들일 것으로 기대되는 순수입의 현재가치는 다음과 같이 계산할 수 있다.

$$V_0 = -150 + \underbrace{\frac{100}{1+0.1}}_{\text{1년 후 번 수입의 현재가치}} + \underbrace{\frac{100}{(1+0.1)^2}}_{\text{2년 후 번 수입의 현재가치}} = 23.55$$

이 기업은 150만원을 투자하여 현재가치를 기준으로 할 때 23만 5천5백원을 번다.

식 (13.7)에서 R_1, R_2, …, R_n은 각 연도의 총수입에서 그 연도에 이 기계를 보수하고 유지하는 데 소요되는 비용을 뺀 값이다. 이렇게 계산한 **V_0값이 (+)이면 기업은 이 사업에 투자하는 것이 유리하다. 이것을 현재가치원리(present value rule)라고 한다. 즉, 투자결정을 할 때는 그 투자로부터 벌어들일 모든 미래수입을 현재의 가치로 환산한 후 여기에서 그 투자에 소요되는 모든 현재 및 미래비용을 현재가치로 환산한 값을 뺐을 때 그 값이 (+)이면 이 사업에 투자하는 것이 유리하다.**

그런데 현실에서는 현재가치원리에 여러 가지 한계가 있다. 첫째, 여러 사업에 동시에 투자할 때는 한 사업의 수입이 다른 사업의 수입과 관련되어 있을 수 있다. 이때는 이 모든 사업의 미래수입을 한꺼번에 고려하여 현재가치로 환산해야 한다. 둘째, 어떤 사업의 미래사업을 정확히 예측한다는 것은 현실적으로 불가능하다. 셋째, 자금력이 부족하여 기업은 V_0값이 양(+)이 되는 모든 사업에 투자할 수 없을 수 있다. 이때는 현재가치가 큰 사업부터 우선적으로 투자할 것이다.

사례검토 13.5

한국의 분노신드롬과 월가 점령한 시위대

세계가 분노(Anger)의 도가니다. 글로벌 위기가 세계를 덮치면서 분노 표출엔 동·서양이 따로 없고 남녀노소 구분도 없다. 영국과 프랑스를 비롯해 유럽 각국의 성난 젊은이들이 거리로 뛰쳐나온 게 얼마 전인데 현대 자본주의의 상징인 미국 월가에서도 시위대 함성이 넘쳐나고 있다.

……

이달 들어 미국 내 주요 도시로 확산되고 있는 '월가점령(occupy the wall)' 시위 배경에는 감정적 분노 못지않게 이성적 분노가 자리 잡고 있다. 이들이 내건 캐치프레이즈에 "나는 99%다"라는 표현이 있는데 상위 1%에 대한 지나친 쏠림을 냉철하게 지적하고 있다. 고학력 미취업 청년들이 주동인 데다 "배가 고프니 나에게도 빵을 나눠 달라"는 저차원도 아니다.

제도적 모순을 시정하겠다는 '자본주의 새 판 짜기' 모습도 담고 있어 폭력행위로 매도하기 어려운 측면이 있다. 경쟁을 배제하거나 회피하기는커녕 보다 활기찬 경쟁을 위한 '공정한 게임룰'을 요구하고 있다는 점, 극빈계층이 아닌 교육받은 지식인 계층이 주동하고 있다는 점에서 그렇다. 중동과 유럽을 거쳐 현대 자본주의 본산 격인 미국을 뒤흔들기 시작한 시위 열풍을 목도하면서 '한국은 과연 괜찮은가'로 자연스럽게 시선이 쏠린다.

……

이는 한국에도 존 스타인벡의 분노의 포도송이가 맺히기 시작했음을 시사하는 것이다. '아무리 정직하게 노력해도 성공하지 못한다'는 좌절감이 한국에서도 분노의 주된 배경인 것으로 나타나고 있다. 소위 자기 기득권을 지키기 위한 지대추구(rent seeking)행위, 즉 '꼼수'가 분노를 더욱 자극하고 있다. 월가 점령 시위대가 정조준하고 있는 문제점과 크게 다르지 않다. 합리적인 분노에는 합리적인 치유 대책이 반드시 필요하다. 정부와 기업, 사회 전체가 서둘러야 한다. 소 잃고 외양간 고칠 생각을 해서는 곤란하다.

(매일경제 〈사설〉, 2011. 10. 4)

4. 시장이자율

이자율에 영향을 미치는 요인

이자율(interest rate)은 항상 변한다. 시간에 따라서 뿐만 아니라 장소에 따라서도 달라진다. 그리고 같은 장소, 같은 시간에는 여러 가지 이자율이 존재한다. 위험의 크기, 대출기간, 대출의 관리비용, 세금형태 등이 이자율을 다양화시키는 주요 요인이다.

특히 **위험(risk)의 크기는 이자율을 변화시키는 가장 중요한 요인이다.** 위험의 정도가 커지면 이자율은 높아진다. 대출자금의 위험도는 크게 2가지로 구분된다. 첫째는 **채무불이행의 위험(default risk)**으로서 이는 대출자금이 회수되지 않을 가능성을 말한다. 국채는 회수가 확실한 채무인 반면 회사채는 채무불이행 가능성이 존재하는 채무이다. 그러므로 회사채 이자율은 국채이자율보다 높다. 둘째는 **변동성 위험(variability risk)**으로서 이는 투자자금에 대한 수익률이 가변적일 때 나타나는 위험성이다. 예컨대 수익률이 가변적인 투자사업에 대출할 때는 수익이 불확실한 만큼 대출자는 더 높은 이자율을 요구할 것이다.

대출기간(duration of the loan)도 이자율을 다르게 하는 주요 요인이다. 대출기간이 길면 짧은 때보다 이자율이 더 높아진다. 그 이유는 대출자가 더 오랜 기간 그 자금에 대한 유동성을 유보해야 하기 때문이다. 6개월 정기예금이자율이 보통 예금이자율보다 높은 것은 이런 이유 때문이다.

대출자금의 관리비용(cost of administering the loan)도 이자율에 영향을 미치는 요인이다. 소액대출이나 할부상환 대출자금 등은 1원을 기준으로 했을 때 장부운영비용이나 서비스비용 등이 더 높기 때문에 이자율이 더 높다.

세금 형태도 이자율에 영향을 미친다. 이자수입에 대해 세금이 감면되면 대출자는 세금 후 이자수입을 기준으로 대출하기 때문에 이자율을 낮추어 준다.

실질이자율과 명목이자율

명목이자율(nominal interest rate)은 현재의 화폐구매력과 미래의 화폐구매력을 똑같이 유지하면서 대출자금에 일정한 이자를 붙이는 이자율이다. 예컨대 오늘 100원 하는 물건이 미래에 120원이 된다면 오늘의 100원은 미래에 120원이 되어야 오늘과 미래에 똑같은 구매력을 유지할 수 있다. 그러므로 오늘 100만원을 대출한 사람은 미래에는 당연히 120만원을 받아야 하고 그 위에 자기가 원하는 마진을 붙여 대출자금을 회수하려고 하면서 명목이자율이 정해진다.

대출자가 원하는 마진이 10%이면 이 10%에다 양기간에 걸쳐 화폐구매력을 똑같게 유지해주는 물가상승률 20%를 합해야 대출자가 원하는 이자율이 된다. 여기서 10%를 실질이자율(real interest rate)이라고 한다. **그러므로 명목이자율(r')은 실질이자율(r)과 물가상승률(i)을 합한 값이다.** 즉,

$r' = r + i = 10\% + 20\% = 30\%$이다. 역으로 실질이자율은 명목이자율에서 물가상승률을 뺀 값이다. 자금의 여·수신과 저축 및 투자에 영향을 미치는 이자율은 명목이자율이 아니고 실질이자율이다.

5. 자본비용

기업의 자본조달 방법

기업은 투자자금을 내부적으로 조달할 수 있고 외부적으로 조달할 수도 있다. 내부적으로 조달하는 방법은 기업의 이윤을 배당하지 않고 재투자하는 것이고, 외부적으로 조달하는 방법은 빌리는 것과 주식을 발행하는 것이다. **빌리는 방법으로 조달된 자금은 부채(debt)이고, 주식발행으로 조달된 자금은 자기자본(equity)이다.**

그런데 기업이 어떤 방법으로 투자자금을 조달하느냐에 따라 자본비용(cost of capital)이 달라진다. 내부자금을 사용할 때의 자본비용은 이 자금을 외부에 투자했을 때 벌 수 있는 것을 포기한 대가인 기회비용(opportunity cost)으로 계산할 수 있다. 외부자금을 사용할 때의 자본비용은 부채일 때와 자기자본일 때 계산방법이 다르다.

부채에 대한 자본비용

부채에 대한 자본비용은 부채에 지불하는 이자인데, 이 이자분에 대해서는 조세감면혜택을 보기 때문에 이 부문을 고려하면서 자본비용을 계산해야 한다.

부채를 D, 자본비용을 C, 이자율을 r, 세율을 t, 부채 한 단위당의 자본비용을 $k_d (= C/D)$라고 두면 $C = rD - rD \cdot t$이다. rD만큼 이자를 지불했으나 이 부분에 대해서는 $rD \cdot t$만큼 세금감면을 받기 때문에 기업이 실제로 지불한 자본비용은 rD에서 $rD \cdot t$를 뺀 값이다. 그러므로 부채 한 단위당의 자본비용은

$$k_d = \frac{C}{D} = r - r \cdot t = r(1-t)$$

예컨대 이자율이 12.5%이고 세율이 40%이면 부채 한 단위에 대한 세후의 자본비용은 $k_d = 0.125(1-0.4) = 0.075$이다.

자기자본에 대한 자본비용

자기자본에 대한 자본비용을 계산하는 방법은 여러 가지가 있고 간단하지도 않다. 여기서는 가장 단순한 방법에 대해서만 논의한다. 자기자본은 내부유보자금과 주식공모자금으로 구성되고 내부유보자금의 자본비용은 주식공모자금의 자본비용보다 낮다. 그러나 여기서는 두 자본비용이 똑같다고 가정한다.

자기자본 한 단위에 대한 자본비용(k_e)은 무위험이자율(r_f)에 위험할증률(r_p)을 합한 값이다. 무위험이자율이란 국채이자율처럼 이자와 원금을 확실히 상환받을 수 있는 채권에 대한 이자율이다. 위험할증률은 두 부문으로 구성된다. 한 부문은 국채 대신 회사채에 투자함으로써 나타나는 위험할증률(P_1)이고, 다른 한 부문은 회사채 대신 보통주에 투자함으로써 나타나는 위험할증률(P_2)이다. 그러므로 자기자본에 대한 자본비용은 다음과 같이 정의될 수 있다.

$$k_e = r_f + P_1 + P_2$$

주식에 대한 배당은 회사채에 대한 이자를 지불한 후에 이루어질 뿐만 아니라 회사의 수익성에 따라 그 크기가 유동적이기 때문에 보통주는 회사채보다 위험도가 더 높다. 그러므로 $P_2 > P_1$이다. 미국에서는 역사적으로 주식수익률(배당률+자본수익률)과 회사채이자율의 차이인 P_2를 4% 정도로 보고 있다. 국채이자율이 8%이고, 회사채이자율이 11%라고 하면 $P_1 = 11\% - 8\% = 3\%$이다. 그러므로 자기자본에 대한 자본비용은 다음과 같이 계산된다.

$$k_e = r_f + P_1 + P_2 = 8\% + 3\% + 4\% = 15\% = 0.15$$

기업 전체의 자본비용

기업들은 업종의 특성이나 경영자 및 주주들의 선호도에 따라 각기 자기 나름대로의 부채비율과 자기자본비율을 유지한다. 총기업자산 중에서 부채가 차지하는 비율이 w_d이고 자기자본이 차지하는 비율이 w_e이면, 그 기업의 전체적인 자본비용(k_c)은 부채에 대한 자본비용(k_d)과 자기자본에 대한 자본비용(k_e)에 각각 가중치를 주어 아래와 같이 계산할 수 있다.

$$k_c = w_d k_d + w_e k_e$$

예컨대 부채에 대한 세금 후의 자본비용이 7.5%, 자기자본에 대한 자본비용이 15%, 부채와 자기자본의 비율이 4:6이면 그 기업의 전체적인 자본비용은

$$k_c = 0.4(7.5\%) + 0.6(15\%) = 3\% + 9\% = 12\% = 0.12$$

이다.

사례검토 13.6

역효과만 낸 탁상 소비자정책 책임 물어라

정책당국자들이 부작용을 제대로 따져보지도 않고 덥석 정책을 시행하다가 거둬들임으로써 혼란을 가중시키는 사례들이 빈발하고 있다. 가공식품에 대해 적용된 오픈프라이스 제도가 대표적이다. 이 제도는 제조업체들이 제품 포장지에 붙이는 권장소비자가격을 없애고, 대신 최종 판매업자가 가격을 결정하도록 한 것이다. 유통업체 간 자율적인 경쟁을 촉진해 가격인하를 유도하고, 제조업체가 권장소비자가격을 부풀린 후 할인폭을 과장해 파는 것을 막자는 취지다.

지난해 7월 1일부터 과자, 라면, 아이스크림, 빙과 등 4개 품목에 대해 이 제도를 적용했지만 결과는 제품값 폭등과 소비자 부담 증가를 낳았을 뿐이다. 저가 제품으로 대다수 소비자들이 가격에 별 구애를 받지 않고 구매하는 점을 악용해 판매점들이 적정가격을 훨씬 넘어서는 가격을 붙여 판매한 것이다. 소비자 원성이 높아지자 지식경제부는 "7월 중 법령 개정을 통해 이들 4개 품목을 오픈프라이스 대상에서 제외하겠다"고 밝혔다. 1년 만에 정책 백지화다.

골프장 야간조명 금지 철회도 졸속행정의 한 단면이다. 정부는 지난 3월 8일부터 에너지 절약 일환으로 골프장 야간조명 금지 조치를 취해 왔다. 그러나 지난달 24일 서울행정법원은 36개 대중 골프장이 야간조명 금지 조치를 해제해 달라며 지식경제부 장관을 상대로 낸 집행정지 가처분 신청을 받아들였다. 재판부는 "야간 영업을 위한 전력량이 그리 많지 않고 사용시간이 하절기 전력 수요가 몰리는 시간대가 아니며, 동절기에는 야간영업을 하기 어렵다"며 "골프장 야간영업이 전력 수급에 큰 부담을 준다고 보기 어렵다"고 밝혔는 데 일리가 있다.

정유사 팔을 비틀어 3개월 시한으로 기름값을 인하했지만 결국 주유소 유통마진만 키워주고 소비자들에게 감질만 느끼게 한 것도 실효성을 제대로 검증하지 않은 전시행정이다. '아니면 말고'식으로 정책을 추진하다가 백지화하는 것은 정책의 신뢰성을 훼손하는 일이다. 시장을 엄밀하게 진단하고 후유증과 역기능을 면밀히 검토하지 않은 채 졸속으로 정책을 추진하다가 시장에 혼란을 가중시킨 정부당국자에 대해서는 엄중히 책임을 물어야 한다.

(매일경제 〈사설〉, 2011. 7. 4)

중 요 내 용 요 약

13.01 **자본**(capital) : 한 번 구입으로 오랜 기간에 걸쳐 생산활동에 사용되는 생산요소로서 기계, 건물, 토지 등을 지칭한다. 이런 자본을 갖추기 위해서는 화폐자본이 필요하고 화폐자본이 조달되는 시장을 자본시장이라고 한다.

13.02 **소비와 저축** : 소득 중 현재소비에 충당하고 남는 부분이 저축이며 저축은 미래의 소비가 된다. 저축하는 사람은 빌려주는 자(lender)이고, 현재소득보다 많이 소비하는 사람은 빌리는 자(borrower)로서 현재 빌린 것을 미래의 저축으로 상환한다.

13.03 **이자율** : 빌리려는 금액과 빌려주려는 금액을 일치시켜주는 화폐 1단위의 비용

13.04 **투자와 현재가치**(present value) : 자본을 구매하여 생산활동에 투입하는 것이 투자인데 투자한 금액이 벌어들이는 미래의 모든 소득을 현재의 화폐가치로 환산한 것이 투자의 현재가치이다.

13.05 **실질이자율과 명목이자율** : 실질이자율=명목이자율－물가상승률

13.06 **자본비용** : 투자자금의 조달비용, 내부자금, 부채, 자기자본에 따라 그 계산방법이 다름

연/습/문/제

13.01 연이자율이 10%일 때 오늘의 100만원은 1년 후의 얼마와 같은 가치가 될까? 1년 후에 1,000만원을 받기로 되어 있다면 이것은 오늘의 얼마와 같은 가치가 될까?

13.02 지명철은 아래의 A와 B 중 하나를 선택하기로 되어 있다.

A. 1년 후에 100만원을 받고 2년 후에 또 100만원을 받는다.

B. 1년 후에는 80만원만 받고 2년 후에는 다시 130만원을 받는다.

a. 연이자율이 5%이면 지명철은 A와 B 중 어느 것을 선택할까?

b. 연이자율이 15%이면 지명철은 A와 B 중 어느 것을 선택할까?

13.03 연이자율이 5%일 때 매년 100만원씩 영원하게 지급되는 채권의 현재가치는 얼마인가?

13.04 왜 일반적으로 부채에 대한 사본비용(cost of debt capital)이 자기자본에 대한 자본비용(cost of equity capital)보다 낮은가?

13.05 쌀 10가마를 빌려준 사람이 1년 후에는 11가마를 받기로 되어 있는데 물가가 연 5%로 상승하고 있다. 이 사람이 쌀 1가마에 10만원일 때 10가마를 빌려주고 1년 후에 돈으로 상환을 받는다면 얼마를 받아야 할까?

13.06 이자율이 올라가면 저축은 어떻게 변하는가?

PART 05

일반균형과 후생경제학

M I C R O E C O N O M I C   T H E O R Y

CHAPTER 14

일반균형분석

학습목표

지금까지는 한 소비자의 소비행위, 한 생산자의 생산행위 등에 대해서만 분석하였다. 즉, 개별소비자가 독립적으로 소비균형에 도달하는 원리, 개별생산자가 독립적으로 생산균형에 도달하는 원리 등에 대해 분석하였다. 이러한 균형분석은 한 부분의 균형만 살펴보는 것이기 때문에 이를 부분균형분석이라고 한다. 그러나 한 경제에는 실제로 수많은 소비자와 수많은 생산자가 동시에 경제활동을 영위한다. 그러므로 완벽한 균형분석이 이루어지기 위해서는 이들이 모두 동시에 균형에 도달하는 원리를 살펴보아야 한다. 이러한 균형분석을 일반균형분석이라고 한다. 제14장에서는 가장 단순한 모형을 이용하여 여러 명의 소비자와 여러 명의 생산자가 어떻게 동시에 균형에 도달할 수 있는지에 대해 살펴본다.

제14장을 공부한 후에는 다음 물음에 답할 수 있어야 한다.

1. 두 사람이 두 가지의 같은 상품을 사용할 때 두 사람이 동시에 효용을 극대화시킬 수 있는 조건은 무엇일까?
2. 자본과 노동을 사용하여 두 재화를 생산할 때 두 재화 모두의 생산을 극대화시킬 수 있는 조건은 무엇일까?
3. 자본과 노동으로 두 가지의 재화를 생산하고 이를 두 사람이 소비하는 경제에서 그 경제 전체가 균형에 도달할 수 있는 조건은 무엇일까?

1. 부분균형분석과 일반균형분석

경제현상에서는 어느 한 변수의 값이 변하면 그 효과는 경제 내의 각 분야로 파급된다. 환율이 상승하여 석유가격이 상승하면 자동차 사용을 자제하기 때문에 자동차에 대한 수요가 줄어든다. 자동차 수요가 줄어들면 자동차 생산이 줄어들고, 자동차 생산이 줄어들면 자동차 생산에 필요한 철강, 유리, 타이어 등의 수요와 생산도 줄어든다. 이렇게 되면 경기가 침체되면서 이런 산업에서의 노동수요가 감소하여 임금이 하락한다. 임금이 하락하면 자동차 산업에서의 생산비가 절감되어 자동차 가격이 하락한다.

이렇게 되면 석유가격 인상은 당장에는 자동차 수요를 감소시키지만 나중에는 자동차 가격을 하락시켜 자동차 수요를 증가시키는 효과를 가져올 수도 있다. 이와 같이 경제 내의 각 부문들이 서로 맞물려서 돌아가기 때문에 어떤 한 부문에서의 변화는 그 부문에 직접 영향을 미칠 뿐만 아니라 관련된 다른 부문에도 영향을 미친다. 나중에는 자기 부문에 다시 영향을 미치기도 한다.

자동차 사용과 보완관계에 있는 석유가격의 인상이 당장 자동차 수요에 어떻게 영향을 미치는지를 분석하는 것은 그 한 부문만의 균형에 대한 분석이기 때문에 이를 **부분균형분석(partial equilibrium analysis)**이라고 한다. 그러나 석유가격의 인상이 종합적으로 어떤 결과를 초래하는지를 보기 위해서는 이로 인해 경제 내의 각 부문이 어떻게 변화하는지를 모두 분석해야 한다. 그리고 다른 부문들의 변화를 거쳐 다시 자동차 산업에 그 영향이 돌아오는 간접적인 효과까지도 분석해야 한다. 이와 같이 어떤 한 변수의 변화가 경제 전체의 균형을 종합적으로 어떻게 변화시키고 있는지를 한꺼번에 분석하는 것을 **일반균형분석(general equilibrium analysis)**이라고 한다.

한 소비자가 주어진 소득으로 어떻게 효용을 극대화하는 소비를 하는지 분석하는 것은 부분균형분석이다. 그러나 경제 내에 있는 수많은 소비자가 어떻게 동시에 소비자균형에 도달하는지를 한꺼번에 분석하는 것은 일반균형분석이다. 한 기업이 주어진 여건하에서 어떻게 이윤극대화 생산을 추구하는지 분석하는 것은 부분균형분석이다. 그러나 모든 기업이 어떻게 동시에 생산자균형에 도달하는지를 한꺼번에 분석하는 것은 일반균형분석이다.

2. 교환의 일반균형

교환의 에지워스 상자그림

부분균형에서는 한 소비자의 균형소비에 대해서만 분석한다. 그러나 일반균형분석에서는 모든 소비자가 어떻게 동시에 균형에 달성될 수 있는지를 분석해야 한다. 이러한 일반균형은 수식을 통해서만 분석이 가능하지만 소비자 수를 둘로 한정하면 그래프를 이용하여 간단하게 일반균형의 원리를 살펴볼 수 있다.

여기서는 2명의 소비자가 2개의 상품을 소비하는 가장 간단한 일반균형 모형을 분석한다. 2명에 대한 분석은 수많은 사람에 대한 분석을 대변하는

그림 14-1

소비자 A의 상품 부존점

소비자 A가 가지는 x재와 y재의 양은 F점으로 표시되는데, A가 아무런 교환없이 F점에서 소비하면 효용은 A_1이다.

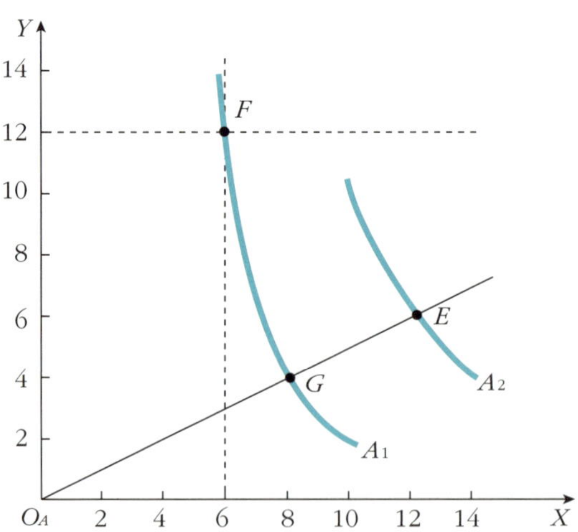

그림 14-2

소비자 B의 상품 부존점

소비자 B가 가지고 있는 x재와 y재의 양은 F점으로 표시되는데, B가 아무런 교환없이 F점에서 소비하면 효용은 B_1이다.

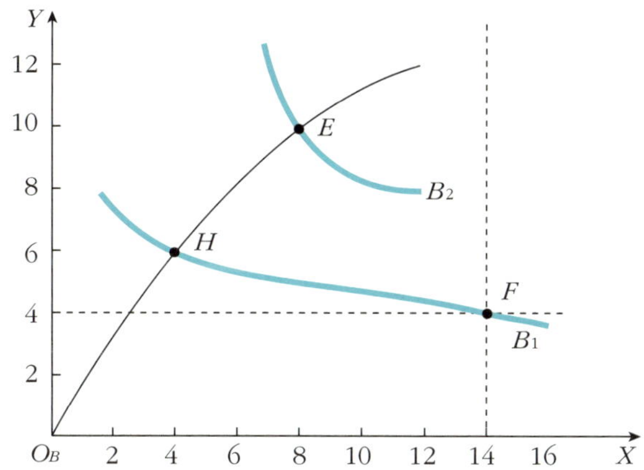

것이기 때문이다. 2명의 소비자는 각각 A와 B라고 둔다. 그리고 2개의 상품은 각각 x재와 y재라고 둔다.

A의 소비원리를 분석하기 위해서는 [그림 14-1]에서와 같은 A의 무차별지도가 필요하다. A_1과 A_2는 소비자 A의 무차별곡선이다. 이 소비자는 x재 6단위와 y재 12단위를 가지고 소비를 시작한다. 따라서 **F점은 소비자 A의 실물소득을 나타내는 부존점(endowment point)**이다. A가 어떠한 교환도 하지 않고 가지고 있는 것을 그대로 소비하면 부존점 F는 동시에 A의 소비점이 되고 이 소비로부터 A는 A_1만큼의 효용을 얻는다.

B의 소비원리를 분석하기 위해서는 [그림 14-2]에서와 같은 B의 무차별지도가 필요하다. B_1과 B_2는 소비자 B의 무차별곡선이다. 이 소비자는 x재 14단위와 y재 4단위를 가지고 소비를 시작한다. 따라서 **F점은 소비자 B의 실물소득을 나타내는 부존점(endowment point)**이다. B가 어떠한 교환도 하지 않고 가지고 있는 것을 그대로 소비하면 부존점 F는 동시에 B의 소비점이 되고 이 소비로부터 B는 B_1만큼의 효용을 얻는다.

그런데 교환의 일반균형을 분석하기 위해서는 소비자 A와 B가 x재와 y재를 서로 교환하여 둘 모두가 효용을 최대화시킬 수 있는 소비자균형에 어떻게 도달해 가는지를 살펴보아야 한다. 이를 위해서는 [그림 14-1]과

사례검토 14.1

소비자에 바가지 씌우는 백화점수수료 30%

추석을 앞두고 오는 김동수 위원장이 11개 유통업체 대표들을 만나 판매수수료 바가지 문제를 논의할 예정이라고 한다. 이에 앞서 정재찬 부위원장이 롯데, 현대, 신세계 등 빅3 백화점 대표들을 불러 수수료율 인하를 독촉했다. 판매수수료란 유통업체가 입점업체에 상품판매 대금을 지급할 때 일정 비율로 제외하는 금액을 말한다.

공정위는 유통업체들이 판매수수료를 낮춰 입점업체들에 1,000억원의 혜택이 돌아가도록 주문했다고 한다. 연매출 30억 원 이하인 중소기업에 대해서는 5%포인트 이상 수수료율을 내리라는 가이드라인까지 제시한 것으로 알려지고 있다.

그러나 유통업계는 공정위 요구가 시장경제원칙을 훼손한다며 수수료율 인하에 반발하는 모양이다. 특히 수수료율을 자신들이 입점업체를 대신해 광고나 홍보, 다양한 판촉행사 등을 벌이는 데 투입한 비용에 대한 대가라는 논리를 펴고 있다.

하지만 유통업체들이 중소업체들에 대한 우월적 지위를 이용해 수수료를 부과하는 것도 정도 문제다. 공정위 자료에 따르면 롯데, 현대, 신세계 등 3대 백화점 판매수수료는 상품군별로 다소 차이가 있긴 하지만 모두 30%를 넘고 있다. 5개 TV홈쇼핑도 대부분 25% 이상이다. 특히 브랜드력이 약하거나 규모가 작은 입점업체일수록 수수료를 더 받는 형국이다.

공룡 유통업체가 사실상 소비자에게 바가지를 씌우는 구조다. 당국은 수수료 수준을 더욱 면밀히 모니터링하고, 불합리한 수수료 인하를 유도해야 한다. 수수료를 투명하게 공개해 입점업체의 유통업체 선택권을 넓히도록 할 필요도 있다. 가장 바람직한 것은 유통업체가 스스로 공생 차원에서 수수료를 내리는 일이다.

(매일경제 〈사설〉, 2011. 9. 3)

[그림 14-2]를 서로 합쳐서 A와 B가 동시에 어떻게 균형에 도달하는지를 살펴보아야 한다.

[그림 14-2]를 180° 회전한 후 이를 [그림 14-1]에 합치면 [그림 14-3]과 같은 상자그림이 도출된다. A는 x재를 6단위, y재를 12단위로 가졌고, B는 x재를 14단위, y재를 4단위 가졌기 때문에 두 그림의 점선 부분이 서로 일치하도록 두 그림을 합쳐야 한다. 이렇게 되면 A와 B가 가진 x재의 총량은 20단위가 되고, y재의 총량은 16단위가 된다. 그리고 [그림 14-3]의 F점은 다른 [그림 14-1]과 [그림 14-2]의 F점으로 완전히 일치한다. 이렇게 도출된 [그림 14-3]을 **교환의 에지워스상자그림(Edgeworth box diagram for exchange)**이라고 한다. [그림 14-3]에서 A에게는 O_A가 원점이 되고 B에게는 O_B가 원점이 된다.

그림 14-3

교환의 에지워스 상자그림

부존점 F에서 소비자 A, B가 서로 교환을 통해 소비점을 G, E, H 중 하나로 옮겨 가면 교환의 일반균형에 도달한다. 곡선 O_AGEHO_B는 교환의 계약곡선이다.

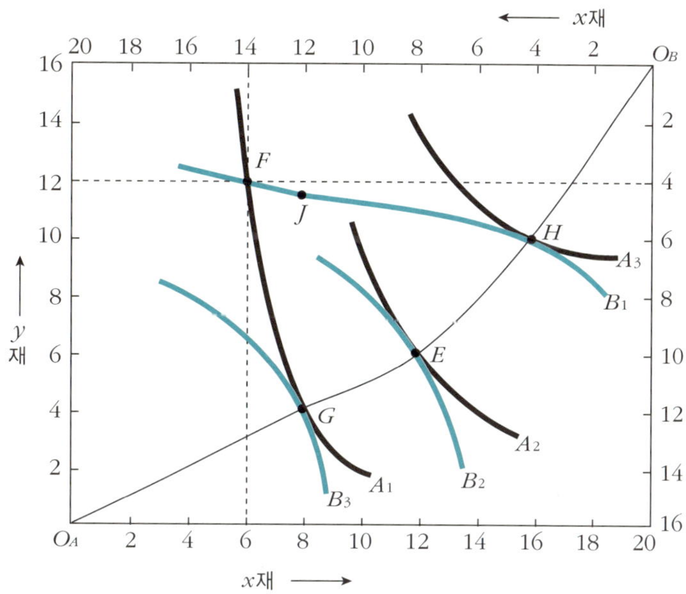

교환의 일반균형과 계약곡선

소비자 A와 B가 각자 본래 가진대로만 소비한다면 부존점 F가 바로 소비점이며 A와 B는 각각 A_1과 B_1만큼의 효용을 얻는다. 그런데 A와 B가 x, y재를 서로 교환하여 소비점을 이동시킨다면 둘 모두가 혜택을 보거나 적어도 한 사람은 혜택을 볼 수 있다. 예컨대 A가 B에게 y재를 8단위 내놓으면서 B로부터 x재를 2단위 받으면 소비점은 F에서 G로 이동한다. 소비점이 F에서 G로 이동하면 A의 효용수준에는 아무런 변화가 없어도 B는 혜택을 본다. B의 효용수준이 B_1에서 B_3로 올라간다. 그러므로 B는 이러한 교환에 적극적으로 나설 것이다. A도 자기효용이 변하지 않기 때문에 이러한 교환에 반대할 이유가 없다.

G점에서는 두 무차별곡선이 서로 접한다. 그러므로 G점에서는 x, y재에 대한 A의 한계대체율(MRS^A_{xy})과 B의 한계대체율(MRS^B_{xy})이 일치한다. 즉, $MRS^A_{xy} = MRS^B_{xy}$.

소비점이 F에서 H로 이동할 때도 한 사람은 혜택을 볼 수 있다. A가 B에게 y재를 2단위 내놓으면서 B로부터 x재를 10단위 받으면 소비점이 F에서 H로 이동하는데 이때는 A가 혜택을 본다. A의 효용은 A_1에서 A_3로 증가한다. 그러므로 A는 이러한 교환에 적극적으로 나설 것이다. B도 자기효용은 그대로 있기 때문에 이러한 교환에 반대할 이유가 없다.

H점에서도 두 무차별곡선은 서로 접한다. 그러므로 H점에서도 x, y재에 대한 A의 한계대체율과 B의 한계대체율이 서로 일치한다.

소비점이 F에서 E로 이동하면 둘 모두가 혜택을 볼 수 있다. A가 B에게 y재를 6단위에 내놓는 대신 B로부터 x재를 6단위 받으면 A, B의 소비점은 F에서 E로 이동하면서 둘 모두의 효용수준이 증가한다. A의 효용은 A_1에서 A_2로 증가하고 B의 효용은 B_1에서 B_2로 증가한다.

E점에서도 두 무차별곡선이 접한다. 그러므로 E점에서도 x, y재에 대한 A의 한계대체율과 B의 한계대체율이 서로 일치한다.

G, E, H점과는 달리 F점에서는 두 소비자의 x, y재에 대한 한계대체율이 일치하지 않고 있다($MRS_{xy}^A \neq MRS_{xy}^B$). F점에서는 두 무차별곡선의 접선의 기울기가 서로 다르다. 이런 상황에서는 두 사람이 서로 교환을 할 여지가 생긴다. 만약 F점에서 A가 효용수준을 같게 유지하면서 x재를 2단위 더 소비하려면 y재를 8단위까지 포기할 의사가 있다(F점에서 G점으로 이동할 때의 한계대체율은 $\frac{8}{2}$). 반면에 이 점에서 B가 효용수준을 같게 유지하면서 A를 위해 x재를 2단위 포기하려면 y재를 0.5단위만 더 얻으면 된다(F점에서 J점으로 이동할 때의 한계대체율은 $\frac{0.5}{2}$). 즉, A는 x재 2개를 얻기 위해 y재 8개까지 포기할 의사가 있는데 B는 x재 2개를 내놓는 대신 y재 0.5개만 얻어도 불만이 없다. 이런 상황에서 A와 B는 기꺼이 교환에 응하려고 할 것이다. 즉, **두 사람 사이에 x, y재의 한계대체율이 다르면 교환이 이루어질 여지가 생긴다.**

그런데 실제로 교환비율이 어떻게 정해질지는 두 사람의 교섭력과 거래수완에 달려 있다. 교환비율이 어떻게 정해지느냐에 따라 누가 더 혜택을 보느냐가 정해진다. 새 소비점이 G점에 가까워지도록 교환비율이 정해지면 교환을 통해 B가 더 큰 혜택을 누린다. B의 무차별곡선이 더 높아지기 때문이다. 반대로 새 소비점이 H점에 가까워지도록 교환비율이 정해지면 교환을 통해 A가 더 큰 혜택을 보게 된다. A의 무차별곡선이 더 높아지기

사례검토 14.2

정유 · 자동차 · 전자산업 독과점 심화

정유, 자동차, 전자제품 등 시장규모가 큰 산업일수록 몇몇 대기업들로의 '쏠림' 현상이 심해지고 있는 것으로 나타났다. 담배, 설탕 등 새로운 기업의 진입 없이 독과점 구조가 오랫동안 유지돼 온 산업분야에선, 소수기업들이 시장지배력을 남용할 가능성도 우려된다.

공정거래위원회가 통계청의 2009년도 '광업 · 제조업 조사' 자료 등을 한국개발연구원(KDI)에 맡겨 분석한 결과를 보면, 승용차(91.9%), 원유 정제처리업(82.3%), 전자집적회로 제조업(85.5%) 등에서 상위 3개사의 시장점유율 합계(CR_3 · 시장집중도)가 지난 2006년보다 각각 2~8%포인트씩 늘어났다. 현대 · 기아자동차, 에스케이에너지와 지에스칼텍스 등 몇몇 대기업들의 시장장악력이 그만큼 더 높아졌다는 뜻이다. 조사대상인 474개 산업의 시장집중도를 평균한 수치도 55.4%로, 2006년(51.6%)보다 상승했다. 이는 산업별 시장규모(출하액)에 가중치를 둬서 평균을 낸 것이다. 공정위 관계자는 "최근 들어 시장규모가 큰 산업에 진출한 대기업들의 독과점화가 더 심해지고 있다"고 말했다.

2005~2009년 독과점구조가 유지된 43개 산업의 시장집중도 평균은 93.6%로, 전년도(92.9%)보다 증가했다. 상위 1개 업체의 시장점유율이 50% 이상이거나 상위 3개사의 점유율 합계가 75% 이상인 경우, 독과점산업에 포함된다. 상위 3개사 점유율이 100%인 맥주, 설탕, 청주, 펄프, 피아노 제조업 등이 대표적이다.

특히 이들 독과점기업들은 이익을 많이 남기면서도, 경쟁이 치열하지 않다는 이유로 연구개발(R&D) 투자에는 소홀한 것으로 조사됐다. 43개 산업의 순부가가치비율은 31.7%로 광업 · 제조업 평균(28.5%)을 웃돌았지만, 연구개발투자비율은 정유 0.15%, 위스키 0.43% 등 평균 1.8%에 불과해 광업 · 제조업 평균(2.4%)에도 못 미쳤다. 이들 산업의 내수집중도는 71.6%로 전체 평균(33.1%)의 두 배 이상이었다. 공정위는 "독과점산업에서 시장지배력 남용이나 불공정거래 행위가 없는지 지속적으로 감시할 것"이라고 밝혔다.

(한겨레신문, 2011. 12. 8)

때문이다.

교환을 거쳐 소비점이 x, y재에 대한 두 소비자의 한계대체율이 일치하는 G, E, H점 등으로 이동해 가면 더 이상 자발적인 교환이 이루어지지 않는다. 교환을 더 하면 적어도 한 쪽은 손해를 보기 때문이다. 따라서 이런 점들에서는 두 소비자 사이에 교환의 균형이 달성되어 있다고 본다. 이러한 균형점들을 연결한 O_AGEHO_B곡선을 **교환의 계약곡선**(contract curve for exchange)이라고 한다. **교환의 계약곡선은 두 소비자의 무차별곡선이 접하면서 x, y재에 대한 두 소비자의 한계대체율이 일치하는($MRS_{xy}^A = MRS_{xy}^B$) 모든 점들을 연결한 곡선이다.** 이 곡선상에서는 교환이 더 이상 이루어질 수 없기 때문에 교환의 일반균형에 도달해 있다고 한다.

계약곡선이 아닌 점에서 계약곡선상으로 이동하면 모든 구성원 또는 적어도 한 구성원은 혜택을 볼 수 있다. 그러나 경제가 일단 계약곡선상에 들어서면 그때부터는 어떤 개별 소비자도 다른 소비자를 해롭게 하지 않고는 결코 자기가 좋아질 수 없다. 이런 상황을 파레토최적(Pareto optimum)이라고 한다. 즉, 파레토 최적 상황에서 다른 곳으로 이동하면 적어도 한 개인은 피해를 보게 된다.

경제 내에는 수많은 소비자와 수많은 상품이 존재한다. 그러므로 경제 전체에서 본 교환의 일반균형은 상품의 어떤 짝에 대해서도 한계대체율이 그 상품을 소비하는 모든 소비자에게 동일해야 달성될 수 있다.

효용가능곡선

[그림 14-3]에서 소비점이 O_A로부터 계약곡선을 따라 O_B로 이동하면 A의 효용은 점점 증가하는 반면 B의 효용은 점점 감소한다. 이 관계는 [그림 14-4]의 $O'_AG'E'H'O'_B$와 같은 곡선으로 그려질 수 있다. 이 곡선을 **효용가능곡선(utility possibility frontier)**이라고 한다.

[그림 14-3]의 O_A점에서는 A의 효용은 0이지만 B의 효용은 최대이다. 이 점은 [그림 14-4]의 O'_A점으로 나타내진다. G점에서는 A의 효용은 A_1이고 B의 효용은 B_3이다. 이 점은 G'점으로 넘어간다. E점에서는 $U_A=A_2$, $U_B=B_2$이고, H점에서는 $U_A=A_3$, $U_B=B_1$이다. E점은 E'점으로 넘어가고

그림 14-4

효용가능곡선

[그림 14-3]의 계약곡선 O_AGEHO_B로부터 $O'_AG'E'H'O'_B$라는 효용가능곡선을 도출할 수 있다.

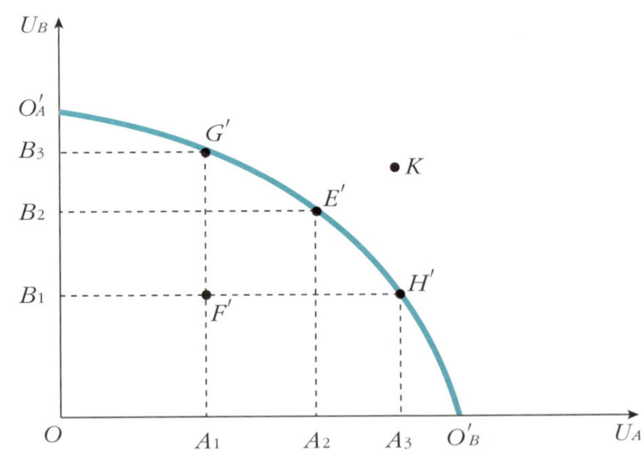

사례검토 14.3

포로수용소에서의 물물교환

제2차 세계대전 중 각국의 포로수용소에서는 포로들 사이에 물물교환이 이루어졌다. 포로들에게는 정부나 적십자사 등으로부터 일정 양의 생필품이 배급되었다. 우유, 설탕, 버터, 초콜릿, 쿠키, 담배, 면도날, 종이 등이 1인당 제한된 양으로 배급되었다.

그런데 포로들은 이런 배급을 받자 마자 자발적으로 자기가 원하는 대로 서로 교환을 해서 사용했다. 개개인은 모두 효용함수가 다르고 필요한 물건이 다르기 때문에 자기가 원하지 않는 상품은 내놓고 원하는 상품은 받아들였다. 담배를 피지 않는 포로는 담배를 내놓고 대신 쿠키를 받았다. 그렇게 함으로써 포로 개개인의 효용은 더욱 증대되었다.

한동안 이런 자발적 교환이 이루어지면 더 이상 교환이 이루어지지 않는 상태에 도달한다. 이 상태는 교환의 균형이 이루어진 상태이다. 이 상태에 도달할 때까지는 어느 누구의 효용도 감소하시 않은 채 모두 또는 일부의 효용이 증가한다. 교환의 균형이 이루어진 상태에서는 두 상품 사이의 한계대체율(*MRS*)이 그 상품을 소비하는 모든 포로에게 동일하다. 이런 상태는 파레토최적 상태이기 때문에 여기서 더 교환이 이루어지면 이제는 적어도 한 사람의 포로는 효용이 줄어들게 된다.

H는 H'점으로 넘어간다. O_B점에서는 A의 효용은 최대인 반면 B의 효용은 0이다. 이 점은 O'_B점으로 나타내진다.

효용가능곡선은 교환의 일반균형이 달성되었을 때 두 소비자가 얻는 효용의 조합을 나타낸다. [그림 14-3]의 F점과 같이 교환의 일반균형이 달성되지 못한 점에서의 효용조합은 [그림 14-4]의 F'점처럼 효용가능곡선의 내부에 존재한다. A의 효용은 A_1이고 B의 효용은 B_1이기 때문이다. 그러나 [그림 14-4]의 K점과 같은 효용조합은 [그림 14-3]에 주어진 x, y재의 부존량으로는 도달할 수 없는 점이다.

3. 생산의 일반균형

생산의 에지워스 상자그림

부분균형분석에서는 한 상품만을 기준으로 균형생산점이 어떻게 달성되는지를 살펴보았다. 그러나 일반균형에서는 수많은 상품이 동시에 생산균형에 도달하는 모습을 살펴보아야 한다. 여기서는 교환의 일반균형분석에

그림 14-5

x재의 생산점

W 점에서 생산이 이루어지면 x재의 생산량은 X_1이다.

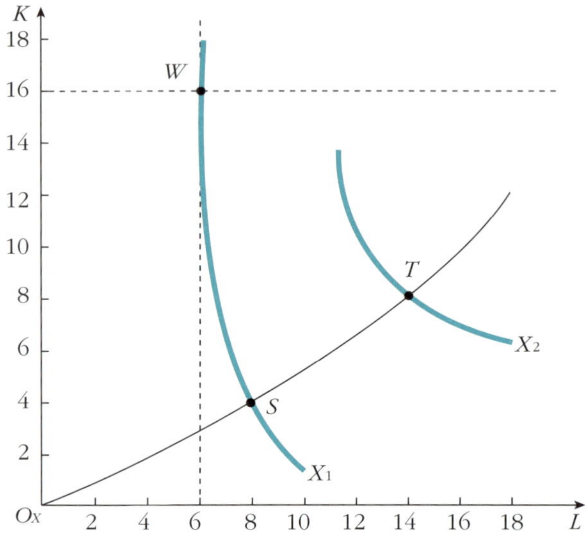

그림 14-6

y의 생산점

W 점에서 생산이 이루어지면 y재의 생산량은 Y_1이다.

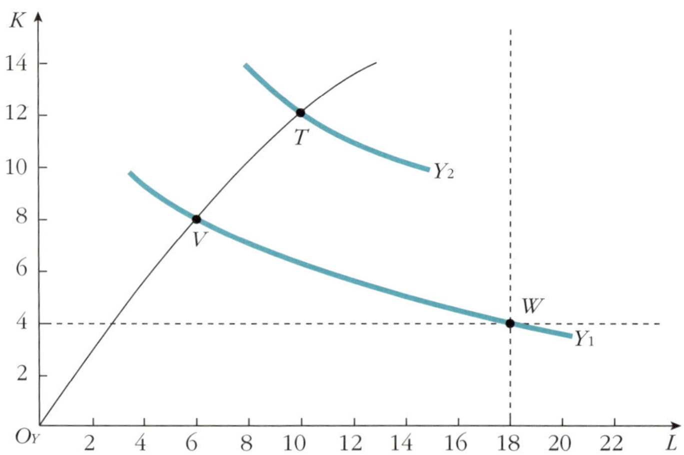

서와 마찬가지로 그래프상에서 분석이 가능하도록 하기 위해 2상품만을 전제로 생산의 일반균형을 분석해 본다. 2상품의 일반균형원리는 그대로 수많은 상품의 일반균형분석으로 확장될 수 있기 때문이다.

이 모형에서도 생산되는 상품은 x재, y재 두 종류이다. 그리고 생산에 필요한 생산요소도 자본(K)과 노동(L) 두 종류이다. 먼저 x재 생산은 [그림 14-5]의 등량곡선으로 분석될 수 있다. X_1, X_2는 x재 생산의 등량곡선이다. W는 x재의 현재 생산점인데 이 점에서는 노동 6단위와 자본 16단위를 사용하여 x재를 X_1만큼 생산하고 있다.

y재 생산은 [그림 14-6]의 등량곡선으로 분석될 수 있다. Y_1, Y_2는 y재 생산의 등량곡선이다. W는 y재의 현재 생산점인데 이 점에서는 노동 18단위와 자본 4단위를 사용하여 y재를 Y_1만큼 생산하고 있다.

생산의 일반균형을 분석하기 위해서는 x재와 y재의 생산이 동시에 균형에 도달하는 모습을 살펴보아야 한다. 이를 위해서는 [그림 14-5]와 [그림 14-6]을 서로 합쳐야 한다.

[그림 14-6]을 180° 회전한 후 이를 [그림 14-5]에 합치면 [그림 14-7]과 같은 상자그림이 도출된다. W점을 기준으로 볼 때 x재 생산에는 노동 6

그림 14-7

생산의 에지워스 상자그림

S, T, V점에서 생산이 이루어지면 $MRTS^x_{KL} = MRTS^y_{KL}$인데 이 조건이 충족되는 점들을 연결하면 생산의 계약곡선이 도출된다.

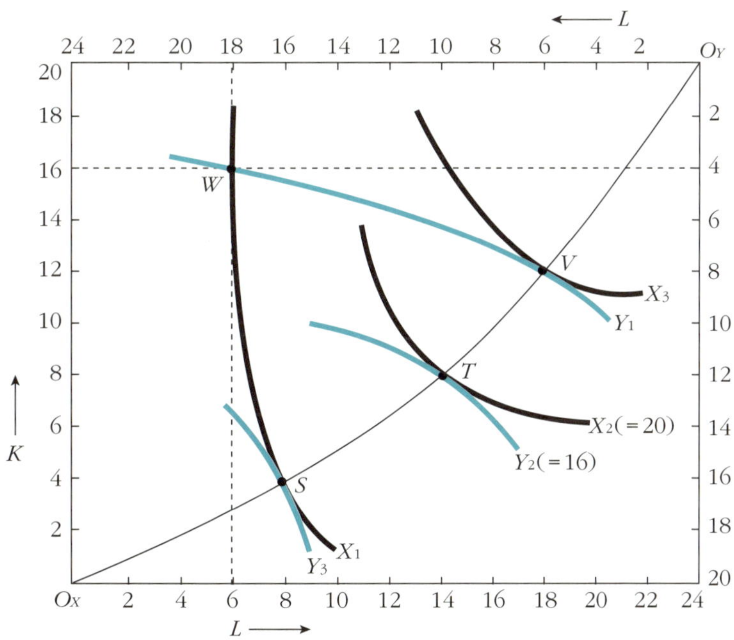

단위와 자본 16단위가 소요되고 있으며, y재 생산에는 노동 18단위와 자본 4단위가 소요되고 있다. 그러므로 x, y재의 생산에 소요되는 노동의 총량은 24단위(6+18)이고, 자본의 총량은 20단위(16+4)이다. 그러므로 두 그림을 합쳐 [그림 14-7]을 도출할 때는 두 그림의 점선 부분이 서로 합치되도록 해야 한다. 이렇게 하면 [그림 14-7]의 W점은 다른 두 그림의 W점과 완전히 일치한다. 이렇게 도출된 [그림 14-7]의 그림을 **생산의 에지워스상자그림**(Edgeworth box diagram for production)이라고 한다.

생산의 일반균형과 계약곡선

[그림 14-7]에서 x, y재 생산에 사용할 수 있는 노동량은 모두 24단위이고, 자본량은 20단위이다. W에서 생산이 이루어지면 이 중 x재 생산에는 노동 6단위와 자본 16단위가 사용되고, y재 생산에는 노동 18단위와 자본 4단위가 사용된다. 그런데 이러한 요소배분은 노동 24단위와 자본 20단위로써 x재와 y재를 최대로 생산할 수 있는 자원배분이 아니다.

생산점을 W에서 S로 이동시키면 x재 생산량은 그대로 유지시키면서 y재 생산량을 Y_1에서 Y_3로 증가시킬 수 있다. 또 생산점을 W에서 V로 이동시키면 y재 생산량은 그대로 유지시키면서 x재 생산량을 X_1에서 X_3로 증가시킬 수 있다. 만약 생산점을 W에서 T로 이동시키면 x, y재 모두의 생산량을 증가시킬 수 있다.

S, T, V점들은 W점보다 적어도 한 상품의 생산량은 더 많은 점이다. 그런데 S, T, V점에서는 두 상품의 등량곡선이 서로 접하기 때문에 x재 생산을 위한 자본과 노동 사이의 기술적 한계대체율($MRTS^x_{KL}$)과 y재 생산을 위한 자본과 노동 사이의 기술적 한계대체율($MRTS^y_{KL}$)이 서로 일치한다. 즉, $MRTS^x_{KL} = MRTS^y_{KL}$이다. 반면에 W점에서는 x재와 y재에 대한 자본과 노동 사이의 한계대체율이 일치하지 않는다.

[그림 14-7]에서 $MRTS^x_{KL} = MRTS^y_{KL}$가 성립되는 모든 점들을 연결한 O_XSTVO_Y곡선을 **생산의 계약곡선**(contract curve for production)이라고 한다. 생산의 계약곡선상에서는 그 경제가 생산의 일반균형에 도달해 있다고 한다. 생산의 계약곡선상에서는 생산점이 한 점에서 다른 점으로 이동하면 한 상품 또는 두 상품 모두의 생산량이 줄어든다. 반면에 계약곡선이 아

사례검토 14.4

균형재정 달성을 위한 몇 가지 전제조건

기획재정부 장관이 어제 경제정책조정회의에서 "내년 예산도 재정의 지속가능성 측면에서 엄격히 검토해 나갈 계획이므로 각 부처에 협조를 당부한다"고 말했다. 이명박 대통령은 이에 앞서 균형재정 달성시기를 2013년으로 앞당기겠다고 했다.

우리나라의 관리대상수지는 2009년 43조 2,000억원 적자(GDP 대비 4.1%)에서 지난해 13조원(GDP 대비 1.1%)으로 적자가 줄었다. 경기호전에 따른 세입 증가 덕분이다. 정부는 당초 중기 재정운용 계획상 적자를 점차적으로 줄여 2014년에 2조 7,000억원 흑자(GDP 대비 0.2%)로 전환할 계획이었다. 하지만 정부가 이 일정을 1년 앞당겼다.

균형재정은 세입을 늘리거나 정부지출을 줄여 달성할 수 있다. 하지만 세입을 늘리는 것은 쉽지 않다. 정부와 여당이 감세안을 일부 수정한다고 하더라도 성장률 둔화라는 복병이 존재하고 있다. 정부는 올해 성장률 목표를 당초 5%에서 4%로 이미 낮췄고, 상당수 민간연구소들은 내년에도 4%대에 머물 것으로 보고 있다. 성장률이 낮아지면 그만큼 세입이 줄 수밖에 없다.

균형재정 달성은 결국 정부 씀씀이를 줄이는 게 관건이다. 그러나 지난달 각 부처가 기재부에 제출한 2012년 예산 요구 합계액은 332조 6,000억원으로 전년의 309조 1,000억원보다 7.6% 늘어났다. 과거 5년간 연평균 증가율 6.9%를 웃도는 것이다. 2010~2014년 중기재정계획상의 324조 8,000억원을 7조 8,000억원 웃돈다.

내년 총선과 대선을 앞두고 정치권의 개발공약 남발부터 차단해야 한다. 4대강 사업이나 세종시, 과학벨트 등과 같은 대규모사업을 또 벌이겠다고 해선 곤란하다. 평창 동계올림픽 준비에 대규모 예산 투입이 불가피하다. 이런 판에 한나라당 대표가 동남권 신공항을 다시 추진하겠다고 하니 도대체 돈 나올 곳은 생각이나 하는지 모르겠다. 대권주자들이 무분별한 개발공약을 하지 않겠다는 선언이라도 해야 한다. 포퓰리즘적 복지예산 삭감은 물론이다. 표만 의식한 정치인들의 행태는 국민이 심판해야 한다.

(매일경제 〈사설〉, 2011. 8. 18)

닌 점에서 계약곡선상으로 이동하면 모든 재화 또는 한 재화의 생산량은 증가할 수 있다. 이처럼 **경제가 일단 계약곡선상에 들어서면 그때부터는 어떤 재화도 다른 재화의 생산량을 감소시키지 않고는 자기의 생산량을 증가시킬 수 없다.** 이런 상황을 **파레토최적(Pareto optimum)**이라고 한다. 생산에 있어서는 파레토최적으로부터 다른 곳으로 이동하면 적어도 한 재화의 생산량은 줄어든다.

한 경제에서는 여러 가지 생산요소로 수많은 상품이 생산된다. 그러므로 경제 전체에서 본 생산의 일반균형은 어떤 한 짝의 생산요소에 대해서도 그 요소 사이의 기술적 한계대체율이 그 요소로 생산되는 모든 상품에 대해 동일해야 달성될 수 있다.

생산가능곡선

[그림 14-7]에서 생산점이 O_X로부터 계약곡선을 따라 O_Y로 이동하면 x재의 생산량은 증가하는 반면 y재의 생산량은 점점 감소한다. 이 관계는 [그림 14-8]의 $O'_XS'T'V'O'_Y$와 같은 곡선으로 그려질 수 있다. 이 곡선을 **생산가능곡선(production-possibilities frontier)**이라고 한다.

[그림 14-7]의 O_X점에서는 x재의 생산량은 0이지만 y재의 생산량은 최대이다. 이 점은 [그림 14-8]의 O'_X점으로 나타내진다. S점에서는 x재의 생산량은 X_1이고 y재의 생산량은 Y_3이다. 이 점은 S'점으로 넘어간다. T점에서는 $X=X_2$, $Y=Y_2$이고, V점에서는 $X=X_3$, $Y=Y_1$이다. T점은 T'점으로 넘어가고 V점은 V'점으로 넘어간다. O_Y점에서는 x재의 생산은 최대인 반면 y재의 생산은 0이다. 이 점은 O'_Y점으로 나타내진다.

생산가능곡선은 **전환곡선(transformation curve)**이라고도 한다. 이 곡선을 따라 이동하면 생산요소를 한 재화의 생산에서 다른 재화의 생산으로 전환하기 때문이다. **생산가능곡선은 그 경제가 주어진 생산기술하에서 주어진 양의 자원인 자본(K)과 노동(L)을 가장 잘 활용했을 때 생산 가능한 x재와 y재의 최대생산량을 나타내는 곡선이다. 생산의 계약곡선은 생산의 일반균형을 나타내는데 생산가능곡선은 생산의 계약곡선을 따라 도출되기 때문에 생산가능곡선도**

그림 14-8

생산가능곡선

[그림 14-7]의 S, T, V점에 상응하는 x, y재의 생산량은 S', T', V'점이다. 이런 점을 연결한 곡선 $O'_XS'T'V'O'_Y$를 생산가능곡선이라고 한다.

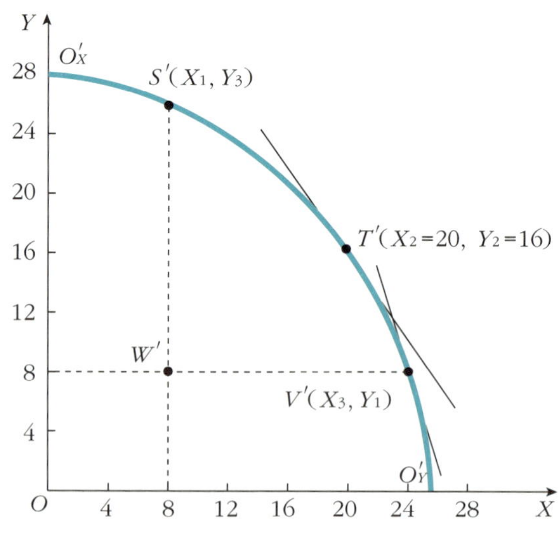

생산의 일반균형을 나타낸다.

생산가능곡선의 안쪽에 존재하는 점은 자원이 최대로 활용되지 못한 생산점을 나타낸다. [그림 14-8]의 W'점은 [그림 14-7]의 W에 상응하는 점으로서 이 점에서는 자본과 노동이 효율적으로 활용되지 못하고 있다. x재는 X_1만 생산되고, y재는 Y_1만 생산되고 있다. 이 점에서는 자본과 노동을 재배분하면 두 재화 모두의 생산량을 증가시키나 적어도 한 재화의 생산량은 증가시킬 수 있다. 생산요소를 재배분하여 생산점을 W'에서 T'로 이동시키면 x, y재 모두의 생산량이 증가한다. 또 생산점을 W'에서 V'로 이동시키면 y재 생산은 그대로 유지시키면서 x재 생산량을 증가시킬 수 있고, S'로 이동시키면 x재 생산량을 그대로 유지시키면서 y재 생산량을 증가시킬 수 있다.

생산이 일단 생산가능곡선상에서 이루어지면 이때는 한 상품의 생산을 증가시키기 위해서는 다른 상품의 생산을 희생시켜야 한다. 예컨대 생산점을 S'에서 T'로 이동시키면 x재 생산을 증가시키기 위해 y재 생산을 감소시켜야 한다. 어떤 한 생산점을 기준으로 **x재를 한 단위 더 생산하기 위해 포기해야 하는 y재의 양을 y재에 대한 x재의 한계전환율(marginal rate of transformation of x for y: MRT_{XY})**이라고 한다. [그림 14-8]의 생산점 T'에서는 접선의 기울기가 한계전환율이 되는데 이 값은 $\frac{3}{2}$이다. 이것은 T'점을 기준으로 x재를 1단위 더 생산하려면 y재 $\frac{3}{2}$단위 생산에 필요한 자본과 노동량을 y재 생산에서 x재 생산으로 전환시켜야 한다는 의미이다. 이것은 x재 생산의 **기회비용(opportunity cost)**이기도 하다.

y재에 대한 x재의 한계전환율은 y재의 한계생산비에 대한 x재의 한계생산비의 비율과도 일치한다. 즉, $MRT_{XY} = \frac{MC_X}{MC_Y}$이다. [그림 14-8]의 T'점에서는 x재를 1단위 추가 생산하기 위해 y재를 $\frac{3}{2}$단위 포기해야 한다. 이것은 y재의 1단위 추가 생산에는 1원이 소요되지만 x재의 1단위 추가 생산에는 $\frac{3}{2}$원이 소요된다는 것을 의미한다. 즉, $MC_X = \frac{3}{2}$, $MC_Y = 1$이다. 그러므로 $MRT_{XY} = \frac{MC_X}{MC_Y} = \frac{3}{2}$이다.

[그림 14-8]에서 생산점이 $S' \rightarrow T' \rightarrow V'$로 이동함에 따라 절대값으로 표시한 MRT_{XY}는 점점 증가하고 있다. 즉, **y재 생산을 줄이면서 x재 생산을 점**

사례검토 14.5

휴대폰 요금인하폭 훨씬 더 늘려라

SK텔레콤이 지난주 통신료 인하 계획을 발표한 데 이어 KT와 LGU+도 조만간 인하 계획을 밝힐 예정이다. 지난 3월 초 방송통신위원회와 기획재정부 등 정부 관계자와 민간 전문가 등으로 구성된 태스크포스(TF)가 정치권, 업계 등과 조율을 거쳐 통신료 인하를 유도했다고 하나 SK텔레콤이 밝힌 내용을 보면 매우 실망스럽다.

SK텔레콤은 기본료 월 1,000원 인하와 문자메시지 월 50건 무료 제공, 음성 · 데이터 이용량 등을 소비자가 정하는 맞춤형 요금제 도입 등을 통해 1인당 연 2만 8,000원(4인 가구 11만 4,000원)씩 통신료를 절감할 수 있을 것으로 보고 있다. 이렇게 해서 소비자에게 연간 7,480억원을 되돌려 주겠다는 것이다.

그런데 하나하나 뜯어보면 실효성에 의문이 제기된다. 문자메시지 월 무료 사용 50건도 '카카오톡'과 같은 무료 메시지를 많이 쓰는 추세고 노년계층은 문자 자체를 거의 쓰지 않는다. 모듈형 요금제 도입 같은 것도 뭘 어떻게 하겠다는 것인지, 기존 가입자는 어떻게 하겠다는 것인지 혼란스럽다.

이런저런 것들을 소비자들이 최대한 사용할 것을 가정해서 7,480억원을 돌려준다는 SK텔레콤 측 발표는 자칫 숫자놀음일 수 있고, 소비자에겐 연간 기본료 1만 2,000원 인하밖에 돌아간 게 아무것도 없을지도 모른다. 스마트폰 가입자 수가 지난해 1월 103만 명에서 올 3월 1,038만 명으로 급증하고 데이터 이용량도 폭증함에 따라 가계 통신비, 특히 이동통신비 지출이 급증하고 있다. 지난해 가계통신비 월 14만 2,480원 중 이동통신비 비중은 74.8%에 달했다. 2007년 66.6%에서 크게 높아졌다.

그렇다면 이동통신 요금을 보다 파격적으로 인하해야 한다. 통신사들은 LTE 등 신규 투자를 위해 재원이 필요하다며 기본료 인하에 소극적이다. 그러나 지난해 6조 5,200억원에 달하는 막대한 마케팅 비용을 절감하고, 이미 축적된 이익을 활용한다면 투자재원 마련이 그다지 어렵지 않을 것이다. 지난해 통신 3사 매출액 22조 8,700억원 중 38%인 8조 7,000억원이 소비자 주머니에서 나온 기본료다. 아직 더 돌려줄 여지가 많다.

정부는 재판매사업자(MVNO)에 대해 시장진입을 조속히 허용해 과점구도를 깨고 가격경쟁이 활성화하도록 해야 한다.

(매일경제 〈사설〉, 2011. 6. 7)

점 증가시키면 y재의 한계생산비(MC_Y)는 감소하는 반면 x재의 한계생산비(MC_X)는 점점 증가한다. 이것은 생산가능곡선이 원점을 향해 오목하게 된다는 것을 나타낸다.

4. 생산과 교환의 일반균형

경제활동에서는 생산과 교환이 동시에 이루어진다. 그러므로 생산과 교환이 동시에 일반균형에 도달하는 모습을 분석해야 한다. 이를 위해서는 교환의 일반균형분석과 생산의 일반균형분석을 서로 결합시켜야 한다.

[그림 14-9]는 생산과 교환이 동시에 일반균형에 도달하는 모습을 보여준다. 분석의 편의를 위해 지금까지 해 왔던 것처럼 경제 내에서는 자본(K)과 노동(L)이라는 두 가지 생산요소를 사용해서 x재와 y재라는 두 가지 재화를 생산하고 이를 A와 B라는 두 사람이 소비한다고 가정한다.

[그림 14-9]는 [그림 14-8]의 생산가능곡선을 그대로 다시 그린 것이다. 여기서는 이 사회가 x재 20단위와 y재 16단위를 생산하고 있을 때의 생산과 교환의 일반균형을 분석하고 있다. 이때 생산가능곡선상의 생산점은 T'점이다. 이 사회에는 x재 20단위와 y재 16단위가 존재하는데 이를 A와 B가 소비한다. O점을 소비자 A의 소비원점(O_A)으로 두고, T'점을 소비자 B

그림 14-9

생산과 교환의 일반균형

T'점에서는 $MRTS^x_{KL} = MRTS^y_{KL}$가 충족되고, E점과 T'점에서는 $MRT_{xy} = MRS^A_{xy} = MRS^B_{xy}$가 충족되기 때문에 이 점들에서는 생산과 교환의 일반균형이 동시에 충족되고 있다.

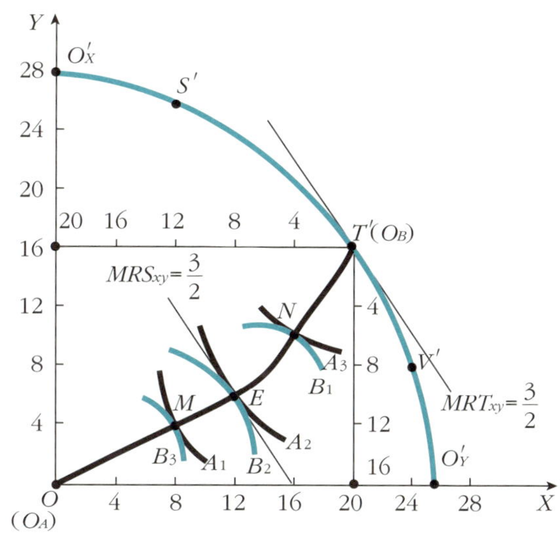

의 소비원점(O_B)으로 두면 x, y축과 T'점에서 양축에 내린 직선으로 둘러싸인 하나의 4각형($O_A \rightarrow 20 \rightarrow O_B \rightarrow 16 \rightarrow O_A$)을 그릴 수 있고, 이 4각형을 교환의 에지워스상자그림으로 만들 수 있다.

소비자 A와 B가 교환의 일반균형이 충족되도록 x재와 y재를 나누어 소비하면 $OMENT'$를 연결하는 교환의 계약곡선이 도출된다. A와 B가 계약곡선상의 어느 점에서 소비하든 교환의 일반균형은 달성된다. 그리고 생산가능곡선상의 모든 생산점은 생산의 일반균형이 달성되는 점이기 때문에 T'점에서도 생산의 일반균형이 된다. 그러나 생산과 교환이 동시에 일반균형에 도달하기 위해서는 x, y재에 대한 T'점에서의 한계전환율(MRT_{xy})이 소비자 A, B 모두의 x, y재에 대한 한계대체율과 일치해야 한다($MRT_{xy} = MRS^A_{xy} = MRS^B_{xy}$). 이 조건이 충족되는 A, B의 소비점은 [그림 14-9]의 E점이다.

사회가 T'점에서 x, y재를 생산하고, A와 B가 E점에서 x, y재를 소비하면 아래 조건이 충족되면서 이 경제는 생산과 교환의 일반균형에 도달한다.

$$MRT_{xy} = MRS^A_{xy} = MRS^B_{xy}$$

즉, T'점에서의 접선의 기울기와 E점에서의 접선의 기울기가 일치하도록 생산과 소비가 이루어지면 생산과 교환의 일반균형이 달성된다. 이 점에서는 사회가 x재를 한 단위 더 생산하기 위해 기꺼이 포기하고자 하는 y재의 양(MRT_{xy})이 각 소비자가 x재를 한 단위 더 소비하기 위해 기꺼이 포기하고자 하는 y재의 양($MRS^A_{xy} = MRS^B_{xy}$)과 일치한다. [그림 14-9]에서는 이 값들이 $\frac{3}{2}$이다.

경제가 [그림 14-9]에서와 같이 생산과 교환의 일반균형에 도달해 있으면, 그 사회는 x재와 y재를 각각 20단위(=X_2)와 16단위(=Y_2)를 생산한다. 생산이 이렇게 이루어지면 [그림 14-7]에서 보는 것처럼 사회는 24단위의 총노동 중 14단위를 x재 생산에 사용하고 나머지 10단위를 y재 생산에 사용한다. 그리고 20단위의 총자본 중 8단위를 x재 생산에 사용하고 나머지 12단위를 y재 생산에 사용한다. 또 [그림 14-9]에서 보는 것처럼 생산된

20단위의 x재를 A가 12개 소비하고 B가 8개 소비한다. 생산된 16단위의 y재는 A가 6개, B가 10개 소비한다. 이러한 생산과 교환의 일반균형을 종합적으로 정리하면 아래와 같다.

$$X_A(12) + X_B(8) = 20 = X$$
$$Y_A(6) + Y_B(10) = 16 = Y$$
$$K_X(8) + K_Y(12) = 20 = K$$
$$L_X(14) + L_Y(10) = 24 = L$$

중요내용요약

14.01 **부분균형분석**(partial equilibrium analysis)과 **일반균형분석**(general equilibrium analysis) : 경제의 한 부문에서 달성되는 균형만을 분석하는 것은 부분균형분석이고, 경제를 구성하는 모든 부문에서 동시에 균형이 이루어지면서 경제 전체가 균형에 도달하는 현상을 분석하는 것은 일반균형분석이다.

14.02 **에지워스상자그림**(Edgeworth box diagram) : 교환이나 생산에 있어서 두 부문의 균형을 한꺼번에 분석하기 위해 두 부문의 그래프를 합쳐 사각형을 만들어 둔 그림

14.03 **교환의 일반균형** : 모든 소비자에게 있어서 두 상품의 한계대체율(MRS)이 일치하는 균형 $MRS^A_{xy} = MRS^B_{xy} = \cdots$

14.04 **효용가능곡선**(utility possbility frontier) : 교환의 일반균형으로부터 도출한 두 소비자 효용의 조합. 두 소비자가 달성할 수 있는 최대 효용의 조합

14.05 **생산의 일반균형** : 모든 상품에 있어서 두 요소의 기술적 한계대체율($MRTS$)이 일치하는 균형. $MRTS^x_{KL} = MRTS^y_{KL} = \cdots$

14.06 **생산가능곡선**(production possibility frontier) : 생산의 일반균형으로부터 도출한 두 상품 산출량의 조합. 두 상품이 생산될 수 있는 최대 산출량의 조합

14.07 **계약곡선**(contract curve) : 에지워스상자그림에서 교환의 일반균형이나 생산의 일반균형의 궤적

14.08 **파레토최적**(Pareto optimal) : 어느 한 쪽을 해롭게 하지 않고는 어느 쪽도 혜택을 볼 수 없게 되는 상황. 계약곡선상의 점은 모두 파레토최적

14.09 **한계전환율**(marginal rate of transformation : MRT) : 생산가능곡선을 따라 한 상품의 생산량을 증가시키면 다른 상품의 생산량은 줄여야 하는데, 이때 줄인 상품의 생산량과 늘린 상품의 생산량의 비율이 MRT이고, 이는 생산가능곡선에 대한 접선의 기울기와 일치한다.

14.10 **생산과 교환의 일반균형** : $MRT_{xy} = MRS^A_{xy} = MRS^B_{xy}$

연/습/문/제

14.01 x, y재에 대한 에지워스상자그림에서 소비자 A, B의 x, y재에 대한 MRS가 서로 일치하지 않으면 두 소비자는 x, y를 서로 교환하려고 하는데 그 이유는 무엇인가?

14.02 두 상품의 생산함수가 똑같다면 생산가능곡선의 모양은 어떻게 될까?

14.03 노동력이 증가하면 생산의 계약곡선과 생산가능곡선은 어떻게 변할까?

14.04 $MRT_{xy}=\frac{3}{2}$이고 소비자 A와 B 모두에 대해 $MRS_{xy}=2$이면 생산과 교환의 동시균형에 도달하기 위해서는 x, y재의 생산량은 어떻게 조정해야 하는가?

14.05 소비자 A의 무차별곡선 A_1, A_2, A_3와 소비자 B의 무차별곡선 B_1, B_2, B_3가 다음 표와 같이 주어져 있다. A와 B가 소비할 수 있는 x재의 총량은 140개이고 y재의 총량은 90개이다.

A의 무차별곡선

A_1		A_2		A_3	
X	Y	X	Y	X	Y
30	70	50	60	60	75
40	30	60	40	80	60
60	10	80	30	95	55

B의 무차별곡선

B_1		B_2		B_3	
X	Y	X	Y	X	Y
70	20	60	40	80	40
20	30	40	50	60	60
10	40	30	70	55	80

a. 교환의 균형을 보기 위한 에지워스상자그림을 그리시오.

b. 교환의 계약곡선을 도출하시오.

CHAPTER 15

후생경제학

1. 파레토최적을 위한 한계조건
2. 대효용가능곡선
3. 사회후생함수와 사회후생의 극대화
4. 사회정책의 기준

학습목표

미시경제학의 궁극적 목표는 개별 경제주체의 경제활동이 가장 효율적으로 이루어지면서 개별 경제주체들이 골고루 잘 살게 되는 상태를 달성시키는 것이다. 이를 위해서는 먼저 이런 상태가 어떤 상태인지 찾아야 하는데 제15장에서는 이런 상태를 찾는 작업을 하고 있다. 경제적 효율성(efficiency)이 달성되면서 사회후생의 극대화라는 형평성(equity)이 달성되기 위해서는 어떤 조건이 충족되어야 하는지를 찾아내는 것이 제15장의 내용이다. 그리고 이 조건이 충족되는 점의 제반특성에 대해서도 살펴본다. 이 조건이 충족되는 점은 과연 달성 가능한가, 또 어떻게 달성될 수 있는가 등이 제15장에서 살펴볼 내용들이다.

제15장을 공부한 후에는 다음 물음에 답할 수 있어야 한다.

1. 모든 생산자와 소비자가 가장 효율적으로 행동한다면 어떤 조건이 충족되어질까?
2. 모든 시장이 완전경쟁적이라면 사회후생이 극대화될 수 있을까?
3. 사회구성원 중 일부의 후생은 증가하는데 다른 구성원의 후생은 불변이라면 그 사회 전체의 후생은 어떻게 변할까?
4. 사회구성원 중 일부의 후생은 증가하는데 다른 구성원의 후생은 감소하면 그 사회 전체의 후생은 어떻게 변할까?

1. 파레토최적을 위한 한계조건

후생경제학(welfare economics)에서 다루는 주요 주제는 생산과 교환에서의 경제적 효율성(economic efficiency)과 소득분배에서의 형평성(equity)이다. 그런데 소득분배에서의 형평성은 가치판단을 어떻게 하느냐에 따라 그 기준이 달라지기 때문에 객관적으로 인정되는 형평성의 조건을 정의하기가 쉬운 일이 아니다. 그러나 생산과 교환에서의 경제적 효율성은 이미 제14장에서 논의한 것처럼 이를 위한 객관적인 조건을 정의할 수 있다.

이 조건은 교환에서의 일반균형, 생산에서의 일반균형, 그리고 생산과 교환에서의 동시적인 일반균형이다. A와 B라는 2명의 개인이 자본(K)과 노동(L)이라는 2가지 생산요소로 x재와 y재를 생산하여 교환하는 경제에서 교환의 일반균형조건은

$$MRS_{xy}^{A} = MRS_{xy}^{B} \tag{15.1}$$

이고, 생산의 일반균형조건은

$$MRTS_{KL}^{x} = MRTS_{KL}^{y} \tag{15.2}$$

이고, 생산과 교환의 동시적인 일반균형조건은

$$MRT_{xy} = MRS_{xy}^{A} = MRS_{xy}^{B} \tag{15.3}$$

이다.

이 조건들은 이미 제14장에서 자세히 논의되었는데 이를 **경제적 효율성과 파레토최적(Pareto optimality)을 위한 한계조건**이라고 한다. 이 조건들은

한계대체율(*MRS*), 기술적 한계대체율(*MRTS*), 한계변환율(*MRT*) 등에 의해 정의되기 때문에 **한계조건**이라고 한다. 경제적 효율성이 달성된 상태를 파레토최적이라고 하는데 "어떤 개인에게 피해를 주지 않고는 구성원 중 어느 누구도 혜택을 볼 수 없는 상황에 들어 있는 생산과 교환의 일반균형 상태"를 파레토최적이라고 정의한다. 즉, 파레토 최적상태는 경제적 효율성이 달성된 상태이다.

만약 생산점이나 교환점의 변경을 통해 구성원 중 어느 누군가가 혜택을 보는데 이로 인해 어느 누구도 피해를 보지 않는다면 이런 상태는 파레토최적이 아니다. 파레토최적이 아닌 상태에서는 어느 누구의 저항도 받지 않으면서 그 상황을 바꾸어서 사회후생을 개선시킬 수 있다. 파레토최적이 아닌 상태에서는 어느 누구에게 피해를 주지 않으면서 구성원 모두 또는 일부에게 혜택이 가도록 할 수 있기 때문이다.

그런데 파레토최적이 아닌 상태로부터 파레토최적 상태로 일단 이동하고 나면 그때부터는 어떠한 변경도 저항을 받게 된다. 파레토최적 상태에서는 어느 누군가를 이롭게 하는 변경이 다른 누군가를 해롭게 하기 때문이다.

그러므로 파레토최적이 아닌 상태에서는 사회후생이 결코 극대화될 수 없다. 이런 상태에서는 어느 누구에게도 해를 끼치지 않고 구성원 일부 또는 전부를 이롭게 하면서 사회후생을 증대시킬 수 있기 때문이다. 따라서 사회후생이 극대화되는 상황은 파레토최적 상태 중의 어느 하나일 수밖에 없다. **파레토최적 상태가 모두 사회후생이 극대화되는 것은 아니지만 사회후생이 극대화되는 점에서는 파레토최적이 달성되기 때문에 파레토최적은 사회후생 극대화를 위한 필요조건이다. 따라서 식 (15.1, 2, 3)은 경제적 효율성과 파레토최적을 위한 한계조건인데 이는 사회후생 극대화를 위한 필요조건이 된다.**

2. 대효용가능곡선

제14장의 [그림 14-9]에서 E점은 교환의 일반균형이 충족되는 점이다. 이 점에서는 소비자 A와 B의 무차별곡선이 서로 접하면서 $MRS^A_{xy} = MRS^B_{xy}$가 충족되기 때문이다. 그리고 [그림 14-9]의 T'점은 [그림 14-7]의 T점에 대응하는 점이다. 이 점에서는 $MRTS^x_{KL} = MRTS^y_{KL}$조건이 충족되기 때문에 생산의 일반균형이 충족된다. [그림 14-9]의 E점과 T'점은 $MRS^A_{xy} = MRS^B_{xy} = MRT_{xy}$조건을 동시에 충족시키기 때문에 교환과 생산의 동시적 일반균형을 충족시키는 점이다. 그러므로 [그림 14-9]의 E점과 T'점은 사회후생 극대화를 위한 한계조건을 모두 충족시키고 있다.

[그림 14-9]의 $OMENT'$는 교환의 계약곡선인데 이 곡선을 따라서는 [그림 15-1]의 $GT''H$와 같은 하나의 효용가능곡선이 도출된다. 그런데 이 효용가능곡선상의 T''점은 [그림 14-9]의 E점에 대응하는 점이다. 즉, T''점에서는 E점에서처럼 A의 한계효용은 A_2이고 B의 한계효용은 B_2이다. 그러므로 T''점은 효용가능곡선 $GT''H$ 중에서도 사회후생 극대화를 위한 한계

그림 15-1

대효용가능곡선

$QS''T''W$를 연결한 곡선은 사회후생 극대화를 위한 3가지 한계조건이 모두 충족되는 점들을 연결한 곡선이다.

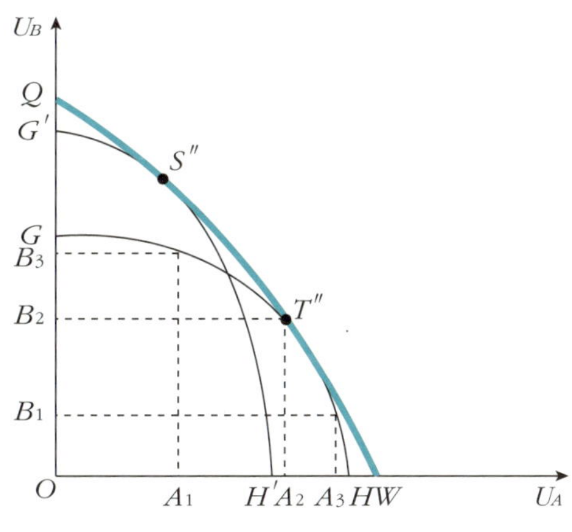

조건을 모두 충족시키는 점이다.

생산이 [그림 14-7]의 S점에서 이루어진다면 이 점과 대응되는 생산가능곡선상의 점은 [그림 14-9]의 S'이다. 이 점에서는 $MRTS^x_{KL} = MRTS^y_{KL}$가 충족되기 때문에 생산의 일반균형이 충족된다. 그런데 [그림 14-9]의 S'점을 기준으로 하나의 에지워스상자그림을 그리면 O점과 S'점을 연결시키는 교환의 계약곡선이 도출된다. 이 계약곡선상에서는 $MRS^A_{xy} = MRS^B_{xy}$라는 교환의 일반균형조건이 충족되기 때문에 이 계약곡선을 따라서는 [그림 15-1]의 $G'S''H'$과 효용가능곡선이 도출된다.

[그림 14-9]의 O점과 S'점을 연결하는 계약곡선상에는 S'점에서의 MRT_{xy}와 MRS^A_{xy} 및 MRS^B_{xy}가 일치하는 한 점이 존재한다. 이 점에서는 생산과 교환의 동시적 일반균형이 모두 충족된다. 그런데 이 점은 [그림 15-1]의 효용가능곡선인 $G'S''H'$상의 S''점에 대응한다. 그러므로 [그림 15-1]의 S'' 점은 사회후생 극대화를 위한 한계조건이 모두 충족되는 또 하나의 점이다.

[그림 14-9]의 생산가능곡선을 따라 이런 과정을 되풀이 하면 [그림 15-1]에 무수히 많은 효용가능곡선을 도출할 수 있으며, 각 효용가능곡선마다 사회후생 극대화를 위한 한계조건이 모두 충족되는 점을 찾아 이 점들만을 연결시킨 새로운 곡선을 도출할 수 있다. 즉, [그림 15-1]에서 S''와 T'' 같은 점들을 모두 찾아 이런 점들만을 연결하면 $QS''T''W$와 같은 하나의 새로운 효용가능곡선이 도출되는데 이를 **대효용가능곡선(grand utility**

사례검토 15.1

계획경제에서의 경제적 효율성

모든 시장이 완전경쟁이라면 경제적 효율성(economic efficiency)의 3가지 한계조건은 자동적으로 충족된다. 그러나 시장경제가 아닌 중앙계획경제에서는 시장가격에 의해 자원배분이 이루어질 수 없다. 중앙계획경제에서는 정부가 모든 생산수단을 소유하고 있으며 가격제도가 제대로 작동하지 않기 때문이다. 이런 경우에는 경제적 효율성이 어떻게 달성될 수 있을까?

Abba Lerner(The Economics of Control, New York : Macmillan, 1944)는 정교한 컴퓨터를 이용하여 정부가 완전경쟁시장하에서와 똑같은 일반균형을 만들어 낼 수 있다고 하였다. 이때는 정부가 먼저 가격을 설정하고 그 다음에 소비자나 기업으로 하여금 이 가격하에서 자기의 효용 및 이윤을 극대화하도록 허용한다는 것이다. 이렇게 하면 그 경제는 완전경쟁하에서와 똑같이 경제적 효율성을 극대화시킬 수 있다고 하였다.

possibility frontier)이라고 한다. **대효용가능곡선은 사회후생 극대화를 위한 한계조건이 모두 충족되는 점이다. 그러므로 이 곡선은 경제적 효율성이 달성되는 모든 점을 연결한 곡선이 된다.**

3. 사회후생함수와 사회후생의 극대화

사회후생함수와 사회무차별곡선

사회후생은 사회구성원 개개인의 후생수준에 의해 정해진다. 소비자 A와 B로 구성된 사회에서의 사회후생은 A의 후생수준과 B의 후생수준에 의해 결정되기 때문에 **사회후생함수**(social welfare function)는

$$W = f(U_A, U_B) \tag{15.4}$$

로 표현할 수 있다. W는 사회 전체의 후생수준이고, U_A 및 U_B는 각각 A와 B의 후생수준을 나타낸다.

식 (15.4)에서 U_A와 U_B 중 어느 하나 또는 U_A와 U_B 모두가 증가하면 사회후생 W가 증가하는 것은 틀림없다. 반대로 U_A와 U_B 중 어느 하나 또는 U_A와 U_B 모두가 감소하면 사회후생 W가 감소하는 것도 틀림없다. 그런데 U_A와 U_B 중 하나는 증가하고 다른 하나는 감소할 때는 사회후생이 어떻게 변하는지 판단하기 어렵다. 예컨대 A의 효용은 증가하고 B의 효용은 감소했다면, A는 사회후생이 증가했다고 단정할 것이고, B는 사회후생이 감소했다고 단정할 것이다. 이때 누구의 의사에 따라 사회후생의 변화 방향을 결정지을지는 쉬운 일이 아니다. 독재사회에서는 독재자의 판단에 의해 사회후생의 변화방향이 정해질 것이다.

그럼에도 불구하고 식 (15.4)와 같은 사회후생함수가 어떤 구체적 함수 형태로 설정될 수 있다면 **사회무차별곡선**(social indifference curves)이 도출될 수 있다. 구체적 함수 형태의 사회후생함수가 설정되면 사회구성원

그림 15-2

사회무차별곡선

W_1보다는 W_2가, W_2보다는 W_3가 더 높은 사회후생을 나타낸다.

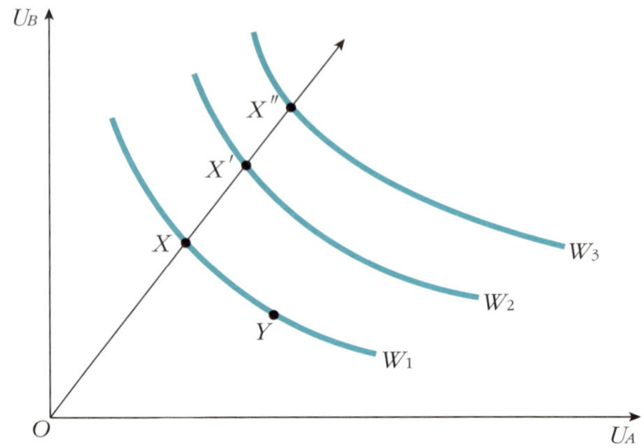

중 한 사람의 후생이 감소해도 다른 사람의 후생이 증가하여 사회 전체적으로는 후생수준에 변화가 일어나지 않을 수 있다. [그림 15-2]에서 A와 B 사이의 후생분배가 X점에서 Y점으로 이동하면 B의 후생은 감소하는 반면 A의 후생은 증가하여, 이들로 구성된 사회 전체의 후생수준에는 하등의 변화가 없을 수 있다. 이렇게 되면 X점과 Y점은 같은 수준의 사회후생을 나타낸다. 이런 점들을 서로 연결하면 W_1과 같은 곡선이 도출되는데 **이는 사회후생수준이 똑같게 되는 A와 B의 후생조합을 나타내는 곡선이기 때문에 이를 사회무차별곡선이라고 한다.**

사회후생함수로부터 [그림 15-2]와 같이 무수히 많은 사회무차별곡선을 도출할 수 있다. [그림 15-2]에서는 W_2가 W_1보다는 더 높은 사회후생수준을 나타내고, W_3는 W_2보다 더 높은 사회후생수준을 나타낸다. 후생수준의 조합이 $X \rightarrow X' \rightarrow X''$로 이동하면 두 사람 모두의 후생이 증가하기 때문이다.

사회후생의 극대화

경제학이 궁극적으로 추구하는 것은 사회후생을 극대화시키는 것이다. 말하자면 [그림 15-3]에서 가장 높은 수준의 사회무차별곡선에 도달하는 것이다. 그런데 사회에는 자원의 양이 제한되어 있기 때문에 도달 가능한 사회후생의 수준에도 한계가 있다. 그 사회에 주어진 자원으로 가장 효율적인 생산을 하고, 생산된 상품을 가장 효율적으로 교환한 범위 내에서만 사

그림 15-3

사회후생의 극대화

E^*점은 경제적 효율성이 달성되면서 사회후생이 극대화되는 점이다.

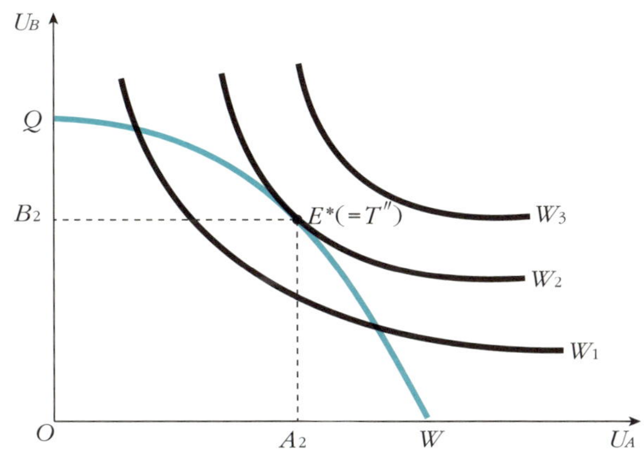

회후생 극대화를 추구할 수 있다.

생산과 교환이 동시적으로 가장 효율적이 되는 점들은 [그림 15-3]의 대효용가능곡선으로 표시된다. 이 선상에서는 경제적 효율성을 위한 한계조건이 모두 충족되기 때문이다. 그러므로 QW로 표시된 대효용가능곡선상에서 도달할 수 있는 최대의 사회후생이 이 사회가 얻을 수 있는 최대의 사회후생이다. 이 점은 [그림 15-3]의 E^*점이며 이때의 사회후생수준은 W_2이다. W_3는 현재의 자원으로는 결코 도달할 수 없는 사회후생이다. **E^*점은 대효용가능곡선과 사회무차별곡선이 접하는 점이며 이를 극치점(constrained bliss)이라고 한다.**

분배와 배분

[그림 15-3]에 의하면 이 사회는 E^*에서 W_2만큼의 사회후생수준에 도달해 있다. E^*점이 [그림 15-1]의 T''점과 일치한다고 가정하면 이는 A가 A_2만큼의 효용을 얻고 B가 B_2만큼의 효용을 얻었을 때이다.

이 점은 [그림 14-9]의 E점에 대응하는 점이기 때문에 A는 x재와 y재를 각각 12단위와 6단위 소비하고 있고($X_A = 12, Y_A = 6$), B는 x재와 y재를 각각 8단위와 10단위 소비하고 있다($X_B = 8, Y_B = 10$). 이 소비를 가능하게 하는 x재와 y재의 총생산량은 [그림 14-9]의 T'점에서 각각 20단위와 16단위이다($X = 20, Y = 16$). 이 생산은 [그림 14-7]의 T점에 대응하는 것으로서 20

| 표 15-1 분배와 배분 |

자원부족	생산		교환		후생
$K=20$	$K_x=8$, $L_x=14$	$X=20$	$X_A=12$, $Y_A=6$	$U_A=A_2$	$W=W_2$
$L=24$	$K_y=12$, $L_y=10$	$Y=16$	$X_B=8$, $Y_B=18$	$U_B=B_2$	

단위의 x재 생산을 위해 자본 8단위와 노동 14단위가 사용되었고($K_x=8$, $L_x=14$), 16단위의 y재 생산을 위해 자본 12단위와 노동 10단위가 사용되었다($K_y=12, L_y=10$).

이를 종합하면, 자본과 노동이 각각 20단위와 24단위로 부존되어 있으면서 소비자 A와 B로 구성되어 있는 사회는 [표 15-1]과 같은 분배(distribution) 및 배분(allocation)에 의해 사회후생이 극대화되었다. 그런데 이 분석에서 경제적 효율성을 나타내는 대효용가능곡선은 객관적으로 정의될 수 있지만 형평성을 나타내는 사회후생함수와 사회무차별곡선은 가치판단의 기준에 따라 달라진다. 따라서 만인이 인정하는 사회후생극대화점을 찾아내는 것은 결코 쉬운 일이 아니다.

완전경쟁과 효율성

생산물시장과 생산요소시장이 완전경쟁적이면 시장기능에 의해 경제적 효율성이 달성된다. 즉, 모든 시장이 완전경쟁적이라면 파레토최적을 위한 3가지의 한계조건($MRS^A_{xy}=MRS^B_{xy}$, $MRTS^x_{KL}=MRTS^y_{KL}$, $MRS^A_{xy}=MRS^B_{xy}=MRT_{xy}$)이 자동적으로 충족된다.

첫째, x, y재의 소비자는 $MRS_{xy}=\frac{P_x}{P_y}$ 조건이 충족되도록 소비활동을 한다. 그런데 완전경쟁시장에서는 모든 소비자가 동일한 가격하에서 소비하기 때문에 모든 소비자의 MRS_{xy}는 $\frac{P_x}{P_y}$와 일치한다. 즉, $MRS^A_{xy}=MRS^B_{xy}=\cdots=\frac{P_x}{P_y}$이다. 이것은 교환의 일반균형이 달성된다는 것을 의미한다. 그러므로 **생산물시장이 완전경쟁일 때는 교환의 파레토최적이 자동적으로 달성된다.**

둘째, 생산자는 $MRTS_{KL}=\frac{w}{r}$ 조건이 충족되도록 생산활동을 한다. 그런

사례검토 15.1

'이구백'(20대 90%가 백수)과 재벌 2세

……

재벌 2세가 페라리를 몰면서 룸살롱에서 하룻밤에 수천만원을 써도 "내 돈을 내 마음대로 쓰겠다는데 무슨 상관이냐"고 하면 할 말이 없다. 하지만 우리 사회가 건강하게 발전하려면 재벌부터 노블레스 오블리주(사회적 지위에 상응하는 도덕적 의무)를 솔선수범해야 한다.

……

창업주들은 우리 사회에 빚을 졌다고 생각했다. 사회구성원들로부터 질투와 배척을 받는 게 얼마나 무서운지도 잘 알았다. 그들은 스스로 돈을 벌어 봤기에 돈이 얼마나 귀한지를 알았고, 그래서 '구두쇠'라는 소리까지 들었다. 그들은 또 검소하고 성실하게 일하는 것이 시장경제와 자유민주주의를 지키는 원동력이라고 믿었다. 하지만 재벌 2 · 3세들은 창업주와 영 딴 모습이다.

게다가 우리 사회는 지금 심각한 양극화 현상에 시달리고 있다. '이구백'(20대 90%가 백수)이라고 불리는 20대 실업자가 100만 명이 넘고, 한 달에 아르바이트로 88만원을 버는 젊은이가 200만 명에 육박한다. 88만원 세대가 이런 재벌 2세를 보면서 무슨 생각을 할까? "이 더러운 세상 확 뒤집어졌으면 좋겠다"고 생각할까봐 걱정이다.

특히 소득이 상위 1%에게만 몰리면서 상대적 박탈감을 느끼는 정도가 더 심각해지고 있다. 게임업체인 넥슨 회장은 2조 3,000억원을, NC소프트 대표는 1조 8,000억원을 벌어들였다. 이들을 부자로 만들어준 것은 PC방에서 밤새도록 게임을 하는 88만원 세대 젊은이들이다. 대기업도 마찬가지다. 최고경영자(CEO) 연봉은 계속 올리면서 연봉 3,000만원짜리 샐러리맨 일자리는 줄이고 있다.

이래서는 우리 사회의 미래가 보이지 않는다. 나누고 함께하는 시스템을 준비해야 한다. 1년에 100억원을 버는 사람과 1억원을 버는 사람에게 똑같은 소득세율을 적용해서는 안 된다. 1,000억원을 버는데 1,000명을 고용한 기업과 10명만 일하는 기업을 똑같이 대우해서도 안 된다. 많이 벌면 사회에 많이 내놓아야 한다. 그래야 우리 사회가 건강해질 수 있다.

(조선일보 〈경제초점〉, 2011. 12. 13)

데 완전경쟁시장에서는 모든 생산요소가 동일한 가격하에서 구매되기 때문에 모든 상품의 $MRTS_{KL}$은 $\frac{w}{r}$와 일치한다. 즉, $MRTS^x_{KL} = MRTS^y_{KL} = \cdots = \frac{w}{r}$이다. 이것은 바로 생산의 일반균형이 달성된다는 것을 의미한다. 그러므로 **생산요소시장이 완전경쟁일 때는 생산의 파레토최적이 자동적으로 달성된다.**

셋째, 제14장에서 논의된 것처럼 $MRT_{xy} = \frac{MC_x}{MC_y}$이다. 그런데 완전경쟁시장하에서는 $MC_x = P_x$이고 $MC_y = P_y$이다. 그러므로 $MRT_{xy} = \frac{P_x}{P_y}$가 된다. 완전경쟁시장에서는 모든 소비자에게 $\frac{P_x}{P_y} = MRS_{xy}$이기 때문에 $MRT_{xy} = MRS^A_{xy} = MRS^B_{xy} = \cdots$가 성립된다. 이것은 바로 교환과 생산의 동시적 일반균형을 의미한다. 그러므로 **모든 시장이 완전경쟁일 때는 파레토최적**

을 위한 세 번째 조건도 자동적으로 충족된다.

이와 같이 모든 시장이 완전경쟁이면 경제적 효율성(파레토최적)을 위한 3가지의 한계조건이 자동적으로 충족되면서, 그 경제는 대효용가능곡선상의 한 점에 도달하게 된다. 그런데 이 점은 파레토최적이 달성되는 수많은 점 중의 하나일 뿐이지, 이 점이 사회후생이 극대화되는 점이 되리라는 보장은 없다. 사회후생이 극대화되는 점을 찾기 위해서는 사회후생함수가 주어져야 한다.

사회후생이 극대화되는 점은 수많은 파레토최적점 중의 하나일 뿐이다. 파레토최적점이라고 반드시 사회후생이 극대화되는 것은 아니다. 시장실패(market failures)가 없고 모든 시장이 완전경쟁적이라면 파레토최적에는 도달할 수 있다. 그러나 사회후생 극대화까지 달성되는 것은 아니다. 즉, 모든 시장이 완전경쟁적이면 효율성(efficiency)은 달성할 수 있지만 형평성(equity)까지 달성된다고 보장할 수 없다. 그런데 시장실패가 나타난다면 파레토최적조차도 도달할 수 없다. 즉, 시장실패하에서는 경제적 효율성도 달성될 수 없다.

시장실패는 독점, 가격통제, 외부성, 공공재 등이 그 원인이다. 이런 시장실패는 경제적 비효율성을 초래한다.

4. 사회정책의 기준

사회후생변화의 측정

특정 정책이 사회후생을 어떻게 변화시키고 있는지를 측정하는 것은 매우 중요한 일이다. 이를 측정하는 데는 여러 가지 기준이 사용되고 있는데 4가지 기준이 대표적으로 논의되고 있다.

첫째는 파레토기준(Pareto criterion)을 들 수 있는데 이는 가장 보편적으로 인정되고 있는 기준이다. 어떤 정책이 사회구성원 중 어느 사람에게도 해를 끼치지 않으면서 일부 구성원의 후생을 증가시켰다면 이 정책은 사회후생을 증가시켰다고 본다. [그림 15-4]에서 어떤 정책이 대효용가능곡선의 안

그림 15-4

사회후생변화의 측정

W^*점을 ST 구간 내로 이동시키는 정책은 사회후생을 증가시킨다고 볼 수 있다.

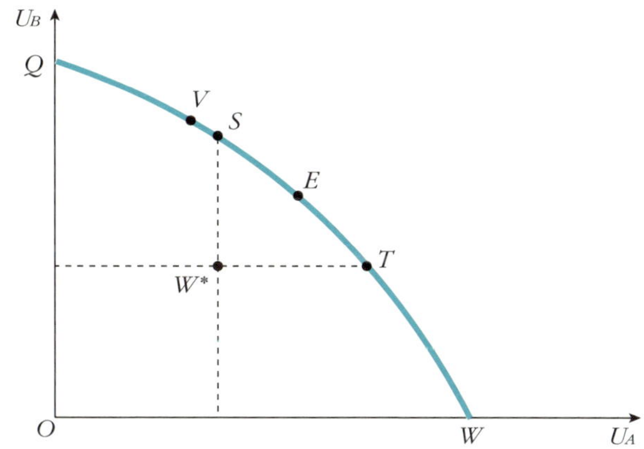

쪽에 위치한 W^*점을 ST 구간의 내효용가능곡선상으로 이동시켰다면 파레토기준은 이 정책이 사회후생을 증가시킨다고 본다. W^*점의 이런 이동은 다른 사람에게 피해를 주지 않으면서 어느 한 사람의 후생이나 둘 모두의 후생을 증가시킬 수 있기 때문이다.

그러나 W^*점을 V점으로 이동시키는 정책은 파레토기준을 충족시키지 못한다. B의 후생은 많이 증가시켰을지라도 A의 후생은 감소시켰기 때문이다. 예컨대 고소득층의 소득을 적게 감소시키면서 저소득층의 소득을 많이 증가시켰을지라도 파레토기준에 의하면 이 정책은 사회후생을 증가시켰다고 볼 수 없다. 한 쪽의 소득을 감소시켰기 때문이다.

둘째는 칼도아-힉스기준(Kaldor-Hicks criterion)을 들 수 있는데 이는 파레토기준의 한계를 극복하기 위한 것으로서 보상원리(compensation principle)에 기초를 둔 것이다. 어떤 정책이 구성원 중 일부에게는 해를 끼치고 또 다른 일부에게는 이득을 주었는데, 이득을 본 사람들이 해를 입은 사람들에게 충분히 보상을 해주고도 여전히 어느 정도의 이득을 누리고 있다면 칼도아-힉스기준에서는 이 정책이 사회후생을 증가시켰다고 본다. [그림 15-4]에서 어떤 정책이 W^*점을 V점으로 이동시켰을 때 B가 A의 손실을 충분히 보상해 줄 수 있다면 칼도아-힉스기준에서는 이 정책이 W^*점을 V점으로 이동시킬 수 있고, 사회후생은 증가할 수 있다.

칼도아-힉스기준에 의해 W^*점을 V점으로 이동시킨 정책이 사회후생을 증가시켰다면, 역으로 V점을 W^*점으로 이동시킨 정책도 사회후생을 증가시킬 수 있다. W^*에서 V로 이동할 때는 B가 A의 손실을 보상해 주고도 남는 것이 있는 것처럼 V에서 W^*로 이동하면 A가 B의 손실을 보상해 주고도 남는 것이 있을 수 있기 때문이다. 칼도아-힉스기준의 이런 모순적 관계를 극복하기 위해 **세 번째의 스키토프스키기준(Scitovsky criterion)이 도입되었다.** 스키토프스키기준은 칼도아-힉스기준을 두 번 적용시키는 기준이다. 스키토프스키기준에서는 W^*점으로부터 V점으로의 이동은 칼도아-힉스기준을 충족시키지만 V점으로부터 W^*점으로의 이동은 칼도아-힉스기준을 충족시키지 말아야 이 정책은 사회후생을 증가시킨다고 본다.

칼도아-힉스기준은 또 다른 면에서 더 심각한 문제점을 안고 있다. [그림 15-4]에서 W^*점을 V점으로 이동시킨 정책으로부터 B가 얻은 효용의 크기가 A가 잃은 효용의 크기보다는 크다고 할 때 칼도아-힉스기준이 충족되었는데, 이는 개인 간의 효용을 서로 비교할 수 있다는 것을 전제로 하고 있다. 개인의 주관적 효용을 기수적으로 측정하고 크기를 서로 비교한다는 현실성이 결여되어 있다. 이 문제를 극복하기 위해 **네 번째 기준인 베르그송사회후생함수(Bergsong social welfare function)개념이 도입되었다.** 이 기준에 의하면 그 사회를 더 높은 사회무차별곡선으로 이동시키는 정책만이 사회후생을 증가시키는 정책이 된다. 그러나 사회후생함수를 설정하는 일 자체가 거의 불가능한 것이기 때문에 이 기준도 한계가 분명하다.

애로우의 불가능성 정리

케네쓰 애로우(Kenneth Arrow)는 모든 구성원의 선호를 균등하게 반영하는 사회후생함수는 도출해 낼 수 없다고 하였다. 이를 애로우의 불가능성정리(Arrow's impossibility theorem)라고 한다.

애로우는 사회후생함수가 존재하기 위한 4가지 조건을 제시한 후 이 네 가지 조건이 모두 충족되는 사회후생함수는 존재할 수 없다는 것을 증명하였다. 예를 들어 설명하자면 X, Y, Z 3가지의 사회후생 상태가 있을 때 X가 Y보다 더 선호되고, Y가 Z보다 더 선호되면, X라는 사회후생은 반드시

| 표 15-2 투표의 모순 |

사회투자사업 / 사회구성원	X	Y	Z
A	1	2	3
B	3	1	2
C	2	3	1

Z라는 사회후생보다 선호되어야 하는데, 애로우는 모든 구성원의 선호를 균등하게 반영해 보면 이런 선호의 이행성이 지켜지지 않을 수 있다고 하였다.

[표 15-2]는 A, B, C 세 사람으로 구성된 사회에서 X, Y, Z라는 세 개의 사회투자사업을 각자가 어떻게 선호하고 있는지를 보여주고 있다. A는 X를 가장 선호하고 그 다음은 Y, Z순으로 선호한다. B는 Y를 가장 선호하고 그 다음은 Z, X순으로 선호한다. C는 Z를 가장 선호하고 그 다음은 X, Y 순으로 선호한다.

이러한 사회구성원의 선호체계에서 X, Y에 대해 투표를 하면 A와 C가 X를 선호하고, B만이 Y를 택하기 때문에 이 사회는 X를 Y보다 더 선호한다. Y와 Z에 대해 투표를 하면 똑같은 논리에 따라 이 사회는 Y를 Z보다 더 선호한다. 그런데 Z와 X에 대해 투표를 하면 B와 C는 Z를 선호하고 A만 X를 선호하기 때문에 이 사회는 Z를 X보다 더 선호하는 결과가 나온다.

이것은 사회후생의 선택에 이행성이 있어야 한다는 애로우의 조건($X \succ Y$이고 $Y \succ Z$이면 $X \succ Z$)을 충족시키지 못한다. 즉, 사회구성원의 선호를 골고루 반영시켰을 때의 선호선택은 사회후생선호의 이행성을 충족시키지 못하는 모순이 발생한다. 이것을 **"투표의 모순(voting paradox)"**이라고 하는데, 이것은 사회구성원 전체의 선호는 구성원 개개인의 선호와 일관성을 유지하지 못한다는 것으로서 사회후생함수가 존재할 수 없다는 것을 나타낸다.

차선의 이론

파레토최적을 위한 조건들 중 일부가 충족되지 못해 사회후생이 극대화되는 최선(first best)의 상태에 도달하지 못했을 때 파레토최적을 위한 조건들이 가능한 한 많이 충족된다고 사회후생이 더 높아지는 차선(second best)의 상태에 도달하는 것은 아니다. 예컨대 일부 시장이 독점화되면 파레토최적은 도달될 수 없다. 그런데 모든 시장이 경쟁적이 될 수는 없는 상황에서 독점시장이 적어진다고 사회후생이 더 높아지고 차선의 상태가 되는 것은 아니다. 이것을 **차선의 이론(theory of second best)**이라고 한다.

[그림 15-5]의 E^*점에서는 파레토최적을 위한 조건이 모두 충족되면서 사회후생이 극대화되고 있다. 그런데 어떤 제도적 요인 때문에 이 사회가 직선 ST의 오른쪽 구간에는 도달할 수 없다고 하면 사회후생이 극대화되는 E^*는 달성될 수 없다. 그렇다고 파레토최적을 위한 조건들이 모두 충족되는 E'점이 이 조건들을 제대로 충족시켜 주지 못하는 E점보다 더 높은 사회후생을 가져다주는 것은 아니다. 즉, E'점이 차선이 되는 것이 아니다. E점에서의 사회후생인 W_2가 E'점에서의 사회후생인 W_1보다 더 크기 때문이다. 차선의 상태는 다른 조건에 의해 다시 찾아야 한다,

그림 15-5

차선의 이론

최선인 E^*가 달성되지 못할 때는 최선의 조건과는 다른 별도의 조건에 의해 차선을 찾아야 한다.

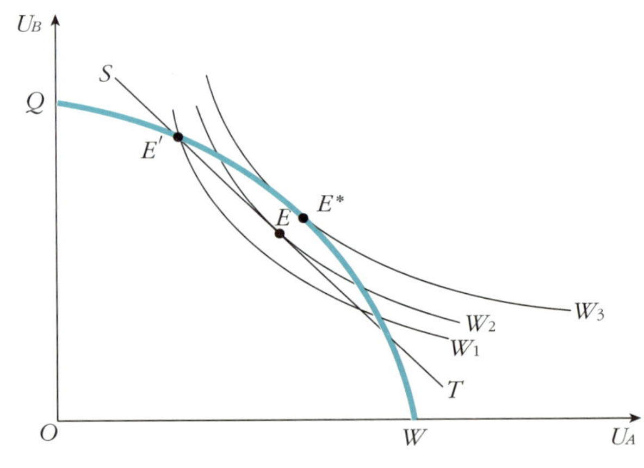

사례검토 15.2

국민 58% "평생 노력해도 제자리"… 절망하는 대한민국

지난해 서울대 합격생의 절반 이상은 수도권 출신이고, 5명 중 1명은 특수목적고 출신이었다. 서울 강남3구 출신 학생 비중도 점점 늘고 있다. 계층이동의 사다리 구실을 했던 교육이 지금은 계층을 고착화하는 역할을 하고 있다. 어떤 고교 교사는 "요즘은 가계 살림에 따라 수능성적이 나온다. 계층이동의 통로가 점점 좁아지는 것 같다"고 말했다.

이는 그 교사만의 생각이 아니다. 아무리 일을 해도 사회적 계층 상승이 어려울 것이고, 내 자식 역시 계층상승을 하지 못할 것이라고 생각하는 사람들이 갈수록 늘어나고 있다. 통계청 조사 결과는 이를 확인시켜준다.

통계청이 발표한 '2011년 사회조사 결과'를 보면, "일생 동안 노력한다면 본인의 사회 · 경제적 지위가 높아질 가능성이 있느냐"는 질문에 "가능성이 높다"고 응답한 비율은 28.8%에 불과했다. 2년 전 조사 때의 35.7%보다 훨씬 줄었다. 반대로 "상승 가능성이 낮다"는 응답은 48.1%에서 58.8%로 훨씬 많아졌다.

자식들에 대한 희망도 크게 줄었다. 계층상승 가능성이 "높다"고 응답한 비율은 48.4%에서 41.7%로 하락했고, 상승 가능성이 "낮다"고 응답한 비율은 30.8%에서 43.0%로 크게 늘었다. 사회 양극화가 심해지고 주거비 · 교육비 등이 급증하면서 정상적 방법을 통한 계층상승이 어려워진 사회상황을 반영한 것으로 보인다.

본인과 자식의 신분상승 가능성에 가장 부정적인 전망을 갖고 있는 세대가 가장 활동적인 30대라는 점은 주목할 만하다. 30대는 65.1%가 본인의 계층상승 가능성이 낮다고 응답했다. 계층상승이 가능하다는 30대는 25.7%에 불과했다. 30대보다는 못하지만 10~20대(57.2%), 40대(64.1%), 50대(59.3%)에서도 50% 이상이 계층상승이 어렵다고 대답했다.

가톨릭대 교수는 "30~40대는 1990년대 후반 외환위기를 가장 예민한 시절에 경험하고 그 여파를 아직도 겪고 있는 세대"라며 "이렇게 '닫힌 사회'로의 이동이 계속될 경우 사회 갈등이 폭발할 수 있다"고 말했다. 1979년 시작된 통계청 사회조사는 10개 부문 가운데 5개 부문씩 격년으로 이루어진다. 올해 조사는 복지 · 사회참여 · 문화여가 · 소득소비 · 노동 부문에 대해 3만 8,000여 명을 대상으로 실시됐다.

(한겨레신문, 2011. 12. 15)

중요내용요약

15.01 **파레토최적(경제적 효율성)을 위한 한계조건**

$MRS^A_{xy} = MRS^B_{xy}$

$MRTS^x_{KL} = MRTS^y_{KL}$

$MRT_{xy} = MRS^A_{xy} = MRS^B_{xy}$

15.02 **대효용가능곡선**(grand utility possibility frontier) : 파레토최적을 위한 한계조건이 모두 충족될 때 도출된 두 소비자의 효용수준의 조합. 대효용가능곡선상에서는 경제적 효율성이 달성되고 있다.

15.03 **사회무차별곡선**(social indifference curve) : 사회후생수준을 일정하게 유지시키는 사회구성원의 효용수준의 조합. 사회후생함수[$W = W(U_A, U_B)$]로부터 도출된다.

15.04 **극치점**(constrained bliss point) : 대효용가능곡선과 사회무차별곡선이 접하는 점으로서 경제적 효율성이 달성되는 범위 내에서 사회후생이 극대화되는 점

15.05 **완전경쟁과 효율성** : 모든 시장이 완전경쟁이면 파레토최적(경제적 효율성)은 달성되지만 사회후생 극대화가 반드시 달성되는 것은 아니다.

15.06 **사회후생 측정과 4가지 기준** : 파레토기준, 칼도아-힉스기준, 스키토프스키기준, 베르그송사회후생함수

15.07 **애로우의 불가능성정리**(Arrow's impossibility theorem) : 모든 사회구성원의 선호를 균등하게 반영하는 사회후생함수는 존재할 수 없다고 보는 이론

15.08 **차선의 이론**(second-best theory) : 최선이 달성될 수 없을 때는 최선을 위한 조건들이 가장 많이 충족되는 점이 차선이 되는 것이 아니라 차선을 위한 기준을 별도로 다시 정해진다는 이론

연/습/문/제

15.01 파레토최적(경제적 효율성)은 사회후생 극대화를 위한 필요조건은 되지만 충분조건은 아니다. 그 이유는?

15.02 세 개의 사회무차별곡선이 아래와 같이 주어져 있다.

W_1		W_2		W_3	
U_A	U_B	U_A	U_B	U_A	U_B
10	45	10	65	20	75
20	30	30	40	40	50
60	20	60	30	70	40

a. 사회무차별곡선을 그려보시오.
b. 사회무차별곡선의 제반 특성을 설명하시오.

15.03 A의 효용은 100만큼 증가한 반면 B의 효용은 100만큼 감소했다면 사회후생수준은 어떻게 변했다고 평가할 수 있을까?

15.04 모든 시장이 완전경쟁이면 사회후생이 극대화될 수 있을까?

CHAPTER 16

시장실패와 정부의 역할

1. 시장실패의 의미
2. 외부효과
3. 공공재
4. 정보의 불완전성
5. 정부의 역할

학습목표

시장이 완벽하게 작동하면 경제적 효율성은 극대화된다. 그런데 현실세계에서는 시장작용을 방해하는 요인들이 존재하고, 이 때문에 시장 자체만으로는 경제적 효율성이 달성될 수 없는 경우가 있다. 대표적인 요인들로 독점, 외부효과, 공공재, 불완전 정보 등을 들 수 있다. 제16장에서는 시장작용을 방해하는 이런 요인들에 대해 공부한다. 이런 요인들 때문에 어떻게 시장실패가 초래되는지를 분석한다. 그리고 이런 시장실패를 보완하기 위해 정부가 어떤 역할을 수행할 수 있는지 살펴본다. 또 정부가 일을 더 그르치는 정부실패는 나타날 수 없는지 등에 대해서도 살펴본다.

제16장을 공부한 후에는 다음 물음에 답할 수 있어야 한다.

1. 왜 모든 경제활동을 시장에만 내맡겨 둘 수는 없는가?
2. 정부는 시장의 불완전성을 보완해 줄 수 있을까?

1. 시장실패의 의미

시장이 경제적 효율성(economic efficiency)을 달성시키지 못할 때 이를 시장실패(market failure)라고 한다. 제14장에서 **도출된 파레토 최적(Pareto optimum)을 위한 3가지 한계조건 (1) $MRS_{xy}^{A} = MRS_{xy}^{B}$ (2) $MRTS_{KL}^{x} = MRTS_{KL}^{y}$ (3) $MRT_{xy} = MRS_{xy}^{A} = MRS_{xy}^{B}$가 시장을 통해 충족시키지 못하면 시장실패가 나타나고 경제적 효율성이 달성되지 못한다.**

시장실패가 나타나는 요인으로는 불완전한 시장경쟁, 불완전한 정보, 외부효과, 공공재 등을 들 수 있다. 상품시장이나 요소시장에서 독점력을 행사하는 거래자가 나타나면 경쟁이 불완전해져 파레토최적을 위한 3가지 조건 중 일부가 충족되지 못한다. 소비자나 생신자에게 주이진 시장에 대한 정보가 불완전해도 결과는 마찬가지이다. 또 외부효과나 공공재에서처럼 소비자나 생산자에게 실제로 영향을 미치는 효과들이 시장거래에서 가격으로 전혀 반영이 되지 않아도 시장실패가 나타난다.

시장실패가 나타나면 이를 교정하기 위해 정부가 개입하는 것이 불가피하다. 시장이 완벽하게 작동하여 시장에 의해 경제적 효율성이 달성되는 것이 가장 이상적이다. 그러나 위에서 언급한 여러 요인들 때문에 시장이 제대로 작동하지 않을 수 있다. 이때는 시장실패가 나타나며 정부는 시장실패를 교정하기 위해 적극적인 역할을 수행해야 한다. 이를 정부의 시장개입이라고 한다.

정부와 시장의 관계는 경제학의 영원한 숙제이다. 시장이 완벽하다면 정부의 경제적 역할은 필요 없다. 그러나 시장은 완벽하지 못한 것이 현실이다. 따라서 정부는 항상 시장에 개입하고 있다. 그런데 정부의 개입이 항상 성공하는 것은 아니다. 정부의 개입이 시장을 더 그르치게 만들 수도 있다. 이것을 정부실패(government failure)라고 한다. 따라서 경제학에서는 정부의 시장 개입이 과연 필요한지에 대해서도 항상 논쟁이 이루어지고 있다. 정부가 일을 더욱 그르친다면 시장실패가 다소 있더라도 시장 스스로가 실패를 교정해 나가도록 내버려 두는 것이 더 현명하다는 주장은 설득력이 있다. 따라서 정부와 시장의 관계 및 각자의 역할은 경제학의 영원한 숙제일 수밖에 없다.

2. 외부효과

외부효과의 정의

생산과 소비활동에서 이 활동에 직접적으로 개입하지 않는 사람에게 어떤 혜택이나 해악을 미칠 때 이것을 외부효과(externalities) 또는 외부성이라고 한다. 제철소에서 나오는 연기는 대기를 오염시키는데 이는 이 공장의 생산활동과 아무런 관련이 없는 사람에게 해악을 미치는 외부효과이다. 또 많은 사람들이 전염병에 대한 예방접종을 맞으면 사회 전체적으로 전염병의 감염 가능성이 떨어지는데 이는 예방접종을 맞지 않는 사람도 혜택을 보는 외부효과가 된다.

외부효과가 해악(harmful)이 될 때 이것을 외부비용(external costs)이라고 하고, 혜택(beneficial)이 될 때 이것을 외부편익(external benefit)이라고 한다. 앞에서 언급한 대기오염의 예는 외부비용에 해당하고, 예방접종의 예는 외부편익에 해당한다.

외부효과는 생산과 소비면으로 나누어서 살펴볼 수 있다. **첫째, 생산의 외부불경제(external diseconomies of production)효과**를 들 수 있는데, 이것은 어떤 기업의 생산량 확장 때문에 다른 기업의 생산비 부담이 증가하는 것을 말한다. 예컨대 어떤 기업의 생산량이 확장되어 산업폐기물을 많이 배출시키면 산업폐기물에 대한 그 지역의 규제가 강화되어 폐기물 배출이 적은 다른 기업들의 비용 부담까지도 증가시키는 결과를 초래한다. 이것은 직접규제대상이 아니었던 다른 기업들에게 외부불경제를 가져다 준 것이 된다.

둘째, 소비의 외부불경제(external diseconomies of consumption)효

사례검토 16.1

권력은 시장을 이길 수 없다

과천에서 일하는 공무원들에게 외부 식사를 금지시킨 것도 하나는 알고 둘은 모르는 규제다. 과천 주변에서 식당을 하는 자영업자들은 부자이고, 정부종합청사에서 구내식당을 운영하는 대기업은 서민이란 말인가? 서민 물가안정을 위해 자장면 값을 동결시킨다고 하는데, 그렇다면 왜 청와대가 통큰 치킨은 비난했는지 이해가 안 된다. 치킨집 주인들은 정부가 보호해야 할 서민이고, 자장면집 주인들은 대형마트처럼 부자인 모양이다. 재래시장을 살린다고 대형상점의 영업시간을 제한할 방침이라는데, 대형마트에서 밤에 아르바이트하는 수천 명의 주부들도 서민이고, 사정상 밤에 시장을 보는 맞벌이 부부도 같은 어려운 사람들이다.

휘발유 값을 낮추기 위해 정부가 이제는 주유소 장부까지 들춰보겠다고 한다. 하지만 휘발유 값을 억제해서 가장 큰 이득을 보는 계층은 배기량이 큰 대형승용차를 모는 부자들이다. 생계를 위해 경유차를 이용하는 자영업자들에게 돌아가는 혜택은 얼마 되지 않는다. 정부는 세무조사가 아니라 서민들에게 실질적인 도움이 되는 맞춤형 유가정책을 고민할 때다. 반값(세금) 등록금으로 가장 큰 혜택을 보는 집단도 사원복지로 대학등록금을 지원하는 대기업이다. 그리고 세금 등록금이 실시되면 가구당 30만원의 세금이 늘어나는 중산층이 가장 큰 피해를 본다.

정부가 유권자의 표가 탐나서 규제를 만들면 시장이 왜곡된다. 내년 총선과 대선을 앞두고 시장과 거꾸로 가는 정책이 얼마나 많이 나올지 모르겠다. 아마 이명박 정부는 빈(反)시장 정책의 결과에 책임질 필요가 없다는 점도 잘 알고 있는 것 같다. 저축은행 부실 문제가 김대중 정권에서 싹이 터서, 노무현 정권이 암세포를 키운 것이, 결국 이명박 정부에서 터진 것이 좋은 교훈이다. 피해자들은 과거 정권보다 현재 대통령을 원망하고 있기 때문이다.

정말 이명박 정부가 애국(愛國)한다면 반시장 정책은 없애야 한다. 전봇대를 뽑고, 시장이 돌아가도록 기름칠하고, 시스템을 정비해야 한다. 100만 명을 돌파한 공무원의 숫자를 줄여 낭비하는 세금도 줄여야 한다. 공무원 한 명이 줄면 서민 여러 명이 산다는 말도 있다. "기업하기 가장 좋았던 때가 지금"이라는 말을 듣기에 아직 시간은 충분하다.

(조선일보 〈경제초점〉, 2011. 7. 24)

과를 들 수 있는데, 이것은 어떤 개인의 소비지출 때문에 다른 사람들의 소비행위가 방해를 받는 것을 말한다. 예컨대 스키장에서 어떤 개인이 스노우모빌(snowmobile)을 타면 소음이나 매연 때문에 스키를 타는 다른 사람들은 방해를 받을 수 있다.

셋째, 생산의 외부경제(external economies of production)효과를 들 수 있는데, 이것은 어떤 기업의 생산확장이 다른 기업에게 혜택이 되는 것을 말한다. 예컨대 어떤 기업이 종업원들을 훈련시키고 교육시켜 놓으면 이들의 생산성이 높아지는데 이들은 다른 기업들로 옮겨가서 일을 하기도 한다. 다른 기업들은 교육비용을 들이지 않고도 생산성이 제고된 노동력을 확보하는 외부경제를 거두고 있다.

넷째, 소비의 외부경제(external economies of consumption)효과를 들 수 있는데, 이것은 어떤 사람의 소비증가가 다른 사람들의 소비에 혜택이 되는 것을 말한다. 예컨대 어떤 사람이 자기 정원에 아름다운 꽃을 가꾸면 옆집 사람의 주택가치가 올라간다. 옆집 사람은 아무런 비용도 들이지 않고 자기 집값을 높인 효과를 얻는다.

외부효과와 시장 실패

완전경쟁은 자동적으로 경제적 효율성(economic efficiency)과 파레토최적(Pareto optimum)을 달성시킨다. 그러나 이것은 사적 비용(private costs)이 사회적 비용(social costs)과 일치하고, 사적 편익(private benefits)이 사회적 편익(social benefits)과 일치할 때만 성립한다. 즉, 외부효과가 존재하지 않을 때만 완전경쟁이 파레토최적을 달성시킨다. 외부효과는 사회적 비용이나 사회적 편익에는 포함되는데 이 부분은 시장에서 가격으로 반영되지 않기 때문에 사적 비용이나 사적 편익에는 포함되지 않는다. 따라서 외부효과가 존재하면 사적 비용≠사회적 비용이 되고, 사적 편익≠사회적 편익이 된다.

외부효과가 존재하면 왜 파레토최적이 달성되지 않는지가 [그림 16-1]에 설명되어 있다. S는 완전경쟁산업의 시장공급곡선이고 D는 시장수요곡선이다. S는 개별기업들의 사적인 한계비용곡선을 모두 수평적으로 합계해서 도출한 시장공급곡선이다. 따라서 시장균형은 E점으로서 균형거래량은 6만개이고 가격은 12원이다.

그런데 x재 생산이 대기오염, 수질오염, 교통혼잡 등의 외부불경제효과를 야기시킨다면 사회적인 관점에서 본 시장공급곡선 S'가 된다. 사적인 비용과 외부비용을 포함시켜서 개별 기업의 사회적 한계비용곡선을 도출하고 이들을 모두 수평적으로 합계한 것이 S'이다. 그러므로 파레토최적이 달성되는 균형점은 E점이 아니고 E'점이 된다. E'점에서의 가격 14원과 생산량 4만개가 경제적 효율성을 달성시키는 균형점이다. 가격 14원은 사적 비용과 외부비용을 포함한 사회적 비용을 반영하는 가격이다.

그림 16-1

외부효과에 의한 시장실패를 세금으로 교정

E점은 시장실패가 나타난 균형인데 세금으로 공급곡선을 S''로 이동시킨 후의 E'점은 정부가 시장실패를 교정한 후의 균형이다.

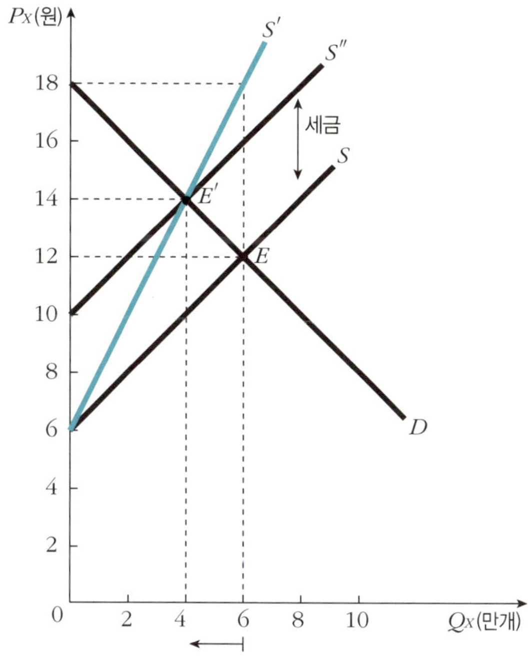

외부효과는 시장에서 가격으로 반영되지 않기 때문에 이 시장이 완전경쟁적일지라도 시장균형은 E점이 되면서 파레토최적은 달성되지 못한다. 따라서 파레토최적을 달성시키기 위해서는 외부효과를 반영할 수 있도록 정부가 정책적으로 개입해야 한다. 정부가 외부비용을 생산기업이 직접 부담하도록 하기 위해 한 단위 생산물당 4원의 세금을 부과시키면 [그림 16-1]에서 공급곡선이 S로부터 S''로 이동한다. 세금부과 후에는 D곡선과 S''곡선이 교차하는 E'점이 균형점이 되고, 이 점에서는 가격이 14원으로 오르면서 생산량이 4만개로 줄어든다. 정부의 개입으로 파레토최적이 달성되었다.

상품의 소비에 외부불경제효과가 있을 때는 소비자들이 그 상품의 사회적 한계비용만큼 가격을 지불하지 않기 때문에 그 상품을 너무 많이 소비하는 경향이 있다. 따라서 이때는 이 상품이 소비자에게 세금을 부과해야 파레토최적을 달성시킬 수 있다.

생산과 소비에 외부경제효과가 존재할 때는 그 상품의 가격이 사회적 한계비용보다 높기 때문에 그 상품의 생산이나 소비가 적정량보다 적어지는 경향이 있다. 이때는 파레토최적을 달성시키기 위해 그 상품의 생산자나 소비자에게 보조금을 지불해야 한다.

사례검토 16.2

기초과학연구는 정부가 지원해야 하는가?

기초과학연구는 자연법칙을 발견하기 위한 노력이다. 그런데 발견된 자연법칙은 쉽게 상업화될 수도 없을 뿐만 아니라 이를 발견한 기업이 관련 응용분야를 모두 독차지할 수도 없다. 말하자면 기초과학연구는 그로부터 얻는 사회적 편익(social benefits)은 크나 이를 주도한 사람에게 돌아가는 개인적 편익(private benefits)은 그보다 작다. 그러므로 기초과학 연구에는 민간부문의 투자가 적정수준보다 적어질 수밖에 없다. 그 때문에 이 분야는 정부가 나서서 적극 지원해야 할 필요가 있다.

같은 논리가 국제사회에서도 적용된다. 어떤 나라에서 발견한 자연법칙은 그 나라를 위해서만 사용되는 것이 아니라 다른 나라에서도 이를 이용하기 때문에 각국은 기초과학연구에 적정수준 이하로 투자하는 경향이 있다. 예컨대 최근까지 일본은 기초과학연구에 투자하기보다 주로 미국에서 발견한 자연법칙을 상업적으로 응용하는 데 더 열중하였다.

코우즈정리

코우즈(Ronald R. Coase)는 모든 물건에 소유권(property rights)이 분명하게 설정되고, 그 소유권이 아무런 비용 없이 이전될 수 있다면 완전경쟁이 외부효과를 내부화시켜 파레토최적을 달성시킬 수 있다고 하였다. 이 이론을 **코우즈정리(Coase theorem)**라고 한다.

어떤 하천의 상류에는 음식점이 있고 그 아래에는 양어장이 있으면 음식점이 생활하수로 하천을 오염시켜 양어장에 피해를 주는 외부효과가 존재한다. 하천 물에는 소유권이 없기 때문에 그 물을 누구나 자유롭게 사용할 수 있다. 이때 양어장이 오염된 하천 물로 고기를 키울 수 있을 정도로 정화시키는 데는 월 1,000만원의 비용이 소요되는데, 음식점이 생활하수를 정화시켜 배출하는 데는 월 400만원이 소요된다고 가정해 보자.

하천물에 소유권이 인정되고 양어장 주인이 소유권을 가진다면 음식점 주인은 400만원을 들여 생활하수를 정화해야 한다. 그렇지 않으면 양어장 주인이 소송을 제기하여 1,000만원을 보상받으려고 할 것이기 때문이다. 반대로 음식점 주인이 하천물을 소유한다면 음식점은 생활하수를 그대로 방류할 수 있다. 이때는 양어장 주인이 음식점 주인에게 생활하수를 정화하라고 400만원을 지불하는 것이 유리하다. 그렇지 않으면 자기가 1,000만원을 들여 하천물을 정화해야 하기 때문이다.

이와 같이 하천물에 소유권이 설정되면 누가 이를 소유하든 오염을 방지하는 비용은 내부화된다. 오염방지 비용 400만원이 시장 안으로 들어온다. 그리고 외부효과는 사라진다. 하천이 오염된 후에 이를 정화하는 비용은 1,000만원인데, 오염을 방지하는 비용은 400만원이다. 외부비용을 내부화시켜 400만원으로 오염을 예방하는 것이 사회적으로 더 바람직한 결과가 되고 있다. 이것은 누가 소유권을 가지든 하천물에 소유권을 설정함으로써 나타난 결과이다.

소유권이 분명하게 설정되고 이 소유권이 거래비용 없이 이전된다면 완전경쟁하에서 외부효과는 사라지고 파레토최적이 달성된다. 그런데 법률비용, 정보비용, 계약비용, 행정비용 등과 같은 소유권의 이전비용이 높으면 외부효과를 제거시키는 비용이 너무 높아 사회적으로 바람직한 결과를 얻기 어렵다.

앞의 예에서처럼 하천물에 대한 이해관계가 극히 소수일 때는 소유권의 이전비용이 매우 미미하고 소유권 인정을 통해 외부효과를 제거시킬 수 있다. 그러나 외부효과를 야기시키는 물건에 대한 이해관계자가 무수히 많으

사례검토 16.3

과수원과 양봉업

과수원과 양봉업은 오랫동안 외부효과의 고전적인 예가 되어 왔다. 과수원 옆에서 양봉업을 하는 사람은 과수원의 꽃으로부터 꿀을 얻는다. 반면에 과수원 주인은 벌이 과수원에 와서 꽃을 수분시키기 때문에 많은 과일을 얻을 수 있다. 이와 같이 이들은 서로 상대방으로부터 혜택을 얻고 있지만 이런 행위에 대한 어떤 보상도 하지 않는다. 그러므로 과수원과 양봉업에는 외부효과(externalities)가 존재하고 있다. 그런데 이제는 과수원 주인과 양봉업자가 이러한 외부효과를 인식하고 이를 내부화시키려고 시도하고 있다. 미국의 워싱턴주에서 관찰된 사실인데 과수원 주인은 양봉업자와의 계약을 통해 과수원 내에 벌통을 배치하도록 한다. 과수원 주인은 꽃의 수분이 잘 이루어져 많은 수확을 거둘 수 있도록 벌통의 위치, 벌통을 놓는 기간, 벌의 수 등을 지정해 준다. 이렇게 해 놓은 후 양봉업자가 많은 꿀을 뜨지 못하면 과수원 주인이 양봉업자에게 보상해 준다. 반대로 양봉업자가 많은 꿀을 뜨면 과수원 주인이 보상을 받는다. 이것은 외부효과를 내부화시키는(internalize) 한 과정이다.

면 소유권을 인정하고 이전시키는 비용이 너무 높다. 이 경우에는 이 때문에 오히려 비효율성이 나타날 수도 있다.

3. 공공재

공공재의 정의

공공재는 시장실패를 초래하는 중요한 요인이다. 공공재는 두 가지의 뚜렷한 특징을 가지는 상품이다. **첫째는 소비의 비경합성(non-rival consumption)을 가진다.** 어떤 사람이 이 상품을 소비한다고 해서 다른 사람이 이 상품을 소비하지 못하는 것이 아닐 때 이 상품은 소비의 비경합성을 가진다. 예컨대 어떤 여행자가 역 대합실의 TV 수상기를 관람한다고 해서 다른 사람이 이를 관람하지 못하는 것은 아니다. 그러므로 역 대합실의 TV 수상기는 공공재이다. 그러나 햄버거 등과 같은 사적인 물건은 한 사람이 이를 소비하면 다른 사람은 그것을 소비할 수 없다.

둘째는 소비의 비배제성(non-exclusive consumption)을 가진다. 어떤 상품은 일단 생산이 되고 나면 특정인을 이 상품의 소비로부터 배제시키는 데 비용이 소요되는데 이런 특성을 소비의 비배제성이라고 한다. 이런 상품은 소비의 비배제성 때문에 값을 지불한 사람만 소비하도록 하기가 매우 어렵다. 예컨대 어떤 사람이 자기 집 앞에 가로등을 설치하면 자기만 그 혜택을 볼 수 없다. 이웃집 사람도 그 혜택을 누릴 수 있다. 만약 이웃집 사람이 그 혜택을 보지 못하도록 배제시키려면 자기만 사용할 수 있도록 타이머나 센서를 부착한다든지 하는 추가비용이 소요된다.

비경합성과 비배제성은 같이 가는 것이 보통이다. 그러나 소비의 비경합성만 있으면 그 상품은 공공재라고 정의한다. 국방이나 TV방송은 모두 소비의 비경합성이 존재하기 때문에 둘 모두 공공재이다. 그런데 방송은 케이블을 이용해서 요금을 내지 않는 소비자를 배제시킬 수 있는 반면, 국방은 국방의 혜택으로부터 특정인을 배제시키기는 매우 어렵다.

공공재의 소비량과 가격

공공재에는 소비의 비경합성이 존재하기 때문에 하나의 상품도 여러 사람이 동시에 소비할 수 있다. 그러므로 [그림 16-2]에서 보는 것처럼 공공재의 총소비량은 개별 소비량을 수직적으로 합계해야 한다. D_a는 소비자 A의 수요곡선이고, D_b는 소비자 B의 수요곡선인데 A는 a점에서 단위당 2원에 8개를 소비할 의향이 있고, B는 b점에서 단위당 4원에 8개를 소비할 의향이 있다. 그런데 소비는 비경합적이기 때문에 8개만 있으면 A와 B 모두의 소비를 충족시킬 수 있다. 8개가 있으면 A는 한 개당 2원, B는 한 개당 4원을 지불하여 시장에서는 한 개당 6원을 받을 수 있다. 이와 같이 **시장수요곡선 D_m은 개별 수요곡선 D_a와 D_b를 수직적으로 합계한 것이다. 이것은 개별 수요곡선을 수평적으로 합계하여 시장수요곡선을 도출하는 사적 재화와의 차이이다.**

이 상품의 시장공급곡선은 S_m이다. 그러므로 S_m과 D_m이 교차하는 E점이 균형점이 되고, 사회적 한계비용(TE)은 각 개인의 한계편익을 합한 값

그림 16-2

공공재의 균형

공공재의 수요곡선 D_m은 개별 소비자의 수요곡선 D_a와 D_b를 수직으로 합계하여 도출한다.

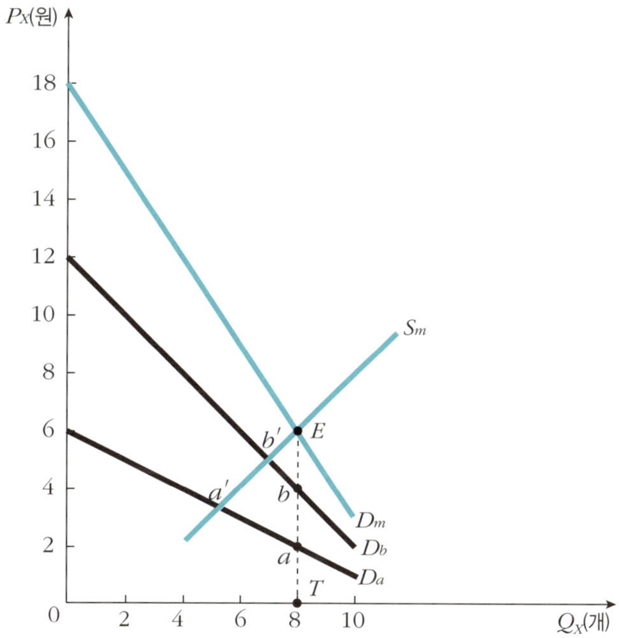

사례검토 16.4

기업만 다그친다고 물가가 잡힐까?

가계에 물가 비상등이 켜지고 있다. 기름값에서부터 전세값에 이르기까지 거의 모든 물가가 들썩거린다. 밀가루 가격이 오르니 과자 · 빵 같은 가공식품업체도 인상 시기를 두고 눈치를 살핀다. 조금 있으면 전기요금 · 교통요금 · 대학등록금까지 줄줄이 오를 판이다.

이명박 경제팀은 얼마 전 물가안정을 위해 밀가루 · 라면 · 빵 · 쇠고기 · 돼지고기 · 양파 · 마늘 등 선진국보다 비싸게 판다고 의심되는 48개 품목의 가격을 집중 관리하겠다고 밝혔다. 지난 2008년 3월에도 생활필수품 52개를 소위 'MB 물가관리 품목'으로 선정했다. 그렇다고 그 품목 가격이 안정됐다는 이야기는 들어본 적이 없다. 물가는 집중 관리한다고 잡히는 게 아니다.

정부는 최근 공정거래위원회나 국세청을 동원, 가격 인상업체를 혼내겠다고 벼르고 있다. 주눅이 든 기업들은 억울한 표정으로 가격을 동결하는 척한다. 하지만 기업들은 반드시 다른 방법을 통해 가격 인상 부담을 소비자에게 전가시킨다. 밑지고 장사할 수 없는 게 기업 생리다.

현재 생활물가가 뛰는 이유는 고환율에 국제 원자재가격이 상승하고 있기 때문이다. 바꿔 말해서 물가불안은 수출위주 경제정책의 필연적 결과다. 낮은 금리와 높은 환율은 수출 기업에는 좋지만, 물가에는 취약이다.

그러면 환율을 낮추고 금리를 올리면 어떻게 될까? 현대자동차 미국 수출가격은 올려야 하고, 도요타자동차 국내 판매가격은 당장 낮출 수 있다. 국내 소비자는 좋지만 수출기업은 손해다. 그래서 경제팀은 성장률로 나타나는 성장위주 경제정책을 포기하지 못한다. 또 채소값이 폭등한다고 중국에서 싼 채소를 마구 들여오면 우리 농민들이 피해를 본다. 이건 정치적으로 부담이다.

그렇다고 정부가 손 놓고 가만 있을 수는 없는 노릇이다. 서민을 위해 뭐라도 하는 척을 해야 한다. 그래서 물가가 불안하다 싶으면 공공요금 동결, 정부비축 농수산물 조기 방출, 물가 집중단속 같은 흘러간 유행가를 되풀이 부른다. 그때그때 유행가 가사를 조금 바꿔 신선한 느낌을 주는 게 물가 담당 공무원들의 임무다.

……

미국은 소비재가격이 한국보다 많이 싸다. 그 이유는 미국은 생필품 관세가 거의 없고, 유통 마진도 우리보다 아주 낮기 때문이다. 거기다 전 세계 제조업체들마다 경쟁이 심한 미국시장에 가장 싼 가격에 상품을 제공하고 있다. 시장개방을 통해 좋은 상품을 싼 가격에 들여와 국내업체와 경쟁을 촉진시키는 것이 물가를 잡는 모범답안이다. 지금부터라도 경제팀이 물가안정을 위한 큰 그림을 그렸으면 한다.

(조선일보 〈경제초점〉, 2011. 2. 6)

$(Ta+Tb)$과 일치한다. E점은 비록 완전경쟁이 이루어진다고 할지라도 시장에서 자동적으로 달성되지 않는다. 시장에 내맡겨두면 a'점이나 b'점 등에서처럼 어느 한 개인의 사적인 한계편익(D_a또는 D_b)과 사회적 비용(S_m)이 일치하는 점에서 공공재가 공급될 것이기 때문이다.

또는 시장에 내맡겨두면 이 상품은 전혀 공급되지 않을 수도 있다. 공공재의 비배제성 때문에 이 상품은 어느 누군가가 먼저 소비하면 다른 사람들은 아무런 비용을 지불하지 않고도 그 사람과 똑같이 그 상품을 소비할 수 있다. 이런 문제를 공공재의 **무임승차문제(free-rider problem)**라고 한다. 공공재는 어떤 한 사람이 먼저 구매를 하면 다른 사람들은 여기에 무임승차하려고 하기 때문에 어느 누구도 먼저 이 상품을 구매하려고 하지 않는다.

따라서 공공재는 완전경쟁하에서도 적정량보다는 적게 생산되고 파레토최적이 달성될 수 없다. 정부가 개입하여 무임승차자에게 세금 등으로 적정량의 비용을 부담시키면 파레토최적을 달성시킬 수 있다. 예컨대 국방과 같은 공공재는 무임승차문제 때문에 시장을 통해서는 적정 서비스를 창출해 낼 수 없다. 따라서 정부가 나서서 세금으로 국방비용을 조달해야 적정량이 공급될 수 있다.

그런데 무임승차문제는 정부가 해결하는 데도 한계가 있다. 개별 소비자에게 사적인 편익만큼 비용을 부담시켜야 하는데 개별 소비자는 자기의 사적 편익을 정확하게 말하지 않는다. 비용을 적게 물기 위해 필요로 하는 정도가 매우 적은 것처럼 가장할 것이다. 그러므로 공공재에 대해서는 정부개입도 불완전할 수밖에 없다.

사례검토 16.5

등대의 불빛

등대의 불빛은 공공재의 좋은 예이다. 등대가 일단 만들어지고 나면 등대 불빛으로부터 추가적으로 하나의 배가 더 혜택을 누린다고 등대 건설비가 운영비가 더 드는 것은 아니다. 그리고 기존의 배들이 등대의 불빛을 받는 데 방해가 되는 것도 아니다. 즉, 등대 불빛에는 소비에서는 비경합성(non-rival)이 존재한다.

그런데 등대 불빛은 비배제성(non-exclusion)이 존재하지는 않는다. 이것은 등대의 불빛을 사용하는 배에게 요금을 부과시킬 수 있다는 의미이다. 등대 불빛의 범위 내에는 여러 배들이 한꺼번에 나타나는 것이 아니라 주로 배가 한 척씩 지나간다. 그러므로 등대에서는 그 배를 인식할 수 있고 이 배가 항구에 도착해서 요금을 내지 않으면 이 다음부터는 이 배가 지나갈 때는 등대 불빛을 비추지 않는다. 이와 같이 등대 불빛은 비배제적인 것이 되지 못한다. 서비스를 제공하고 싶지 않은 배에게는 선별적으로 서비스를 제공하지 않을 수도 있다.

영국에서는 1700년부터 1834년까지 민간에 의한 등대사업이 성행했다. 한때는 등대 수가 늘어나면서 등대산업이 번성했었다. 이것은 등대 불빛이 비배제적이 아니라 소비자로부터 요금을 거두어들일 수 있었다는 것을 의미한다.

4. 정보의 불완전성

비대칭적 정보

구매자와 판매자는 상품을 거래할 때 각기 나름대로 그 상품에 대해 어느 정도의 정보를 가진다. 그런데 구매자와 판매자 중 어느 한 쪽이 그 상품에 대해 더 많은 정보를 가질 때 **정보의 비대칭성**(asymetric information)이 존재한다고 한다. 이런 상품의 시장을 '레몬' 시장(market for 'lemons')이라고 한다. 레몬의 속이 썩어 있어도 구매자는 그 사실을 모르기 때문이다.

중고차시장은 정보의 비대칭성이 존재하는 대표적 시장이다. 팔려고 내놓은 중고차는 겉으로는 그 내용을 정확히 파악할 수 없다. 그런데 이를 판매하려고 내놓은 사람은 그 차의 성능을 잘 안다. 반면에 이를 구매하려는 사람은 판매자만큼 그 내용을 알지 못한다. 즉, 판매자와 구매자 사이에 정보의 비대칭성이 존재한다.

보험시장에도 정보의 비대칭성이 존재한다. 건강보험에 가입하려는 사람은 자기 건강에 대해 보험회사보다 훨씬 더 많은 정보를 가진다. 즉 보험의 구매자(가입자)는 보험의 판매자(보험회사)보다 더 많은 정보를 갖는 정보 비대칭성이 존재한다. 그 외의 많은 시장에도 정보의 비대칭성은 존재한다. 소매점에 있는 많은 상품에 대해서는 소매점 주인은 고객들보다 그 상품들에 대해 더 정확한 정보를 가진다. 화랑의 그림도 판매자가 구매자보다는 더 많은 정보를 가진다. 전자제품 수리 기술자도 수리를 위탁하는 사람보다 수리할 상품에 대해 더 많은 정보를 가지며, 식당 주인은 고객보다 음식에 대해 더 정확한 정보를 가진다.

사례검토 16.6

정부, 금반지 빼 물가 잡았다고 할텐가

기획재정부 장관이 "개편된 지수로 11월 물가가 발표될 것"이라고 밝혔다. "국민과 감각이 다른 금반지가 들어가 좋지 않기 때문"이라는 것이다. 통계청은 이미 9월 물가통계를 발표할 때 투자목적으로 구입하는 금반지를 소비자물가지수 조사품목에서 제외하는 방안을 추진하고 있다고 밝힌 바 있다. 물가지수 작성 시 조사대상 품목은 5년에 한 번씩 조정되고 있다. 현재 조사대상 489개 품목은 2006년 말에 구성한 것이기 때문에 11월 물가부터 조사대상 품목을 재편해 물가지수를 작성하게 된다.

통계청이 물가지수 재편 시 조사대상에서 제외하는 품목은 통상 기준연도 시점 도시가계 소비지출 총액의 1만분의 1이 안 되는 상품들이다. 대략 지수 재편 시 20개 안팎의 품목들이 바뀐다. 올해는 기술변화로 별로 쓰이고 있지 않은 캠코더나 전자사전, 유선전화기 등이 제외될 것이란 게 통계청의 설명이다.

새로운 상품의 출현과 국민생활 양식의 변화 등으로 주기적으로 조사품목을 바꿀 필요가 있다. 금반지는 2005년 기준으로 소비지출 비중이 0.48%였기 때문에 조사대상 품목에 포함돼 왔다. 그런데 통계청은 "2009년부터 금반지를 부동산과 마찬가지로 투자목적의 자산으로 분류해 소비지출 통계를 작성하고 있지 않고, 따라서 물가조사대상 품목에서 제외하는 게 맞다"고 설명한다. 돌잔치 등에 금반지 선물이 가장 많았고 이것은 투자목적이 아니므로 통계청의 설명은 궁색하다.

경제위기를 맞아 금값이 폭등하고 9월의 경우 금반지 가격은 전년 동월 대비 36.2%나 올랐다. 이 영향으로 전체 소비자물가 상승률 4.25% 중 금반지의 기여도가 0.45%포인트를 차지했다. 금반지를 뺀다면 물가상승률이 3.8%에 그쳤을 터이니 통계당국으로선 눈엣가시 같은 존재일 터이다.

11월 물가부터 금반지를 뺀다면 물가상승률이 상당히 낮아질 것이다. 이래 놓고 물가를 잡았다고 한다면 사슴(鹿)을 가리켜 말(馬)이라고 하는 격이다. 올 들어 한국 소비자물가 상승률이 경제성장률을 웃돌고 그 격차가 아시아에서 최고수준이다. 정부는 통계 재편으로 책임을 면하려 해선 안 된다. 당분간 금반지를 포함한 물가지표를 함께 작성해 연속적인 시간흐름상에서 물가가 어떻게 변하고 있는지 국민에게 알릴 필요가 있다.

(매일경제 〈사설〉, 2011. 10. 25)

비대칭적 정보와 역선택

① 중고차시장의 역선택

중고자동차시장에는 겉보기는 멀쩡해도 실제로는 하자가 있는 불량 중고차, 즉 속이 썩은 레몬이 있는가 하면 겉보기보다는 성능이 더 우수한 우량 중고차도 있다. 그런데 이런 사실을 판매자는 정확히 알고 있지만 구매자는 잘 알지 못하기 때문에 이 중고차의 가격은 실제 성능과는 상관없이 불량 중고차와 우량 중고차의 중간 수준에서 정해지게 된다. 즉, 불량 중고차는 실제 품질보다 더 높게 가격이 정해지고, 우량 중고차는 실제 품질보다 더 낮게 가격이 정해진다.

이렇게 되면 우량 중고차의 판매자들은 자기 차를 시장에서 걷어들이기 마련이다. 자기는 차의 성능을 잘 알고 있는데 시장에서는 가격을 그보다 낮게 책정하기 때문이다. 이런 현상이 계속되면 시장에 남아 있는 중고차들의 평균 품질은 더 낮아지고 가격도 더 낮아진다. 결국에 가서는 불량 중고차만 시장에 남게 되고 거기에 상응한 낮은 가격만 정해진다. 불량 중고차가 우량 중고차를 시장에서 모두 밀어내 버리게 된다. 이런 현상을 **역선택**(adverse selection)이라고 한다. 역선택은 정보의 비대칭성 때문에 나타나는 현상이다.

역선택의 문제는 정보가 부족한 쪽에도 똑같은 정보를 제공함으로써 해결될 수 있다. 예컨대 판매자와 무관한 차 전문가에게 그 차의 품질을 감정하도록 한다든지, 판매자가 차에 대해 일정기간 보증을 해 준다든지 하는 것 등은 역선택의 문제를 어느 정도 해결하는 방법이다. 구매자가 중고차의 성능에 대해 정확한 정보를 가지게 되면 품질에 상응하는 가격을 지불하려고 할 것이다.

② 보험시장의 역선택

보험시장에도 보험 가입자와 보험회사 사이에 정보의 비대칭성이 존재한다. 의료보험에 가입하려는 사람은 자기 건강에 대해 보험회사보다 더 정확하게 알고 있다. 보험회사는 보험에 가입하려는 개개인의 건강에 대해 정확한 정보를 가지고 있지 않기 때문에 보험에 가입하려는 사람들의 평균 건강을 기준으로 보험수가를 정한다. 이런 보험수가 하에서는 건강이 좋은 사람은 상대적으로 더 높은 보험료를 내는 셈이 되고, 건강이 나쁜 사람은 상대적으로 더 낮은 보험료를 내는 셈이 된다. 이렇게 되면 건강이 좋은 사람은 보험에 가입하지 않고, 건강이 나쁜 사람만 보험에 가입하려는 역선택이 발생한다.

이러한 역선택 때문에 보험회사는 보험수가를 점점 올리게 되고, 건강한 사람은 점점 더 보험시장에서 이탈하게 된다. 결국에 가서는 건강이 나쁜 사람만 보험에 가입하고, 보험료는 보험을 들지 않고 병원에 갈 때 소요되는 수준으로까지 올라가게 된다. 이렇게 되면 건강하지 않은 사람도 보험에 들 이유가 없다. 보험에 드나 안 드나 의료비용은 마찬가지이기 때문이다.

다른 종류의 보험도 마찬가지이다. 역선택 문제가 극에 달하면 아무도 보험에 가입하지 않으려 하기 때문에 보험제도 자체가 무용지물이 된다.

보험시장에서의 역선택 문제를 극복하기 위해서는 보험회사가 가능한 한 많은 정보를 갖도록 하는 것 등이 있을 수 있다. 주기적인 의료검진을 의무화하거나, 연령이나 직업에 따라 보험수가를 다르게 하거나, 보험혜택의 방식을 다르게 하거나, 보험계약기간을 다르게 하는 것 등이 있을 수 있다. 그러나 어떤 방법으로도 역선택 문제를 완전히 제거할 수는 없다. 역선택 문제를 완전히 제거할 수 있는 단 한 가지 방법은 특정 집단의 모든 사람을 강제적으로 보험에 가입시키는 것이다. 보험수가는 그 집단의 평균건강을 기준으로 정한다. 이렇게 하면 건강한 가입자에게는 손해가 되고 건강하지 않은 가입자에게는 혜택이 된다.

사례검토 16.7

광고의 수단 및 역할

미국에서의 한 연구의 의하면 미국 전체의 총광고비 지출 중 27%는 신문광고, 24%는 잡지광고에, 22%는 TV광고에, 17%는 우편물광고에, 7%는 라디오광고에, 나머지 3%는 기타 광고수단에 지출되었다. 그런데 신문광고가 가장 정보제공력이 높은 것으로 나타났고, TV광고가 정보제공력이 가장 낮은 것으로 나타났다.

광고를 가장 많이 하는 상품은 약품, 화장품, 음료수 등의 순이었다. 이런 상품은 내구성이 없어 반복해서 구매되는 상품이다. 그리고 광고를 많이 하는 산업에서는 그렇지 않은 산업에 비해 가격증가율이 낮고 판매신장률이 높았다. 이것은 광고가 소비자에게 많은 정보를 제공하면서 높은 광고 효과를 내고 있다는 것을 의미한다.

시장신호장치

비대칭적 정보에 기인한 역선택의 문제는 **시장신호장치**(market signaling)로 많이 해결될 수 있다. 예컨대 상품의 판매자는 그 상품의 품질이 우수하다는 것을 어떤 형태로든 시장에서 표시할 수 있다. 또 위험이 적은 보험가입자도 그 사실을 시장에서 표시할 수 있는 제도가 있다. 이렇게 되면 정보가 부족했던 쪽에서도 보다 더 많은 정보를 가지면서 좋은 상품과 나쁜 상품을 구분하고, 위험이 많은 가입자와 적은 가입자를 구분해 낼 수 있다.

상품구매자가 시장신호를 통해 좋은 상품과 나쁜 상품을 정확히 구분해 내면 품질에 맞춰서 가격을 지불할 것이고, 보험회사가 시장신호를 통해 위험이 큰 가입자와 적은 가입자를 구분해 내면 거기에 맞춰서 보험료율을 정할 것이기 때문에 역선택 문제는 극복되어질 수 있다.

좋은 품질의 상품을 판매하는 사람이 그 사실을 시장에서 표시할 수 있는 방법은 여러 가지가 있다. 품질을 인정받는 고유의 상표를 가지는 제도, 판매 후에 완벽한 서비스를 하는 제도, 하자 있는 상품은 무조건 교환해 주는 제도 등은 자기 상품의 우수성을 시장에서 표시하는 제도이다. 그리고 맥도날드처럼 전국적으로나 전 세계적으로 판매망을 구축하고 있는 상품은 그 자체로서 자기 상품이 우수하다는 신호가 될 수 있다. 최근 많은 농산품에 생산자의 이름과 연락처를 명시하고 있는데, 이것도 시장신호장치라고 할 수 있다. 이런 시장신호는 역선택 문제를 해결할 수 있는 좋은 수단이다.

노동시장에서도 노동력의 판매자는 자기 노동력의 품질에 대해 정확히 알고 있는 반면, 고용자는 그렇지 못하다. 그러므로 여기도 역선택의 문제가 존재한다. 이 문제를 해결하는 대표적 시장신호는 학력이다. 학력이 좋은 노동자가 평균적으로 생산성이 높다는 것은 정설이 되어 있다. 그러므로 학력이 높은 노동자에게는 일반적으로 첫 임금이 높게 적용된다. 그 다음에는 작업성과에 기초하여 임금이 정해진다.

도덕적 해이의 문제

보험회사가 보험가입자의 행동을 정확히 감시할 수 없을 때는 보험가입자가 보험에 가입한 후에 자기 행동을 변화시키는데, 이런 것을 **도덕적 해이(moral hazard)**라고 한다. 사람들은 보험에 가입한 후에는 가입하기 전에 비해 조심을 덜 하게 된다. 의료보험에 가입하면 가입하기 전에 비해 건강에 대한 주의를 게을리 한다. 따라서 발병확률이 높아진다. 그리고 발병하게 되면 보험에 들지 않았을 경우와 비교하여 치료비를 부풀리거나 과잉진료를 받는다.

자동차보험에 가입하면 가입하지 않았을 때보다 운전을 덜 조심스럽게 하고, 사고가 나면 보험에 가입하지 않았을 경우와 비교하여 부상 정도와 손해 정도를 부풀리게 된다. 화재보험에 가입하면 가입하지 않았을 때보다 불조심을 덜 하게 되고, 불이 났을 때는 보험에 가입하지 않았을 경우와 비교하여 손해액을 부풀리게 된다. 이와 같이 보험에 가입하기 전과 후에 사람들의 행동이 달라지는 것을 도덕적 해이라고 한다.

도덕적 해이가 극복되지 않으면 보험수가는 높아지고 보험의 고유성질은 퇴색하게 된다. 보험의 목적은 일정한 위험을 많은 사람들에게 분산시키려는 것인데, 도덕적 해이 때문에 보험이 위험의 양을 증가시키고 피해액을 부풀린다면 보험의 유용성은 사라진다.

도덕적 해이를 극복하기 위해 보험회사는 보험가입자에게 여러 가지 조건을 제시하고 있다. 예컨대 의료보험 가입자에게 정기검진을 의무화시키고, 자동차보험 가입자에게 사고 시 보험수가를 증가시키고, 화재보험 가입자에게는 화재 조기경보장치를 의무화시킨다. 이런 장치들을 통해 보험회사는 보상해야 할 금액을 줄이려고 하고 있다.

도덕적 해이를 극복하려는 또 하나의 재미있는 장치는 가입자와 보험회사의 동시책임제도(co-insurance)이다. 사고가 났을 때 피해액의 일부를 보험가입자가 부담하고 나머지를 보험회사가 부담하는 제도이다. 보험가입자가 사고 피해액의 일부를 부담하기 때문에 보험가입자는 사고를 내지 않으려고 조심하게 되고, 도덕적 해이는 그만큼 줄어든다.

사례검토 16.8

복지제도가 초래하는 도덕적 해이

일을 할 수 없는 장애인에게 일정한 수당을 제공하는 장애인 복지제도는 좋은 사회보장제도이다. 그런데 이 제도는 일을 할 수 있는 장애인으로 하여금 일을 하지 않도록 하는 도덕적 해이(moral hazard)를 초래할 수 있다. 예컨대, 사고로 인해 걸음이 어렵게 된 장애인도 직업훈련을 거치면 적절한 직장을 구할 수 있는데, 장애인 수당이 많이 주어지면 직업훈련을 받아 취업하는 것을 포기한 채 장애인 수당으로 살아가려고 할 수 있다. 이것은 장애인 수당이 초래하는 도덕적 해이가 된다.

도덕적 해이가 심해지면 좋은 의도에서 도입된 사회복지제도가 부당하고 남용되고 사회적 비용을 높일 수 있다. 또 도덕적 해이를 방지하기 위해 장애인의 입증절차를 복잡하게 하거나 일을 할 수 있는지의 여부를 세밀하게 조사하도록 하면 거기에 따르는 행정비용이 매우 높아질 수 있다.

주인-대리인문제

선진국의 대기업에서는 소유와 경영이 완벽하게 분리되어 있다. 주식을 가진 소유자는 회사로부터 배당만 받고 실제 회사 경영은 전문경영인이 도맡고 있다. 이때 **소유자는 주인(principal)이고, 경영자는 대리인(agent)이 된다.** 논리적으로 대리인인 경영자는 주인인 소유자를 위해 경영을 해야 한다. 그런데 주인은 대리인이 그렇게 하는지 완벽하게 감시할 수 없다. 이 때문에 발생하는 문제를 **주인-대리인문제(principal-agent problem)**라고 한다.

경영자는 소유자의 이익과 합치하지 않는 방향으로 경영을 할 수 있다. 소유자는 기업이 이윤을 극대화시켜 배당을 높이고, 회사가치를 높여 주가를 올리기를 원한다. 반면에 경영자는 자기의 개인적인 이익에 더 관심이 많다. 자기 봉급을 최대화시키고, 가능한 한 그 회사에서 더 오래 일하고, 더 많은 영향력을 행사하고, 대외적인 명성을 높이는 것 등이 경영자의 주

사례검토 16.9

시장원리 외면한 유가 · 전기료 대책

정부가 물가안정이라는 정책목표를 반(反)시장 방식으로 관철하려 고집해 후유증이 걱정된다. 2011년 4월 6일부터 3개월간 정유사로 하여금 기름값을 ℓ당 100원 인하하도록 한 조치가 끝난 후 시중 기름값이 재차 오르자 지식경제부가 정유사 임원 소집령을 발동했다.

지식경제부와 정유사 간 기름값 인하를 위한 간담회에서 지식경제부는 정유사를 압박하는 카드들을 제시했다. 사회적 기업형 대안주유소 도입과 대형마트 주유소 설립 요건 완화 등이 그것이다. 이러한 시책들은 현재 과점 형태인 석유제품 공급시장의 경쟁을 활성화해 가격 인하를 유도할 수 있는 긍정적 측면이 있다.

하지만 방법이 문제다. 청와대가 지식경제부에 기름값을 잡으라는 지시한 바로 다음날 정부가 정유사 임원들을 과천 청사로 부른 것부터가 강압적인 인상을 풍기고 있다.

전기료 인상은 정부가 시늉만 내는 꼴이 됐다. 전기료 원가 보상비율이 86.1%밖에 되지 않는 상황에서 전기료를 4.9%만 올리기로 한 것은 결국 근시안적인 포퓰리즘에서 비롯된 것이다. 전력 과소비와 한 해 1,200억달러를 넘는 에너지 수입 등을 감안하면 전기료는 보다 과감하게 현실화했어야 했다. 전기요금을 찔끔 올리면 현재 33조원에 달하는 한전 부채를 해결하기 어렵고 결국 국민 부담으로 귀결될 것인데도 정부는 당장 물가 때문에 시장원리를 외면하는 꼴이 됐다.

전기요금을 100% 현실화하겠다는 당초 로드맵은 결국 용두사미가 되고 말았다. 내년에는 총선과 대선이 있어 전기료 인상이 사실상 불가능해 더 걱정이다. 시장원리에 맞지 않는 정부정책은 하루속히 버려야 한다. 억지정책은 시장왜곡을 심화시켜 나중에 더 큰 후유증을 남길 뿐이다.

(매일경제 〈사설〉, 2011. 7. 27)

된 관심사항일 수 있다. 이렇게 되면 경영자는 소유자의 이익을 해치면서까지 자기의 이익을 위해 경영을 할 수 있는데 이런 문제를 주인-대리인문제라고 한다.

주인-대리인문제는 주인의 이익과 대리인의 이익이 합치되지 않고 주인이 대리인의 행동을 완벽히 감시할 수 없을 때 나타난다. 소유와 경영이 분리되지 않은 기업에서는 주인과 종업원 사이에서도 주인-대리인의 문제가 발생한다.

주인-대리인문제를 극복하기 위해서는 대리인이 주인의 이익을 위해 일해도 자기에게 많은 혜택이 돌아갈 수 있도록 하는 장치를 마련하는 것이다. 주인과 종업원 사이의 주인-대리인문제를 해결하는 방법으로는 기업이윤을 주인과 종업원이 나누어 갖도록 하는 제도 등이 있을 수 있다.

5. 정부의 역할

비용 - 편익분석

자본주의시장경제에서도 시장실패(market failure)를 야기시키는 시장의 불완전성 때문에 경제활동에 대한 정부의 개입이 불가피하다. 정부가 나서서 공공재를 공급하고, 소득재분배 정책을 추진하고, 독점을 규제하고, 공해를 방지하는 것 등은 모두 시장의 불완전성을 보완하기 위해 불가피하게 요구되는 정부의 시장개입이다.

그런데 정부가 시장에 개입하기 위해서는 그 개입행위가 사회에 가져다주는 편익(benefits)과 그 개입행위를 위해 소요되는 제반 비용(costs)을 비교해 보아야 한다. 이를 **비용-편익분석(cost-benefit analysis)**이라고 하는데, 정부의 개입행위가 사회에 가져다주는 모든 편익의 현재가치와 이 개입행위가 야기시키는 모든 사회적 비용의 현재가치를 비교하여 전자가 후자보다 커야만 정부는 시장개입을 시도할 수 있다.

정부사업(government project)의 사회적 편익(social benefits)이 사회

적 비용(social costs)보다 크다고 모든 정부사업을 시행할 수는 없다. 정부 예산이 제한되어 있기 때문이다. 그러므로 정부는 사회적 편익이 사회적 비용을 초과하는 정도가 큰 사회부터 추진한다.

비용-편익분석의 논리는 매우 간단하다. 그러나 비용-편익분석의 실제 적용은 간단하지 않다. 그 이유는 사회적 편익과 사회적 비용을 정확히 측정해 내기 어렵기 때문이다. 다년간에 걸쳐 시행되는 정부사업이 야기시키는 사회적 비용과 사회적 편익의 현재가치를 정확하게 측정하는 것은 현실적으로 거의 불가능한 일이다. 그럼에도 불구하고 모든 정부사업이 비용-편익분석에 의거해 시행되는 것은 이 분석보다 더 유용한 대안이 없기 때문이다.

공공선택이론

시장실패를 보완하기 위해 정부가 경제활동에 개입한다. 그런데 정부개입이 반드시 시장상황을 개선하리라는 보장은 없다. 정부개입이 시장상황을 오히려 더 나쁘게 만드는 **정부실패(government failure)**도 나타날 수 있다.

공공선택이론(theory of public choice)은 정부가 어떻게 의사결정을 하고 어떻게 그것을 시행하는지에 대해 연구하는 이론이다. 정부개입은 정치과정을 거쳐서 이루어지는데 공공선택이론은 정치과정에 참여하는 각 이해관계자의 행동원리에 대해 분석하고, 정부실패를 방지하기 위해 각 이해관계자의 행동이 어떻게 조정되어야 하는지에 대해 분석한다.

정치과정에 참여하는 이해관계자는 유권자(voters), 정치인(politicians), 압력단체(special-interest groups), 관료(bureaucrats) 등 네 집단으로 크게 나누어진다. 유권자는 시장에서의 소비자와 같은 이해관계자이다. 소비자가 시장을 통해 좋아하는 상품을 구매하듯이 유권자는 자기에게 유리한 정책을 내세우는 정치인에게 투표한다. 그런데 **유권자**는 정치과정에 대해, 소비자가 시장에 대해 가지는 만큼 많은 정보를 가지지 못한다. 이것은 정치과정의 특수성인데 이 때문에 유권자는 부족한 정보를 바탕으로 의사결정을 할 수도 있다.

정치과정에서의 **정치인**은 시장에서의 민간기업 경영자와 같다. 민간기업의 경영자가 이윤극대화를 추구하는 것처럼 정치인은 재당선 기회(chances of re-election)를 극대화시키려고 한다. 그런데 유권자가 정치과정에 대해 충분한 정보를 가지고 있지 못하기 때문에 정치인은 때때로 다수의 유권자 이익을 무시한 채 자기의 재선운동에 공로가 많은 소수의 유권자만을 위한 정책을 추진하기도 한다.

압력단체는 정치과정의 네 집단 중 가장 사악한 집단이다. 이 집단은 정치인을 통해 철저하게 그리고 적극적으로 자기 이익을 관철시키려고 노력한다. 이 집단은 조직화된 집단으로 정치과정에서의 영향력이 매우 막강하다.

관료는 정부기구로서 정치인이 정한 정책을 집행하는 기관이다. 그런데 관료들의 업무에는 민간기업에서와 같은 경쟁이 없기 때문에 효율성이 낮아질 가능성이 높다. 관료는 또 정해진 정책을 수동적으로 집행하기만 하는 것이 아니라 자기 개인의 이익을 위해 정책의 시행과정에 영향력을 행사할 수도 있다.

공공선택이론은 시장에서 각 개인이 자기의 경제적 이익을 최대화시키려고 노력하는 것처럼 정치과정에서도 각 개인의 자기의 개인적 이익을 최대화시키려고 노력한다고 본다. 그렇다고 정치과정의 각 집단들이 항상 이기적으로만 행동하는 것은 아니다. 때에 따라서는 자기 이익을 포기하고 대의를 위해 행동하기도 한다. 공공선택이론은 이들이 어떻게 행동할 때 사회 전체의 후생을 극대화시킬 수 있는지를 분석한다.

공공선택이론은 정부실패의 가능성을 제거하거나 최소화시키기 위한 정책과 제도를 찾는 데 많은 공헌을 하고 있다. 공공선택이론은 정부기구와 정부의 기능에도 경쟁원리가 도입될 수 있는 길을 모색하고 있다. 또 모든 이해관계자가 직접 정책결정에 참여하도록 하여 압력단체의 영향력 행사를 줄이도록 하는 방법도 도입하고 있다.

사례검토 16.10

경기둔화 대비하기 위해서도 '부자증세' 필요하다

복지지출을 늘리기 위해 부자에게 세금을 더 걷자는 취지로 한국판 '버핏세'(부자증세)를 도입하자는 논의가 활발하다. 야당과 시민사회단체는 물론이고 최근 한나라당 일부 쇄신파 의원들까지 부자 증세론에 가세했다. 정치권의 이런 움직임에는 물론 정치적 동기가 있을 것이다. 하지만 정부의 경기 대응 능력을 높이는 차원에서도 증세는 필요하다.

……

정치권에선 주로 복지수요의 증가를 부자증세의 근거로 내세운다. 하지만 부자증세는 경기둔화에 대비하는 차원에서도 필요하다. 어제 한국개발연구원(KDI)은 내년 경제성장률 전망치를 기존의 4.3%에서 3.8%로 하향조정했다. 2.5~3.6%로 점친 국내외 민간연구기관에 이어 국책연구기관까지 3%대 성장 전망을 내놓은 것이다. 이로써 정부가 내년 예산안에 반영한 만큼 세수를 확보할지 불투명해졌다. 정부는 내년 4.5% 성장에다 세수는 올해보다 9.7% 늘어나는 것을 전제로 예산을 짰다.

그러나 경기가 예상치보다 나빠지면 세수 감소로 재정의 경기조절 능력은 떨어지게 된다. 물가압박 때문에 좀더 적극적인 통화정책도 펴기 힘든 상황이다. 따라서 재정 건전성을 유지하면서도 정부가 경기둔화에 적극 대응하려면, 부자증세로 재정을 확충하는 게 가장 적절한 선택일 것이다.

(한겨레신문 〈사설〉, 2011. 11. 20)

중요내용요약

16.01 **시장실패**(market failure) : 시장이 경제적 효율성을 달성시키지 못하는 현상. 시장실패의 원인은 불완전한 시장경쟁(자연독점), 불완전한 정보, 외부효과, 공공재 등이다.

16.02 **외부효과**(externality) : 생산과 소비활동에서 이 활동에 직접적으로 개입하지 않은 사람에게 어떤 혜택이나 해악을 미치고 여기에 대해 적절한 보상이 이루어지지 않는 것.

16.03 **코우즈정리**(Coase theorem) : 정부의 적절한 조치로 경쟁을 통해 외부효과를 내부화시킬 수 있고, 또 이를 통해 파레토최적을 달성시킬 수 있다는 이론

16.04 **공공재**(public goods) : 소비에 있어서 비경합성(nonrival consumption)이나 비배제성(nonexclusion)이 존재하는 상품

16.05 **소비의 비경합성** : 동일상품에 대해 한 사람의 소비가 다른 사람의 소비에 방해가 되지 않는 성질

16.06 **소비의 비배제성** : 동일상품에 대해 특정인의 소비를 배제시키는 데는 추가적인 비용이 소요되는 성질

16.07 **정보의 비대칭성**(asymetric information) : 거래상품에 대해 구매자와 판매자 중 어느 한쪽이 더 많은 정보를 가지는 현상

16.08 **역선택**(adverse selection) : 정보의 비대칭성 때문에 시장에서 우량상품은 사라지고 불량상품만 남게 되는 현상

16.09 **도덕적 해이**(moral hazard) : 계약 전에 비해 계약 후에는 계약자의 행동이 달라지는 현상

16.10 **주인-대리인문제**(principal-agent problem) : 주인이 완벽한 정보를 가지지 못하는 것 때문에 대리인이 주인의 이익과 합치하지 않는 방향으로 행동하는 문제

16.11 **비용-편익분석**(cost-benefit analysis) : 정부 개입이 사회에 미치는 영향을 비용과 편익으로 나누어 비교 분석하는 것

16.12 **공공선택이론**(theory of public choice) : 정부의 시장개입에 대해 그 과정과 효과를 분석하는 이론

연/습/문/제

16.01 공공재(public goods)의 시장수요와 사적재(private goods)의 시장수요는 어떻게 다른가?

16.02 시장실패(market failure)는 왜 발생할까?

16.03 정부실패(government failure)는 무엇인가?

16.04 역선택은 어떻게 극복할 수 있을까?

16.05 도덕적 해이는 외부효과와 어떻게 관련되어 있는가?

16.06 공공선택이론에서 정치과정은 무엇인가?

찾아보기

[국문]

ㄱ

ㅇ

C

D

E

| 저자약력 |

최정표

뉴욕주립대학교 대학원 경제학 박사
미국 워싱턴-제퍼슨대학 조교수
일본 동경대학 경제학부 객원교수
공정거래위원회 비상임위원
한국산업조직학회 회장
건국대학교 상경대학 학장
현재, 건국대학교 경제학과 교수

미시경제론(제2판)

2012년 2월 20일 1판 1쇄 발행
2016년 8월 20일 2판 2쇄 발행

저 자 | 최정표
발 행 인 | 이수영
발 행 처 | 도서출판 청람
서울시 마포구 독막로 288(대흥동, 세양상가 109호)
전 화 | 02)3272-2601~2
팩 스 | 02)3272-2603
이 메 일 | crbooks@hanmail.net
홈페이지 | www.crbooks.co.kr
등 록 | 2000년 8월 26일 제6-0509호

ISBN 978-89-5972-477-2 93320 [정가 28,000원]